학교폭력학

A STUDY ON SCHOOL VIOLENCE

학교폭력 예방과 해결 실마리

THE PREVENTION AND SOLUTION OF SCHOOL VIOLENCE

지영환 지음

도서출판 그린

머리말

봄 소풍 가는 날이면 잠을 설치곤 했다. 목적지 고흥 능가사까지 어린 게처럼 옆으로 앞으로 걷다 보면 배가 고팠다. 할머니가 싸 주신 도시락은 삶은 달걀, 우엉 김밥, 조기 한 마리였다. 짝꿍은 선생님이 꼭꼭 숨겨 놓은 보물 쪽지를 석탑, 사천왕 발뒤꿈치 틈에서 찾아 아무 말 없이 내게 주었다. 그런데 요즘은 자연 관찰이나 역사 유적지 견학을 겸해 야외로 갔다 오는 소풍 풍경을 좀처럼 볼 수 없다.

온 국민을 경악하게 한 대구 중학생 학교폭력 사례는 폭력성 영화를 꼭 빼닮았다. 학교폭력은 권력과 계급이 상존하고 가해학생들은 잔혹해지고 조직화・집단화・저연령화, 여학생 폭력 증가, 소셜네트워크서비스(SNS)와 모바일을 활용하는 사이버 폭력 등 그 수법도 진화하고 있다.

폭력은 학습되며 대물림된다. 어느 중학생은 폭행사실을 일렀다고 코뼈가 부러질 정도로 보복폭력을 가했다. 대구 한 학생은 후배들에게 깊이 1m 크기의 구덩이를 파게 하여 고 1년생을 밀어넣은 뒤 목만 나오게 한 채 파묻었다. 또래 학생에게 폭행과 금품갈취한 것을 신고한 데 앙심을 품고 보복폭행하고 협박한 것이다.

형법 제114조(범죄단체의 조직)에는 "범죄를 목적으로 하는 단체를 조직하거나 이에 가입한 자는 그 목적한 죄에 정한 형으로 처단한다"고 명시되어 있다. 그런데도 많은 학생들이 그런 조직을 모방하고 있는 것이 큰 문제다. 통계에 따르면 학교폭력 피해를 경험한 학생들이 누구에게도 도움을 청하지 않은 경우가 71.2%나 된다.

학교폭력 상황 발생 시 신속한 신고·접수에 초점을 둬야 한다. 경찰청 여성청소년과에서 내놓은 학교폭력 신고 방법은 자진신고 및 피해신고는 112, 인터넷·전화·우편신고 등 다양하다. 학교·가족·교사·친구가 신고한 경우에도 피해학생 본인이 신고한 것과 동일하게 인정한다. 온라인 신고는 첫째, 홈페이지(www.safe182.go.kr) 접속 후 '117학교여성폭력피해자 긴급지원센터' 탭을 클릭해 접수하면 된다. 1:1 채팅상담도 할 수 있다. 둘째, 모바일웹(m.safe182.go.kr)에 접속해 '학교여성폭력신고' 메뉴를, 앱은 '도와주세요118'을 터치하면 된다. 셋째, 문자신고의 경우 '#0117'을 누르고 현장출동이 가능한 정보를 작성해 전송하면 안전드림관리자에서 확인 후 조치된다.

아울러 영미·일본 경찰은 긴급신고 전화와 일반 민원상담 전화를 분리 운영하고 있다. 한국 경찰에서도 '182경찰민원콜센터'가 개소되었다. "범죄신고 '112', 민원상담·실종신고는 '182' 우리 모두 기억해야 할 숫자다.

학교폭력은 학교와 학교를 감독하는 지자체까지 배상해야 한다는 대법원 판례도 있다. 피해학생 보호조치의 첫 단계는 신속하게 피해사실을 선생님이나 부모에 알리거나 경찰에 신고하는 것이다. 그런데 폭력 피해를 당한 학생들은 보복폭력이 두려워 신고를 꺼리고, 낮은 신고율로 인해 가해학생들이 활개를 치니 더 많은 피해자들이 발생하는 악순환을 낳고 있다. 따라서 보복폭력의 경우 관용보다 엄격한 처벌이 강조돼야 한다. 또 학교폭력을 축소·은폐할 경우에도 그 책임을 엄하게 물어야 한다.

일반적으로 학교폭력 처벌 강도를 높일수록 범죄 예방 효과가 있는 것으로 알려져 있다. 하지만 학생이 전과자가 되어 학교를 떠나게 되면 국가적·사회적 손실이 발생하며 통제도 쉽지 않다. 따라서 경찰이 너무 무리하게 개입하는 것보다 학교 안에서 교사가 먼저 상담할 수 있도록 교권을 존중해야 한다. 법집행의 관점에서 경찰이 마땅히 해야 할 임무, 즉 조정자 역할은 필요하다. 경찰의 활동이 가해학생을 벌주기 위한 것으로만 비쳐져선 곤란하다. 신뢰가 규범만큼 강한 규제력을

가지고 있는 것은 아니지만 두 번 세 번의 신뢰관계가 쌓이면 최고의 가치로서 힘을 가진다. 가해·피해자 학생 모두 내 가족이라는 마음으로, 국민의 입장에서 세련된 조력자 역할과 법적 책임을 다하는 한편, 학교폭력 해결을 위한 검증된 프로그램을 통해 지역사회의 여러 기관·단체들과 협력해야 한다. 보복공격, 정치적 보복, 보복폭행 등 보복(報復)이란 말은 부정적으로 쓰이지만 한자 훈은 갚을 보(報), 회복할 복(復)이다. 무엇을 회복한다는 의미를 갖고 있다. 함께 노력하면 학교폭력, 보복폭력 문제도 해결되고 회복될 수 있다.

학생들이 운동장에서 마음껏 뛰어 놀고, 바다와 숲으로 소풍가서 꽃을 보면 왕따벽도 엷어질 것이다. 그에 앞서 교육 당국에서는 학교폭력에 대한 문제 제기보다 학생보호 시스템을 잘 갖추고 실천에 나서야 한다. 학교폭력을 추방하는 근간은 국가와 정부·학생·선생님·학부모 등 모든 교육 주체가 서로의 벽을 허물고 소통하는 것이 중요하다.

2013년 2월 6일

대한민국 경찰청에서 지은이 **지영환** 올림

추천문

필자가 지영환 박사를 처음 알게 된 것은 오래 전 대학에서 그가 내게 '교육학개론' 과목을 수강하게 되면서 부터였다. 대다수 수강생들이 단순히 교양과목 학점취득을 위해 수강을 하고 있었지만, 그의 교육학에 관한 지(知)적 호기심은 담당교수인 나 자신도 의아할 정도였다. 그러던 어느 날. 강의 중간 쉬는 시간에 그와의 대화를 나누게 되었는데 나는 비로소 그가 경찰에 근무하고 있다는 사실을 알게 되었다. 이후 간간히 그와의 만남과 직접간접으로 그를 알아가게 되면서 더욱 나를 놀라게 한 사실은 그의 평탄치 않았던 삶의 과정만큼이나 배움의 과정이 여의치 않았다는 사실이었다. 하지만 그는 여러 가지 제약조건과 열악한 환경에 굴하지 않고 그가 추구하는 목표를 향해 흔들림 없이 정진해 가는 인물이었다. 교직자는 세월의 흐름 속에 제자들의 변화하는 모습을 지켜보며 다양한 교육의 원리를 생각해 내기도 한다. 대학 강의실에서 만나고 헤어진 그 수많은 사람들 가운데 지영환 박사를 떠 올리면 말콤 글래드웰의 저서 「아웃라이어」에 소개 된 '일만 시간의 법칙'의 주인공을 연상케 한다. 그에겐 뛰어난 재능이나 운, 그리고 단기간의 노력 보다는 흔들림 없는 꾸준한 정진이 오늘의 그를 만들어 놓았다는 생각이 든다. 말콤 글래드웰의 이야기처럼 하루 세 시간씩, 일주일에 스무 시간씩 10년을 보내야 만들어 지는 1만 시간을 그는 자신의 목표를 향해 그만의 삶의 스타일 '뚝심'과 '집념'을 추구한 인물이다. 이번에 출간하는 지영환 박사의

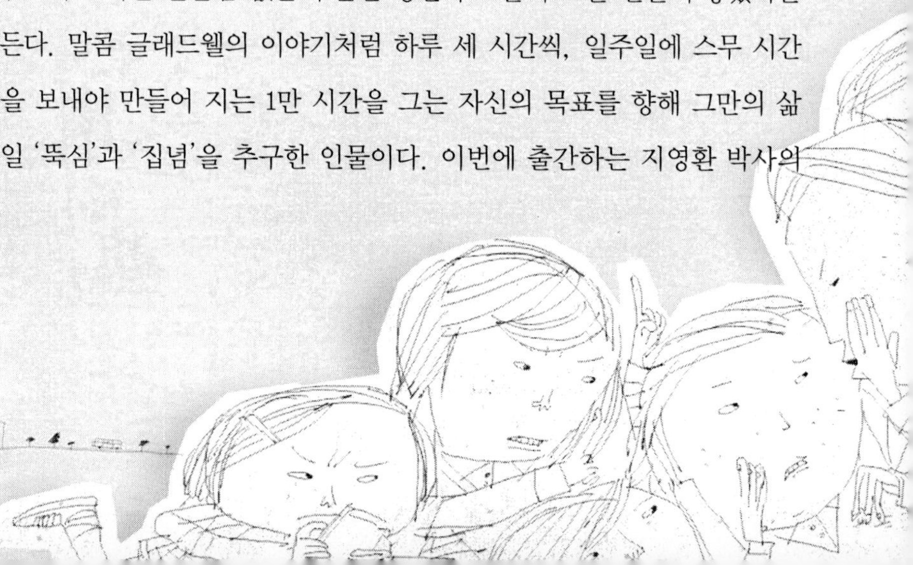

'학교폭력학'은 서점가에 나와 있는 교육학자들의 다양한 형태의 관련 저서들과는 사뭇 다른 의미를 지닌다. 그의 고백처럼 우리사회에 독버섯처럼 난무하는 학교폭력을 예방하기 위해 현직 경찰간부가 치안이란 시각에서 조명한 내용들이란 점이다. 이 책의 제목과 관련해 학교폭력의 주제가 학문의 장르로 성립될 수 있는 것인가의 논의는 잠시 접어두고 다양한 분야의 사람들이 '학교폭력'의 문제를 다양한 시각으로 접근해가고자 하는 시도를 담은 것으로 이해해 주었으면 한다. 어쩌면 '학교폭력학(學)'의 성립여부는 향후 우리 모두의 몫이자 과제인지도 모른다. 시간에 쫓기는 분주한 경찰업무 속에서 출판의 결실을 일구어 낸 저자의 노력에 격려를 보내며 축하는 그가 추구하는 목표의 정상에 다다랐을 그 순간을 위해 아껴두고자 한다.

2013년 1월 9일

인천송도고등학교 교장 · 前 건국대 교육대학원장 **오성삼**

차례

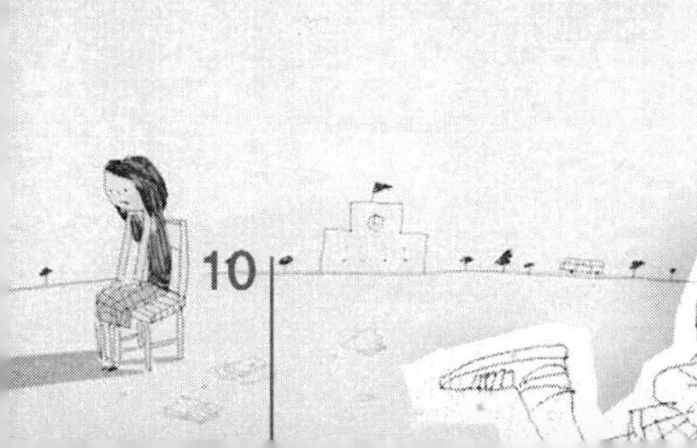

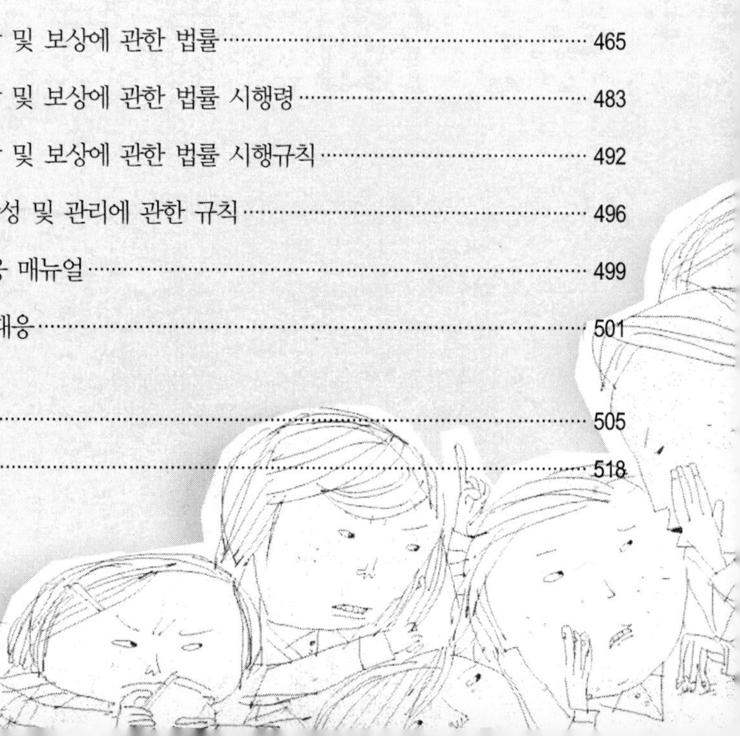

표 목차

표 목차

제 1 편

학교폭력이란 무엇인가?

우리의 꿈 '오늘보다 내일을 만듭니다.' 행복교육 '꿈과 끼를 끌어내는 행복 교육이 되겠습니다.'[1] "교육은 행복공동체를 위한 가장 중요한 토대이며, 미래를 준비하는 국가정책의 으뜸이 되어야 합니다. 교육은 학습을 통한 개개인의 자아실현을 도와주는데 궁극적인 목표가 있습니다. 저마다 타고난 소질과 끼를 끌어내고, 열정을 갖고 적성에 맞는 꿈을 찾아 가도록 이끌어 주는 것이 교육의 기본방향이 되어야 합니다. 과도한 경쟁과 입시위주의 교육에서, 학생의 소질과 끼를 일깨우는 행복교육으로 바꿔가겠습니다. 지식을 주입하는 교육이 아니라, 학생들이 행복하게 살 수 있는 법을 가르쳐주는 교육을 만들겠습니다. 누구에게나 공평한 기회가 주어지는 교육이 되도록 만들겠습니다. 가난하다는 이유로, 지방에 산다는 이유로 교육 기회에 차별이 없도록 하겠습니다. 교육의 경쟁력도 높여야 합니다. 우리 미래를 책임질 수 있도록 창의적인 인재를 키워내는 교육 경쟁력을 갖추도록 하겠습니다. 배우고 싶은 것을 언제든지 배울 수 있는 교육시스템을 갖추겠습니다. 100세 시대에 맞는 평생학습체계를 만들어서, 국민 모두가 언제 어디서나 어떤 연령대에서나 원하는 교육을 받을 수 있도록 하겠습니다. 꿈과 끼를 키워주는 행복한 교육, 사람의 가치를 키우는 행복한 나라를 꼭 만들겠습니다."

1) 제18대 대통령선거 새누리당 정책공약, 『세상을 바꾸는 약속 책임 있는 변화』, 2012, 218면.

제1장

학교폭력의 의의

제1절 학교폭력의 개념

"어떻게 하면 우리 아이에게 공감할 수 있는 능력을 심어줄 수 있을까? 공감은 가르침이나 훈계해서 되는 것이 아니라 아이에게 공감해 줌으로써 가능해지는 것이다. 아이가 관계를 어떻게 이해하는가 하는 문제는 아이가 어떤 관계를 경험하는가에 따라 결정된다. [2]

공동체에는 그 구성원들이 살고 있다. 공동체(community, 共同體) 넓은 의미로는 어떠한 관계를 갖는 인적 결합체로 가족이나 촌락에서 국가에 이르기까지의 모든 단체를 가리킬 수 있다. 공동체의 존속·유지와 구성원들의 행복추구 및 공동체 내에서의 생활을 보장하기 위하여 국가를 창설한다. 헌법은 공동체 존속·유지할 수 있게 하고, 그 공동체 내에 살고 있는 구성원이 행복을 추구하고(幸福追求의 原理) 개개인의 개성과 자율성에 기초하여 자기결정에 따라 삶을 영위할 수 있도록 하기 위하여 헌법상의 자유와 권리를 보장하고 있다.

헌법 제31조 제1항은 "모든 국민은 능력에 따라 균등하게 교육을 받을 권리를 가진다" 보호자가 그 자녀에게 취학시킬 의무를 지는 교육을 말한다. 국가가 요

2) Sroufe, L. Alan. Talk at City University of New York, Graduate Center February 10, 1989, Quoted in Karen. *Becoming Attacbed*. P. 195.

구하는 국민생활의 향상과 복지국가형성을 달성하는데 요구되는 것이 교육의 의무화인 것이다. 한국의 헌법은 '모든 국민은 그 보호하는 자녀에게 적어도 초등교육과 법률이 정하는 교육을 받게 할 의무를 헌법 제31조 제2항진다(헌법 제31조 제2항)'고 하여 초등교육을 의무화하고 있고, 3년의 중등교육에 대한 의무교육은 대통령령이 정하는 바에 의하여 순차적으로 실시한다고 규정하고 있다(교육기본법 8조).

학생(學生)은 학교에서 교육을 받는 사람을 뜻하는 말이다. 일반적으로 교육을 통해 배우는 사람은 "학습자"라고 한다. 학생은 교사와 더불어 학교 교육 활동의 가장 중요한 주체이다.[3] 학교(學校) 또는 배움터는 교육을 위한 장소이다. 대체로 교실과 칠판 등 교육에 필요한 시설을 갖추고, 여러 학생들이 교사의 지도에 따라 지식을 얻는 형태로 교육이 이루어진다. 대부분의 교육 제도 하에서 학생들은 일련의 학교들을 거치게 된다. 이와는 달리 특정 기능을 가르치는 곳도 학교로 불린다. 국가에 따라서는 학교에 교복을 입고 오도록 하는 경우도 있다.[4]

---

3) 학생의 날 : 대한민국은 11월 3일을 학생의 날로 기념하고 있다. 학생의 날은 1929년에 있었던 광주항일학생운동을 기념하여 제정되었다. 학생의 날 제정에 관한 건(제정 1953년 10월 30일 문교부령 32호) 1973년 폐지되었다가 1980년 다시 기념일로 지정되었다. 1984년 9월 19일 국무회의에서 11월 3일을 학생의 날로 정하기로 의결하였다. 1학년 학생들에게는 대한민국에서 새내기, 신입생(新入生)이라는 호칭이 따라다닌다. 미국에서는 "fish", "fresher", "frosh", "newbie", "freshie", "snotter", "fresh-meat" 등의 호칭을 사용한다.

4) 위키백과 사전, "학교의 의미" 2012. 8. 1. 자. ; 대한민국의 학교는 한국전통문화대학교(문화재청 관할) 등을 제외하면 국공립학교는 모두 교육부에서 관할한다. 사립학교의 경우에는 사립초부터 사립중, 사립고, 사립대까지 모든 학교를 아우른다. 2009년에는 대한민국의 일부 중학교는 1학년을 대상으로 교과 교실제를 운영하는 경우도 있으나, 정부 계획에 의해 2010년에는 전국의 모든 중학교에 교과 교실제를 시행하고 있고, 2009년에 교과 교실제를 운영하는 중학교는 중학교 2학년까지 교과 교실제를 적용할 계획이다. 고구려 시대에는 태학과 경당이 학교였다. 태학은 고려 시대에 국자감으로 고쳐지고, 국자감은 고려 중반쯤에 다시 성균관으로 이름을 고쳤다. 신라 시대의 학교는 국학이었다. 이어서 각 지방에 향교가 설립되었다. 조선 시대에는 이들 학교 말고도 서당이 생기고, 수도를 옮기면서(개경(오늘날의 황해북도 개성특급시)에서 한성(오늘날의 서울특별시)로 천도) 4학이 생겼으며, 조선 중기에는 서원까지 생겨났다. 근대식 학교는 1884년 이후에 설립되었고, 1904년에는 대한민국의 이화학당에서 처음 교복을 입게 되었다. 19세기 중반까지도 여자들은 학교에 다니는 것이 금지되어 있었고, 교과서도 거의 전부 한자로만 쓰여져 있었다. 조선 말(대한제국)에는 근대식 학교를 통하여 농구, 정구, 야구, 축구가 보급되었다. 근대식 학교의

한국 사회 전반에서 나타나고 있는 폭력현상[5])이 문제가 되고 있다. 이문구의 소설에서도 사회적 약자들에게 억압적 폭력성을 행사하는 집단, 사회, 제도, 정책 등의 현실에 대해 지속적으로 비판함을 밝히고 있다.[6])

폭력(暴力, violence)은 남을 거칠고 사납게 제압할 때에 쓰는, 주먹이나 발 또는 몽둥이 따위의 수단이나 힘으로 넓은 뜻으로는 무기로 억누르는 힘을 이르기도 한다. 신체적인 공격행위 등, 불법한 방법으로 행사되는 물리적 강제력이다. 폭력의 발현형태(發現形態)는 다양하다. 그러므로 인간의 폭력[7])의 본질을 밝히기 위해서는 생물학·심리학·인류학·정치학·철학 등이 공동으로, 다양한 폭력현상군(暴力現象群)을 인식해 나가지 않으면 안 된다. 인간성에 있어서 폭력[8])의

선생님은 대부분 외국인(미국인·유럽인) 선교사들이었고, 그 옆에는 통역관이 따랐다. 1896년 5월에는 대한민국 최초로 학교에서 운동회(그 당시에는 화류회로 불렀다.)가 열렸다. 이 운동회는 초등학교의 운동회와 중학교·고등학교의 체육대회의 첫 출발을 이루었다.

5) 형법에는 폭력의 개념을 사람의 신체에 대한 유형력의 행사로 정의하여 단지 신체적인 것에 한정하여 정의하고 있으며, 사회적인 측면에서는 사람의 신체나 생명에 위해를 가하는 모든 행동뿐 아니라 재산상의 피해를 끼치는 일부 행동도 폭력의 개념으로 말한다.

6) 서세림, "이문구 소설에 나타난 폭력성 연구", 서울대학교 대학원 문학 석사학위논문, 2006. 1면.

7) 네이버 백화사전, 2012. 8. 1자 ; 현대에 와서 공격행동은 학습되어지는 것으로 보는 견해가 우세하다. 인간의 투쟁을 본능적인 것으로 본 사람은 S. 프로이트이다. 또 다른 본능설에는 K. Z. 로렌츠에 의한 동물생태학면에서 본 이론(1966)이 있다. 이에 비하여 욕구불만의 반작용으로서 공격이론을 학습설의 입장에서 전개한 학자가 J. 덜러드인데 이를 '욕구불만공격설'이라고 한다. 또 현대의 유력한 학습설로는 A. 반두라의 '관찰학습설'이 있다. 폭력의 발생근원은 사회적이므로, 폭력적 행위가 개인적 특성으로 돌려지는 듯이 보여도, 궁극에는 사회적 요인이 가로놓여 있다. 폭력은 일반적으로 비합법적·반사회적·범죄적인 경우의 여러 형태를 가리킨다. 그러나 합법적인 폭력이나, 반드시 반사회적이라고 할 수 없는 경우의 폭력도 존재한다. 국가권력(state power)은 물리적 강제력(physical power)을 최후의 결정적 수단으로 하여, 군대·경찰·교도소 등의 장치를 두고 있다. 이 물리적 강제력은 본질에 있어서 폭력이라는 견해가 있다. 그러나 반사회적인 폭력과 달라, 한편으로는 법에 의하여(합법성), 다른 한편으로는 정당한 이유에 의하여(정당성), 그 사회에서 민중의 승인을 받고 있으므로, 이것을 권력이라 한다. 정치세계에서는 정당성·합법성이 결여된 물리적 강제력을 모두 폭력으로 단정한다. 한편, 반(反)권력의 폭력은 합법성을 가지지 않지만, 정치운동으로서 쓰일 경우 반체제 입장에서 자기의 정당성을 주장한다. 그 대표적인 주장이 마르크스주의에서 볼 수 있었던 '폭력혁명론'이다. 이와는 대조적으로 정치수단으로서의 폭력을 일체 배제하는 것이 간디의 '비폭력주의'이다.

8) 법적으로는 타인에 대한 유형력의 행사지만 쉽게 말하면 남을 아프게 하는 행위다. 원초적인 폭력은 힘을 써서 남을 때리는 것이지만 비수 같은 말로 마음에 상처를 준다든지, 사회적 동물인 인간을 교묘하게 소외시켜 괴롭힌다면 마찬가지로 폭력이다.

발생을 본능적 · 생득적(生得的)으로 보느냐, 환경적 · 학습적(學習的)으로 보느냐에 따라 의견이 대립되고 있다. 폭력범죄는 범죄자가 가해 행동을 함으로써 성립하며 범죄자의 가해 행동이 없으면 사건이 되지 않는다. 이것은 폭력범죄를 이해하는 가장 미시적인 단위가 범죄자의 가해 행동이라는 것을 의미한다.[9] 청소년들에 의해서 저질러지는 다양한 종류의 폭력과 특히 교육현장을 중심으로 발생하고 있는 폭력현상은 오래전부터 심각한 사회문제가 되고 있다. 청소년들에 의해서 저질러지는 폭력은 이들이 장래 우리나라를 이끌어갈 성인으로 성장하게 된다는 점에서 중요한 의미를 지니고 있으며, 교육현장에서의 폭력은 청소년들에게 폭력에 익숙해지고 무감각해지도록 함으로써 성인이 된 후에 별다른 죄책감이 없이 계속적으로 폭력을 행사하도록 한다는 점에서 근절이 필요하다.[10] 학교폭력(school violence)은 학교 내 · 외에서 발생하는 학생들 간의 폭력을 말한다. 학교폭력을 학교와 관련된 모든 폭력이라고 정의하는 경우 그 범위가 매우 광범위하기 때문에 일반적으로는 그 중 일부의 경우만 학교폭력이라고 정의하고 있다. 이에 대해 「학교폭력 예방 및 대책에 관한 법률」 제2조 1호에서는 '학교폭력'에 대해서 '학교 내외에서 학생 간에 발생한 상해, 폭행, 감금, 협박, 약취 · 유인, 명예훼손 · 모욕, 공갈, 강요 및 성폭력[11], 따돌림[12], 사이버 따돌림[13] 정보

9) 박순진, "폭력범죄의 상호작용 과정에 대한 연구"서울대학교 문학 박사학위논문, 2000, 1면.

10) 최인섭외 7명, 「한국사회의 폭력에 대한 연구 – 진단과 처방 –」, 한국형사정책연구원, 2003년, 267면.

11) 매일신문 사설, "학교 성폭력 예방책 마련 시급하다", 2010. 9. 15. 자 ; 중 · 고등학생의 성폭력이 심각하다. 교육부에 따르면 최근 5년 동안 발생한 학교 성폭력 사건은 모두 369건으로 연평균 74건이 발생했다. 최근 들어서는 급격하게 늘고 있다. 2006년 38건이 지난해 96건으로 3배 가까이 늘었고, 올해도 7월말 현재 88건이나 됐다. 대구에서는 2006년 2건이 지난해는 16건으로 8배나 급증했다. 전북에 이어 전국 2위다. 성적 저조와 비리에다 학교 성폭력 발생까지 높은 오명을 날리고 있는 셈이다. 심각한 것은 성폭력을 저지르는 연령이 자꾸 낮아지고 있다는 점이다. 지난 5년간 발생한 369건 중 중학생이 182건(49%)으로 고등학생 169건(46%)보다 오히려 많았다. 초등학생도 18건(5%)이나 됐다. 건수는 지난해부터 역전돼 올해도 지속되고 있다. 그동안 학교 성폭력 사건이 일어날 때마다 대책을 만든다고 부산을 떨었지만 실제로는 아무런 효과가 없었다는 것을 보여준다. 성폭력은 피해자에게 평생 씻을 수 없는 상처를 남기는 중범죄이다. 엄한 처벌과 함께 강력한 대책을 세워 예방해야 한다. 현재 성인의 성폭력 범죄에 대해서는 전자발찌 부착, 명단 공개 등으로 법제화가 돼 있으나 학교 성폭력에 대해서는 대부분 미성년자여서 처벌의 강도가 약하다. 이에 대한 보완도 필요할 것이다. 가해자의 인권이 문제가 아니라 처참하게 짓밟힌

통신망을 이용한 음란·폭력정보 등에 의하여 신체·정신 또는 재산상의 피해를 수반하는 행위'라고 정의하고 있다. 따라서(적어도 법에서 정하고 있는)학교폭력은 피해학생과 가해학생이 모두 학생인 경우를 의미하며, 학생과 교사 간, 학생과 일반인 간의 폭력 사건에 대해서는 학교폭력법이 적용되지 않는다.[14)]

'학교폭력'[15)]이란 폭력의 일종으로 폭력이 일어나는 장소가 학교이기 때문에 '학교폭력'이라고 규정된다. 하지만 경우에 따라서는 학교 밖에서 일어나는 폭력, 예를 들면 사설 학원가나 학교를 오가는 등·하교 길, 또는 학생들의 출입 장소인 PC방, 또는 성인들의 출입 장소인 유흥업소나 인근 지역, 그리고 주택가 주변 지역에서 발생하는 폭력도 학교폭력으로 간주되기도 한다. 이 경우 가해자 또는 피해자, 또는 가해자와 피해자 모두가 학생일 경우에 폭력의 장소가 학교 밖에서 일어나더라도 학교폭력으로 간주되기도 한다. 더욱이 통상적으로 여기에서 학생은 현재 학교에 적을 두고 있는 학생들 이외에도 휴학생, 정학생, 퇴학생 등 현재 학교를 다니고 있지 않더라도 학교를 다닐 나이 대에 속하면서 학교와 연결되어 있는 청소년들에 의한 폭력이나 폭력 피해행위도 이 학교폭력의 범주에 들어간다고 볼 수 있다. 이런 맥락에서 학교폭력은 폭력의 한 일종으로 그 폭력이 학교나 학교의 인근 주변지역에서 일어나거나 그렇지 않더라도 그 폭력의 가해

피해자의 인권이 더 중요한 것임을 명심해야 한다. 대구 교육청도 성폭력에 관련한 현재의 대책을 재검토할 필요가 있다. 대구에서 성폭력 사건이 이렇게 급증한 것은 지금까지의 대책이 무용지물이었거나 학교 안전망이 제대로 작동하지 않았다는 증거다. 성폭력은 평생 되돌릴 수 없는 인격살인이다. 철저한 예방책 마련을 기대한다.

12) 따돌림이란? 학교 내외에서 2명 이상의 학생들이 특정인이나 특정집단의 학생들을 대상으로 지속적이거나 반복적으로 신체적 또는 심리적 공격을 가하여 상대방이 고통을 느끼도록 하는 일체의 행위를 말한다.

13) 사이버 따돌림이란? 인터넷, 휴대전화 등 정보통신기기를 이용하여 학생들이 특정 학생들을 대상으로 지속적, 반복적으로 심리적 공격을 가하거나, 특정 학생과 관련된 개인정보 또는 허위사실을 유포하여 상대방이 고통을 느끼도록 하는 일체의 행위를 말한다.

14) 경기도교육청, "폭력없는 행복한 학교만들기", 교사 연수자료, 2010, 2면.

15) 학교폭력은 1995년 현 청소년폭력예방재단의 전신인 "학교폭력예방시민모임"에서 처음 사용되었으나 학교 관계자의 심한 반발을 받았다. 학교측은 학교라는 교육현장에서 폭력이 행해진다는 것을 인정하려 들지 않았고, 학교폭력이라는 용어 자체를 거부하였다. 하지만 97년부터 폭력으로 인한 자살이 늘어나자 급기야 정부기관 및 매스컴들이 학교폭력을 공식적인 용어로 사용하기 시작하였다.

자나 피해자 또는 가해자 피해자 모두가 신분이 학생이거나 휴학생, 정학생, 퇴학생인 경우에 해당하는 개념으로 이해할 필요가 있다.

한편 학교폭력[16]의 정의를 위해 그 상위 개념인 폭력에 대한 일반적 정의를 살펴보면 다음과 같다. '폭력'이란 사전적인 의미는 '사나운 힘'이지만 일반적으로는 폭력을 행사한다는 의미로 타인에게 폭력을 가하는 일이라고 인식되고 있다.

일반적인 폭력의 개념은 Tiesch(1995)는 물리적·심리적·구조적 폭력이라는 세 가지 형태로 나누어 볼 수 있다. 물리적 폭력은 폭력이 직접 신체적으로 행해지는 것과 이에 관련된 의도적 협박이나 신체적인 괴롭힘을 주는 행위를 말하고, 심리적 폭력은 언어적 상황에서 협박과 강요, 모욕 또는 두려움을 주는 일 들을 말하며, 구조적 폭력은 주어진 주변의 사회 및 자연환경으로부터의 강압적인 사회관계, 위협, 상호 인간관계로부터 받는 심한 갈등을 말한다. 이 중에서 물리적 형태의 폭력이 가장 쉽게 이해되고 폭력의 개념으로 정의될 수 있다(Tiesch, 1995:138~162). 그리고 이러한 폭력이 학교라는 공간적 개념과 결합된 것이 학교폭력이라고 할 수 있는데, 청소년 폭력은 학교폭력을 포함하는 개념으로 청소년들의 싸움은 그 성격이 일반적인 폭력과 다소 구분되어 다른 대응방식을 필요로 한다.[17]

사회학자들은 대체로 광의의 의미의 폭력과 협의의 의미의 폭력이라는 두 가지 서로 다른 개념으로 폭력의 개념을 나누고 있다. 광의의 의미로 볼 때 폭력은 재산의 파괴나 훼손 혹은 인간의 생명과 신체를 손상시키는 결과를 초래하는 모든 행동을 말하며 협박으로 그친 행위나 실제적으로 폭력행사의 결과가 나타나는 모든 행위까지 포함하는 개념이다. 협의의 의미로 볼 때 폭력[18]이란 위의 행

16) 이와 관련하여 우리나라에서는 관점에 따라 교내폭력, 학교주변폭력, 학원폭력, 학생폭력, 청소년폭력 등 적용범위를 달리하는 유사한 용어들이 다양하게 사용되고 있다.

17) 강유미, "학교폭력에 대한 실태분석 연구", 고려대학교 교육대학원 석사학위 논문, 2011, 5면.

18) 폭력노출(violence exposure)에 관한 논의? DSM-IV에 의하면 심리적 외상(psychological trauma)은 '실제적 이거나 위협적인 죽음이나 심각한 상해 또는 개인의 신체적 안녕을 위협하는 사건을 본인이 직접 경험하였거나 타인에게 일어나는 것을 목격한 경우, 그리고 그로 인해 극심한 공포, 무력감, 두려움 등의

동 중 법에 저촉되는 행위 즉 사람의 신체나 생명에 해를 가하는 행동에 재산 파괴의 일부까지를 포함하는 행위이다. 한편, 심리학자들은 사회학자들과는 달리 심리학적인 관점에서 폭력이라는 행위를 규정한다. 심리학자인 Berkowitz는 심리학적 측면에서 공격행동과 폭력을 구별하여 공격이란 "타인에게 의도적으로 상처를 입히는 것"으로 여기에 신체적·언어적 상해 등 모두를 포함시켜 이해한다.[19] 폭력이란 심리적[20] 상처를 입히는 여러 가지 신체적, 물리적 상해, 언어적 상해를 타인에게 주려는 시도를 일컫는다. 이 두 가지 의견을 종합해 볼 때 폭력이 성립하기 위해서는 심리적으로 타인에게 상해를 주려는 의도가 있어야 하며 이것이 구체적으로 발현되기 위해서는 사회적인 의미에서 신체적, 물리적, 정신적, 또는 재산과 관련된 물질적 손해가 실제로 발생해야 한다는 것을 알 수 있다. 이는 영미법에서 범죄가 성립하는 요건으로 요구하는 Actus Rea(범죄 행동 또는 피해의 발생)와 Mens Rea(범죄 의도의 존재)의 공통적 존재라는 개념과 다소 유사하다. 즉 폭력이 성립하기 위해서는 가해자의 피해자에 대한 상해나 피해 의도가 있어야 하고 이것이 피해자에 대한 실제 피해가 발생하는 것과 결부되어 같이 존재해야 한다는 것이다. 학교폭력의 발생 여건도 학교라는 공간적 특수성과 학생이라는 신분적 특수성을 제외하면 이러한 일반적 폭력의 성립요건과 동일하다고 볼 수 있을 것이다.

한편 폭력은 그 유형에 따라 여러 다른 형태로 나타날 수 있는데 이는 우리가 흔히 생각하는 주먹을 사용해서 피해자의 신체를 가격하는 형태의 폭력행위 이외에도 여러 다른 보다 은밀하거나 간접적인 형태로 나타날 수 있음을 알 수 있다. 이와 같은 여러 다른 폭력 유형에 대한 이해는 학교폭력이 무엇을 다루어야

감정을 경험한 경우'를 말한다(Diagnostic and Statistical Manual of Mental Disorder IV, 1994).

19) 김애정, "학교폭력의 사회복지적 대처 방안에 관한 연구", 한신대학교 사회복지대학원, 석사학위논문, 2003, 7면.

20) 최근 폭력을 당한 이후에 겪는 심리적 부작용에 대한 연구결과에 의하면, 폭력을 당한 피해자들은 공포반응, 우울, 낮은 자존심, 죽음과 상해에 대한 걱정, 외상 후 스트레스증후군(Post traumatic stress disorder ; PTSD), 분노반응들을 겪는다고 보고하고 있다(Richter & Martinez, 1993 ; Osofsky, 1995).

하고 어떤 문제들이 학교폭력을 구성하는지를 제대로 이해하는데 도움을 준다. 대체로 폭력의 유형은 공격성의 유형 분류와 일치한다. 이는 폭력과 공격성이 개념상 거의 유사한 의미로 이해될 수 있기 때문이다. 이수정 교수의 공격성의 유형분류[21])를 참조하여 폭력의 유형을 살펴보면 다음과 같다. 우선, 폭력은 적대적 폭력과 도구적 폭력으로 나눌 수 있다. 여기서 적대적 폭력은 가해자의 감정이 격앙된 상태에서 자신의 적대성을 피해자에게 투영하기 위해 폭력을 행사하는 경우다. 이 경우에는 폭력의 사용 자체가 목적이다. 반면에 도구적 폭력의 경우에는 가해자가 피해자에 대한 어떤 감정적 투영이 없으며 단지 피해자는 가해자의 폭력이라는 수단을 사용한 2차 목적을 실현하기 위해 선택된 대상일 뿐이다. 가해자의 감정 격앙 등이 없으며 여기서 폭력은 하나의 목적 실현을 위한 수단으로 사용된다. 대체로 이 경우 가해자의 궁극적 목적은 금전적 이익, 지위나 명예의 회복이나 유지, 권력이나 신분 우위의 확인이나 유지 등이 된다.

폭력은 그 발현 형태에 따라 직접적인 폭력과 간접적인 폭력으로 나눌 수도 있다. 직접적인 폭력은 피해자와의 직접적인 대면에서 가해자가 피해자에게 직접적인 가해 형태로 나타난다. 이 경우 신체적으로 직접적인 구타로 나타날 수 도 있고 언어적으로 욕설이나 모욕감을 주는 등의 공격행위로 나타날 수 도 있다. 한편 간접적인 폭력은 보다 은밀한 형태로 이루어진다. 이 간접적인 폭력은 피해자와의 직접적인 대면 없이 이루어지는데 왕따를 시킨다거나 없는 사람 취급을 한다거나 하는 형태로 발현될 수 있다.

마지막으로 폭력은 친 사회적인 폭력과 반 사회적인 폭력으로도 구분될 수 있다. 이 경우 친 사회적인 폭력은 폭력을 사용하도록 권위나 정당성을 부여 받은 행위자에 의해 실행되거나 아니면 정당방위에 해당하는 폭력으로 사회적으로 용인되는 폭력의 종류에 해당한다. 반면 반사회적인 폭력은 일부 친 사회적인 폭력 행위를 제외한 모든 폭력 행위에 해당되며 대체로 거의 모든 폭력은 사회적으로

---

21) 이수정, "최신 범죄심리학", (2판), 북카페, 2010년, 59~61면.

용인되지 않는 반 사회적인 폭력에 해당한다.

위에서 정리한 폭력의 유형들은 대체로 학교폭력의 경우에도 적용될 수 있다. 학교폭력은 적대적 폭력과 도구적 폭력 모두를 포함하며, 직접적인 폭력과 간접적인 폭력 가운데 어떤 형태로도 발현될 수 있다. 또한 학교폭력은 일부 교사에 의한 정당한 폭력적 처벌이나 극소수의 정당방위를 제외하면 거의 모든 학교폭력은 반 사회적인 성격을 갖는다. 이러한 다양한 학교폭력의 유형에 대한 이해는 학교폭력의 개념이 어떠한 내용을 다루어야하는지 이해하는데 도움을 줄 수 있을 것이다. 또한 학교폭력은 그 구체적인 유형에 따라 다른 특성들을 가지고 있기 때문에 이러한 유형에 대한 이해는 학교폭력의 유형별 특성에 따라 적절한 대응방안을 모색하는데도 도움을 줄 수 있을 것이다.

한편, '학교폭력'의 정의와 개념에 대한 여러 학자들의 의견을 정리해 보면 다음과 같다. 먼저 외국 학자들의 경우 '하이네만'은 학교폭력이란 어떤 특별한 집단에 의해 발생되는 것으로 보고 '올웨우스'은 한사람이 개인이나 집단에 의해 반복적으로 그리고 지속적으로 부정적 행위(누군가가 의도적으로 다른 사람에게 상처, 불안을 끼치거나 그렇게 하려는 시도)에 노출되어 있는 경우를 가리킨다고 하였다. 그리고 '다틈'과 '허버트'는 학교폭력이란 마음먹고 남을 괴롭히려는 의식적인 욕구이며 상대방을 스트레스로 몰아넣는 신체적, 심리적인 것을 말한다고 하였다. '레인'은 두려움과 걱정거리를 유발하기 위한 위협이나 폭력과 같은 행위나 행위의 암시가 포함된 것이라고 했으며 '로랜드'는 신체적, 심리적으로 오래 계속되는 폭력으로 실제 상황에서 스스로 방어 불가능한 개인을 겨냥해 개인, 집단에 의해 행해지는 것이라고 규정했다. 슬라보예 지젝은 결국은 눈에 보이는 '주관적 폭력'보다 눈에 보이지 않는 '객관적 폭력', 즉 '상징적 폭력(symbolic violence)'과 '구조적 폭력(systemic violence)'이 중요하며, 거기에 초점이 맞춰져야 한다는 얘기다. 이를 위해 그는 주관적 폭력과 싸우는 척 하지만 실제로는 구조적 폭력의 가해자 역할을 하는 자들이 보여주는 위선을 폭로한다. 특히 구조적 폭력은 경제체계와 정치체계가 '정상적으로' 작동할 때 나타나는 결과라는 점에서 우리의 일상을 지배하는 것이기도 하다. 마지막으로 '스텐펜스'와 '스미스'는 지배적인 사람(가해자)이 덜 지배적인 자(피해자)에게 걱정을 일으키려는 목적을 가지고 실제로 걱정을 일으키는 공격적 행동을 나타내는 사회적 상호관계의 한 형태라고 말했다.

왜 학교에서 집단 괴롭힘이 발생하는가? 왜 아이들이 집단 괴롭힘을 하는지에 대해 이제까지 여러 가지 설이 제기되어 왔다. 그러나 모든 설이 인정받기에는 불충분하여 다수의 전문가가 공통적으로 인정할 수 있는 정설은 아니다. 여러 가지 설들 중 대표적인 것을 살펴보자.

생리설은 사춘기에는 남성호르몬이 다량으로 분비되어 그 호르몬의 작용으로 학생들이 공격적이 된다. 이것이 집단 괴롭힘의 원인이라는 생각을 지닌 사람들이 있다. 그러나 거의 모든 학생들의 남성호르몬이 증가하고 있음에도 불구하고 모든 학생들이 집단 괴롭힘 행위를 하고 있는 것은 아니라는 점과 사춘기가 지난 사람들 사이에도 집단 괴롭힘이 일어나는 점 등에서 설로 인정하기에는 불충분하다.

본능설은 인간은 본능적으로 공격성을 지니고 있으며 그 공격성이 강한 경우에 집단 괴롭힘 행위를 하게 된다는 설이다. 그러나 본능설에 관한 연구는 충분히 이루어지고 있지 않아 정말 그런 것인지 아닌지에 대한 의문도 제시되고 있는 상황이어서 집단 괴롭힘을 설명할 때 공격 본능을 이용하는 것은 부적절하다는 반론이 있다.

정신질환설은 집단 괴롭힘을 당하는 학생은 행동 장애(Conduct Disorder)라는 정신질환을 가지고 있으며 그 증상으로서의 다름 사람을 괴롭힌다는 설이다. 다른 사람을 괴롭히는 학생은 행동 장애라고 하는 병을 가지고 있다. 그렇다면 어떻게 그 학생이 행동 장애를 가지고 있다고 말할 수 있는가? 그것은 다른 사람을 괴롭히고 있기 때문이다라는 식으로 이 설은 동어반복(Tautology)에 해당하기 때문에 설명으로 성립되지 않는다는 반론이 있다.

부모의 교육 부족설은 학생이 부모로부터 선악, 타인에게 페를 끼쳐서는 안 된다는 것을 배우지 못하고 학교에 들어왔다. 그래서 집단 괴롭힘 행위를 한다고 하는 설인데 이는 환경결정론으로 사람의 도리상 문제가 있다는 반론이 있으며, 또한 아무리 바르지 못한 부모 밑에서 자라도 다른 사람을 괴롭히거나 하는 행위를 하지 않는 학생들이 많다고 하는 반론도 있다. 사회학습설은 부모의 폭력, 교사의 체벌, 상급생이나 동급생이 하는 집단 괴롭힘 행위, TV 프로그램의 폭력장면, 게임에서의 격투 등의 영향을 받아 자기 자신도 같은 행위를 한다는 설이다. 이 설의 기초가 되는 반두라(Albert Bandura)의 사회학습이론(Social Learning Theory) 연구에 데이터 수정이 있었기 때문에 전면적으로 참고 할 수 없다고 하는 반론이 있다. 욕구불만 해소설은 공부의 뒤처짐, 부모의 불화, 부모의 애정 부족, 가정의 빈곤 등 학생이 학교나 가정에서 경험하는 괴로움을 다른 사람들 집단 괴롭힘 함으로써 풀고 있다고 하는 설이다. 그러나 괴롭히는 대부분이 이러한 욕구불만 상태를 가지고 있다는 데이터가 없다는 반론이 있다.[22]

또한 학교폭력에 관한 국내의 각 연구자들의 견해를 살펴보면, 오명식(1997)은 학교폭력을 학교 내와 학교 인근에서 유목적적으로 개인 또는 집단이 신체적, 심리적, 일회성 또는 상습적으로 괴롭히거나 구타하거나 폭력을 행사하는 것으로 정의하며[23] 김형방(1996)은 자기보다 약한 처지에 있는 상대방에게 불특정 다수의 학생이나 남이 보이지 않는 곳에서 신체적·심리적인 폭력을 반복하여 행하거나 심각한 공격을 가하는 문제행동으로 정의하고 있으며,[24] 홍금자와 이경준(1998)은 가해자나 피해자 또는 발생장소 등에 있어 학교와 관련하여 발생하는 폭력행위로 그 주체나 대상이 모두 청소년이라는 점을 특징으로 지적하고 있다.

---

22) 가나하라 슌스케, "한·중·일 청소년의 사회문제와 학교폭력 관련 국제심포지엄 자료집", 2012, 42~43면.

23) 오명식, "근절되어야할 학교 내·외 폭력", 교육개발, 한국교육개발원, 1997년, 37면.

24) 김형방, "학교폭력과 사회복지 대응방안", 계간 사회복지, 통권 제131호, 한국사회복지협의회, 1996년, 42면.

[25] 또는 조성호(2000)는 학교 내·외에서 서로 간의 힘의 불균형이 존재하는 상황에서 상대방에게 신체적 또는 심리적 위해를 가하기 위해 행해지는 학생들간의 신체·물리적, 심리적 및 언어적 공격행위라고 정의하였다.[26] 그리고 조규항(1999)은 집단따돌림행위을 포함하는 포괄적인 개념으로서 학교 내에서 또는 학교 밖에서 학생들 간에 행해지는 신체적·언어적·심리적 공격행위와 따돌림행위를 포괄하는 의미로서 정의하고 있다.[27]

이상의 여러 학교폭력의 개념과 관련된 여러 논의들과 여러 학사들의 의견과 견해를 종합해서 학교폭력의 개념을 정리하면 다음과 같다. '학교폭력'이란 학교라는 공간을 중심으로 학교 인근의 공간을 포함해서 일어나는 폭력 행위이거나 폭력 행위의 가해자와 피해자 중 일방 또는 쌍방이 학생의 신분을 유지하거나 학생의 신분이었던 청소년이 관련되는 폭력 행위이다. 학교폭력학(學校暴力學)의 정의는 이와 관련해서 다루는 학문이라고 표현 할 수 있다.

이 경우 자신보다 신체적, 심리적으로 약한 위치에 있는 학생에게 가해지는 개인이나 집단에 의한 물리적, 심리적 위협 또는 행동을 일컫는다고 볼 수 있다.[28] 그리고 이 폭력은 적극적 또는 도구적, 직접적 또는 간접적 등의 다양한 유형으로 나타날 수 있다.

덧붙여 학교폭력의 구체적 개념정의는 상황과 조건에 따라 다소 달라질 수 도 있다. 이는 연구목적에 따라, 즉 학교폭력의 원인을 밝히는 연구인가 아니면 학교폭력의 실태에 대한 연구인가 학교폭력의 대책에 대한 연구인가에 따라서 개념규정이 달라지고, 학교폭력에 포함되는 폭력행위의 유형에 있어서도 차이를

25) 홍금자·이경준, "학교폭력의 설정과 학교사회사업가의 개입", 학교사회사업, 한국학교사회사업학회, 1998년, 63면.

26) 조성호, "학교폭력에 대한 개념화 : 통합적 접근 모형", 한국심리학회지, 6권 1호, 한국심리학회, 2000년, 47~67면.

27) 조규항, "학교폭력의 방지와 정부의 대책", 한국심리학회심포지엄 자료집, 한국심리학회, 1999, 80~81면.

28) 학교폭력의 유형으로는 직접적인 물리적 폭력으로서 밀치기·주먹질·도구를 써서 때리기·발로차기 및 소지품 빼앗기 등을 들 수 있고 간접적인 폭력으로는 나쁜 소문 퍼트리기와 따돌리기, 욕설·곯리기와 몸짓 등이 포함된다.

보일 수 있기 때문이다. 하지만 그럼에도 불구하고 여기에서 제시한 일반적인 개념 정의는 학교폭력이 어떠한 폭력의 내용들을 포함하는가를 이해하는데 일반적인 도움을 줄 수 있을 것이다.

제2절 학교폭력의 가해유형

학교폭력의 유형은 연구기관이나 연구자에 따라서 매우 다양하다. 대부분 학교폭력[29]의 유형에 대한 기준이나 개념에 대한 뚜렷한 정의가 부족하거나 없는 것들이 많다.[30] 여기서는 학교폭력의 대표적인 유형[31]으로 생각되는 신체적 폭력, 금품갈취, 언어폭력, 심리폭력, 성 폭력 등에 대하여 살펴보기로 한다. 신체적 폭력은 폭력의 대상이 되는 학생 또는 학생들에게 직접적으로 물리적인 힘을 가하는 것을 의미하는데 구체적으로는 때리고 찌르고 목조르는 행위, 손가락 되로 꺽기, 불로지지기, 상해 행위, 머리잡아 당기기, 지나치게 간질이는 행위, 물어뜯기, 발로차기(Fried, S. & F. Fried, 1996, p. 13) 등의 자신의 신체의 일부를 사용하는 폭력이 있고, 또 각종 칼, 몽둥이, 파이프 등 물리적 도구를 이용하여 상대방에게 위해를 가하는 폭력이 있다. 금품갈취는 학교폭력에서 재산적 이익을 목적으로 이루어지는 폭력이다.

돈이나 시계, 운동화, 옷, 카세트, 카메라 등의 금품을 직접적으로 빼앗거나 다른 학생들을 시켜서 빼앗는 간접적인 것을 말한다. 언어폭력은 학교폭력의 가장 일반적인 형태로서 말로써 상대방을 놀리거나 비꼬는 행위, 욕설을 하거나 단점을 말하는 행위 등을 통하여 괴롭히는 폭력을 말한다. 언어는 상대방에게 미치

29) 학교폭력의 유형은 대개 폭력행사의 방법이나 폭력의 결과에 따른 분류로서 학자에 따라 내용과 의미가 중복되기도 한다. 이중 이유 없이 괴롭히거나 쾌감을 느낌, 반복적이며 지속적임, 도구적 폭력등은 우리나라 학교폭력에서 최근 증가하고 있는 유형이다.

30) 홍봉선 · 남미애, 「청소년복지론」, 양서원, 2003년, 294면.

31) Hans Tiersch는 폭력의 유형을 물리적 폭력, 심리적 폭력, 구조적 폭력의 세 가지 형태로 구분하고 있다.

는 영향이 다소 미묘한 점이 있어서 폭력으로 규정하기가 곤란한 경우도 있다. 그러므로 언어의 사용이 상대방에 대한 폭력으로 규정되기 위해서는 적어도 부분적으로 다음과 같은 요소를 가지고 있어야 한다.

첫째, 언어폭력은 그 상대방을 해치려고 하거나 고통을 주려는 의도가 있다. 둘째, 상대방에게 미치는 영향이 강하고 지속적이다. 셋째, 언어폭력은 또 다른 사람에게 힘을 실어주기 위하여 사용된다. 넷째, 언어폭력은 피해자의 약점을 공격한다. 다섯째, 언어폭력은 피해자에게 소외감이나 노출된 느낌을 주도록 한다. 여섯째, 언어폭력은 상승작용을 일으켜서 신체적 피해를 가져올 수 있다. 일곱째, 언어폭력은 성적 괴롭힘의 한 형태로 될 수 있다. 심리적 폭력은 학생들에게는 가장 이해하기 어려운 형태의 폭력이다. 여기서는 거부하기, 겁주기, 무시하기, 따돌리기, 그리고 타락하도록 만드는 행위 등이 포함된다. 이는 체계적으로 피해자를 움츠러들게 하며 의도적이거나 또는 무의식적으로 행하여 질 수 있지만 이것은 자체가 하나의 사건이 아니라 항상 행동의 한 과정에서 일어난다. 또 심리적 폭력은 피해 상대방이 스스로 가치가 없다고 생각할 정도까지 자아 개념이 위축되도록 의도되어 있다.[32)]

성폭력은 모든 폭력문제 중에서 기록하기가 가장 복잡하고 가장 어려우며 또 다루기 가장 곤란한 것이다. 이는 언어적 성희롱 또는 괴롭힘 같은 비접촉성 폭력과 성적폭력행위인 접촉성 성폭력으로 구분되고 있지만 대개 언어폭력과 심리적 폭력을 묶어서 괴롭힘으로 규정하기도 한다.

제3절 폭력학생의 특성

청소년들은 어른도 아이도 아니다. 이러한 주변적 특성에서 파생되는 좌절과 불안이 잠재하기 마련이며, 이런 것들이 원인이 되어 여러 가지 문제를 노출시키

32) 홍금자·이경준, "학교폭력의 실정과 학교 사회사업가의 개입", 학교사회사업 창간호, 한국학교사회사업학회, 1998년, 63면.

기 때문에 청소년기를 폭풍의 시기라고 부른다. 이에 의한 청소년 폭력의 일반적인 특징이 있다. 이런 이유로 청소년 폭력이 단순한 탈선의 차원을 넘어 심각한 범죄의 단계에 이르기도 하고, 급격한 산업화 과정에서 야기된 가치관의 흔들림으로 청소년이 자신의 폭력 행위에 대해 죄의식이나 책임감을 크게 느끼지 않고 있으며 폭력이 특별한 비행 청소년에만 국한 된 것이 아닌 보통 청소년 모두에게 쉽게 발견되고 노출될 수 있는 일반화된 비행의 유형이 된다. 또한 집단화 경향이 있으며 청소년 폭력의 연령은 점점 낮아지고 여학생들이 가해자로 대거 등장하게 되고 일반적인 폭력과 금품갈취 이외에도 집단적인 따돌림과 놀림, 시험지 보여주기를 강요 심지어는 숙제 빼앗기 등 새로운 형태의 심리적 폭력이 출현하기도 한다.[33]

최근 학교폭력의 특징은 연령이 낮아지고 있는 추세이다. 중학생의 학교폭력 발생 비율이 가장 높은 상황으로 가해자와 피해자 구별이 불분명하다. 그 원인은 복합적인 경우가 많아 문제해결의 전문적인 지식과 상담이 필요하다.[34]

이런 특징을 가지는 폭력학생의 특성을 여러 학자들의 견해와 함께 알아보면 우선 Stephenson과 Smith(1989)는 학교폭력의 가해학생은 불안정하고 인기가 없기 때문에 이것에 대한 보상으로 학교폭력을 시도하는 것이라 하였다. 또한 폭력에 대한 긍정적인 태도를 취하고, 충동적이며 가정문제가 많다고 하였다. Smith와 Sharp(1994)는 가해학생은 자존심도 낮지 않고, 외향적이며 자신만만하고, 또래 집단내에서 지배적이고 강력한 것을 이상형으로 삼아 공격적인 행동을 자신의 사회적 지위를 표현하는 현실적인 방법으로 보는 경향이 있다고 하였다. Boldizar와 Perry(1989)에 의하면 가해학생들은 대체로 공격적인 행동의 결과에 대해서 보다 긍정적인 기대를 갖고 있다고 하였다. 가해학생들은 폭력이 가시적인 보상을 가져다주고 자신에 대한 다른 학생의 공격적 행동을 예방하며, 자아존중감을 높이는 것으로 믿고 있다고 하였다. 그리고 이들은 공격적인 행동의

33) 윤진, 「대중매체의 폭력성이 청소년에게 미치는 영향」, 한국형사정책연구원, 1991년, 11~30면.

34) 이은수, "한·중·일 청소년의 사회문제와 학교폭력 관련 국제심포지엄 자료집", 2012, 57면.

결과에 보다 높은 가치를 두고, 타인을 지배하거나 통제하는 능력을 중시하며 타인에게 주는 고통이나 타인이 자신을 싫어할 가능성에 대해서는 거의 고려하지 않는다고 하였다.

또한 가해학생들은 동급생 특히 피해자[35)]보다 힘이 세고, 다른 학생들을 지배하고 굴복시키고 힘과 위협으로 자기주장을 세우고, 자기 뜻대로 관철시키려는 욕구가 강하기 때문에 이로써 다른 학생들에게 자신의 우월감을 자랑한다고 한다. 그들은 성미가 급하고 화를 잘내며 충동적이고 좌절에 대해 관용성이 모자란다고 보며, 어른들과 학교에 대해 매우 공격적이고 불평도 많고, 피해자가 되는 학생에게 동정심을 전혀 기울이지 않는다.[36)] 그리고 다른 동급생들에 비해 비교적 더 어린 나이에 반사회적인 행동에 기여하고 불량친구들과 어울린다고 하고, 가해 학생은 또한 나름대로의 지지망을 가지고 있는데, 자신들끼리 바람직하지 않은 정보를 주고받는 경향이 높다고 한다. 이는 가해학생들이 바람직하지 않은 정보를 주고받으며 가해 집단의 결속도 강화해 나감을 의미하기 때문에 부모나 교사의 보다 많은 지도가 요구된다.

제4절 폭력과 고립감

최근 경찰대학 치안정책 연구소에서 발표한 폭력 가해와 감정적·사회적 고립감과 가족관계 상담과의 관계에 대해 조사한 바에 의하면 상대방을 때려서 병원에 실려가게 만든 경우를 제외하고는 심한 학교폭력의 가해정도와 감정적 고립감과는 별다른 연관성은 없다. 상대방을 때려 병원에 실려가게 만든 경우가 10회 이상이었던 집단과 5회미만이었던 집단 간 감정적 고립감의 수치는 가해경험이

35) 학교폭력의 가장 큰 문제점은 첫째, 학교폭력의 경험이 청소년에게 미치는 영향이 심각하다는 것이다. 학교폭력을 당했을 때 가장 일반적으로 나타나는 감정은 불안과 수치감 그리고 가해학생에 대한 분노인데, 지속적으로 학교폭력에 시달릴 경우 불안는 공포감으로 발전하고 나아가 가해학생에 대한 분노는 더 심화된다.

36) 윤진, 앞의 책, 43면.

있는 집단의 학생들이 높게 나타났다. 학교폭력의 가해자들이 감정적인 고립감을 보이고 있지 않을 것이라 여겨지고, 그런 반면에 심한 욕설을 하거나 집단폭행을 하거나, 상대방을 때려 병원에 실려가게 만들거나 교내의 폭력써클에 가입하는 학생들은 사회적 고립감의 수치가 높게 나타났다고 한다. 학교폭력을 한 번도 경험하지 않은 집단보다 경험의 횟수가 많을수록 사회적 고립감을 심하게 느낀다는 사실을 알 수 있다. 또한 학교폭력 가해정도가 심할수록 가족관계에 문제가 많음을 보인다고 한다. 집단 간의 욕설 가해와 협박가해의 경우 한 번도 가해경험이 없는 집단과 5회 미만의 욕설가해가 있었던 집단, 그리고 10회 이상의 욕설가해가 있었던 집단을 비교하여 볼 때 가해경험이 많은 집단의 가족관계 점수가 높은 것으로 나타났다. 역시 상대방을 발로 차거나 주먹으로 때린 적이 있는 경우와 집단폭행을 한 경우에는 각각 한 번도 경험하지 않은 집단과 1회 이상 경험한 집단 간을 비교하여 볼 때 가해경험에 따라 가족관계에 있어서도 문제가 심각해짐을 알 수 있다. 이것은 가족관계가 가해학생들을 유발시킬 수 있는 요인이 됨을 시사한다.

마지막으로 학교폭력의 경험과 상담과의 관계를 볼 때 학교폭력의 문제가 생겼을 때 53%의 학생들이 가족, 친구와 의논한다고 했고, 또한 혼자서 고민한다는 학생들도 16.1%로 나타났다. 이 결과는 대부분의 학생들이 전문상담기관을 찾아가거나 상담자의 도움을 받기보다는 가까운 주변의 사람들에게 조언을 구한다는 것을 말해주고 있다. 또한 위협이나 협박을 하거나 따귀를 때리는 행위, 발로 차거나 주먹으로 때리는 가해를 한 집단의 경우, 횟수가 많을수록 감정조절과 상담과 폭력예방 상담을 받고자 하는 경향이 뚜렷이 나타난다.

제2장

학교폭력 원인 : 이론적 접근들

제1절 학교폭력 원인

1. 이론적 접근

학교폭력을 포함한 폭력행위 원인에 관하여 그간 다양한 이론적 논의가 있었다. 생물학적, 정신분석학적, 학습이론적, 사회통제적, 긴장이론적 관점 등이 있다. 생물학적 관점은 인간과 동물은 유사하다는 가정에서 폭력행위의 원인을 찾은 대표적 학자인 Lorenz(1966)는 다른 동물과 마찬가지로 인간은 폭력이나 공격행위도 보편적 본능(universal instinct)에 기인한다고 보았다.

정신분석학적 관점은 누구에게나 폭력충동이나 폭력본능이라고 가정하고, 자아와 초자아와 같은 내부심리기제의 작용과 관련하여 폭력행위의 유발과정을 설명한다(Kutash, 1978). 학습이론적 관점은 Feshbach(1970)가 지적 하였듯이 폭력에 대한 연구는 직접적이건 간접적이건 어느 정도 학습의 영향을 가정하고 있다(홍성열·임영식 2002). 사회통제적 관점은 학생들을 둘러싼 상황적 조건은 물리적인 환경과 그 학생이 상호작용하는 사람들(부모, 형제, 교사, 또래 등)의 사회관계적 환경으로 구성된다. 긴장이론적 관점은 비행의 원인으로 상황적 조건을 강조한 또 다른 이론으로는 긴장이론(strain theory)이 있다. 학교생활에서 학생들은 부모가 갖는 기대와 자기 능력과의 격차로 많은 긴장을 겪으며, 성적 및 시험으로 인한 압력에 늘 시달리고 있다. 긴장이론이란 행위자들이 겪는 긴장(strain)이 바로 반사회적 원인이라는 입장이다.

학교폭력 이해당사자들(교사, 피해자 및 가해자 등)은 기본적으로 "학교폭력문제"를 기존 사법제도에서처럼 가해자-피해자의 이분도식에 따른 처벌로서 접근하는 것을 원하지도, 그렇다고 교육기관(학교) 중심으로 소위 "자치"라는 허울(미명)하에 학교장 재량에 따라 처리하는 것을 바라지 않는다. 이해당사자들은 학교공동체를 주축으로 하되, 당사자들이 서로 신뢰할 수 있고 공정성을 확보할 수 있는 지역사회의 제3의 전문적 개입(조정센터)에 대한 욕구가 보다 강하다. 이해당사자들이 진정으로 원하는 학교폭력 문제해결 방식은 단순히 "보복적 처벌"이나 "금전 피해배상"에 있는 것이 아니라는 사실이다. "가해자의 진정한 반성과 사과"를 가장 중요한 해결방법으로 꼽고 있다. 이것은 바로 "회복적 사법 실천"이 "재통합적 수치심"이라고 이야기 하는 가장 핵심적인 해결방법이자 관계회복적 요소이다.[37)]

학교폭력의 발생원인·요인을 이해하기 위해서는 이론적 접근이 필요할 것이다. 여기서 이론은 여러 범죄와 관련된 이론들을 의미한다. 범죄학 분야에서는 오랫동안 여러 다양한 시각과 접근방법을 가진 이론들이 제시되고 검증되어져 왔다. 대체로 이러한 이론들은 대부분의 일반적인 범죄나 비행 현상을 설명한다. 때문에 범죄나 비행의 한 유형인 학교폭력 역시 이러한 범죄학의 여러 이론들로 설명될 수 있음은 의문의 여지가 없을 것이다. 여기서는 여러 범죄학 이론들을 제시하고 각각의 이론적 제안들의 특성을 살펴보며, 궁극적으로는 이러한 이론들이 학교폭력을 어떻게 설득력 있게 설명하고 있는가를 살펴볼 것이다.

대체로 범죄학 이론은 그 이론의 기반이 되는 철학적 시각과 학문적 전통의 패

37) 김은경·이호중, 『학교폭력 대응방안으로서 회복적 소년사법 실험연구(Ⅰ)』, 한국형사정책연구원, 2006, 21면.

러다임에 따라 서로 다른 유형의 이론들로 나뉠 수 있다. 다양하고 서로 다른 여러 범죄학 이론들을 이러한 유형별로 분류하는 것은 범죄 현상을 설명할 수 있는 이론들을 제대로 파악하는데 도움이 되며 학교폭력을 비롯한 범죄의 문제를 어떻게 이해하고 그 요인을 어떻게 설명할 지에 큰 도움이 된다. 일단 크게 보면 범죄학 이론은 크게 인간을 어떻게 보는가 하는 철학적 관점의 차이에 따라 고전주의 범죄학 이론과 실증주의 범죄학 이론으로 나뉜다. 고전주의 범죄학에서는 범죄를 인간의 합리적 선택의 결과라고 보며 때문에 인간의 선택이외의 다른 범죄에 영향을 미치는 원인에는 관심을 기울이지 않는다. 여기서 인간은 범죄에 들어가는 비용과 범죄로부터 발생하는 편익을 계산하여 편익이 비용을 초과할 때 언제든지 범죄가 발생할 수 있다고 간주한다. 이러한 전통에 들어가는 범죄학 이론으로는 억제 이론, 합리적 선택이론, 일상생활이론, 상황범죄 이론 등이 있으며 상황범죄이론이나 환경 범죄 이론에 기반을 두고 이를 보다 실천적으로 재구성한 CPTED(Crime Prevention Through Environmetal Design)도 여기에 해당한다. 억제 이론은 고전주의 범죄학 이론의 시초로 이탈리아의 체자레 베카레아에 의해 처음 제안되었다. 여기서 범죄는 인간의 합리적 계산의 결과이며 범죄에 대한 처벌이 비용으로 범죄로부터 발생되는 이익이 편익으로 상정된다. 범죄의 처벌에서 처벌의 확실성, 심각성, 그리고 신속성이 중요한 처벌의 비용으로 상정되며 이 비용이 낮을 경우 인간은 범죄를 선택하게 된다고 본다. 한편 비슷한 시기에 영국의 공리주의 철학자인 제레미 벤담은 범죄학 이론을 직접제시하지는 않았으나 최소의 희생을 통한 최대의 행복추구라는 개념으로 범죄문제를 바라보아 희생과 행복추구라는 저울추에서 범죄를 통한 행복추구가 그 희생을 능가할 때 범죄가 발생하는 입장을 취하였다. 이후 실증주의 범죄학 이론의 유행에 밀려 주목받지 못하다가 1980년대 이후 합리적 선택이론이라는 형태로 고전주의 범죄학 이론이 다시 주목을 받는다. 여기서 인간의 비용-효과 분석을 통한 범죄의 선택이라는 패러다임이 다시 제시되었다. 하지만 이전과는 달리 여기서 인간의 합리성은 그 선택을 둘러싼 여러 환경적, 심리적, 사회적 요인에 의해 제약받는 제한된 합리성으로 상정된다. 하지만 이 이론은 여전히 인간의 그 불완전한 합리적 의사결정에 주목하여 바라보고 범죄를 그 의사결정 과정에 개입함으로서 조작하려는 태도를 취하고 있다.

한편, 코헨과 펠젠은 인간이 합리적이라는 가정 하에 일상생활이론을 제안한다. 여기에서 인간은 범죄의 동기를 가진 동기화된 잠재적 가해자로 상정된다. 그리고 그 잠재적 가해자는 합리적 의사결정자로 가정되며 일상생활을 영위하는 과정에서 적절한 피해자와 범죄를 막을 수 있는 경찰 등의 능력 있는 보호자가 존재하지 않을 경우 범죄를 선택하게 된다. 여기서 적절한 피해자의 존재는 범죄의 편익으로 경찰 등의 보호자의 존재는 범죄에 대해 치러야할 비용으로 이해될 수 있다. 결국 일상생활이론은 범죄란 잠재적 가해자가 일상생활을 영위하는 과정에서 적절한 피해자와 보호자가 존재하지 않음이라는 두 기회요소들과 접점을 이룰 때 발생하는 결과로 파악된다. 그리고 그것은 범죄에 대해 동기화된 가해자의 합리적 의사결정의 산물이다.

최근 들어 고전주의 범죄학 이론의 전통을 이어받고 있는 것으로는 상황범죄이론이 있다. 상황범죄이론은 여타 고전주의 범죄학 이론과 마찬가지로 인간은 합리적 선택을 한다는 가정에 기반을 두고 범죄를 그 선택의 결과로 이해한다. 상황범죄이론은 앞서 언급한 일상생활이론과 합리적 선택이론, 그리고 범죄가 일어나는 공간적 특성에 주목한 환경 범죄이론의 요소를 받아들여 집대성한 것으로 범죄를 줄이고 예방하기 위한 구체적인 실천방안을 제시하는 이론으로 발전한 것이다. 앞서 언급한 클라크와 코니쉬와 함께 그래미 뉴먼 등이 이 상황범죄이론을 주도하며 범죄예방과 감소를 위한 구체적인 방안들을 제시했다. 상황범죄이론은 범죄가 인간의 합리적인 선택의 결과라는 입장에 바탕을 두고 그 인간의 의사결정에 투입되는 요소들에 주목한다. 즉 범죄가 일어나는 순간에 가로등의 불빛, 거리의 구조, 집의 배치 등과 같은 상황적 요소들이 잠재적 가해자의 의사결정에 투입변수로 작용하여 범죄라는 결과를 산출하게 된다고 본다. 그리고 이에 따라 범죄의 예방은 이 투입변수인 상황적 요소들을 조작함으로서 인간의 합리적 의사결정과정에 영향을 미쳐 이루어지게 된다고 주장한다.

고전주의 범죄학 이론과 구별되는 독특한 철학적 입장에 서있는 범죄학 이론은 실증주의 범죄학 이론이다. 이는 영어로 Positive Criminology라고 일컬어지는데 이를 긍정적 또는 적극적 범죄학이라고 번역되어서는 곤란하며 실증주의 범죄학이라고 풀이되어야 한다. 이 유형의 입장은 인간이 합리적 의사결정자가 아니라는 대전제 아래에서 인간에 영향을 미치는 외부의 원인들에 주목한다. 즉, 인간은 당구공과 같이 외부의 힘에 의해 움직이는 객체에 불과하며 인간의 행동을 조건 짓는 외부의 힘이 따로 있으며 이것이 진정한 인간행동의 원인이므로 인간의 행동을 이해하기 위해서는 이 외부의 힘을 밝혀야한다는 입장을 취한다. 실증주의는 이러한 외부의 힘을 경험적, 과학적으로 실증해서 밝혀내어야 한다는 실증주의의 방법론적인 입장에 주목하여 일컬어진 이름이다. 실증주의 범죄학에서는 결국 범죄란 인간의 합리적 의사결정이 아닌 외부의 힘이 인간에 영향을 미쳐 만들어낸 하나의 결과이다. 때문에 여기서는 그 외부의 힘이라는 원인과 범죄라는 결과 간의 인과 관계를 중요시하며 이 인과 관계를 실증적으로 밝혀내려는 노력들이 주가 된다.

실증주의 범죄학 이론들은 그 외부의 힘을 어디에서 찾고 있는가에 따라 크게 생물학적 범죄이론, 심리학적 범죄이론, 사회학적 범죄이론의 세 가지로 나뉜다. 먼저 생물학적 범죄이론은 범죄를 저지르는 사람은 생물학적으로 결정되어 진다라는 입장을 취한다. 결국 인간은 범죄를 선택하는 것이 아니라 태어나면서 결정되는 생물학적 요인에 의해 범죄자로 태어나게 된다는 입장을 취한다. 이 생물학적 범죄이론은 대체로 초기 이론과 최근 이론으로 구별되어 지는데 대략 1980~90년대 정도가 그 분기점으로 설정될 수 있다. 1980년대 이전에 제기된 초기 생물학적 이론들은 생물학적 범죄학 이론을 가장 먼저 주창한 롬브로조를 포함하여 인간의 외적 신체 특징이나, 유전적 요인 또는 염색체 등에 초점을 맞추어 범죄자는 태어나면서 정해진다는 주장했다. 하지만 이러한 이론들은 방법론상의 여러 결함들과 윤리적 문제들, 그리고 연구 결과 자체의 신빙성 등 때문에 오늘날은 거의 받아들여지고 있지 않다. 한편 1980~90년대 이후에 다시 등장한 최근 생물학적 이론들은 인간의 신체 내부에서 의사결정과 성격특질 등에 영향을 미치는 호르몬 작용이나 뇌파나 신경 등의 전기적 신호 등에 주목한다. 대체로 최근의 이론들은 범죄자가 일반인들과 호르몬이나 신경전달 물질 뇌파 작용 등에 있어 뚜렷한 차이점이 있다는 사실이 경험적으로 입증이 됨에 따라 그 타당성이 검증되고 있는 편이다. 하지만 연구의 샘플 수 가 제한되어 있는 점과 인과 관계상에서 생물학적 차이가 범죄의 원인인지 범죄를 함에 따라 호르몬과 뇌파 등의 생물학적 요소가 변화한 것인지에 대한 시간적 순서의 입증이 곤란하다는 점 때문에 그 이론의 타당성의 비판을 받고 있다. 또한 폭력학생을 포함한 범죄자들의 대부분은 오히려 정상적인 경우가 많다는 점에서 이 이론은 합당한 설명을 하지 못하고 있다. 그럼에도 불구하고 여전히 주요한 실증주의 범죄학의 한 영역으로 자리매김하고 있다.

심리학적 범죄이론은 인간의 범죄 행동의 원인이 인간에 내제한 심리적, 성격적 특성에 의해 영향을 받는다는 가정에 기반을 둔다. 심리학적 전통은 달라드, 밀러의 욕구, 좌절-공격이론과 프로이드[38]의 정신분석학적 이론 등을 그 바탕으로 하고 있다. 욕구, 좌절-공격이론은 개인의 욕구가 장벽에 의해 차단되면 욕구좌절상태가 되고 이런 상태가 공격행동을 가능하게 한다는 것이다. 즉 가정, 학교, 사회의 대인관계에서 누적된 욕구불만이 마음에 쌓여 적개심이 생기고 이것이 강력한 적대적인 행동을 낳게 된다는 것이다. 정신분석학적 이론에서는 과

38) 제러미 리프킨(이경남 옮김), 『공감의 시대』, 2010, 61면 ; 지그문트 프로이트(Sigmund Freud, 프로이드, 1856. 05. 06~1939. 09. 23.)는 인간은 "인생에서 무엇을 요구하며 무엇을 이루고자 하는가?"라는 질문으로 시작된다. 여기서 그는 19세기의 공리주의를 끌어와 인간의 노력에는 긍정적인 면과 부정적인 면 두 가지가 있다고 주장한다. 한편에서는 고통과 불쾌감을 피하여 하고, 다른 한편에서는 쾌락의 강렬한 느낌을 맛보려 한다는 것이다.

도하거나 미숙한 초자아의 형성으로 인해 나타나는 윤리의식의 결여가 수치심이나 죄책감 없는 폭력이나 범죄의 원인이 된다고 본다. 이후에 심리학적 전통의 이론은 인지-대본이론, 성격 이론 등으로 다양하게 발전하였으며 범죄 원인론을 설명하는 주요한 이론적 패러다임의 하나로 오늘날 자리매김하고 있다.

사회학적 이론은 인간이 범죄를 저지르게 되는 궁극적 원인이 인간에 영향을 미치는 인간을 둘러싸고 있는 환경적 조건인 사회에 있다고 보는 시각이다. 이 때문에 사회적인 요소들에 주목하고 폭력을 포함한 범죄의 원인을 파악하려고 한다. 이 사회라는 환경적 요인의 어디에 주목하는가에 따라 특정 이론들이 나누어지게 된다. 가정이나 학교, 또래 집단, 또는 특정 문화를 공유하는 집단 구성원 등과의 인적인 상호작용 과정에 주목하는 사회학적 이론들은 사회 과정이론으로 분류되며 보다 거시적인 차원에서 인간을 규정하는 계급구조, 성별, 사회 경제적 지위, 소속된 문화집단 등의 구조적인 측면에 중점을 둘 경우 사회 구조이론으로 분류된다.

대체로 사회학적 범죄학 이론들은 범죄학의 주된 이론적 패러다임의 지위를 누려왔으며 수많은 특정 이론들을 포함하고 있다. 그 중 가장 대표적인 것이 사회학습이론과 사회통제이론, 그리고 아노미·긴장 이론 등이다 이 밖에도 낙인 이론, 하위문화 이론 등의 여러 사회학적 이론들이 존재한다. 먼저 사회학습이론은 인간이 범죄를 저지르는 원인이 학습에 있다고 보는 입장이다. 즉 또래집단과 가정과 학교 등에서 이루어지는 인적 상호작용을 통해 범죄의 이데올로기와 기술을 학습함으로써 폭력을 포함한 범죄를 실행하게 된다고 본다. 이 이론은 에드윈 서들랜드의 차별적 접촉이론에 의해 처음 제시되었으며 이후 로널드 에이커스에 의해 사회학습이론으로 보다 정교화 되고 집대성 되었다.

사회통제이론은 인간의 주위환경에 그 초점을 맞추어 분석한 이론으로 허쉬가 대표적인 주창자이다. 인간은 누구나 선천적으로 비행성향과 비행동기를 가지고 태어나 누구나 일탈, 비행이 가능하지만 어떤 개인이 사회에의 유대가 강하면 비행성향을 통제할 수 있게 되고 유대가 약하게 되면 비행성향이 통제 불가능하여 자연적으로 비행으로 이어지게 된다. 즉 이 이론은 가정, 학교, 사회와의 유대를 강조하여 내, 외적인 통제가 강할수록 비행가능성이 적어진다는 것이다. 즉 가정, 학교, 사회는 청소년들의 비행을 막아주는 기제가 될 수 있다. 결국 좋은 가정에서 태어나 정상적인 부모 밑에서 자라나 학교에서도 잘 적응하고 좋은 친구들과 어울리는 청소년은 범죄에 빠져들 가능성이 적으나 가난한 가정에서 태어나 부모와의 관계 역시 열악하고 자기와 비슷한 처지에 있는 문제 학생들과 어울리면서 일탈가치를 수용하여 사소한 비행으로 인해 낙인이 찍힌 학생들은 더 큰 범죄를 저지를 수 있다는 것이 이 이론들의 핵심이다.

아노미·긴장 이론은 머튼에 의해 처음 주창된 것으로 아노미란 사회, 집단에 있어서 상대적 무규범 상태인데 비교적 안정된 사회에서는 문화구조, 사회구조 사이에 괴리가 없으나 안정되지 못한 사회에서는 두 구조사이에 괴리가 발생하여 위계서열에 불리한 위치를 차지하는 사람들이 괴리를 더욱 많이 느낀다는 것이다. 이로 인해 불리한 위치에 있는 사람들이 합법적인 방법으로는 유리한 위치에 있는 사람들을 따라갈 수 없기 때문에 비합법적인 방법이라도 사용하여 유리한 위치에 있는 사람들을 따라가려는 과정에서 위법행위와 범죄행위, 일탈행위 등이 생긴다는 것이다. 즉 물리적인 성공이 중요한 사회에선 훌륭하고 합법적인 제도적 수단에 의해 성공이 가능하나 하층인들에겐 이런 기회가 부여되지 못해 성공은 하고 싶으나 합법적인 방법이 제한되어 있어 아노미를 체험하고 그 결과 비합법적인 방법을 이용하여 성공을 이루려고 하다가 위법한 범죄행위를 일으킬 가능성이 높아진다는 것이다. 이후 이 아노미 이론은 애그뉴에 의해 일반 긴장이론으로 발전하게 된다. 애그뉴는 심리학적 요소인 긴장 또는 스트레스의 요소를 도입하여 머튼이 제시한 욕구와 욕구 실현의 괴리사이에서 발생하는 긴장 또는 스트레스가 범죄의 원인이 된다고 주장했다. 그에 다르면 범죄는 그러한 긴장 또는 스트레스를 합법적인 방법에 의해 해소하지 못하게 되자 이러한 해소를 위해 선택하게 되는 하나의 대안의 역할을 한다.

이 밖에 낙인 이론과 하위 문화이론 등도 사회학적 이론에 속한다. 이러한 이론들은 부분적으로 설명의 타당성은 있으나 대체로 경험적 연구에 의해 그 이론적 제안이 지지되지 못하는 경우가 많기 때문에 오늘날 사회학적 이론 그룹에서 주요한 이론으로 지지받지는 못하고 있다. 낙인이론이란 말 그대로 낙인부여가 비행청소년을 양산한다는 것이다. 사람들은 누구나 사소한 일탈의 가능성 즉 범죄성향을 어느 정도는 가지고 있다. 이런 일탈이 범죄로 규정되는 낙인 부여의 차이가 비행의 여부를 결정해 그 행위자에 대해 낙인이 주어지면 그 행위자는 더 심각한 범죄를 저지르게 된다. 하위문화이론은 비슷한 맥락이긴 하지만 약간 다른 면을 포함하고 있다. 이 이론은 코헨에 의해 주창된 것으로 그 내용을 살펴보면 하류계층의 청소년들은 중산계급특징의 기준에 동조할 수 있는 능력과 이런 기준에 측정되는 지위를 달성할 능력이 결여되어 이런 능력 없는 하류계층의 청소년들은 중산계급의 가치가 지배하는 사회체제하에서 지위적 욕구 불만, 자아존중의 상실이라는 문제에 봉착하게 된다. 그들은 출세에 불리한 자신의 상황을 깨닫고 그들의 부모 역시 안일하고 업적을 중시여기자 않도록 방임하여 하류계급의 자녀는 학교생활에 부적응하게 된다. 이런 문제를 해결하기 위해 하류계층의 청소년들은 나름대로의 사회적 지위, 안정, 자아존중의 새로운 기준에 바탕을 둔 비행집단을 형성하게 된다.

대체로 위에서 소개된 대부분의 범죄학 이론들은 범죄라는 일반적인 행태를 설명하기 위해 고안되고 발전되었다. 하지만 이러한 이론들이 거의 대부분의 모든 범죄 현상들을 설명할 수 있는 일반 이론이라는 점을 고려하면 이러한 이론들이 학교폭력을 충분히 설명할 수 있는 설명력을 갖추고 있다고 볼 수 있다. 다음에서는 이러한 범죄학 이론들을 적용하여 학교폭력의 원인을 설명하였다. 이론별로 정리하기 보다는 학교폭력의 각 요인별로 분류하여 정리하는 것이 보다 읽는 이의 이해를 도울 수 있다고 판단되어 그러한 구성 방식을 취하였다. 하지만 각 요인별로 어떠한 이론들이 가장 주된 설명력을 갖는 가는 간략히 소개하였고 이론에 대한 서술 보다는 구체적인 각 요인에 대한 실제적인 설명을 위주로 하였다.

2. 실무적 접근

학교폭력의 원인은 각 나라마다 차이가 있다. 스웨덴은 사회가 아이들의 폭력성을 키우고 있다. 아이들은 사회에서 보고 배운 폭력을 학교에 와서 휘두른다. 독일은 그 점에 동의한다. 학교폭력을 예방하기 위해서는 학교보다는 학교 밖의 폭력을 멈춰야 한다고 생각한다. 덴마크는 학교폭력은 아이들이 사회와 학교에서 받은 스트레스에 대한 반응이라고 본다. 교사는 아이들이 받는 스트레스와 압박감을 바람직한 방식으로 풀 수 있는 방법을 가르쳐야 한다. 공부 잘하는 아이보다 좋은 인간으로 키우는 게 중요하다. 프랑스는 학교폭력은 우리에게 도움을 요청하는 아이들의 목소리라고 생각한다. 아이들의 폭력은 억눌린 자신을 도와달라는 뜻이다. 완전한 대책은 없는 것 같다. 학교도 사회의 일부이기 때문에 폭력에서 자유로울 수 없다.[39)]

학생의 인성 및 사회성 함양을 위한 교육적 실천 미흡, 높은 학업성취 수준에 비해 학생들이 타인과 관계를 원만히 맺고 협력하는 사회적 상호작용 능력 부족하다. 한국 학생의 언어적·수학적 소양은 1~2위인 반면, 원만한 타인관계와 협력하여 일하는 능력 22위 수준(청소년의 핵심역량 국제비교, 여가부, 2010)이다. 학업 스트레스[40)]를 해소할 수 있는 감성교육, 신체활동 참여 기회 부족하다. 또

---

39) 정희완, "학교폭력을 예방하려면 학교 밖 사회 폭력을 멈춰야", 경향신문, 2012. 1. 12. 자.

40) 지영환·김의연, 『경찰 직무스트레스 이해와 치료』, 학지사, 2012, 13면 ; 스트레스의 기원을 찾아 올라가면, 히포크라테스(Hippocrates)는 「신체의 정상적인 상태로 돌아가려고 하는 신체내부의 경쟁」이라고 기술하고 있고, 현대사회에서는 공학과 물리학의 영역에서는 「외부로부터 가해지는 힘에 의한 일그러짐」이라는 의미로 사용되어 왔다.
스트레스 현상의 발견은 세리에(1936)에 의해서 이루어졌다. 세리에는 전기충격과 구속, 냉한, 난소의

한 과도한 스트레스 → 감정을 관장하는 뇌의 민감성 둔화 → 소통·감성 능력 약화되어 있다. 교사가 적절한 생활지도를 하기 어려운 교육 여건은 학교폭력의 양상이 지속적으로 변화하고 있으나, 이에 대응하여 학생을 효과적으로 지도할 수 있는 수단과 관련 제도 미흡하다. 이는 교사 양성-임용-연수 단계에서 생활지도에 대한 실천적 전문성을 키울 수 있는 프로그램 부족한 실정이다. 2011년 교원능력개발평가 학생만족도 : 개인생활지도(3.74), 사회생활지도(3.81), 수업실행(3.88), 평가 및 활용(3.89), 수업준비(3.94) 통계가 있다.

학부모의 자녀교육에 대한 관여 부족도 원인이다. 자녀와의 대화·학교교육 참여 기회가 부족하여 학교폭력으로 인한 이상 징후를 즉각 발견하지 못하는 경우 빈번하고, 형제가 없는 한 자녀 가구, 맞벌이 부부가 증가하고 한국사회에 만연한 야근문화 등으로 인해 가정에서의 돌봄 기능 약화되고 있다. 인터넷·게임·영상매체의 부정적 영향력 증가로 인터넷을 통하여 폭력영화, 만화 등 유해 영상매체에 접근이 용이하여 청소년들의 폭력에 대한 인식이 무뎌지는 경향으로 영상매체(폭력영화, 인터넷, 게임 등)의 학교폭력 영향력을 조사한 결과 영향력이 있다고 대답한 비율이 53.7%('매우 영향 있음' + '영향 있음') 달한다. 인터넷, 게임 산업을 경제적·산업적 관점으로만 접근하여 교육적 시각에서 심의·규제하고, 유해성을 자율 자정하려는 노력 미흡한 것도 그 원인으로 꼽을 수 있다.[41]

엑기스, 포르말린을 이용해서 다른 종류의 외부자극을 쥐에게 주었을 때, 위괘양, 흉선의 위축, 부신의 비대가 언제나 공통적으로 일어(비특이적)을 발견했다. 이러한 3대증후를 중심으로 하는 생체의 전신성의 생리적 반응의 특징적인 변화를 경고기, 저항기, 피폐기의 3개의 단계로 구분하는 범적응증후군(General Adaptation Syndrome: GAS)을 발표했다. 스트레스는 「외부로부터의 어떤 요구에 대한 생체의 비특이적 반응」이라고 정의 했고, 스트레스를 발생시키는 자극에 대해서는 스트레스 원인(stressor ; 이하 스트레스 원)이라고 불렀다.

41) 교육부, "학교폭력근절 종합대책", 2012, 4면.

제2절 가정적 요인

가정적 요인을 가장 강조한 이론은 사회 통제이론이며 부분적으로 사회학습이론도 적용이 될 수 있다. 사회통제 이론에서는 가정과의 유대가 끊어지거나 약해져서 가정의 규범적 사회 통제의 기능이 약해지거나 없어지면 해당 청소년은 보다 쉽게 학교폭력이라는 비행 행위를 할 것이라고 설명한다. 이 이론에 따르면 해당 청소년의 학교폭력에 대한 기질은 본질적으로 주어져 있는 것이고 이를 막는 것은 가정의 통제 기능이다. 따라서 결손 가정 등의 형태로 통제 기능이 약화되면 이는 곧 청소년 가해자의 학교폭력으로 연결된다. 반면, 사회학습이론의 경우는 학교폭력은 가정에서 폭력이라는 생각 또는 개념과 폭력에 대한 기술을 학습하기 때문에 발생한다고 제시한다. 즉 이 이론에 따르면 가정에서의 폭력이 학교에서의 폭력으로 연결될 것이라는 인과 관계 모델을 설정할 수 있다. 이 경우 대체로 해당 청소년은 가정에서 부모나 형제의 폭력을 간접적으로 목격하거나 직접적인 가해자 또는 피해자가 됨으로서 이러한 폭력을 실행할 수 있다는 사실과 그 폭력을 사용하는 기술(단순하지만)을 함께 배움으로서 폭력 학생으로 학습화되는 과정을 거친다. 일단 이러한 학습이 이루어지면 이 해당 학생은 학교에서 학교폭력의 가해자로 될 확률이 높아 질 것이다.

가정은 사회화의 주관자로서의 역할을 수행하는 중요한 준거집단이기 때문에 청소년의 성장. 발달과정에 절대적인 영향을 미칠 뿐만 아니라 사회의 문화절단기능, 가족보호기능, 교육기능들을 수행하기도 한다. 이러한 주요한 역할을 가진 가정이 핵가족화, 결손가정 및 이혼율의 증가, 여성의 사회적 진출, 가족공간의 협소화 등으로 인해 사실상 집은 있으나 가정은 없는 경우가 되고 말았다. 산업화과정에서 가족제도가 핵가족제도의 '이익사회'로 변하고 주택문화가 변화함에 따라 자녀의 사회화에 나쁜 영향을 미쳤다. 가정은 점점 고유의 가정교육 기능을 상실하고 있어 정서적으로 불안한 청소년들은 부모가 직장에서 돌아오기 전까지

부모 없이 식사하고 길거리를 방황하거나 PC방, 오락실에 가고 텔레비전에서 아무 프로그램이나 보는 현상은 비일비재하다.

폭력에 대한 태도와 행동에 영향을 미치는 가정요인으로는 현대사회에서는 전통사회에서의 가정교육기능이 학교에 맡겨지게 되었으며 교육은 부모대신 교사에 위임하므로 인한 가정교육기능의 약화를 들 수 있다. 가정의 심리적 환경인 부모의 양육태도는 어린 시절 자녀의 성격형성에 절대적인 영향을 미친다. 폭력이나 공격성은 부모 중심적이거나 지나치게 엄격한 가정에서 자란 학생들에게 쉽게 유발된다. 또한 부모의 체벌이나 폭력이 자녀의 단순한 폭력행동뿐 아니라 학교폭력이나 사회폭력으로 이어지게 된다.

가정에서 아동이나 청소년들의 폭력적인 행동은 가족 상호작용의 양상으로부터 가장 크게 영향을 받는다. 즉 공격적인 아동의 부모는 아동의 잘못된 행동에 대해 언어적 설명보다는 신체적 벌을 가하는 등 보다 강압적인 대응방법을 사용하고 있는 것으로 밝혀졌다. 특히 자녀의 폭력행동에 관해서는 부모의 구체적인 훈육태도 및 훈육방식과 연관 지어 보고 있는 연구가 많고 이러한 사실은 그와 같은 연구들에서 입증이 되었다. 다른 가정요인으로는 결손가정을 들 수 있는데 결손가정은 정상적인 가족역할의 기능을 상실함으로써 역할 구조상의 변화를 가져오며 사회의 재적응을 요구하기 때문에 심각한 문제가 야기된다. 또한 빈곤가정도 결손가정과 마찬가지로 영향을 준다고 할 수 있는 수입의 빈곤과 같은 금전적 요인의 부족에 의한 절대 빈곤가정과 희망하는 문화생활 등을 하지 못함으로써 생겨나는 심리적인 요인의 상대적 빈곤가정으로 분류된다. 국가가 발전할수록 금전적 절대 빈곤가정은 감소하는 대신, 심리적 차원의 상대적 빈곤가정의 비율이 증가한다. 상대적 빈곤 가정 역시 자녀들에게 무력감, 열등감, 사회에 대한 반발, 반항심, 공격성 등을 초래하게 할 가능성이 커지며, 가정문제를 유발하기 쉽다. 특히 학교폭력의 경우, 금전을 빼앗는 일 많은데 이는 청소년들이 자신들의 상대적 빈곤감을 해소하기 위한 것으로 보인다.

제3절 주변적 요인

주변적 요인은 가정이외의 청소년을 둘러싸고 있는 여러 인적 관계나 사회적 기관이나 상업 시설, 그리고 또래 집단과 같은 것들을 포함한다. 일단 아동이 성정하게 되면서 가정의 울타리를 벗어나 유치원이나 학교 등의 2차 집단에서 관계를 가지게 되고 또래집단을 형성하여 인적인 상호작용을 하게 된다. 또한 여러 일상생활 과정에서 아동 또는 청소년은 각종 상업시설이나 매체 등의 영향을 받으면서 자신의 정체감과 행동양식을 습득하고 결정하게 된다. 여기서 의미하는 주변적 요인들은 그러한 기타의 것들을 모두 포함한다.

주변적 요인과 관련해서는 사회학습이론이 가장 효과적으로 학교폭력의 원인을 설명할 수 있을 것이다. 청소년은 이러한 여러 주변적 요인들과의 접촉을 통해 이러한 주변적 요인들이 던지는 상징이나 의미, 평가 등의 메시지를 받게 된다. 이러한 과정에서 특정 청소년이 학교폭력에 대한 호의적인 평가와 이에 대한 지속적이고 강도 높은 강화작용을 받게 되면 보다 폭력을 선호하고 이에 익숙한 방향으로 학습화 하게 된다. 이는 결국 학교폭력으로 이어져 이 해당 청소년을 학교폭력의 가해자로 만들게 된다.

최근 현대사회의 도시화로 인한 자연적 놀이공간의 상대적인 축소와 성인들의 향락산업 팽창에 따른 청소년 출입금지 구역의 증가는 청소년들의 활동을 크게 위축시켜 청소년 놀이문화를 음성적으로 조장함으로써 청소년의 비행과 일탈을 유도하는 요인이 되기도 한다.[42] 엄밀한 의미에서 사회는 학교의 교육적 기능 중 일부를 수행함에도 불구하고 퇴폐·폭력문화를 조장하는 각종 잡지, 만화, TV 광고, 불법비디오 등의 범람과 유흥업소, 전자오락실, PC방, 카페 등이 증가하고 있다. 요즘에는 체벌카페[43]가 등장해 심각하다. 이로 인해 사회 곳곳엔 청소년

---

42) 윤진, 앞의 책, 21면.

43) 남지원, "'때려줘요' 체벌카페에 청소년 멍든다", 경향신문, 2012. 6. 26. 자. 10면. ; 카페서 만난 여중생 성폭행 사건까지. 청소년들이 인터넷 음란카페인 '체벌카페'에 아무런 제약 없이 드나들고 있다. 체벌카

을 유혹하는 유해환경이 판을 치고 있어 사회교육을 통한 청소년의 건전성은 거의 기대를 못하고 있는 실정이다. 특히 대중매체의 폭력에 대한 빈번한 노출은 실제 생활에서 나타나는 폭력에 대한 감정반응을 둔화시키며, 분노상태에서 폭력을 행사하려는 동기를 조장하여 반사회적인 공격행동을 야기시킬 수 있다. 또한 폭력장면의 주인공을 영웅화하여 폭력을 미화시킴으로써 '폭력에 대한 동경'에로의 가치관을 형성시키기도 하여 매체와 접할 기회가 많아짐에 따라 폭력물에 의해 직접 또는 간접적으로 공격에 대한 태도에 영향을 받게 되어 잠재적인 폭력성향이 형성되기 쉽다.

청소년들의 사고방식과 행동양식에 커다란 영향을 미치는 사회제도는 학교이다. 학교는 가족과 더불어 청소년들의 가치관을 형성하고 사회생활에 필요 불가결한 규범을 내면화하는 사회화 기능을 수행하는 주요기관이다. 현대에 와서는 과거에 가정이 담당하였던 사회화의 기능이 축소되었으므로 학교가 갖는 사회화의 역할은 더욱 중요시 하게 되었다.

우리는 흔히 주변에서 문제 학생이 발생했을 경우, 학교환경의 불리한 조건들만을 탓하곤 한다. 그 예로 학교환경(과대 과밀학급, 2부제 수업, 물적 자원 문제)을 들 수 있다. 이러한 외적인 환경에도 문제가 있으나 청소년 비행, 폭력발생

페는 회원들끼리 서로 맞거나 때려달라고 부탁하는 카페다. 이런 장면을 사진과 동영상으로 찍어 공유하기도 한다. 여중생이 체벌카페를 통해 만난 40대 남자에게 성폭행당하는 사건도 벌어졌다. 서울지방경찰청은 체벌카페에서 유인한 여중생을 성폭행한 혐의로 이모씨(40)를 구속했다고 밝혔다. 이씨는 인터넷 체벌카페에 자신의 카카오톡 아이디를 공개한 뒤 이를 보고 연락한 ㄱ양(12)을 지난 3일 자신의 승용차에 태워 경기 하남시 미사리 인근으로 데려가 회초리로 때리고 성폭행한 혐의를 받고 있다. 이씨는 ㄱ양이 맞을 때마다 "주인님 감사합니다"라고 말하도록 시키기도 했다. 이씨는 체벌과 성폭행 장면을 모두 휴대전화 카메라로 촬영했다. 이씨는 10여개의 체벌카페에 구인글을 올렸다. 네이버에 개설돼 있는 국내 최대 체벌카페의 회원 수는 500여명에 달한다. 이 카페에는 "체벌을 해 줄 사람을 구한다"거나 "체벌을 해주겠다"며 자신의 연락처를 공개한 게시물이 올라와 있다. 실제 체벌 장면이나 엉덩이·종아리의 회초리 자국 사진이 올라오기도 한다. 이런 게시물을 올리는 회원들의 상당수가 10대 청소년이다. 1950년생부터 2010년생까지는 누구나 가입할 수 있어 사실상 연령 제한이 없다. 체벌카페의 음란물과 '체벌 구인글'이 청소년을 상대로 한 실제 성범죄로 연결된 것이다. 문제가 되자 네이버는 해당 카페의 접근을 임시 차단하고 '체벌카페'라는 단어로 검색했을 때 나오는 성인정보를 청소년들이 볼 수 없도록 차단했다. 네이버 관계자는 "청소년들이 카페에 접근하지 못하게 차단하는 방법은 없다. 회원 가입은 운영자들의 자율에 맡기는 수밖에 없다"고 말했다.

의 요인이 되는 내적인 요인들이 있다. 즉 가정과 사회에서의 학교에 대한 과잉 기대, 학교 및 청소년을 보호·지도하는 사회기풍 결여, 타율적인 처벌 중심의 생활지도, 교사들의 과중한 업무 그리고 사회여가시설의 부족 등이다. 학생들이 어떠한 학교환경에서 사회화의 과정을 밟았느냐에 따라서 정상적으로 살아가기도 하고, 문제 학생이 되기도 한다. 인격과 인격의 만남이 아닌 대화가 없는 학교에서의 학생은 학교생활에 흥미를 잃게 되고, 학교에 가기를 꺼려하며, 학교를 부정적인 시각으로 보고, 지각 및 조퇴가 많아지는 등 학교에서 소외된다. 그 결과 문제 학생으로 낙인 되어 폭력의 첫발을 내딛게 되는 것이다.

폭력에 대한 태도와 행동에 영향을 미치는 입시위주의 교육이 행해지는 사회에서는 학교교육을 통한 부의 축적과 성공만을 추구하게 되고, 이러한 이기주의적 학력주의 교육풍토는 오히려 개인의 행복을 저해하고 각종 비행과 폭력을 발생시키고 있다. 진학시험체제 중심의 교육에서는 취업하고자 하는 학생들은 소외되기 마련이다. 진학중심의 수업, 진학 중심의 진로지도에 불만과 열등감을 가지게 되는 것은 당연한 일이다. 다른 학교요인으로는 교과서 중심 교육을 들 수 있는데 학생을 평가할 때도 지식중심의 평가가 이루어져 지식에 의해서 모범학생, 문제학생으로 평가되기 쉽다. 이러한 지식 중심, 교과서 중심의 평가로 인하여 청소년들의 인격도 왜곡될 수도 있으리라고 보며, 진정한 마음으로 지도하여야 할 학생들의 개별 생활지도가 소홀해져 중요한 요인의 하나가 되는데도 불구하고 과대학교, 과밀학급으로 구성되어 있음으로 인하여 교사가 학생 개개인에게 관심을 갖거나 지도를 할 수 없는 것 역시 하나의 요인이 될 수 있으리라고 본다. 이러한 요인 외에도 학생들의 심신수련이나 건전한 정서 함양, 가치 의식의 육성, 예절지도 등의 정의교육의 소홀로 인간 교육이 경시되고 있다는 것과 바람직한 청소년 및 학생지도의 최선의 방법으로는 교사와 학생간의 인간적인 따뜻한 정이 우선 되어야 하는데도 우리 교육환경은 교사와 학생들 간의 인간적인 만남을 가로막는다고 할 수 있다.

여기서 같이 살펴볼 수 있는 요인으로는 친구집단이 있는데 청소년기에 있어서 친구집단의 중요성은 청소년의 비행연구에 있어 친구역할을 중시여기는 것에서도 알 수 있다. 즉 많은 청소년 문제가 친구와 함께 저질러지고 있고 비행을 한 경험을 가지고 있는 청소년은 그렇지 않은 청소년에 비해 비행에 대해 호의적인 감정을 가지고 있다고 한다. 또한 청소년기의 교우관계를 설명함에 있어서 집단 동조 압력이 문제가 되는 요인이라고 한다. 집단의 바람직한 가치규범에 동조하는 것은 성인기 집단에서의 사회생활을 준비하는데 도움이 되는 긍정적인 가치가 되지만 집단의 바람직하지 못한 규준에 동조할 때는 높은 집단 정체성과 동조압력은 비행집단을 형성하는 빠른 통로가 될 수 있다.

제4절 상황적 또는 환경적 요인

여기서 의미하는 상황적 또는 환경적 요인은 학교폭력이 일어나는 가장 직접적인 공간과 시간에서 학교폭력의 가해 학생이 그러한 의사 결정을 내리도록 가장 직접적으로 영향을 미친 상황적 또는 환경적[44]인 조건을 의미한다. 때문에 여기서 의미하는 환경적이라는 의미는 학교폭력의 시, 공간상 직접적인 원인과 다소 동떨어진 일반적인 가정환경이나 사회 환경을 의미하지는 않는다. 예를 들면 특정 시점에서 어떤 특정 교실의 한 구석에서 심각한 집단 폭행이 일어났을 때 그러한 사건이 일어난 교실의 구조, 조명, 학생들의 자리 배치, 담당 교사의 존재 여부, CCTV의 설치 여부 등과 같은 요인들을 의미한다. 반면에 보다 동떨어진 그 가해학생의 가정환경, 온라인 게임 중독 여부 등과 같은 보다 잠재적이고 해당 사건과 시간적으로 많이 떨어져 있는 요인을 의미하지는 않는다.

44) Dyfoos(1990)는 위험에 처한 학생들은 그들을 둘러싼 환경 및 외체계의 변화에 대한 의존도가 높기 때문에 위험에 처한 청소년들을 보호해줄 수 있는 환경적 보호요인들을 밝히는 것이 중요하다. Earls, Beardslee, & Garrison(1987)은 학령기 아동들의 경우 성격 혹은 기질적인 변인들보다는 사회적 환경적 보호요인들이 아동의 건강한 적응을 더더욱 강하게 예측한다.

상황범죄이론(SCP: Situational Crime Prevention)은 학교폭력을 직접적인 상황적 또는 환경적 요인의 결과라고 설명하는 데 초점을 둔다. 이 이론은 일상생활이론이 제시하는 범죄는 동기화된 가해자가 적절한 피해대상과 피해자를 보호할 인적, 물적 보호자가 부재한 상황이 시, 공간적으로 결합할 때 발생한다고 보는 패러다임을 채택하여 이를 더욱 발전시킨 것이다. 여기서 가해자는 학교폭력을 하기위해 동기화된 합리적 의사 결정자로 간구한다. 이 합리적 가해자는 적절한 피해 대상이 나타나고 이 피해 대상 학생을 보호할 수 있는 경찰이나 교사, 또래 친구, 지나가는 보행자 등의 인적 보호자 또는 CCTV 등의 물적 보호자가 존재하지 않을 때 언제라도 학교폭력을 선택하게 된다. 때문에 이 이론은 이 가해자의 의사결정에 영향을 미치는 상황적 또는 환경적 요소인 피해자와 보호자에 주목하여 학교폭력의 요인을 설명하고 이에 대한 대응방안을 제시한다.

상황적 범죄 예방이론은 범죄 행위를 실패하게 만들기 위한 예방, 억제, 또는 방해등과 관련된 기법들을 개발하는 것을 포함한다. SCP는 이러한 목적을 위해 범행과 관련된 위험, 노력, 그리고 보상 등을 바꾸기 위해 다양한 기회 구조를 조작한다. 때문에 당연히, SCP 개입은 다음의 두 가지 중요한 요구 조건들에 기초한다. 하나는 특정 범죄에 한정하는 것(crime-specific)이며 다른 하나는 특정 범죄와 관련된 범죄 실행의 과정상 일련의 세부사항을 자세히 아는 것이다.[45)] 이런 맥락에서 상황적 범죄예방이론은 학교폭력이라는 구체적인 특정 범죄나 비행사례에 적용될 수 있다. 또한 학교폭력이라는 주제에 관해서도 일반적인 수준에서 접근해서는 곤란하고 구체적인 학교의 특수성과 가해자와 피해자의 특수성과 이들 간의 상호관계의 특수성이 세부적으로 자세하게 파악되어 해당 이론이 적용되어야 할 것이다.

SCP에 따르면, 학교폭력은 가해자와 범죄적 기회가 적절히 결합할 때 그 결과로 일어난다. SCP는 가해자를 합리적 계산자로 간주한다.[46)] 범죄 성향을 갖고

45) Ronald V. Clarke, and Graeme. R. Newman, "Outsmarting the terrorists", (Westport, CT: Praeger Security International, 2006), pp. 108~116.

동기가 있으며 범죄를 하기 위한 충분한 자원을 갖고 있는 가해자는 다음과 같은 범죄 기회들과 상호작용을 하면서 학교폭력을 실행할지 혹은 하지 않을지에 관해 결정한다. 그 범죄 기회들은 ① 위험에 노출되어 있고 매력적인 학교폭력의 목표물의 존재, ② 학교폭력을 막을 수 있는 의지와 능력을 갖춘 행위자가 존재하지 않음, ③ 인식하지 못했거나, 부주의 하거나, 또는 고의적인 학교폭력의 촉진요소들의 존재, 그리고 ④ 가해자와 학교폭력 촉진요소들에 유리하고 학교폭력 억제자 또는 예방자들에게 불리한 전반적인 환경 등을 포함한다.[47] 합리적 계산 이후에 잠재적 가해자는 범죄 기회가 매력적인 목표물을 제공하고, 체포되거나 처벌받을 위험이 낮거나, 학교폭력을 저지르기에 보다 유리하거나 고무적인 환경을 제공한다고 생각하며 학교폭력을 실행에 옮길 가능성이 높을 것이다. 이러한 맥락에서 범죄 기회는 학교폭력을 초래하는 직접적이고 긴밀한 원인이 된다.[48]

범죄 예방을 위해서, SCP는 학교폭력의 기회 구조를 조작함으로서 가해자의 의사-결정 과정에 개입해서 의사 결정을 형성하거나, 영향을 미치거나, 또는 개입하려고 시도한다. SCP는 학교폭력 예방에 대한 고려를 위해 5개의 전략적 기법의 세트를 제시한다. 그것은 다음과 같다 : ① 학교폭력을 저지르는데 들어가는 노력의 정도를 증가시키는 기법, ② 학교폭력을 저지르기 위해 치러야 하는 위험(처벌을 받게 될 확실성과 처벌의 강도)을 높이는 기법, ③ 학교폭력으로부터 구해지는 보상(예를 들면, 또래 사이의 평판, 학교 내에서의 지위, 돈이나 물건 등의 강탈로부터 생기는 물질적 이득)을 줄이는 기법, ④ 도발이나 자극을 줄이는 기법, ⑤ 학교폭력을 저지른 것을 정당화하려는 핑계를 제거하는 기법 등이

46) Ronald V. Clarke, and Graeme. R. Newman, "Outsmarting the terrorists", (Westport, CT: Praeger Security International, 2006), pp. 108~116.

47) P. Ekblom andN. Tilley, Going equipped: criminology, situational crime prevention and the resourceful offender. *British Journal of Criminology,* Vol. 40, (2000), pp. 376~398.

48) P. Ekblom andN. Tilley, Going equipped: criminology, situational crime prevention and the resourceful offender. *British Journal of Criminology,* Vol. 40, (2000), pp. 376~398.

다. 노력의 정도를 증가시키는 기법은 학교폭력을 저지르는데 필요한 노력을 증가시키는 것이 많은 가해자들이 학교폭력 행위를 포기하는 대신에 합법적, 비폭력적인 행위를 하도록 만들 것이라는 가정에 근거한다. 노력은 학교폭력의 목표물에 대한 접근을 어렵게 하거나, 폭력을 행하기 적합한 특정 위치에 대한 접근을 통제하거나, 건물이나 장소로부터 나가고 들어가는 것을 감시하거나, 가해자들에게 더 많은 부담을 주거나, 폭력에 이용되는 도구나 무기들을 통제함으로서 증가시킬 수 있다. 높아진 위험 전략은 경비나 보호를 늘리는 것, 이웃이나 또래, 교사들에 의한 살펴보기(neighborhood watch)를 통한 인적 감시와 CCTV (Closed-circuit television)와 같은 기술적인 감시를 포함한다. 폭력 행위가 발견되어 처벌될 것이라는 가해자의 위험을 증가시킴으로서, 이 전략은 많은 잠재적 가해자들이 학교폭력을 실제로 실행에 옮기는 것을 단념하도록 영향을 미치려 시도한다. 보상을 줄이는 것은 학교폭력의 목표물 또는 폭력 실행을 덜 매력적으로 만드는 기법이다. 이것은 잠재적 가해자가 자신이 폭력을 실행함으로서 얻는 기쁨이나 이득이 그다지 크지 않다고 생각할 때, 그 범죄자가 폭력을 저지를 가능성이 줄어들 것이라는 가정에 근거한다. 도발이나 자극을 줄이는 기법은 교실 내에서 또래들과의 상호작용 시 갑자기 분노를 폭발하거나, 술집과 같은 청소년 출입제한 장소에서 돌연히 싸움이 나는 것, 그리고 규제가 없는 인터넷 토론방에서의 다툼과 같은 범죄 행위를 즉각적으로 격발시키는 요인들의 중요성을 강조 한다. 이 전략은 특정 상황에서 도발이나 자극 요소들을 격발 지점 아래로 떨어뜨려서 학교폭력이 일어나는 것을 예방하는 기법을 받아들이도록 한다. 핑계의 제거 전략은 법이나 학교 당국 또는 경찰과 같은 법 집행기관이나 학부모 등에 호소하는 행위가 적은 노력으로 할 수 있는 행위가 되도록 함으로서 법규와 규정에 순응하거나 규범적인 사회 제도나 집단에 도움을 호소하는 것이 쉽도록 하는 동시에 어떤 이가 폭력가해 행위에 대한 핑계를 대기 어렵도록 만든다.[49]

49) P. L. Brantingham andW. Taylor, Situational crime prevention as a key component in embedded crime prevention. *Canadian Journal of Criminology and Criminal Justice,* Vol. 47, No. 2(April

SCP와 관련해서, 이를 비판하는 사람들이 자주 제기하는 한 가지 이슈는 범죄의 이동(displacement)이다. 이동은 범죄 실행을 어렵게 만드는 범죄 예방 방법들이 그 범죄가 다른 장소나 시간, 목표물, 범죄 유형 등으로 이동하는 결과를 낳을 것이라는 생각이다. 이러한 개념을 학교폭력에 적용하면 학교폭력의 특정 가해자가 폭력 행위를 실행하지 못하도록 교실에 CCTV를 설치하거나 피해대상 학생이 인파가 많은 대로로 통학을 하던가 하는 방식으로 범죄 실행 비용을 높인다고 하더라도 잠재적 가해학생은 단지 다른 시간대와 장소에서 적절한 피해대상을 찾아 폭력을 행사하는 것으로 이동할 것이라는 것을 의미한다. 즉, 학교폭력이 상황범죄예방 조치에 의해 줄어드는 것이 아니라 단지 다른 시간대와 장소, 그리고 다른 피해학생을 대상으로 범죄가 옮겨갈 뿐이라는 것을 의미한다. 따라서 상황범죄예방 이론을 비판하는 이들은 사회적 또는 심리학적 범죄의 근본 원인들을 치료하지 않고는 전체 범죄의 양이 줄어들지 않을 것이라고 주장한다. 그들은 SCP 가 단지 범죄를 이동시킬 뿐이며 전체 범죄의 총량에는 영향을 미치지 않는다고 주장한다.[50] 대조적으로, SCP의 지지자들은 비록 이동이 존재하기는 하지만 그것이 부득이 한 것만은 아니라고 주장한다. SCP는 실제로 범죄를 줄이며 심지어 그 혜택을 확산 시킨다(이것은 상황적 조치들로부터 초래된 범죄-예방 효과가 어떠한 조치도 취해지지 않은 다른 이웃 지역이나, 시간, 대상, 또는 범죄 유형으로 확산되는 것을 의미한다). 더욱이, SCP는 비용과 대비하여 효과적이기 때문에 범죄를 예방하고 줄이는 실제적인 접근이다.[51]

다양한 경험적 증거는 SCP 주장을 증명하며 그물 범죄 예방(net crime prevention) 또는 범죄 감소 효과를 보여 준다.[52] 예를 들면, 경험적 연구는 학

2005), pp. 271~292.

50) C. M. Fanno, Situational crime prevention: techniques for reducing bike theft at Indiana University, Bloomington. *Journal of Security Administration*, Vol. 20, No. 2(1997), pp. 1~14.

51) L. O'Neill and J. M. McGloin, Considering the efficacy of situational crime prevention in schools. *Journal of Criminal Justice*, Vol. 35, No. 5(2007), pp. 511~523.

52) C. M. Fanno, Situational crime prevention: techniques for reducing bike theft at Indiana

교 범죄, 주택 강도, 아동 성폭행, 주거지역 범죄 등이 모두 상황에 따른 범죄 기회를 조작하는데 목적을 둔 SCP 조치들을 실행함으로서 감소되었다는 것을 보여준다.[53] 더욱이 많은 연구들은 자주 혜택의 확산이 범죄의 이동을 초과하는 것을 발견한다.[54] 이런 맥락에서 보자면 학교폭력에 대한 상황범죄예방이론의 적용은 범죄의 이동 효과를 상쇄하고도 실제로 학교폭력을 줄일 수 있는 가능성을 제시한다.

마지막으로 SCP에서 제시하는 학교폭력에 대응한 정책 방안들을 디자인하고 실행하기 위해서 "폭력의 가해자처럼 생각하라(think perpetrator)"와 "폭력의

University, Bloomington. *Journal of Security Administration*, Vol. 20, No. 2(1997), pp. 1~14 ; B. Webb, Steering column locks and motor vehicle theft: evaluations from three countries. In R. V. Clarke(ed.). Situational Crime Prevention: Successful Case Studies(2nd ed.), (Monsey, NY: Criminal Justice Press(1997), pp. 46~58 ; R. T. Guerette and R. V. Clarke, Product life cycles and crime: automated teller machines and robbery, *Security Journal*, Vol. 16, No. 1, (2003), pp. 7~18 ; R. T. Guerette and R. V. Clarke, Product life cycles and crime: automated teller machines and robbery, *Security Journal*, Vol. 16, No. 1, (2003), pp. 7~18 ; B. C. Welsh andD. P. Farrington, Evidence-based crime prevention: the effectiveness of CCTV. Crime Prevention and Community Safety: An International Journal, Vol. 6, No. 2, (2004), pp. 21~33.

53) K. A. Painter and D. P. Farrington, Evaluating situational crime prevention using a young people's survey. The British Journal of Criminology, Vol. 41, No. 2, (2001), pp. 266~284 ; K. J. Bowers, S. D. Johnson, and A. F. G. Hirschfield, Closing off opportunities for crime: an evaluation of alley-gating, *European Journal on Criminal Policy and Research*, Vol. 10(2005), pp. 285~308 ; L. O'Neill and J. M. McGloin, Considering the efficacy of situational crime prevention in schools. *Journal of Criminal Justice*, Vol. 35, No. 5(2007), pp. 511~523 ; K. J. Terry and A. Ackerman, Child sexual abuse in the Catholic Church: how situational crime prevention strategies can help create safe environments. *Criminal Justice and Behavior*, Vol. 35, No. 5(2008), pp. 643~657.

54) C. M. Fanno, Situational crime prevention: techniques for reducing bike theft at Indiana University, Bloomington. *Journal of Security Administration*, Vol. 20, No. 2(1997), pp. 1~14 ; K. A. Painter and D. P. Farrington, Evaluating situational crime prevention using a young people's survey. The British Journal of Criminology, Vol. 41, No. 2, (2001), pp. 266~284 ; K. J. Bowers, S. D. Johnson, and A. F. G. Hirschfield, Closing off opportunities for crime: an evaluation of alley-gating, *European Journal on Criminal Policy and Research*, Vol. 10(2005), pp. 285~308.

가해자들 보다 더 영리하게 생각하라(outsmarting perpetrator)"라는 두 개념을 제시할 수 있다.[55] 합리적이고 지적인 상상을 사용함으로서 우리가 학교폭력의 가해자의 합리적 의사 결정 과정을 분석할 런지도 모른다. "가해자처럼 생각하기"로 부터 결과를 도출한 다음에 우리는 "가해자들 보다 더 영리하게 생각함으로서" 학교폭력에 재한 정책대응 방안을 발전시킬는지 모른다. 또한, 잠재적 가해자들의 합리적 의사 결정 과정의 향후 진로를 예상할 수 있고, 이러한 잠재적 가해자들의 진화와 적응의 미래 진로에 대한 예상에 기초해서 미래의 대응 방안을 준비함으로서 우리는 학교폭력의 가해자가 폭력을 실행에 옮기는 기회 구조에 관해 실효적인 압박을 행사하고 학교폭력 행위를 포기하도록 만들 수 있다. SCP 이론은 잠재적 폭력 가해자의 의사결정을 예측하게 도와주고 이에 대응한 정책대응을 수립하는데 의미 있는 지침을 줄 수 있다.

제5절 심리적 요인

인간의 행동을 학문적으로 설명한다면, 어떤 학문이라도 제각기 한 몫을 차지할 것이라는 주장을 배제하기 어렵다. 왜냐하면 우리들의 행동은 수 없이 많은 원인들에 의해서 영향을 받고, 이러한 원인들은 제각기 적합한 학문에 의해서 충분히 설명되기 때문이다. 지금까지 범죄행동은 사회과학 법학에 의해서 주로 설명되고 해석되었다. 그러나 현재는 인간이 어떤 특정한 학문에 의해서 설명하기 보다는 오히려 포괄적 입장에서 접근하려는 노력이 명백하다. 여러 가지 학문을 묶어서 행동과학(behavioral sciences)이라고 부른다.[56]

심리적 요인과 관련해서는 심리학적 전통에 기반을 둔 여러 이론들이 다양한 심리적 요인들을 제시하고 있다. 대체로 이러한 심리적 요인들은 공격성 또는 폭

55) Ronald V. Clarke, and Graeme. R. Newman, "Outsmarting the terrorists", (Westport, CT: Praeger Security International, 2006), pp. 108~116.

56) 홍성렬, 『범죄심리학』, 학지사, 2008, 43면.

력 행동을 일으키는 원인과 관련이 있다. 이러한 여러 심리적인 요인들은 잠재적 가해자의 공격성을 증가시키거나 폭력 성향을 높임으로서 이들이 학교폭력의 가해자로 나타나는데 영향을 미친다.

먼저 공격성 또는 폭력 성향을 증가시키는 심리적 요인과 관련하여 정서장애를 지적할 수 있다. 학교폭력의 가해자들에게는 이 정서장애가 많이 나타나는데 이 같은 반사회적 성격장애를 흔히 비행 및 범죄자의 성격적 특성으로 간주하였으며 이들은 주장적이고 충동적이며 외향적이고 자애적이며, 권위에 대하여 양가적이고 분노를 잘 느끼며, 의심이 많다. 또한 지시에 따르기가 어렵고, 불안 수준이 낮으며 비협조적이고 보다 독립적이며 인습을 따르기가 어렵고 강박적이라고 하였다.[57] 이들은 대체로 외향적이고 활발하며 화를 참지 못하고 반항적, 충동적 파괴적 경향이 크다. 실패에 대한 두려움이 적으며, 사회적 기대에 부응하려는 경향이 약하다. 권위에 대해 양극성을 가지며 사회적으로 자기주장을 내세우는 경향이 강하고 인정을 받지 못하고 있다거나 이해를 받지 못하고 있다는 느낌을 나타낸다. 감수성이 예민하고 감정에 치우치며 분위기에 휩싸이기를 잘한다. 자제력이 부족하고 소망과 현실 사이에 괴리가 커서 욕구불만과 열등감, 적개심이 강하다. 이러한 청소년기의 반항 성향 또는 반사회적 성향은 해당 청소년들의 폭력행동을 가중시키게 된다.

또한 이러한 정서장애 또는 반사회적 성격 장애를 경험하는 청소년들은 자기중심적으로 행동하고 외부의 유혹에 약하고, 지적판단능력과 자아의 조절 기능도 약하며, 언어적 표현 능력이 부족하기 때문에 욕구불만과 당혹감을 운동적 언어 즉 폭력으로 표현하는 등의 행태를 보이며, 심지어는 부정적 자아개념의 소유자가 되기도 한다. 이밖에도 자신에 대하여 열등감이나 불확실감을 갖게 되어 실패를 두려워하고 도피적인 성향을 지니고 있다. 이 시기에 청소년들은 많은 문제에 부딪히고 갈등과 방황을 겪으면서 '나'를 형성하여 나가는 것이다. 그러나 정

57) 윤진, 앞의 책, 66면.

체감형성이 잘못되면 부정적 자아개념을 형성하게 되어 자기 자신을 쓸모없는 사람으로 규정해 버리고 그런 방향으로 행동하게 된다. 이들은 문제해결의 노력보다는 스스로 자신에 대한 긍정적 가능성을 포기하고 부정 적응적 행동을 하게 되어 반사회적인 일탈된 폭력 행동양식으로 나타난다.

한편 학교폭력을 야기하는 청소년의 심리적인 요인으로 많이 언급되는 다른 요인들로는 열등의식, 무력감과 단절의식, 누적된 공격성, 자기통제력 결여, 그리고 정신적 장애 등을 들 수 있다. 이 가운데, 학교폭력과 열등의식과의 관계를 살펴보면 일상적으로 폭력행위를 하는 학생들은 일종의 열등의식을 가지고 있다는 것이다. 즉 청소년기는 다른 사람에게서 자신의 능력을 인정받으려하고, 자신의 정체감을 세워가는 시기이므로 열등의식을 가지고 있는 청소년은 매우 사소한 일로도 자존심을 침해받는다. 열등의식을 가지고 있는 청소년들은 폭력을 행사함으로서 자신의 자존심을 회복하려 한다는 것이다. 이러한 열등의식의 대부분은 학교의 입시경쟁의 부산물일 것이다.

또한 무력감과 단절의식, 누적된 공격성, 그리고 자기 통제력의 결여 등도 학교폭력 가해 청소년들이 일반청소년에 비해 결여하고 있는 특성들이다. 무력감과 단절의식은 열등감의 또 다른 표현으로서 오늘날 청소년들의 생애 전망은 대학입시와 성적에 지나치게 의존하고 있고 성적이 낮은 학생들은 무력감에 빠져들고, 이로 인해 급우들과 교사로부터 받는 사회적 단절감을 벗어나고자 폭력이라는 수단을 사용한다는 것이다. 그리고 누적된 공격성에 의해 발생하는 학교폭력이란 공격적 성향이 누적적으로 보상받아온 소수의 일정한 공격적 청소년들에 의해 주도된다는 것이며 마지막으로 자기통제력 결여에 의한 학교폭력이란 자신의 행동의 의미와 그 결과에 대한 충분한 생각 없이 충동적으로 저질러지는 경향성이 높은 행동으로서 이러한 사태는 대체로 자신의 충동적 욕구를 억제하는 능력인 자기통제력의 결핍에 기인하는 것으로 보인다는 것이다.

이밖에도 욕구좌절로 인해 야기된 공격성의 증대도 학교폭력의 심리적 원인으로 지목될 수 있다. 이러한 관계는 욕구좌절-공격이론에 의해 설명되는데 이 이론에 따르면, 사람들은 자신이 성취하고자 원하는 목표의 달성이 좌절되거나 그 목표에 도달하는 길이 차단되었을 때 공격충동을 갖게 되고 이 공격충동은 다시 욕구좌절을 일으키게 만든 대상을 향한 공격행동으로 표현한다고 한다. 학교폭력 청소년의 경우 가정과 학교 및 사회에서 자신의 욕구를 스스로의 의지대로 충족시킬 수 있는 기회가 상당히 제한적인 청소년일 가능성이 높으므로 이 이론이 나름대로 설득력이 있다고 판단된다.[58] 아울러 교사가 발견 할 수 있는 학교폭력 피해학생의 징후[59], 가해 학생의 징후[60]를 밝은 눈으로 관찰하는 것도 중요하다.

학교폭력은 학교교육의 연장선상에서 이루어지므로, 교실에서의 학교폭력의 조기 감지를 통한 대책 마련은 학교 외의 학교폭력 상황으로부터 피해 학생을 보호하는데 효과적인 예방책이 될 수 있다. 다음과 같은 징후를 보이는 경우 먼저

58) 홉 안제넨트 · 안톤드만, 노성호 외3명 역, 앞의 책, 171~173면.

59) 학교폭력이 발생한 경우 교실 내 학생들 사이에서 다음과 같은 피해 및 가해 행동 징후들이 나타날 수 있다. 수업시간에 특정 학생에 대한 야유나 험담이 많이 나돈다. 잘못했을 때 놀리거나 비웃거나 한다. 체육시간이나 점심시간, 야외활동 시간에 집단에서 떨어져 따로 행동하는 학생이 있다. 옷이 지저분하거나 단추가 떨어지고 구겨져 있다. 안색이 안 좋고 평소보다 기운이 없다. 친구가 시키는 대로 그대로 따른다. 항상 완력 겨루기의 상대가 된다. 친구의 심부름을 잘한다. 혼자서만 하는 행동이 두드러진다. 이름보다는 비하성 별명이나 욕으로 호칭된다. 주변 학생들한테 험담을 들어도 반발하지 않는다. 성적이 갑자기 혹은 서서히 떨어진다. 청소당번을 돌아가면서 하지 않고 항상 동일 학생이 한다. 특정 학생을 향해 다수가 눈치를 보는 것 같은 낌새가 있다. 자주 지각을 하거나 몸이 아프다는 이유로 결석하는 학생이 있다. 평소보다 어두운 얼굴표정으로 수심이 있고 수업에 열중하지 못한다. 특별한 볼일 없이 교무실(상담실, 양호실)이나 교사 주위를 배회한다. ; 박명진, "학교폭력 예방을 위한 실제적 지침서", 청소년희망재단의 『학교폭력 down↓ 행복지수 up↑』를 중심.

60) 교실에서 큰 소리를 많이 치고 반 분위기를 주도한다. 교사와 눈길을 자주 마주치며 수업분위기를 독점하려 한다. 교사가 질문시 다른 학생의 이름을 대며 그 학생이 대답하게끔 유도한다. 교사의 권위에 도전하는 행동을 종종 나타낸다. 육체적 활동을 좋아하며 힘이 세다. 화를 잘 내고 이유와 핑계가 많다. 친구에게 받았다고 하면서 비싼 물건을 가지고 다닌다. 성미가 급하고 화를 잘 낸다. 자기 자신에 대한 자존심이 강하다. 작은 칼 등 흉기를 소지하고 다닌다. 등하교시 책가방을 들어주는 친구나 후배가 있다. 손이나 팔 등에 종종 붕대를 감고 다니거나 문신 등이 있다. ; 박명진, "학교폭력 예방을 위한 실제적 지침서", 청소년희망재단의 『학교폭력 down↓ 행복지.

담당 교사(담임교사, 상담교사, 양호교사 등)는 피해 학생이 편안한 분위기에서 학교생활을 할 수 있도록 조치를 취하고, 피해학생이 더 이상의 폭력 상황에 처하지 않도록 폭력이 허용되지 않는 교실 분위기를 만들어 가도록 이끌어야 할 것이다. 심각할 경우에는 학교 내 전담기구와 함께 이를 해결하도록 해야 한다.[61) 이러한 징후를 나타낼 때 먼저 대화로 상황을 확인하고, 그에 따라서 폭력은 용납할 수 없는 것임을 교육시키고, 문제의 원인을 밝혀 폭력이 아닌 대화 등의 긍정적인 방식을 통하여 문제를 해결할 수 있도록 도와주어야 할 것이다. 심각할 경우에는 상황에 대해 정확히 파악하고 각 학교폭력의 유형에 따라서 학교와 담임교사의 역할[62)]이 중요하다.[63)]

61) 경기도교육청, "폭력없는 행복한 학교만들기", 교사 연수자료, 2010, 6면.

62) 일반적 조사하기 : 학교폭력을 당한 학생의 피해 정도(가해 학생의 폭력정도) 파악이 우선이다. 이때는 신체적(육체적 상해)인 측면, 경제적(금품 탈취)인 측면은 물론 심리적 피해까지도 조사하고 의학적인 응급조치가 필요할 경우 신속하게 조치해야 한다. 책임교사에게 즉시 보고 : 담임교사에게는 학교폭력 조치의 권한이 없다. 학교폭력에 대해 파악한 내용을 즉시, 책임교사에게 보고해야 한다. 책임교사란 학교장이 임명한 교사를 말한다. 학부모에게 연락 : 담임교사는 해당 학생(담임 반 학생)의 보호자(학부모)에게 폭력 내용을 즉시 연락해야 한다. 학생 지도 피해 학생은 적절한 치료 및 보호를 해야 하고, 가해 학생은 교육적으로 선도를 해야 한다.

63) 경기도교육청, "폭력없는 행복한 학교만들기", 교사 연수자료, 2010, 7면.

제 2 편

법과 제도

학교폭력 및 학생위험 제로(Zero) 환경 조성

학교폭력으로 인해 자살까지 이르는 등 학교폭력이 매우 심각한 상황이며, 이를 근절할 수 있는 대책이 필요하다. 기존의 어린이보호지역(School zone)과 어린이식품안전보호구역(Green food zone)을 통하여 학교 반경 200M 이내를 학생안전지역(Safe zone)으로 지정해야 한다. CCTV 설치 확대 및 '배움터 안전 지킴이 제도'를 운영한다. Wee클래스·Wee센터·Wee스쿨 설치 및 확대 및 Wee센터 및 Wee스쿨에 학교폭력전문 상담·치료인력을 대폭 확충한다. 아울러 정서·행동발달 선별검사 사후관리 강화 및 학교폭력 예방교육을 강화해야 한다. 그 실천을 위해서는 CCTV 설치 및 학교폭력 전문상담·치료 인력 확충을 위한 예산이 확보되어야 하며, 정서·행동발달 선별검사 사후관리를 강화해야 한다.[64)]

64) 제18대 대통령선거 새누리당 정책공약, 『세상을 바꾸는 약속 책임 있는 변화』, 2012, 231면.

제1장

각 국가별 학교폭력

한국과 미국의 교육당국이 학교폭력 예방과 대응책을 마련하기 위해 손을 잡는다. 2012년 7월 21일 교육부에 따르면, 경북 경주에서 열린 '제5차 APEC교육장관회의'에서 이주호 교육부 장관과 안토니 밀러 미 연방 교육부 차관은 양자회담을 갖고 학교폭력 근절대책을 공동연구하기로 합의했다.

이 장관은 한국의 밥상머리교육과 복수담임제 시행, 문예체 교육 확대 등 한국의 학교폭력 예방정책을 소개하고 양국의 공동연구 실시를 제안한 것으로 알려졌다. 이번 합의에 따라 미국의 다양한 예방 프로그램과 지역사회가 연계한 인성교육 등이 소개돼 두 나라간 학교폭력 대책에 대한 협력이 긴밀해질 전망이다. 양국은 또 우리 정부의 기초학력미달 제로 플랜과 미국의 저성취 학교 도약 정책(School turn-around) 등 학생들의 기초학력 향상을 위한 그 간의 정책에 대해 의견을 교환했다. 이와 관련해 양국은 24일 서울에서 기초학력 국제공동 세미나를 열고 양국의 우수사례들을 분석하고 전략 등을 논의할 예정이다. APEC교육장관회의란 아시아. 태평양경제협력체(APEC) 21개 회원국 교육장관들이 지식정보격차 해소와 교육 인적자원개발 등에 대해 논의하는 국제행사로, 지난 92년 미국에서 처음 열린 후 4년에 한 번씩 개최된다. 아시아에서는 싱가포르에 이어 두 번째로 개최되는 이번 회의에는 처음으로 21개 회원국이 모두 참가하는 역대 최대 규모다. 또 각 회원국 대표들이 태블릿PC에 자료를 담아 진행되는 종이없는 회의도 볼거리다.[65]

제1절 영국

1. 학교폭력 관련 법제

영국에서는 학교폭력(school bullying) 의미는 단순히 신체적 구나타 폭력뿐만 아니라 욕설과 같은 언어폭력 등 다양한 입장에서 상처를 입을 만한 행동을 포함하고 있다. 영국 일간지 가디언지의 2011년 7월 28일 기사[66]에는 영국 전체에서 매일 평균 878명의 학생이 또래 학생이나 교사들에게 폭력을 행사하고 있다는 영국 교육부 통계가 나와 있다. 또한 영국의 아동 중 31%가 아동기에 또래집단으로부터 폭력을 경험한 것으로 조사되었으며, 이들 중 1/4은 아동기에 경험한 또래집단의 폭력의 후유증을 성인기에 이르러서도 경험하고 있는 것으로 나타났다. 한국 국회도서관 에서는 학교폭력 관련 주요국 입법례를 「2006년 교육감독법[67](Education and Inspection Act 2006)」을 중심으로 영국의 학교폭력 방지에 관한 입법례를 아래와 같이 소개하고 있다.

학교폭력 문제가 사회적으로 부각되자 영국에서는 1999년 9월부터 모든 단위 학교가 학교폭력 근절에 대한 일차적 책임을 지고 구체적인 학교폭력 대책을 수립하도록 하고 있다. 영국은 단위 학교에 교육과정 운영 등 많은 재량권을 부여하고 있기 때문에 학교폭력 대책에 있어서도 단위 학교가 처한 특성-학생의 인

65) '김웅철, "한·미 학교폭력 공동연구 합의' APEC교육장관회의 2012년 5월 23일 경주선언문 채택, 매일경제, 2012. 5. 21. 자.

66) http://www. guardian. co. uk/education/2011/jul/28/pupils-suspended-exclusions-violence.

67) 2006년 교육감독법 제7부 징계, 품행 및 퇴학 처분 제1장 학교의 징계 처분품행 방침을 마련하도록 요구되는 일정한 학교 제90조 '징계 처벌'의 의미(1) 본 장에서 '징계 처벌'이란 교육을 받고 있는 학생의 행실이 그에게 합리적으로 기대하는 기준에 미치지 못할 때(그 학생이 당해 학교에서 유효한 규칙이나 교직원이 내린 지침을 따르지 아니한다는 이유 또는 다른 이유인지를 불문한다) 학교가 그 학생에게 부과하는 처벌을 말한다. (2) 제(1) 항에서 학생과 관련한 행실이라 함은 다음을 포함한다. (a) 학생이 교내에 있지 아니하거나 교직원의 합법적인 통제나 책임 하에 있지 아니한 때에 일어나는 학생의 행위, 그러나 행위의 발생 시에 그 학생의 행위를 규제하기 위해 학교가 처벌을 부과하는 합리적인 정도에 한한다. (b) 학생에게 이전에 부과된 처벌을 그 학생이 준수하지 않음을 구성하는 행위이다.

종, 학부모의 사회경제적 수준, 지역사회 특징-에 따라 다양한 학교폭력 대립을 수립하고 있다.

「2006년 교육감독법(Education and Inspection Act 2006)」 제89조에서는 교장이 학생들의 행위에 관한 정책(behavior policy)을 확립하도록 하고 있으며, 세부적으로 제1항 제b호에서 학생 간 학교폭력을 예방할 수 있는 정책을 수립하도록 규정하고 있다. 또 동조 제5항에서는 학교 이외의 지역에서 발생하는 학생의 행동들도 규제할 수 있는 권한을 교장에게 부여하고 있다. 학교폭력에 대한 책임은 담임교사나 가해학생의 부모 등에게 분산되지 않고 교장에게 집중 된다. 영국에서 학교폭력은 학교의 책임이며 학교폭력 예방을 위한 지원도 학교로 집중된다.

처벌규정은 「2006년 교육감독법」은 제7부에서 징계, 품행 및 퇴학 처분에 관하여 학교가 품행이 나쁜 학생에 대해 징계를 할 수 있도록 명시하고 있다. 교장이 입학식 등을 통해 학부모와 학생들에게 품행이 나쁜 학생은 징계당할 수 있음을 충분히 인지시키도록 하며, 이를 알고도 교칙을 위반했을 경우 처벌에 대해 소송을 할 수 없도록 규정하고 있다. 「1998년 학교 기준 및 준거법(School Standards Framework Act 1998)」[68]에서는 학생지도(체벌은 금지) 및 학생 징계에 대한 법적 근거를 마련하고 학교장과 학교 운영위원회의 책임 및 지방 자치단체(교육청)의 역할 등을 명시하고 있다.[69]

영국에서는 anti bullying campaign[70]을 전개했는데, 이는 명확히 관찰하고 보고는 신속히 하며, 책임은 연대로 하고 피해자와 가해자에 대해서는 공정하게 처리하는 것을 그 특징으로 하고 있는데, 학교장은 자신의 재량에 따라 학교 자

68) http:www.legislation.gov.uk/ukpga/1998/31/contents.

69) 유재일·문병철·유미숙·신경숙·안성경·강현수·양미영, “학교폭력 관련 주요국 입법례”, 국회도서관, 경성문화사, 2012, 15~16면.

70) 구효진, “영국내의 Anti Bullying Campaign에 관한 소개”, 「청소년보호」, 2002. 05, 청소년보호위원회, 2002년, 33~37면.

체적으로 프로그램을 만들어 교육부가 주관하여 교사에 대한 연수 시간에 이러한 사례를 소개하도록 했다. 구체적으로 방과 후에 교사와 가해학생이 학급 일을 같이 하거나 교사가 학부모를 정기적으로 만나 학생에 대한 많은 얘기를 하도록 하였다.

영국은 지방 교육청은 학교마다 전문가를 보내 학생과 상담을 하도록 하고, 지방에 있는 여러 자치단체들과 협조하여 적극적인 홍보활동을 수행해왔으며, 지역의 민간 기관들은 여러 가지 관련 프로그램을 개발하여 학교폭력을 방지하도록 하였다. 또한 연구소들은 외국의 연구기관들과 정기적으로 세미나를 통해 새로운 프로그램을 수용하고, 학부모 연합회에선 역할극 즉, role play를 통해 교사와 부모가 동참하여 학생들의 입장을 이해하고 폭력문제에 관심을 가지도록 유도하고 있다. 영국에선 이러한 프로그램을 통해 집단따돌림 현상이 매우 줄어들었고, 최근 학교폭력 현상이 기승을 부리는 우리나라에 시사하는 바가 크다.

영국에서 처음 bullying이라는 단어가 공식적으로 사용된 것은 1885년 The Times 라는 언론매체를 통해서다. 1885년 4월 27일 열 두 살 된 소년이 학교에서 다른 학생들에게 떠밀려 머리에 큰 부상을 입고 결국 사망한 사건이 발생했다. 당시 그 사건의 수사를 담당했던 경찰과 교사 그리고 Local Education Authority(LEA, 지방교육청)은 사건의 전말을 발표하면서 bullying이라는 용어를 처음 사용했다. 이들은 이 사건을 학생들 간의 misadventure(지나친 장난)로 인한 우발적인 사고라고 규정했다.

하지만 사망한 소년이 덩치가 큰 선배들에게 종종 구타를 당했다는 사실이 뒤늦게 밝혀졌으며, 평소 그 소년은 자신의 간식을 선배들에게 빼앗기기도 했고 쉬는 시간에는 화장실에 숨어 있어야 할 정도로 가해자들을 두려워했다는 사실도 드러났다. 이 사건을 취재했던 The Times의 기자가 주변 학생들을 상대로 한 인터뷰에 따르면 그 학교에서 자행된 bullying은 학생들 사이에서는 Taboo(공공연한 비밀)로 통하는 일이었다. 학교생활에 충실하지 못해 교사에게 체벌을 받았던 학생들이 자신보다 신체적으로 열악한 학생들을 대상으로 삼았으며, 심지어는 교사들도 이를 묵인했다고 한다. 이 사건 이후 학생들 간의 폭력행위와 괴롭힘[71]은 가끔씩 언론을 통해 보도되긴 했지만 1980년 초까지는 이 같은 사건이 사회적으로 큰 문제가 된 적은 없었다. 마찬가지로 학교와 정부당국이 bullying과 관련된 적극적이고 구체적인 조사를 벌였다는 사례도 없다.

1978년 Norway의 Dan Olweus교수가 bullies and whipping boys 라는 제목으로 발표한 첫 연구논문 이후 Bullying에 관한 연구는 전 세계적으로 확산되었다(Elton report, 1989 ; Farrinton, 1993 etc). 한편 영국에서도 앞에서 언급한 지나친 장난의 위험성을 뒤늦게 깨닫고 지난 20여년 동안 정부 주관으로 꾸준히 연구가 이뤄지고 있다(Elliott, 1986 ; 1991 ; Elton Report, 1989 ; Smith, 1991 ; 1999). 그 결과 1980년 초 처음 조사 때 두드러지게 나타났던 'Bullying은 아이들의 성장과정에서 자연스럽게 발생하는 현상' 또는 'bullying을 당하는 피해자들에게도 책임이 크다'는 일반적 생각이 'Bullying은 범죄의 한 형태'라는 인식의 전환이 생겼다(Smith, 1999 ; Farrington, 1993 ; 1994). 그들은 결국 bullying은 힘의 불균형에서 오는 지속적이며 반복적인 Physical and Psychological(심리적, 육체적) 폭력(Cullingford, 1995 ; Tattum, 1997) 이라는 정의를 내렸고, 이런 형태의 폭력은 피해자뿐만이 아니고 결국은 가해자도 피해자가 될 수 있다는(Farrington, 1991, 1994) 지적이 있었으며 모든 Anti Bullying정책에는 이를 전적으로 반영하도록 했다(Cowie & Sharp, 1996).

앞에서 보여주듯이 영국정부는 학생들 간의 Bullying을 학교 내의 폭력으로 규정했으며 대표할 만한 정책에는 Anti Bullying Campaign의 Initial을 이용한 ABC 정책이 있다. 정확한 관찰, 즉각적인 보고, 연대책임 및 가해자와 피해자에 대한 공정한 처리 등이 이 정책의 특징이며 이러한 목적에 부합하여 영국 내에서

71) 일본의 교육기관을 통괄하는 문부과학성은 집단 괴롭힘을 어떤 학생이 일정한 인간관계에 있는 사람으로부터 심리적·물리적인 공격을 받고 이로 인해 정신적인 고통을 느끼고 있는 상태라고 정의 했다. 이 정의는 집단 괴롭힘이 발생한 장소가 학교인지는 상관이 없다.

의 Bullying에 관여하고 있다. 영국 정부는 비영리단체와 함께 모든 기관들을 대표하며 영국 정부가 bullying 예방을 위해 통제하는 기관은 크게 교육부, 협력 연구기관 그리고 사법부로 나뉜다.

1) 교육부(Department for Education and Skills: DFES)

Bullying 예방을 위한 교육부의 주된 노력은 피해자가 스스럼없이 본인의 피해를 보고 할 수 있게 하는 것이며 이에 따른 3가지 방침을 내세우고 있다.

1. Don't suffer in science
2. Being bullied is not an inevitable part of growing up
3. Knowledge is Power. 이를 뒷받침 해 주는 정책은 크게 두 가지로 나뉘어 지는데 첫째, 학기별로 학교장, 정서장애 학교장과 지방교육청 장에 대하여 정규적인 교육을 실시하고 있다. 한편 이와 부합되는 프로그램을 도입하여 실질적인 실천에 주력하고 있다. 이중 하나가 시청각교육을 통한 외국의 다양한 사례를 접하게 하는 것이다. 이것의 대표적인 예로는 노르웨이에서 실시되고 있는 Peer Counselling을 런던내의 중 고등학교에 도입한 것이다. 둘째, 교육부에서는 따로 homepage www.dfes.gov.uk/bullying를 운영하여 일선교사의 의견과 그들이 말하는 대안을 수렴하고 있다. 한편 학부모들과 다른 가족 구성원들은 Homepage를 통해 아이들의 학교 내 bullying 대상여부를 진단해 주는 설문지를 제공받게 된다. 이상이 교육부에서 실시하고 있는 프로그램이며 다음으로는 교육부 소속 기관들이 가지고 있는 정책에 관해 알아보고자 한다.

2) 일반학교

학교장 재량 하에 각 학교의 특성에 맞는 자체 program을 개발하여 실시하고 교육부에서 주최하는 연수 때마다 교장들은 이것에 관한 사례발표를 하게 되어 있다. 대표적인 사례로 London에서 약 1시간30분 정도 떨어진 한 사립 남녀공학의 프로그램을 살펴보고자 한다. 이 학교의 학생 수는 450명, 교사 수는 30명으로 11~16살의 학생들이 다니는 Secondary School(한국의 중학교에 해당)이다.

이 학교가 가지고 있는 Bullying방지 Program들을 살펴보면 다음과 같다.

㉮ *Be friend with parents*

㉯ *Lunchtime Group Supervision Meeting*

㉰ *Peer Support System*

㉱ *Senior Group Support*

㉲ *Who s your friend?*

이 학교의 교사들이 피해자 보호를 위해 하고 있는 program중의 하나를 소개하면 방과 후에 가해자와 교사가 학급의 일을 함께 하는 것이 있다. 또한 이 학교는 학부모와 교사 간에 한 달에 한 번씩 정기적인 Meeting을 통해 학부모들을 교육시키고 학생들에 관한 정보를 교환한다. 대부분의 영국 내 학교가 그러하듯이 이 학교도 학부모의 교육은 학교장이 직접 담당을 하고 주로 학부모들이 지루하지 않도록 시청각 교재를 보면서 Bullying의 심각성을 일깨우는 방식을 택하고 있다. 여기서 주목할 만한 특징은 학생들에게는 하여서는 피해자보다는 가해자를 중시하도록 교육하고 있으며 부모에게는 반대로 피해자보다는 가해자를 우선이 되도록 한다는 것이다. 대부분의 경우 교육 담당자는 학교 bullying의 가해자와 미래에 관한 연구 결과들을 바탕으로(예를 들면 학교 bullying과 미래의 범죄와의 관계) 부모의 협조를 구한다. 그리고 특히 강조하는 것은 가정에서 부모가 피해자에 관한 좋은 인상을 심어 주도록 노력해 달라는 것이다.

3) 정서장애학교(Secondary Support Unit: SSU와 Red-Balloon)

정서장애 학교에는 Bullying 가해자와 피해자가 가는 두 종류의 기관이 있다. 여기서는 가해자가 가는 학교를(SSU) 중점적으로 알아보고자 한다. 가해자의 기준은 교사와 학교장 그리고 부모의 동의로 정해지며 이들은 일주일에 하루정도씩 SSU에서 따로 수업을 받게 되고 주로 정서교육과 미술, 음악을 공부하게 된다. 수업은 1대1로 이루어지며 대부분의 학생들이 한 학기 정도씩 이곳에 다닌다. 이곳에서 가해자들이 받는 수업 중 흥미 있는 것이 있어 소개하기로 한다. 우선 상담자와 피상담자들 간의 관계를 먼저 자연스럽게 형성하고 튼튼한 믿음이 쌓이기 시작하면 다음과 같은 항목들을 함께 생각하고 토론한다.

〈표 2-1〉 SSU에서 받는 수업 질문들

Do you do these things?	- Tease - Hit - Make fun of others- Damage other peoples things - Call people names
Do you think you(are)	- Stronger than any one else - Smarter than any one else - Have a good attitude toward your friends than any one else
Think about these	- Friends are people that support each other when you have problems - People feel good about themselves when they help each other - Friends don 't blame other for their problems

이 프로그램은 보통 한 학기 단위로 실시하며 한 질문이 끝나고 다음 질문으로 넘어가기 전에는 반드시 느낀 점 등을 글로 남기도록 되어 있다. 다음으로 주목할 만한 정부 기관은 똑같은 SSU이지만 피해자를 위한 기관이다. 이 기관의 대표적인 예가 캠브리지에 소재하는 Red-Balloon이다. 이곳은 가해자들이 가는 기관하고는 달리 학교의 정규 교과과정(curriculum)을 모두 교육하고 있으며, 피해자들은 본인들이 다시 학교생활에 적응가능 하다고 판단이 될 때까지 이곳에 머물면서 교과과정을 이수하게 된다. 이 기관은 피해자들이 선택할 수 있는 마지막 장소를 제공하자는 취지로 은퇴한 뜻있는 교사들을 중심으로 시작되었다. 그리하여 이곳을 거쳐간 학생들이 다시 학교로 돌아간 후에도 정기적인 전화상담을 통하여 피해자들의 원만한 학교생활이 유지되고 있는지를 확인한다.

4) 지방교육청(Local Education Authority : LEA)

각 학교에 전문 상담원을 파견하여 상담 및 현장의 실태를 파악한다. 과거 2~3년 동안 학교 자치단체와 공조체제를 이루어 홍보 활동을 펼쳐 큰 효과를 보았고 이러한 전문 상담원은 감시자로써의 역할이 아닌 학교내의 bullying을 긍정적인 방향으로 이끌어 정부차원에서가 아니라 자체 내에서 자발적으로 bullying 문제를 해결할 수 있도록 유도하는 것을 우선으로 한다.

5) 사법부

정부에 소속된 기관들과는 달리 사법부 소속의 Young Offenders House(소년원에 해당)에서는 범죄심리학을 전공한 Consultant들이 협력연구기관 에서 파견되어 bullying의 가해자로 이곳에 들어온 학생들의 교육을 담당한다. 협력연구기관소속 Consultant들은 원생 개개인에 맞는 맞춤형 program을 개발하여 그들이 후에 정상적인 생활을 할 수 있도록 지원한다.

6) 비영리단체

비영리단체는 주로 사설연구기관들로 이루어진다. 사설연구기관은 해마다 숫자가 증가하고 있으며 이 기관들은 bullying 방지에 관한 지침서와 program을 만들고 있으며 그 중 대표적인 연구기관들이 Bullying Hot Line, Kidscape, The Nature and Prevention of Bullying이 있다. 특히 영국의 대학부설 연구기관들은 근접한 유럽[72] 연합국들과 European Conference on Initiatives to

72) 위키백과, 2012. 8. 1. 자. ; 유럽의 거의 모든 학교가 교과 교실제와 9월 학기제(프랑스는 10월 학기제이고, 여름 방학이 대부분 6월부터 9월까지로 대한민국의 2배 이상으로 길다.)를 진행하여 수업하고 있으며, 대부분의 국가에서 한 학년은 1~2개 반밖에 없어 수재들이 월반하거나 열등생들이 유급하기도 한다. 그 나라에서 쓰이는 언어가 많은 나라(예 : 스위스(독일어, 프랑스어, 이탈리아어, 레토-로만어의 4가지 언어가 쓰인다.), 벨기에(프랑스어, 네덜란드어, 독일어의 3가지 언어가 쓰인다.) 등)의 경우, 학교에서 교과목으로 그 나라에서 쓰이는 다른 언어를 넣어서 수업하는 경우도 있고, 한국인이나 일본인 등의 외국인을 위해 만들어진 영어로만 수업하는 학교들도 존재한다. 모든 유럽 국가의 학교에서는 체벌이 아예 금지되어 있다. 독일, 프랑스, 네덜란드, 스위스 등에서는 교복을 입지 않지만, 영국의 학교만은 교복을 입게 한다. 이 교과 교실제는 멕시코 등 라틴 아메리카의 학교 수업 방식에도 영향을 주었다. 대부분의 국가에서 교사가 1명이지만, 핀란드는 교사가 한 교실에 3명씩 있다. 유럽 국가들의 대부분이 5-3-4제

Combat Bullying이라는 정기적인 학회를 개최하고 있으며 이를 통해서 새로운 프로그램을 수용하여 응용 그리고 적용하도록 하는 노력을 기울이고 있다. 이 연구 기관들의 특징은 인터넷과 놀이를 통한 치료법을 개발하는 방안을 채택하고 있는 점이다. 또한 각 학교와 연결되어 학교장이 재량에 따라 그들이 개발한 놀이를 실시하는데, 대표적인 단체 중 하나인 학부모 연합회에서 하는 역할 극(role play)이 바로 그것이다. 이 역할 극에는 반드시 교사와 부모가 참여하도록 되어 있다.

영국은 ABC 정책 이후 Bullying 발생률이 거의 반 이상 줄었다(Smith, 1999 ; Cowie, 1994). 앞에서도 언급한 바와 같이 영국의 bullying 예방 정책의 목표가 피해자가 본인의 문제를 교사, 부모와 의논하도록 유도하는 것이다. 이를 위해서 지난 5~6년 간 꾸준하게 Bullying을 당하는 것이 절대 피해자의 잘못이 아님을 오랜 기간 홍보를 했고 이 문제는 결코 혼자서는 해결이 될 수 없다는 것을 교육을 통해서 항상 강조를 하고 있다. 또한 영국의 특징은 이 문제를 해결할 때 항시 학교장이 스스로 문제의 심각성을 깨닫고 교사들의 협조를 구하도록 하고 있으며 가장 중요한 것은 학부모들을 꼭 참여시킨다는 것이다. 그리고 영국 내에서의 bullying 발생률을 줄이는 가장 큰 역할은 주변의 친구들이 해 주었다(Smith, 2000). 하지만 한국과 일본에서 두드러지게 나타나는 bullying 특징상(집단 따돌림) 친구들의 중개자 역할을 기대하기가 어렵다고 생각이 되어진다. 또한 일반적으로 한국의 왕따 피해자들이 영국에 비해서 환경 적으로 가해자들과 부딪히는 빈도가 더 많다고(예 : 학원) 판단이 되어진다.

결론으로 들어가서, Bullying, Ijime 혹은 왕따라고 이름이 붙여진 행동에 관한 예방은 각 나라마다 특성이 다를 것이다. 정확한 현장조사와 이해 없이 만든 정책이 또 다른 희생자를 만들 수도 있다는 것이다. 그리고 무엇보다도 중요한

(초등학교 5년-중학교 3년-고등학교 4년) 또는 5-4-3제(초등학교 5년-중학교 4년-고등학교 3년)를 택하지만 핀란드는 9-3제(종합학교 9년-고등학교 3년)를 채택하고 있다. 더위가 극심한 남유럽에서는 학교에도 시에스타를 적용한다.

것은 이 문제는 결코 어느 한 기관의 노력으로 해결이 되어질 수 없다는 것이다. 영국이나 독일 노르웨이가 그러하듯이 이 문제의 해결을 위해서는 정부, 각 교육청, 학교장, 교사, 학부모 그리고 학생들 모두의 참여가 있어야 한다.

2. 영국의 소년사법제도

1998년 범죄와 무질서 대응법(Crime and disorder Act 1998)에 근거한 회복적 실천방안들을 전형적으로 경찰, 검찰 또는 판사 등의 재량권의 맥락에서 소년사법절차와 결합되어 있다. 회복적 실천서비스는 경찰 또는 검찰(기소국)에 위치하거나 비영리사회단체 혹은 종교관련 단체조직에 의해 제공된다. 회복적 사법방안들은 대체로 소년사법의 전문담당자만으로 기능 할 수 없는 지역사회 조직체들이 지닌 자원들 및 지원에 강력하게 의존하고 있다.

영국의 회복적 사법모델은 지역사회 중심으로 경찰활동과 밀접하게 연결되어 있다. 내무성 산하의 소년사법위원회(Youth Justice Board)는 경찰과 청소년범죄대응팀(YOT)가 견책(reprimands)과 최후 경고(Final warning)를 회복적 과정으로서 수행하도록 권고하는 지침을 제시하고 있다. 범죄소년에게는 법원출두 이전에 최대한 단지 두 번의 기회만이 주어진다. 최후 경고를 받은 청소년에 대해선 적절한 경우 중재 및 평가를 위하여 YTO에 회부된다.

한편 소년사법체계에서 회복적 사법의 가장 중요한 형태 중의 하나는 위탁명령(Referral Order)이다. 위탁명령은 처음 법정에 선 청소년에게 피해자와의 접촉을 통해 자기행동에 대한 책임을 인정하도록 독려하기 위해 고안된 것이다. 최초법원에서 범죄 사실을 인정(pleading guilty) 한 청소년은 의무적인 위탁명령(Mandatory Referral Order)의 대상이 되며, 이 경우 청소년은 청소년범죄자패널(Youth Offender Panel)로 회부된다. 패널은 지역사회와 YOT 대표로 충원된 2명으로 구성되며, 대체로 3012개월간 지속되는 가해자와의 계약을 이끌어낸다. 패널은 가해자에게 피해자와의 접촉, 피해자의 동의 및 직접 손해회복을 위한 노

력 등을 독려한다.[73]

한편, 영국의 많은 학교들은 이미 회복적 사법과 관련된 접근을 활용하고 있다. 이 접근법들은 교육적 성과를 지원하고 행위개선을 하는데 유용할 뿐만 아니라, 범죄예방을 위한 조기 개입방법으로서 활용되고 있다. 또래중재모니터링(Peer Monitering 및 Mediation)은 괴롭힘(bullying), 무단결석 및 따돌림 등을 억제하기 위해 활용되고 있는데, 가해자가 피해자가 어떤 느낌을 갖는지를 알도록 관여시키고 있으며, 해결책을 찾기 위해 집단에 참여하도록 하고 있다. 전체 학급의 'Circle Time'은 단순한 규칙(가령, 주의 깊게 듣기, 차례로 돌기, 타인의 견해를 관용, 존중하기 등)에 따라서, 아이들에게 두려움과 느낌 생각들을 표명할 수 있는 안전한 공간을 창출하고 있다. 현재 내무성, YJB 및 교육훈련부는 보다 안전한 학교를 위한 파트너쉽(Safer School Partnerships) 과정을 위해 담당 경찰관과 학교스탭에 대하여 회복적 사법훈련을 제공하고 있다.

영국에서 사용되어 오는 가장 대표적인 학교폭력 예방 및 대응프로그램으로써, 세 가지 구성요소를 통해 학교폭력 행동을 줄여가고 있다. 첫째, 교육과정에서 기반한 회복적 사법실천 전략으로 드라마나 역할극 등을 활용한다. 둘째 학생들을 대상으로 하는 활동으로는 자기주장훈련 또래상담 등을 들 수 있다. 셋째, 운동장과 점심시간의 감독강화를 포함하고 학교환경의 조직적이고 물리적인 측면을 변화시키는 것이다.

제2절 미국

美 뉴욕州는 학교내 응급상황 SMS 통보 의무화 법안 상정으로 2007년 12월부터 뉴욕市 4개 지역 중·고등학교에서 시범실시 중인 교내 응급상황 SMS 통보 프로그램이 학부모들로부터 큰 호응을 얻고 있는 가운데 SMS(Short Message

73) 김은경·이호중, 『학교폭력 대응방안으로서 회복적 소년사법 실험연구(Ⅰ)』, 한국형사정책연구원, 2006, 192면.

Service) : 휴대전화 단문메시지 서비스를 실시하고 있다. '08. 2월 '웨프린' 민주당 州하원의원이 학교 내 응급상황을 SMS로 학부모, 교직원 및 인근 주민들에게 의무 통보토록 하는 내용을 골자로 한 법안을 발의, 현재 州 의회에서 심의 중이며, 학생들은 학교내 휴대전화 소지가 금지되므로 의무 통지 대상에서 제외한다. 美 시카고 시경(市警), 학교내 CCTV 정보 공유 추진, 시카고市(시장 델리)에서는 '08년 1/4분기에 시카고 시내 학생 17명이 총기 관련 사고로 사망하는 등 빈발하는 교내 범죄로 인해 학교내 보안 시스템이 사회적 이슈가 됨에 따라 관련 대책의 일환으로 그간 시카고 교육부가 독자적으로 관리·모니터링해 온 시내 공립학교(200개) 내·외곽 설치 보안카메라(CCTV) 4, 500여대의 영상정보를 시카고 시경(市警)과 공유하는 방안을 추진('08년 3월) 중인바 학교 CCTV 영상정보를 경찰과 공유하는 것은 미국 내 시카고市가 최초라 한다. 영상정보 공유로 순찰차內 스크린에 실시간 전송될 경우 경찰관의 교내·외 상황 파악 및 현장 접근이 용이해져 교내 범죄 예방·제지에 크게 기여할 것으로 기대, 이를 위해 국토안보부(DHS)로부터 예산을 지원받아 올 상반기 중 학교 내·외곽에 10,000개의 보안카메라를 추가 설치할 예정이다.

미국(캘리포니아 州) : 유치원부터 학교폭력 예방교육 의무화, '행동'을 연습하는 체험적 교육과정(친구들의 압박에 대한 대응, 분노를 인식하고 비폭력적 대응 등), 학생 스스로 갈등을 해결할 수 있는 또래중재 프로그램[74] 운영하고 있다.

미국[75] 사회 구성원의 다양성을 반영 학교폭력의 다양한 사유를 입법적으로 규정하고 있다는 점이다. 이는 다문화사회로 보다 다양해지는 한국 사회가 입법

---

74) Peer Mediation Program :학생들이 추천하여 일정 교육과정을 이수한 학생중재자(student mediators)를 학급당 2명씩 양성하고, 갈등조정전문가(adult coordinators)가 학생중재자에 대한 교육과 갈등조정을 지원하고 있다.

75) 홍익태(경찰청 생활안전국장), "학교폭력 멈추려면 '전담경찰관'확충돼야" 헤럴드경제, 2012. 3. 9. 자 ; 미국 로스앤젤레스(LA)는 487명의 경찰이 1인당 2. 1개교를, 뉴욕은 5200명의 경찰이 1인당 0. 3개교를 담당하고 있다. 캐나다 온타리오 주는 학교폭력이 빈발하는 중·고등학교에 경찰관을 상시 배치하고, 영국의 경우에도 1000여명의 경찰이 1인당 5개교를 담당하면서 청소년 참여 프로그램을 통해 피해사실을 자연스럽게 접하고 상담할 수 있는 여건이 마련돼 있다.

과정에서 참고할 만한 가치가 있을 것이다. 학교폭력에 대한 정책수립 과정에 있어 학생들이 직접 참여할 수 있도록 입법적으로 규정하고 있다. 학교폭력의 보호대상을 학생뿐만 아니라 학교에서 함께 생활하는 학교직원, 교사, 자원봉사까지 포함하여 자칫 성인이라는 이유로 법의 사각지대가 될 수 있는 대상을 보호하고 있다. 학교폭력방지법에서 규정하고 있는 정책을 준수하고 있는 학교의 경우, 피해학생과 부모로부터 사법적 소송을 당할 수 있는 책임에 대해 면책을 제공하고 있다는 점이다. 이를 통해 학교폭력에 관한 정책을 올바르게 시행하고 있다면 소송에 휘말리지 않고 학교를 안정적으로 운영할 수 있도록 입법적으로 규정하고 있다. 물론 위와 같이 입법적 조치에도 불구하고 미국 사회 내에서 학교폭력으로 인한 학생들의 자살이 이어지고 있으며, 가해학생들을 형사 기소한 사건들도 발생하고 있다. 하지만 1999년 조지아주 이후 계속적으로 이어지는 「학교폭력방지법」 제정을 통해, 학교폭력 문제를 사회전체가 계속적으로 관심을 가지고 해결해야 하는 문제로 인식하고 이를 다각도로 해결하고자 노력하고 있다는 점을 알 수 있다. 이 보고서는 델라웨어, 플로리다, 조지아, 매사추세츠, 뉴저지와 텍사스 등 미국 6개주의 학교폭력방지법 중 한국의 입법과정에 조항을 선별하여 국회도서관은 소개하고 있다. [76]

미국의 학교폭력(Bullying) 정의 규정과 관련하여 네 가지 특징을 찾을 수 있다. 학교폭력의 사유가 다양하다는 점을 발견할 수 있다. 이는 다양한 인종, 종교, 취향 등을 가진 구성원들이 함께 살아가는 용광로(melting pot) 로 비유되는 미국 사회를 반영한 것으로 학교폭력의 입법적 정의도 이를 반영하고 있다. 뉴저지 주의 학교폭력 사유를 보면 아래와 같다.

"'괴롭힘, 협박 또는 학교폭력(Harassment, intimidation or bullying)'이라 함은 인종, 피부색, 종교, 가문, 출신국가, 성(性), 성적 취향, 성 정체성 및 성적 외양

76) 유재일 · 문병철 · 유미숙 · 신경숙 · 안성경 · 강현수 · 양미영, "학교폭력 관련 주요국 입법례", 국회도서관, 경성문화사, 2012, 10~11면.

(expression)이나 정신적, 신체적 또는 감각적 장애와 같은 실제적이거나 인식된 특징으로 인해 또는 그 밖의 독특한 특징으로 인해서 유발되는 것으로…"

이는 여러 연방 차별금지법 상에서 규정하고 있는 차별 사유를 반영한 것으로, 학교에서도 미국 사회에서 존중되는 다양성을 존중해야 한다는 것을 입법적 사례를 통해 보여주는 것이다.

학교폭력의 판단 기준으로 피해학생의 주관적 관점도 중요하지만 피해학생의 말로만 학교폭력을 인정하기에는 가해학생으로 지목될 학생의 입장도 존중되고 있다는 점에서 그 시사점이 있다고 할 것이다. 이에 대한 일례로 뉴저지 주의 경우 학교폭력을 "해당 정황상 합리적인 사람이라면" 다른 학생에게 신체적 상해나 재산상 피해를 입히거나 이에 대해 합리적인 두려움을 갖도록 하는 효과가 있을 것이라고 판단되는 행위라고 정의하고 있다. 자칫 피해학생에게 또 다른 짐을 지우는 것으로 볼 수 있지만 다양한 이해관계를 자진 구성원들이 '용광로'를 이루고 살기 위해서는 다양한 이해관계가 보호받아야 한다는 미국사회의 자치가 담긴 것이라고 할 수 있다. 특히 학생들로부터 '위협적이며 모욕적인 비인간적인 표현'을 통해 피해자가 신체상 또는 재산상 피해를 입는 것이라는 합리적인 두려움을 느끼는 경우를 괴롭힘이라고 정의하고 있다.

신고식(hazing) 규제는 일부 주에서는 신고식을 규제하는 내용까지 학교폭력 방지법에 포함하고 있다. 텍사스 주는 신고식을 '의도적으로, 알면서, 또는 무모하게 교육기관의 캠퍼스 내외에서, 단체에 등록, 신고, 회원이 되기 위해… 다른 학생의정신적 · 신체적 건강이나 안전을 위협하는 행위'라고 정의하면서 구타, 전기쇼크, 감금, 음주, 마약복용, 외면, 배척 등을 예로 들고 있다.

뉴저지 주[77]는 학교폭력에 포함시켜야 할 최소한의 내용으로 학교폭력 정

77) 뉴저지 학교폭력방지법: 2002 뉴저지 회기법령 서비스 제83장(의회 1874호 및 1526호)(WEST) – 공공지방교육청에 의한 괴롭힘 및 따돌림 방지 정책의 도입 및 뉴저지 법규 제18A편 제37장을 보완하는 법률이

의, 학 학년별로 예상되는 행동 유형, 피해학생에 대한 구제조치, 익명 신고 절차, 신속한 조사를 위한 절차, 학교가 취할 수 있는 조치의 범위, 보복 금지 및 이에 대한 구제조치, 정책 홍보 방식 등을 포함하도록 하고 있다.

플로리다 주는 학교장이 플로리다 주 교육부에 제출해야 하는 학교 안전 보고서에 학교폭력으로 처리한 각각의 사건에 대한 상세설명과 학교폭력 기준을 충족하지 못했던 각각의 사건에 대한 설명을 포함할 수 있도록 절차를 수립해야 한다고 규정하고 있다. 이는 더 이상 학교폭력 문제를 학교 내 문제로만 남겨둘 것이 아니라 이를 주정부 차원에서 관리하겠다는 의지를 반영하고 있으며 특히 학교폭력으로 처리할 수 없었던 각각의 사건에 대한 설명도 보고서에 포함시키도록 하고 있어서 학교당국보다 신중한 사건 처리를 강조하고 있다.[78)]

한편, 학교폭력으로 장애인이 된 한 학생이 학교에 감시 소홀 책임을 물어 420만달러(약 48억원)의 배상금을 받아냈다. 2012년 4월 19일(현지시간) MSNBC 방송 등에 따르면 미국 뉴저지 학교위원회는 학교폭력으로 하반신이 마비된 소여 로젠스타인(18)에게 420만달러를 지불하기로 합의했다. 로젠스타인이 장애인이 된 것은 6년 전, 램지의 에릭스미스 중학교에 다닐 때였다. 그는 같은 학교 학생에게 끊임없이 폭행을 당했고 폭력의 강도는 점점 높아졌다. 그는 학교 관계자 여럿에게 이메일을 보내 이를 적극적으로 알렸다. 그는 이메일에서 "괴롭힘이 심해진다. 혹시 나중에 더 나쁜 일이 생길 경우를 대비해 지금(이메일로) 자료를 남기고 싶다"고 상황의 심각성을 강조했다. 폭행 가해자는 이미 학교와 경찰 등에 3건 이상의 진정이 접수될 정도로 폭력성이 두드러진 학생이었다. 그러나 학

다. "본 입법부는 다음과 같은 사항을 인정하고 이를 선언 하는 바이다. 즉, 학생들이 학습하고 높은 학문적 기준에 이르기 위해서는 학교에 안전하고 평화로운 환경이 필요하다는 점과 괴롭힘이나 협박 또는 따돌림, 그 밖에 다툼이나 폭력적 행동은 학생들이 안전한 환경에서 학습할 수 있는 능력과 학교가 교내의 학생들을 교육시킬 수 있는 능력을 저해시키는 행위라는 점, 그리고 학생들은 사례를 통해서 배우기 때문에 학교 관리자들과 교원, 직원 및 자원봉사자들이 적절하게 행동하고 친절과 존중으로 타인을 대하며 괴롭힘과 협박 및 따돌림을 용납하지 않음을 보여주어야 한다는 점을 인정하고 선언하는 바이다."

78) 유재일·문병철·유미숙·신경숙·안성경·강현수·양미영, "학교폭력 관련 주요국 입법례", 국회도서관, 경성문화사, 2012, 12~13면.

교는 묵묵부답이었다. 결국 그는 3개월 후 심하게 구타당한 채 집으로 돌아왔고, 이틀 후 극심한 통증을 호소하며 병원으로 이송됐다. 일주일 후 그는 하반신 마비 판정을 받고 휠체어 신세를 지게 됐다. 로젠스타인은 학교를 상대로 법원에 손해배상을 청구했다. 결국 학교는 한 학생의 절규를 외면한 대가로 420만달러를 물어줘야만 했다. 로젠스타인의 가족들은 학교폭력 사건에서 학생과 학교가 어떻게 대처해야 하는지 경각심을 일으키기 위해 이번 사건을 공개하기로 결정했다. 로젠스타인은 "가해자는 그 대가를 치르고 피해자는 벗어날 수 있다는 사실을 알리고 싶었다"고 말했다.

제프리 영맨 변호사는 "폭력으로 인한 합의금으로 420만달러는 유례가 없는 금액"이라며 "기념비적인 사건"이라고 평가했다. 영맨 변호사는 "대부분의 11~13세 학생들은 어떻게 해야 할지 몰랐지만 로젠스타인은 분명히 알고 이를 실천했다"며 "그러나 문제는 학교가 아무 조치를 취하지 않았다는 것"이라며 학교의 책임을 강조했다. 뉴저지주는 지난해 반학교폭력법을 제정했다. 로젠스타인의 가해자는 이번 합의와 별개로 따로 로젠스타인 측과 비공개 배상 합의를 본 것으로 알려졌다.
79)

미국 LA의 학교폭력 현황 및 처리실태를 살펴보면 대다수 학교에서 폭력관련 프로그램이 진행되고 있다. 구체적으로 상담, 위기개입, 기술훈련, 또래상담, 지역사회 프로그램, 교사를 프로그램 및 안전대책 등 다양한 프로그램들이 학교에서 진행되고 있다. 주마다 조금씩 다른 형태이기는 하지만 학교생활 제도를 두고 학교경찰을 별도 선발·교육하여 교내 폭력범죄를 담당하는 등 학교폭력에 적극적으로 대처하고 있다.

관련시책으로 학교폭력에 대해 LA경찰이 직접 개입하는 대신 '학교경찰제도'를 두어 학교경찰(School Police)이 완충역할을 수행하며 학교경찰은 일반경찰

79) 정진수, "학교폭력에 하반신 마비된 학생, 학교가 48억을…", 세계일보, 2012. 4. 21. 자.

모집절차와 동일한 과정을 거치되 학생범죄에 관한 특별교육을 받는다.

청소년범죄관련 특별제도에 있어서는 살인·강도·납치·강간 등 특정범죄를 제외하고 범죄발생 5년 후 18세가 경과(집행유예의 경우 그 기간 경과) 되면 기록삭제 청원서를 소년법원에 제출하면 법원은 청원서와 모든 기록을 검토 후 법원심리를 통해 기록이 삭제되는 '범죄기록 봉인제도'를 시행하고 있다.[80)]

그러나 범죄 기록이 완전히 말소되는 것은 아니고 공개되는 것만 금지하고 있다. 또 초범으로 학교성적과 출석률이 좋을 경우 법원신청을 통해 1년 동안 출석연기를 받을 수 있는 법원출두 연기제도를 시행하고 있는데, 출석연기 기간 중 명령을 준수하고 모범적으로 학교생활을 계속할 경우 담당 판사는 법원심리를 통해 1년 전 발생한 사건기록을 삭제 조치하여 이 경우 범죄경력에 불포함 시키고 있다.[81)]

학교경찰은 LA 통합 교육구에 포함된 1,030여 개의 학교와 학교관련 센터 및 각종 행정시설, 그리고 90여만 명의 학생, 8만 여명의 교사와 학교 행정요원을 관할 대상으로 하고 있으며, 법적 근거는 켈리포니아주의 일반경찰 업무기준 및 주 형법, 교육법이 시 조례, 카운티의 조례로 창설되었다(김종명, 2005: 11~15).

범죄를 저지른 소년들을 사법처리하는 과정에서 경찰과 검찰에서의 반복적인 조사와 가족으로부터 격리됨에 따른 자포자기 등의 역효과로 인해 재범 위험성이 크기 때문이란 것이다. 현행 사법시스템상 소년범에 대한 형사절차가 진행되면 이들에 대한 전과기록이 고스란히 남는다. 법적 사회적으로 범죄자라는 낙인을 찍는 셈이다. 이 때문에 소년들에 대한 형사제재를 다양화 할 필요성이 제기되고 있다. 그 대표적인 예가 경찰이 추진하고 있는 다이버전(Diversion)제도[82)]

80) 강유미, "학교폭력에 대한 실태분석 연구", 고려대학교 교육대학원 석사학위 논문, 2011, 51면.

81) 강유미, "학교폭력에 대한 실태분석 연구", 고려대학교 교육대학원 석사학위 논문, 2011, 52면.

82) 미국 각 주의 다이버전 프로그램? 가. first offender program 경미한 범죄를 저지른 초범 비행청소년의 의사결정기술 향상을 위해 고안된 것이다. 텍사스 가족법에 의거, 비행청소년과 그 부모에게 의무적인 교육과 상담프로그램을 부과하는 것으로 사법적인 처벌을 대신하는 제도로 8주간 지속, 비행청소년의

이다. 다이버전은 범죄인의 사회복귀와 재범방지를 위해 지역사회의 보호와 관찰 등으로 사법처리를 대체해 사회에 되돌려 보내는 정책을 말한다. 이는 사회통제수단으로서 형벌이 갖는 기능상 한계와 과잉처벌의 문제점에 대한 비판에서 비롯됐다. 내용은 경찰, 판·검사, 청소년전문가 등으로 구성된 선도심의위원회를 운영해 선도방안을 심의한 뒤 개별 사안에 대한 형사입건이나 선도조건부로 훈방하자는 것이다. 사회단체에서는 소년범죄의 재범을 줄이기 위해서는 제도개선과 함께 부모들의 책임도 강화해야 한다고 목소리를 높이고 있다. 상당수 부모들이 자식들이 범죄를 저지를 경우, 너무 쉽게 포기하는 경향이 있다는 것이다. 소년범에 대한 재판시 부모들도 함께 참여시키는 등 책임감을 가지고 아이들을 지도토록 해야 한다고 역설하고 있다.

미국은 예전에 지배를 받은 영국의 영향을 받아 9월 학기제와 교과 교실제(각 교과의 특성에 맞는 환경 구성과 교과 관련 학습 자료 및 선진 기자재를 설치한 교육 환경을 갖추고 교사가 교과 교실에 상주하면서 학생들이 매시간 특성화된 교과 교실을 찾아다니며 수업을 듣는 방식의 선진국형 학교 운영 형태)이다. 미국의 많은 학교들이 스쿨 버스(미국의 학생들 대부분이 학교와 멀리 떨어져 살기 때문

부모 또는 보호자가 프로그램 참여에 동의해야 하며, 프로그램 이수후 90일 안에 다른 비행이 없는 경우 비행기록은 영구히 봉인된다. 프로그램에 배정된 비행청소년들은 그들이 지속적으로 범죄를 저지르게 될 경우, 자신들 앞에 어떤 일이 벌어질 것인지를 배우는데(일명 wake up call) 보통 월, 화, 수, 목 저녁 2시간 30분씩 연속 3회 수업으로 이루어지며 참가자들은 청소년보호관찰부 직원, 경찰관, 법원관계자, 청소년상담가, 교수 등에 의해 실시되는 수업을 들을 수 있다. 나. 텍사스 달라스 경찰의 First Offender Program : 미래에 문제를 일으키고 체포될 수 있는 문제를 가진 청소년과 그 부모를 돕기 위해 시작되었으며, 사법체계로부터 청소년 초범자들을 분리시켜 상습성을 줄이기 위한 '기술교육 프로그램'으로서, 최초로 집에서 가출한 청소년의 가족과 집, 학교, 여가시간에 문제행동을 보이는 청소년을 돕고 그들을 상담할 수 있는 지역단체와 연결하는 것을 목적으로 경범죄, 폭력 또는 흉기와 관련되지 않은 중범죄 저지른 청소년 초범자들을 사법체계로부터 분리시키고 재범율을 줄이기 위한 제도이다. 10~16세 청소년 살인과 흉기 소지한 범죄를 제외한 중범죄와 경범죄 저지른 초범자이며 부모의 협조와 동의 요구 절차가 있어야 한다. INTAKE : 사건 담당자가 집, 학교, 여가시간 동안 청소년의 활동수준을 평가하기 위해 가족과 접견, DIRECT : 부모와 청소년이 6주 동안 그룹모임에 참여하여 청소년이 성공적으로 프로그램을 마치고 90일동안 문제가 없으면 범죄기록이 삭제된다.

에 스쿨 버스를 운영한다)를 운영하고, 교복을 입게 하는 학교도 있다. 심지어는 체육복, 수영복이 같은 학교도 있는 데다가 교과서가 달라서 미국의 학교 운영은 해당하는 주가 다 알아서 한다. (어떤 주는 5-3-4제(초등학교 5년-중학교 3년-고등학교 4년)를, 어떤 주는 6-3-3제(초등학교 6년-중학교 3년-고등학교 3년)를, 어떤 주는 6-6제(초등학교 6년-고등학교 6년)를 채택하고, 일부 주에서는 진화론 교습이 금지된다.) 부유한 집안의 학생들은 사립학교에 다니며 수업을 듣는다. 실제로 미국은 캐나다처럼 중학교부터 대학처럼 강의 시간표도 학생 개개인이 학교 카운슬러와 협의해서 짜고, 담임선생님 없이 교과 선생님들만 있다. 과거 미시시피 주, 앨라배마 주, 테네시 주, 텍사스 주, 조지아 주, 플로리다 주, 아칸소 주, 사우스캐롤라이나 주, 루이지애나 주, 노스캐롤라이나 주와 같은 남부 주들은 백인 학교에 흑인을 받지 않는 일종의 흑백 차별을 적용하였다.

제3절 독일

독일의 학교폭력 대책을 살펴보면 일부 주에서는 각 부처와 경찰 그리고 사회단체 등의 대표로 구성되는 'round table panel'을 설치하여 문제점 및 향후 해결책 마련을 위한 정기적인 회의를 실시하고 있다. 경찰관이 매일 학교를 방문하여 학생들과 얘기를 나누고 학생들은 문제가 생기면 경찰과 상담해 어떻게 해결할 수 있을지 조언을 구하는 '비상주 학교경찰제'를 운영하고 있다. 함부르크시는 '상주 학교제'를 운영하고 있다. 학교당국은 학교폭력 '3진 아웃제'를 도입·운영 중미며, 학교폭력이 발생하면 우선 담임교사가 부모를 불러 상담하고, 두 번째로 적발되면 경고장 발부와 더불어 학부모 역시 불려가서 교장과 상담해야 하며, 세 번째 적발시 퇴학처분 된다. 퇴학시 100Km 이상 떨어진 곳으로 전학가야 하는 등 인근 학교로의 전학도 제한 받는다.

함부르크(Hamburg) 시의 학교경찰제 도입배경은 교내 폭력방지·안전 확보를 위해 'Cop4U' 프로그램에 따라 시교육청과 경찰청간 협약을 통해 학교에 경찰관을 배치(2002. 10.), 2007년에는 청소년 범죄 대응방안(Handeln gegen Jugendgcwalt)의 핵심 프로그램으로 발전했다. 경찰관 배치 현황은 235명의 경찰관이 최초로 학교에 배치(2003. 12.) 된 이후, 2010년 5월에는 237명의 경찰관이 총 497대교에 배치되었다. 학교경찰의 자격은 학교경찰의 임무를 수행하기 위해서 선발된 경찰관은 주 경찰학교에서 2일간의 특별과정을 이수한 후 현장에 배치된다. 주 경찰학교의 교육프로그램은 주 정부 산하 폭력방지상담소와 경찰이 함께 마련한다. 이러한 학교경찰의 역할은 학교에 상주하며 교내에서 발생한 범죄중 경찰의 개입이 필요하다고 판단되는 경우 이를 학생·학부모에게 알리고 상담 등을 실시한다. 아울러 학교에 학부모·교사가 참여하는 행사에 학교경찰이 참여, 상담·조언한다. 학교주변 및 등·하굣길의 순찰 실시는 물론 문제 학생을 대상으로 실시하는 교환 프로그램에 주도적으로 참여한다. 주요성과는 예고된 범죄의 경우 학교경찰이 학생증 및 소지품 검사를 통해 즉시 대응함으로써 범죄를 예방하였으며, 학교와 경찰간 긴밀히 구축된 협력체제로 인해 학교폭력 및 기타 범죄예방이 가능하였던 것으로 당국은 평가하고 있다. 이러한 프로그램은 독일내 타 연방주는 물론 유럽내 다수의 국가로부터 관심을 받고 있다.

독일은 주(州)정부 차원의 대상별 '폭력 예방 네트워크[83]' 가동('97~), 경찰, 교사, 사회교육사 등으로 이루어진 전문팀이 학교폭력 예방교육, 일반인 대상 '폭력-목격-돕기'(GSH) 캠페인, 전문가는 학부모, 교사, 경찰, 사회교육사를 대상 전문 홈페이지를 운영하고 있다. Vodafone(통신사) 교육기부의 상담전문가로 이루어진 '건전한 학교문화교육'팀을 운영하여 학교 순회 교육을 하고 있다.

독일의 모든 학생은 기본적으로 상해보험에 무료로 가입되어 있다. 독일연방 범죄청의 통계에 따르면 지난 십여 년 동안 아동 및 청소년 범죄용의자가 증가했

83) 정부, 연구소, 경찰, 교수, 민간인 등이 공동 참여하고 있다.

다. 청소년이 가장 빈번한 반사회적 행동으로는 물품파손(56.8%), 절도(33.6%), 사기(10.9%)이다. 독일에서 학교에 속한 일은 각 연방주의 고유 업무 영역이나 독일 전체의 공통점은 학교가 교육의 의무 뿐만 아니라 육성에 대한 의무도 인식하고 있다. 학교폭력을 학습된 행동이라 보고, 가해자는 폭력행위를 통해서 자신의 목적을 달성했거나 타인이 관심을 끌었다고 인정 할수록 가해행동은 더욱 강화된다고 이해한다. 따라서 학교폭력행위는 애초 초기 단계에서 조차도 허용하지 말아야 한다고 주장하고 있다. 가해 학생은 담당교사로부터 구두 또는 서면으로 문책을 받으며, 이를 학부모에 통보하고 부모면담이 실시된다. 학교폭력 사업자가 사건경위에 대한 정보를 수집하고 학교심의위원회를 소집할 수 있다. 학교는 청소년청에 연계해서 지원서비스를 요청할 수 있고, 심각한 경우 학교가 가해학생을 경찰에 고소한다. 14세 미만 청소년의 경우 경찰에 신고 되어도 해당 청소년청에 알린다. 검찰과 소년법정은 사건의 정도에 따라 다양한 조치를 취한다. 조건부기소가 유예가 될 수 있는데 이때 가해학생은 '폭력치료집단프로그램'에 참석해야만 한다. 기소유예가 되지 않을 경우에는 소년법정에서 재판을 받게 되는데 이때 청소년청에서 근무하는 담당 소년보호관찰자가 가해학생을 동행한다. 소년보호관찰자의 '피·가해자 중재상담(Taeter-Opfer-Ausglrich)'을 통한 합의에 성공할 경우 가해자는 처벌을 면한다. 독일에서 청소년복지지원법은 학교내에 폭력이 일어나거나 폭력적인 학생에게도 마찬가지로 적용된다. 위기청소년의 문제나 상황에 따라 민간단체 또한 다양한 형태의 지우너서비스를 제공한다. 아동기 때부터 폭력예방과 관련된 프로그램을 활성화 하고 청소년수련관의 개입 용이성을 극대화 하고자 노력하고 있다.[84)]

84) 강유미, "학교폭력에 대한 실태분석 연구", 고려대학교 교육대학원 석사학위 논문, 2011, 56면.

제4절 일본

일본에서는 과거에서 현재에 이르기까지 사회의 다양한 상황에서 집단 괴롭힘이 발생하고 있다. 예를 들면 가정에서는 아동학대, 가정 내 폭력, 시댁식구의 집단 괴롭힘 등이 있으며 직장에서는 불합리한 신입사원 연수, 상사가 부하에게 함부로 하는 것, 남성이 여성에게 하는 성희롱 등이 있다. 그 외 성차별, 장애에 대한 차별, 인종 및 국적에 대한 차별, 국내 출신지 및 거주지에 대한 차별, 학력 및 직업에 대한 차별 등도 있다. 이것들도 집단 괴롭힘 문제와 밀접한 관련이 있다. 학교에 있어 집단 괴롭힘[85]은 일본사회에서 가장 심각한 문제 중 하나이다.[86]

필자는 2012년 4월 27일 두레재단 주최로 서울 프레스센터에서 열린 청소년 사회문제와 학교폭력 관련 국제 심포지엄에 토론자로 참석하였다. 각 국의 해결책에 관한 토론을 펼쳤다. 일본은 2006년 이후 학교폭력이 지속적으로 증가해 2009년 한 해 6만 1,000건이 발생했다. 중·고교생들 사이에서 친구를 심부름꾼처럼 부리며 따돌리는 '빵셔틀'이 사회 문제로 인식되고 있었다. 그러나 학교폭력과 왕따 문화의 원조 격인 일본은 문제가 심각한 만큼 대책도 치밀했다. 가나하라 스케 나가사키웨슬리언대 현대사회학부장은 "일본에서는 학교폭력 실태 조사를 1년에 3번 한다"며 "교실에서 직접 설문조사를 하고 바로 회수하는 방법으로 회수율이 100%"라고 전했다. 최근 교육부의 학교폭력 설문조사 응답률이 25%

85) 모리타와 기요나가(1994)는 교내 집단 괴롭힘이 4단계 구조로 성립되어 있다고 했다. ㉠ 괴롭히는 아동 : 괴롭히는 쪽 학생들 ㉡ 괴롭힘을 당하는 아동 : 괴롭힘을 당하는 쪽 학생들 ㉢ 관중: 남이 괴롭힘 당하는 것을 재미있어하며 보고 있는 학생들 ㉣ 방관자 : 남이 괴롭힘을 당할 때 보고도 못 본 척하는 학생들 이 구조 중에서 ㉢의 관중들이나 ㉣의 방관자들이 집단 괴롭힘에 대해 부정적인 반응을 나타내면 ㉠의 괴롭히는 아동들은 학교 내에서 고립되고 그 결과 집단 괴롭힘 행위는 사그라진다(혹은 새로운 아동이 집단 괴롭힘의 표적이 된다. 반대로 관중들이 매우 재미잇어 하거나 방관자들이 완전히 모른척 한다면 괴롭히는 아이들이 집단 괴롭힘 행위는 악화된다.

86) 가나하라 슌스케, "한·중·일 청소년의 사회문제와 학교폭력 관련 국제심포지엄 자료집", 2012, 41면.

정도에 불과했던 한국과는 차이가 있었다. 또 일본에서는 학교폭력 설문조사 결과를 공개하지 않아 불필요한 논란도 차단하고 있다. 가나하라 스케 교수는 "조사 결과는 교사들의 학생 생활지도용으로만 사용하며 학생의 사생활을 보호하기 위해 절대 일반에 공개하지 않는다"고 강조했다. 데츠야 와타나베 일본 나가레야마남부중학교 교장은 "학교폭력의 책임도, 해결책도 교사에 있다"며 "교사는 학생들의 기분, 학습 태도, 말투 등 모든 것을 놓치지 말고 기록하는 노력을 해야 하고 이것만으로도 학교폭력은 미연에 방지될 수 있다"고 설명했다.

집단 괴롭힘·따돌림(이지메)의 원조 격인 일본이 이지메에 대한 대책 마련에 골머리를 앓고 있다. 일본 정부가 2007년 이후 '이지메와의 전면전'을 선포하고 강력한 단속에 나서면서 한동안 주춤했지만 최근 다시 증가 추세를 보이고 있다. 반면 적발 즉시 경찰 등 사법당국에 고발하는 등 강력한 조치를 취하는 학교폭력은 뚜렷하게 줄어들어 한국 교육 현장에 시사점을 던져주고 있다.

일본에서는 1980년대 이후 학교 붕괴가 심각한 문제로 떠올랐다. 집단 괴롭힘은 물론 교사 폭행 사건까지 발생했다. 이지메가 사회문제가 되자 교육당국은 이지메를 '학생이 일정한 관계에 있는 사람으로부터 심리적·물리적인 공격을 받은 것에 의해 정신적인 고통을 느끼는 것'으로 정의하고 수많은 대책을 내놓았다. 사법당국과 공조해 엄격하게 처벌을 했다. 특히 2007년에는 일본 정부가 이지메와의 전면전을 선포하고 이지메를 보고도 못 본 척하는 사람까지 가해자로 규정했다. 또 아이와 부모가 희망하면 이지메에 따른 전학을 인정하기로 했다. 컴퓨터나 휴대전화로 험담을 하거나 중상모략하는 것이 추가됐고 이지메 건수도 발생 건수에서 인지 건수로 변경했다. 반면 1990년대 이후 생명의 소중함과 죽음의 엄숙함 등에 관한 인성교육을 늘리는 한편 사회성을 키우는 체험활동과 봉사활동 시간을 확대하는 등 유화책도 실시하고 있다. 초등학교에 상담사와 '학부모 상담원'을 배치했다.

하지만 교육당국의 이런 노력에도 일본의 집단 괴롭힘은 아직도 근절되지 않고 있다. 가해 학생들이 엄한 처벌을 받았지만 같은 사건이 반복됐고 계속해서 보다 엄격한 처벌이 이어지는 악순환만 반복되고 있을 뿐이다. 실제로 2010년 3월 일왕의 손녀인 아이코 공주(당시 8세)가 남학생들에게 발로 차이는 괴롭힘을 당해 5일 동안 등교를 거부했고 왕실은 발칵 뒤집혔다. 아이코 공주는 6일 만에 마사코 왕세자비와 함께 학교에 다시 나간 뒤 2년 동안 모녀가 동반 등교를 할 정도였다. 이지메를 당하는 아이를 '집단생활에 적응하지 못하는 문제아'로 간주해 이지메를 피해자 책임으로 돌리는 일본 특유의 사회문화도 해결을 더 어렵게 하고 있다. 이지메 사건이 발생할 때마다 감추려는 교육 현장과 교육당국의 관료적 발상이 이지메 해결을 가로막고 있다는 지적도 적지 않다. 변호사인 나카지마 히로유키는 "괴롭히는 아이들을 학교 안에서 지도하려는 생각이 피해자에 대한 구제를 소홀히 하게 만든다. 피해자를 지키는 게 우선돼야 한다."고 강조했다. 그는 이지메에 대한 해결 방안으로 "가해 학생을 프리스쿨 등 학교 밖에서 카운슬링을 통해 지도하는 미국식 지도방법을 참조할 필요가 있다."며 "학교 내에 이지메 제보함을 설치해 제보자의 비밀을 지켜주면서 이지메 신고 제도를 정착하는 것도 필요하다."고 덧붙였다. 이지메는 좀처럼 개선되지 않고 있지만 학교폭력은 현저히 줄고 있다. 이는 학교폭력과 집단 괴롭힘을 나누어 다룬 결과다. 일본 교육당국은 학교폭력은 범죄로 규정하고 있다. 개인마다 폭력에 대한 정의가 다를 수도 있지만 때리거나 돈을 갈취하는 폭력 및 공갈은 범죄 행위이므로 경찰에서 이 문제를 다루게 한다. 이지메는 교육 현장에서 다루어져야 할 문제지만 폭력은 학교에서 이뤄졌다고 해도 엄연한 범죄 행위이고 교사가 해결할 수 없는, 경찰이 다뤄야 할 영역이라고 규정하고 있다. 폭력을 행사할 경우에는 바로 사법당국에 고발되고 법적인 처벌을 각오해야 한다. 이런 인식이 퍼진 결과 일본 내 학교폭력 건수는 감소 추세다.

2009년 초·중·고등학교폭력과 관련해 교사에 대한 폭력이 8,304건, 학생 간

폭력은 3만 4,279건, 학교 밖 다른 대상을 상대로 한 학생의 폭력은 1,728건이었다. 일본의 학년당 전국 학생 수는 약 100만명으로 초중고 전국의 학생 수는 1,200만명가량이다. 평균적으로 500명당 한 명, 즉 한 학교에서 한두 명만이 무력행사를 하거나 침을 뱉거나 하는 등의 각종 폭력과 관련된 문제를 일으키고 있는 것으로 나타났다.[87)]

일본은 1960년대 이후부터 청소년 문제가 심각하게 대두되어 비행, 문제 행동 등의 용어로 청소년 문제에 대해 다양한 사회적 분석이 시도되었다. 이지메, 중퇴자, 부등교, 자살 등으로 나누어 매년 실태를 파악하고 있다.

학교폭력 처리는 문부과학성 초등중등교육국 아동생도과에서 담당하고 교내 가해학생에 대한 학교의 조치로는 그 내용에 따라 출석정지, 퇴학, 정학, 훈고 등의 징계 조치가 내려지는데, 초·중학교에서는 훈고가 가장 많으나, 고등학교에서는 '자택학습·자택근신' 등이 가장 많고 그 다음이 '정학이나 퇴학', '훈고' 순서이다. 일부 학교에서는 학생지도담당 교사, 양호교사 외에 학생의 임상심리에 관한 고도의 전문성을 갖춘 '스쿨 카운슬러'를 배치하고 있다.[88)]

일본의 경우 또한 학교폭력[89)]이 심각한 사회적 문제로 많은 연구가 이루어져 왔고, 특히 다양한 대책 프로그램들이 시행되고 있는데, 이러한 대책들은 몇 가지의 기본방침을 세우고 여기에 적합한 구체적 프로그램들을 시행하고 있다.

우선 교직원이 학생의 마음을 잘 이해하도록 교육을 실시하고, 양호교사나 학교 카운슬러가 학생들의 문제를 상담하도록 하고 있으며 특히 1998년부터 전국 공립학교에 마음의 교실상담원을 배치하여 적극활용하고 있다. 또한 학생들이

87) 이종락, "日 이지메는 학교 - 폭력은 경찰 '분리대응'… 학교폭력 잡았다 ", 서울신문, 2012. 5. 15. 자.

88) 강유미, "학교폭력에 대한 실태분석 연구", 고려대학교 교육대학원 석사학위 논문, 2011, 53면.

89) 일본은 과거 '교내폭력'의 내용으로 교사에 대한 폭력, 학생과 학생간의 폭력, 학교의 시설 및 설비등의 기물손괴등 3가지 형태로 들었으나 최근에는 대인폭력을 추가하여 다음과 같이 4가지 형태로 구분하여 정의하고 있다.

스스로를 통제할 수 있는 능력과 사회성 등을 배양할 수 있도록 여러 가지 프로그램을 실시하고 있는데, 이는 학교에서 뿐 아니라 지역사회 차원에서도 많이 시행되고 있는 것으로 봉사활동이나 사회체험 등을 지원하는 체제정비가 잘 이루어져 있다. 더불어 여러 대중매체의 유해정보를 통해 학생들이 비행을 일으킬 수 있기 때문에 시민들의 적극적인 모니터링 조사와 방송업계의 각성이 촉구되고 있다. 90)

무엇보다도 학교폭력 근절을 위해서는 가정과 학교, 지역사회 관계기관간의 연계시스템을 구축할 필요가 있는데, 일본에서는 이러한 시스템 구축의 중요성을 일찍부터 인식하고 여러 가지 대응방안을 실시하고 있다. 시·정·촌이나 중학교구단위에서 교육위원회가 주도적으로 학교, 지역주민, 교육상담소, 소년보도센터, 경찰, 보호관찰소등의 관계기관, 폭력추방운동추진센터 등의 민간단체와 협조체제를 구축해 적극적인 활동을 펼치고 있다. 또한 이러한 활동을 지원하기 위해 각 기관의 대표자들이 정기적으로 모여 정보를 공유하고, 대책을 제시하며 적극적으로 협조하고 있다. 또한 학교와 경찰은 연계시스템을 구축하여 학교경찰연락협의회가 지역사회에서 적극적인 활동을 하고 있다. 학교폭력을 예방하고, 또 다시 재발하는 것을 방지하기 위해 피해학생을 구제하고 가해학생을 선도하는 것이 중요한데, 일본에서는 피해학생의 결석이 일종의 긴급피난이므로 해당 학생의 결석을 수업일수에 삽입하는 조치를 취하고 있다. 더불어 가해학생에 대해선 출석정지를 허용하고 있고, 이 기간 동안 철저한 지도를 할수 있도록 제도적으로 뒷받침하고 있고, 최근 매스컴에서 왕따라는 현상이 자주 보도되는데 이는 큰 사회문제로까지 확대되고 있는 학교폭력 형태의 일종으로 일본에서는 이에 대한 대책으로 출석정지제도와 가정과 사회와의 협력을 적극적으로 실행하고 있다. 특히 이지메에 대한 대책은 가해자적인 측면과 피해자적인 측면으로 나누어 이루어지고 있는데, 가해자적인 측면에서는 소년원이나 치료감호시설에 격

90) 김두현, "일본의 학교폭력 실태와 그 대책", 「청소년보호」 2002-05, 청소년보호위원회, 2002년, 22~30면.

리시키는 방안과 학교당국이나 관계의료시설에서 선도하는 방안이 있으며, 피해자에 대한 대책은 학교와 가정, 관계기관이 하나가 되어 지속적인 관심과 보호를 하도록 하고 있다. 구체적인 대응방법으로 학교에서는 학생의 생활과 학급활동을 지도하고 상담을 실시하며 가정 방문을 통해 학생의 가정환경을 살펴보고 이를 통해 가정의 협력도 도모하며 심리 상담을 통해 학교폭력을 줄여나가고 있다.

현재 "일본[91] 학교들은 폭력으로 가득 차 있다"라고 하고 있는바, 이 폭력행위란 단어가 단지 육체적인 폭력만이 아니라 심리적인 폭력까지 포함한다고 생각해 보면 일본 학교들을 전쟁터의 한 장소로서 생각한다 해도 의심할 여지가 없다.

소년비행에 있어서는 제1의 물결(1953년)은 종전직후 사회질서의 흐트러짐이나 경제적 빈곤 등의 사회혼란을 배경으로 하는 비행이었고, 제2의 물결(1966년)은 고도경제성장이나 도시화를 배경으로 하는 폭력적, 반사회적 비행이었다.

그리고 제3의 물결(1985년)은 소매치기나 자동차 강도 등의 초발형 비행이나 교내 폭력이었으며, 제4의 물결(1996년)은 흉악범이 증가하는 경향이 있었으며, 2000년에는 2,120명의 소년이 검거되어 1997년부터 4년 연속해서 2,000명을 넘고 있을 뿐만 아니라 집단화도 진행되고 있다.

일본의 학교폭력의 변화과정을 보면, 1980년대 초기까지는 교사, 가족구성원을 대상으로 한 폭력사건들이 발생하였고, 1980년 중반부터 1990년 초반까지는 자살, 교실붕괴의 형태로 발전되다가 1900년 중반부터 현재에 이르기까지는 이지메의 비행이 심각한 사회문제로 되어 있다.

일본의 학교폭력 대책이 한국에서도 반드시 맞아떨어지는 것은 아니지만 ① 교사들을 대상으로 이지메 문제 등 학교폭력대책 연수 강화실시, ② 학생상담 및

91) 위키백과, 2012. 8. 1. 자. ; 일본은 미국의 영향을 받았으나 아직도 보통 교실제(학생들이 한 교실에 앉아 있고 선생님들이 담당 교실로 찾아가거나 교실에 상주하여 수업을 하며 학생들이 수업을 듣는 방식)이면서 4월 학기제이다. 일본에는 일본에서 거주하는 한국인들을 위한 조선학교도 존재한다.

안전지도를 위한 마음의 교육상담원, 학교카운슬러 배치 및 학급담임 · 학생지도 담당교사 · 양호교사 등 상담팀 운영, ③ 학생의 사회성교육을 위한 사회체험, 봉사활동 등 체험활동 전개, ④ 학생의 문제행동에 대한 모방 비행억제를 위한 매스컴의 보도 자제 및 배려, ⑤ 지역사회에 있어 '행동연계'의 네트워크 형성과 '원조팀' 운영, ⑥ 청소년 건전육성행정의 효율적인 종합조정 기능을 위한 내각부 신설, 폭력관련자료의 데이터베이스화 및 정보통신 네트워크를 통한 전국학교폭력 대응시스템 구축 등 국가의 적극적인 지원, ⑦ 피해학생 보호를 위한 긴급피난성 결석 허용과 가해학생 선도 · 교육을 위한 출석정지 조치, ⑧ 폭력적 이지메에 대하여는 격리를 수반(소년원, 치료감호시설 등)하는 원인론적 대책과 비폭력적 이지메에 대하여는 비격리(학교당국, 관계기관의료시설 등)의 교육학적 · 원인론적 대책 강구 등에 대해서는 우리환경에 맡게 연구 · 검토하여 즉시 실행 가능한 것과 중 · 장기적으로 점차 실행 가능한 것들을 구별하여 신속하게 실행에 착수하는 것이 바람직할 것이다.

그러나 우리나라의 학교폭력문제 해결을 위해서는 새로운 법제도의 마련을 통해 서가 아니라 기존의 청소년보호관계법의 보완과 학교관계당국의 교육적 방법으로도 어느 정도 성과를 거둘 수 있으리라 생각된다.

따라서 보다 적극적으로 학교폭력을 예방하기 위해서는 다음과 같은 학생의 문제행동에 대한 교육적인 대응과 제도적인 뒷받침이 있어야 할 것이다.

문제행동의 배경이나 요인은 복잡하고, 학교를 비롯해 다양한 기관 등이 각각 힘을 다해야 할 역할을 착실하게 실행에 나감과 동시에, 그러한 대응이 흩어지지 않도록 문제행동의 억제와 학생의 건전 육성이라고 하는 하나의 목표아래 연계해서 행하는 것이 필요하다. 이때에는 단지 '정보연계'만이 아니라 '행동연계를' 행하는 것이 요구되어진다. 특히 국가나 지방자치단체에게는 연계의 추진 역할을 기대해 본다.

제5절 노르웨이

노르웨이[92]는 1982년부터 예방교육 체계화하여 학생 스스로 방관자가 되지 않도록 교육(폭력을 보면 반사적으로 "스톱"합창, 학급회의 수시개최), 2003년부터는 집단따돌림에 대처하기 위한 Zero Program을 통해 학교역량 제고(Zero는 3~5개 학교로 구성되고 17개월간 진행), Zero내 각 학교에 교장, 담임, 부모, 학생으로 구성된 집단을 구성하고 세미나 개최, 년6회, 외부전문가 참여, 3대 원칙으로 무관용, 책임과 헌신으로 지속적 대처하고 있다.

Olweus는 bullying prevention program을 개발하였는데, 이는 학교당국 스스로가 학교를 안전하게 학업을 수행할 수 있는 장소 혹은 즐겁게 또래들과 지낼 수 있는 장소로 만들 책임이 있음을 전제로 해서 기존의 학교 환경을 바꾸고 학교폭력에 대한 적절한 처벌을 부과하여 비행을 억제하여 사회에 대해 긍정적인 가치관을 가지고 사회 친화적인 행동을 할 수 있도록 수행되었다.

본 프로그램은 1차적으로 일반 모든 학생을 대상으로 하고, 2차적으로는 가해학생과 피해학생을 대상으로 하여 개별적으로 프로그램에 참여시켰는데 이는 학교, 학급, 개인 차원으로 구분하여 프로그램을 실행하였다.

우선 학교 차원에서는 학교에서 발생하는 학교폭력의 실태를 알기 위한 설문조사를 시행하고 학부모와 학교, 교사를 정기적으로 만나도록 하여 이러한 조사

92) 이연섭, "학교폭력 멈춰", 경기일보, 2012. 5. 9. 자. ; 학교폭력에 관한 한 노르웨이는 세계적인 선발주자다. '또래 괴롭힘(bullying)'이란 용어를 처음 사용한 노르웨이 학자 댄 올베우스(Dan Olweus)는 학교폭력이나 또래 괴롭힘 행동에 관한 국내외 논문이나 연구에 가장 빈번하게 나온다. 올베우스가 개발한 설문지와 프로그램은 노르웨이뿐 아니라 유럽 국가와 미국, 우리나라에도 소개돼 널리 활용되고 있다. '멈춰(Stop)' 역시 올베우스 프로그램이다. 1982년 노르웨이에서 학교폭력에 시달리던 학생 3명이 잇따라 목숨을 끊은 사건이 일어났다. 이후 노르웨이는 학교폭력을 없애기 위해 사회 전체가 괴롭힘 근절 실천운동(Manifesto Against Bullying)을 전개하고, 올베우스 괴롭힘 방지프로그램을 실시하고 있다. 이 프로그램은 초·중·고교에서 '우리는 다른 학생을 괴롭히지 않는다', '우리는 괴롭힘 당하는 학생을 돕는다'는 등의 학생 행동규칙을 만들고, 유치원부터 다른 아동을 괴롭히는 행동을 못하도록 교육한다. 교사와 학생은 괴롭히는 행동을 목격하면 거의 반사적으로 "멈춰"라고 외친다.

의 결과를 설명하고 다양한 대책 방안에 대해서도 토론을 수행하도록 하였으며, 또한 폭력예방을 위한 위원회를 구성하였다.

학급수준에서는 학교폭력에 대응하기 위해 학생들 스스로 rule을 정하고, 토론을 정기적으로 열어 이러한 문제에 대해 교사와 대화를 하며 학생과 교사간에 바람직한 관계를 유지할 수 있도록 하였으며, 선행을 하였을 때는 그에 상응하는 보상을 하고, 나쁜 짓을 한 경우에는 적절한 처벌을 부과하여 학교폭력을 줄이도록 하였으며 학부모를 참여시켜 학교폭력의 실상을 알려 가정에서도 적절히 대처할 수 있도록 하였다.

개인수준에서는 가해학생은 적절한 처벌과 선도 프로그램을 통해 학교폭력을 다시 일으키지 않도록 하였고, 일단 이러한 사건이 발생하면 신속히 개입해 문제가 해결되도록 하였으며 상담과 관찰을 통해 지속적으로 감독을 하도록 하였다. 피해학생에 대해선 다양한 치료 프로그램을 통해 적극적으로 보호함으로써 또다시 학교폭력의 피해자가 되지 않도록 하였으며, 상담을 통해 학교폭력의 실상이나 사건의 전말을 제대로 파악하여 문제를 해결할 수 있도록 하였다.

이 프로그램을 시행한 결과 학교폭력이 절반 정도 감소하는 효과를 보였고, 학교 내에서의 비행 또한 많이 줄어들었으며, 학급분위기 또한 좋아졌다.

Olweus의 Bullying Prevention Program이라는 것도 있는데 이 프로그램의 개요는 본 프로그램은 학교에서 발생하는 학교폭력을 감소, 예방하고자 Norway의 Olweus에 의해 개발되었다. 학교 당국이 적극적으로 학생들의 동료관계를 개선하고 학교를 안전하고 즐거운 장소로 만들 책임이 있음을 전제하고 있다. 이 프로그램에서는 기존의 학교 환경을 재구성하고 학교폭력에 대한 보상 기회를 감소시키고, 또한 바람직하지 않은 행동과 태도를 감소시키고 사회적 관계와 친사회적 행동을 향상시키고자 한다.

프로그램의 대상은 초, 중, 고등학교 학생 모두를 대상으로 하며(일차적인 예방적 차원), 특히 학교폭력의 직접적인 가해자와 피해자는 개별적인 프로그램에

해나 인재보다 PTSD를 유발할 가능성이 크다. 재난이나 사건, 사고는 예측할 수 없는 것들이어서 운명처럼 받아들이게 되지만 학교폭력에서 비롯된 외상기억(traumatic memory)은 피해자의 자책감이나 부정적인 자아상, 자존감의 손상으로 연결돼 잘 지워지지 않는다. 학교폭력의 지속·반복성(repeated over time)도 외상기억이 지워지기 어렵게 만든다.

호주에서는 학교폭력의 피해자, 가해자 및 피해자·가해자들을 최소한 2년, 길게는 10~15년 동안 추적 관찰하는 연구가 많이 이뤄지고 있다. 연구 결과를 도출하고 논문을 출판하는 것만이 목적이 아니다. 이렇게 학교폭력에 대한 우리의 관심과 논쟁이 단지 1회성으로 휘발되지 않도록 하는 것이 무엇보다 중요하다. 우리나라에서도 소아청소년기의 특징적인 심리·신체발달과 정신병리를 고려한 전향적인 장기 추적 관찰을 통해 피해 및 가해 학생들에게 도움이 될 수 있는 예방 및 치료 대책을 만들어내는 것이 반드시 필요하다.[94]

1) 호주 수도권지역(ACT) 의 소년사법제도

수도권 지역에 회합이 1993년에 처음 도입된 이래, 1995년을 지나면서 회합(conferencing)은 수도권 전역에 걸쳐 성인과 청소년 모두를 포함한 폭넓은 범죄행위에 적용되었다. 회합은 수도권 경찰에 의해 지속적으로 조직되고 촉진되었다[Child Service Ordinance(아동복지조례, 1986)]을 통해 회합의 실행은 허용되고 있지만, 회합과정이 어떻게 작동되어야 하는지에 관하여 실질적 지침과 원칙을 제공하는 입법은 없다. 수도권의 회합 모델은 다른 지역의 회합모델과 일정한 차이가 있는데, 특히 범죄자의 유죄인정에 대한 경찰의 윤리적 입장에 차이가 있다(Miers, 2001:63).

수도권지역 경찰회합 프로그램에 대한 평가연구는 소위 “재통합적 수치심실험(Canberra Reintegrative Shaming Experiment(RISE)” 이라는 이름으로 더 알

94) 김재원, “피해·가해자 모두 치료해야”, 중앙일보, 2012. 1. 25. 자.

려진다. 이 프로젝트는 임의적으로 회복적 사법방식으로 다루어지는 가해자와 기존의 법원체계를 경유하는 가해자로 나누어 그 결과를 비교한 것이다. 폭력범죄의 경우 재범은 사법에 의해 처우된 이들이 관습적으로 다루어진 통제집단에 비해 약 38%정도 더 낮았다(Sherman, etal. 2000). 한편, 피해자와 관련한 영향을 비교해 보면, 회복적 사법 프로젝트의 90%의 피해자는 회합에 참석할 기회를 제공받았지만, 법원소송방법으로 다루어진 사건들의 경우, 피해자가 법원에 참석한 경우는 9% 미만이며, 더욱이 이들은 대부분 증인으로서 참석요구를 받았을 뿐이었다. 회합에 참여한 4/5이상의 피해자는 그 결과로서 피해회복을 받았다고 느꼈지만 법원과정의 피해자는 1/10만에 불과했다. 재피해자와 두려움 비율의 결과를 보면 4% 대 25%로 크게 차이가 났다(Strang et al., 1990).

호주에서 수십년동안 학교폭력과 괴롭힘은 학교체계를 붕괴시키는 심각하고 방심할 수 없는 폭력 형태라는 인식이 강화하고 있다(Rigby, 1996). 학생 괴롭힘은 반사회적 및 범죄행위와 연관된 위험요소로 확인되고 있다. 초기에 개입하는 예방은 이러한 악순환을 끊는 가장 적절한 방법으로 거론되고 있다(Trembley & Craig, 1995). 학교는 아이들에게 있어서 반사회적 및 범죄적 행위패턴을 감소시키는 반면, 건강과 회복력, 사회적 책임을 증진시킬 수 있는 가장 적절한 사회화 기구이다(Morrison, 2001).

호주에서는 회복적 사법의 원칙과 내용에 근거하여 학교폭력을 더 잘 이해하고, 두룰 수 있는 작업 틀과 프로그램을 적극적으로 학교현장으로 도입하고 있는 추세다. 초점은 학교 괴롭힘이며, 제시되고 평가된 개입 방법은 다양한 학교와 지역사회(공동체)의 요구에 대응하기 위해 짜여진 "책임 있는 시민성 증진으로그램(Responsible Citizenship Program : RCP)"이다.[95]

The Responsible Citizenship Program 의 목표는 참여자들에게 위해한 사

95) 김은경·이호중, 『학교폭력 대응방안으로서 회복적 소년사법 실험연구(Ⅰ)』, 한국형사정책연구원, 2006, 197면.

건사고 및 잘못된 행동을 처리하는 기술을 제공하는 것, 즉 갈등 해결 프로그램이 일환으로 제공된다. 문화이동을 창출하는 데 목표를 둔 이 프로그램은 학교공동체내 모든 구성원들을 타켓으로 하지만, 현재 RCP는 초기개입전략의 한 부분으로서 초등학교 학생들을 위해 적극적으로 활용되고 있다. 실제로 회복적 사법은 갈등 해결의 한 형태이며, 갈등해결 프로그램은 학교에서 위해한 행동을 감소시키는 중요한 기술들을 학생들에게 제공하는 것으로 판명되고 있다(Johnson & Johnson, 1995). 본 프로그램을 통하여 학생들은 자신의 관점을 표현하고 목소리를 낼 수 있는 공간을 부여받게 된다.

학교에 위해한 이야기나 관심들이 나타난 곳을 안전한 공간을 창조하는데 기본적인 강조점이 있다. 동시에 프로그램은 학생들을 재미있게 참가토록 하는 목적이 있다. 지역공동체내 관계들이 강화됨으로써 학생들은 갈등과 관련된 감정 및 그 해결방법에 초점을 둠으로써 생산적인 갈등해결기술을 배울 수 있는 기회를 가지게 된다. 이러한 방식으로 수치심관리의 측면은 갈등해결의 한 요소로 통합될 수 있다.

제7절 프랑스

프랑스의 학교폭력 관련 학교폭력 전담경찰관 배치여부는 2007년부터 내무부는 법무부·교육부와 협약을 맺어 교내 및 학교주변에서 발생하는 각종 위법행위에 대한 정보교류 및 예방·대응을 공동으로 대처하고 있다. 각 경찰서별로 설치된 "학교폭력예방 및 소통팀(MPC : mission de prevention et de comrnunication)" 소속 전담경찰관이 관내 초·중·고교를 담당한다. 그 대책[96]은 각급 학교장의 요

96) 프랑스는 최근 학교폭력 대응 매뉴얼 중 가히 결정판이라 할 만한 강력한 대책을 내놓았다. 눈길을 확 끄는 내용이다. 이 대책은 학교폭력을 막기 위한 3중의 방어막 설치를 골자로 하고 있다. 1단계는 교내 폭력 예방조치다. 학교에 배치된 헌병(군인이지만 경찰 업무를 주로 한다)들이 교사들을 만나 비행 가능

청 또는 경찰서장의 판단에 따라 전담경찰관이 정기적으로 관내 학교를 방문, 학생들을 상대로 학교폭력 예방 및 대처요령 등 마약, 인터넷폭력, 성폭력, 교통안전교육을 실시하고 있다. 아울러 학교장 및 교직원을 상대로 학교폭력 대처요령, CCTV 설치 등 교내 안전진단에 대한 자문과 조언을 실시한다. 전담경찰관은 자체단체 소속 계약직 안전요원과 함께 학교주변 순찰, 불량청소년 단속, 등·하굣길 과속·주차위반 단속 등을 한다. 경찰관서 인터넷 홈페이지를 학교폭력 예방 및 대처요령을 자세히 수록한 안내문을 게시하고, 관련 소책자(팜플렛)도 제작, 경찰관서 및 각국 학교에 배포한다. 파리경찰청의 경우 홈페이지에 "학교주변 위반행위 대처요령(Les actions de prevention en mllieu scolaire)"와 "금품갈취 어떻게 대처할까?(Racket-Comment reagir!)" 등 2가지를 게시하고 있다.

제8절 뉴질랜드

뉴질랜드는 학내상주 경찰제 시행되고 있다. 뉴질랜드 경찰청에서는 그간 청소년 갱 및 청소년 연루 강력범죄가 증가함에 따라 오클랜드 남부 마누카우市 소재 10개 고등학교에 경찰관을 상주시키는 제도를 '08. 3월부터 시범실시 중인바 동 지역은 마오리족, 남태평양섬 출신자들이 주로 거주하여 폭력범죄 발생비율이 높은 곳으로 최근 수퍼마켓에서 일하던 대학생이 10대 강도가 휘두른 흉기에 찔려 사망한데 이어, 남의 집 벽에 낙서하던 10대가 흉기에 찔려 사망했다. 상주 경찰관들은 교내 순찰 및 학생 면담 등을 통해 청소년 갱·마약거래 관련 정보 등을 입수하고, 범죄예방 활동을 전개하는 등 학교 근무에만 전종(주 30시간 근무)

성이 있는 학생 정보를 받아 이들을 관찰한다. 2단계는 학교 주변에서 전개하는 범죄 억제 활동이다. 여기에는 교사로부터 정보를 받은 헌병들이 학교 주변에서 사복 혹은 정복으로 순찰하는 경찰에게 비행학생 정보를 제공하고 이들의 움직임을 파악하게 한다. 3단계는 표적 통제 단계로 비행청소년들의 집을 파악해 주변에 헌병을 집중 배치하고 순찰을 강화한다. 이들이 비행을 저지르면 바로 체포한다.

제9절 러시아

러시아 스쿨폴리스 제도 확대 운영 방침은 러시아 경찰청에서는 그간 11,000여명의 청소년이 302개의 극단적 성향의 조직에 가입, 약물남용, 집단 폭행 등 청소년들의 각종 비행 및 범죄가 심각한 사회문제로 대두됨에 따라 지난 '06년부터 학교 내 무장 정복 경찰관을 상주시키는 스쿨폴리스 제도를 실시, 학교 내·외곽 유해환경 및 불량배 단속을 비롯 학생 계도·홍보활동을 전개한 결과 현재 리 언방 74개 지역에 6,000여명의 경찰관(지역경찰에서 선발) 배치, 이후 청소년 범죄율이 15% 감소하는 등 범죄예방 효과가 큰 것으로 나타남에 따라 조만간 러시아 전역으로 확대 운영할 방침이다.

러시아에서도 학교에서 집단따돌림(왕따) 등으로 인한 10대의 자살이 심각한 사회문제가 되고 있다. AP는 2012년 2월 11일 "러시아에서 10대들의 자살이 줄을 잇자 전문가들은 정부가 즉각 행동에 나서야 한다고 경고하고 있다"며 "학교에서 집단따돌림을 당해도 이를 간과하는 사회 분위기와 지나치게 강압적인 가정교육 등이 10대 자살의 주요 원인"이라고 보도했다. 최근 유니세프 보고서에 따르면 러시아의 15~19세 자살률은 세계 3위로 매년 약 1500명이 스스로 목숨을 끊는다. 이는 10만명당 19~20명으로 전 세계 평균의 3배에 해당한다. AP는 "시베리아 서남부 투바 지역은 청소년 10만명당 120명이 자살한 것으로 나타나 충격을 주고 있다"며 "인근의 부랴트도 77명에 이르는데, 이들 지역은 빈곤과 범죄, 알코올중독 등이 심각한 곳"이라고 지적했다. 러시아 교육부의 모스크바 교육문제센터의 나탈랴 시냐기나는 "학교는 아이들에게 안전한 곳이 아니다"며 "학생들 사이에 만연한 왕따 문제를 방관하고 있다는 비판을 도처에서 받고 있다"고 말했다. 러시아의 공립학교는 재정지원도 적고 교사 급료 수준도 낮은 것으로 알려져 있다. 그는 "한 학생이 '차라리 죽여 달라, 학교는 안 가겠다'고 말할 정도"라고 개탄했다. 러시아 프라우다는 2012년 2월 9일 어린이 인권단체의 파벨 아스타호프의 말을 인용해

"청소년 자살은 국가 수준에서 분석돼야 한다"며 "학교는 학생들의 문제 해결을 돕지 못하고 선생도 관심이 별로 없다. 게다가 부모는 직장일에 쫓기는 게 다반사" 라고 지적했다. 인터넷 자살 사이트와 소셜네트워크서비스(SNS)도 자살 증가에 한몫하는 것으로 지적됐다. 아스타호프는 "학교의 정신상담 종사자가 나서서 SNS 를 이용한 집단따돌림을 해결해야 한다"고 말했다.[97)]

제10절 핀란드

핀란드에선 모든 학교가 의무적으로 학교폭력 예방을 위한 '키바 코울루 프로그램'을 1년에 20시간씩 교육한다. 핀란드는 세계 모든 정부가 동경하는 '공교육 천국'이다. 태어나면서부터 대학을 졸업할 때까지 국가가 아동수당 및 등록금·급식비를 지원한다. 학급당 학생수는 20명 남짓이며 주당 수업시수가 24시간에 불과할 정도로 여유롭다. 학력 수준이 떨어지는 것도 아니다. 교육제도에 있어서는 더 이상 바랄 것도, 바꿀 것도 없어 보이는 핀란드가 최근 공교육 개혁을 추진하고 있다. 변화의 중심에는 10개년 계획으로 2005년 시작된 '이노스쿨(Inno School)' 프로젝트가 있다.

핀란드는 2006년부터 끼바 꼬울루(Kiva Koulu) 프로젝트 운영, 전체학교의 82%(2, 500교) 참여, 학교당 3명의 교사가 2일간 사전연수, 1, 4, 7학년을 대상으로 2시간씩 10회 교육하고 있다. 가·피해자에 대한 교육뿐 아니라 '방관자'가 피해자를 돕도록 교육은 물론 토의, 집단활동, 역할극 시연 등의 프로젝트를 수행하여 학급당 규칙을 만들고 학년말에는 규칙을 전부 모아 자치조약에 서명한 후 준수하고 교사는 학교폭력 예방 문구 조끼 착용(경각심 유발), 학부모용 자료를 보급한다.

97) 안두원, " '학교 가느니, 차라리 죽겠다' 러시아도 학교폭력 심각", 세계일보, 2012. 2. 12. 2. 자.

핀란드는 인구가 520만에 불과하지만 전쟁의 폐허에서 세계적인 경쟁력을 갖춘 상품들이 많고, GNP가 4만 4000달러에 육박하는 선진국 반열에 선 것은 핀란드 정부의 독특한 교육정책 덕분이며, 그중에서도 유아교육의 힘이 가장 크다. 핀란드에서는 출생과 함께 평등한 유아교육을 국가에서 보장해 준다. 핀란드의 유아교육은 배려와 협동, 평등사상을 심어주고, 독서와 토론 교육으로 공동체 의식과 책임감을 길러주는 교육이다. 핀란드 교육의 성공 요인은 무엇일까? 핀란드 교육은 유치원부터 놀이문화로 주변 환경을 알아가고 점점 성장할수록 사회의 공동체 일원이 될 수 있는 과정을 밟아나가는 과정을 스스로 즐기면서 참여한다. 핀란드 교육의 핵심 내용은 인성교육이다. 이 때문에 핀란드에서는 양심과 상식이 통한다. 핀란드식 교육이 우리나라에 바로 접목이 될 수는 없겠지만, 우리 아이들이 생각하고, 느끼고, 참여할 방법의 교육으로 진행되는 것이 중요하다.[98]

이노스쿨 프로젝트는 급변하는 교육 환경 및 인재상에 맞춰 핀란드 공교육 체제를 어떻게 바꿔갈지에 대한 학교, 가정, 지역사회, 국가 간 합의점을 찾고 이를 실현하기 위한 구체적인 방법을 고민하는 일종의 연구사업이다. 크로포스 교수는 "어찌하면 정규 교육(Education)과 학교밖 '배움'(Learning)을 조화롭게 통합해 아이들을 제대로 가르칠 수 있을까를 모색하고 있다"고 설명했다. 정보기술(IT)의 발달로 인해 급속히 달라지고 있는 교육 환경 및 여건에서 보다 균형 있고 바람직한 미래 인재를 양성하기 위한 '공교육 체질 개선' 프로젝트라는 얘기다. 그는 " '배움은 어디나 우리 주위에 있다'는 게 프로젝트의 핵심 원칙"이라며 "아이들이 삶의 지혜를 단순히 학교에서만 얻는 게 아니라 부모는 물론이고 인근 상인, 박물관 등에서도 학습할 수 있다는 것"이라고 말했다. 정규교육과 비공식 학습, 학교 안과 밖, 가상공간(인터넷 등 미디어)과 실재 공간이 유기적으로 연결된

98) 성기홍, "핀란드 교육과 우리의 유아교육 현실 핀란드 교육의 핵심적인 내용 '인성교육'…유아교육, 지식 주입 유혹에 빠지면 안돼" 경남도민일보, 2012. 7. 13. 자.

‘배움 공동체’를 구축하는 게 이노 프로젝트의 핵심 목표라는 설명이다. 핀란드 피스카르스와 마날라 초등학교에서는 이 같은 ‘학교-가정-지역사회’ 공동의 공교육 방식이 운영 중이다. 아이들이 일정시간 교실을 벗어나 부모나 동네 어른들과 함께 일하고, 도서관과 박물관 등 지역사회 구성원들로부터 특정 교과 과정의 전문 지식에 관해 수업을 받는 식이다. 그는 “(거주)환경 내에서, 환경으로부터, 환경을 위한 배움이 이뤄지는 에코 시스템이 미래 교육이 나아갈 방향”이라고 말했다. 핀란드 리나 크로포스 헬싱키대 교수는 핀란드 공교육의 힘은 ‘평등과 협동’을 강조하는 교육 철학에서 비롯한다고 강조한다.

크로포스 교수는 에코 공교육 시스템 구축을 위해서는 교사의 역할이 절대적이라고 강조했다. ‘연구중심 교사교육’이 이처럼 꿈같이 느껴지는 미래학교를 현실화시킬 수 있는 가장 현실적인 방법이라고도 했다. 교사가 학부모와 사회가 요구하는 미래 인재상 및 교육 목표를 파악해 이를 실현하기 위한 구체적인 방법을 고민해야 한다는 것이다. 그는 “핀란드에서는 석사 학위를 따야만 교사가 될 수 있고 학교나 교사가 교육과정 운용이나 구체적인 수업 진행에서 상당한 자율성을 갖고 있기 때문에 이 같은 미래 학교의 모습이 비현실적이지 않다”고 설명했다. 크로포스 교수는 “연간 수업일수가 핀란드는 190일이지만 한국은 220일인 것으로 알고 있다”면서 “한국은 아이들에게 너무 공부를 많이 시키는 데다 공교육에 대한 불신이 상당히 높다”고 말했다. 공교육에 대한 불신이 높다 보니 사교육에 대한 의존도가 높아지고, 이 때문에 다시 학교 교사에 대한 불신감이 쌓이는 악순환이 반복되고 있다는 게 한국 교육 문제에 대한 크로포스 교수의 진단이다. 그는 그렇다고 해서 한국 교육 시스템이 핀란드에 비해 총체적으로 잘못됐다는 이야기는 아니라고 강조했다. 핀란드 학생들 역시 대학에 진학하기 위해 치열한 경쟁을 치러야 하고, 의대·법대에 대한 선호도가 높다. 최근 이민자가 급증하면서 생겨난 학교 간 서열화 문제도 점차 심각한 교육문제로 대두되는 실정이다. 한국에서 이슈화된 학교폭력 문제도 "모든 나라, 모든 사회가 비슷한 고민과 문제를 갖고 있다"는 말로 대답을 대신했다. 그는 "교육은 방법론의 문제가 아니라 철학의 문제"라면서 "교육 철학과 이념 문제는 다른 이상 모델을 이식하는 게 아니라 그 나라, 사회 구성원들이 합의해 풀어가는 게 가장 바람직하다"고 강조했다. 99)

제11절 캐나다

加 토론토 시경(市警), 학교 내 정복 경찰관 상주한다. 加 토론토 시경(市警)은 교육청과 협의, 2008년 9월 신학기부터 시내 취약지역 내 30여개 학교에 정복 무장경찰관을 상주, 同 경찰관은 학교 내·외곽 순찰활동은 물론 학생들과 레크레이션, 집단 따돌림 방지 프로그램 등 실시를 통해 학생들에게 경찰관의 존재를 알림으로써 학교 안전에 대한 신뢰감을 제고, 학교폭력 근절에 크게 기여할 것으로 전망된다.

캐나다에서는 체계적이며 학생들 사이 광범위하게 퍼진 그런 놀라운 학교폭력은 들어보지 못했다. 캐나다에서는 학교폭력이라는 말보다는 괴롭힘(bullying)이라는 말을 주로 사용한다. 괴롭힘에는 신체에 가하는 물리적 폭력을 포함하기는 하지만, '왕따'시키는 것, 남을 흉보는 것, 험담, 욕 등과 같은 언어나 사회적 괴롭힘이 대부분이다.

캐나다에서는 인터넷을 통한 사이버 폭력 방지가 요즘의 이슈다. 사이버 괴롭힘(cyber bullying)은 사회적으로 '왕따'를 시킨다거나 수치심을 유발하거나 욕을 하는 것으로 폭력이라고 규정하기가 애매할 때가 많다. 그럼에도 캐나다에서는 사이버 폭력에 관심을 집중하는 이유는 구타나 위협해서 돈을 갈취하는 것과

99) 송민섭, "핀란드 공교육 혁신 프로젝트 '이노스쿨'", 세계일보, 2012. 6. 17. 자.

같은 물리적이고 명백한 폭력 문제가 거의 없기 때문이다. 특히 요즘 우리나라 학생들 사이에서 벌어지고 있는 잔인하며 조직적인 폭력들은 상상하기 어려울 정도다. 그래서 캐나다에서는 '왕따'를 시킨다든지 험담을 한다든지 하는 언어나 사회적 폭력과 사이버 괴롭힘에 초점을 맞추고 있을 뿐더러 사회적 약자를 보호하는 차원에서 소수 인종에 대한 또는 동성애자에 대한 차별 대우나 비하의 폭력 역시 중요하게 다루고 있다. 예를 들자면 온타리오 주정부는 괴롭힘 문제 해결을 위해 새로운 법안을 통과시키려 하는데, 여기에 논란이 되는 것은 법안 중 성적 소수자가 학교에서 차별받지 않도록 하는 부분을 포함했기 때문이다.

한 가지 예를 통해 캐나다에서 생각하는 수준의 괴롭힘이 어떠한 것인지를 보기로 하자. 내가 사는 동네의 조그만 학교에서 별 대수롭지 않은 사건이 발생했다. 학교 수업이 끝난 후, 아이들을 데리러 온 몇 몇 학부모들이 지켜보는 가운데 학생들이 학교 운동장과 놀이터에서 놀고 있었다. 한 아이가 노는 중에 중국계 급우에게 중국인을 비하하는 우리말의 '짱개' 정도에 해당하는 말로 그 학생을 불렀다. 그런데 어느 학부모가 그 소리를 듣고 학교에 알렸다. 그 이튿날 그 학생의 부모가 교장실에 호출되고, 그 학생은 며칠 동안 정학 처분을 받게 되었다. 그런데 그 일이 있은 다음에 그 가해 학생은 그 학교를 그만두고 다른 학교로 전학을 갔다. 이 사건은 한국인이 보았을 때 비하하는 말 한 마디에 학부모를 호출하고 정학 처분을 내린 것은 이해하기 힘든 조치였을지도 모른다. 게다가 그 학부모가 그 학생을 다른 학교로 전학시킬 정도로 심각했나 하는 의문을 갖게 하는 사건이었다.

이 사건으로부터 대수롭지 않을 것으로 생각되는 괴롭힘이 캐나다에서는 심각하게 받아들여진다는 것을 알 수 있다. 인종 비속어 한 마디에 학부모 호출하고, 학생에게 정학 처분을 내렸다고 상상해보라. 캐나다 학생들 사이의 전반적 괴롭힘의 정도가 낮기 때문에 이렇게 별 것 아닌 것 같은 사안에까지 민감한 반응을

하고 그러한 처벌을 하는 여유가(?) 가능한 것이다.[100)]

캐나다 학교에서 역시 선생에 의한 '사랑의 매'라는 것이 없다. 아이를 때리는 경우는 없고, 야단치는 경우도 전혀 없다. 선생이 아이에게 소리를 지르거나 겁을 주는 식으로 야단치는 행동은 용납되지 않는다. 만약 그런 일이 발생하면 그 선생의 행위는 심각한 결과를 초래할 수 있다. 대부분 선생들은 아이들을 친구와 같이 가깝게 대한다.

캐나다에서 선생은 수업을 가르치는 것 위주다. 한국과 같이 권위적 방법으로 아이들의 잘못을 고치고 훈육한다는 개념이 없다. 선생들이 학생들과 친구처럼 가깝게 지내지만, 규칙을 따르고 그 규칙을 어겼을 때는 그에 따른 벌칙을 준다. 그 벌이라는 것은 기껏해야 쉬는 시간에 나가서 놀지 못하고 교실에 있어야 하는 정도이다. 아이의 통제가 안 될 정도로 심한 경우, 예를 들면 아이가 수업 중에 시끄럽게 떠들고, 선생의 경고를 무시하면 그런 행위를 선생이 고치려고 노력할 필요 없이, 그 학생을 교장에게 보내면 된다.

아이들이 야단이나 매가 무서워서 말을 듣도록 교육을 받은 상황에서, 우리의 교사는 종종 '사랑의 매'로 또는 야단을 쳐서 통제해야 하거나, 아니면 통제 자체를 포기해야 하는 이러지도 저러지도 못하는 상황에 처하기도 한다. 말을 안 듣는 학생을 통제하는 교사의 의무의 한계가 뚜렷한 캐나다와 그렇지 않고 교사에게 불가능한 짐을 지우는 한국의 상황과 큰 차이를 보여준다. '교권이냐 학생 인권이냐'라는 극명한 대립의 갈등을 겪는 한국에서 주목해야 할 부분이다.

캐나다 역시 학교에서 괴롭힘을 방지하기 위한 대책들이 있다. 구역 내 학교를 담당하는 전담 심리 상담원이 상담 및 교육을 한다든지 교장, 학부모, 선생, 학생, 전담 상담 요원, 전담 경찰 등으로 구성된 학교 안전 팀을 운영하기도 한다. '손도 대지 마라(hands-off policy)'는 정책을 강조하여 밀거나 때리는 행위를 방지하기도 한다. 그리고 가해자에 대한 처벌이나 피해자에 대한 대처는 한국의

---

100) 서상철(캐나다 원저 대학 교수), "캐나다에서 중국 친구를 "짱개"라고 놀렸더니… 공작의 꼬리 경쟁, 캐나다의 학교폭력과 한국의 학교폭력" 프레시안, 2012. 2. 15. 자.

그것들과 비슷하다. 학교 괴롭힘이 발생 했을 경우에 경미한 경우에는 교장실에서 몇 시간 지내는 정도의 벌이나, 심하면 며칠 정학 처분 정도의 벌을 받는다. 물리적 폭력인 경우에는 종종 경찰이 개입하게 된다. 물론 밀거나 발로 차는 경우에 그 행위가 경미하면 반드시 경찰이 개입하지 않을 수도 있다. 그런 판단은 교장이나 피해자 부모의 재량에 달려 있는 경우가 많다. [101]

---

101) 서상철(캐나다 원저 대학 교수), "캐나다에서 중국 친구를 "짱개"라고 놀렸더니… 공작의 꼬리 경쟁, 캐나다의 학교폭력과 한국의 학교폭력" 프레시안, 2012. 2. 15. 자.

제2장

한국의 법과 제도

제1절 법제

1. 학교폭력 예방 및 대책에 관한 법률의 특징

학교폭력은 반사회질서를 처벌하기 위하여 제정·시행되고 있는 「형법」 등 기존 법령에 의해서 규율되어 왔다.[102] 학교폭력 예방과 온전한 해결을 위해서는 현실에 맞는 법제화[103]는 계속 진화 되어야 한다. 학교폭력 관련 한국의 법제

102) 「형법」상 상해죄(제257조), (감금죄(제276조), 협박죄(제283조), 약취·유인죄(제287조), 명예훼손죄(제370조), 강요죄(제324조), 그리고 성폭력의 경우는 「성폭력범죄의 처벌 등에 관한 특례법」, 정보통신망을 이용한 음란·폭력 정보의 경우는 「정보통신망 이용촉진 및 정보보호 등에 관한 법률」에 따라 규율될 수 있다.

103) 국민일보 사설, "학교폭력 추방, 법제화로 뒷받침하라", 2012. 2. 6. 자, 19면 ; 지난해 12월20일 대구 중학생 자살사건이 발생한 지 한 달 반 만에 학교폭력근절을 위한 정부 대책이 나왔다. 발표장에 김황식 총리와 교육부, 법무부, 문화체육관광부, 여성가족부 등 4개 부처 장관과 경찰청 차장 등이 참석한 데서 보듯 정부의 강력한 뜻을 확인할 수 있다. 대책은 대체로 학교 안과 학교 밖으로 나누어 마련됐다. 학생수 30명 이상인 경우 복수담임제가 도입되고, 폭력집단의 존재를 파악하는 '불량서클지표'를 만들어 대처키로 했다. 대입에서 인성을 측정하는 전형요소가 강화되고, 학생들이 신체적 욕구를 발산할 수 있도록 체육수업을 늘리기로 했다. 학교 밖에서는 게임규제에 집중해, 일정시간 후 자동으로 게임이 종료되는 '쿨링오프제'를 도입하고 아이템 거래 등을 제한키로 했다. 정부는 이로써 '창의교육'에서 '인성교육'으로 정책방향을 선회했다. 학업성취 수준은 높으나 인성이나 사회성이 낮을 경우 공부가 아무런 의미가 없다는 사실을 확인했기 때문이다. 학교폭력을 학교에만 맡겨둘 것이 아니라 사회전체가 나서야 해결할 수 있다는 것, 학교에서 불법이 만연할 경우 사회적 범죄로 이어지는 징검다리가 될 수 있다는 위기의식도 작용했다. 그러나 이 대책이 뿌리 내리려면 넘어야 할 산이 많다. 일례로 교사 권한을 강화하면 그만큼 책임과 부담이 늘어나는데, 교사들이 적극 받아들일지 의문이다. 체육시간을 늘리는 것은 좋지만 입시위

및 입법 연혁은 학교폭력의 예방과 대책에 필요한 사항을 규정함으로써 피해학생의 보호, 가해학생[104]의 선도·교육 및 피해학생과 가해학생 간의 분쟁조정을 통하여 학생의 인권을 보호하고 학생을 건전한 사회구성원으로 육성하고자 2004년 7월 30일 「학교폭력 예방 및 대책에 관한 법률」을 제정하여 시행하고 있다. 이 법률은 그간 12차례의 개정을 거쳐 현재에 이르고[법률 제11223호, 2012. 1. 26. 일부개정], 2012년 7월 27에 시행되었다.

"학교폭력은 범죄"이다. 학교폭력은 인간의 존엄성을 파괴하고 생명의 소중함을 무시하는 범죄행위로 민사소송 및 형사소송도 가능하다. 이 법령의 적용은 오로지 학교내외에서 발생하는 학생간의 폭력에 국한한다. 즉, 학교폭력법은 학생과 학생간의 폭력에만 적용된다. 여기서 학생이라 함은 초등학생, 중학생, 고등학생을 말한다.

특별법이 아닌 일반법이기 때문에 다른 법령에 폭력과 관련된 규정이 있을 경우 그 법을 적용한다. (동법 제5조) 예를 들어 학생 간에 성폭력 사안이 있을 경우, 그 사건은 학교폭력법이 아닌 성폭력 관계법에 따라 처리하게 된다. 이것은 학교폭력의 범위를 넘어선 큰 사안이기 때문이다. 또한 학생과 비학생이 관련된 폭력으로서 경찰 등의 개입이 있을 경우, 경찰의 사건 처리가 우선한다. 학교폭력으로 인해 발생한 분쟁에 대해 학교폭력법의 취지는 학생간의 분쟁을 사법 기관에 고소 고발 내지 민사소송이 제기되기 전에 교육적으로 해결하자는데 있을 뿐, 형법을 뛰어 넘는 것은 아니다. 학교의 장은 전문상담교사, 보건교사 및 책임교사 등으로 학교폭력문제를 담당하는 전담기구를 구성해야하며, 전담기구는 학

주의 교육과정과 어떻게 조화를 이룰지가 과제다. 가해 학생을 처벌할 때 시·도별 학생인권조례와 충돌할 경우 대안이 없다. 그렇다고 학교나 교사들이 책임을 뒷전으로 한 채 반발만 일삼아서는 안 된다. 학교폭력이 절체절명의 과제인 만큼 경찰과 유기적인 시스템을 구축해 폭력근절의 원년으로 삼아야 한다. 학교폭력 추방은 한 정권의 몫으로 끝날 일이 아닌 만큼 정치권의 결연한 의지와 지속적인 관심이 필요하다. '학교폭력 예방 및 대책에 관한 법률'을 현실에 맞게 고치는 것이 대표적이다.

104) 제17조(가해학생에 대한 조치) 1. 피해학생에 대한 서면사과 2. 피해학생에 대한 접촉 및 협박의 금지 3. 학급교체 4. 전학 5. 학교에서의 봉사 6. 사회봉사 7. 학내외 전문가에 의한 특별교육이수 또는 심리치료 8. 10일 이내의 출석정지 9. 퇴학처분의 9가지를 규정하고 있다.

교폭력에 대한 실태조사와 학교폭력 예방 프로그램을 구성·실시하며, 학교의 장 및 자치위원회의 요구가 있는 때에는 학교폭력에 관련된 조사결과 등 활동결과를 보고해야 한다.

학교의 장은 학교폭력 예방 교육을 학생 및 교직원을 대상으로 의무적으로 학기별로 1회 이상 반드시 실시해야 한다. (동법 15조) 학교폭력을 인지한 사람은 신고의무가 있다. (동법 제20조) 누구든지 학교폭력현장을 보거나 그 사실을 알게 된 사람은 학교나 관계기관(경찰 등 행정관서)에 신고를 해야 한다. 신고를 받은 기관은 이를 가해학생 및 피해학생의 보호자 또는 소속 학교의 장에게 통보하여야 한다. 또한 누구라도 학교폭력의 예비·음모 등을 알게 된 자는 이를 학교의 장 또는 학교폭력대책자치위원회에 고발할 수 있는데, 교원이 이를 알게 되었을 경우에는 학교의 장에게 보고하여야 한다. 즉, 신고 받은 기관, 학교장, 교원이 적당한 조치를 취하지 않은 것은 법을 어긴 행위가 되어 처벌을 받게 된다. 법(동법 21조 1항 비밀누설금지 등)에 의거 학교폭력의 예방 및 대책과 관련된 업무를 수행하거나 수행하였던 자는 그 직무로 인하여 알게 된 비밀 또는 가해학생·피해학생과 관련된 자료를 누설하여서는 아니 된다. (제21조제1항을 위반한 자는 300만원 이하의 벌금에 처함) 아울러 자치위원회의 회의는 공개하지 아니한다(동법 21조 3항).[105]

2. 학교폭력 관련 제도의 한계

「학교폭력 예방 및 대책에 관한 법률」 및 동시행령 제정('04. 7) 이후 「학교폭력 예방 및 대책 5개년 기본계획」 수립 등 수 차례 학교폭력 대책을 추진하였으나, 학교 현장의 근본적인 변화를 이끌어내지 못하였다. 학교폭력 문제의 직접적인 당사자인 학생, 교사, 학부모가 함께 학교폭력 근절을 실천하도록 지원하는 정책 및 제도 개선 부족한 실정이다. 가장 근본적인 대책인 학생들의 배려·공감

105) 경기도교육청, "폭력없는 행복한 학교만들기", 교사 연수자료, 2010, 2면.

· 협동심을 키우는 실천 중심의 인성교육에 대한 정책 추진 등 성적중심의 입시 위주 교육으로 핵심가치인 '인성' 교육 소홀로 볼 수 있다.

현 정부 출범이후 창의 · 인성교육을 적극 추진하여 창의성 향상에는 소기의 성과를 거두고 있으나, 인성교육의 성과는 낮은 편으로 학교급별 교육목표에 인성 함양 요소가 연계되어 있지 못해 학생 발달 단계별 인성교육 실천에 한계가 있다. 특히, 또래문화를 본격적으로 형성하는 중학교의 인성교육 방향 제시 미흡, 학생들이 타인의 감정에 공감하고, 소통하며, 갈등을 해결할 수 있는 실제적 능력 함양을 위한 실천 · 체험 중심의 교육 부족하다. 학교 인성교육은 비교과 중심으로 이루어진 측면이 강하며, 교과에서는 지필 평가를 위한 지식 습득 중심이 필요하다. 봉사활동, 계기 교육, 강연회, 수련회 등을 통한 행사 위주로 1회성 교육은 곤란하다. 생활지도 등 인성교육을 잘하는 교사를 우대하는 정책이 미흡하여 학교현장에서 인성교육을 후순위로 미루는 실정으로 수석교사 선발, 학습연구년 대상 교사 선발, 각종 시상, 교장 · 교감 승진 등에 있어서 인성교육을 마련 할 필요가 있다. 아울러 인성교육 강화를 위해 입학사정관제, 자기주도학습전형 등 새로운 입시제도를 도입했으나, 성적중심의 학생 선발 관행 지속되고 있다.

학교폭력 신고와 조사 처리 과정의 문제는 교육부의 1588-7179, 여가부의 1388, 경찰청의 117 등 신고전화가 각 기관에 산재하여 신고자의 혼란 가중, 기존 경찰청 소속 '117 여성 · 아동 · 청소년 경찰 지원 센터'에서 상해 · 폭행 · 성범죄 이외의 학교폭력에 대해서는 대응 미흡, 경찰청, 시 · 도교육청, 학교 간 가해학생의 인적 사항 및 학교폭력 내용에 대한 정보 공유체계 부재다.

가해학생에 대한 조치와 피해학생 보호의 한계는 「학교폭력 예방 및 대책에 관한 법률」 상 조치의 구속력 미흡, 전학, 특별교육 등 법률 상의 조치를 가해학생이 거부하는 경우 이에 대한 강제력이 없어 실효성 확보 불가, 학교폭력 발생 시, 가해학생을 피해학생으로부터 분리하여 피해학생을 보호할 수 있는 법적 근거 미비, 가해학생에 대한 처벌이 미약하여 "학교폭력=범죄"라는 인식 부재, 학교폭력으로 인한 조치사항이 학교생활기록부에 기재되지 않아 교사의 학생생활 지도력이 약화 되었다.

학교폭력이 가장 많은 중학생의 경우, 「소년법」상 촉법소년에 해당되어 보호처분에 그치게 됨에 따라 실효적인 처벌 제한, 가해학생의 재범방지 및 선도를 위한 사안별 맞춤형 조치 미흡, 피해학생의 신체적·정신적 치료를 위한 즉각적인 보상체계 미흡, 보상 문제가 지연될 경우, 가해자-피해자 학부모간 또 다른 분쟁 야기되고 특히 집단적 폭력 경향이 많은 추세에서 1명의 피해 학부모가 다수의 가해 학부모와 보상협의를 이끌어 내는 것은 더욱 어려운 실정이다.

학교폭력 사안에 대한 교사의 권한·역할 부족 및 개입 곤란은 학교폭력과 관련하여 교사들이 개입할 수 있는 실효성 있는 권한 부족, 학교폭력 사안에 대해 학부모가 이를 거부하는 경우 조사를 진행할 법령상 권한 부재, 경찰에 신고·고소된 사안은 수사 개시를 이유로, 법원에 넘겨진 사건은 재판중이라는 이유로 학교의 개입이 어려운 실정이다. 규칙을 준수하는 학교문화 미정립으로 학교에서 타인을 배려하고 법과 질서를 존중하는 민주시민의식과준법정신을 체득할 수 있는 다양한 교육프로그램 제공 미흡, 법무부 지원 프로그램(준법교육, 학교자치법정), 교육청 단위에서 추진하는 생활평점제 확대 운영 등에 의존, 국내외 초등학생 교실학습에 대한 인식비교 연구결과(교육과정평가원, '07) 교실에서 사회생활에 필요한 질서와 규칙을 배우고 실천한다.('그렇다'고 답한 비율) : 프랑스 63%, 영국 54.3%, 일본 20%, 한국 18.4% 통계를 주목해 볼 필요가 있다. 학생생활규칙 등 학생들의 생활을 규율하는 규칙이 문서상으로만 존재하고, 인성교육 차원에서 적극적으로 활용하지 못하는 실정이다. 학교폭력 유발 환경에 대한 견제·감시 장치 미비는 온라인 게임 산업육성위주의 관련 법령으로 인해 게임 중독 등 교육적 역기능에 대한 규제 장치 부족, 인터넷·SNS 폭력만화·음란 동영상 등 유해한 정보를 접할 수 있는 통로는 많아지고 있으나 이에 대한 모니터링 등 대책 등 언어적·정신적 폭력이 이루어지는 공간으로 활용되는 SNS에 대한 대응책과 폭력문화 성인사회의 조직적 폭력집단 문화를 학교에 유입하는 학교 내 폭력 서클에 대한 대책 미흡한 실정이다.[106)]

3. 피해학생 보호 및 가해학생 조치

피해학생의 상황을 고려하여 자치위원회에서는 각종 보호조치를 결정한다. 이 경우 피해학생 부모님의 동의가 필요하다.[107)]

1) 피해학생에 대한 보호조치

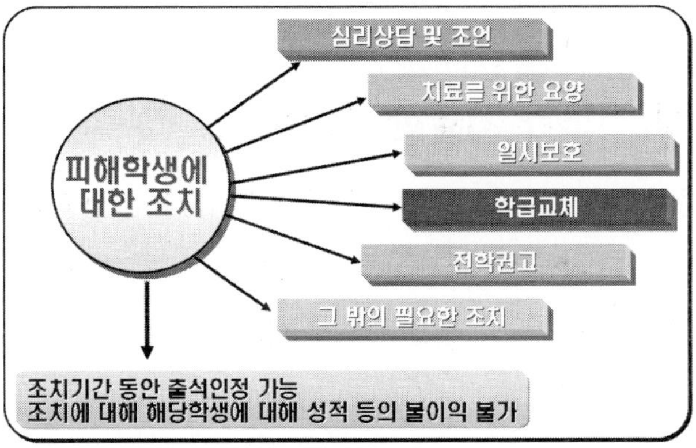

〈그림 2-1〉 피해학생에 대한 보호조치

4. 폭력학생 선도와 징계

가해학생의 상황을 고려하여 자치위원회에서는 각종 선도조치를 결정한다. 이 경우 가해학생 측의 동의는 필요한 사항이 아니다. 하나의 사유로 여러 가지 징계를 동시에 부과할 수 있음(퇴학은 의무교육과정에서는 제외)(U 서면사과 + 출석정지, 서면사과 + 봉사명령, 봉사명령 + 5일간의 출석정지)

106) 교육부, "학교폭력근절 종합대책", 2012, 5~7면.

107) 경기도교육청, "폭력없는 행복한 학교만들기", 교사 연수자료, 2010, 4면.

2) 가해학생에 대한 선도조치(징계) 결정

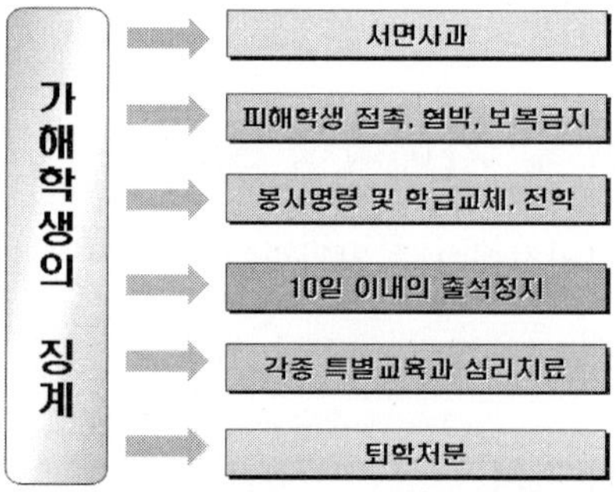

〈그림 2-2〉 가해학생에 대한 선도조치(징계) 결정

5. 폭력학생 선도가 긴급한 경우의 선(先) 조치

학교장은 가해학생에 대해 선도가 긴급하다고 판단되면 선도조치를 먼저 취한 후 자치위원회의 추인을 받아 처리할 수 있다. 다만 모든 선도조치가 이에 해당하는 것이 아니라 '서면사과', '피해학생에 대한 접촉, 협박 및 보복행위금지', '교내 봉사 명령'에만 해당된다는 것을 명심하여야 한다.

1) 선도가 긴급한 경우의 선(先)조치

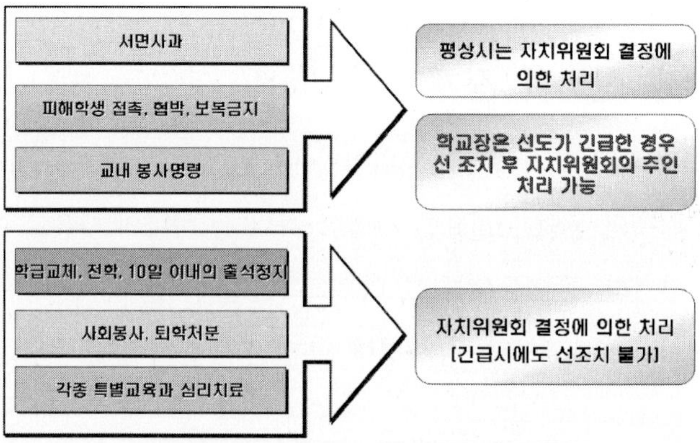

〈그림 2-3〉 선도가 긴급한 경우의 선(先)조치

제2절 추진체계

1. 범정부 지역추진체계 구성 운영

정책의 수립-집행-점검을 내실있게 추진하기 위해 범정부 추진체계를 '학교폭력대위원회'로 하고, 국무총리실 소속 위원회로 격상, 민간 참여 확대를 위해 국무총리·민간전문가를 공동위원장 체제로 운영한다. 기재부, 교과부, 법무부, 행안부, 문화부, 복지부, 여가부, 방송통신위, 경찰청 등 9개 유관기관 장관 및 정부위원이 추천하는 민간전문가(10명)로 구성, 학교폭력대책위원회 안건의 실무 협의를 위해 실무위원회 구성·운영한다.

2. 지역단위 추진체계 정비

광역 단위	16개 시·도 학교폭력대책지역위원회 운영 활성화 분기별 1회 이상 회의를 개최하고, 기관별 상호 협력·지원방안, 기관별 추진 상황 평가 등을 실시 ※ 시·도부지사(부시장) 회의에서 우수사례 공유 및 운영 현황 점검
기초 단위	시군구 단위 학교폭력대책지역협의회 신설 자치단체, 교육지원청, 경찰서, 자율방범대(3, 916개대 98, 379명), 자원봉사센터, 녹색 어머니회 등 기타 시민단체 등이 참여하는 협의체를 구성하여 지역 밀착형 대책 수립

3. 유관 민간단체와의 연계 협력 강화

청소년폭력예방재단의 학교폭력SOS지원단, 학교폭력피해자가족협의회 등 민간단체의 학교폭력 예방 및 상담 활동 활성화 지원, 학교폭력 예방사업 관련 연계·협력 강화 및 사업예산 지원 추진, 종교계의 청소년 문화체험프로그램 운영 및 인성교육 현장교실, 예절교육 활동을 지원한다.

【 주요 프로그램 : 총 10개 사업 】

불교 : 역사·문화프로그램, 생태교육

개신교 : 예술치유 및 공연프로그램, 생명존중 교육

천주교 : 문화예술프로그램　　　　유교 : 예절 및 충효교육

원불교 : 마음공부　　　　민족종교 : 겨레얼 정신함양, 민족문화연수 등

〈표 2-2〉 학교폭력 근절 추진체계

교육부 학교폭력 예방 및 대책에 관한 기본계획 수립 교육청의 학교폭력 예방 및 대책과 성과평가 및 공표 학교폭력실태조사	**중앙** – **학교폭력대책위원회 (위원장 : 국무총리, 민간전문가)** 학교폭력 예방 및 대책 기본계획 심의 중앙행정기관 및 지자체 단체장이 요청하는 사항 등에 대한 심의	**여가부, 경찰청 등 관계 부처 협력** 종교단체, 청소년폭력예방재단 등 관련 대표기관
교육감 시·도교육청별 자체 추진계획 수립 학교폭력 예방 전담부서 설치 학교폭력에 따른 전학대상 학생에 대한 필요한 조치	**광역단위** – **학교폭력대책지역위원회 (위원장 : 부단체장)** 기본계획에 따라 매년 학교폭력 예방대책 수립	**광역 117신고센터 운영** 지방경찰청, 교육청 등 관계기관 및 민간단체 협력
교육장 학부모 예방교육 실시 및 홍보	**기초단위** – **학교폭력대책지역협의회 (위원장 : 부단체장)** 지역단위 학교폭력 예방 사업 추진	Wee센터, CYS-Net 등 지역 상담센터, 자율방범대, 자원봉사센터 등 민간단체 연계
학교장 학교폭력 예방 및 대책에 관한 실시계획 수립 및 시행 학교폭력전담기구설치	**학교** – **학교폭력대책자치위원회 (위원장 : 호선)** 학교폭력 예방 및 대책을 위한 학교체제 구축 피해학생보호, 가해학생 선도 및 징계, 가해학생과 피해학생의 분쟁 조정	경찰서, 학부모, 민간전문가 등 협력

제 3 절 논의과제

1. 형사처벌 연령 인하(만14세 → 만12세)

최근 중대한 미성년자 범죄 사건이 저연령층에서 발생 할 경우 현실에 맞지 않는 형사 미성년자 연령이 학교폭력을 조장하고 있다는 주장 제기, 형사미성년자 연령을 '만14세 미만'에서 '만12세 미만'으로 하는 형법, 소년법 개정안 발의('11. 11. 11), 법무부 의견은 미성년자에 대해서는 형벌보다는 교화가 세계적 추세이고, UN아동권리위원회에서는 형사책임연령을 상향해 나갈 것을 권고했다. UN아동권리위원회 일반논평('07, 제10호)에서는 형사책임연령을 상향해 나갈 것을 권고하고, 특히 12세 이상으로 규정된 당사국에서는 연령을 하향하지 않도록 촉구, 영국(10세미만), 네덜란드(12세미만), 프랑스(13세미만), 독일, 일본, 오스트리아(14세미만), 이탈리아, 스웨덴(15세미만)을 참조해 볼만하다.

2. 법원 소년부 통고 기준 마련

고위험학생 교정을 위해 소년법상 통고제를 활용하려고 해도 신속하게 처리되지 않아 실효성 미흡, 10세 이상 14세 미만의 소년이 법령에 저촉되는 행위를 하는 경우 학교장은 관할 법원 소년부에 통고처분을 의뢰('10년 57건), 법원은 이를 조사하고 해당 청소년에 대해 보호조치 실시, 통고처분의 신속 처리 및 학교장 부담 경감(학부모 반발 등)을 위해 법무부 등과 협의하여 소년법 개정 추진한다.

3. 학교폭력 사안 처리 체계

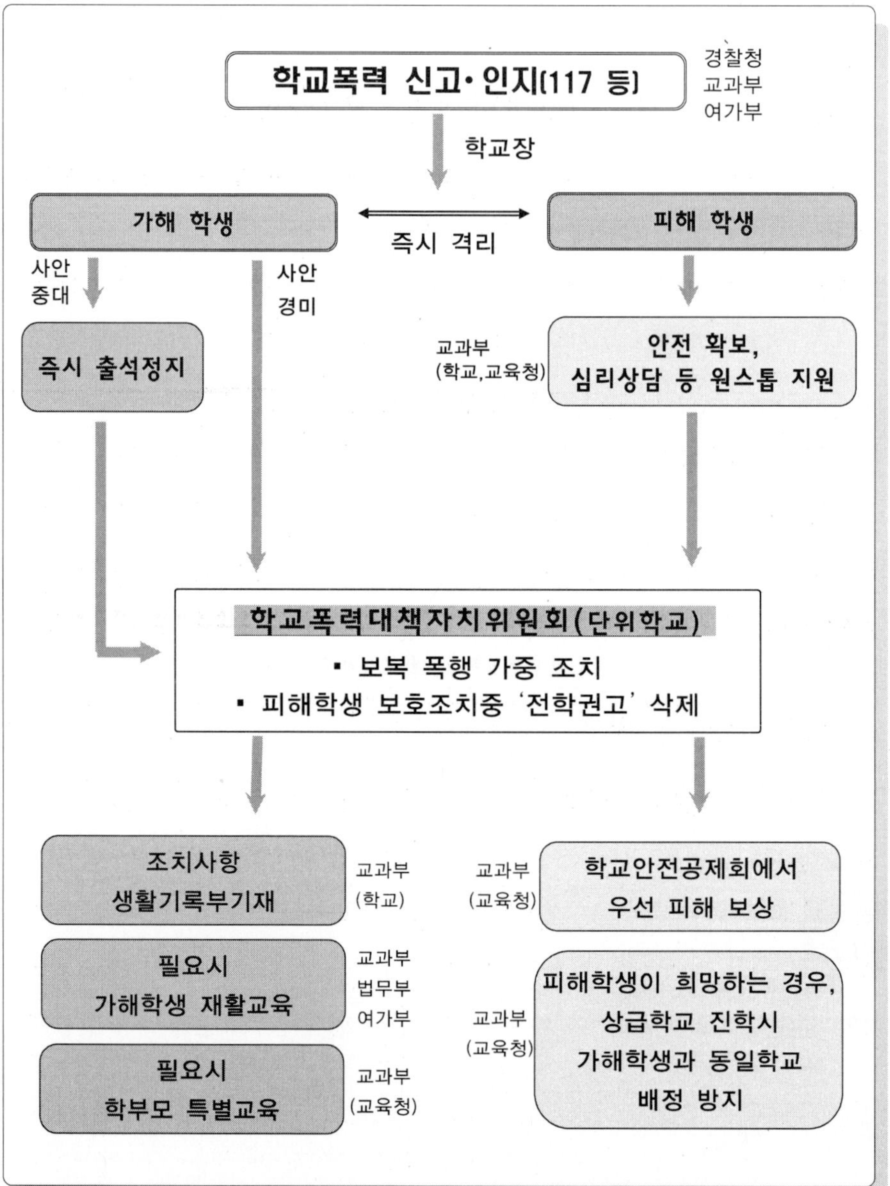

〈그림 2-4〉 학교폭력 사안 처리 체계

4. 피해학생 보호

〈표 2-3〉 피해학생 보호 법령 규정

구 분	현 행	법령·규정 개정 후	적용시기
가해학생 즉시 출석정지	근거 규정 없음	즉시 출석 정지 법적근거마련 *「초·중등교육법 시행령」 개정	'12. 3~
피해학생 경찰동행보호	근거 규정 없음	피해학생 경찰 동행보호 규정 신설 *「학교폭력 피해학생 보호 및 가해학생 조치에 관한 규정(부령)」 제정	'12. 5~
피해학생 전학권고 폐지	「학교폭력 예방 및 대책에 관한 법률」 제16조 제1항 제5호	근거 규정 삭제	'12. 2~
피해학생 가해학생 동일학교 진학 금지	상급학교 진학시 동일학교 배정	상급학교 진학시 피해학생과 가해학생이 동일학교에 배정되지 않도록 법적 근거 마련 *「학교폭력 예방 및 대책에 관한 법률 시행령」 개정	'12. 3~
피해학생 상담 및 치유프로그램 등	의무화되지 않음	피해학생 심리상담 실시 의무화 쉼터, 피해학생보호센터, 피해학생 치유프로그램 마련 *「학교폭력 예방 및 대책에 관한 법률 시행령」 개정	'12. 2~
피해학생 치료비용 지원	가해학부모와 합의 또는 피해학부모 자비 부담	피해학생 치료비용을 학교안전공제회에서 우선 지원하고 가해 학부모에게 구상권 청구 *「학교폭력 예방 및 대책에 관한 법률」, 「학교안전사고예방 및 보상에 관한 법률」 개정	'12. 5~
학교폭력 신고체계	각 부처 및 기관의 신고전화 산재	경찰청이 운영하는 부처합동 117 신고센터로 통합 운영	'12. 3~

5. 가해학생에 대한 조치 및 재활

〈표 2-4〉 가해학생에 대한 조치 및 재활 법령 규정

구 분	현 행	법령·규정 개정 후	적용시기
가해학생 즉시 출석정지	학교폭력대책자치위원회 심의 후 출석정지를 학교장에게 요청 → 학교장 출석정지 조치	학교폭력 발생 즉시 학교장이 출석정지 조치 시행 * 「초·중등교육법 시행령」 개정	'12. 3~
출석정지기간	10일 이내, 연간 30일 이내	제한 없음 * 「초·중등교육법 시행령」 개정	'12. 3~
출석정지로 인한 유급	유급 불가능	유급 가능(연간수업일수 3분의1 미만일 경우 유급)	'12. 3~
보복폭행, 장애학생 폭행	근거 규정 없음	가중조치 또는 병과 - 피해학생 보호에 필요한 기간 동안 가해학생에 대한 출석정지 제한을 두지 않음 * 「학교폭력 예방 및 대책에 관한 법률」, 「초·중등교육법 시행령」 개정	'12. 3~
전학	가해학생 학부모 동의 없이는 전학이 어려움	지역교육장(초·중학교), 시·도교육감(고등학교)이 학구나 학교군에 관계없이 피해학생 보호에 충분한 거리를 두어 전학 조치 * 「초·중등교육법 시행령」 개정	'12. 3~
상급학교 진학시 타학교 배정	근거 규정 없음	피해학생 선배정 후 가해학생 추후 별도 배정으로 동일학교에 배정되지 않도록 조치 * 「학교폭력 예방 및 대책에 관한 법률 시행령」 개정	'12. 3~
학부모 소환 (특별교육)	의무사항 아님	학부모 소환 의무사항이며, 불응시 과태료 부과 검토 * 「학교폭력 예방 및 대책에 관한 법률」 개정	'12. 3~
학교생활기록부 학교폭력 징계사항 기록	학교폭력관련 징계사항 기록의무 없음	학교폭력대책자치위원회의 학교폭력관련 조치를 학교생활기록부 기재 의무화 * 「학교생활기록 작성 및 관리 지침(훈령 239호)」 개정	'12. 3~
재활치료	의무사항 아님	시·도교육감은 가해학생 재활 프로그램 필수 운영 학부모 동의 없이도 가해학생에 대한 심리치료 실시 * 「학교폭력 예방 및 대책에 관한 법률」 개정	'12. 5~

6. 종합대책에 따른 주체별 정책 변화

〈표 2-5〉 종합대책에 따른 주체별 정책 변화

주체별	주요 변화 사항
학교장 교사	① 생활지도 권한 강화 학교장에게 가해학생 즉시 출석정지 조치 권한 부여 생활지도가 필요한 학생을 대상으로 학생생활기록 누적 관리 학생생활기록부에 가해학생 징계사항 기록 인성관련 학생생활기록부 기재를 내실화하고, 입학사정관전형, 자기주도학습전형에서 주요 참고자료로 활용 ② 생활지도 여건 조성 복수담임제 도입 학교폭력 등 생활지도 관련 분쟁지원을 위한 교육법률지원단 운영 학교에 배치된 보조인력을 통합하여 교사의 업무지원 Wee클래스 설치 확대 및 상담인력 확충 ※ '12년중 모든 중학교에 Wee클래스 설치 및 상담인력 배치 ③ 생활지도 등 인성교육 실천을 잘하는 교사 우대 스승의 날 포상시 생활지도 부문 포상비율 확대 : 20% → 1/3이상 학습연구년 운영 인원의 1/3 이상을 생활지도 영역 우수교사로 선정 수석교사 선발시 생활지도 및 인성교육 실천이 우수한 교사 우대 ④ 학교폭력에 대한 책무성 강화 학교폭력 은폐시 4대 비위 수준에서 징계 국가수준의 학교폭력 전수 실태조사 실시
학생	① 교육전반에 걸쳐 인성교육 실천 (도덕, 사회, 국어) 실천 중심의 프로젝트형 인성교육 (동아리) 스포츠클럽(3, 000개), 예술동아리(500개), 독서동아리(500개) 확대 (체육) 중학교 주당 체육수업 시수 50% 증대, 스포츠리그 확대 (학교생활) 학생생활규칙 제·개정에 참여 및 동의서 제출

주체별	주요 변화 사항
	② 인성관련 학생부 기재 강화 및 입학전형에 반영 입학사정관제 자기소개서 공통양식에 '인성항목' 신설 자기주도학습전형 자기개발계획서 및 교사추천서에 인성분야 반영 ③ 또래활동 지원 또래상담, 또래중재, 학급총회, 학생자치법정 활동 실시 ※ '12년 4, 000교 시범 → '13년 모든 학교 ④ 학교폭력 예방 지원 모든 학생 대상 정서·행동발달 전반 선별검사 실시 Wee프로젝트 포털, 한국청소년상담원, '굿바이, 학교폭력' 어플리케이션 사이버 상담 활성화 인터넷포털, SNS를 활용한 사이버 상담
학부모	① 자녀이해 지원을 위한 학부모교육 대폭 확대 직장, 지역단위 학부모교육, 온라인 학부모 교육 활성화 ② 교사-학부모간 소통 강화 및 학부모 책무성 제고 학교별 학교설명회 연 2회 일과후 개최 의무화 학기별 1회 이상 학부모-교사간 상담 실시 가해학생 학부모 소환 및 특별교육이수 의무화 학생생활규칙 제·개정 참여 및 규칙에 대한 동의서 제출 ③ 학부모의 학교교육 참여 기회 확대 '12년 학부모 교육기부 인력풀 10만명 확보 ④ 가정의 교육적 기능 회복 바른 인성 함양을 위한 밥상머리교육 실천 주말을 활용한 가족단위 프로그램 확대

〈그림 2-5〉 Wee 프로젝트 운영 개요

개인적·가정적·교육적·사회적 위기를 겪고 있는 위기학생에 대하여 진단-상담-치료의 원스톱 지원 서비스 제공
※ Wee : "We(우리들) + education(교육) + emotion(감정)"의 합성어

심각한 위기상황으로 장기적인 치유·교육이 필요한 학생
학교나 Wee 센터에서 의뢰한 학생 또는 학업중단자

⇨ **3차 Safe-net** | Wee 스쿨

시·도교육청 차원에서 설치
장기적으로 치유가 필요한 고위기군 학생을 위한 기숙형장기위탁교육 서비스

단위학교에서 선도 및 치유가 어려워 학교에서 의뢰한 위기학생 및 상담 희망 학생

⇨ **2차 Safe-net** | Wee 센터

교육(지원)청 차원에서 설치
전문가의 지속적인 관리가 필요한 학생을 위한 진단-상담-치유 맞춤형 서비스

학습부진, 대인관계미숙, 학교폭력, 미디어 중독, 비행 등으로 인한 학교부적응 학생 및 위기학생

⇨ **1차 Safe-net** | Wee 클래스

단위학교에 설치
학교부적응 학생 조기발견·예방 및 학교 적응력 향상 지도

〈표 2-6〉 종전국 설치 현황

시·도	Wee 클래스	Wee 센터	Wee 스쿨
합계	3, 170	126	7

7. 지역사회 청소년 통합지원체계(CYS-Net) 운영현황

목적은 지역사회 청소년 관련 자원을 연계하여 위기 청소년에 대한 상담 · 보호 · 의료 · 자립 등 맞춤형, 원스톱 서비스를 제공하여 가정, 학교 및 사회로의 복귀 지원, 지역사회 청소년 통합지원체계(Community Youth Safety-Net)의 일환으로 위기청소년 통합지원 및 연계협력, 상담 및 활동지원, 청소년전화 1388운영, 긴급구조, 일시보호, 교육 및 자립 등 맞춤형 서비스 제공이다.

1) 추진체계

〈그림 2-6〉 지역사회 청소년 통합지원체계(CYS-Net) 운영현황

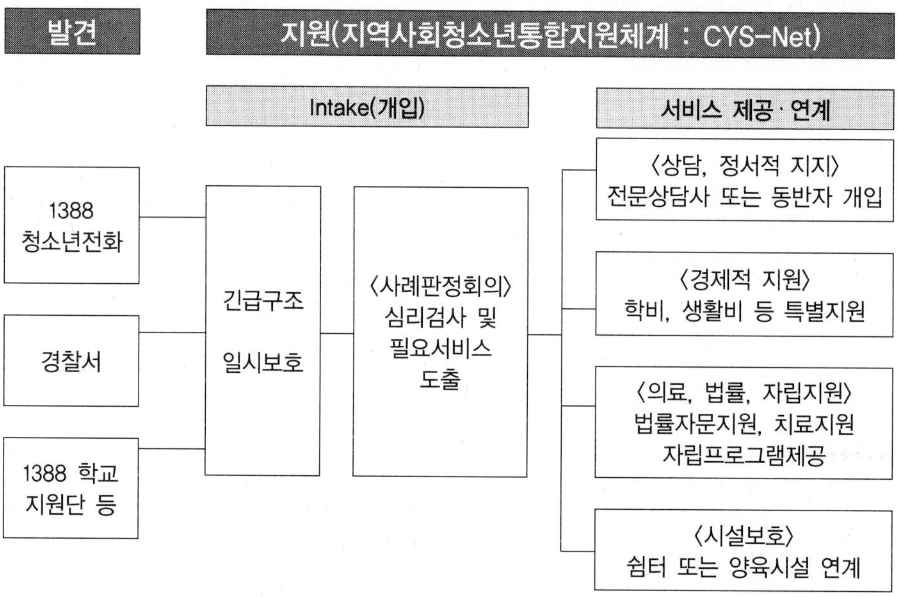

2) 지역사회청소년통합지원체계(CYS-Net) 사업

〈표 2-7〉 16개 시 · 도 및 170개 시 · 군 · 구 청소년상담지원센터 운영

연도	'06년	'07년	'08년	'09년	'10년	'11년
시도	5개소	16개소	16개소	16개소	16개소	16개소
시군구	-	52개소	65개소	81개소	150개소	170개소

제3장

범죄피해자 보호 정책

제1절 범죄피해자란 무엇인가?

1. 범죄피해자의 개념

오늘날 지구상에 존재하는 모든 사람들은 여러 가지 심각한 사회문제에 직면하고 있다. 그 중에 하나가 범죄문제이다. 피해자학의 대상이 되는 피해자란 범죄로 인하여 육체적·정신적 상처, 감정적 고통, 재산상 손실을 입거나 기본권을 중대하게 침해당한 개인 또는 집단을 의미한다. 개인은 물론, 개인들의 집합체인 조직 또는 단체도 피해자에 포함된다. 형사정책에서 피해자에 대한 논의는 크게 두 영역에서 이루어지고 있는 바, 첫째, 범죄 원인론에서 피해자가 범죄발생에 미친 영향과 관련되는 문제이고, 다른 하나는 피해자에 대한 적절한 보호대책과 관련되는 문제라고 할 수 있다.[108)]

경찰의 범죄피해자 보호를 위한 대책 방향을 논함에 있어서 적실성 있는 대안을 얻을 수 있으려면, 일정한 범위로 '피해'를 한정하는 것뿐만 아니라 '피해자'의 개념도 어느 정도 그 범위를 특정할 필요가 있다고 본다.

피해의 개념을 실질적 범죄로 인한 피해로 한정하더라도, 가해자와의 관계에

108) 임준태, 「범죄통제론」, 좋은세상, 2003년, 65~66면.

서 피해자가 언제나 명확하게 확정되는 것은 아니다. 오늘날 널리 인정되고 있는 바와 같이 '피해자 없는 범죄'도 존재하는가 하면, 가해자와 피해자의 구별이 명확하지 못한 경우도 있을 수도 있고 피해자 없는 범죄 또는 일탈행위는 피해자학의 관심대상에서 제외된다. 피해자 없는 범죄는 범죄학 내지 형사정책학에서는 매우 중요한 테마로 다루어지고 있지만, 피해자학에서는 그 의미가 거의 없다.

사회적 일탈행위는 존재하지만 가해자와 피해자를 가려낼 수 없는 경우도 많다. 예컨대, 증수뢰 · 도박 · 음란물반포 또는 판매 · 매춘 · 마약밀매처럼 당사자의 합의가 존재하는 경우, 또는 마약중독 · 자살 또는 자상과 같이 행위자 자신에 대한 침해행위가 그것이다. 이러한 경우는 대부분 피해자학적 접근보다는 행위자 특성에 따른 일탈 방지대책을 강구하는 것이 적절할 것이다.

범죄피해자에 대한 정의는 다양하고 광범위하게 전개될 수 있다. 피해자학의 개척자라고 할 수 있는 Hans von Hentig는 범죄자-피해자간 역할관계(Criminal-Victim Dyad)의 분석을 통해서만이 진정한 피해자를 가려낼 수 있다고 보고 피해자의 유형을 13가지로 분류하였는 바, 그 유형들로서 ① 아동, ② 여성, ③ 노인, ④ 정신질환자, ⑤ 이민자, ⑥ 소수민족, ⑦ 평균보다 지능이 떨어지는 자, ⑧ 심리적 우울 상태에 있는 자(the depressed), ⑨ 성생활이 난잡한 자(the wanton), ⑩ 일확천금을 노리는 탐욕가(the acquisitive), ⑪ 상심한 자(the lonesome and the heartbroken), ⑫ 늘상 남을 괴롭히는 자(tormentor), ⑬ 따돌림을 당하기 쉬운 자(the blocked or exempted) 등을 제시하였다.[109]

일본의 피해자학자인 宮澤浩一은 피해자 유형을 ① 평균적(전형적) 피해자, ② 동정 받는 피해자, 동정 받지 못하는 피해자, ③ 투쟁하는 피해자, 침묵하는 피해자 등으로 분류하였다. 여기에서 평균적 피해자는 일반적인 선량한 피해자들을

109) William, G. Doerner, Victimology, Aderson Publishing Co., 2002년, 김재민, "경찰의 피해자수사 개선방안에 관한 연구, " 전남대학교 대학원 박사학위논문, 2004년, 11면.

의미하며, 동정을 받거나 받지 못하는 피해자의 경우는 제3자가 바라보는 관점에 따른 유형을 나타내며, 투쟁하거나 침묵하는 피해자의 경우 범죄피해에 직면했을 경우 적극적으로 자기를 보호하기 위하여 노력하거나 피해 배상이나 가해자를 처벌하기 위해서 솔선해서 나서는 자인가 아니면 그저 침묵하는 자인가를 기준으로 분류하는 피해자 유형이라고 할 수 있다.

경찰의 범죄피해자 보호는 평균적 피해자를 대상으로 이루어져야 하며, 경찰수사에 적극적으로 도움을 줄 수 있는 이들은 투쟁하는 피해자 유형이라고 할 수 있다.

그리고 범죄피해자와 가해자와의 관계를 보면 범죄가 범죄자의 전적인 책임에 의하여서만 발생된다고 규정할 수 없다. 즉 피해자도 함께 범죄를 유도하고 발생하게 할 수 있다는 관점에서 잠재적인 범죄피해자 예비군에게 범죄자와 피해자와의 사회적 상호작용에 의하여 범죄가 발생될 수도 있다는 위험성을 고지함으로써 잠재적인 피해자에게 예방적인 행위 내지는 대책을 세울 것을 알려줄 필요성이 제기된다. 이는 범죄자의 측면에서 범죄원인을 분석하여 범죄의 감소 내지 예방대책을 수립하는 것도 중요하지만, 일방적인 대책이 될 수도 있기 때문에 피해자의 입장에서 피해자와 범죄자의 상호작용을 고려한 접근방법도 범죄의 감소 내지 예방대책을 수립하는 데에 유용하고 중요할 수 있는 관점의 전환으로부터 비롯된 것이다.

피해자와 범죄자의 관계에 대한 연구가 행해진 방식은 전통적으로 특정한 범죄유형에 따라 탐색해 보는 일이지만 경험적 확실성이 결여되어 있어 연구대상에 대한 인식의 폭을 만족할 만큼 확대시키지 못한 단점이 있다. 그렇지만 어떤 범죄군에 있어서는 비교적 양호하게 소기의 성과를 거두기도 하는데 이러한 범죄유형의 대표적인 예로서 살인죄를 들 수 있고 또한 성범죄에서도 이와 유사한 경향을 나타내는바 성폭력을 저지르는 범죄자는 주로 피해자와 지면(知面)관계로 나타난다. 한편, 살인죄에서 피해자를 탐구하는 일은 범죄피해자를 탐색하는 전형적인 테마로서 범죄자와 피해자의 관계 및 범죄에 대한 피해자의 기여도를 밝히는 가장 적절한 사례로 들 수 있다. 요약컨대 살인행위는 피해자와 범죄자 사이에 아무런 관계도 없이 전혀 초면인 상태에서 이루어지기도 하고 부부간 또는 가까운 친지의 경우에서처럼 피해자가 범죄에 상당한 정도로 기여할 수도 있다. 더 나아가 피해자가 가해자를 추적한다거나 범죄단체의 구성원이 다른 범죄조직의 조직원과 싸움을 벌여 살인의 결과를 가져온 경우처럼 피해자가 범죄에 때로는 범죄자보다도 더 강하게 기여하기도 한다.[110)]

이와 같은 범죄사례에서 확인할 수 있는 것은 피해자의 범죄기여로 인해 폭력의 사용을 양적으로나 질적으로 확대시키고 있다. 피해자에 의한 도발이라거나 피해자의 난폭한 기질, 범죄자에 대한 멸시적 태도, 애절한 요청에 대한 냉혹한 거절, 유기에 의한 경제적 부담의 가중 등이 피해자에게 귀착되는 이유로서 그에 대한 책임을 면하기 어렵다. 또한 피해자가 범행현실에 기여하는 바는 특정범죄유형을 떠나 범죄학적, 형법적 측면에서도 의미를 가지는데 피해자가 가해자와 함께 범죄를 결정하는 정도가 강할수록 실제로 양자간에 투쟁이 격렬하게 일어나는 특징을 보여주어 범죄자의 위험성은 그 피해자에게 보다 강하게 집중된다. 반면 피해자가 별반 기여하지 않을 경우 그 위험성이 사회일반으로 확산된다.

결국 범죄자의 위험성의 정도와 방향은 피해자가 범죄에 기여하는 정도에 따라 다양하게 나타난다 할 것이다. 또한 정신과 의사인 Delteil에 의하면 피해자의 심리적 강온상태가 범죄에 기여한다는 점이다. 피해자한테는 특히 그의 인격형성이 흐트러져 자아가 확고하게 자리하지 못하고 있으며 피해자의 성적 충동과 범죄자의 그것이 공명하게 되고 그들간에는 무의식적인 공범관계가 형성된다는 것이다. 마찬가지로 법적 측면에서도 피해자의 기여는 입법이나 재판의 의미에서 살펴볼 때, 양형에서 피해자의 기여를 참작한다거나 정당방위나 피해자의 승낙이 있으면 정당한 행위로 피해행위가 변경된다.[111)] 그리고 피해자와 범죄자의

---

110) 이진국, "가해자-피해자 조정 -범죄대처의 새로운 가능성과 행위자와 피해자에 대한 기회-, " 한국형사정책연구원, 번역총서 Vol. 5, 2002년, 49면.

관계를 추구함에 있어서 유의할 점은 사실관계를 정확하게 파악하기가 어렵다는 점이다. 범죄자나 피해자는 각각 자기에게 유리한 방향으로만 진술하려 하므로 사실상 얼마만큼 기여했는지를 구별하기란 쉽지 않다.

2. 범죄피해자관련 이론

1) 범죄피해자화의 의미

(1) 제1차 피해자화

이 용어는 1967년 미국의 대통령위원회보고서 「자유사회에 있어서 범죄의 도전」에서 처음 사용되었고, 그 후 미연방 법무부에서 설치된 「법집행과 사법행정에 관한 위원회」에 의하여 실시되었던 피해자화 실태조사를 통하여 일반화 되었다.[112] 전통적 피해자학의 경우 '피해자화(victimization)'의 개념은 '하나의 형사사건 속의 범죄행위를 통해 한 개인이 해를 입는 것'이라고 규정하고 있다.[113] 이것은 일정한 원인으로부터 범죄에 이르는 일련의 과정을 의미하는 범죄화(criminalization)에 대응하는 개념으로서 범죄피해자도 일정한 원인에 기하여 그로부터 일련의 과정을 거쳐 발생하게 된다고 하는 가설에 기반한 것이다.

제1차 피해자화는 개인이나 집단이 범죄 또는 위법행위 등에 의해 직접적인 피해를 당하는 과정을 말한다. 제1차 피해자화에 관한 연구에는 종래에 연구되어 온 피해자학의 성과를 그대로 활용할 수 있다. 여기에는 연령 · 성별 · 사회계층 · 직업 · 인종 또는 건강도를 비롯한 제반의 사례에 따른 다양한 차이가 있으며 그러한 요소들은 피해화를 촉진하는 요인으로도 또는 저지하는 요인으로도 작용할 수 있을 것이다. 특히, 범죄는 가해자와 피해자의 사회적 상호작용의 과정을 의미하

111) 상게서, 65면.

112) 궁택호일, "일본경찰 피해자 대책," 이경재 역, 형사정책연구, 제7권 제1호 1996년, 28면 ; Laura J. Moriarty, op. cit., 2면.

113) Champion, D., *The Roxbury Dictionary of Criminal Justice*, LA : Rexbury, 1997년, 128면.

게 될 것이고, 이 과정에서 피해자와 가해자가 가지고 있는 각각의 개인적 및 환경적 요인들을 다양하게 결합하거나 대립·견제하는 상호작용을 하게 되는 것이다. 범죄의 1차 피해 혹은 직접피해는 일반적으로 신체적 피해, 경제적 피해, 정신적 피해, 사회적 피해로 구분하여 살펴볼 수 있다.[114] 신체적 피해는 주로 폭력범죄에서 나타나는데 이 경우 피해자는 육체적 고통은 물론 치료나 재활을 하더라도 영구적인 외모의 손상이나 불구에 이를 수도 있다. 경제적 피해는 재물손괴, 현금이나 물품피해, 부상 등에 따른 소득감소, 의료비용 지출 등의 형태로 나타난다. 정신적 피해는 우리가 지나쳐 버리기 쉽지만 범죄피해자라면 정도의 차이가 있을 뿐 누구나 겪는 것이며 매우 심각한 경우도 있다.

(2) 제2차 피해자화

사회에 유해적인 것으로 평가되는 행위에 대하여는 어떠한 형태이든 일정한 사회적 반작용이 있게 마련이다. 특히 범죄행위에 대하여는 규범에 의하여 확립된 사법절차에 따른 통제장치가 작동하도록 되어 있다. 그런데 이와 같은 범죄 또는 사회적 일탈행위에 대한 통제수단의 발동과정에서 피해자에게 제2의 상처가 가해지는 경우가 많다.[115] 즉, 가해자에 대한 제재 또는 피해의 회복을 위한 처리과정에서 가해자에 대한 사회적 비난만 제기되는 것이 아니라, 간접적으로는 피해자에게도 새로운 상처가 가해지게 되는 것이다. 예컨대, 주변사람들의 실망 또는 실망어린 태도, 호기심 어린 태도 또는 양비론적 비난 등은 피해자에게 범죄행위로 인한 직접적인 피해 못지 않은 상처를 주게 된다. 특히 범죄사건을 처리하는 경찰 또는 검찰의 권위적 태도, 불친절, 비난이나 불신에 이르기까지 피해자에게 상처를 입힐 요인은 대단히 많이 존재한다.

더 나아가서는, 수사기관이나 재판기관이 지극히 정당하게, 합리적으로 사건

114) Peter Finn & Beverly N. W., *Serving Crime Victims and Witnesses*, National Institute of Justice, 1987년, 1면.

115) 장규원, 미야자와 고이치, 「피해자학입문」, 길안사, 1999년, 61~64면.

을 처리한다 할지라도, 피해상황의 진술 등을 거치면서 더욱 커다란 상처를 받게 될 수도 있는 것이다. 예컨대, 공개법정에서 피고인이나 그 변호사로부터 반대심문 형식으로 자신의 프라이버시에 관한 사항을 추궁 당하고, 또 그로 인하여 방청객이라든지 아는 사람 또는 남자친구나 배우자와의 관계가 불편하게 된다든지, 피고인 측의 증인이 피해자의 인격이 손상되는 증언을 한다든지 또는 판결내용에서 피해자의 실수가 인정되는 등의 사정 때문에 피해자가 고통을 당할 수 있는 것이다 이처럼 범죄사건을 계기로 하여 또는 범죄사건을 처리하는 과정에서 피해자가 정신적·사회적으로 상처를 입는 것을 제2차 피해자화라고 한다.

(3) 제3차 피해자화

제1차 피해자화 및 제2차 피해자화로 정신적·신체적 고통을 느끼고 있는 피해자에게 적절한 대책이 이루어지지 않아 피해자가 외로이 심적 갈등으로 괴로워하고 있다면, 경우에 따라서는 극단적인 상황이 발생할 수 있다. 피해자 성격 또는 사건에 대한 평소의 반응, 피해 전후의 정신적·신체적 조건 등에 따라 다르지만 반사회적 내지 비사회적인 반감을 보인다. 즉 피해자는 가해자에 대한 처벌을 바라지만, 주변 사람들을 의식하여 고소할 수가 없게 되거나, 가족들로부터는 자신이 부주의했던 탓이라고 비난을 당하고, 직장에서는 문제의 주인공이란 점만을 중시하여 억울하게도 퇴직을 강요당하는 등, 사건을 계기로 정신적·물질적인 상처를 당하는 일도 있다.

그 결과 피해자는 가족과 세상을 원망하게 되고, 더 나아가서는 정신적·심리적 상처로 인하여 술에 의존하거나 무위도식에 빠질 수도 있다. 또한 세상에 대한 원망과 부담감으로 인하여 반사회적 행동양식을 나타내거나 또는 다시 피해를 당할지 모른다는 불안감으로 인하여 의기소침하거나 노이로제에 걸리는 등 다양한 형태의 반응이 있을 수 있다. 이러한 현상을 제3차 피해자화라고 한다. 제3차 피해자화는 제2차 피해자화와 마찬가지로 형사사법체계에서 피해자에게 만족할 만한 대응을 못하는 것과 밀접한 관계가 있다.[116)]

2) 범죄피해화에 대한 이론

피해자 촉진적 관점(Victim Precipitation Theory)에 따르면, 어떤 사람들은 결과적으로 자신의 신체상해 혹은 사망에 이르도록 하는 대결국면을 실제로 주도하는 경우도 있다. 이러한 피해자의 촉진적 역할은 수동적인 경우와 적극적인 경우로 나눌 수 있다.[117]

적극적 촉진은 피해자가 종종 자극적으로 행동하거나, 위험이나 싸움을 거는 듯한 말을 사용하고 혹은 심지어 먼저 공격하는 경우에 주로 발생한다. 수동적 촉진은 피해자가 부지불식간에 공격자를 협박하거나 조장하는 어떤 인격적 특징을 드러냄으로써 종종 발생한다. 개인 간의 충돌 혹은 갈등 등에서 발생할 수 있다.

생활스타일 이론의 경우 개인의 직업적 활동, 여가활동 등 모든 일상적 활동의 생활양식이 그 사람의 범죄 위험성을 높이는 중요한 요인이 된다는 이론이다. 어떤 범죄학자들은 사람들의 생활스타일이 범죄자에게 노출을 증가시킴으로써 범죄피해자가 될 수 있다고 믿는다. 한 개인의 생활상태는 피해위험성에 영향을 미칠 수 있다. 예를 들면, 안전이 확보되지 않는 지역에 사는 사람들의 안전은 다분히 동기가 부여된 범죄자에게 달려 있다. 생활스타일은 범죄가 발생할 기회에 영향을 미친다. 왜냐하면, 그것은 사람들의 범죄자에 대한 시간적·공간적 근접성, 범죄자에게 노출될 가능성이 있는 시간, 범죄대상물로서의 매력성 그리고 범죄로부터 보호받을 가능성 등을 통제하기 때문이다.

일탈지역 이론(Deviant Place Theory)에 따르면, 피해자들은 범죄를 조장하지는 않지만, 오히려 피해자들이 범죄자들과 접촉할 수 있는 고도의 위험성이 농후 한 지역인 사회적으로 해체된 범죄발생 빈발지역에서 거주하기 때문에 그들 자신의 행동이나 생활스타일에 관계 없이 피해를 입게 된다는 것이다. 결과적으로 하류계층이 거주하는 지역의 거주자들을 위하여 그들의 생활스타일을 변경시

116) 궁택호일, "피해자 연구", 장규원 역, 수사연구, 1997년. 45면.

117) 임준태, 앞의 책, 69면.

키거나 혹은 안전조치를 취하는 것은 별 의미가 없을 것 같다고 한다. 왜냐하면, 개인의 행동방식 선택은 피해가능성에 대해 별로 영향을 미치지 않기 때문이다.

일상활동이론이란 생활양식의 일정한 유형은 범죄를 유발하는데 적합한 사람이 그렇지 않은 사람보다 범죄피해자가 되기 쉽다는 이론이다. 동이론은 시간의 흐름에 따른 범죄율의 변화를 설명하기 위한 생활양식, 노출이론과 구별되지만, 동이론은 기회 및 생활스타일과 연관되어 있기도 하다.[118] 그리고 일상생활이론의 핵심전제는 범죄를 저지를 가능성이 클수록, 범죄피해를 입을 비율이 높아진다는 것이다. 이러한 명제는 Marcus Felson의 "범죄와 일상생활(Crime and Everuday Life)"이라는 것에서 설득력 있게 설명되고 있다.

3. 범죄피해자 보호

피해자학의 기원은 18세기말 Pitaval과 Feuerbach 등이 범죄 속에서 피해자가 구체적으로 어떤 태도를 보였는가 하는 것을 연구한 것으로부터 시작되었다. 20세기 전반, Garofalo는 학교폭력 범죄피해자가 가해자의 공격을 유발하는 측면이 있다는 것에 주목하였다. 다른 몇몇 학자들도 범죄원인 분석과 관련하여 피해자의 종류나 피해상황을 지적하기도 하였다. 체계적인 연구는 제2차 세계대전 이후 Mendelsohn과 Hans von Hentig에 의하여 본격화되었다고 한다.[119]

미국의 피해자학은 학교폭력 범죄피해자에 대한 조직적·과학적 연구를 출발점으로 '피해자학의 창시자'라고 불리는 Hentig의 고전적 연구를 바탕으로 하여 그 기초가 마련됐다고 보는 것이 일반적이다.[120] 미국 피해자학의 형성기는 제2

---

118) 과거 LA폭동 사태시 백인 부유층 주거지역과 한인주거지역 간의 피해정도가 현격하게 달랐던 점은 이러한 사회적 분위기를 반영한 것으로 볼 수 있다 ; 임준태, 앞의 책, 74면.

119) 임준태, 앞의 책, 66면.

120) Stephe E. Brown, Finn-age Esbensen, and Gilbert Geis, *Criminology Explaining Crime and Its Context*, 1991년, 32면, Stephen Schafer, *Victimology: The Victim and His Criminal*, 1977년, 34면 ; Lary J. Siegel, *Criminology*, Second Edition, 1986년, 10면 ; Sandra Walklate, *Victimology: The Victim and the Criminal Justice Process*, 1989년, 1면.

차 세계대전 직후부터 1960년대에 걸친 시기로 당시 범죄피해자에 대한 사회적 · 학문적 관심이 고조됨으로써 그 이후 피해자학 연구의 기초를 마련하였다.[121)]

Henting는 1948년 그의 저서 「범죄자와 그 피해자(The Criminal and His Victim)」에서 '범죄 2중주적 구조'라는 이론적 가설과 '어떤 의미에서는 피해자가 범죄자를 만든다'는 유명한 명제를 도출했다. 이후 Wolfgang은 「살인의 제유형(Patterns in Criminal Homicide)」에서 이를 발전적으로 계승하였으며, 그의 연구는 이후 피해자학 연구에 커다란 촉매역할을 수행했다는 평가를 받고 있다.

최근에는 '피해자 유발'이라는 가설을 적용하려고 시도함으로써 피해자연구의 범위와 영역확장을 가져왔다.

미국에서 경찰의 학교폭력 범죄피해자 보호에 관한 선행연구로는, Bard와 Ellison(1974)이 피해자에 대한 즉각성과 근접성으로 인하여 경찰은 중심적인 위치에서 일을 하여야 한다고 주장하였다. 이와 관련하여 미국에서는 실무와 학계에 종사하고 있는 많은 이들이 피해자에 대한 경찰의 직접적 개입을 지지하고 있다.[122)]

Bentham(1986)의 "Impact of Compensation on Crime Victims"이라는 연구에 의하면, 국가의 엄격 책임이론에 의하여 학교폭력 범죄피해자는 국가에 대해 범죄로부터의 보호를 요청할 수 있고, 그 피해를 구제 받을 청구권이 있다고 한다. 국가가 범죄발생을 방지하지 못한 데 책임이 있으며, 따라서 그러한 책임에 근거해 국가 형벌권을 통해 범죄에 대한 강제력 행사를 독점함으로써 개인에 의한 범죄자의 응징을 금지시키고 있는 만큼 범죄로 인한 피해발생에 대해 국가에 책임이 있다는 연구를 하였다.[123)]

---

121) 안황권 · 김상돈, 「범죄피해자학」, 백산서당, 2003년, 76~78면.

122) 뉴욕시의 강간특별전담반에 있는 Concetta Stallone Adleman은 경찰이 검찰과 강간위기센터의 여성단체 대표들과 협력을 유지할수 있으므로, 이러한 피해자에 대한 이상적인 위기개입 팀은 응급실 간호사, 심리상담 치료사, 경찰들로 구성되어져야 한다고 주장한 바 있다 ; Emilio C. Viano, *Victims and Society*(Washington D. C : Viasage Press Inc., 1976년, 500면).

123) Robert Elias, "Impact of Compensation on Crime Victims, " *Criminal Justice and Government,*

또한 Steven G. Brandl와 Frank Horvath(1997)가 연구한 "Crime Victim Evaluation of Police Investigation Performance"로서 경찰수사진행에 있어서 범죄피해 평가를 조사하여 학교폭력 범죄피해자의 신고에 대한 경찰 대응의 신속성 여부(expectation of reponse time), 경찰수사의 의지와 노력정도(investigative effort), 경찰의 전문성의 정도(professionalism), 수사를 위한 재접촉 여부(victim satisfaction)와 상관성이 있다는 연구결과를 발표하였다.

Moriarty(2002)는 그의 저서 「Policing and Victims」에서 형사법상 범죄행위는 아니지만, 산업·환경·지적재산권 분야 등에서 개인이나 단체의 통상적 기대수준에 미치지 못한 일련의 행위로 인한 피해가 확산되고 있어서 원칙적으로 학교폭력 범죄피해자 개념에 토대를 두고 수사업무를 수행하는 경찰 입장에서는 이와 관련하여 문제될 사항이 없는가 하는 것을 연구하였다.[124)]

일본의 경우 일본 피해자학 연구의 출발점은 1958년 中田修가 Mendelsohn의 피해자학 논문을 소개한 것에서 비롯되었다. 1959년 遠藤辰男의 「피해자를 둘러싼 인간관계에 대해서」가 간행되어 피해자학의 여명기를 형성했다고 볼 수 있다.[125)] 일본의 피해자학은 1960년대와 70년대에 걸쳐 법률학, 심리학, 전신의학 등 관련분야의 학자, 실무자들이 외국의 학문적 성과를 적극적으로 소개하고 일본의 범죄피해 실태에 기초한 다양한 연구결과를 제시함으로써 일본의 범죄피해 실태에 기초한 다양한 연구결과를 제시함으로써 비약적으로 발전했다. 특히 1966년 「피해자학의 기초이론」을 발표한 宮澤浩一을 비롯한 형사법학자들의 연구를 통해 구체적 진전을 이루었다는 점이 일본 피해자학의 특징이라고 할 수 있다.

일본 피해자학은 피해자의 실태에 관한 일련의 조사연구에 기초해 학교폭력 범죄피해자에 대한 다양한 지원책을 제시하고, 그것을 실무에서 실현해왔다. 최근 범죄피해자에 한하지 않고 자연재해 또는 제반 사회적 피해에 대한 지원책에

U. M. I., 1981년, 39면.

124) Laura J. Moriarty, op. cit., 5면.

125) 궁택호일, 「범죄자와 피해자II」, 성문당, 1972년, 10면.

이르기 까지 광범위하게 연구영역을 확대하고 있다.

일본의 경찰에 의한 피해자 보호에 대한 연구로서는, 椎橋隆幸과 小木曾陵의 "범죄수사와 범죄피해자보호"에서는 1992년부터 1994년까지 일본에서 실시된 학교폭력 범죄피해자 실태조사연구를 통하여 피해자 또는 그 유족 중 수사과정에서 '제2차 피해'를 경험한 사람이 전체의 30%에 이르며, 그 대부분(90%)이 수사절차에서 경험한 제2차 피해를 범죄로 인한 피해의 일부분이라고 생각하였으나, 수사기관 종사자의 인식은 사뭇 달라서 '학교폭력 피해자는 다소 고통을 받더라도 수사에 협력할 의무가 있다'고 조사되어 학교폭력 범죄피해자와 수사기관 종사자 간 생각하는 경향의 차이를 검토하였다.[126] 또한 國松孝次(1996) 경찰청장관의 "경찰의 피해자대책 추진과 관련하여"라는 연구로서 경찰 최고 총수로서 범죄피해자의 문제에 대하여 적극적인 대책을 추진한다고 주장하였으며, 田村正博(1996)의 "경찰의 학교폭력 피해자대책에 대한 본연의 자세에 대하여", 安田貴彦(1996)의 "형사경찰에 있어서 학교폭력 피해자대책", 横山雅之(1996)의 "생활안전경찰에 있어서 학교폭력 피해자대책에 대하여", 横内泉(1996)의 "소년에 관계된 학교폭력 피해자대책의 추진에 대하여"가 있으며, 자료로 犯罪被害者救援基金財團의 "경찰의 학교폭력 피해자대책에 관한 연구회 보고서"가 있다.

또한 山上과 宍田富美子(1999)의 "범죄피해자의 심리와 구조"라는 연구에서는 범죄가해자의 공격적 행위에서 동반되는 폭력적인 범죄로 인하여 학교폭력 범죄피해자가 피해를 입은 경우 쉽게 극복하기 어려운 급성 스트레스[127] 장해를 경

126) 추고륭행 · 소목증릉, "범죄수사 및 피해자보호", 궁택호일 외편, 「범죄피해자 연구」, 성문당, 1996년, 137면.

127) 지영환 · 김의연, 『경찰 직무스트레스 이해와 치료』, 학지사, 2012, 15면 ; 세리에(1936 ; 1976)는 의학의 영역에서 스트레스의 개념을 이용해서, GAS를 처음으로 제창하면서, 스트레스를 「외부로부터의 어떤 요구에 대한 생체의 비특이적인 반응」, 「스트레스를 생기게 하는 자극을 스트레스 원」으로 정의했다(그림1-1). 하지만, 최근에는 스트레스의 중요한 특성 중 하나가 주관적이며 상대적이라는 점이 지적되고 있다. 즉, 스트레스는 반응이나 자극이 아닌, 생체와 환경 간의 상호작용적(transactional)인 교류를 하는 가운데 스트레스가 많은 상황으로 인지(평가:appraisal)되는 관계성과 그것에 대항하려고 하는 의식적인 노력(코핑: coping)의 과정으로 생각되고 있다(Lazarus & Folkman, 1984: 그림 1-2).

험하게 되며 이를 계기로 심각한 정신적 고통이나 적응장해가 생기는 외상 후 스트레스장애(PTSD) 증세를 겪게 된다고 주장하였다.[128] 한국의 연구로는 Hans von Hentig이 1948년 피해자연구의 필요성을 역설한지 23년이 지난 1971년 이장열의 "피해자학이란"이라는 소논문에서부터 시작하였다. 이후 권순영(1973)의 "피해자학 서설" 소개와 변기필(1976)의 "범죄로 인한 피해자 보상제도에 관한 소고"에서 범죄로 인한 피해자에게 보상제도를 지급하여야 한다고 주장하였으며, 권문택(1977)의 "형사소송법상의 피해자 보호"에서 형사사법 절차상 범죄피

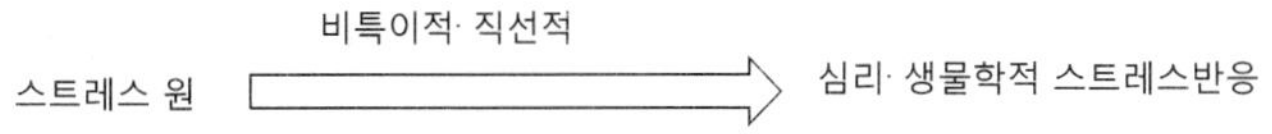

〈그림 2-7〉 스트레스의 직선적 모델(Tsuda, 2001)

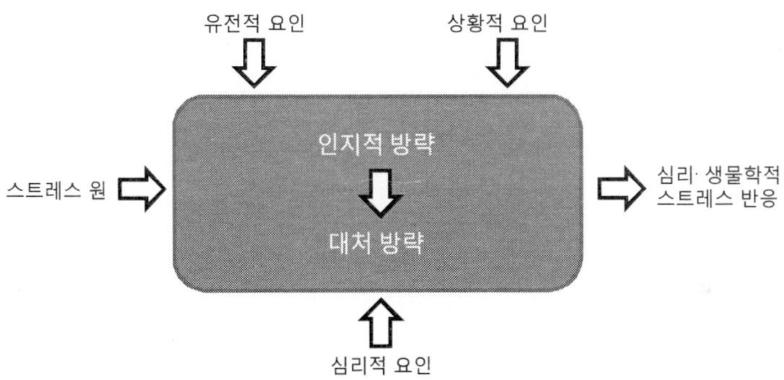

〈그림 2-8〉 스트레스의 상호작용적 모델(Tsuda, 2001)

상호작용적 모델(transactional model)에 의하면, 스트레스 원이 심신에 미치는 영향은 개인의 대응에 따라서 달라진다고 본다. 즉, 어떤 개인에게 있어서는 스트레스가 되는 것이 다른 개인에게는 그렇지 않을 수 있다는 것, 동일한 사람이 동일한 스트레스를 받아도 스트레스가 되는 경우가 있는가 하면, 그렇지 않은 경우가 있다는 것을 의미한다. 스트레스 과정에서는 스트레스 원에 대해서 개인이 적절한 대처를 할 수 있는가 없는가 하는 퍼스널 컨트롤(personal control)이 스트레스를 많이 느끼게 되는 상황과 그렇지 않은 상황을 결정하는 주요한 요인이 된다. 예를 들면, 똑 같은 사건일지라도 그것을 컨트롤 가능한 것으로 판단했을 때와 그렇지 않다고 판단했을 때 스트레스 원에 대해서 대처를 선택하고, 방략하고, 그에 따른 결과에 대해서 스트레스 반응의 크기는 달라진다.

128) 산상 · 혈전부미자, "범죄피해자", 동경의과대학 난치병연구소 범죄피해자상담실, 1999년, 7면.

해자의 지위와 권리에 대한 보호를 주장하였고, 서원우(1978)의 “환경오염과 피해자규제” 등 수편의 논문이 발표되었다.

1990년대 초반 우리나라 피해자학계에서는 피해자학의 근본적 관심사인 범죄피해자에 대한 원상회복제도의 도입 여부와 재2차 피해자화 문제를 다룬 연구보고서들도 발표가 되었다. 특히 1992년 제1회 피해자학 심포지엄이 한·일 공동으로 개최되었으며, 이후에도 계속 한국피해자학회가 학술회의를 개최해 그 연구성과를 「피해자학연구」에 개재하고 있다. 따라서 이 시기부터 한국의 피해자학은 선진국에서 논의되고 있는 피해자학적 연구주제에 접근하기 시작하였으며, 동시에 체계적이고 일관성 있는 피해자학 관련 교과서도 많이 나타나기 시작하였다.

이중 범죄피해자보호와 관련된 연구들을 살펴보면, 김용세(1999)의 “범죄수사와 피해자 보호”, “범죄피해자구조제도에 관한 소고”에서 범죄피해자 보호를 위한 통일적인 대책을 마련하여 종합적인 피해자 보호대책을 마련할 필요성을 제시하였으며 또한 범죄로부터 고통을 받고 있는 범죄피해자들에게 경제적 보상을 해줄 수 있는 피해자구조제도의 현실화에 대하여 연구하였으며, 최윤석(2001)의 “수사절차의 구조와 피해자의 법적 지위”에서는 벌금 등을 이용하여 범죄피해자 구조기금으로 적립하는 방안을 제시하였으며, 이를 통하여 범죄피해자에게 발생한 손해를 회복시켜 주어야 한다고 연구하였다. 이만종(2002)의 “범죄피해자 보호제도에 관한 연구”에서는 현행법상 이루어지고 있는 피해자 보호의 내용과 문제점을 검토하여 향후 피해자 보호를 위한 법제도적·정책적 방안 모색을 강조하였다. 범죄피해자보호에 관한 장규원(2002)의 “수사경찰의 피해자 대책의 현황과 과제”에서 수사기관의 범죄피해자대책요강 등 수사지침의 제·개정과 관련제도의 개선을 통한 범죄피해자의 인식과 제고와 그들에 대한 지원의 필요성을 연구하여 형사정책연구원을 통해 발간되었다. 이것은 범죄피해자들에 대한 현행 수사절차상의 문제점을 지적하고 이들의 보호방안을 강구하였다.

2004년에는 김용채의 "경찰의 학습조직화가 범죄피해자 보호에 미치는 영향에 관한 연구"에서 경찰의 학습조직화가 범죄피해자보호정책에 미치는 영향을 실증적으로 연구하였는바, 경찰의 학습조직화 하위체계인 조직의 학습문화, 시스템적 사고, 위험에 대한 감수, 학습능력발전기회, 조직의 유연성의 관리가 향상되면 배려행위, 정보제공, 경호조치도 개선되어 경찰의 범죄피해자보호정책이 발전한다고 주장하였다.

또한 "경찰의 피해자수사 개선방안에 관한 연구"에서 수사환경의 변화와 형사사법의 새로운 패러다임의 변화에 대한 인식을 기초로 피해자의 지위를 시대적 조류에 맞게 재조명 해본 다음, 경찰의 피해자와 직·간접적으로 연관을 맺으면서 수행하는 피해자 수사영역에서 제기될 수 있는 각종 문제점을 적시해보고 이에 대한 개선책을 제안하고 있다.

4. 내 가족 심정으로 범죄피해 구제해야

2009년 서울 강남구 논현동의 한 고시원에서 휘발유를 붓고 불을 지른 뒤 연기를 피해 뛰쳐나온 사람들에게 흉기를 휘둘러 무고한 사람이 6명이나 숨졌다. 이 억울하게 숨진 사람들에 대한 정부의 보상은 기초적인 수준에도 도달하지 못했다. 도시화 산업화가 가속화될수록 끊임없이 강력사건이 발생하고, 그로 인한 억울한 피해자가 양산된다. 그런데 대부분 피해자들은 '억울한' 것으로 끝나는 경우가 많다.

그러나 이들 사건의 피해자들 가운데 정부의 구조금 수혜를 받은 사람은 극소수에 그쳤다. 뺑소니 사고로 사망할 경우 정부 구조금으로 1억원을 보상받았지만, 법무부의 지난해 범죄 피해자 지원 전체 예산은 단 12억원에 불과했다. 억울하게 죽음을 당해도 1000만원밖에는 보상받지 못했다. 나아진 구조금 액수는 피해 당시 실질소득을 기준으로 사망시 2천700만~1억800만원, 장해시 300만~1억800만원 사이에서 지급하도록 결정했지만 아직도 갈 길은 멀다.

'억울한' 죽음에 '억울한' 보상일 수밖에 없다. 이처럼 현행 범죄피해자보호법은 "국가는 범죄 피해자 지원활동 등을 할 수 있도록 필요 대책을 강구해야 한다"는 포괄적 규정에 따라, 생색만 내고 실질적인 지원에는 인색한 것이 현실이다.

일본의 경우, 범죄 피해자가 사망할 경우 14등급의 세분된 기준에 따라 구조금 최고액을 2964만5000엔(약 4억5000만원)까지 지급하고 있다. 범죄 피해자들이 법정에서 피고에게 질문할 수 있는 '피해자 참가제도'도 시행된다. 미국의 연방범죄피해자기금(Crime Victims Fund)은 벌금, 범칙금, 보석금을 활용한 재정수입 등으로 연간 5억9000만달러(약 8300억원)의 기금을 조성해 범죄 피해자의 치료비와 변호사비는 물론 장례비나 임금손실 등에 대해서까지 보상해 주고 있다. 최근 우리도 범죄 피해 구조의 필요성을 깨닫고 법무부가 나서 구조금을 최고 1억원까지 인상하기 위한 기금 조성 방안을 연구 중이다. 스위스·캐나다처럼 벌금에 15%가량의 금액을 덧붙여 부과하는 방식을 연구·검토하고 있지만, 아직 큰 진척은 없다. 미국범죄피해자지원연합회(NOVA)의 윌 말링 사무총장은 "범죄 피해자 보호는 보상 차원의 '원조(援助)'가 아니라 사회적 '투자'"라고 강조한 바 있다. 그만큼 범죄 피해 후유증의 고통이 크고 심각하기 때문에 우리 사회가 책임을 져야 한다는 뜻이다.

아울러 범죄 피해자들이 형사 절차를 밟다가 2차 피해가 일어나지 않도록 보다 철저한 대책을 세워야 한다. 범죄 피해자가 아무리 수사기관에 자기의 인적사항을 비공개로 해달라고 요구해도 피의자측 변호사가 형사소송법 32조를 내세워 열람·등사권을 행사하면 공개될 수 있다. 피해자가 증인일 경우 법정에서 신원이 노출될 수도 있다. 이런 부분에 대한 세심한 대책도 마련돼야 한다. 범죄 피해자가 바로 '내 가족'이고 '내 가족'일 수 있다는 생각으로 대책을 마련해야 할 때다.[129)]

129) 지영환, "내 가족 심정으로 범죄 피해 구제해야", 조선일보 칼럼, 2009. 1. 9. 자, A29면.

제2절 외국의 정책

1. 영국

영국에서는 1950년대부터 민간차원에서의 피해자 지원이 산발적으로 타나나기 시작하였으며, 1964년 8월 뉴질랜드에 이어 세계에서 두 번째로 '범죄피해자 보상제도(Criminal Injuries Compensation Scheme)'를 시행하였다. 이후 1970년대에는 민간자원봉사단체에 의해 정신 심리적 상담과 치료, 형사법 실무상의 조언 등 실제적 측면에서의 지원이 본격화되었고 1974년에는 브리스톨에서 민간자원봉사자를 중심으로 피해자 지원단체의 연합체라고 할 수 있는 피해자보호협회(VS)가 출범하였다.[130)]

1976년 개정된 성범죄법(Sexual Offences(Amendment) Act 1976)은 고소인의 과거 성관계이력에 대한 신문을 제한했다. 단 피해여성이 강간을 거짓 주장한 이력이 있는 경우 사안과 직접 관련성이 인정되므로 판사의 재량으로 결정하도록 하였다(제2조).[131)] 이와 같은 성범죄 패해자의 과거 성관계이력의 증거채택 금지는 제2차 피해 방지를 위한 것이었다. 그러나 반대신문에 참가하는 증인의 신뢰성에 대한 신문을 판사가 허용하는 경우도 있었다. 본래의 입법취지와 부합되지 않았다.[132)]

1988년 영국 내무성(Home Office)은 '1985년 사법의 기본원칙선언'[133)] 및 '1987년 유럽평의회 각료회의 권고'[134)]에 부응하여 경찰과 검찰의 사건처리 결

130) 경찰대학, 「피해자학」, 경찰대학, 2001년, 116~117면.

131) 1976년 영국 성범죄법 제2조(2 c. 82 Sexual Offences(Amendment) Act 1976).

132) Jo Gooder, Victims and Victimology: Research, Policy and Practice, Longman Criminology Series, Pearson Educated Limited, 157~158(2005).

133) General Assembly, *United Nations Declaration on the Basic Principles of Justice for Victims of Crime and the Abuse of Power: Resolution 40/34 of 29* November, 1985년.

과를 피해자에게 통지하고 형사절차상 피해자와 증인을 보호하기 위한 제도를 신설하는 등 형사사법제도 개선안을 제시하였다.

1990년대의 특색은 주로 형사절차에 있어서 피해자보호에 적극적으로 나아간 것에 있다고 할 수 있다. 정부는 샤프랜드 등의 제안과 98년 유럽평의회(European Council)의 개선권고를 받아들여 피의자·피고인의 인권과 함께 피해자의 인권을 동등하게 존중하여 시민들이 형사사법에 대한 신뢰를 회복하고 균형이 잡힌 형사사법제도를 확립할 목적으로 1990년 2월에 내무성에 의하여 피해자헌장(Victim's Charter)을 공포하여 구체적인 피해자보호시책안을 제시했다. 그리고 1993년 10월 내무장관은 형사사건절차에 관한 정보 및 피해자에 대한 자문 및 더 나은 법원시설을 제공하기 위한 규정을 제안한 "형사사법에 관한 왕립위원회"(The Royal Commission on Criminal Justice)의 권고를 받아들인다는 뜻을 선언했다. 이와 더불어 내무장관은 피해자원조를 위한 특별재원을 제공한다고 선언하였다. 한편, VS도 피해자보호대책을 충실히 하여 1994년에는 전국에서 376개의 지방의 지원조직을 가지고 1만명을 넘는 자원봉사자가 사건 직후부터 위기개입하고, 정신적 불안과 배상 등의 범죄피해에 관한 피해자근친과의 상담, 법원 출석시 함께 등원하는 등의 적극적인 구원활동을 행하는 등 정부에 대하여 피해자보호시책을 한층 발전시킬 것을 제언하고 있다. 이와 같이 90년대에 들어 민관 일체가 된 피해자보호시책이 확대되어 가는 것이 큰 특징이라고 할 수 있다.[135)]

경찰의 범죄피해자 보호전략으로는 영국경찰은 피해자를 살피고, 그 요구에 반응하고, 그들을 동정하고, 이해하고, 실질적·정신적 지원을 함으로서 학교폭력 피해자가 고립되거나 거부당했다는 느낌 혹은 형사절차에 의해 또 다른 고통

---

134) Council of Europe, Committee of Ministers, *Recommendation No. R(87) 21 of the Committee of ministers to Member States on Assistance to Victims and Prevention of Victimization,* adopted on 17 Sep. 1987년.

135) 이경재, "영국 피해자학의 발전과정과 그 주요동향", 피해자학연구 제6호, 1998 ; http://prochang.com/viktimologie/vorlesung02/matevictim01. htm

을 당했다는 느낌이 들지 않도록 하여 범죄에 대한 공포심을 경감시키고 학교폭력 피해자가 스스로 목격자로서의 역할을 다함으로서 지역공동체에 기여하고 범죄예방을 위한 노력에 동참할 수 있도록 한다[136]고 피해자 보호대책을 설명하고 있다. 영국경찰은 경찰을 도와서 학교폭력 범죄피해자에게 필요한 보살핌과 지원을 제공해 줄 민간부문의 피해자 지원단체 설립을 유도하여 피해자지원협회(Victim Support)를 태동시키고[137] 학교폭력 피해자 대책을 지원하며, 자치의식에 기초한 시민 · 사회단체와 경찰 · 지방정부의 사회공동체적 협력체제를 통하여 학교폭력 피해자 보호를 추진한다. 또한 경찰은 학교폭력 피해자들에게 '범죄피해자'라는 제목의 홍보전단을 통해 해당범죄의 수사번호, 담당수사관의 상세한 정보, 연락 가능한 전화번호, 도움을 줄 수 있는 다른 기구들에 대한 상세한 사항들 등 학교폭력 피해자가 참고할 수 있는 것들을 그들에게 제공한다.[138]

관련 법규와 담당 부서로는 범죄피해자의 권리를 선언한 기본법은 없지만, 피해자 헌장이 관련 형사사법 기관이나 피해자보호협회(VS) 등의 실무규범으로서 사실상의 구속력을 가지고 있다.[139] "검찰청(Crown Prosecution Service)은 1993년 피해자 헌장과 별도로 「검찰청의 피해자 및 증인 처우에 관한 규정(Statement on the Treatment of Victims and Witnesses by the Crown Prosecution Service)」을 제정하였고 1994년에는 「검사직무집행규칙(The Code for Crown Prosecutors)」을 개정하여 검사는 공공의 이익과 피해자의 이익을 모두 고려해야 한다고 규정하였다.[140]

1996년 피해자 헌장에 의하여 내무성 형사국(Criminal Policy Group: CPG) 산하에 사법제도 및 피해자과(Justice and Victims Unit: JVU)가 신설되어 피

136) http://www. met. police. uk/police/mps/mpsvictim/vic-spt. htm.

137) http://www. victimsupport. com

138) John Bronghton, "경찰의 피해자 권익보호, " 주한영국대사관 주체 '피해자중심의 사법제도 발전' 세미나 자료, 2004년, 15면.

139) 오촌정웅, 범죄피해자대책, 69면.

140) 일본법무성, 범죄백서, 1999년, 398면.

해자 관련 업무를 관장하고 있다. '사법제도 및 피해자과는 민간단체와의 유기적 협조 아래 범죄피해자에 대한 경제적 지원 및 각 기관·단체에 의한 피해자 보호 활동을 총괄 조정한다.

2. 미국

1982년 미국 범죄피해자를 위한 대통령특별위원회 최종보고서(Final Report of the Presidents Task Force Victim of Crime)에서는 미국 연방헌법 수정 제6차 개정에서 모든 형사재판에서 피해자의 법정 출석권과 청문권을 보장할 것을 권고 하였다. 이와 더불어 모든 피고인은 신속하게 재판을 받을 권리, 통지 받을 권리, 증인과 대면할 권리, 변호인의 조력을 받을 권리를 향유하고 있다는 것을 권고하였다.[141)]

현재 미국의 대다수 주 헌법에는 피해자가 존엄성을 인정받고 동정심을 가지고 대우받을 권리, 협박과 해악으로부터 보호받을 권리, 형사사법절차에서 플리바게닝에 대한 통지를 포함해서 재판진행절차에 대한 정보를 제공받을 권리, 손해배상을 받을 권리, 법정에서 동등한 대우를 받을 권리 등 피해자 권리를 규정하고 있다.[142)]

미국 연방에서 피해자권리에 관한 입법이 이루어졌다. 1970년 제정된 조직범죄규제법은 증인, 증인가족 및 증인가족과 밀접한 관계에 있는 자 등의 신변안전대책을 마련하였다.[143)] 1970년대 이후 전개된 피해자권리운동은 전체적으로 형사사법체계의 피해자 참여의 효율성 증대를 하나의 목표로 하였다. 이에 대한 의회의 대응으로 제정된 법이 1982년 피해자 및 증인보호법(Victim and Witness

141) Final Report of the Presidents Task Force Victim of Crime, 1982. 12. 114면. "A proposed Comstitutional Amendment"

142) Talis J. Colberg, Victims Rights Handbook, Alaska Department of Law Criminal Division, 8 (2007. 7).

143) Michael M. OHear, "Punishment, Democracy, and Victims, "19 Federal Sentencing Reporter 1, (2006. 10).

Protection Act of 1982)이었다.[144] 이 법은 피해자 소외의 현실을 적시하고 피해자의 협력이 있어야 형사사법이 원활히 기능한다는 인식을 바탕으로 하였다. 이 법은 피의자의 체포, 법관면전에의 최초출두, 보석여부, 공판, 양형절차에 대하여 가능한 즉시 피해자에게 통지하도록 하였고(제6조) 보호관찰관이 작성한 패해 결과 진술을 판사가 양형신문절차에서 침착해야 할 것을 명시하였다.

미국의 피해자 정책의 발전과정으로는 1960년대 미국에서는 폭력범죄의 증가와 그에 따른 사회적 후유증이 가장 심각한 해결과제 중 하나로 등장하였다. 1965년 이후에는 캘리포니아를 필두로 하여 많은 주에서 범죄피해자보상제도가 도입되기 시작하고 1970년대부터 범죄피해자에 대한 사회적·정치적 관심이 고조 형사사법제도에서 무시되었던 피해자의 지위를 회복하고 적극적으로 피해자를 보호·원조함으로써 피해자의 권리를 보장·강화하려는 입법적 운동이 활발이 전개 되었다.[145]

1970년대 미국 피해자학연구의 발전에서 가장 큰 영향을 준 것은 1967년에 공표된 대통령자문위원회에 의한 범죄피해에 대한 전미조사보고와 1973년부터 미국 법무성의 사법통계국(Bureau of Justice Statistics of the U. S. Department of Justice)과 미국 인구조사국(U. S. Bureau of Census)이 매년 수행하는 '전미범죄피해자조사'(National Crime Victi- mization Survey : NCVS)이다. 원래 피해자조사(victim surveys)가 정부기관의 주도로 대규모로 실시되었다.[146]

1982년 4월 레이건 정부가 임명한 「범죄피해자에 관한 대통령 특별 조사위원회(President's Task Force on Victim of Crime)」[147]는 광범위한 조사연구의

144) 이 법은 1984년 포괄적인 범죄 통제법(Comprehensive Crime Control Act of 1984)과 1990년 범죄통제법(Crime Control Act of 1990) 의 통과로 확대되었다.

145) 경찰청 홈페이지 : http://www. police. go. kr/data/dataForeignNewsList. jsp

146) 최석윤, "미국의 피해자학 연구동향", 피해자학연구, 제7호, 1999년 ; http://procha ng. com/viktimologie/vorlesung02/matevictim06. htm

147) 레이건 대통령의 강력한 지지아래 피해자의 고통을 조사하고 사법제도에 의한 피해자 처우를 평가, 피해

결과로서 연방 헌법 수정 6조의 개정을 포함한 68개항의 권고를 내용으로 하는 최종보고서를 제출함으로써 피해자정책 발전에 중대한 전기를 제공하였다.

1984년 범죄피해자법(VOCA : The Victims of Crime Act of 1984)이 「종합범죄통제법(Comprehensive Crime Control Act)」 제14장에 규정되었으며, 이 법에 의하여 연방피해자기금(Crime Victims Fund)이 설치되고 이 기금으로부터 각주의 피해자지원제도 운영을 위한 보조금을 지급하기로 함으로서 범죄피해보상을 비롯한 피해자지원정책에 최소한의 통일적 기준이 마련되어 있는 셈이다.

미국의 범죄피해자 지원활동은 대부분 전국피해자지원기구(National Organization of Victim Assistance : NOVA), 범죄피해자보호센터(National Center for Victims of Crime : NCVC)와 같은 비영리민간단체, 검찰청을 비롯한 형사사법기관 관련 단체 등을 통하여 이루어지고 있지만, 최근에는 종래 주로 범죄자 처우를 주목표로 원하는 피해자 지원프로그램도 증가하고 있다. 일정한 요건을 구비한 피해자 지원단체는 법률이 정하는 바에 따라 연방피해자지원기금(Crime Victims Fund)이나 주정부의 보조를 받는다.

그리고 경찰의 범죄피해자 보호전략으로는 미국에서는 범죄피해자에 대한 지원과 대우 향상을 목적으로, 법집행 종사자들에 대한 전반적인 피해자 지원, 대우훈련 프로그램을 적극 개발하고 있으며, 일반 시민과 경찰관들의 범죄피해자 권리신장에 대한 인식제고 캠페인을 지속적으로 전개하고 있다.

특히, 국제경찰장협회(IACP : The International Association of Chiefs of Police)의 「피해자 지원 위원회(Victims Services Committee)」에서는 「Police-Based Victim Services for Survey」[148]라는 설문지를 각 경찰기관에 배포하여

자의 권리를 보장하기 위한 입법적 개선안 권고 목적으로 설립되었다.

148) 설문지의 주요 설문 항목으로는 ① 해당 경찰기관의 현재 상황(기관의 총인원, 관서내 사법경찰관 인원, 형사관할 내의 인구 등 항목 포함), ② 피해자 지원을 위한 담당자 및 피해자 지원부서의 세부적인 사항에 대한 실천여부를 확인하고 피해자에게 팜플렛이나 전단을 제공하는지, 다른 기관과의 연계는 어떻게 하고 있는지, ③ 특히, 더 우선순위를 두고 처리하는 범죄가 있는지, ④ 기관 내의 정책결정에 있어서

'학교폭력 피해자 지원 위원회'의 활동에 대한 조사를 실시하여 지원활동 상황을 파악하고, 개선을 위한 시사점을 찾고 있다.

기동성이 높고 범죄 학교폭력 피해자의 요청에 24시간 대응할 수 있는 조직이 경찰이라는 점에서 경찰에 의한 학교폭력 피해자 보호대책에 관심을 가지고 발전시켜 가고 있으나, 시·군·주 단위로 여러 모양의 경찰조직이 존재하고 있어 이들 각 조직이 각자의 아이디어로 피해자 보호대책을 추진하고 있다. 미국경찰에서는 협의된 피해자 지원 아이디어를 바탕으로 지역별 경찰에 의한 학교폭력 피해자 보호 대책이 다양하게 추진되고 있다.[149)]

미국 로스앤젤레스 경찰국(LAPD)은 검찰과 상호 대등한 관계에서 긴밀한 협조를 통해 「피해자 지원제도」(Victim Assistance)를 운영하고 있는데, 지방검사실에 설치된 「피해자—목격자 지원계획(VWAPs : Victim-Witness Assistance Projects)」과 유기적인 연계를 이루어 운영되고 있다. 지방검사실, 각 경찰서 및 보안관 사무실 등에 상주하는 피해자 지원 전담요원을 통한 피해자 대상 전문적인 상담서비스를 제공하고 있다. LAPD의 범죄피해자에 대한 서비스 항목과 가정폭력 사건 처리절차 매뉴얼을 보면, 〈표 4-1〉과 같다.

〈표 2-8〉 LAPD 범죄피해자에 대한 서비스항목 및 처리절차 매뉴얼

구분	내용
서비스 항목	피해자와 관련 사회복지기관의 연결
	피해자의 사수 및 법정 절차에 동행 및 지원
	증거로 쓰인 재산의 신속한 환부를 위한 조력

피해자를 어느 정도 고려하는지, ⑤언어 소통이 안되는 외국인에게 어떤 방법으로 의사소통을 하는지 등 28개 항목이다 ; 경찰청, 「각국경찰의 범죄피해자 보호대책」(서울 : 경찰청, 2004년), 4면.

149) http://www. theiacp. org

서비스 항목	어린이 · 노인 · 피해자 · 성범죄 피해자 · 가정폭력 피해자 · 장애인 피해자 등을 대상으로 한 특별한 관심과 주의
	충격이 큰 범죄에 대한 현장 응급지원 제공
	위협을 받은 피해자나 목격자에 대한 동행 및 신변보호 제공 등
가정폭력 사건처리 절차 매뉴얼	신고를 받은 경찰관의 현장출동
	관계인 전원의 진술 청취
	가능한 경우 가해자 검거 및 필요시 피해자에게 치료수단 제공
	검거 불가능시 피해자가 법원으로부터 긴급보호명령을 받을 수 있도록 지원
	수사보고서 작성(경미한 경우 市검사에게 '경죄' 혐의로, 중할 경우 '중죄' 혐의로 지방검사에게 제출)
	검사는 수사보고서를 보고 범의를 판단, 기소 여부 결정

출처 : LAPD 홈페이지 ; http://www. lapdonline. org/

미국 로체스터 시 경찰은 시경 본부의 가정 · 피해자 서비스 부서 내에 피해자 원조반, 가정위기 개입팀 및 소년대책반의 세 개 반을 설치하고 각각 범죄피해자 일반에 대한 각종 원조활동, 가정폭력이나 아동학대 등의 사안에 개입하고 소년사건도 담당하도록 하고 이 가운데 피해자원조반은 피해직후의 카운셀링, 범죄피해자보상을 위한 절차에 대한 정보제공, 가정 및 병원 방문, 법정에 동행 보호활동, 경찰조직 내에서의 간단한 카운셀링 실시와 민간 자원봉사 단체 등을 소개하여 주는 활동을 하고 있는 것으로 소개되고 있다.

관련 법규와 부서로는 미국경찰은 피해자 지원에 있어 범죄피해자 국가보상 업무를 총괄하고 있는 연방정부 법무부 범죄피해자국(Office for Victims of Crime)과 긴밀히 협력하고 있다. 범죄피해자국은 전국의 범죄피해자 지원프로그램에 대한 재정지원과 경찰을 비롯한 법 집행 직종 종사자들을 대상으로 피해자의 권리 및 피해자가 필요로 하고 있는 점에 대한 교육훈련을 지원한다. 경찰은 검찰과도 상호 대등한 관계에서 피해자대책에 대해 연계와 협력을 행하고 있다.

전미피해자지원기구(National Organization of Victim Assistance)의 피해자 지원 전담요원이 각 경찰서 및 검사실, 보안관 사무실 등에 상주하면서, 피해자에게 전문적인 상담서비스를 제공하고, 피해자를 관련 사회복지기관에 연결해주고, 수사 및 법정 절차에 동행하며 도와주고, 증거로 쓰인 피해품의 신속한 환부를 돕는 등의 지원을 한다.

3. 독일

독일의 피해자 정책의 발전과정으로는 피해자를 범죄의 당사자이며 범죄를 구성하는 요소로 보는 인식은, 피해자학의 창시자중 한사람으로 지목되는 헨티히가 미국에 건너가기 전 독일에서 발표한 연구에서 찾을 수 있다. 1925년 피른슈타인(T. Viernstein)과의 공동으로 연구한 '근친상간에 관한 연구'(Untersuchung uber den Inzest)에서, 근친상간의 경우 어느 정도는 피해자측에 인격적 결함이 있음을 발견하였다. 이 시점부터 피해자에게 어떤 실수나 책임이 있는 것이 아닐까 라는 의문이 싹트고 있었다. 헨티히는 그 후 친부살해에 관한 연구에서 이해심이 없고 부주의한 부모의 태도가 문제되어 친부살해를 한 피해자의 심리를 기술하고 있다.[150]

또한 1938년 뢰스너(Ernst Roesner)는 '모살자와 그 피해자'에서 169명의 모살범의 재판기록을 기초로 피해자의 특성을 통계적으로 조사하였고, 크램플러(Krempler)는 30년간에 걸친 아이제나흐(Eisenach) 지방법원 관할지역의 풍속사범을 분석하였고 나아가서 엑스너(Franz Exner)도 1944년에 출간한 '범죄생물학'(Kriminalbiologie)에서 피해자가 범죄에서 맡은 역할을 지적하고, 피해자에게는 피해를 받는 개인적인 특성이 있음을 인정하였다.[151]

---

150) 홉 안제넨트 · 안톤드만, 노성호 외3명 역, 앞의 책, 193~195면.

1960년대 이래로 최근에 이르기까지 각 지역별로 매우 다양한 피해자지원 단체가 활동해 왔다. 예컨대, 베를린의 경우 여성의 집, 여성을 위한 피난처, 여성 상담소 등이 있고, 그 밖에도 특정한 피해자 집단을 위한 지원기구로서 가정폭력 피해자 상담소, 미성년 성범죄피해자를 위한 상담소 여울목(Wildwasser), 강간 피해자를 위한 위기센터 라라(Rara) 등이 설립되어 있다고 한다.[152]

1960년대라고 하는 시기는, 독일 피해자의 여명기라고는 해도 의식적으로 피해자에게 연구의 초점을 맞추고 있을 뿐이어서, 그 결과 피해자의 특성이나 책임을 논하게는 되었지만 피해의 실태나 피해자의 구제 내지는 보호라는 문제의식이나 연구영역을 확립시키지는 못했다. 그런 의미에서는 1945년 이전의 상황과 크게 달라진 점을 발견할 수 없다.[153]

1970년대에 들어선 이후 피해자학의 발전과 범죄현상의 변화에 발맞춰 독일에서는 피해자 문제가 보다 심각하게 인식되기 시작했다. 이 시기 독일의 여러 도시에서 과학적인 범죄 실태조사가 실시되었고, 1976년 5월 「폭력범죄피해보상법」이 제정됨으로서 폭력범죄 피해자가 치료비, 일실임금 및 재취업을 위한 비용 등을 공적으로 보상받을 길이 열렸다.

1980년대부터는 형사절차상 피해자 지위를 강화하고, 피해자의 권익을 보호하기 위한 일련의 입법적 조치가 행해졌다. 1984년 함부르크에서 개최된 제55회 독일법조회의에서 '형사절차에서의 피해자의 법적 지위'에 관한 논의를 거쳐 연방법무성의 리스(Peter Rieβ)의 의견서에 집약되었고, 리스의 제안은 1986년 12월 18일의 「형사절차에 있어서 피해자의 지위개선에 관한 제1차 법률」의 제정으로 결실을 맺었다.[154] 그후 1997년 3월 11일 독일 여당에 의해 '형사소송법 개

---

151) 장규원, "독일의 피해자학의 발전과정", 피해자학연구, 제6호, 1998년 ; http://proc hang. com/viktimologie/vorlesung02/matevictim02. htm

152) Kube, 궁택호일 역, 피해자지원, 경찰학논집, 142면.

153) 장규원, 전게논문 ; http://prochang. com/viktimologie/vorlesung02/htm

154) Kaiser, M. 전구수일 역, "피해자보호법과 형사사법", 215면.

정법안 형사절차의 신문시 증인보호법'이 제출된 것을 계기로 1998년 3월 '증인보호법(Gesetz zum Schutz von Zeugen bei Vernhmungen im Strafverfahren und zur Verbesserung des Opferschutzes Zeugenschutzgesetz-ZSchG)이 제정되었다.[155]

경찰의 범죄피해자 보호전략으로는 독일에서 피해자 대책 일반의 수립과 집행은 연방과 각 주의 법무성의 주도하에 추진되어 왔다. 그러나 독일 경찰도 1970년대 중반 이래 경찰활동 과정에서 피해자 보호를 위한 각종 시책을 강구해 왔으며, 특히 독일 연방형사국(BKA)의 범죄연구소에서는 1976년부터 피해자학 연구분야를 설치한 후 지금까지 다양한 피해자문제를 다루어 옴으로써 독일 피해자보호정책 개발에 기여를 해왔다.[156]

독일 경찰활동은 각 주 지방정부 고유의 사무로 되어 있다. 주 내무성장관은 경찰의 최상급감독관청으로 내무성 제4국에서 경찰 관련 정책협의와 결정을 행하며 지역 경찰국, 주 범죄수사국, 경찰서, 파출소 등 모든 경찰관청과 경찰학교 등에 대한 근무지도와 감독을 수행한다. 그 다음 상급관청으로 주 범죄수사국과 지역경찰국이 있다. 각 주의 지역 경찰국은 관할지역 내의 경찰서를 감독한다. 사실상의 일상적 경찰활동은 우리나라처럼 경찰서에서 이루어진다.

독일경찰의 피해자 보호대책은 범죄예방과 같은 맥락에서 추진되고 있다. 범죄예방은 경찰뿐만 아니라 정부기관, 민간단체, 교육부문, 경제사회, 매스미디어, 개별 시민까지 책임져야하는 공동체구성원 전체의 과제로서 포괄적이고 통합적인 대응이 필요하다는 것이다. 범죄의 원인은 그 행위자의 인격이나 행위자와 피해자의 관계, 범행의 조건이나 그 사회적 거래의 장에 있을 뿐만 아니라 그 이전에 존재하는 범죄에 대응하는 틀도 중요하다. 예컨대, 인성의 발달과정에서 결손이나 흠 또는 왜곡을 방지할 수 있는 교육체계나 사회화과정, 가치관의 전수, 나아가 보다 근본적으로는 경제적, 사회적 결핍의 제거 그리고 새로운 범죄

155) 김재민, 앞의 논문, 2004년, 92~93면.

156) 상게논문, 97면.

개연성의 감소를 위한 사법체계의 대응전략 등이 필요하며, 이것이 범죄예방과 피해자보호의 시발점이 된다. 이러한 이해를 바탕으로, 공동체 사회는 다양한 수준과 분야에서 모든 사회적 구성원들 간에 상호 연계와 협력을 통한 정보공유와 개별적 노력들의 조정·통합으로 효과적인 정책을 시행하여야 한다. 따라서 독일 경찰의 방범활동은 위험예방이라는 경찰 고유의 임무를 뛰어넘어 다른 일반질서 행정청이나 다른 민간단체와의 협력을 중요시한다.

관련 법규와 부서로는 독일의 피해자대책은 '폭력범죄피해보상법'이 시행된 1976년 이후부터 본격화되었다. 그렇지만 범죄피해자 보호에 관한 일반법이 별도로 제정되어 있지는 않다. 1980년대 이후 피해자 보호를 위해 개정되거나 신설된 형법 또는 형사소송법규정과 1976년 피해보상법 등이 총체적으로 피해자 대책을 위한 법규로서 기능하고 있고 폭력범죄피해보상법(OEG)는 전쟁이나 군복무 등으로 인한 피해보상을 규정한 연방원호법(Bundesversorgungsgesetz, 1950) 상의 사회보장을 폭력범죄 피해자에게 준용하고 있다.[157] 따라서 그 업무는 연방노동·사회질서성(Bundesministerium für Arbeit und Sozialordnung)이 관장하며 각주(Land)의 노동·사회질서성 및 원호청(Versorgungsamt)이 구체적인 보상업무를 담당한다.

일본의 피해자 정책의 발전과정으로는 피해자 대책은 피해자에 대한 지원체계 구축이 다른 나라와 달리 민간차원에서부터 출발한 것이 아니라, 경찰에서부터 조직화되어 점차 민간조직과 연계·확대되었다.

1950년대 이후 피해자에 대한 학문적 연구가 이루어지기 시작하면서 이에 대한 정책이 점차 논의되었는데, 최근 들어서는 과거의 범죄피해자에 대한 수동적 대응과는 달리 범죄피해자 등의 피해를 극복하기 위한 능동적인 활동이 활발히 진행되고 있다.[158]

157) 피해보상법(OEG), 제1조 12항, 13항 등 참조.

158) 최선우, "일본경찰의 범죄피해자 대책", 광주대학교 인문사회과학연구소, 사회과학논집, 제11집, 2001년, 4면.

4. 일본

일본의 피해자학은 1960년대와 70년대에 걸쳐 법률학·심리학·정신의학 등 관련 제분야의 학자·실무가들이 외국의 학문적 성과를 정력적으로 소개하고 일본의 범죄피해 실태에 기초한 다양한 연구결과를 제시함으로써 비약적으로 발전하였다.[159)]

일본의 범죄피해자 대책은 1970년대에 고양된 피해자보상제도 입법운동으로부터 시작되었다. 1974년 '미쯔비시 중공업 빌딩 폭파사건'[160)]을 통하여 범죄 피해자 대책에 관심을 기울이기 시작하였다. 1980년에는 「범죄피해자등급부금지급법」이 제정되어 이듬해부터 시행되었고, 1983년 도쿄강간구원센터(東京强姦救援センタ)가 설립되었다.

1990년대 들어서 비로소 일본에서도 북미와 유럽의 선진국의 영향 아래 범죄피해자 보호 대책이 적극적으로 모색되기 시작되어 1991년에는 전국 교통사고유가족 모임이 결성되었고, 1992년에 동경의과 치과대학 난치질환연구소에 범죄피해자 상담실이 개설되었으며, 1995년에는 「미토피해자구조센터」와 「오사카 YWCA 피해자상담실」을 필두로 전국 각지에 민간의 피해자 지원조직이 결성되기 시작하였다. 또한 1998년 5월에는 민간 피해자지원조직의 연합체라고 할 수 있는 「전국피해자지원 네트워크」가 결성되었다. 2003년 10월 3일을 '피해자 지원의 날'로 정하는 등 범죄 피해자에 대한 많은 관심을 기울이고 있다.[161)]

경찰의 범죄피해자 보호전략으로는 이전부터 경찰은 범죄피해자등급부금지급제도를 발족시키고, 같은 해 별도의 재단법인 범죄피해구원기금을 설립시키는 등 피해자 원조를 위한 노력을 하여 왔으며, 이들 제도는 나름대로 피해자원조

---

159) 김용세, "일본의 피해자학 연구동향", 피해자학연구, 제7호, 1999년, 47면.

160) 1974년 8월 30일 '동아시아 반일무장전선'이란 좌익단체가 도쿄 마루노우치 소재 미쓰비시 중공업빌딩에 대한 시한폭탄을 폭파시켜, 8명이 사망하고 370명 부상을 당한 사건이다.

161) 동아일보, "대구·경북·구미에 범죄피해자 지원센터 설립", 2003년 9월 7일 ; http://news. empas. com/show. tsp/

면에서 커다란 역할을 다하여 왔으나, 내부적으로 이렇다할 제도적 형태를 갖추지는 못하였으며, 범죄피해자실태조사에서 드러난 것처럼 피해자들에게 충분한 도움을 주지 못하고 있다는 비판에 직면하게 되었다.

이와 같은 피해자가 처한 상황에 대한 일반의 이해가 확산되고 사회적 요청이 높아지는 가운데 일본경찰청은 1996년 2월 피해자대책요강을 제정하여 전 경찰에 하달하고 같은 해 5월 경찰청장관 관방급여후생과에 범죄피해자 대책실을 설치함으로써 조직적이고 체계적인 범죄피해자대책을 추진하기 시작하였다.[162]

일본 경찰은 범죄발생 후 최초로 피해자를 접하게 되고 현장조치, 사건수사 등을 통해 피해자의 고통이나 분노를 피부로 느끼는 것이 가능한 가장 친근한 관계를 가지고 있는 기관이 경찰이라는 인식 아래, 피해자가 가지고 있는 피해 상황의 해소·회복 등의 기대에 부응하는 것은 당연한 책무로서 국민의 지지와 신뢰를 얻을 수 있는 중요한 시책이라고 주장한다.[163]

일본경찰의 범죄피해자대책은 먼저 피해자의 기분과 욕구를 이해하고, 보다 효율적인 대응을 위하여 시스템화를 도모하고, 다른 행정기관이나 민간단체와의 연계를 통해 피해자에게 실질적인 도움을 주도록 추진되고 있다. 대표적인 예로서 피해자가 외부에 알려지기를 거부하는 경우 경찰차량을 피해자 진술용 차량으로 운행하는 경우를 들 수 있다.[164]

현재 일본경찰은 범죄피해자 보호를 위한 기본적 시책으로 첫째, 피해자에 대한 정보제공, 둘째, 상담 및 카운슬링 체제의 정비, 셋째, 수사과정에서의 피해자 부담 경감, 넷째, 피해자의 안전 확보 등을 설정하고서 피해자 특성에 부응하는 피해자보호시책을 펴고 있으며, 피해자들을 성범죄피해자, 소년범죄피해자, 악질상습 피해자, 폭력단범죄 피해자, 교통사고 피해자, 배우자의 폭력사건 등으로 구분하고 있다.

---

162) 경찰청, 앞의 책, 38면.

163) 원전종광, 경찰노범죄피해자대책, 「行政」, Vol. 50, No 3, 1997년, 21면.

164) PBN, 경찰청 범죄피해자보호 워크샵 영상물, 2004년.

관련 법규와 부서로는 1980년 범죄 피해자 등 급부금지급법 제정 이후 1990년 후반까지 특별한 입법적 진전이 없었으며, 1997년 일본변호사연합회에서 '범죄피해자회복제도등검토협의회'를 발족하여 2년 간의 연구 끝에 '범죄피해자기본법요강안'을 발표하였다. 이를 기초로 한 「범죄피해자기본법안」이 현재 국회에 제출되어 있으며, 피해자 관련 업무를 종합 관장하는 중앙 행정기관은 설치되어 있지 않다. 여러 정부부처가 각각의 업무영역에 따라 별도로 피해자대책을 추진하는 시스템이라고 할 수 있는데, 실질적으로 경찰이 피해자정책을 선도하고 있다. 2001년에는 법무성도 범죄피해자 관련 업무를 전담하는 담당관을 신설하였으며, 각 지방검찰청에는 1999년부터 실시된 '피해자등통지제도'를 담당하는 '피해자지원요원실'이 설치 운영되고 있으며, 동경보호관찰소를 비롯한 보호관찰기관도 피해자 관련 업무 담당자가 지정되어 있다.[165]

5. 프랑스

프랑스에서는 1977년 1월 3일 개정 법률 제5호 신체에 손상을 받은 일정한 피해자에 대한 보상 제도를 도입했다. 이 법에 의해 조직폭력범죄의 피해자가 일정한 요건을 갖추면 국가로부터 보상을 받을 수 있게 되었다. 1983년 7월 8일 법률 제608호로 범죄피해자보호강화법(Loi renforcant la protection des victimes d infractions)이 제정되었다.[166]

프랑스는 대륙법계 형사소송절차를 가진 국가들 중에서도 피해자의 지위가 매우 강한 국가라고 할 수 있다. 예컨대 범죄의 피해자는 스스로 형사소추를 제기할 수 있다. 즉 검사의 공소제기와는 별도로 사인소추(action civile)가 인정된다. 이러한 사인소추를 통하여 프랑스의 범죄피해자는 검사, 피고인과 더불어 하나의 소송당사자의 지위를 보장받는다. 사인소추권은 개인뿐만 아니라 범죄로

165) 김용세, 앞의 책, 111~113면.

166) 정도희, "형사절차에서 피해자의 권리 보호 -개정 형사소송법을 중심으로-", 서울대학교 대학원 법학박사 학위논문, 2009, 62면.

인하여 직접 피해를 입은 법인이나 단체에도 인정된다(프랑스 형사소송법 제2조). 피해자에 대해 '배제의 전략'(strategy of exclusion)을 취하는 독일과는 달리 프랑스는 피해자를 범죄수사와 진압의 적극적 협력자로 활동할 것을 요구하는 '연대의 전략'(strategy of alliance)을 취하고 있다.

이렇게 강력한 피해자의 지위는 1980년대이후 전개되었던 범죄피해자구조운동의 결과이기는 하나, 프랑스에서 피해자학이 하나의 통일된 실체로 이해되고 있는 것은 아니다. 양적으로나 질적으로 프랑스의 가장 대표적인 피해자학 연구자인 자우버만(R. Zaubermann)은 피해자학에 대한 체계적 연구 이전에 이미 공공기관의 피해자원조 프로그램이 실시된 것이 프랑스 피해자학의 특징이라고 기술한다. 이밖에 주목할만한 프랑스의 피해학자로는 카르보니에(J. Carbonnier)를 들 수 있다. 이 글에서는 이밖에 미국의 영향을 받아 실증적 연구를 기초로 하는 그룹, 법무성으로 대표되는 공공기관의 자료와 인터뷰 및 카르보니에의 피해자학에 대한 엄격한 비판을 중심으로 프랑스의 피해자학을 소개하려고 한다. 이들 자료에 초점을 맞추는 이유는 실제의 법개혁과 이를 둘러싼 논의를 통하여 범죄피해자에 한정하지 않고 프랑스 사회와 프랑스법, 형사사법절차에서 피해자 처우의 변화를 이해할 수 있기 때문이다.[167] 프랑스에서 범죄피해자를 둘러싼 법률과 제도를 간략하게 정리하는 것은 쉽지 않다. 이것은 모든 점에서 프랑스의 범죄피해자구조제도가 혼란속에 전개되었기 때문이다. 이점이 나중에 카르보니에의 비판을 받는 원인이 되고 이 글의 후반에서 검토될 논점이다.

우선 프랑스에서 피해자라고 할 때 어떤 피해자를 지칭하는가를 명확히 할 필요가 있다. 프랑스 피해자관련입법에서 피해자는 살인, 상해, 강간 등의 폭력범죄의 피해자 뿐만 아니라 절도, 사기 등의 경제범죄, 테러, 교통사고를 중심으로 한 불법행위, 소비자피해, 노동재해, 의료과오, 인종차별 등의 인권문제 등의 피해자도 포함된다.

---

167) 박강우, "프랑스 피해자학의 생성과 발전", 「피해자학연구」, 제7호, 한국피해자학회, 1999 참조.

프랑스에서도 1982년 이전까지는 범죄피해자를 위한 특별한 입법이나 정책이 존재하지 않았었다. 물론 1970년 7월 17일 공판전 구금에 대한 대안으로 보석금을 내면 비구금처우로서 보안처분과 유사한 '사법처분'(controle judiciaire)을 받을 수 있는 규정한 법률이나, 1975년 프랑스 형사소송법 개정에 의해 범죄피해에 대한 보상이 이루어지면 형을 면제하거나(프랑스 형사소송법 469-2조) 유예할 수 있는 규정(같은 법 제469-3조)이 도입되기는 하였지만 피해자 구조를 위한 본격적인 입법은 아니었다. 이밖에 가해자를 알 수 없거나 무자력 가해자에 의한 범죄피해를 보상하기 위한 법률이 1977년에 제정되었다(1977. 1. 3. 법률). 그러나, 이 법률은 요건이 너무 엄격하여 실무에서 거의 이용되지 않았다. 또한 피해자가 재소자의 작업임금 중 10%에 대해 피해보상금으로 청구할 수 있는 권리가 1982년 일련의 입법에 의해 도입되었다(특히 프랑스 형사소송법 제325조). 더불어 1982년 밀리에(Milliez)교수의 보고서가 형사절차의 피해자의 열악한 지위를 보고한 이후 법무장관 바딩트(Badinter)가 이에 주목하면서 피해자구조입법과 활동이 본격화되었다.

프랑스에서 범죄피해자에 대한 본격적인 입법조치는 1977년부터 1990년에 걸쳐 4차례 이루어졌다. 1977년법(Loi n. 77-5 du 3 janvier 1977)은 폭력범죄피해자에 대한 국가배상의 길을 열었지만, 사망 또는 중대한 신체상해의 존재와 더불어 피해자의 경제적 빈곤상태, 다른 손해보전수단의 흠결 등 아주 엄격한 요건이 요구하였다. 1983년의 피해자지위개선법(Loi n. 83~608 v. 1983. 7. 8)에서는 주로 이러한 피해자구조절차를 용이하게 하는 개혁이 이루어졌고 피해자의 경제적 곤란의 요건을 제거하였다. 마지막으로 1990년법(Loi 1990. 7. 6. Nr. 90~589)에서는 보상금액의 상한을 폐지하고 중대한 신체상해의 경우는 형사재판을 받지 않아도 좋다고 규정하였으며, 특히 보상재원으로서 손해보험으로부터 기금을 공제할 수 있도록 함으로써 일련의 피해자구조관련입법을 완결지웠다. 이 법에 의해 범죄피해자는 보상위원회에 보상을 신청하면 위원회가 청문을 열어 민사법원과 같은 법적 권한을 가지고 기금을 지불할 수 있도록 하였다.

이밖에 특수한 범죄피해자에 관하여 2개의 입법이 이루어졌다. 첫째로 1985년법은 피해자보상을 강간과 강제추행의 피해자로 구조대상을 확대하였다. 둘째, 1986년법은 테러범죄의 피해자에 대한 입법으로서 테러피해자를 두텁게 보상하기 위해 보험으로부터 공제에 의하여 기금을 설립하였다. 앞에 열거한 1990년법에 의하여 이 기금으로부터 일반범죄피해자도 보상을 받게 되었다. 이밖에 교통사고피해자에 대해서는 1985년 교통사고피해자손해배상법이 제정되어 피해자의 상황개선과 절차의 신속화가 이루어졌다. 한편, 노동재해책임법은 시기적으로 가장 빨리 1898년에 제정되었으며, 소비자피해에 대해서는 70년대부터 많은 입법이 계속되었다.

이상의 입법으로부터만 판단한다면 피해자의 불우한 실태를 개선해야 한다는 것이 프랑스 범죄피해자구조제도의 출발점이고 범죄피해보상제도가 그 주요 수단이 되었다.

여기서 프랑스 범죄피해보상제도의 주요한 쟁점이 되었던 문제는 첫째, 국가가 보상하는 것의 타당성 내지 정당성, 둘째 보상대상(국적, 재외프랑스인, 국내체류외국인, 불법이민), 셋째, 구체적으로 어떤 기관이 창구로 되어야 하는가, 넷째 피해자의 처우의 충실문제이다.

이러한 쟁점들중 역시 가장 큰 쟁점은 피해자에 대한 국가보상의 대한 정당화의 문제이다. 범죄에 의한 보상은 국가배상만이 아니라 시민들의 연대에 의해서도 이루어져야 하지만 당시까지만 해도 시민들의 연대는 추상적인 차원을 넘어서지 못하였다. 프랑스 법무성에는 원래 피해자를 특별히 고려하는 조직이 설치되어 있지 않았으며 당시 법무성이 가장 염두에 두었던 문제는 교외지역에서의 범죄의 급격한 증가와 사람들 사이에 범죄에 대한 불안감(sentiment d'insecurite)의 증대문제이다. 미국에서는 교외에 고급주택가가 생기고 도심에 슬럼가가 형성되었지만, 유럽의 옛 도시들에서는 도심에 거주하는 비용이 높아 교외에 빈곤층이 사는 주택가가 형성되었던 것이다. 이러한 문제에 대한 법무성은 첫째, 경미한 범죄를 방지하기 위한 특별대책을 수립하고 둘째, 교외주민을 사회로부터 배제하는 것을 되도록 회피하는 대책을 수립하였다. 후자의 구체화로서 단기투옥을 중지하고 새로운 형사정책으로 등장하였던 것이 범죄비행과의 전쟁을 지방분권적으로 실시하고 각지에서 경찰과 사법조직만이 아닌 지역사회전체와 지역의 민간단체, 지방행정단체 등의 활동을 장려하는 것이었다. 이로부터 지역주민의 연대(alliance)를 통하여 서로 고립되어 사람들을 고립으로부터 탈출시키는 것이 범죄피해자보상의 주 목적임을 알 수 있다. 당시 매스콤은 전차안 사람들의 눈앞에서 범죄가 발생하여도 아무도 돕지 않는 시민들의 무관심을 충격적으로 전하고 있다.

이와 더불어 국가보상 이외의 쟁점, 예컨대 원조대상의 문제로서에 황폐화된 교외주민의 다수가 외국인과 이민이라는 점, 지역조직이 중심이 되어 범죄피해원조활동을 전개하였다는 것은 모두 교외지역에서의 범죄에 대한 불안감의 증대에 대처하는 것이 프랑스 범죄피해자보상의 가장 중요한 목적이었음을 보여준다.

프랑스 법무성은 1980년대부터 피해자원조위원회(폴 · 미리에 위원장)을 창설했다. 위원회법안은 통과되지 않았지만, 대중매체의 주목을 끄는데는 성공하였다. 이어 프랑스 법무성은 1982년에 형사사건 · 은사국(direction des Affaires criminelles et des Grace)내에 피해자실(bureau des victimes)을 창설하고, 피해자실은 전국비행방지협회(Conseil national de prevention de la delinquence, CNDP)와 협력하여 민간단체와 지방행정조직으로 이루어진 피해자원조 네트워크를 창설했다. 같은 1982년 프랑스 법무성은 '피해자의 권리가이드'라는 안내서를 출판하고 사람들에게 이러 저러한 제도들이 이용될 수 있음을 홍보함으로써 범죄피해자보상제도의 홍보에 주력하였다. 1991년 1월 1일 현재 총 144개의 피해자원조조직이 법무성에 등록하였고 이중 75%가 법무성으로부터 재정지원을 받는다고 한다.

다른 한편, 1982년 지루벨 봉메존을 필두로 하는 '치안을 위한 시장위원회'(Commission des maires sur la securite)가 피해자원조에 관한 제안을 제출했다. 이 조직은 범죄방지를 위한 새로운 정책과 결부되어 법무성의 정책과도 일치하는 조직이었다. 이로써 법무성과 지방의 새로운 협력관계를 통한 피해자의 원조가 실현되었다. 1986년에는 국립 피해자원조 중재센타 INAVEM(Institut national d'aide aux victimes et mediation)가 설립되고 이어서 법무성의 지도 아래 지역단위의 단체가 조직되었다. INAVEM은 모든 프랑스 범죄피해자구조단체들에 대한 조정작업과 정보제공 뿐만 아니라 형사소송 개시이전 가해자-피해자중재(mediation) 역할도 맡고 있다.

그러나 여기에서 프랑스 피해자원조의 주역이 법무성과 지방자치단체라고 이해하는 것은 성급한 결론이다. 피해자구조예산의 출처는 확실히 이 두 곳이지만, 실체의 활동을 담당하는 것은 자치단체보다 민간의 운동단체이기 때문이다. 물론 법무성의 지도와 허가를 통하여 이들의 활동이 이루어지지만 피해자구조를 목적으로 하는 민간단체의 활동이야말로 그 중심이다. 이밖에 제도적으로는 아직 정비(1990년에 법안이 제출되었지만 통과되지 않았다)되지 않았지만, 주로 검사에 의해 지도되는 형사중재센타(maison de justice 사회복지사가 구성원)가 1991년부터 활동을 시작하면서 어느 정도의 성과를 거두었고 일반의 중재제도(판사가 직업적이지 않은 중재자를 지명한다)도 활성화되고 있다.

이상으로부터 요약한다면 지방자치단체의 피해자원조의 동기는 범죄불안의 증대에 대처하고 이에 의해 지역의 안전과 연대를 회복하는 것이었으며, 법무성도 피해자원조를 수단으로 교외를 중심으로 한 범죄에 대한 불안을 해소를 목적으로 하였던 것임을 알 수 있다. 이를 위하여 다수의 법률이 제정되고 민간단체의 활동이 장려되었던 것이다.

제3편

학교폭력 실태와 MANUAL

제1장 학교폭력 발생사례
제2장 학교폭력 MANUAL

※ MANUAL 부분은 지영환 필자의 책 『외침』 벼랑 끝에 선 아이들의 간절한 비명, 형설라이프, 2012에서 가져왔음을 밝힌다.

꿈과 끼를 키워주는 교육과정 운영

현재의 학교교육은 입시에 예속되어 있어 학생의 적성과 소질을 존중해주는 교육을 실시하지 못하고 있는 실정이다. 학생의 꿈과 끼를 살려주는 교육 체제를 구축할 필요가 있다. 중학교과정에서 한 학기를 진로탐색의 시회로 제공하는'자유학기제'운영으로 중간고가, 기말고사 등의 필기시험을 치르지 않으며, 학생생활기록부에는 학생의 꿈과 끼를 키우기 위한 활동 내역을 기록한다. 자유학기제에는 학생이 자신의 꿈과 끼를 찾도록 시험 위주의 강의식교육 대신에 토론·실습·체험 등 다양한 자율적 체험활동 중심으로 학교 교육을 진행해야 한다. 초등학교 국가수준 학업성취도평가를 폐지하고 중학교 국가수준 학업성취도 평가 시험과목을 감축해야 한다. 그 실천을 위해서는 자유학기제 운영 매뉴얼 및 프로그램 개발·보급으로 국가수준학업성취도평가의 제도를 개선해야 한다.[168)]

168) 제18대 대통령선거 새누리당 정책공약, 『세상을 바꾸는 약속 책임 있는 변화』, 2012, 221면.

제1장

학교폭력 실태와 사례

제1절 학교폭력 발생 사례

1. 우리 아이가 혹시 피해자?

이유를 말하지 않고 갑자기 용돈을 많이 달라고 한다. 심할 경우 몰래 부모의 돈을 가져가는 것 같다. 부모님이 몇 시에 귀가 하는지 전화로 자주 묻는다. *가해학생들이 집에 온다.* 아무런 이유 없이 성적이 떨어진다. 일기장이나 교과서에 욕이나 비판적인 말을 써 놓았다. 새로 사준 물건을 자주 잃어버린다. *상납하거나 빼앗겼다.* 갑자기 풀이 죽어 있거나 부모님과의 대화를 꺼리거나 방에 들어가 나오려 하지 않는다. *학교폭력 때문에 우울증을 앓고 있다.* 다른 곳으로 이사를 가자고 하거나 학원을 옮기고 싶다고 한다. *가해학생들과 마주치기 싫거나 보복이 두려워서다.* 친구의 숙제라고 하면서 대신 해주고 있다. 인터넷 게임에 몰두하거나 컴퓨터 사용을 부쩍 많이 한다. 게임을 재미로 하는 게 아니고 캐릭터를 키우거나 아이템을 모으는데 집착한다. 갑자기 부모와 목욕을 같이 하지 않으려고 한다. 멍 자국을 보여주지 않기 위해서다. 휴대전화에 비밀번호를 걸어 잠가 놓거나 나가서 몰래 전화를 받는다. 부모가 학교폭력 피해 사실을 모르게 하기 위해서다. 짜증을 많이 내고 동생이나 약한 사람에게 화풀이를 한다. 사용할 용도를 밝히지 않고 돈을 벌겠다며 아르바이트를 한다. 상납을 해야 하기 때문이다. 특별히 아픈 것 같지 않는데 갑자기 아프다고 하며 학교를 가지 않겠다고 한다. 학교생활을 물어보면 말을 돌리거나 잘 이야기 하지 않으려 한다. 평소 안하던 말이나 행동을 한다. 예를 들어, 뜬금없이 '엄마, 나 때문에 고생이 많지요?' 라며 어른스러운 언행을 한다. *자살의 징조로 볼 수 있다.* 스스로 자신의 무기력함을 말하거나 자존감 없는 말을 한다. 이름을 불렀을 때 깜짝 놀라거나 움질한다. 텔레비전에서 약자가 강자에게 당하는 내용이나 왕따를 당하는 장면을 보면 화를 내거나 방으로 들어가 버린다. 전화가 올 때 잘못 온 전화라며 받지 않거나 문자메세지를 자리를 피해 혼자서 확인한다. 169)

2. 기숙사에서 학교폭력

경북 경주에 있는 한 고등학교 기숙사에서 발생한 학교폭력 사건에 대해 경찰이 수사를 시작한 직후, 가해 학생들은 피해 학생들에게 '인생 조심해라', '더 병신 만들어줄게'라는 협박성 글을 올린 것으로 알려졌다. 한겨레신문 보도에 따르면 학생들은 경찰 수사가 시작되기 전 이미 학교폭력을 여러 차례 교사 등에게 호소했으나 학교 쪽은 뚜렷한 대책을 세우지 않았던 것으로 드러났다. 더 나아가 가해학생들은 수사가 시작된 2012년 7월 3일 오히려 신고한 학생들의 미니홈피 등에 '그렇게 하면 우리가 무서워서 아이고 죄송합니다. 후배님 이럴 줄 알았나', '더 병신 만들어줄게 기대해라', '인생 조심해라'는 등의 협박성 글을 올렸다고 신문은 전했다.

경북 경주경찰서는 이 사건과 관련, A(17)군 등 2학년생 7명을 상대로 폭행 등에 대한 진술을 받아 가해학생으로 지목된 3학년생들을 불러 가혹행위 여부를 조사하고 있다고 밝혔다.

---

169) 홍익태 · 강신명 · 이운주 · 박재진 · 이재열 · 장하연 · 김규현 · 서현식 · 박우현 · 김항곤 · 김숙진 · 이기주 · 홍용현 경찰청 학교폭력 T/F팀, 『미안해 아이들을 위한 어른들의 약속』, 상상나눔, 2012, 23~24면.

3학년생 7명은 지난해 10월부터 함께 기숙사 생활을 해온 A군 등 2학년생들에게 상습적으로 가혹행위를 한 것으로 알려졌다. 경찰 조사에서 피해 학생들은 "매일 밤 기합을 받고 흉기로 위협까지 당하는 등 참기 힘들 정도였다"고 진술했다. 폭행을 견디다 못한 학생들은 지난 2일 집단으로 기숙사를 이탈했고, 학교 측의 미온적인 조치에 반발한 학생과 학부모가 지역의 한 방송사에 제보하면서 사건이 알려졌다. 170)

〈그림 2-9〉 기숙사에서 학교폭력

3. 때리는 것보다 더 잔인한 여학생 '심리 폭력'

뒤에서 나쁜 소문내고 은근히 따돌리는 '은따'… 개인비밀까지 흘려

서울에서 명문으로 통하는 A여고 2학년 B(17)양은 올 초 학생회장 선거에서 떨어지고, 연이어 학년별 학생대표 선거에서도 낙방했다. 낙방보다 더 충격적인 것은 자기에 대한 나쁜 소문들이 전교에 퍼져 있다는 사실이었다. 나쁜 소문은 '항상 늦는다'. '무능력하고 책임감이 없다'. '혼자서 예쁜 척만 한다'는 내용부터 '과거가 안 좋다'. '친언니가 수천만원 주고 유명 대학에 들어갔다'. '엄마가 학교에 돈을 뿌리고 다닌다'는 황당한 이야기까지 있었다.

B양은 이 소문 중 일부는 학생회 활동을 하면서 어울린 3학년 선배 C(18)양이 퍼뜨렸다는 것을 알고 더욱 놀랐다. 이 일이 있은 후 B양은 스트레스로 악몽에

170) 조선일보, "기숙사 폭력 사건 가해자, 수사시작하자 '더 병신 만들어줄게'" 2012. 7. 5. 자., 인터넷판.

시달렸다. 학교에서 C양과 마주치면 가슴이 두근거렸다. B양은 학교에 “C양이 언어폭력을 한다”고 신고했지만, 학교 측은 “여학생들 간 싸움이지 학교폭력 사건이 아니다”고 했다. C양 측도 “나는 그런 소문을 낸 적 없다”고 부인하는 상황이다.

1) 심리폭력 피해 학생·자녀 상담 요령

〈표 2-9〉 심리폭력 피해 학생·자녀 상담 요령

잘못된 접근방법	바람직한 접근방법
“여자애들은 다 그래” “다 지나갈거야”	“정말 속상하겠다” “엄마한테도 그런 일이 있었단다”
“왜 그런 친구들이랑 노는 거니? “너희는 아주 좋은 친구였잖아!”	“언제부터 그랬니? 언제 그런 일이 있어났니? 그만 두게 할 방법이 없을까?
“네가 어떻게 해동했길래 그렇게 됐니?”	“어떻게 이렇게 됐는지 같이 생각해보자”

※ 도움말 : 문재현 마을공동체교육연구소장 학교폭력예방센터, 레알첼 시먼스 ‘소녀들의 심리학’

주로 여학생들 사이에 나타나는 심리폭력
나쁜 소문 내고 뒷담화 하기
친구들 활동에 끼워주지 않기(은근히 따돌림)
이유는 알려주지 않고 갑자기 말을 안 하고 무시하기
심한 농담(예컨대 ‘걸래 같아’)을 하고 “농담이었어” 라고 웃어넘기기
과거 친한 사이일 때 알게 된 사생활을 누설하기

2) 소리는 없지만 무서운 심리폭력

여학생들 사이에서 주로 이뤄지는 ‘심리폭력’이 손발로 때리는 ‘신체폭력’ 못지않게 학생들에게 큰 고통을 주고 있다. 심리폭력은 피해자에 대한 ‘뒷담화’를 하거나 나쁜 소문을 퍼뜨려 자연스레 따돌림을 시키거나, 비꼬거나 무시하는 말을

은근히 해 심리적으로 고통을 주는 것이다.

남을 괴롭히는 방법에서 여학생과 남학생이 차이가 난다는 사실은 이미 20년 전 해외 연구에서 드러났다. 1992년 노르웨이 연구팀은 청소년기 여학생들은 남학생들과 달리 공개적이고 드러나게 남을 공격하는 것이 아니라 심리적으로 공격을 한다는 것을 밝혀냈다. 문재현 마을공동체교육연구소장은 "여학생들은 남학생처럼 남을 때리거나 욕을 하는 것이 '여자답지 못하다'는 말을 듣는 등 올바르지 않다는 것을 알기 때문에 교묘하고 지능적으로 상대를 괴롭히는 다른 방법들을 찾게 된 것"이라고 말했다.

〈그림 2-10〉 소리는 없지만 무서운 심리폭력

3) 심리폭력에 정신치료 받기도

심리폭력은 당사자가 겪는 스트레스는 무척 크지만 겉으로 드러나지 않기 때문에 주변에서는 심각성을 알기 힘들다는 것이 특징이다. 서울의 한 중학교 3학년 D양은 지난해부터 단짝이었던 E양이 자기에 대한 거짓말을 다른 학생들에게 퍼뜨려 어느 날 갑자기 학급에서 왕따가 됐다. 수업 시간에 그룹 활동을 하는데 그 누구도 D양을 끼워주지 않았다. 영문도 모른 채 왕따를 당했던 D양은 억울한 마음과 스트레스가 심해 집에서 실신하고 정신과 치료를 받기도 했다. 가해학생은 "난 그런 소문을 낸 적이 없다"고 부인했고, 학교 측은 "B양이 원래 나약한 학생이라서 그렇다", "증거가 없어서 규명하기 힘들다"는 반응을 보였다. 학교폭력예방센터 박경숙 실장은 "여학생들은 어떤 학생이 교사나 남학생들에게 주목을 받으면 '잘난 체를 한다'. '나댄다'며 모함하거나 은따(은근히 왕따시키는 것)하는 경우가 많다"며 "학생은 자살을 기도할 정도로 힘들지만 증거가 없어 가해자를 처벌하기 힘든 경우가 대부분"이라고 말했다. 171)

4. 왕따는 범죄다

1. 왕따로 아들 잃고 예방 모임 만든 한·일 아버지

단순한 성장기 다툼일뿐? - "없었던 일로 하고 사이좋게" 학교는 아직도 안이한 교육 그러다 내 아들이 죽었다. 정부가 나서 가해자 처벌을 - 美·獨 등 퇴학·감옥 보내기도 한다. 1995년 6월 6일 왕따 폭력을 당하던 김대현(당시 16살)군이 아파트에서 뛰어내려 스스로 목숨을 끊었다. 이듬해 1월 일본 후쿠오카에 살던 중3 히데타케(당시 15살)군은 목을 맸다. 유서에는 '중1 때부터 괴롭힘 당했다. 이제까지 돈을 300만원도 넘게 뺏겼다. 이제 돈이 없어서 죽기로 했다'고 적혀 있었다. 두 학생의 아버지들은 각자 9년간 왕따 폭력에 맞서 싸웠다. 김군의 아버지 김종기(65)씨는 1995년 청소년폭력예방재단을 만들어 2004년 학교폭력예방법을 이끌어냈다. 히데타케군의 아버지인 오사와 히데아키(68)씨는 2005년 법정 싸움 끝에 가해학생을 밝혀내고 1년 후 이지메피해자모임을 만들었다. 22일 오후 5시 30분 서울 금천구 가산동 청소년폭력예방재단 사무실. 두 아버지가 만났다. 김씨는 자신의 인생과 쌍둥이처럼 닮은 사람이 일본에 있다는 소식을 듣고 오사와씨를 초청했다. 김씨의 손을 잡은 오사와씨는 "아들이 죽고 주위에서 나쁜 소리를 하는 사람 때문에 힘들지 않았느냐"고 물었다. 자신은 아들이 자살한 뒤 "부모는 뭐했느냐?, 가정 불화 때문이다", "보험금 노리고 부모가 죽였다"

171) 김연주·심현정, "때리는 것보다 더 잔인한 여학생 '심리 폭력 '"조선일보, 2012. 6. 20. 자.

등의 소리를 들은 탓이다. 김씨는 "얼마나 힘들었냐"고 위로했다. 김씨가 "보복이 두려워 부모한테 말 한마디 못하고 세상을 뜬 게 아직도 마음에 맺혀 있다"고 하자 오사와씨는 "아들의 죽음을 대가로 나는 아들이 왕따를 당했다는 것을 알게 됐다"고 했다.

그들은 " '왕따' 문제를 성장기 다툼으로 보는 것은 잘못됐다. 왕따는 분명한 범죄이고 가해 행동에 대해 엄격히 조치해야 한다"고 했다. 오사와씨는 "아직도 일부 학교에서는 '왕따는 없던 일로 하고 사이좋게 지내라'고 교육하고 있다"며 "아들도 중1 때부터 괴롭힘 당해 담임교사에게 말했지만 '전학 온 지 얼마 안 돼 그렇다. 곧 좋아질 거다'고 대응했다"라고 말했다. 김씨는 "한국은 1990년대까지도 학교에서는 폭력이 없다는 의미로 학교폭력이란 말 대신 학원 폭력이나 학교주변 폭력이라고 했다"며 "아들 사건이 일어났을 때도 학교에서는 인정하려고 안 하더라"고 했다. 김씨는 '정부의 안이한 대처'도 문제라고 했다. "1995년도에 아들 사건이 터지고 대통령도 나서서 학원 폭력 근절하겠다고 했고 청문회도 열렸지만 여전히 왕따 피해자는 있다"며 "왕따에 대한 정책이 사건이 터질 때마다 급조돼 일회성에 그치고 지속성이 떨어진다"고 했다. 오사와씨는 "일본 정부도 '최근 몇 년간 왕따로 인한 자살 학생은 없다'고 자랑하지만 이런 숫자는 속임수"라며 "학교에선 목표치를 채우기 위해 왕따 건수를 줄이거나 제로(0)라고 보고한다"고 했다. 김씨는 "미국이나 독일·영국에서는 왕따 가해학생을 퇴학시키거나 감옥에 보내는 등 처벌을 강하게 하고 교사에게 책임을 묻기도 한다"며 "처벌이 능사는 아니지만 사회적 인식 변화가 필요하다"고 했다. [172]

5. 사이버 왕따 폭력 Cyberbullying

미국 미네소타주(州) 아시오고교 미식축구팀 주장 케빈 커워(17)은 유명인사가 됐다(become a big name). 운동 실력 덕분이 아니다. 자신의 학교 왕따 가해자

172) 김혜림, "왕따는 범죄다", 조선일보, 2012. 5. 23. 자.

들에게 분연히 일어나 맞서는 역할을 훌륭히 해냈기(do his part with great success to stand up against bullies at his very own school) 때문이다.

〈그림 2-11〉 사이버 왕따 폭력

최근의 왕따 가해자들(the bullies of yesterday)이 교실과 운동장에서 아이들을 괴롭혔다면(tease kids in classrooms and on playgrounds) 지금의 가해자들은 트위터 등 소셜 미디어라는 가면 아래 숨어(hide under the mask of social media such as Twitter) 그 짓을 하고 있다. 커워 본인은 그런 괴롭힘을 당한 적이 없다. 그러나 사이버 왕따 폭력이 학교에 만연하고(become rampant) 급우들이 트위터로 놀림당하는 것을 보면서(see classmates taunted on Twitter) 더 이상 잠자코 있을 수 없었다(can no longer keep mum).

우선 자신의 트위터 계정을 만들었다(make his own Twitter account). 온라인 왕따를 당하는(be bullied online) 친구들을 옹호하고 기운을 북돋아주기 위해서였다(in a bid to stand up for them and raise their spirits). 계정(@OsselNiceThings)을 통해 그들의 장점에 대해 트윗하기 시작했다(start to tweet about their merits). 'A는 늘 남을 먼저 배려해주는(always put others before himself) 좋은 아이', 'B는 공부도 잘하지만, 춤도 잘 추고(be good at dancing) 너그러운 친구', 'C는 예술가 기질이 뛰어난데, 친구로는 더 좋은 아이', '우리 팀의 D는 진국인 친구(be a genuine guy), 운동장 안팎에서 모두 열심히 하는(work hard on and off the field) 아이.' 반응은 그 자신이 놀랄 정도로(much to his surprise) 뜨거웠다. 특정 학생을 왕따시키던 트위터 계정들이 하

나둘 없어지기 시작했다. 커웍의 것과 비슷한 반(反)왕따-칭찬 계정들이 트위터에 속속 생겨나고(pop up around Twitter), 전국의 다른 학교들로 확산됐다.

축하 트윗이 쇄도했다(have a rush of congratulatory tweets). '잘못이라고 생각되는 것에 무언가를 하고(do something about what you recognize as wrong), 다른 사람들에게 용감히 맞서거나 또다른 사람들을 옹호하는 것은 용기를 필요로 하는데(take courage to stand up to and for others) 커웍군이 그걸 해냈군요. 교사, 정치인, 연예인들도 커웍의 트위터 팔로어들이 됐다. 급기야 그의 '선행'은 여러 신문의 머리기사로도 실렸다(make headlines in various newspapers). 주목받는 것을 꺼리는(shy away from the spotlight) 성격의 커웍이지만 한마디 힘주어 말했다. "결국엔 좋은 사람이 이긴다는 것을 용감하게 보여준(bravely show that a nice guy wins in the end) 점이 가장 뿌듯합니다."

☞ http://guardianlv.com/2012/08/brave-minnesota-high-school-capitan-decides-to-stand-up-for-bullies/
☞ http://www.9news.com/rss/story.aspx?storyid=283234
☞ http://www.statesmanjournal.com/usatoday/article/57120166?odyssey=mod%7Cnewswell%7Ctext%7CHealth%7Cp

제2절 학교폭력 해결 사례

1. 학생의 화해

1) 용서하는 법을 배우다[173]

2012년 2월 17일, 초등학교를 졸업하고 중학교로 진학하는 소녀가 어머니와 오빠의 손을 잡고 여청계 사무실을 방문했다. 새로운 학창시절을 꿈꾸며 부풀어있어야 할 소녀의 마음은 집단 괴롭힘으로 인해 멍들어 있었다. 6학년을 지내는 1년, 같은 반 학우 35명 중 25명. 소녀를 악몽처럼 괴롭히던 숫자들이다. 피해소녀는 다른 친구들보다 어눌하고 느렸다. 단지 그 이유 하나로 긴 시간동안 상처를 받아야 했다. 소녀의 어머니와 오빠는 4명의 가해자들이 강력한 처벌을 원하며 딸에 대한 안타까움과 서글픔을 표현했다. 하지만 우리 경찰의 생각은 달랐다. 소녀의 상처와 가족들이 받은 충격은 처벌로 해결될 것이 아니었다. 그것을 잘 알기에 진정한 화해와 마음속의 응어리를 풀어내기 위한 자리를 마련하기로 했다. 2012년 2월 19일, 여청계장 및 담당경찰관은 학교폭력 예방 교육과 약자 보호에 대한 공감대 형성을 위해 ○○초등학교에서 피해자의 부모와 피해소녀의 담임교사, 가해자 부모 등 10명을 위한 '대화의 장'을 열었다.

서로의 말이 오고가면 마음 속 단단히 얽혔던 응어리들도 풀어진다. 피해소녀의 마음이 언어가 되고 그것을 듣고 마음에 새기게 된 가해학생들은 소녀에게 미안하다는 말을 했다. 용서, 라는 것은 참으로 힘든 일이지만 그렇다고 아주 불가능한 것도 아니다. 피해소녀도, 부모도, 경찰도 처벌을 원한 것이 아니다. "미안해", 라는 한마디를 통해 용서할 수 있는 기회를 원했고 그것을 통해 서로의 마음을 보듬어 주길 바란 것이다.

173) 김용숙, 대전 대덕 경위.

공감 U·n·d·e·r·s·t·a·n·d·i·n·g

가해 학생

처음엔 제가 무엇을 잘못했는지 몰랐습니다. 하지만 경찰관님의 말을 듣고 친구가 얼마나 큰 고통을 겪었는지 알게 되었으며 친구에게 진심으로 미안한 마음을 가지게 되었습니다. 눈물로 한 저의 사과를 받아준 친구가 고맙고 앞으로 그 친구를 도와주는 '천사'역할을 하도록 하였습니다.

학부모

자칫하면 아이들의 상처가 부모의 상처로 이어질 수 있었는데 경찰분들의 중재로 부모간 서로 화해를 할 수 있게 되어 감사한 마음을 감출 수가 없습니다. 가해자인 아이도 앞으로 학교폭력의 피해자가 될 수 있다는 사실을 인지하고 앞으로 그런 아이들이 없도록 담당 경찰관 분이 멘토역할을 통한 사후관리를 해주셔서 또 한번 감동과 신뢰를 갖게 되었습니다.

교사

피해 학생의 얼굴이 눈에 띄게 밝아져서 놀랐습니다. 앞으로도 교사로서 세심한 관찰을 통해 학교폭력을 근절할 수 있도록 노력하겠습니다.

2) 감동의 위원회를 통한 화해[174)]

"이번 자치 위원회에...경찰관님도 함께 해주실 수 있나요?"
수화기를 통해 말하는 사람은 모 중학교 K교사였다. 동급생인 가해자 두 명이 피해자 6명을 6개월간 금품을 갈취하며 폭행을 행사했다는 것이다. 피해학생의 부모가 학교 측에 알려 이야기를 통해 해결하려 했지만 원만히 되지 않아 경찰에 자문을 구하고 자치위원회를 개최할 것을 권하자 우리 측의 참여를 요청한 것이다. 위원회가 개최된 당일, 피해자의 상처와 분노는 가라앉을 줄을 몰랐다.

174) 김수형, 경기 광명 여청 경사.

"왜 그랬니?"

우리가 가해자인 학생에게 던진 한마디였다. 질책도 꾸중도 아닌 진심으로 가해자 측 학생의 마음을 알고 싶어 던진 질문이었다. 그런 마음이 통해서였을까. 가해자 스스로 마음속에 있던 잘못을 고백하며 깨닫기 시작했다. 반성의 눈물, 순수한 학생의 모습으로 돌아간 가해자 학생을 보며 학부모들 역시 마음의 앙금을 풀 수 있었다. "오늘 피해자가 내일은 가해자가 될 수 있는 것이 청소년입니다. 서로 진정으로 화해시켜 즐겁게 학창시절의 추억을 나눌 수 있게 도와주는 것이 우리 어른들의 의무라고 생각합니다. 더구나 가해자가 진심으로 뉘우치고 있는 것이 보입니다". 경찰이 무슨 상관이냐, 나서지 마라 - 라며 거부할 수도 있음에도 우리는 진정으로 느낀 것을 피해자와 가해자의 부모님들께 말씀드렸고 그 말을 들은 피해자의 부모님 한 분이 어렵게 입을 열었다. "경찰관님 말씀처럼 청소년은 오늘 피해자가 가해자가 될 수 있고 중요한 것은 다시 친구로 지낼 수 있도록 만드는 것이 가장 중요한 것 같습니다. 그래서 저는 출석정지는 가혹하고 교내봉사와 같은 처분으로 해주시는 것이 어떨까, 생각합니다."

적극적으로 나선 우리의 행동이 양 측이 가진 감정의 골을 상쇄하였고 어느 한 쪽의 편을 든 것이 아닌 중립적인 태도를 유지한 것이 결국 용서를 이끌어 낸 것이다.

공감 U·n·d·e·r·s·t·a·n·d·i·n·g

가해 학생

처음엔 장난으로 돈을 빌린 것이었습니다. 그러다 그것이 습관이 되고 친구들은 점점 저를 피했습니다. 저를 무시하는 것 같아 화가나 때렸지만 지금은 진심으로 후회하고 오늘 흘린 눈물을 잊지 않으며 반성하겠습니다. 그리고 다시는 이런 일이 없도록 하겠습니다.

학부모

저는 처음에 제 아이를 위해 가해 학생을 전학시켜야만 한다고 생각했습니다. 하지만 생각해보니 아이에게 친구를 다시 찾아주는 것 보다 더 좋은 상처치유 방법이 있을까 생각하였습니다. 경찰관님의 말씀이 아니였다면 이런 결심을 하지 못했을 것입니다. 감사합니다.

교사

교사로서 부끄러운 말이지만 학교 내에서 자체적으로 해결하기에는 한계가 있었습니다. 너무 고통스러운 상황에서 경찰 측에서 적극 나서 해결해 주신 것에 감사합니다.

3) 원치 않는 만남에서 빚어진 폭행[175)]

"저희는 한때 절친이었어요"

절친, 아이들의 언어로 아주 친한 친구라는 뜻이다. 그랬던 친구가 자신에게 욕을 하고 험담을 하며 이간질을 하고 심지어 강제로 담배를 피우게 하고 야동을 시청하게 했다는 내용을 접수받았다.

언뜻 들으면 친구들끼리 어울려 호기심으로라도 했을 흡연행위 등, 하지만 피해 학생들은 강제적인 상황에 놓여 정신적인 스트레스를 호소했다. 아무리 과거에 친했던 친구여도 상대방에게 자유를 빼앗고 행동을 강요하는 것은 폭력이기 때문이다. 학부모들 역시 이 점을 중점으로 상담을 하였다. 피해 학생들은 가해 학생이 자신들에게 연락을 하지 않고 인터넷상(네이트온, 싸이월드)에서도 자신들의 험담을 하지 않았으면 했다. 또한 피해 학생의 부모가 법적인 처벌보다는 가정에서의 교육과 경찰에서의 선도를 원했다. 피해사실 청취 후 당일 14:00 가해 학생 및 부모들을 만나 신고내용 고지하였다. 가해 학생의 학부모는 '담배나 야동을 친구들에게 강제로 보게 하였다'는 내용에 당황하는 기색이 역력했다. 부모 앞에서는 심한 욕설도 할 줄 모르는 한없이 착한 아이였던 것이다. 가해 학생은 "아무도 저랑 놀아주지 않았어요. 욕하고 험담해도 친구들은 그저 절 피하기만

175) 김정일, 부산 남부 여청 경장.

했어요". 자신의 속마음을 털어놓았다. 가해 학생 역시 힘들었던 것이다. 자신의 마음이 편하고자, 재밌어서 친구들에게 그런 것이 아니었다. 자신에 대한 친구들의 사랑, 관심이 그리웠기에 오히려 삐뚤어진 행동으로 친구들을 괴롭힌 것이다. 아이들에게 일회성 관심이 아닌 지속적인 관심이 필요하다는 것을 어느때보다 절실히 느낀 사례이다.

공감 Understanding

가해 학생

사건 상담 후 경찰관아저씨가 연락처를 주셨을 때 솔직히 놀랐습니다. 이번 사건 이후에도 지속적인 관심을 가져주시고 도움이 필요하면 연락하라는 말에 감사했습니다.

가해 학생

누구에게도 할 수 없던 말을 할 수 있어 마음이 편안해졌습니다. 저는 제 서러운 감정만 생각했는데 경찰아저씨가 친구들의 힘든 마음도 알려줘서 반성할 수 있었습니다. 다시는 친구들에게 그런 행동을 하지 않을 것입니다.

피해 학생 측 학부모

저는 경찰은 사건을 해결하면 손을 바로 떼고 왕래가 없을 것이라 생각했습니다. 그러나 아이들에게 연락처를 주며 앞으로도 관심과 보호를 해주겠다는 말에 부모로서 고마운 마음이 컸습니다.

가해 학생 측 학부모

처음 저희 아이가 그런 잘못을 했다는 이야기를 들었을 때, 피해자에 대한 미안함과 동시에 이 일로 인해 우리 아이가 더 삐뚤어지면 어쩌나 하는 생각이 동시에 들었습니다. 다행히 피해자 부모님께서 이해해주시고 경찰관님 역시 따뜻하게 대해주셔서 법적인 처벌을 피하게 된 것에 감사드립니다. 앞으로 가정에서 올바른 가정교육을 통해 바르게 성장할 수 있도록 노력하겠습니다.

4) 장난도 범죄가 될 수 있다[176)]

2012. 2. 17(금) 60대의 할머니가 세월이 얽힌 몸을 이끌고 경찰서에 들어왔다. 자신의 손자인 김 군이 어느날부터 밥도 먹지 않고 집에서도 불안해하며 긴장된 표정을 짓는다며 누군가에게 괴롭힘을 당하는 것 같다는 내용이었다.

바로 학교폭력 사건임을 직감하고 경찰서 학교폭력 담당자, 학교폭력 전담팀 2명 등 총 3명이 현장에 나가 피해상황을 알아보았다. 피해자인 김 군은 부모님이 이혼하여 조부모님과 살고 있었고 아버지는 돈을 벌기 위해 멀리 떨어져 살고 있었다. 가해자들은 김 군의 이런 상황을 잘 알고 지속적으로 김 군을 불러내어 6개월 동안 발로 차고 뺨을 때리는 가혹행위를 행한 것이다. "그냥 장난이었다고요, 장난도 못 치나요?" 얼굴을 마주 댄 가해 학생이 한 첫마디. "아니 애들끼리 장난 좀 칠 수 있는 걸 가지고 경찰에서 이렇게 유난이에요? 우리 애가 범죄자라도 된단 말이에요?" 경찰에게 강한 거부감을 보이는 가해 학생의 부모. 친구라서, 그냥 장난으로...억울한 듯 말하는 가해 학생에게는 피해 학생이 얼마나 아픈지, 피해 학생뿐만 아니라 조부모님까지 얼마나 힘들었는지...알려주는 것이 먼저였다. 자신의 아이만을 생각하는 부모에게는 자신의 아들이 훗날 학교폭력의 피해자가 될 수 있음을 인지시켜야 했다. "그래도 우리 손자 친구들인데....집 앞에 사는 이웃인데 그렇게 까지 할 필요 있나요?"

할머니와 김 군은 가해자들이 같은 초등학교를 졸업하였고 또 가해자 중 1명이 바로 집 앞에 사는 이웃이라는 이유로 처벌을 원치않았다. 단지 다시는 그러지 않겠다는 사과만이 필요하다고 했다. 하지만 오히려 집이 가깝기 때문에 보복폭행의 우려가 있었다. 고심 끝에 우리는 학교폭력 처리 절차에 의거하여 멘티·멘토를 지정하고 전문가 참여제 등 선도프로그램을 이수하는 것으로 사건을 마무리 지었다. 피해를 입은 후에도 친구를 걱정하던 김 군의 마음을 지켜주기 위해 경찰로서 할 수 있는 최선의 대안을 낸 것이다. 앞으로는 순수하게 즐길 수 있는 장난을 주고받는 사이가 되길 바랄 뿐이다.

---

176) 이인수, 대구 서부서 여청 경장.

공감 U·n·d·e·r·s·t·a·n·d·i·n·g

가해 학생

저는 친구끼리 이정도는 뭐 어때, 라는 생각으로 경찰서에 올 때도 잘못했다는 마음보다 억울하다는 마음이 컸습니다. 하지만 경찰관 아저씨께서 친구가 얼마나 아파하고 힘들어했는지를 알려주고 장난이라도 친구에게 피해를 주면 법적으로 문제가 된 다는 것을 알려주셨습니다. 아마 경찰 아저씨가 아니였다면 저는 아무것도 모른채로 계속 친구를 괴롭혔을 것입니다. 이제는 잘못된 행동이라는 것을 알았으니 다시는 그러지 않을 것입니다.

학부모

저는 처음에 제 아들만 생각했습니다. 제 아들이 누군가를 괴롭혔다고 생각하기보다는 아이들끼리 치는 장난이라고 여겼습니다. 그러나 경찰관님이 지금의 가해자가 미래의 피해자가 될 수 있다는 사실을 알려주어 아이의 잘못을 바로 잡아야겠다고 생각을 바꾸었습니다.

5) 회복적 사법제도 선도조건부 불입건[177)]

7천원, 크다 적다라고 단정지을 수 없는 돈이지만 네 명의 학생에게는 의미가 있는 액수이다. 2012년 2월 14일, 광주 북구 일곡동 공터에서 가해자 2명이 피해자 2명을 대상으로 빰을 때리고 택시비 명목으로 7, 000원을 갈취한 것이다. 크다고 볼 수 없는 피해금이지만 피해 학생들의 상처는 컸다. 그나마 가해 학생들이 깊이 반성하는 모습을 보였으며, 가해 학생 부모 또한 아이에 대해 잘 몰랐던 점을 반성하면서 지속적인 관심을 가지고 아이가 다시는 범죄를 저지르지 않도록 하겠다고 선처를 호소하였다. 강력한 처벌을 원했던 피해 학생과 부모도 진심어린 가해자 측의 사과모습을 보고 용서하였다.

177) 강선배, 광주 북부 강력 경위.

우리는 이에 가족회합프로그램에 참가할 것을 권하고 피해 학생 · 학부모, 가해 학생 · 학부모와 개별적 면담 시간을 통해 가족회합프로그램의 취지를 설명하고 참가 동의서를 받았다.

경찰서에서 가 · 피해 학생 및 학부모, 전문가, 담당경찰관이 참여한 가운데 가족회합프로그램 진행하고 프로그램 진행 중 가해 학생들은 직접 쓴 반성문을 낭독하며 피해 학생들에게 진심어린 사과를 하였다. 가 · 피해 학생의 부모들은 자신들의 솔직한 심정을 터놓고 말하는 시간을 가졌으며 마지막에는 가 · 피해 학생들이 서로 포옹을 하며 사과하고 화해하는 모습을 보였다. 진실한 사과만이 용서받을 수 있는 자격이다. 모든 아이들이 용서 받을 수 있는 자격을 얻기 위해 경찰로서 더 열심히 뛰어야 한다고 다짐한다.

공감 Understanding

피해 학생

처음엔 저를 괴롭힌 가해자가 무작정 싫고 큰 벌을 받았으면 좋겠다고 생각했지만 진심어린 사과를 하는 모습을 보고 화가 풀렸습니다. 불안했던 마음을 사라지게 해준 경찰관님께 고맙다는 말을 하고 싶습니다.

가해 학생

가족회합프로그램을 통해 저의 행동이 정말 잘못된 것이었음을 알았습니다. 선도프로그램에 성실히 참석하여 다시는 이런 일을 저지르지 않겠습니다.

가해 학생 부모

내 아이가 다른 아이들에게 상처를 주고 다니는지 몰랐습니다. 앞으로 아이에게 관심을 가지고 지속적인 사랑으로 키워 올바르게 성장할 수 있도록 하겠습니다.

6) '빵셔틀' 그만! 뮤지컬로 친구가 되어요[178)]

"경찰 아저씨, 제 친구 좀 도와주세요."

한 학생이 자신의 친구를 도와달라며 우리는 찾아왔다. 제보자의 친구는 소심한 성격에 왜소한 체격으로 소위 '셔틀'로 불리는 왕따 학생이었다. 평소 피해 학생을 괴롭히던 6명이 재수 없다는 이유로 폭행하고 그 장면을 휴대폰으로 촬영하여 미니홈피에 올렸다는 것이다.

"근데 어떻게 대신 찾아올 생각을 했니?"
"전에 학교폭력 예방교육때 경찰아저씨들이 왔었어요. 정말 제 친구 도와주실 수 있는거죠?"

폭력을 방관하지 않은 용기있는 제보자와 지금도 고통받고 있을 피해자를 위해 빠르게 대응하였다. 우선, 피해 학생 본인 및 부모와 면담, 심리적 안정 및 피해 사실에 대한 정확한 조사, 보복범죄가 없을 것이란 믿음을 주며 수사에 착수하였다. 또한 증거자료를 위해 폭행 장면 촬영자료 등을 확보하고 가해 학생 6명 불구속하였다.

수사과정에서 가해 학생들은 때는 늦었지만 피해 학생에 대한 미안함을 진심으로 전하는 '음성편지'를 통해 자신들의 잘못된 행동에 대해 스스로 반성하며 친구가 될 것을 다짐하였다.
학교폭력 등 범죄는 대부분 가정 내 대화 단절에서 시작되어 청소년 탈선 및 폭력적 행동으로 나타난다. 가해 학생 역시 관심과 사랑이 필요한 아이들이다. 이

---

178) 안석주, 서울 도봉서 여청 경사.

에 담당 구역인 도봉경찰서에서는 전문가 상담을 진행하고 사랑의 교실과 연계하여 뮤지컬 '셜록 홈즈' 제작사인 HJ컬쳐와 업무협약(2. 14)을 체결하였다. 사건 담당형사와 가해 학생, 부모님이 함께 뮤지컬을 관람하며 소통의 기회를 얻은 것이다. 같이 오랜시간을 함께 하는 것으로도 학생들의 마음은 안정되고 선도되는 대로 잘 따라와준다. 이번 사건의 가해 학생들 역시 처음엔 어색했지만 시간이 지나면서 조금씩 대화를 하며 피해 학생에게 눈물로 용서를 구했다. 이런 모습에 피해 학생과 부모님 역시 경찰의 적극적인 피해자 보호와 가해 학생 선도활동에 감사의 뜻을 전달하며 사건을 마무리 지을 수 있었다. 화목한 가정에서 학교폭력의 가해자는 나올 수 없다. 사랑이 넘치고 따뜻한 대화가 만발하는 가정에서 우리 아이와 다른 학생들의 행복까지 만들 수 있다.

공감 Understanding

피해 학생

처음에 경찰관님이 찾아왔을 때는 절 괴롭힌 애들이 더 무서워서 말도 못했지만 친형처럼 친근하게 대해 주셔서 피해 사실을 말할 수 있었습니다. 마음을 편하게 할 수 있도록 도와주신 경찰관님께 감사드립니다.

가해 학생 및 부모

경찰은 무조건 처벌 중심일 것이라고 생각했는데 오히려 소통의 기회를 주셔서 놀랐습니다. 앞으로 아이가 건전하게 성장할 수 있도록 보다 많은 시간을 대화하도록 하겠습니다.

7) 평생 잃을 뻔한 친구를 되찾게 되었어요[179)]

학생의 본분은 공부라지만 가끔 인성보다 앞서서 본분을 내세워 문제가 되는 경우도 있다. 이제 중학교 1학년이 여학생들 사이에서 성적으로 경쟁을 하다 집단 따돌림까지 이어진 사건이 있기 때문이다.(2.6)

피해자의 피해 신고 접수내용만 A4 47페이지가 넘을 정도로 사건의 내용은 심각했다. 또한 피해자와 가해자의 가족 간의 감정 싸움으로 번져 피해자 측에서는 선도보다 강력한 처벌을 원했다.

이에 우리는 '힐링타임'을 통해 양 측의 대화를 유도하고 화해를 이끌어 내기로 하였다.

> ※ '힐링타임'(가해자·피해자 당사자와 가족들간의 대화와 이해의 시간을 통해 사건을 해결할 수 있게 하는 장치)

1, 2차 중재(힐링타임)에서는 양 측 모두 서로의 입장만을 고수하였다. 하지만 하나 둘 대화가 오가면서 일정부분 감정적 해소 과정을 겪게 되었고 곧 상대에 대해 배려하기 시작하였다.

또한 여청계 여경들이 친언니처럼 여학생들에 대한 상담을 진행하였고 다른 경찰들 역시 큰아빠처럼 고민을 들어주었다. 진심이 통해서였을까. 가해 학생에 대한 원망만을 드러내던 피해자는 "저는 친했던 친구랑 그저 손잡고 매점에 가고, 같이 점심먹고, 서로에 대한 이야기를 나눌 수 있는 그런 사이가 되었으면 좋겠어요."라는 진심을 내비쳤다.

아직 친구를 생각하는 마음이 남아있음을 알게 된 경찰은 그 진심을 고스란히 가해 학생에게 전달하였고 양 측 학생은 지난날의 우정을 되새겨 보게 되었다. 마음 속의 상처가 치유되고 화해의 시간을 보낸 후 양쪽 부모님 사이에서 진행되었던 고소사건은 취하되었고 두 학생 역시 이전과 같은 절친으로 돌아갈 수

---

179) 최성남, 서울 금천서 여청 경장.

있었다.

경찰서 자체 시책인 '힐링타임'을 통해 각 학생의 심리 상태를 치유하는데에 중점을 두고 여청계장이 중재자가 되어 가족 간의 대화를 5회에 걸쳐 실시하였다.

단지 속에 있는 말을 묵묵히 들어주는 것으로도 문제가 해결된다는 진리를 깨달은 사건이었고 경찰 역시 범죄 척결자가 아닌 해결자와 조력자로서의 역할을 수행하여 사건이 잘 마무리 되었다고 볼 수 있다.

우리 아이들의 성적으로 인해 어른 싸움까지 번진 현실, 답답한 현실이지만 서로에 대한 생각을 한번만이라도 더 한다면 다시는 이런 일이 일어나지 않을 것이다.

공감 Understanding

피해 학생

가장 친했던 친구로부터 시작된 집단따돌림으로 학교생활이 지옥이었습니다. 친구가 너무 미워 큰 벌을 받고 다시는 보고 싶지 않았지만 경찰언니가 제 진심을 일깨워주어 친구를 용서할 수 있었습니다. 평생 잃을 뻔한 친구들을 다시 얻게 되어 학교생활도 더 즐거워졌습니다.

피해 학생 부모

아이싸움이 어른싸움까지 번져 앞으로 아이의 미래가 걱정되었습니다. 하지만 더 상황이 악화되기 전 경찰서에서의 여러 차례 화해 시도를 통해 해결되어 다행이라고 생각합니다. 특히 아이가 더 상처 받지 않고 친구들과 화해하고 다시 잘 지낼 수 있게 된 것에 감사합니다.

2. 학생 폭력행위를 접다

1) 친구 없는 저에게 좋은 언니를 소개시켜 줬어요[180)]

"아무도 제 이야기를 들어주지 않아요...죽고싶어요 정말"

2011년 11월 중순 경 한 소녀가 여성청소년계로 상담을 요청했다. 울먹이며 답답한 마음을 털어놓은 피해 학생을 위해 경찰은 가해자 조사를 시작했다. 하지만 특정 몇 명이 아닌 전교생, 전학년이 피해자를 "왕따"시킨다고 하여 수사에 어려움이 발생했다.

학교(교감)와 통화를 하고 피해자를 보호하는데에 협의했다. 또한 주기적 상담으로 피해자의 예민한 정신상태를 이해하며 피해자의 서포터로 활동하며 용기를 주었다.

피해 학생의 자생력을 강화하기 위하여 경찰서에서 주관한 학교폭력캠페인에 참여시키고, 수서경찰서 운영 어깨동무학생봉사단 또래 멘토를 지정하여 편지 교환, 친구 맺어주기, 함께 놀아주기를 실시하였다.

봉사단 멘토 학생은 "이렇게 소외되고 외로운 친구가 있는지 몰랐어요. 처음에 동생(피해자)은 강아지 이야기만 하고 친구가 없는듯 하여 마음이 아파서 잘 해주고 싶었습니다. 이후 반에서 왕따 당하고 있는 친구들이 있을 때 '안돼 '라고 말 해야겠다는 용기와 의무가 생겼고 소외되고 외로운 친구가 없도록 친구를 사랑하는 마음을 가져야겠다고 생각했습니다. 또한 이런 것을 일깨워 준 경찰아저씨들께 감사합니다"라는 반응으로 피해 학생뿐만 아니라 일반 학생에게도 교훈을 활동 사례가 되었다.

180) 신하영, 서울 수서서 여청 경사.

공감 U·n·d·e·r·s·t·a·n·d·i·n·g

피해 학생

좋은 언니(또래 멘토)를 소개 받아서 더이상 외롭지 않고 밤에 수면장애도 없어졌습니다. 학교생활을 즐겁게 할 수 있어 자신감을 갖고 마음이 편해졌으며 만약 저와 같은 피해를 입는 다른 친구가 생긴다면 경찰 이모에게 신고하여 도움을 받고 싶습니다.

피해 학생 부모

반 친구 모두가 왕따 시켜 해결이 어려울 것 같았으나 저희딸에게 쏟는 경찰분들의 정성을 보고 조만간 학교폭력은 없어질 것이라는 확신이 생겼습니다. 저는 직장 생활 및 생활고로 딸을 제대로 보호 할 수 없어 불안했는데, 딸에게 좋은 언니를 소개시켜주셔서 안심이 됩니다.

2) 탈북소녀 검정고시 합격[181)]

여학생이 폭행을 당했다는 신고를 접수했다. 상담을 통해 알게 된 것은 피해 학생이 2009년경 할머니, 어머니와 함께 북한을 탈출하였고 현재는 어머니가 가출하여 할머니와 단둘이 살고 있는 새터민 가정이라는 점이다. 한국 학교생활에 적응하지 못하여 자퇴한 후 항상 외로움을 느끼며 관심받고 싶어 한다는 것 또한 알게 되었다.

그런 피해자의 상황을 고려하여 사건처리 이후에도 피해 학생과 멘토-멘티를 결성, 지속적으로 관심과 사랑으로 보듬어주었다.

피해 학생이 검정고시학원에서 공부를 하고 싶다하여 청소년육성회 회원과 1:1자매결연을 맺어주고 경찰서와 검정고시학원·청소년육성회간 MOU체결을 계기로 검정고시 학원비 전액을 지원하였다.

181) 황선영, 경기 부천원미 여청 순경.

시험 전, 피해 학생을 학원 앞에서 만나 점심식사와 함께 검정고시 응원 합격떡을 전달하고 앞으로도 멘토로서 지속적인 관심과 도움을 주기로 약속하였다. 학생은 **중등검정고시에 합격(4.20)하였고 고등검정고시까지 합격하여 꼭 대학에 가고 싶다**는 포부를 밝혔다. 가정환경적인 요인으로 소외되었던 학생이 경찰로 인해 미래에 대한 꿈을 꾸게 되고 진로의 방향을 잡게 된 사례라고 할 수 있다.

공감 U·n·d·e·r·s·t·a·n·d·i·n·g

멘티학생

낯설은 한국에서의 학교생활 적응이 너무나 힘들었지만 경찰 언니 도움으로 한국에서 치른 시험에서 합격하여 자신감이 생겼습니다. 앞으로 더 열심히 노력하여 한국사회에 적응하며 살아가겠습니다.

3) 학교폭력 가해자에서 이제 꿈꾸는 청소년이 될거에요[182)]

동생과 단둘이 거주하는 학생이 학교폭력으로 입건되었다. 혼자 남게 될 미성년자인 남동생을 걱정한 여경과의 상담 중, 폴멘토 및 멘티를 결연하여 해결하였다. 【12. 2. 8 공갈 등 누나 등 4명과 함께 형사 입건】

폴멘토와의 지속적인 상담 및 연락으로 그동안의 자신의 잘못을 뉘우치고 남동생 역시 지금까지 누나의 비행에 무감각하였으나, 이제부터 누나가 잘못된 행동을 하지 않도록 자기가 동생으로서 관심을 가지겠다고 말했다. 최근 누나 역시 경찰이 동생에게 적극적인 관심을 보여준 것에 감사하며, 여자 형사의 꿈을 꾸게 되었다고 한다. 폴멘토가 자신만의 꿈을 가져보라고 조언하자 인근 교회에서 가르쳐주는 기타를 배우게 되었다고 하며, 나중엔 자신만의 미래를 만들어 갈 계획을 가지게 되었다고 말했다.

---

182) 이해연, 부산청 부산남부 형사지원팀 경위.

해당 가해자는 미성년자임을 감안하여 위탁가정 연계 등을 지속적으로 의논하고 있다. 담당 멘토 형사는 가해자와 그 남동생이 부모의 이혼 및 부의 알콜중독 등으로 가정의 따뜻함을 모르고 성장하여 마음을 열지 않던 중, 입감중인 누나에게 사식 제공, 누나와의 면회를 통해 자신의 거취문제를 함께 의논하는 멘토의 모습에서 조금씩 마음을 열었다고 본다. 스스로 변화를 기하려고 노력 중인 멘티의 모습에서 『폴멘토링』이 학교폭력 근절은 물론 청소년의 건강한 성장에도 기여할 수 있을 것으로 판단한다.

공감 Understanding

가해 학생

이번 일을 계기로 더 이상 나쁜 행동을 하지 않고 저만의 꿈을 가질 수 있도록 조금씩 변화해 나가겠습니다.

보호자:교회 목회자

지금껏 경찰은 처벌만 하는 줄 알았으나, 이렇게 가해 학생에게까지 관심을 가지고 함께 고민하고 의논해주는 모습에 감사하며, 이번에야말로 틀림없이 대상자의 행동이 바뀔 것으로 생각됩니다.

구속 수감 중인 누나의 반응

지금까지의 저의 나쁜 행동을 진심으로 뉘우치며 앞으로 꿈(여자 형사)을 이루기 위해 노력하겠습니다.

3. 신뢰와 공감 키우는 학생

1) '왕따'카페 활동한 자살의심 고등학생 목숨 살려[183)]

외모 콤플렉스와 친구들에게 '왕따'를 당하고 있는 여고생이 극심한 스트레스를 이기지 못하고 자살을 생각하면서 학교폭력에 시달리는 학생들이 만든 인터넷 까페에서 활동하였다. 해당 학생이 까페 게시판에 자살에 대한 구체적인 방법과 생각을 게시하였고 이것을 본 한 회원이 경찰에 신고하였다. 경찰관이 직접 까페에 가입한 후 게시 된 글을 계속 추적하여 대상자의 인적사항을 파악하였고 전화를 피하는 해당 학생에게 문자메시지로 설득하여 자살을 방지하였다.

고민을 터놓고 얘기 할 친구가 없는 해당 학생에게 청소년 지원센터 상담사를 연계하였다.

구 분	맞춤형 프로그램 내용
진행상황	낯선 사람과 연락하기를 꺼려하는 대상 학생과의 라포 형성을 위해 담당 상담사가 지속적으로 문자 메시지를 보내고 있음, 라포 형성을 통해 신뢰감을 구축 후 대면 상담 실시 할 예정

대상 학생이 타인에 대한 경계심이 커서 전화를 받지 않아 어려움이 있었으나 경찰관이 관심을 갖고 계속하여 문자메시지를 보내는 등 포기하지 않고 결국 대상자와 연락 성공, 자살을 방지할 수 있었다. 이번 사례는 동아닷컴 등 언론에 학교폭력 예방 우수사례로 5회 보도되었다.

183) 김권오, 경기 안양동안 여청 순경.

공감 U·n·d·e·r·s·t·a·n·d·i·n·g

학생

자살에 대해 생각한 것을 후회하고 있습니다. 이번 상담을 통해 고민의 해결책을 찾을 수 있었으면 좋겠습니다.

보호자

아이가 느끼고 있는 스트레스가 이렇게 심할 줄 몰랐습니다. 큰 일이 닥치기 전에 자살을 방지해 준 경찰분들에게 감사드립니다.

상담사

대상 학생이 마음의 문을 굳게 닫고 있어, 상담의 어려움은 있었습니다. 하지만 지속적인 접촉을 시도하여, 신뢰감을 형성하고 주변에서 도움을 줄 수 있다는 믿음을 주기 위해 노력하고 있습니다.

2) 소년원에서 나오면 달라져 있을거에요[184)]

여학생인 정ㅇㅇ(여, 15세)는 중학교 일진으로 지내다가 2학년 출석일수 부족으로 유급을 하고 가출까지 하였다. 친구들과 어울려 다니며 찜질방 절도와 여학생들의 노스페이스 점퍼, 스마트폰 갈취로 유흥비를 마련하여 생활하던 학생이었다. 선생님의 훈계로는 선도가 안 되고 항상 밖에서 친구들과 함께 폭행, 갈취를 일삼는다는 정ㅇㅇ 학생을 홀로 양육하는 할머니의 이야기를 듣고 경찰서에서 사랑과 정성으로 정ㅇㅇ학생을 교화하기로 결정하였다.

※ 2. 17일부터 카운셀링을 담당할 직원을 선정, 앞으로의 선도계획을 세우고 보호자에 알림

184) 김상순, 서울 강동 여청 경위.

구속 기간 10일동안 교화의 시간을 갖고 소년원 수감 후에도 담당 경찰관이 항상 보살펴 줄 것에 대한 믿음을 주었다.
조사만 받고 불구속 되어 금방 경찰서 밖으로 나갈 수 있을 것이라는 생각을 가졌던 정○○는 자신이 구속 되어 유치장에서 잠을 자야 한다는 것에 정신적으로 큰 충격을 받아 자포자기인 상태로 지내고 있었다.

담당 경찰관은 친자식처럼 사랑으로 보살펴 주었고 조사를 받기위해 유치장에서 나와 있는 시간과 직접 면회하는 시간에 삶에 대해 진솔한 이야기를 나누었다. 또한 충격으로 식사를 하지 못하는 학생에게 사식과 여자속옷 등을 넣어 주어 마음을 열게 하였다.

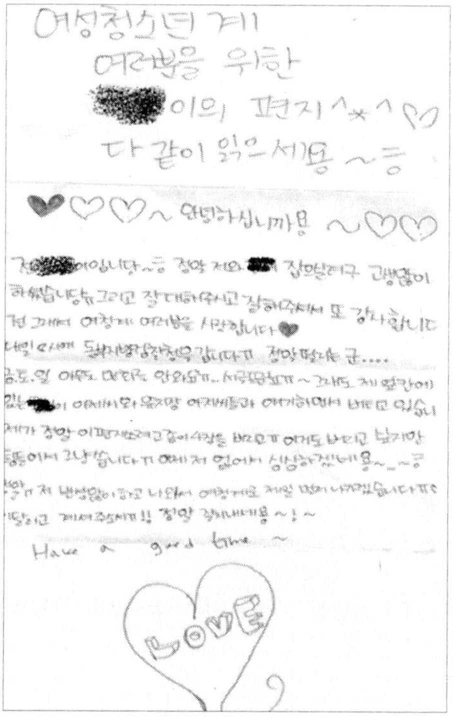
여성청소년계
여러분을 위한
[illegible]이의 편지 ^*^
다 같이 읽으세용 ~등
~ 안녕하십니까용 ~
[illegible]
Have a good time ~
LOVE

〈그림 2-12〉 담당 경찰관에게 보낸 편지

공감 U·n·d·e·r·s·t·a·n·d·i·n·g

가해 학생

처음 조사를 받을때는 반성보다는 빨리 나가서 돈을 빼앗아 맛있는 것을 사먹고 싶다고 생각했습니다. 하지만 제 자신의 잘못을 알고 이제는 남을 해하지 말고 학교에 복학하여 열심히 살 것입니다.

학부모

집안사정으로 할머니 혼자서 양육을 하게 되어 이러지도 저러지도 못하고 말도 듣지 않는 손녀를 많이 반성하게 만들어주어서 감사합니다. 앞으로 손녀가 사회에 나오게 되면 항상 담당 형사님을 찾아뵙고 상의하겠습니다.

3) "우리 아들 살렸어요" 극단적 선택 예방[185)]

피해 학생은 고등학교 진학 후 어깨가 축 쳐지고, 말수가 줄었다. 갑자기 야간 학습을 하지 않겠다고 우기고, 방에만 틀어 박혀 이불을 뒤집어쓰고 때로는 식은 땀을 흘리며 극도의 불안감을 보여 무슨 일이 있냐고 물었지만 대답이 없었다. 이를 지켜본 학생의 이모가 설득하여 학교폭력 피해사실을 알게 되고 경찰에 도움을 요청하였다. (3.8)

상담 중에도 극도의 불안감을 보여 심리안정을 위해 전문가 상담을 받으니 정신과 치료가 시급하다는 상담결과에 따라 보호자와 상의하여 학교 등교를 잠시 미루고 치료를 진행하였다. 또한 경찰이 꼭 보호해주고 가해자가 책임을 지도록 하겠다고 약속하자 피해사실을 진술하였다.(3.11)

피해 학생은 가해 학생 8명으로부터 지속적인 폭행, 빵셔틀 행위를 강요당했고 정서적 피해는 물론 배뇨장애라는 신체장애까지 발생하자 자살을 결심했었다는 진술을 하였다.

---

185) 이경만, 전주완산경찰서 여청 경장.

가해 학생들은 일명 일진 짱과 그 무리들로 공공연히 교실에서 폭행을 일삼고 금품을 갈취해온 것으로 학교 측에서 감지하고 있었으나 조치가 이뤄지지 않았던 것으로 파악되어 학교폭력 대책 자치위원회 통보로 징계절차 진행하고 가해자에 대한 사법처리를 진행했다.

공감 U·n·d·e·r·s·t·a·n·d·i·n·g

학생

자살에 대해 생각한 것을 후회하고 있습니다. 이번 상담을 통해 고민의 해결책을 찾을 수 있었으면 좋겠습니다.

보호자

아이가 느끼고 있는 스트레스가 이렇게 심할 줄 몰랐습니다. 큰 일이 닥치기 전에 자살을 방지해 준 경찰분들에게 감사드립니다.

상담사

대상 학생이 마음의 문을 굳게 닫고 있어, 상담의 어려움은 있었습니다. 하지만 지속적인 접촉을 시도하여, 신뢰감을 형성하고 주변에서 도움을 줄 수 있다는 믿음을 주기 위해 노력하고 있습니다.

4) 친구의 마음을 알게 되었어요[186)]

♥ 아이들은 격렬한 운동 중~

♩ 임실 OO초등학교 5학년 1반은 다른 학년, 학생들보다 더 주의력이 없고 산만한 분위기의 아이들이었다. 특히, 2학기에 전학을 온 김OO과 주의력결핍과잉행동장애(ADHD)를 겪고 있는 박OO 등 몇 명 되지 않은 반의 구성은 다양했다.

2012. 2. 8(수) 14:00경 개학하는 날 스쿨버스 내에서 김OO과 박OO 간에 사

186) 조종환, 전북 임실서여청 경사.

소한 다툼은 지난 2학기부터 시작된 불협화음에 도화선 역할을 해 부모들이 개입을 하는 상황으로 확대되었고,

♪ 박OO의 어머니는 2. 9(목) 10:00경 경찰서로 찾아 와 가해 학생 김OO에 대하여 학교폭력신고를 하고, 김OO의 어머니는 2. 16. 20:00경 117로 가해 학생 박OO에 대하여 학교폭력신고를 하였다. 신고내용 확인을 위해 상담사와 함께 부모의 면담과 교감선생님을 상대로 학교생활 등 아이들과 학부모에 대한 전반적인 이야기를 듣게 되었다.

3년 전 미국에서 이민을 온 박OO 학생은 주의력장애로 인해 현재까지 다른 학생들과 친화력이 떨어지고 결과적으로 왕따 피해를 당하였다는 학부모의 결론으로 이어졌고, 학부모와 학생 모두 미국 국적이나 한국에서 태어난 한국인들임에도 오랜 기간 미국에서 생활하여 한국적 정서에 어두운 면이 있었다.

2011. 2학기에 경기도 과천에서 전학을 온 김OO 학생은 작은 초등학교 분위기와 몇 안 되는 학생들의 선생님에 대한 지도에 대한 분홍빛 꿈으로 시골 생활을 시작하였으나 박OO과의 평탄치 않은 관계로 서로에게 왕따라는 이름으로 피해를 주는 친구로 변해갔다.

♥ 아이들의 운동은 이제 종반전~

♩ 학교폭력강의를 수차례 했지만 주의력 장애 학생을 직접 만나서 대화를 해보지 않아 많은 생각을 하며 아이들에게 다가갔다. 하지만, 아이들의 왕성한 활동으로 제대로 의사전달이 되지 않았다.

"너희들 지금처럼 계속 떠들면 창 밖에 아저씨랑 함께 온 무서운 아저씨가 있는데 소개할까?"

아이들은 무척 궁금해한다.

"정말 무서운 아저씬데, 그 아저씬 바로 이놈아저씨다! 이놈들!!!"

교실 전체가 웃음소리로 가득하다.

아이들의 웃음은 천진난만하다.

♪ 식상한 PPT나 교육이 아닌, 어긋난 길로만 가려는 친구들의 마음을 서로 어루만져주고 헤아릴 수 있는 대안으로 경기도 남양주에서 있었던 초등학교 5학년 집단따돌림 실제 피해 사례가 떠올라 상황극을 연출해보았다. 먼저, 학생들에게 실제 사례가 있었음을 알리고 함께 주인공이 되어보자고 제안을 하자 김OO과 박OO을 포함한 학생들 모두 적극적인 손짓을 보였다. 그 중 두 학생을 포함한 다섯명의 아이들에게 역할을 나눠 스스로 택할 수 있는 기회를 주고 극을 시작했다. 주의력 장애를 겪고 있는 박OO은 집단따돌림 피해자를 원했고, 김OO과 나머지 세명은 가해 학생이 되었다.

♬ 극은 시작되고,

네 명의 학생은 수시로 박OO을 보기 싫다며 갖은 욕설과 함께 잦은 폭행을 일삼았다.

☞ 극을 멈추고, 교실에 모인 학생들에게 조금 전 네 명의 학생들의 행동 중 어떠한 부분이 잘못되었는지를 묻고 욕설과 폭행은 죄가 됨을 또 집단이 되었을 때의 더 큰 잘못에 대해 정확히 이해시키고, 어떤 행동을 했을 때 내 감정보다 상대방이 싫어한다면 상대방의 감정이 더 중요함을 일깨웠다.

♬ 다시 극을 시작하고,

박OO은 의자에 앉아있고 나머지 가해 학생들은 그 주위를 둘러싸고 김OO은 청테이프로 박oo의 책상 주위를 약1미터 정도 동그랗게 붙여 영역을 표시하고 "여기에서 허락없이 나가면 가만두지 않겠다"는 위협을 한다. 이윽고 수업을 알리는 종이 울리자 김OO은 박OO의 책상위에 있던 책들을 영역표시 밖으로 던지고 다시 위협을 했다. 교실에 들어 온 선생님은 네명의 학생에게 위협을 당해 책을 줍지도 못하는 박OO만 문제아로 인식하고 꾸지람한다.

☞ 극을 멈추고, 다시 전체 학생들에게 조금 전 상황 중 어떠한 부분이 잘못되었는지 물었고, 대부분의 학생들은 여러명이 협박을 하고 책을 던지는 등 잘못된 것들이 어떠한 것인지 알고 있었다. 아이들에게는 법 조항을 들이밀지 않아도 선

과 악을 구분할 눈망울이 있었다. 다만, 법에 대한 지식을 더해 청테이프로 영역 표시를 하고 가만두지 않겠다는 위협을 하는 행동들 역시 죄가 됨을, 또, 실제 사례에서 피해 학생의 정신과 치료와 관련된 손해배상과 가해 학생의 선도조치 처벌 등에 대한 책임이 따름을 분명히 하고, 선생님에게 아무런 말도 하지 박OO 학생의 행동에 대해 앞으로는 선생님이나 학부모, 경찰아저씨에게 자신 있게 말할 수 있는 용기를 갖도록 하고, 더 중요한 것은 방관만 했던 나머지 학생들에게 신고는 고자질이 아닌 또 다른 피해와 가해 학생을 만들지 않도록 서로의 용기있는 노력임을 알려주었다.

♥ 아이들이 서로의 마음을 알게 된 기회이었길 바라며 신학기의 만남을 기약했다.

공감 U·n·d·e·r·s·t·a·n·d·i·n·g

교사

교감으로서 경찰관의 강의에 대해 감사하며 앞으로 지속적인 교육과 만남이 있기를 바랍니다.

5) 유도교실[187)]

경찰과 청소년간 거리를 좁히고 학교폭력 피·가해자, 비행청소년과 소통하고 그들을 진정으로 선도할 수 있을까를 고민하던 중, 12명의 학교폭력 피·가해자, 비행청소년들을 모집하여 경찰서 무도관에 무료 스포츠 체험 프로그램인 '청소년 유도교실'을 개설하였다.('12. 1. 31)

유도교실에 참여 중인 A는 작년에 공업고등학교 1학년을 다니다가 학교폭력을 당한 후 학교를 자퇴한 학생으로, 올해 부모님이 재입학을 시키려고 애를 쓰고 있으나, A는 당시 아픈 기억으로 인해 학교 진학을 완강히 거부하였다. 그런 A는

187) 장진규, 경기 안산단원여청 경장.

유도교실을 시작하면서 자신감을 다시 되찾았고, 경찰과 지속적인 대화를 통해 올해 꼭 재입학 하겠다는 다짐을 하게 되었다.
유도교실에 참여 중인 B는 다른 친구들과 함께 신입생 후배들을 물갈이를 한다는 명목으로 집단 폭력을 행사한 학교폭력 가해 학생이다. 유도교실을 통해 자신의 행동을 깊이 뉘우치고 다시는 다른 친구들을 괴롭히거나 때리지 않겠다고 다짐하였다.
유도교실에 참여 중인 C는 부모 없는 조부모 가정이고, D는 정신병이 있는 홀어머니 가정의 비행청소년으로 평소 운동을 하고 싶어도 가정 형편이 어려워 운동을 못했는데 무료 유도교실을 통해 운동하게 되어 기뻐하며 다시는 나쁜 짓을 하지 않겠다고 다짐하였다. (주차된 외제차량을 장난으로 파손, 타인의 신발, 옷을 훔쳐 본직에게 입건된 사실 있는 비행청소년이었음)
유도교실에 참여한 학생들에게 유도뿐만 아니라 개인고민 상담, 진학지도, 학교폭력 예방교육 등 전반적인 생활지도를 하고 있다. 또한 운동 후 정기적으로 학생들에게 학교폭력의 나쁜 점 등을 이야기해 주고 있다.(차후 금연 교실도 병행 예정)

유도교실은 일회성 학교폭력 예방 대책이 아니라 지속적으로 시행하는 진정성 있는 제도이다. 최초 12명의 학교폭력 피·가해자, 비행청소년 등으로 시작한 유도교실은 현재 학교폭력 피해자, 가해자, 일반 학생들 20명이 넘는 학생이 참여하고 있으며 보호자, 교사에게 큰 호응을 얻고 있다.

〈그림 2-13〉 유도교실은 매주 월~금요일 경찰서 무도관에서 운영 중

공감 U·n·d·e·r·s·t·a·n·d·i·n·g

참여학생

유도교실 너무 좋아요!, 형사님이 제가 본 경찰 중에 제일 자상하고 최고입니다.

학부모

아이에게 무료로 운동을 가르쳐주고 고민상담, 진학지도 등 전반적인 멘토링까지 해주셔서 감사할 뿐입니다.

교사

OO중학교 인권부장 선생으로서 '유도교실'과 같은 제도야말로 경찰이 지원하는 가장 좋은 제도라고 감히 말하겠습니다.

학원원장

학원 원장이지만 '청소년유도교실' 제도가 너무 좋은 것 같습니다. 제가 직접 운영하는 학원 수강생을 참여시켰을 정도입니다.

6) 애플타임으로 우리 한 마음이 되었어요[188]

OO중 학생들이 OO초등학교 6학년 학생을 대상으로 45회에 걸쳐 백여만원 상당을 갈취하였다. 사건 송치 후 멘티와의 전화통화에서 피해자의 대부분이 가해학생들이 재학 중인 학교로 진학하게 됨에 따른 심적부담이 있음을 알게 되었다. 가·피해자간 심적 앙금이 해소되지 못한 채 개학을 맞이한다면 피해자의 불안이 지속될 것이라 생각했다. 이에 경찰은 가·피해자가 한자리에 모여 진심으로 사과하고 이를 받아들임으로써 진정한 용서와 화해의 시간을 갖도록 '애플타임'을 시행하였다.

188) 정이순, 대전동부서 여청계 경위.

1차 멘토링은 피해 학생 7명과 학교폭력전담경찰관 등 4명이 부담 없는 대화를 나누기 위해 경찰관서를 벗어나 밖에서 상담을 실시하였다.
2차 멘토링은 가해 학생 10명과 학교폭력전담경찰관 등 4명이 가해 학생 보복범행의지 억제 및 원활한 학교생활 적응을 위한 상담을 실시하였다.
3차 멘토링은 가·피해 학생 17명과 보호자 등 28명이 함께하는 "애플타임(Apple Time) 실시하여 진심어린 화해를 유도하였다.

※ 애플타임(Apple Time): 진심어린 사과를 통해 서로 용서하고 화해하는 시간

공감 Understanding

가해 학생

죄인줄도 모르고 친구들과 몰려다니며 후배들을 괴롭혔는데 조사를 받은 후 잘못을 깨닫게 되었습니다. 다시는 이런 일이 없을 것입니다.

피해 학생

동네에서 매일 마주치고 중학교 진학하면 학교에서 보게 될 가해자들이라서 불안했습니다. 하지만 경찰관이 확실하게 보호해 주는 모습을 본 후 마음 놓고 중학교에 진학할 수 있을 것 같습니다. 감사합니다.

가해 학생 학부모

피해자들과 피해자 부모에게 진심으로 사과 할 수 있는 시간을 마련해 줘서 고맙습니다. 제 딸이 이렇게 사과하는 모습을 보고 변화되길 바랍니다.

7) 학교폭력 가해자에서 예방 전도사로[189)]

'12. 2. 10 서울 성북구 ○○중학교에서 강압적 졸업식 뒤풀이가 예정되어 있다는 학교 측 제보를 입수하고 뒤풀이 예상 장소에 대한 순찰활동 중 선배 6명으로부터 뒤풀이 물품(계란, 밀가루, 까나리액젓, 물엿, 식초)을 받아 졸업생 9명이 뒤풀이 행사를 한 것을 적발하였다. 행사에 가담한 선배 6명, 졸업생 9명 등 학부모 전원 소집하여 학생 진술서, 학부모 각서를 받고 학부모-학교측과 협의 후 성북서에서 운영 중인 저위험군 청소년 대상 선도프로그램인 'Pol-school'에 참여하는 것을 조건으로 선도하였다.

'12. 2. 15~21. 19:00~21:00(토·일 제외 5일간) 학생·학부모 대상 Pol-school 입교

구 분	맞춤형 프로그램 내용
1~4일차	비행청소년 및 청소년 유해환경 밀집지역 지역경찰관과 순찰활동
5일차	학교폭력 관련 동영상 시청 / 법교육 / 범죄예방교육 / 유치장·지령실 견학 / 체험서 작성 / 소감발표

이와 같은 프로그램의 기대효과는 비행청소년 및 청소년 유해환경 밀집지역 순찰활동으로 참여 학생이 주체가 되어 활동함으로 인해 자신을 되돌아볼 수 있는 기회 제공하였다. 부모와 함께 순찰활동 참여로 부모·학생간의 대화 시간 유도하고 법교육, 범죄예방교육을 통해 학교폭력 예방 효과 기대, 체험서 작성 및 참여 전·후 소감 발표로 자신을 돌이켜 보는 계기 마련 등이 있다.

189) 안성순, 서울 성북여청 경장.

공감 U·n·d·e·r·s·t·a·n·d·i·n·g

가해 학생

순찰활동을 통해 경찰아저씨들이 얼마나 힘들게 일하시는지 알았습니다. 또한 폭력에 대해 잘 몰랐는데 법교육을 통해 자세히 알게 되었고, 학교폭력에 대해 대수롭지 않다고 생각했는데 심각성을 알게 되었습니다. 이번 프로그램을 통해 더 성숙한 사람이 되어 학교폭력 예방 전도사 역할을 하겠습니다.

학부모

아이와 많은 대화의 시간이 마련되어 좋았고 이번을 계기로 아이가 변화하는 모습을 볼 수 있어 좋았습니다. 경찰 여러분들이 주신 많은 관심에 감사드리고 부모 역할에 대해 다시 한번 생각할 수 있게 하는 좋은 기회가 된 것 같습니다.

8) "쌍무덤클럽" 해체[190)]

'쌍무덤 클럽'은 4개 중·고교의 짱으로 구성된 무리로 해당 구성원 12명이 주의력결핍장애(ADHD)를 가진 피해자 중학생 최00군과 심신이 나약한 고등학생 강00군을 폭행하였다. 이러한 피해사실을 피해자 학교의 교사로부터 제보받고 지속적인 탐문 수사를 통해 가해 학생 12명을 검거하였다.

※ 4. 5. 가해 학생 12명 조사(입건 7명, 불입건 선도 5명)

가해 학생들은 피해 학생이 장애를 가지고 있고 심신미약이라는 점을 이용하여 개화산 내 쌍무덤 등지에서 수시로 폭행하고, 피해자들끼리 결투 하게 한 후제대로 싸우지 않는다며 서로의 성기를 순차로 빨고 항문에 성기를 삽입 시도하는 등 상습적인 폭행, 성폭력을 자행하였다. 충격이 컸을 피해자에게 서포터 활동 중점을 두어 사건 접수 후 경찰관 2명을 피해 학생의 각각 서포터로 지정하였다. 보복피해 및 학교적응여부 등을 지속적으로 확인하고 학생과 신뢰관계 형성하였

190) 김정섭, 서울청 강서서 경위.

다. 또한 피해 학생을 피해자 지원제도인 (사) 한국피해자지원협회(KOVA)의 심리 전문상담사 연결하여 지속적인 상담 · 심리 치료 등 전문적 지원을 받을 수 있도록 조치하였다.(전문 심리 상담사의 심리 치료로 정신적 피해 회복할 수 있고 학생들의 심리 상태가 빠르게 안정되는 효과를 봄)

피해 학생뿐만 아니라 부모님을 뵈로 방문하고 전화로 수차례 연락을 하여 민 · 형사상 법률 자문과 피해자 지원책에 대해 상세히 설명하였다.

가해 학생은 학교폭력대책위원회에 주기적으로 참석시키고 가해 학생에게 1:1멘토를 지정하였다. 학생 · 학부모 · 교사와 주기적으로 연락하여 가해 학생의 범죄심리를 억제하고 원활히 학교 생활에 적응할 수 있도록 지원하였다.

가해 학생 12명의 경우 with-이안愛선도프로램(자체청소년선도프로그램)을 진행하였고 학업을 위해 관내 청소년공부방 인계, 사랑의 교실 등 청소년 선도프로그램 연계하였다. 이와같은 프로그램을 통해 다시는 학교폭력을 행사하지 않겠다는 다짐을 받았고 재발방지에 최우선으로 노력하고 있다.

피해 학생이 심신미약자임을 유념하여 보다 신속하게 한국피해자지원협회의 연계하는 등 신속한 조치를 취한 것이 피해자의 신체적 · 정신적 피해를 최소화할 수 있었던 좋은 사례라고 할 수 있다.

공감 Understanding

가해 학생

경찰 측에서 마련한 청소년선도프로그램에 참여한 후 뒤늦은 반성과 후회를 하였습니다. 이를 계기로 피해 학생에게 다시는 2차 피해가 없도록 노력하겠습니다.

피해학생

전문적인 심리 상담사를 통해 신체적 피해는 물론, 정신적 피해에 대한 심리 치료를 통해 마음의 안정을 되찾았습니다. 경찰의 적극적인 가해 학생 선도활동으로 안심하고 학교를 다닐 수 있어 너무 좋습니다.

4. 학교폭력 해결이 먼저다

1) 템플스테이[191)]

피해 학생 학부모가 아들의 학교폭력 피해 때문에 음독자살을 기도했다는 첩보를 입수한 후 학교폭력합동전담팀을 구성하여 내사 착수하였다.

피해자 및 부모를 면담으로 설득하며 신뢰를 형성하였고 피해 진술을 확보했다. 가해자 부모 입회 조사 및 전문가 상담을 실시하고 학교폭력전담경찰관을 멘토로 지정하였다. 드림팀 회의를 2회 개최한 후 10명을 선도조건부 불입건하였다.

선도 프로그램 운영 : 부모와 함께 참여하여 대화를 통해 마음의 벽을 허물고 참회하는 시간을 가졌다. 입제식을 시작으로 108배를 하면서 자기 자신을 반성하고 서로를 이해하도록 하였다. 경찰서장 및 부모님의 편지 등을 읽어 나가면서 나에게는 장난이지만 친구에게는 아픔이었다는 것을 깨닫게 하고 서로 화해하도록 유도했다. 가해자들은 앞으로 친구를 이해하고 잘 지내겠다고 다짐하였다.

〈그림 2-14〉 템플스테이

191) 김상덕, 전북 부안생안 경위.

공감 Understanding

피해 학생 부모

4년동안 아이의 문제를 해결하지 못해 우울증까지 걸렸습니다. 하지만 이제 우리 아들도 친구가 생긴 것 같아 너무 좋습니다.

가해 학생 부모

설마 우리 아들은 아니겠지 했는데 이런 일이 일어나서 큰 충격을 받았습니다. 이제 아들과 많은 대화를 하면서 이해하도록 노력해야겠습니다.

학교측

경찰에서 학교폭력에 대해 선도위주로 처리하는 것을 보고 너무 놀랐습니다. 학생들이 템플스테이에 다녀와서 표정이 매우 밝아져 성실히 학교생활을 수행하고 있습니다.

2) 중고생에게 군고구마 판매강요[192)]

견인차 기사인 피의자 이○○(남, 24세) 2010년 12월과 2011. 12. 10 ~ 같은 달 27.경까지 자신의 지역 후배인 중·고생들 5명에게 겨울철에 군고구마 판매를 강요하여 매일 고구마 장사가 끝나면 수익금 전액을 자신의 견인차 사무실로 가지고 오게 하여 갈취하였다.

피의자는 학생들에게 자신에 대해서 다른 곳에 일체 말을 하지 못하도록 협박을 하였고, 일을 쉬고 싶으면 자신의 허락을 받도록 하였으며, 고구마 판매 학생 중 일을 그만하려고 하면 죽여버린다고 협박하고 1명이 그만두면 반드시 다른 1명을 대타로 정하도록 지시하였다.

학교폭력 미신고 피해사례 입수하기 위해 외근활동 중 해당 피해 사실을 알고,

---

192) 이대오, 전남 나주여청 경사.

당시 군고구마를 판매하던 학생들의 인적사항을 확보하였다. 학생들과 이야기한 바, 처음엔 자신들이 돈을 모아 아르바이트 차원에서 군고구마를 판매하였다고 하였으나 끈질긴 설득과 보복폭행을 막아준다는 확신을 주어 진술을 확보할 수 있었다. 경찰에 대한 신뢰를 형성하여 해결할 수 있었던 사례이다.

공감 U·n·d·e·r·s·t·a·n·d·i·n·g

관련 학생

보복이 두려워 위와 같은 연계 고리에 대해 진술을 하지 않으려 했지만 형사님이 신뢰를 심어줌으로써 말할 수 있었습니다.

시민들 반응

해년마다 되풀이되는 학생들의 군고구마 장사를 그저 애들의 아르바이트겠거니 하고 생각하였는데, 학교폭력과 관련된 것인지 몰랐습니다. 지금까지 몰라서 되풀이되는 피해 사례를 앞으로도 경찰이 계속 밝혀 내 학교폭력 근절에 힘 써주시길 바랍니다.

3) 대물림 학교폭력 사전 예방 활동[193)]

피의자 김00(중2) 등 5명은 자신들이 다니던 학교 선배들이 2010년도에 결성한 폭력서클 '북구본'의 행동을 그대로 모방하여 같은 학교 후배들에게 약 2개월 동안 정기적(매주 수·토요일)으로 금품을 상납 받고, 돈을 모아 오지 않으면 공원으로 끌고 올라가 강제로 술을 먹이고 각목으로 폭행하고, 길을 가던 피해자의 옷을 빼앗아 팬티만 입혀 집으로 보내는 등 총 20회 걸쳐 200만원 상당의 금품을 상습 갈취하고 폭력을 행사한 사건이다.

2010년 '북구본'에 가입했던 학생들을 가해자인 동시에 피해자로 인식하여 학생

193) 이호철, 대구 북부서 여청 경위.

들에 대한 지속적인 관찰의 필요성을 느끼고 1년 동안 가해 학생과 수시로 만나 학교방문, 지도교사 면담을 통해 재범 여부 및 지속 관찰(해당 학생들은 현재까지 재범 없음)활동을 하였다.

또한 해당학교 담당 학생부장 선생님을 통해 '북구본' 재결성 여부에 대해 지속적으로 관심을 가지고 관찰하였다. 학교 내방 및 주변 하교시간에 학교를 나오는 학생들에게 최근 소년원에서 출소한 선배가 '북구본'을 모방해 후배들의 돈을 갈취하고 다닌다는 첩보를 입수하였다. 처음 첩보를 제공한 김00학생은 보복 피해가 두렵고 직접 피해자가 아니라는 이유로 신고를 하지 않으려고 했다. 하지만 경찰에서 익명을 보장하겠다는 설득을 1개월간 한 끝에 해당 피해자 인적사항 등 신병확보(부모와 동석 하에 조사) 및 피해 장소일대 CCTV일체 분석, 동영상 확보하여 피의자들을 파악할 수 있었다.

공감 Understanding

학교

담당형사의 지속적인 방문과 예방활동에 적극 공감하고 있습니다. 2년간 지속적으로 관심을 가져주시고 피의자 검거 당시 바로 학교 측에 통보하여 또 다른 피해자가 발생하지 않도록 하고 전교생 문자 발송으로 추가 피해를 예방한 것에 감사를 드리고 싶습니다.

피해 학생 부모

경찰 수사 이후 아이가 한결 편안해진 모습으로 학교생활을 하고 있습니다. 감사합니다.

가해 학생 부모

생계에만 매달리다 보니 우리 아이에게 관심을 덜 가졌는데, 이번 일을 계기로 아이의 학교생활에 대해 더욱 관심을 가지게 되었습니다.

4) "신고하길 너무 잘했어요" 피해학생 회복[194)]

"성희롱으로 처벌 받으면 벌금이 얼마나 되나요"

지구대를 방문한 중2여학생, 이에 학교폭력 전담경찰관이 즉시 상담하였다.

극도의 불안증세와 종교인(목사)인 아버지가 알게 되는 것을 두려워하는 피해학생에게 꼭 도와주겠다는 마음을 전했다. 같이 불안감에서 해방될 수 있도록 용기를 내보자고 설득 하자 피해 학생은 입을 열기 시작했다. 학원 친구 2명이 자신의 몸매에 관한 얘기를 하였다는 이유로 1시간30분 동안 피해 학생을 폭행하고 얼굴에 그림을 그리고 무릎을 꿇게하여 동영상을 촬영한 후 10만원을 주지 않으면 사이트에 공개하겠다고 협박한 것이다. 먼저 피해 학생의 안정을 위해 심리상담을 받게 하고 교사와 협조하여 봄 방학 중인 학교로 가해 학생을 출석하게 하였다. 그리고 동영상 파일을 임의제출 받아 삭제한 후 배포를 신속히 차단하였다.

엄격한 아버지가 무서워 차라리 다량의 수면제를 먹고 병원에 실려가 자연스럽게 알게 할까..라는 생각까지 한 피해 학생, 이런 심정을 그대로 부모님께 전하여 서로 허심탄회한 대화의 기회를 제공하였고 부녀가 눈물로 화해할 수 있었다. 가해 학생들은 선도 프로그램을 연계하여 역할 바꾸기 등 피해자 감정을 경험하도록 하고 자신의 행위를 객관화 하여 반성의 시간을 갖도록 하였다. 또한 부모님 동의 하에 어떻게 책임질 것인가 스스로 계획서를 작성하도록 하였다.

이번 사례는 경찰관서를 방문한 학생의 용기 있는 결정을 지지하고 격려하며 어렵지만 꼭 도와주겠다는 신뢰감을 주어 피해사실을 파악한 것과 조기 개입하여 추가 피해를 방지한 것이 의미가 깊다. 다만 아쉬운 점은 학교, 교사의 확고한 약속이 담보되지 않아 피해 학생이 결국 타도시로 전학을 가게 된 것이다. 경찰의 역할이 가진 한계를 느낄 수 있는 부분이다.

---

194) 최갑열, 전북 전주완산여청 경위.

공감 Understanding

교사

겉으로 보기에는 문제가 없던 아이들이라 해당 사건을 알았을 때 놀랐습니다. 경찰에 대해서는 부정적으로만 생각했는데 해결하는 모습을 보니 긍정적으로 인식이 바뀌게 되었습니다.

가해 학생

저희도 잘못하고 있다는 것을 잘 알고 있지만 막상 행동을 교정할 계기가 없었습니다. 이렇게 다 밝혀지니 속이 후련합니다. 처벌을 기꺼이 감수하고 책임지는 모습을 보이겠습니다.

피해 학생

너무나 불안해서 죽을 생각도 했습니다. 경찰 아저씨를 믿고 의지한게 정말 잘한 일 같습니다.

5) "빼빼로데이"엔 후배들의 돈을 받아도 되지 않나요?[195)]

농촌 소규모 중학교(전교생 69명)에서 2학년 임00(14세, 여)이 자신의 남자친구와의 만남 100일, 200일이나 '빼빼로데이 등' 특정 기념일 때마다 1학년 후배 여학생 6명에게 1, 000~2, 000원 가량의 돈을 받아 남자친구 선물구입 비용으로 사용하고 돈을 돌려달라고 요구하는 일부 피해자를 폭행하였다.(이 과정에서 2학년 6명이 같이 욕설을 하는 등 가세)

조사결과 가해자들과 피해자들은 모두 초등학교 때부터 친하게 지내왔던 사이고 전교생이 69명에 불과해 사실상 전교생 모두가 알고 지내는 소규모 학교에서 발생한 일이었다.

---

195) 김석주, 전남 해남서여청 경장.

가해자 임00이 피해자들로부터 걷은 돈은 총 14, 000원에 불과하여 피해액이 크지는 않았다. 하지만 조사과정에서 가해자는 "원래 빼빼로데이나 선배들의 100일, 200일 기념일에는 예전부터 후배들이 돈을 모아 선물을 사주는 관례가 있어요"

라며 자신의 행동이 범죄라는 것을 모르고 있었다는 것이 큰 문제였다.

사건은 양측 부모들이 모두 합의하여 처벌을 바라지 않았고 피해금도 변제한 점 등을 참작하여 안전Dream팀 회의를 통해 가해자들을 선도 조치하였다.

공감 Understanding

가해 학생

기념일 등 관례라고 하더라도 후배들이 주기 싫은 돈을 반강제로 받는 것은 범죄라는 것을 알았습니다.

피해 학생

처음 선생님들에게 이야기 하였을 때는 해결이 되지 않았는데 경찰에 신고를 하여 모든 일이 해결되었습니다. 앞으로도 이런 일이 생기면 경찰에게 꼭 알려야겠습니다.

학교 측

비록 소규모 학교라도 학교폭력이 존재 할 수 있다는 것을 알았습니다. 앞으로 더욱 충실한 지도 관리하겠습니다.

보호자

경찰은 무조건 처벌만 한다고 생각했는데 이처럼 아이들을 위하여 선도처분을 해주셔서 감사합니다.

6) 삶의 희망[196)]

최○○(중 2)라는 학생이 친구들에게 왕따를 당해 자살을 시도하여 피해내용을 학교에 알렸으나 학교에서 묵인했다는 신고를 접수받았다.(2. 9)

위 신고내용을 확인하기 위하여 최○○의 집에 방문하여 면담을 실시했다. 엄마는 10년 전에 가출하였고 2010년 여름에 아빠가 암에 걸려 의식이 거의 없으신 상태이며, 같이 살고 있는 할머니는 건강이 좋지 않아 의지할 수 있는 어른이 안 계신 상황이었다. 피해자는 집안 사정과 왕따를 비롯해 여러 가지로 힘들어 죽기 위해 집에 있는 모든 약을 모아서 삼켜 자살을 기도했으나 아무런 일도 일어나지 않았다.

약을 먹은 후 최○○ 스스로 담임 선생님(문○○)을 찾아가 사정 이야기를 하고 도움을 요청하였으며, 담임 선생님이 교육지원청 wee센터에 연계해주었다.

해당 학생은 아버지의 병환, 가정문제 및 왕따 등 여러 가지로 힘들어 2010년 겨울에 농약을 마시고 또 다시 자살하려 했으나 상담 선생님 말이 떠올라 포기하였다고 한다.

신고와 같이 왕따 및 가정문제 등 여러 가지 복합적인 문제로 최○○의 자살시도는 있었으나 학교에서 묵인한 사실은 없었다. 하지만 최○○의 심리적 안정감 및 물질적 지원이 필요하다고 판단되어 멘토 및 청렴동아리인 녹차향 청렴메아리에 물질적 지원을 요청했다.

처음에는 멘토 및 물질적 지원에 대한 거부감을 표시하였으나 지속적인 상담으로 점차 마음을 열었고 '예전처럼은 아니지만 친구들과 잘 지내고 있어요, 부족한 건 참고서를 사지 못하고 있다는 거고요...' 등 자신의 의사표시를 명확하게 하는 학생으로 변화하였다.

---

196) 문 진, 전남 보성여청 경장.

공감 U·n·d·e·r·s·t·a·n·d·i·n·g

학생

경찰관이 처음 집에 찾아 왔을 때 너무 무서웠고 가까이 지내고 싶지 않았습니다. 하지만 상담 선생님을 통해서 저랑 연락을 하려고 애쓰시는 모습도 감동이었고 또한 물질적인 도움까지 주셔서 너무 고맙게 생각합니다〈 가해 학생〉.

기념일 등 관례라고 하더라도 후배들이 주기 싫은 돈을 반강제로 받는 것은 범죄라는 것을 알았습니다.

교사

최근 범죄예방 골든벨 프로그램 진행 뿐만 아니라 직접 학생들까지 돌봐주시는 모습이 평소 경찰에 대해 가지고 있던 나쁜 이미지가 모두 사라지게 되는 계기가 되었습니다.

제2장

학교폭력 MANUAL

제1절 폭력에 멍든 아이들

1. 혹시 우리 아이가?

지난 2011년, 전국의 초·중·고등학교 학생들을 대상으로 학교폭력 실태를 조사한 바에 따르면, 학교폭력을 1회 이상 당한 경험이 있다는 학생이 18.3%, 1회 이상 가해를 한 경험이 있다는 학생이 15.7%에 달했다. 10명 중에 2명 정도의 학생이 학교폭력 피해를 당했고, 가해를 한 경험이 있다는 얘기다.

그러나 아이들은 학교폭력을 아이들끼리의 일이라고 생각하며, 자신이 약하고 못난 존재라고 생각해 누구에게도 말하기를 꺼리는 경향이 있다.

게다가 선생님 등 어른에게 말한 것이 알려질 경우, 더욱 심한 보복 폭행을 당한다고 생각하기 때문에 입을 열지 못한다.

그래서 부모는 물론 담임 선생님조차 반에서 일어나는 폭력에 대해 전혀 모르고 지나치는 경우가 많다고 한다. 그러다가 폭행 사실을 알게 될 때는 폭력이 장기화되어 피해 학생이 많은 상처를 입은 경우가 많다. 그럴 경우, 아이의 부모는 폭력 사실을 알고 분노가 폭발하게 되며, 사태를 이성적으로 처리하기 어렵게 된다.

그런 사태를 막기 위해서는 평소 우리 아이가 학교폭력을 당하거나 혹은 가해하는 것은 아닌지를 유심히 살펴보고 체크하는 것이 필요하다. 학교폭력을 당하고 있는 아이들은 다음과 같은 징후가 나타난다고 하니, 우리 아이에게는 이런 징후가 나타나고 있지 않은지 유심히 살펴보자.

〈학교폭력 피해 학생의 징후〉

- 몸에 상처나 멍이 있다.
- 뚜렷한 증상 없이 머리나 배 등이 아프다고 한다.
- 밤에 잠을 잘 자지 못하고, 식은땀을 흘리거나 신음 소리를 낸다.
- 작은 일에도 깜짝깜짝 놀라며, 불안하고 초조한 기색을 보인다.
- 부모와 눈을 잘 마주치지 않고, 혼자 있으려고 한다.
- 전에 없이 폭식을 자주 한다.
- 다른 아이의 이야기라고 하면서 학교폭력으로 입은 피해에 대해 말한다.
- 전에는 관심 없던 격투기나 태권도 학원 등에 보내 달라고 한다.
- 전에 비해 유난히 화를 자주 내고 눈물을 보이는 일이 자주 있다.
- 컴퓨터게임을 과도하게 하며, 그러면서도 즐거워하는 것 같아 보이지 않는다.
- 전에 비해 용돈을 자주 요구하고, 때로는 훔치기도 한다.
- 복수나 살인, 칼이나 총 등에 관심을 보인다.
- 전화가 와도 받지 않으려 하고, 불안해한다.
- 학용품이나 옷, 신발 등이 자주 없어지거나 망가지고, 또는 빌려 주었다고 한다.
- 노트나 책, 가방 등에 다른 아이들이 한 낙서가 많이 있다.
- 학교 성적이 갑자기 뚝 떨어진다.
- 이유 없이 학원이나 학교에 가지 않겠다고 떼를 쓴다.
- 등·하교 시에 늘 타던 버스가 아닌 다른 버스를 타거나 걸어와 시간이 많이 걸린다.

이런 징후가 관찰될 경우, 야단을 치거나 주변 친구에게 묻지 말고 조심스럽게 살펴보아야 한다. 야단을 칠 경우 오히려 아이가 입을 닫아 버릴 수 있으며, 주변 친구가 가해 학생일 수도 있기 때문이다. 아이와 대화를 하며 공감해 주고 신뢰를 심어 주어 자연스럽게 털어놓을 수 있도록 유도해야 한다.

2. 학교폭력 예방 교육의 필요성

학교폭력은 남들이 보지 않는 외딴 곳에서 이루어질 때도 있지만, 많은 경우 아이들이 보고 있는 앞에서 이루어질 때가 많다. 아이들이 보고 있는 앞에서 자신의 강함을 드러내고 위계질서를 만들기 위해 의도적으로 폭력을 행사하는 경우가 많기 때문이다. 그럴 경우, 주변 아이들이 피해 학생을 돕지 않으면, 폭력의 가해 학생은 더욱 의기양양해지고, 피해 학생은 더욱 불안을 느끼며 자존감을 잃게 된다. 학교폭력을 당하는 아이들이 쉽게 위축되고 두려움을 갖게 되는 이유이다. 학교폭력이 이루어질 때 아이들이 취하는 입장은 대개 8가지 유형으로 나눌 수 있다.

〈학교폭력 관련 학생들의 8가지 유형〉

- 가해 학생 : 장난치고 괴롭히기를 좋아하며, 주도적으로 다른 아이를 괴롭히고 먼저 폭력을 행사하기 시작하는 아이이다.
- 동조자 : 먼저 폭력 행사를 시작하거나 주도하지는 않지만, 가해 학생과 마찬가지로 괴롭히기를 좋아하며 폭력에 대해 긍정적으로 생각하는 아이이다.
- 조력자 : 폭력에 직접 참여하지는 않지만, 폭력이 이루어지는 상황에서 보고 웃거나 말로 거드는 등 소극적으로 괴롭히는 아이이다.
- 소극적 조력자 : 폭력이 이루어지는 상황에서 겉으로 표현하지는 않지만, 괴롭히는 것을 인정하고 좋아하는 아이이다.
- 방관자 : 폭력에 참여하지도 않고 그쪽을 보지도 않으며, 자신의 일이 아니니 상관않는다는 태도를 취하는 아이이다.
- 소극적 방어자 : 폭력을 싫어하고 피해 학생을 도와주어야 한다고 생각은 하지만, 아무 행동도 하지 않는 아이이다.

- 방어자 : 폭력을 싫어하며, 피해를 당하는 아이를 돕거나 도와주려고 노력하는 아이이다.
- 피해 학생 : 피해를 당하는 당사자이다.

반 아이들은 가해 학생 동진이를 비롯하여 동조자, 조력자, 소극적 조력자, 방관자, 소극적 방어자의 역할을 하고 있다. 서진이를 도와주는 방어자는 하나도 없다. 그중 혁이가 방어자가 될 가능성이 있었지만, 자신도 괴롭힘을 당할지 모른다는 두려움 때문에 방어자로 나서지 못한다. 그러다 결국 자신도 드러나지 않는 피해 학생이 되고 만다. 지금 우리 아이들이 다니고 있는 학교는 이처럼 학교폭력을 보고도 동조하거나 모른 체하거나 피할 뿐, 그것을 막으려고 나서는 아이는 거의 없는 실정이다. 이렇게 성장하는 아이들이 나중에 어른이 되어 사회에 나가면 폭력에 대해 어떤 태도를 가지게 될지 우려스럽기만 하다. 눈에 보이는 폭력이든 보이지 않는 폭력이든 그것을 방조할 때, 우리 사회에는 폭력을 행사하는 괴물이 크게 자라날 수 있기 때문이다. 그리고 그 괴물이 커질수록 피해 학생들은 꼼짝 못하고 당할 수밖에 없게 된다. 우리 아이들이 그런 사회에서 살게 해서는 안 된다. 그러기 위해 학교폭력 예방 교육을 하는 것도 한 방법이다. 학교에서 혹은 집에서 어떤 행위가 학교폭력에 해당하는지, 폭력이 일어났을 경우 피해 학생과 가해 학생은 어떤 피해를 입게 되는지, 또는 어떤 처벌을 받게 되는지, 폭력이 일어나지 않게 하기 위해서는 어떻게 행동해야 하는지 등에 대해 아이들에게 알려 주어야 한다.

혁이도 학교폭력 예방 교육을 받고 남을 괴롭히는 모든 행동이 범죄행위가 될 수 있음을 알고, 서진이를 위해 신고를 하는 용기를 보인다. 아는 것이 행동을 하기 위한 발판이 되는 것이다. 학교폭력 관련 도서를 비치하여 아이들이 읽게 하는 것도 한 방법이 될 것이다.

물론 예방 교육만으로 모든 것이 해결될 수는 없다. 그에 이은 다양한 노력들이 뒤따라야 할 것이다.

3. 학교폭력 가해의 이유는?

학교폭력을 당하는 아이의 경우, 육체적으로 직접적인 상처를 입을 뿐만 아니라, 자신감을 잃고 위축되어 우울증을 앓기도 하고 학습 능력이 떨어지기도 한다. 또 앞의 사례에서 보는 것처럼 심리적인 불안과 분노가 해결되지 않아 질병이 되어 나타나기도 한다. 그로 인해 피해 학생 본인뿐만 아니라 피해 학생의 가족도 함께 피해를 입는다. 치료를 위한 경제적, 시간적 피해뿐 아니라 억울함과 분노가 피해 학생 가족에게 상처를 입히기 때문이다.

이렇듯 학교폭력은 피해 학생과 그 가족에게 심각한 피해를 입히는 경우가 많은데, 정작 가해 학생은 그 심각성을 모르는 경우가 태반이다.

2011년 전국 학교폭력 실태 조사에 의하면, 학교폭력을 가하는 학생들의 가해 이유가 다음과 같이 조사되었다.

〈학교폭력 가해 이유〉

- 이유 없음 17.7%
- 장난으로 34.3%
- 스트레스 때문에 3.0%
- 친구나 선배 등이 시켜서 4.9%
- 오해와 갈등 때문에 8.4%
- 상대 학생이 잘못해서 19.8%
- 화가 나서 9.3%
- 보복하기 위해 2.6%

이유 없음(17.7%), 장난으로(34.3%), 스트레스 때문에(3.0%)라는 답이 모두

합치면 무려 55%에 이른다. 가해 학생들의 반 이상이 특별한 이유 없이 폭력을 행사하는 것이며, 그로 인해 피해 학생이 받게 될 고통에 대해서는 생각하지 않는다는 얘기다. 물론 그로 인해 자신이 처벌받게 되리라는 생각도 하지 않을 것이다.

그런데 아이들은 정말 아무 이유 없이 폭력을 행사하는 것일까? 연구자들은 특히 남자아이들의 경우 학기 초에 폭력을 행사함으로써 학교 내 위계질서를 만든다고 말한다. 그것은 어른들은 모르는, 또래 사이에서의 힘에 의한 위계질서이다. 민주 사회에서는 용인되기 어려운 폭력에 의한 힘의 위계질서가 아이들 사이에 만들어지는 것은 우리 사회가 민주적인 외피를 입고 있을 뿐, 실제로는 민주적이지 않은 방향으로 가고 있다는 것을 반영하는 것은 아닐까? 실제로 아이들 중에는 어른들 사이에도 형태만 다를 뿐 폭력이 이루어지고 있는 것 아니냐고 항의하듯 말하는 아이도 있었다. 학교폭력에 대해 어떤 이는 우리 사회가 아이들에게 극단적인 경쟁을 요구하고 있기 때문이라고 진단하기도 한다. 과도한 경쟁 속에서 아이들은 자신의 경쟁력을 높이는 것에 힘이 부치게 되고, 그래서 좀 더 쉬운 방법으로 다른 학생들의 경쟁력을 떨어뜨리는 쪽을 선택하게 되는데, 그 방법으로 폭력적인 교실 질서를 만들어 낸다는 것이다. 어느 쪽이든 직접적인 것은 아니어도, 어른들이 아이들의 폭력 성향을 조장하고 있음을 암시한다. 아이들에게 교육을 하고 징계를 하여 폭력을 막는 것도 중요하지만, 어른들이 민주적인 사회, 함께 사는 사회를 만들어 나가는 노력을 병행해 나가야 한다는 것을 일깨우는 대목이다.

4. 청소년의 자살 어떻게 해야 하나?

학교폭력에 의한 아이들의 자살이 심각한 사회적 문제가 되고 있다. 2011년에도 서울 목동에서 중학교 여학생이 왕따와 폭력 때문에 자살했으며, 경북 영주에서 남학생이, 대전에서도 여학생이 왕따와 집단 폭행 때문에 자살했고, 대구에서 남학생이 학교폭력을 견디다 못해 자살했다. 대구 남학생의 경우, 가해 학생들이 돈을 빼앗고, 게임과 숙제를 시키고, 공부를 못하게 방해하고, 구타를 하고, 집의 비밀번호를 알아 마음대로 드나들며 음식을 먹어 치우고, 심지어는 물고문에, 전깃줄을 목에 걸어 끌고 다니며 부스러기를 먹게 하기까지 했다고 한다. 아이들이 같은 반 친구를 이렇게까지 몰인격적으로 대하며 괴롭힐 수 있다니, 정말 놀랍고 걱정스러운 현실이 아닐 수 없다. 이런 취급을 받으며 학교를 다녔을 피해 학생을 생각하면 얼마나 고통스럽고 자신이 형편없게 여겨졌을까 싶어 가슴 한쪽이 아리듯 아파 온다. 문제는 이런 아이가 그저 뉴스 속에 나오는 모르는 아이가 아니라, 바로 우리 아이일 수도 있다는 점이다. 학교폭력으로 인해 자살한 학생들의 부모 대부분이 자기 아이가 자살할 거라곤 꿈에도 생각지 못했다고 한다. 대구 학생의 경우는 부모가 모두 교사였음에도 불구하고 아들이 그런 괴로움을 당하고 있는 것을 눈치조차 채지 못했다.

아이들은 보복이 두려워서 얘기를 못하기도 하고, 자신이 학교폭력이나 왕따를 당하고 있다는 것이 창피해서 이야기하지 못하기도 한다. 게다가 전문가에 의하면, 아이들은 아동기에는 공포와 분노의 감정들을 직접적으로 표현하지만, 청소년기가 되면 그 감정을 마음속 깊은 곳에 감춰 두게 된다고 한다. 이런 표현하지 못하는 공포와 분노의 감정은 불안, 초조, 우울, 혐오감 등으로 변하고, 그것은 우울증으로 바뀌기 쉽다. 청소년 우울증의 특징 중 하나는'가면성 우울증'이 많다는 것이다. 우울한 감정이 마치 가면을 쓰고 있는 것처럼 겉으로 잘 드러나지 않아, 부모들은 아이들의 상태를 파악하기가 매우 힘들다. 어쩌면 아이는 죽고 싶을 만큼 괴로운데 집에 오면 부모가 학원비를 들먹이며 공부 압박을 해 대는 경우도 있을 것이다. 그럴 때 아이들은 얼마나 외롭고 절망적이겠는가. 그러면 어떻게 해야 할까? 적어도 집에 왔을 때는 아이를 세심히 살피고, 하루 30분 이상은 반드시 대화하는 시간을 갖는 것이 좋다. 대화할 때는 훈계하거나 비판하지 말고, 아이들의 이야기를 공감하며 들어 주어야 한다. 그리고 문제가 있을 때는 해결해 주려고 하기보다 스스로 해결방법을 찾을 수 있도록 유도해 주기만 하는 것이 좋다. 요즘 부모들 사이에선 아이들과의 대화 주제가 공부밖에 없다는 말이 있는데, 아이들과 대화를 잘하기 위해 먼저 대화의 주제를 찾아보는 노력을 기울여야 하지 않을까? 다른 사람들과 대화하기 위해 대화 주제를 찾아보기도 하는데, 하물며 내 아이를 위해서 하지 못하겠는가. 그러다 보면 아이에게 부모는 좋은 대화 상대로 여겨질 것이고, 어려움이 있을 때 자연스럽게 부모에게 털어놓고 조언을 구하게 될 것이다.

5. 아이의 학교폭력 피해 사실을 알았을 때

아이가 학교폭력 피해를 받고 있다는 사실을 알았을 때, 부모들은 어떤 반응을 보일까? 사실 많은 부모들이 어떻게 해야 할지 몰라 당황하기 쉽다. 자기 아이가 피해를 당한다는 것은 생각해 본 적도 없고, 생각하고 싶지도 않은 일이기 때문이다. 그래서 해결할 수 있는 적절한 기회를 놓쳐 버리는 경우가 많다.

어떤 부모는"왜 바보같이 맞고 다니니?"하며 위로받아야 할 아이에게 오히려 화를 내는 경우도 있다. 이럴 때 아이들은 이미 상처 난 마음에 한 번 더 상처를 입게 된다. 또"네가 혹시 뭘 잘못한 건 아니야?"하고 아이에게 잘못이 있을 것이라고 지레짐작하는 부모도 있다. 남을 비난하기보다 자기 자신의 잘못을 먼저 돌아보아야 한다는 식의 이런 태도 또한 아이에게 상처를 준다. 설사 아이가 잘못을 했다 하더라도 그것이 맞아야 할 이유는 될 수 없는 것이다. "뭐 그런 일을 가지고 그러니? 다 그러면서 크는 거야."하면서 피해 사실을 별문제가 아닌 양 축소해 버리는 부모도 있다. 이런 경우 아이는 자신의 억울함과 고통을 이해받지 못한다는 생각에 더 위축되거나 분노를 키울 수도 있다.

피해 사실을 알고 가해한 아이가 잘못된 폭력을 휘둘렀음을 인지하면서도 문제를 일으키게 되는 것이 두려워서, 혹은 아이가 보복 폭행을 당할까 봐 두려워 문제를 덮어 버리려 하는 부모도 있다. 하지만 이럴 경우, 아이는 부모에게 알리는 것이 아무런 도움이 되지 않는다는 좌절감에 다음부터는 아예 입을 닫아 버릴 수도 있다. 또 반대로"누구야? 대체 누가 그랬어?"하며 지나치게 흥분해서 화를 내며 당장 쫓아갈 듯이 하는 것도 아이에게 부담이 될 수 있다. 실제로 아이보다 더 화가 나서 앞뒤 재 보지 않고 학교로 달려가 선생님에게 항의하고 가해 학생을 찾아 혼을 내는 부모도 있는데, 이런 행위는 아이에게 전혀 도움이 되지 않는다. 그렇다면 우리 아이가 학교폭력 피해를 당했다는 것을 알았을 때 어떻게 해야 할까?

〈학교폭력 대처 방법〉

첫째, 아이의 이야기를 차분히 들어 주면서 아이의 감정에 공감해 주어야 한다. 피해를 당한 고통과 억울함, 두려움 등에 공감해 주는 것만으로도 아이는 위로를 받고 해결할 의지를 가지게 된다. 어린아이라면 따뜻하게 안아 주는 것도 좋다.

경우에 따라 자신의 이야기가 아니라 친구의 이야기인 척하며 피해 사실을 이야기하는 경우가 있는데, 그럴 경우에도"그거 네 이야기지? 사실대로 얘기해!"하며 다그칠 것이 아니라, 나중에라도 스스로 털어놓을 수 있도록"혹시라도 너에게 그런 일이 생기면 꼭 어머니에게 이야기해야 된다. 어머니가 어떻게든 도와줄 테니까."하고 믿음을 주어야 한다.

둘째, 부모는 언제나 아이의 편이며 문제를 해결하기 위해 최선을 다할 것임을 확인시켜 주어야 한다. 어떤 상황에서라도 자신을 믿고 지원해 주는 사람이 있다는 사실은 아이에게 자신감을 갖게 한다. 셋째, 부모가 적극적으로 문제 해결에 나서는 모습을 보여 주어야 한다. 아이가 위험하다고 생각되면 등·하교할 때 동행을 해 주고, 학교 선생님에게도 보호 요청을 해 둔다.

가해 학생의 처벌이 필요한 경우에는 증거자료를 확보하고(피해 사진이나 진단서 등), 주변 친구들에게 증언을 받아 놓는 등(문서나 녹음 등) 조치를 취하여 학교에 처벌을 요청하거나 경찰에 신고한다. 그렇게 해서 가해 학생에게서 반드시 진심에서 우러난 사과를 받게 하고, 다시는 폭력을 행사하지 않겠다는 다짐을 받도록 해야 한다. 그래야 아이가 자존감을 회복하고 두려움을 떨칠 수 있기 때문이다.

6. 결손가정 아이들에게 특별한 관심을

우리나라의 이혼율이 높아지면서 결손가정이 많아지고, 그런 가정의 아이들이 학교폭력의 피해 학생이 되거나 가해 학생이 되는 경우도 늘어나고 있다. 결손가정 아이들은, 자신감을 잃고 위축되는 경우 피해 학생이 되기 쉽고, 부모나 자신의 환경에 대한 불만과 분노를 키울 경우 가해학생이 되기 쉽다.

그런 아이들의 경우 더 힘든 것은 문제가 생겼을 때 의논할 사람 또는 정서적 지원을 해 줄 사람이 부재하다는 것이다. 앞의 사례의 경우도 피해학생의 할머니는 손녀가 맞고 들어오는 것을 보고도 싸우지 말라고만 할 뿐, 아이를 위로하고 문제의 원인을 찾거나 해결하려는 의지나 능력이 없어 아이의 피해 상황을 더 키웠을 가능성이 높다. 아버지 역시 전혀 도움이 되지 못했다. 많은 결손가정 아이들이 이처럼 열악한 환경에서 자라며 학교폭력의 피해 또는 가해 학생이 될 가능성을 안고 있다. 이 아이들을 어떻게 할 것인가?

심리학자 에미 워너는 1954년부터 30년간 하와이의 카우아이 섬에서 가장 열악하다고 할 수 있는 환경에서 자라는 아이들이 어떻게 성장하는지를 관찰, 연구함으로써 환경이 한 사람의 성장에 어떤 영향을 미치는지를 연구한 적이 있었다.

마약과 폭력에 찌든 부모 밑에서 자란 카우아이 섬의 아이들은 예상대로 학교생활에서도 부적응, 학습 장애, 폭력 등의 갈등을 더 많이 일으켰고 많은 수가 자라서도 알코올중독, 미혼모, 범죄자, 무능력자 등 사회 부적응자가 되었다.

하지만 그중 1/3은 많은 사람들의 예상과 달리 바람직한 사회인으로 성장하였다. 이것은 그저 우연이거나 개인의 의지나 능력이 매우 뛰어났기 때문이었을까?

에미 워너는 이 훌륭하게 성장한 사람들을 조사한 결과 놀라운 사실을 알 수 있었다. 그 1/3의 아이들이 열악한 환경을 이겨 낼 수 있었던 데는 공통되는 요인이 있었는데, 그것은 바로 그들을 무조건적으로 이해해 주고, 받아 주는 어른이 적어도 1명은 꼭 있었다는 점이다. 그 사람이 가족 중의 한 사람이든, 친척이든, 선생님이든, 이웃의 어른이나 후원자든 한 아이를 무조건적으로 사랑해 준 것이 그 아이로 하여금 역경을 이겨 내고 성공적인 인생을 살 수 있도록 하는 힘이 되었던 것이다. 에미 워너는 삶의 어려움에 굴하지 않고 그것을 헤쳐 나가는 원동력을 '회복탄력성'이라고 이름 붙였는데, 그것은 모든 사람이 가지고 있기는 하지만, 다른 사람에 의해 배양되는 능력이라고 한다. 자신을 무조건적으로 이해하고 사랑해 주는 사람이 한 사람이라도 있으면, 그 아이는 자존감이 높아지고 회복탄력성을 배양할 수 있게 된다.

우리 어른들이 어려움에 처해 있는 아이들에게 관심과 사랑을 가져 준다면, 학교폭력도 좀 더 줄어들 수 있지 않을까?

제2절 마음의 폭력, 왕따

1. 여자아이들의 공격성

왕따는 남학생보다는 주로 여학생들 사이에서 많이 발생한다. 남학생은 때리거나 놀리는 등 직접적인 방식으로 상대를 괴롭히지만, 여학생은 대꾸를 안 하거나 외면을 하는 등 잘 드러나지 않는 간접적이고 심리적인 방식으로 상대를 괴롭힌다. 그렇기에 왕따는 단순한 폭력보다 피해 학생에게 더 큰 상처를 줄 수 있다. 왕따의 초기 단계에서는 피해 학생이 눈치를 못 챌 수도 있다. 하지만 시간이 가면서 심리적인 고통이 커지고, 그때는 이미 많은 아이들이 왕따에 가담하여 사태는 되돌릴 수도 없게 되어 버린다. 또한 남학생은 대개 자신과 친하지 않은 아이를 따돌리지만, 여학생은 친한 친구 중 하나 또는 가장 친한 아이를 따돌리기도 한다. 그렇기 때문에 왕따를 당한 아이는 강한 배신감과 함께 세상으로부터 홀로 단절된 느낌을 경험하게 된다. 학자들에 의하면 여자의 뇌는 남자의 뇌에 비해 청각과 언어중추가 더 발달되어 있고, 기억을 형성하고 유지하는 해마상 융기도 더 크다고 한다. 이러한 특성 때문에 상대방의 얼굴 표정과 목소리를 읽어서 상대의 마음을 알아채는 능력이 더 뛰어나고, 그런 까닭에 관계를 형성하고 유지하는 데도 더 재능을 보인다고 한다. 과거 남자들이 직접 사냥을 하고 맹수와 싸웠던 데 비해, 상대적으로 약하며 아이를 데리고 있던 여자들은 채집을 하면서 위험을 피하기 위해 여럿이 연대할 필요가 있었고, 거기에서 소외되지 않기 위해서는 상대의 마음을 읽는 것이 중요했기 때문에 그런 능력이 더욱 발달했다는 것이다.

그런 까닭에 여자들은 소외되는 것을 매우 두려워하며, 소외의 위험성이 있을 때 말과 표정 등으로 공격하고, 그 공격에 더 민감하며, 그 고통과 원한을 더 오래 기억한다. 그래서 흔히 여자아이들 사이의 왕따는 폭력보다도 해결하기가 힘들다고 한다. 왕따를 시키는 방식도 매우 다양하다. 약점 캐내서 뒤에서 헐뜯기, 없는 얘기 지어내서 소문내기, 아무것이나 트집 잡아 비난하기, 불러도 대답 안 하기, 마치 벌레 보듯 째려보기, 모든 부탁을 차갑게 거절하기, 중간에 말 툭툭 끊기, 뒤에서 이상한 손짓·몸짓하기, 투명인간 취급하기 등등 자존감에 상처를 주어 마음의 고통을 받게 하는 식이다. 왕따로 인한 고통은 심리적인 것이어서 오래도록 치유하기가 힘든 경우가 많으며, 성격장애, 정신 분열로 이어지기도 하고, 심한 경우 자살에 이르기도 한다. 그 피해는 당사자 1명에서 끝나는 것이 아니라 가족에게까지 확대되어 온 가족이 고통 속에서 살게 되기도 한다. 그럴 경우 가해 학생은 평생 동안 죄의식을 안고 살아가야 할 수도 있다. 사소한 미움, 복수심 따위에서 시작한 일이 서로에게 평생의 상처로 남게 되는 것이다. 앞의 사례의 경우도 사소한 일이 계기가 되어 시작된 왕따로 인해 피해 학생은 자살을 생각할 정도로 심한 고통을 받았다. 다행히 심각한 일이 벌어지기 전에 발견되어 문제 해결을 할 수 있었고, 피해 학생은 친구들과의 관계를 회복할 수 있었다. 사실 사소한 데서 시작되는 것인 만큼 초기에 문제를 인지하고 관계를 잘 풀어 갈 수 있다면 심각한 학교폭력으로까지 발전하지 않을 수 있을지도 모른다. 하지만 그러기 위해서는 학교와 가정, 사회에서의 관심과 교육이 더욱 필요하다.

2. 학교폭력 예방을 위해

왕따의 사례들을 살펴보거나 아이들의 말을 들어 보면, 왕따를 당하는 아이들은 크게 세 가지 유형으로 나눌 수 있다. 하나는 수동적, 소극적이며 유약하고 무기력한 유형, 또 하나는 잘난 척하고 나대며 상대를 무시하는 유형이고, 나머지는 평범한 아이인데 관계에서 문제가 생겼을 경우이다. 수동적이며 무기력한 아이는 다른 아이들에게 만만하게 보여 공격의 표적이 되기 쉽고, 스스로도 자존감이 약해 복종적이 되거나 공격을 당하고도 반격을 할 줄 모르는 경우가 많다. 반면 잘난 척하고 나대는 유형의 아이는 자신의 일방적인 행동 때문에 다른 아이들에게 반감을 사 왕따를 당하고, 그러면서도 오히려 공격적이 되어 서로 공격을 주고받다가 큰 상처를 받기도 한다. 그리고 평범한 아이들의 경우는 주로 친구 사이에서 감정적 문제 때문에 생기는 경우가 많다. 앞의 사례는 두 번째, 즉 튀어 보이고 싶어 하고 나대는 성향의 아이가 친구들에게 따돌림을 당하다가 오히려 가해 학생이 된 경우이다. 이런 경우 아이들은 대개가 인정받고 싶고, 사랑받고 싶은 욕구가 충족되지 않아 과도한 행동으로 그 욕구를 보상받으려 하다가 오히려 거부 반응을 일으키는 경우가 많다. 이 아이의 경우, 담배를 피우고 친구들에게 야동을 보도록 강요하는 등 왜곡된 행동까지 하였는데, 그 부모는 사실이 밝혀진 뒤 자기 아이가 욕도 못하는 아이인 줄 알았다는 반응을 보였다. 그만큼 아이에게 무관심했던 게 아닌가 하는 우려에 부모 교육이 필요하다는 생각이 들 정도이다. 학교폭력은 학교에서의 관리도 중요하고 교육과 처벌에 의한 재발 방지도 중요하지만, 가정에서의 사랑과 관심만으로도 반은 줄일 수 있을 것이다.

학교폭력을 예방하기 위해 부모가 할 수 있는 것으로는 다음과 같은 것을 생각해 볼 수 있다.

〈집에서 할 수 있는 학교폭력 예방법〉

첫째, 아이에게 항상 관심을 가지고 매일 학교에서 일어난 일에 대해 30분 이상 대화하는 시간을 갖도록 한다. 부모를 통해 말을 배우는 것처럼 아이들은 부모와의 대화를 통해 대화법을 배운다.

둘째, 하루에 한 가지 이상 아이를 칭찬해 준다. 칭찬은 아이로 하여금 자신감을 가지게 하고, 자신감은 친구 관계를 잘 풀어 나가게 하는 원동력이 된다. 그러니 칭찬할 것이 없으면 만들어서라도 칭찬을 해 주자.

셋째, 소극적이고 심약한 아이의 경우, 만약 친구들에게 부당한 일을 당하게 되면 "안 돼!", "그만해!", "하지 마!"라고 단호히 말하라고 가르치고, 집에서 직접 말하는 연습을 시켜 두는 것도 좋다.

넷째, 친구를 따돌리거나 놀리고 괴롭히는 행동을 해서는 안 되며, 그럴 경우 범죄행위로 처벌받을 수도 있음을 알려 준다. 또 친구가 그런 행동을 할 경우 가해행위에 가담하지 말고, 피해를 당하는 아이를 도와주는 것이 올바르고 훌륭한 행위임을 알려준다.

다섯째, 주로 학기가 시작될 때 아이들은 친구를 사귀고 무리를 짓게 되므로, 그때는 특별히 아이의 몸이나 옷, 청결 등에 더욱 신경을 써 주되, 너무 비싼 운동화나 옷은 지양한다. 오히려 아이들의 공격 목표가 될 수도 있기 때문이다.

3. 스마트하지 않은 스마트폰 사용

요즘 아이들이 하는 놀이 중에 '떼카'라는 것이 있다. 스마트폰 메신저로 그룹채팅에 초대하여 1명에게 떼로 욕설과 비방이 담긴 문자를 날리는 것을 놀이로 여겨 부르는 말이다. 누군가가 한 아이를 골리거나 왕따시키기 위해 언제 욕 문자를 날리자고 선동하면, 메신저를 통해 한 아이에게 집중적으로 욕 문자가 날아간다. 욕설이 담긴 문자를 날리는 아이들 중에는 상대가 누구인지, 왜 하는지도 모르는 채 재미 삼아 심한 욕문자를 날리는 아이들도 있다고 한다.

욕이 아이들 사이에 일상 언어처럼 되고 보니, 모르는 아이에게 욕하는 것도 별 거리낌이나 죄의식 없이 쉽게 하는 것 같다. 또 아이들은 거기에다 평소에 쌓인 스트레스를 쏟아붓기도 한다. 문제는 그 수많은 욕 문자를 마치 화살처럼 받는 아이이다. 상대를 알고 그 상대와 맞설 자신감을 갖고 있는 상태에서 욕을 듣는 것과 알 수 없는 수많은 상대로부터 무차별적인 공격을 당하는 것은 다르다. 자신이 상대 할 수 있는 범위를 벗어나 무기력감에 빠지면서 자존감을 잃고 마음에 심각한 상처를 입게 되기 때문이다. 최근에는 서울의 한 여학생이 10여 명의 남학생들로부터 오랜 기간 떼카를 당하던 끝에 자살을 선택한 안타까운 사건이 발생하기도 했다. 다중으로부터 한꺼번에 욕설을 듣는다는 것의 심각한 정신적 피해를 단적으로 보여 주는 사건이다.

경찰에서는 떼카의 피해를 막기 위해 다음과 같은 방법을 제안한다.

〈떼카 대처 방법〉

첫째, 메신저 애플리케이션을 삭제한다. 떼카를 당할 수 있는 환경을 아예 없애 버리는 것이다. 그 뒤 부모나 교사에게 피해 사실을 알린다. 학교폭력 전담 신고 센터인 117센터로 피해 사실을 신고하는 것도 좋다.

둘째, 부모는 그 사실을 알았을 때 단순히 아이들의 장난으로 여겨 가볍게 넘겨 버리지 말고, 아이의 심적 고통을 어루만져 주고 전문 기관과 상담하는 등 해결 방안을 함께 찾아보아야 한다.

셋째, 학교에서는 교내 휴대폰 사용을 제재하는 방안을 강구하고, 보복 폭행 등 2차 피해가 발생하지 않도록 전문 상담 창구를 마련하도록 한다.

앞의 사례 역시 아이들이 메신저로 피해 학생을 초대해 욕설과 협박을 퍼부은 사건이었다. 다행히 부모가 그 장면을 포착하여 경찰에 신고를 하고 보복 폭행을 당하지 않도록 보호 요청을 했다.

그런데 이 경우는 알고 보니 서로 공격에 공격을 주고받은 사례였다. 아이들의 감정싸움이 점점 과도해지면서 여러 명의 아이가 한 아이를 상대로 욕설과 협박을 하기에 이르렀던 것이다. 이러한 일들은 친구들 사이에 관계를 형성하고 유지하는 법, 관계에 문제가 생겼을 때 대처하는 법을 배워 가는 과정에서 적절하게 대처하지 못해서 생겨난 일이라고 볼 수 있다. 관계에 문제가 생겼을 때 두려워하거나 회피하지 말고 대화를 통해 오해를 풀어 갔더라면, 그렇게 심각한 지경에까지 이르지는 않았을 것이다. 경찰이 마련해 준 자리에서 서로 간에 욕설과 고성이 오간 끝에 결국 화해를 할 수 있었던 것이 그 증거이다. 이런 사례들을 보면서 요즘 우리 아이들이 자연스럽게 관계의 위기를 헤쳐 가는 방법을 배우지 못하고 있는 것은 아닌지 우려된다. 친구와 함께 하면서 우정을 쌓아 가기보다는 일찍부터 치열한 성적 경쟁에 내몰리는 환경이 아이들을 그런 상황으로 내몰고 있는 것은 아닌지 어른들이 먼저 반성해야 할 것만 같다.

4. 왕따 대처법

왕따를 당하는 아이들 중에는 학교에서 문제아로 지목되는 경우도 상당히 많다. 사례에서와 같이 수업 시간에도 괴롭힘을 당해 집중을 하지 못하고 학습 능력이 떨어져 성적도 낮아지고, 늘 위축되어 어두운 표정을 하고 있으니, 선생님에게 좋은 인상을 줄 리가 없다.

그런 까닭에 아이들은 문제가 생겨도 쉽게 선생님에게 도움을 요청하지 못한다. 자신을 문제아로 여겨 도움을 주기는커녕 야단을 치지 않으면 다행이라고 생각하기 때문이다. 그런 상황은 아이에게 좋지 않은 영향을 미쳐, 그렇지 않아도 낮아진 자존감을 더 떨어뜨리는 요소로 작용하기도 한다.

또래에게 왕따 또는 폭력을 당했다는 사실은 수치심과 함께 자존감을 무너뜨려 열등감을 가져오고, 그 열등감을 받아들이기 힘든 아이는 약해서 맞았다기보다는 무언가 잘못을 해서, 맞을 만해서 맞았다고 스스로 폭력을 정당화하는 쪽으로 생각이 변화해 간다. 그래서 가해 학생이 폭력을 행사해도 거기에서 벗어날 생각을 하지 못하고 지속적으로 당하게 되는 악순환에 빠지고 마는 것이다.

이런 안타까운 상황에 빠지지 않게 하기 위해서는 평소에 아이들에게 자존감을 길러 줄 수 있도록 해야 한다. 자존감이란'자아 존중감'을 줄여서 이르는 말로, 자신이 소중한 존재로서 사랑받을 만한 가치가 있고 어떤 어려움도 능히 이겨 낼 수 있는 사람이라고 스스로 믿는 마음이다.

다른 사람과의 경쟁에서 자신을 지키려는 마음인 자존심과는 달리, 자존감은 자신을 있는 그대로 받아들이는 확고한 사랑과 믿음이기 때문에 위기 상황에서도 쉽게 흔들리지 않는다. 따라서 확고한 자존감을 갖고 있는 아이는 학교폭력을 당할 위험성도 적고, 학교폭력을 당하더라도 보다 쉽게 극복할 수가 있다.

자존감은 스스로의 힘으로 무언가를 성취해 낼 때 자라나고, 타인으로부터 존중받을 때 자라난다. 그러므로 부모들은 아이를 기를 때 스스로 해낼 수 있도록 기다려 주는 태도가 매우 중요하며, 이루어 냈을 때는 아낌없이 칭찬해 주어야 한다. 그리고 평소에 부모의 욕심대로 아이를 강요하기보다 있는 그대로의 모습을 사랑해 주어야 할 것이다. 하지만 만약 아이가 이미 왕따를 당하고 있다면? 그때는 다음과 같이 해보자.

〈집에서 할 수 있는 왕따 대처 방법〉

왕따 초기라면, 부모가 아이와 함께 왕따를 당하게 된 원인을 찾아본다.

주도적으로 따돌리는 아이가 왜 자신을 따돌리는지 이유를 찾아보고, 그 아이에게 당당하게 이유를 묻도록 지도한다. 그래서 오해가 있으면 오해를 풀고, 부당한 따돌림이라면 부당함에 대한 의사표시를 분명히 할 수 있도록 지도한다. 의사표시는 아이들 앞에서 당당히 말을 하거나, 그것이 어려우면 글로 써서 전달하는 것도 좋다.

그리고 아이가 따돌리는 것에 크게 마음 쓰지 않고 여유를 가질 수 있도록 갈등 해결 가능성이나 다른 친구와의 교제 가능성 등에 대해 이야기해 준다. 만약 자신의 단점 때문에 따돌림이 된 것이라면, 그 단점을 고치거나 보완할 수 있도록 부모가 도와준다. 왕따 피해가 심하다고 판단될 경우에는 일단 피해 상황을 냉정히 하여 그 내용을 문서로 작성해 놓는다. 그때 가능한 한 가해 학생과 피해 자녀, 증인의 진술서를 받아 놓는 것이 좋다. 또 나중의 치료와 배상을 위해 피해의 결과(진단서 포함)를 물증으로 제시할 수 있도록 해야 한다. 그런 뒤 학교나 경찰에 알리고, 도움을 받을 수 있는 곳을 알아보아 도움을 요청한다.

5. 장애 청소년과 학교폭력

왕따를 당하는 아이들 중에는 생활이 매우 어렵거나 장애가 있는 아이가 많다. 평범하지 않은 아이들은 다른 아이들의 놀림의 대상이 되고, 그것이 왕따로까지 이어지는 것이다. 2003년 10월 여성가족부 청소년보호위원회가 초·중·고 학생 2만여명을 대상으로 조사한 바에 따르면, 왕따를 경험한 것은 부모와 함께 사는 아이(3.2%)에 비해 소년소녀 가장(14.9%)이 4배가량 더 많았으며, 같은 해 교육부가 국회에 제출한 보고서'우리나라 장애 청소년 교육의 현황과 발전 방향'에 의하면, 서울 지역 217개 초·중·고교에 다니는 장애 학생 중 2/3가 왕따를 당한 경험이 있는 것으로 알려졌다. 2011년에는 6월부터 8개월간 부산시교육청이 선정한 초등학교 27곳과 중학교 45곳 등 72개 학교의 초등생 8, 666명, 중학생 2만 6, 092명을 대상으로 조사가 실시되었는데, 그 결과에 따르면 정서·행동 발달 장애를 가진 중학생 25.8%가 학교에서 괴롭힘을 당했고, 이 가운데 9.1%가 스트레스로 인해 자해 등 자살을 기도한 적이 있으며, 정서·행동 발달 장애의 우려가 있는 초등학생 21%가 학교폭력을 경험했고, 이 중 0.8%가 자살을 기도한 적이 있다고 한다.

이는 일반 학생들에 비해 높은 수치로, 장애라는 고통과 함께 학교폭력을 당하는 이중고를 겪고 있는 학생이 많이 있음을 보여준다. 장애 학생들은 보통 학년이 높아질수록 심하고 반복적인 폭력을 당한다고 한다. 그러나 지적 능력이 떨어지는 학생의 경우는 위험을 감지하는 능력도 떨어지고, 자기방어도 잘할 줄 몰라 소리를 지르거나 왔다 갔다하는 등 선생님이 보기에 문제 행동으로 보이는 행동을 함으로써 문제아로 찍히는 경우도 많다. 그러다 보니 학교폭력이 발생했을 때 피해 사실을 잘 표현하지 못하는 데다 선생님이 장애 학생보다 비장애 학생의 편을 들어 주는 경우가 많아, 장애 학생과 그 부모는 제대로 대처하지 못하고 냉가슴을 앓는 경우가 많다. 실제로 앞의 사례에서도 특별한 가해 사례가 발견되지는 않았지만, 또래문화에 대한 이해가 느리고 적절한 대응을 잘하지 못하는 장애 학생에게 알게 모르게 학교폭력이 가해졌을 가능성은 충분히 있다. 장애 학생은 놀리고 괴롭힐 대상이 아니라 다른 학생들에 비해 좀 더 많은 보호와 배려를 해 주어야 하는 학생들이다. 그들은 정서나 행동 또는 지능의 면에서 어려움을 겪고 있는 학생들이기 때문이다. TV 토론 프로그램에 나온 한 여학생은 초등학교 때 장애 학생을 왕따시켰던 경험을 이야기하면서, 선생님이 그 사실을 눈치채고 장애 학생이 없는 사이 반 아이들에게 그 학생의 병과 그로 인한 불편과 고통에 대해 상세히 설명하고, 함께 잘 지내기를 부탁하였으며, 그 후 반 친구들이 모두 그 학생과 잘 지내게 되었다는 이야기를 한 적이 있다. 아이들의 선의를 북돋우면 아이들은 선한 행동을 하고 행복감을 느끼기도 한다. 선생님과 부모를 비롯한 어른들이 아이들의 선의를 북돋고, 약자를 배려하는 모범을 보이는 것도 학교폭력을 줄이는 방법이 될 수 있을 것이다.

아이들에게 좋은 생각과 착한 마음을 심어주는 것은 우리 어른들의 책임이라는 것을 잊지 말아야 한다. '원래'나쁜 아이는 없다. 어쩌면 한 아이를 가해자로 만드는 것은 우리의 노력과 관심이 부족하기 때문은 아닐까? 아이를 관심으로 안아 주고, 노력으로 이끄는 것. 이것은 부모라면, 선생님이라면, 어른이라면 누구나 지닌 과제일 것이다.

제3절 돈 뜯고 뜯기는 아이들

1. 작은 죄도 죄

바늘 도둑이 소 도둑 된다는 옛말처럼, 범죄자가 된 사람들 중에는 어린 시절의 사소한 도둑질이나 잘못을 어른들이 눈감아 주었던 까닭에 나이가 들어서도 잘못을 계속 저지르다 범죄자가 된 경우가 많이 있다. 어린 시절에는 판단 능력이 떨어져 이 정도쯤이야 별일 없겠지 하고 사소한 잘못을 저지르는 경우가 있을 수 있는데, 그때마다 반드시 잘못된 행동임을 가르쳐 주어야 한다. 다음에 예시된 사례들은 아이들이 흔히 저지르기 쉬운 일들로, 작아 보이지만 분명히 범죄가 됨을 알아 두면 좋을 것이다.

〈쉽게 저지르기 쉬운 범죄행위 Ⅰ〉

- 볼펜이 없어져서 필기를 못하고 있다가, 옆자리 친구의 서랍에 굴러다니는 볼펜이 있는 것을 보고, 그 친구가 없을 때 가져다 쓴 뒤 돌려주지 않았다.

  ⇒ 친구가 없는 사이에 동의 없이 물건을 가져다 쓴 경우 절도죄에 해당하며, 형법 제329조에 따라 6년 이하의 징역 또는 1, 000만 원 이하의 벌금에 처하게 된다.

- 걸어가다 우연히 지갑을 주웠는데, 그 안에 신용카드가 있었다. 호기심에 현금자동지급기에서 그 신용카드로 현금 인출을 해 보려다 비밀번호를 몰라 실패했다.

  ⇒ 분실된 신용카드를 주워 주인에게 돌려주지 않았을 경우 점유이탈물횡령죄가 된다. 점유이탈물횡령죄는 1년 이하의 징역이나 300만 원 이하의 벌금 또는 과료에 처한다. 또 남의 신용카드로 현금 인출을 하려 했을 경우, 비록 비밀번호를 몰라 실패했어도 절도 미수에 해당되어 처벌받을 수 있다.

- 버스에서 어떤 아저씨가 실수로 가방을 놓고 내린 것을 보고 횡재했다싶어 버스에서 가지고 내렸다.

  ⇒ 실수로 놓고 내린 것이지 버린 것은 아니기 때문에 이런 경우 역시 점유이탈물횡령죄가 된다.

- 길을 가다 시동에 걸린 채 세워진 오토바이를 보고 주인이 없는 사이 잠깐만 타 봐야겠다 싶어 30분 동안 타고 도로 갖다 놓았다.

  ⇒ 잠깐이라도 주인의 허락 없이 타고 다녔을 경우 절도죄가 된다.

- 물건을 사고 거스름돈을 받았는데, 점원 아주머니가 5만 원짜리 지폐를 5, 000원인 줄 알고 주셨다. 웬 횡재인가 싶어 얼른 받아 들고 나왔다.

  ⇒ 이 경우 역시 점유이탈물횡령죄에 해당된다. 잘못 받은 거스름돈은 돌려 주어야 한다.

- 어른들 몰래 술을 마시고 길을 가다 술김에 길가에 세워져 있는 자동차의 사이드 미러를 함께 발로 차 부수었다.
  ⇒ 다른 사람의 재물(사이드미러)을 부순 것은 손괴죄에 해당되며, 3년 이하의 징역 또는 700만 원 이하의 벌금에 처해진다.
- 친구들과 돈도 없이 학교 앞 분식점에 가서 떡볶이, 김밥, 라면 등을 먹고 주인아주머니가 한눈파는 틈을 타 몰래 도망쳐 버렸다.
  ⇒ 처음부터 돈을 낼 생각도 없이 주인을 속여 음식을 먹은 경우 사기죄에 해당하며, 10년 이하의 징역 또는 2, 000만 원 이하의 벌금에 처하게 된다.
- 집 앞 아버지 차에 키가 꽂혀 있는 것을 보고 몰래 시동을 걸어 운전해 보다가 100미터도 못 가서 멈췄다.
  ⇒ 운전면허를 취득하지 않고 자동차를 운전한 경우, 도로교통법 제152조 의하여 1년 이하의 징역 또는 300만 원 이하의 벌금에 처하게 된다.

2. 생각 없이 저질렀다가

날이 갈수록 심각하고 질 나쁜 범죄 수준의 학교폭력이 행해지기도 하지만, 앞의 사례와 같이 얼결에 생각 없는 행동으로 범죄를 저지르다 적발되는 아이들도 많이 있다. 이런 경우는 경찰에서도 형사처분으로 낙인을 찍어 범죄자의 길로 내몰기보다는, 피해 학생에게 사과를 하고 충분한 반성을 통해 다시는 범죄를 저지르지 않도록 다시 한 번 기회를 주는 회복적 사법제도를 적용하고 있다.

하지만, 잘 몰라서, 남들도 하니까, 또는 너무 억울해서 등등의 이유로 생각 없이 저지르는 잘못이 심각한 범죄가 될 수 있다는 사실은 분명하게 알아 두어야 할 것이다.

다음은 아이들이 생각 없이 저지를 수 있는 범죄의 사례들이다.

〈쉽게 저지르기 쉬운 범죄행위 Ⅱ〉

- 유행하는 브랜드 잠바를 입지 않으면 괜히 무시당하는 것 같아서 부모님께 사 달라고 했지만 사 주시지 않았다. 그래서 그 잠바를 입은 만만한 아이에게 내 잠바와 바꿔 입자고 해서 바꿔 입었다.
  ⇒ 나는 상대 아이에게 바꿔 입자고 했을지 모르지만, 상대방은 두려워서 옷을 벗어 준 것이다. 이것은 빼앗은 것과 마찬가지이므로 위협해서 재물을 뺏은 것이 되어 공갈죄에 해당하게 된다.
- 친구들과 놀이터에서 가위바위보를 하여, 지는 사람이 아무나 지나가는 사람에게 로우킥(이종 격투기의 발차기)을 하는 놀이를 하기로 했다. 가위바위보에 져서 지나가던 아이들을 쫓아가 로우킥을 했더니, 아이들이 넘어지기는 했지만 많이 다치지는 않은 것 같았다. 한 친구는 그 장면을 휴대폰으로 찍어서 친구들에게 돌렸다.
  ⇒ 자신들은 장난으로 했을지 모르지만, 남을 때리거나 놀리는 것은 분명한 범죄행위로 폭행죄에 해당한다. 이것은 실제로 있었던 일로, 동영상이 인터넷에 퍼져 전국적인 비난이 일자, 경찰이 인상착의를 토대로 수사하여 가해 학생들을 검거한 사건이었다. 학생들은 폭행죄로 처벌받고, 학교에서는 출석 정지의 징계를 받았다.
- 화장실에서 담배꽁초를 발견한 선생님이 3학년의 짓이라 단정하고 3학년 전체에게 단체 기합을 주셨다. 그런데 나중에 2학년 후배의 짓이었음을 알고 화가 난 3학년 3명이 담배를 피운 후배를 주먹으로 때려 갈비뼈가 부러지게 하였다.
  ⇒ 때려서 다치게 하는 것은 단순히 폭행죄로 끝나는 것이 아니다. 그것도 3명이 1명을 상대로 폭행을 했기 때문에 가중처벌을 받게 된다. 이것은 실제로 있었던 일로, 가해 학생들은 치료비를 보상하고, 학교에서 징계도 받고, 경찰서에 구속되어 법적으로 처벌을 받았다. 억울한 마음에 화가 나서 한 행동이 구속까지 이르게 된 경우였다.
- 사고 싶은 것이 있는데 돈이 없어서, 학교 끝난 뒤 근처 골목길에서 걸어가는 후배를 막고 인상을 쓰며 가진 돈 다 내놓지 않으면 가만두지 않겠다고 위협을 했다. 겁먹은 후배는 주머니에 있던 5, 000원을 모두 꺼내서 주었다.
  ⇒ 이는 공갈, 즉 폭행 또는 협박 등 상대방에게 공포심을 일으키게 하는 행위를

하여 재물을 넘겨받거나 재산상 이익을 취득한 죄, 즉 공갈죄에 해당하여, 10년 이하의 징역 또는 2, 000만 원 이하의 벌금에 처하게 된다.

위와 같은 범죄를 저지를 경우 가해 학생이 나이가 어리면 실제로 징역형을 선고받지는 않지만, 심각한 범죄의 경우에는 소년사건으로 소년원에 갈 수 있다.

3. 학교폭력 사후 대책

앞의 사례는 오랜 기간 폭력과 금품 갈취 등 학교폭력을 행했던 가해 학생을 형사처분 대신 사과와 반성을 통해 피해 학생과 화해하게 하고, 경찰과 지역사회가 합심하여 어려운 환경에 있던 가해 학생을 위해 걱정없이 운동을 계속할 수 있는 환경을 만들어 준 매우 바람직한 사례였다.

학교폭력은 예방도 중요하고, 현재 진행 중인 문제의 해결도 중요하지만, 사후처리 또한 매우 중요하다. 만약 학교폭력 문제가 잘 해결되었다 하더라도, 가해 학생의 환경이 암울하고, 관리나 지도를 해 줄 어른이 없거나 있어도 할 만한 상황이 되지 않는다면, 그 아이가 다시 학교폭력의 가해 학생이 되지 않는다는 보장이 없기 때문이다.

그래서 독일에서는 가해 학생을 사회의 바람직한 구성원으로 키워 내기위한 방법의 하나로 소규모의 전문화된 치료·보육 시설인'하임'을 운영하고 있다.

하임은 '상주형 그룹 홈'이란 뜻으로, 가정 폭력을 경험했거나 부모로부터 보살핌을 받을 수 없는 아이, 학교폭력 등 범죄를 저지른 아이 등을 수용하여, 부모 대신 전문가가 함께 살면서 일대일로 지도를 하고, 필요하면 학부모 참관수업에도 참여하는 등 부모 역할을 하여 아이들을 교정하고 사회 적응 훈련을 시킨다. 아이들 개개인에 대한 세밀한 분석과 심리 치료를 병행하는 이 제도는 상당한 효과를 거두어, 하임을 거쳐 간 아이들의 재범률은 0%에 가깝다고 한다.

노르웨이의 학교폭력 전문가 올베우스의 조사에서 초등학교 6학년~중학교 3

학년 사이에 가해 학생이었던 학생이 24세가 될 때까지 전과 1범이 된 비율이 약 60%, 전과 3범이 된 비율이 35~40%였던 것에 비하면 놀라운 결과이다.

문제는 비용인데, 하임에 수용된 아이 1명당 하루에 우리 돈으로 약 20만 원이라는 상당히 높은 비용이 들어간다. 하지만 독일인들은 이것이 사후에 있을 수 있는 범죄나 실업, 정신 질환 등으로 인한 사회적 비용을 치르는 것보다는 훨씬 효율적이라고 생각하여 현재는 하임 제도가 법제화되어 실시되고 있다고 한다.

우리나라 역시 학교폭력이 사회적 문제가 되면서 다양한 방향에서 사후 대책 방안이 마련되고 있는 중이다. 그중 몇 가지를 소개하면 다음과 같다.

〈현재 실행 중인 학교폭력 사후 대책 방안〉

- 1995년에 학교폭력에 의한 피해로 자살한 아이의 아버지가 설립한 청예단(청소년폭력예방재단)의 상담치료센터에서는 여성가족부와 공동 협력 사업의 일환으로 학교폭력 피·가해, 성폭력, 자살 시도, 자해 등 위기 상황을 겪은 청소년과 가족에게 5회까지 심리 상담을 무료로 지원하고 있으며, 감정 알아차리기, 분노 조절, 의사소통 기술 등의 교육도 진행하고 있다.
- 여성가족부는 2011년부터 청소년상담지원센터를 중심으로 학교, 교육청, 경찰관서, 노동관서, 국·공립 의료 기관, 보건소, 청소년 쉼터, 청소년 지원 시설들과 연계·협력하여 위기 상황에 빠진 청소년을 치료, 보호, 취업 알선 등 다양한 지원을 하도록 하는 CYS-Net을 운영 중이다.
- 서울 광진구에서는'2012 위기 청소년 특별 지원 사업'을 실시하여 보호자가 없거나 보호자의 실질적인 보호를 받지 못하는 위기 청소년을 대상으로 사회 적응과 자립에 필요한 사회·경제적 지원 사업을 하고 있다.

이 외에 학교안전공제회에서 학교폭력 피해 학생들이 치료비를 우선 지원받을 수 있도록 지원하고 있는 등 우리나라에서도 각계각층에서 다양한 노력들이 이루어지고 있다. 이러한 노력들이 일시적인 행위로 끝나지 않고 지속적으로 이루어질 수 있도록 모든 이들이 관심을 기울여야 할 것이다.

4. 문제 학교, 문제 선생님

'멈춰 프로그램'을 개발하는 등 교실에서 폭력을 몰아내기 위한 효율적인 방법을 모색하는 선생님들도 있지만, 학교 현장에는 학교폭력이 일어나는 것을 알고도 적절한 조치를 취하지 않거나 문제가 터졌을 때 쉬쉬하며 은폐하려고 하는 선생님, 자신은 모르는 일이라며 외면하는 선생님들도 있다. 그런 선생님이 담임을 맡고 있을 때 피해 학생들은 피해 사실을 알릴 생각을 하지 못하게 된다. 실제로 한 부모는 아이가 6개월 동안 반 친구들에게 폭행을 당하고 돈을 뜯긴 사실을 알고 선생님에게 달려가 항의했지만, 선생님은 자신이 돈을 물어 주면서 제발 조용히 덮고 넘어가자고 부탁을 해, 부모는 재발 방지를 요구하며 돌아갔다. 하지만 그 후 가해 학생의 보복 폭행으로 더 큰 사건이 되어 버린 경우도 있었다. 또 폭력과 금품 갈취를 당한 학생이 선생님에게 호소하였지만, 선생님은 가해 학생을 체벌하고 벌을 세운 뒤, 반 학생들에게 절대 다른 사람에게 이 사실을 말하지 말라고 지시하였다. 결국 부모도 사실을 모른 채 지내다가, 가해 학생이 피해 학생을 고자질쟁이라며 선동해 왕따를 시키다가 다시 큰 폭행을 한 뒤에야 부모와 학교에 알려지게 된 경우도 있었다. 심지어는 아이의 호소에 부모가 선생님에게 살펴봐 줄 것을 요청했으나, 선생님은 그런 일은 없고 아이의 성격에 문제가 있는 것 같다며 피해 학생을 문제 학생으로 몰아붙인 경우도 있었다. 이에 피해 학생 부모가 분노하여 교육청에 항의하는 등 큰 사건으로 번지게 되었다. 이처럼 선생님의 잘못된 대처와 무관심, 부주의 등으로 인해 문제가 해결되기는커녕 오히려 더 큰 문제가 되기도 한다. 이에 본능적으로 선생님의 성향을 아는 아이들은 말을 해 봐야 전혀 도움이 되지 않을 것이라고 판단하게 되는 것이다.

또한 문제 해결 의지가 있는 선생님이라 하더라도 교장, 교감 선생님이 문제가 커지고 외부에 알려지는 것을 꺼려 문제를 축소, 은폐하라는 요구를 할 경우 그것을 거부하기가 어렵다. 또 가해 학생 부모가 학교의 학부모 위원으로 활동하거나 영향력이 있는 사람일 경우 학교에 사건을 축소하고 가해 학생에게 피해가 돌아가지 않도록 해 줄 것을 요청하는 경우도 있다. '학교폭력 자치 위원회'가 열리고 가해 학생을 징계, 처벌한다 해도 앞의 사례에서처럼 몇 시간의 봉사 활동 등 형식적인 처벌만 이루어지고, 재발 방지를 위한 조치들은 취해지지 않고 있는 것이 현실이다. 현실이 이렇다 보니, 아이들은 선생님과 학교가 자신을 보호해 주지 않는다는 좌절감에 사회에 대한 부정적 인식만 키우게 된다. 학생의 경우는 스스로 용기를 내어 경찰에 신고를 했고, 가해 학생은 처벌과 함께 상담과 인성 교육 프로그램에 참여하였다.

학교폭력 가해 학생들이 가장 무서워하는 것은 바로 신고 잘하는 학생이라는 말이 일말의 진실을 담고 있는 듯도 보인다. 문제가 생길 때마다 신고를 하면, 경찰서에 드나드는 것이 싫어서라도 괴롭히지 않는다는 뜻인데, 오죽하면 그런 말이 생겨났을까 싶다. 경찰의 역할도 물론 중요하고 필요하지만, 학교폭력은 역시 학교 안에서 교육적으로 해결되는 것이 가장 바람직하다. 물론 선생님들의 여러 가지 고충을 모르는 것은 아니나, 학교폭력에 대한 선생님들의 인식이 달라지고 대처 능력이 향상되어야 한다. 그러기 위해서는 선생님들의 재교육, 전문 상담 교사의 배치, 아이들을 좀 더 잘 관리할 수 있는 여건의 확보가 필요하다고 하겠다.

5. 학교폭력 관련 몇 가지 통계

학생의 자살 등 학교폭력의 가해 및 피해 양상이 심각해지자 정부에서는 2011년 12월 1일부터 2012년 1월 31일까지 전국 1, 100여 개 학교, 620만여 명의 학생들을 상대로 전국 학교폭력 실태 조사에 나섰다. 응답률이 낮아 실질적인 조사가 못 된다는 비판도 없지는 않지만, 현재로선 가장 최근의 학교폭력 실태를 가늠할 수 있는 자료일 것이다. 청소년 폭력예방재단의 조사 자료와 함께 몇 가지를 소개하면 다음과 같다

〈표 2-10〉 2006~2011년 학교폭력 피해율, 가해율

연도	피해율(%)	가해율(%)
2006년	17.3	12.6
2007년	16.2	15.1
2008년	10.5	8.5
2009년	9.4	12.4
2010년	11.8	11.4
2011년	18.3	15.7

학교폭력의 피해와 가해율은 정확히 일치하지는 않지만 대체로 2006년 이후 감소하다가 2009년부터는 증가 추세를 보이며, 2011년 최고치를 보이고 있다.

〈표 2-11〉 학교폭력 피해 유형

유형	분포(%)
맞았다	40
돈이나 물건 등을 빼앗겼다	14
말로 협박이나 위협을 당했다	9
욕설이나 모욕적인 말을 들었다	23
괴롭힘을 당했다	2
집단적 따돌림	9
사이버 피해	1
성적 놀림 및 접촉 피해	2

학교폭력의 유형은 때리는 것이 가장 많았으며, 언어폭력이 2순위, 위협이나 협박이 3순위를 차지했다.

〈표 2-12〉 학교폭력 가해 후 발생한 일 유형

항목	빈도(명)	비율(%)
아무 일도 일어나지 않았다	442	33.8
피해 학생에게 사과하고 일이 좋게 해결됐다	416	31.8
피해 학생 부모님에게 꾸지람을 들었다	69	5.4
학교 선생님이 아셔서 꾸지람을 들었다	215	16.4
학교에서 처벌을 받았다	143	10.9
경찰서에 신고되어 조사받아 처분을 받았다	22	1.7
전체	1, 307	100

학교폭력 가해 후 아무 일도 일어나지 않았다는 답이 33.8%나 되는 것으로 보아, 가해 후 아무런 제재 조치가 이루어지지 않는 경우가 1/3 이상인 것으로 보인다.

〈표 2-13〉 학교폭력 피해 시 도움 요청 여부

항목	빈도(명)	비율(%)
요청함	810	48.5
요청 안 함	856	51.4
전체	1, 666	100

학교폭력을 당하고도 거의 반에 해당하는 학생들이 도움 요청을 하지 않는 것은 선생님이나 부모에게 요청을 해 봐야 소용이 없다고 생각한다는 것을 알 수 있다.

〈표 2-14〉 학교폭력 피해로 인한 자살 생각 여부

항목	2010년		2011년	
	빈도(명)	비율(%)	빈도(명)	비율(%)
전혀 없다	287	69.2	1, 148	68.6
1년에 1~2번	61	14.7	258	15.4
1달에 1~2번	19	4.6	97	5.8
일주일에 1~2번	16	3.9	66	4.0
지속적으로(10회 이상)	32	7.6	104	6.2
전체	415	100	1.673	100

이 통계를 보면 아이들이 얼마나 심각한 위험에 처해 있는가를 알 수 있다. 아이들에 대한 관심과 개입이 매우 절실하다 하겠다.

6. 빨라지는 학교폭력 경험 시기

학교폭력 경험 시기가 점점 빨라지고 있다. 과거엔 주로 중·고등학생 사이에서 일어났던 학교폭력이 이제 초등학생들 사이에서 빈번히 일어나고, 심지어는 초등학교 2학년 학생이 심각한 학교폭력을 행사하는 경우도 발생하고 있다.

청소년폭력예방재단에서 조사한 다음 통계를 보면 2010년에 비해 2011년에 중·고등학생의 학교폭력보다 초등학생의 학교폭력 가·피해 경험이 더 많아진 것을 볼 수 있다.

〈표 2-15〉 최초 학교폭력 피해 경험 시기

	초1-3	초4-6	중1	중2	중3	고1	고2
2010년	17.5%	35.9%	18.8%	12.5%	9.9%	5.4%	-
2011년	26.5%	46.2%	12.5%	8.9%	2.6%	2.3%	1.0%

〈표 2-16〉 최초 학교폭력 가해 경험 시기

초1	초2	초3	초4	초5	초6	중1	중2	중3	고1	고2
5.8%	4.6%	8.7%	14.5%	21.8%	19.2%	11.8%	6.7%	3.4%	2.5%	1.0%
19.1%			55.5%			21.9%			3.5%	

이렇게 폭력을 경험하는 나이가 낮아지고 있는 것은, 어린아이들에게도 폭력으로밖에 풀 수 없는 스트레스가 많아지고 있음을 나타내는 것일 수 있고, 폭력에 대한 인지를 제대로 못하고 있거나 교육이 제대로 이루어지지 않고 있다는 반증이기도 하다. 또 중·고등학생들이 동기 간의 폭력으로 그치지 않고 만만한 초등학생 후배들에게 폭력의 그늘을 드리우기 때문이기도 한데, 그런 까닭에 학교폭력의 가해자는 가해자인 동시에 피해자인 경우가 태반이다. 초등학생과 중학생이 이어지는 고리는 흔히'양'관계라고 하는 의형제 비슷한 관계를 통해서이다. 중학생이 먼저 초등학생을 지목하여 '양언니'나 '양오빠' 관계를 맺는데, 후배가 괴롭힘을 당하거나 억울한 일을 당하면 폭력으로 보복을 해 주고 함부로 건드리지 못하도록 보호를 해 준다. 대신 후배는 선배의 말에 복종해야 되며, 금품을 갈취당하거나 폭력, 절도 등 나쁜 일을 대신해야 하는 경우도 생기게 된다. 처음에는 학교폭력에 시달리지 않기 위해 양언니, 양오빠를 맺지만, 결국은 학교폭력의 세계에 발을 들여놓고 빠져나 오지 못하는 결과가 되기도 하는 것이다. 그러므로 부모들은 초등학교 때부터 아이가 학교폭력에 관련되지 않는지 관심을 가지고 관찰해야 하며, 폭력이 얼마나 나쁜 것인지, 그리고 폭력을 당했을 때 어떻게 대처해야 하는지에 대해 어려서부터 가르쳐 둘 필요가 있다. 최근 학교폭력이 사회문제화되면서 전국의 초등학교에서는 다양한 형태로 학교폭력 예방 교육을 실시하고 있는 것으로 알고 있다. 이것이 일시적인 행사가 아닌 지속적인 교육 프로그램으로 정착될 수 있도록 해야 할 것이다.

7. 학교폭력 가해 학생의 징후

우리 아이가 가해 학생이라면? 자녀가 피해 학생이 되는 것만큼이나 가해 학생이 되는 것도 부모들에게는 받아들이기 힘든 일이다. 자녀가 가해 학생임이 밝혀질 경우, 주위에서 나쁜 아이라는 평판을 듣게 되고, 그것은 부모에게도 심리적으로 매우 힘든 일이기 때문이다. 게다가 자녀가 나쁜 길로 빠져들어 혹시라도 범죄자가 되는 것은 아닐까 하는 걱정을 안고 살게 된다. 대부분의 부모는 자기 아이가 절대 나쁜 짓을 하지 않을 것이라고 생각한다. 그래서 자녀의 가해 사실이 밝혀져도 인정하지 못하는 경우가 많다. 그로 인해 아이들 싸움이 학부모들 간의 싸움으로 확대되는 경우도 많이 있다. 그러나 어느 아이라도 학교폭력의 가해자가 될 수 있음을 알아야 한다.

실제로 학교폭력으로 신고된 아이들 중에는 공부도 잘하고 학급의 반장을 맡아 하는 등 어른들 눈에는 전혀 문제아로 보이지 않았던 아이들도 있고, 부모가 법조계 등 전문직에 종사하는 아이들도 있는 것으로 알려져 있다. 그럴 경우, 오히려 자기 자식의 잘못을 인정하기보다 피해 학생을 탓하거나 잘못을 지적하는 경우도 많다. 학교폭력 가해 사실이 기록으로 남을 것을 두려워하여 일부러 공격적으로 나오는 경우도 있다. 하지만 잘못을 저질렀을 때 적절한 처벌을 하지 않고 넘어가면, 아이는 잘못을 저질러도 얼마든지 빠져나갈 수 있다는 생각을 가지게 된다. 이는 차후에 더 큰 범죄를 저지를 수 있게 되며, 그 시기에 배워야 할 자기 행동에 책임지는 자세도 배우지 못하게 된다. 부모가 자녀를 위해 가해 사실을 덮고 사건을 무마했을 경우, 자녀는 부모에게 고마워하기보다는 부모의 도덕성을 의심하고 우습게 보는 사태가 올 수도 있다. 그러므로 혹시라도 내 아이가 학교폭력의 가해자는 아닐까 하는 의심이 든다면, 잘 관찰하여 하루라도 빨리 학교폭력의 세계에서 벗어날 수 있도록 조치해야 하며, 학교폭력의 가해자임이 밝혀졌을 때는 가해 사실을 인정하고 자녀가 진심으로 반성하고 피해자에게 사과할 수 있도록 인도하는 것이 바람직하다. 그렇다면 우리 아이가 가해자인지는 어떻게 알 수 있을까? 피해 학생과 달리 가해 학생의 징후는 사실 발견하기가 쉽지 않다. 하지만 다음과 같은 징후가 관찰될 때는 일단 의심을 해 보아야 한다.

〈학교폭력 가해 학생의 징후〉

- 부모와 대화를 하지 않으려 하고, 감추는 게 많아진다.
- 욕설 등 거친 말투를 쓰며, 반항하거나 화를 잘 낸다.
- 부모가 주는 용돈보다 많은 돈을 쓰는 것 같다.
- 부모가 사 주지 않은 값비싼 옷이나 신발, 가방, 전자 제품 따위를 가지고 있다. 어디서 났냐고 물으면 친구가 주거나 빌려 주었다고 한다.
- 밤늦게까지 친구들과 어울려 다니며, 집에 오는 시간이 늦어지고 불규칙하다.
- 부모가 친구에게 자신에 대해 묻는 것을 싫어하고, 친구들이 무슨 말을 하는지 예민하게 신경 쓴다.

이런 징후가 발견된다면, 자녀를 세심히 관찰하여 학교폭력의 사실을 확인해야 한다. 그러나 해결 과정에서 자녀에게 훈계나 강요를 함으로써 부딪치는 일이 없도록 주의해야 한다. 그럴 경우 오히려 상처를 입고 엇나갈 가능성이 더 크기 때문이다. 또 아이들이 아무도 자신을 이해해 주지 않는다는 생각을 할 수도 있다. 그렇게 되면 더욱 반항적이 되고 비뚤어져서 더 큰 피해를 양산하게 될 것이다. 그러므로 그보다는 부모의 관심과 사랑을 확인시켜 주고, 자녀를 인정해 주는 대화 속에서 자녀가 스스로 잘못을 인정하도록 유도하는 것이 좋다. 그리하여 피해 학생에게 진심으로 사과하고 다시는 폭력을 쓰지 않도록 다짐을 받음으로써 폭력 사건이 일어나는 것을 사전에 막는 것이 좋을 것이다. 또 만약 부모에게 문제가 있다면 부모의 태도를 고치도록 해야 할 것이며, 부모의 힘으로 막기 힘들다면 선생님이나 상담 센터 등의 도움을 받는 것도 좋다. 그것이 일찌감치 아이를 폭력의 굴레에서 벗어나게 하는 길이다.

8. 아이들을 떨게 하는 보복 폭력

학교폭력 피해로 괴로워하면서도 많은 피해 학생들이 아무에게도 말하지 못하고 경찰에 신고하지 못하는 것은 대개 보복 폭행을 두려워하기 때문이다.

가해 학생들은 폭력을 행사하면서, 혹시라도 어른에게 이르거나 신고할 경우 보복 폭행이 있을 것이라고 위협한다. 그리고 실제로 신고한 것을 알면 보복 폭행을 시도한다. 그러니 그것을 목격하거나 들어서 아는 아이들은 자신이 폭행을 당해도 신고할 엄두를 못 내게 되는 것이다. 게다가 신고를 해서 처벌을 받는다 해도 교내 봉사 등 가벼운 처벌로 끝나고 근본적인 문제 해결이 되지 않기에 아이는 다시금 지속적인 학교폭력에 시달리게 된다. 그러나 보복 폭행이 두렵다고 해서 알리거나 신고하지 않는다면, 가해 학생은 피해 학생을 만만하게 보고 계속 폭력을 행사하게 되며, 자기 대신 나쁜 짓을 시키고 범죄에 끌어들이기도 한다. 또 폭행이 두려워 아예 가해자의 편이 되거나 일진이 되어도 나쁜 짓에 연루되어 범죄의 길로 접어들게 되는 것은 마찬가지이다. 그러면 어떻게 해야 할까? 법무부 산하 서울소년분류심사원의 한영선 원장(범죄학 박사)은 2012년'학교폭력에서 가해 학생에 의한 피해 학생 선택에 관한 연구'라는 논문을 통해 서울소년분류심사원에 들어온 소년들과 학생들이 가장 무서워하는 것은 바로 신고를 잘하는 학생이라는 의외의 결과를 내놓았다.

공부를 잘하는 학생은 자존심이 강해 부모님이나 선생님에게 자신이 괴롭힘을 당하고 있다는 사실을 잘 말하지 않기 때문에 오히려 학교폭력의 피해자가 될 수 있다고 한다. 그에 반해 신고하는 학생은 곧바로 자신들에게 골치 아픈 일이 생기게 되기 때문에 싫어한다는 것이다. 처음에는 신고했다고 화가 나서 보복 폭행을 할 수도 있지만, 그래도 계속 신고하면 더 이상 건드리지 않게 된다고 한다. 그래서 학교폭력을 예방하는 가장 좋은 방법은 보복을 두려워하지 말고 계속 신고를 하는 것이라고 한 원장은 말하고 있다. 하지만 피해 학생의 입장에서는 가해 학생의 보복 폭행이 두려울 수밖에 없고, 보복 폭행이 가해질 경우 신고해도 소용없다는 생각에 다시 신고 하는 것을 포기할 수도 있다. 그러므로 학교폭력 신고가 있을 경우, 일정 기간 동안 반드시 학교와 경찰에서 피해 학생을 보호하는 조치를 해 주어야 하며, 부모도 등·하굣길에 동행하는 등의 보호 노력을 기울여야 한다. 또 피해 학생에게 위와 같은 사실을 알려 주어 보복 폭행이 있을 경우 반드시 신고해야 한다고 주지시켜 주어야 하며, 피해 학생도 우범지대나 위험한 장소에는 가지 않는 등 조심을 해야 한다. 이러한 보호 조치들과 함께 피해 학생들이 두려움 없이 신고할 수 있는 분위기를 만들어 주도록 해야 할 것이다.

9. 우리 아이, 가해 학생이 되지 않게 하려면

학교폭력의 경우에는 죄질이 나쁘고 심각한 사안이 아닌 한 대부분 형사처분보다는 화해와 반성을 유도하여 선도하는 쪽으로 해결되고 있다. 이는 낙인 효과로 인해 선도 가능성이 있는 학생을 범죄자의 길로 몰아 넣는 것을 막기 위해서이기도 하지만, 당사자가 아직 판단력이 미숙하고 앞으로 반성과 개전의 여지가 있다고 보기 때문이다. 하지만 그런 취지가 제대로 빛을 발하기 위해서는 가해 학생에 대한 교육이 제대로 이루어져야만 한다. 최근 청소년폭력예방재단이나 상담 센터 등 단체들과 경찰에서 가해 학생에 대한 전문적인 상담과 선도 프로그램 등을 운영하여 가·피해 학생들 사이의 화해를 유도하고 선도하는 성과를 내고는 있지만, 그것으로는 매우 미흡한 것이 사실이다. 경미한 사안이나 학교폭력에 발을 들인 지 얼마 안 된 경우에는 매우 바람직한 효과를 보고 있지만, 장기적인 학교폭력 가해자의 경우 영악한 아이들이 당시에만 반성의 모습을 보이고 다시 학교폭력 가해자로 돌아가는 것은 아닌가 하는 의심을 완전히 지울 수는 없기 때문이다. 또한 폭력 가해자의 부모는 자녀를 관리할 여건이 되지 않는 경우가 많고, 경찰이 가해 학생들의 지속적인 교육을 책임지는 데도 무리가 있다.

따라서 전문 상담 교사를 학교에 상주시킨다거나 가해 학생 대상 특별 교육 프로그램을 만들어 운영한다든지 하는 제도적인 장치가 필요할 것으로 보인다.

그런 제도적인 조치가 취해지기 이전에 부모의 입장에서 할 수 있는 일은 무엇일까? 부모는 자녀를 바르게 자랄 수 있도록 도와주기도 하지만, 반대로 나쁜 길로 빠져들게 할 수도 있다. 나는 자녀를 가해 학생으로 키울 수 있는 부모의 유형은 아닌지 점검부터 해 보자.

〈자녀를 가해 학생으로 키우는 부모의 유형〉

- 아이에게 맞지 말고 때리고 오라고 교육하는 부모 : 자기 아이가 기죽지 않기를 바라는 마음, 피해 학생이 될까 봐 두려워하는 마음에서 하는 것이겠지만, 이는 자칫 아이를 가해 학생으로 키울 수 있는 위험하고 무책임한 태도이다.
- 무슨 일이 생기든 쫓아다니며 해결해 주는 부모 : 학교에서 무슨 일이 있었다고 하면 앞뒤 가리지 않고 전화해서 항의하고, 아이의 말만 듣고 다른 아이를 야단치고 혼내는 식이다. 그러나 이런 부모 역시 위험하다. 자신이 어떻게 하든 부모가 해결해 준다고 생각하여 남을 괴롭히는 아이로 성장할 수 있기 때문이다.
- 아이의 의견을 무시하고 복종을 강요하는 부모 : 이런 양육 태도도 아이를 가해자로 만들 수 있다. 이런 경우 아이는 자존감이 낮아져 피해 학생이 되기도 쉽고, 분노가 쌓여 가해 학생이 되기도 쉽다.
- 집에서 폭력을 행사하는 부모 : 아이들은 무의식적으로 학습하는 경우가 많다. 특히나 가정에서 폭력이 행해진다면, 이것은 아이의 인성에 지대한 영향을 미칠 것이다. 부모를 그대로 보고 배운다고 해도 과언이 아니다. 그렇게 점점 폭력에 무감각해진 아이는 부모의 폭력을 싫어하면서도 폭력을 행사하는 아이로 자라게 된다.

만약 아이에게 이런 태도를 보인 적이 있다면, 자신의 태도를 반성하고 자녀에게도 바로 과거의 자신의 말이나 행동이 잘못되었음을 솔직하게 인정하고 어떤 태도가 바람직한지를 가르쳐 주어야 한다. 우리 아이들은 맞는 아이가 되어서도 안 되겠지만, 때리는 아이가 되어서도 안 된다. 그러면 자녀를 폭력적인 아이가 되지 않도록 하기 위한 방법에는 어떤 것이 있을지 알아보자.

〈자녀를 폭력적인 아이로 키우지 않는 방법〉

첫째, 폭력적인 환경을 만들지 말아야 한다. 부모가 폭언이나 폭력을 행사하는 모습을 보여서는 안 되며, 혼을 낼 때도 폭력을 쓰지 않도록 한다. 되도록 대화로 설득하고, 안 되면 글로 써서 부모의 마음을 전하는 것도 방법이다.

둘째, 혹시라도 자녀가 폭력적인 가치관을 가지고 있는지 확인하여 그런 기미가 보인다면 바꾸도록 해야 한다. 아이가 잘못하면 맞아야 한다든지, 때려서라도 가르쳐야 한다, 힘이 최고다 등등의 생각을 갖고 있다면, 어떤 이유로도 폭력은 정당화될 수 없다는 것을 가르쳐야 한다. 자신이 맞는 입장이 된다면, 맞아야 한다고 생각하는 경우가 어떤 경우인지를 생각해 보게 하여, 어떤 경우에도 폭력이 아닌 대화로 해결하도록 유도해야 한다.

셋째, 자신이 잘못했을 때는 바로 사과하고, 상대가 잘못했을 때는 용서할 줄 아는 아이가 되도록, 그것이 자랑스러운 행동임을 가르쳐야 한다. 서로 간에 사과하고 용서할 줄 알 때 갈등과 폭력이 사라진다. 부모가 먼저 사과하거나 용서하는 모습을 보이는 것도 좋은 방법이다.

넷째, 화가 잘 나는 성격이라면, 자신이 어떨 때 화가 나는지를 알고, 화가 나려 할 때 화내는 것을 피하는 방법을 훈련시킨다. 예를 들어 화가 나려 하면 바로 그 자리를 떠나 얼마 있다가 돌아온다든지, 속으로 하나에서 백까지 센다든지 또는 숨을 깊이 들이쉬었다 뱉는 등의 행동을 취하도록 집에서 연습시킨다.

다섯째, 남을 괴롭히는 것이 아닌 돕는 것에서 기쁨을 느낄 수 있도록 훈련한다. 집에서 자녀가 할 수 있는 작은 일을 할당해 주어, 그 일을 했을 때 고맙다는 표현과 칭찬을 아낌없이 해 주면, 아이는 남을 돕는 것에서 성취감과 기쁨을 느끼는 아이로 성장하게 된다.

자녀가 집이 아닌 학교 및 학원에서 보내는 시간이 점점 길어지고 있다.

성적은 학교나 학원에서 어렵지 않게 올릴 수 있다. 하지만 자녀 교육에 있어 가장 소중한 장소는 여전히 가정이며, 가정에서 많은 교육이 이루어져야 한다. 아이가 자라나고 마음씨의 기본을 다지는 장소가 바로 가정이기 때문이다.

학교나 학원은 마음에 들지 않으면 언제든지 교체가 가능한 장소이다. 하지만 가정은 처음부터 선택이 불가능하며, 바꾸고 싶다고 바꿀 수 있는 장소도 아니다. 자녀를 폭력적인 아이로 키우지 않는 것이 전부가 아니다. 다른 사람을 배려하고, 함께 성장할 수 있는 아이로 키우기 위해서 가정의 역할은 중요하다.

10. 늘어나는 대규모 학교폭력

최근 들어 앞의 사례와 같은 대규모 피라미드 학교폭력이 적발되는 사례가 늘고 있다. 학교폭력이 조직화되고 그 범위가 넓어지고 있음을 보여 주는 것이다.

빨라진 정보망은 어른뿐 아니라 아이들에게도 빠르고 광범위한 연락망을 제공하고, 폭력이 난무하는 게임과 영화, 때로는 현실의 뉴스들이 아이들에게 따라하고 싶은 욕망을 부추긴다. 어른들이 만들고 있는 현실들이 아직 판단력이 여물지 않은 아이들을 유혹하고 있는 것은 아닌지, 어른들은 다시금 생각을 곱씹어야 할 것 같다. 최근에 적발된 조직폭력배들에 대한 다음과 같은 사례는 학교폭력을 경험했던 아이들이 장차 어떤 길로 빠져들 수 있는지를 보여 준다.

H(19) 군 등 십 대 3명은 고등학교에서 퇴학을 당한 뒤 할 일 없이 지내다가 어느 폭력 조직에서 학교 짱 출신의 조직원을 구한다는 소리를 들었다. 딱히 할 일도 없었던 셋은 돈을 많이 준다는 소리에 혹하여 사무실을 찾아가 가입하게 되었다.

처음에 셋은 두목과 조직원들을 따라 술집이나 도박장을 드나들면서 사람들이 자신들을 두려워하는 것을 보고, 마치 자신들이 영화 속의 멋져 보이는 조직폭력배라도 된 듯 으쓱거려졌다.

하지만 그것은 잠시뿐이었다. 그들은 곧 조직의 자금을 마련하는 궂은일을 맡게 되었다. 조직에서 운영하는 도박장과 사채 사무실의 전단을 뿌리고, 해수욕장 민박집의 청소와 호객 행위를 하는 일이었다. 꽤 많은 액수의 월급을 준다는 말에 셋은 아는 후배들을 불러 모아 일을 시켰다. 하지만 월급 같은 건 애당초 없었다. 셋은 일을 한 후배들을 주먹으로 입막음할 수밖에 없었다. 이어 셋은 자금을 모아 오라는 압박에 학생 때 하던 식으로 후배들에게 협박과 폭력을 가해 금품을 갈취해 바치게 되었다. 그 대가는 미래가 없는 약속과 주먹뿐이었다.

환멸을 느낀 그들은 조직 생활 2개월 만에 조직을 빠져나오려 했다. 하지만 그것은 생각처럼 쉬운 일이 아니었다. 한 번 들어간 조직을 그만둔다는 것은 처음부터 있을 수 없는 일이었고, 연락이 끊어지면 어떻게든 찾아내 폭행을 일삼았다. 야구방망이로 얻어맞은 것은 수도 없었고, 건방지다는 이유로 영화에 나오는 것 같은 섬뜩한 위협을 당하기도 했다. 어쩔 수 없이 조직 생활을 계속하던 셋은 어느 날 경찰의 수사망에 걸려 구속 수감되어 감옥에 갇히고 말았다.

한때의 잘못된 생각으로 폭력의 세계에 발을 들이고, 그것을 바로잡을 기회도 없이 학교라는 보호망으로부터도 쫓겨나, 어두운 조직폭력배의 세계에 들어가 결국 철창신세를 지게 된 매우 불행한 사례이다. 생각 없이 폭력을 휘두르고 그것이 멋진 일인 양 착각하는 학생들에게 반면교사가 되는 사례라고 하겠다.

한편으로는 학교폭력 가해자들에 대한 사후 대책이 얼마나 중요한가를 보여주고 있다. 가해 학생을 단순히 일반 아이들로부터 격리시키는 퇴학 조치는 어찌 보면 무책임한 일이라고 할 수 있다. 퇴학을 시킨다고 해서 가해 학생들이 다른 학생들로부터 영원히 격리되는 것은 아니기 때문이다. 앞의 사례의 카리스마 형 역시 퇴학당한 학생으로, 학교 밖에서 버젓이 후배 학생들을 만나고, 폭행하고, 더 많은 학교의 아이들을 장악했다. 학교에서 문제 학생을 오히려 관리의 사각지대로 내몬 형국이 되어 버린 것이다. 이런 점에서 가해 학생들에 대한 사후 대책의 수립은 매우 중요하고도 시급한 일이라고 할 수 있다.

제4절 영혼을 다치게 하는 성폭력

1. 청소년의 성폭력 피해

성 문제는 아이들에게도 매우 민감한 문제이다. 흔히 아이들은 성에 대해 그리 심각하게 받아들이지 않을 것이라 생각하기 쉽지만, 아이들 역시 성을 매우 민감하게 받아들인다. 어렸을 때의 성폭력 또는 성추행의 상처는 죽을 때까지 없어지지 않는다고 한다. 그만큼 성과 관련한 기억은 강렬하며, 덮어 둔다고 절대 사라지지 않는다. 게다가 성과 관련한 피해는 알려지는 것을 수치스럽게 생각해서 잘 드러나지 않는 경우가 많다. 아이들은 성폭력이나 성추행 당한 사실을 숨기면서 혼자 속병을 앓는 것이다. 사례의 경우는 다행히 일기에다 자신의 괴로움을 표현했고, 그것을 선생님이 발견하여 조치를 취해서 불행한 일을 사전에 막을 수 있었다.

사례에서 선생님은 아이가 자살까지 생각하고 있는 것에 놀라서 아이들에게 찬찬히 사실을 확인하는 과정을 밟지만, 장난이었다는 아이들의 말에 그리 심각한 일은 아니라고 생각하고, 이어 피해 학생 어머니의 반응에 심각한 일일 수도 있다고 생각하는 등 오락가락하는 모습을 보인다. 가해 학생과 피해 학생 모두를 제자로 두고 있는 선생님으로서는 이처럼 명확한 판단을 하지 못하고 유야무야 덮어 버리게 되는 경우도 흔히 있을 수 있다.

하지만 피해 학생의 상처를 적절한 시기에 적절히 치유하지 못하면 자존감이 낮아지고 우울증에 시달리며 죽을 때까지 그 기억을 씻지 못하는 경우도 있다. 이는 불행한 일로 이어질 수도 있으며, 가해 학생 역시 죄 의식을 느끼지 못하고 다시 같은 일을 저지를 수 있다는 것을 명심해야 한다. 실제로 화장실에서 같은 반 친구들에게 자위행위와 유사 성행위를 당한 중학생이 정신적인 괴로움을 견디다 못해 선생님에게 알렸으나, 형식적인 조사로만 그치고 말자 끝내 정신분열증을 보인 사례도 있다. 그러므로 반드시 가해자의 행동이 상대방에게 얼마나 큰 고통을 줄 수 있는 행동인지를 알게 하고, 그것이 범죄행위라는 것도 알려 주어야 한다. 또 피해자에게 마음에서 우러난 사과를 하게 함으로써 피해자의 자존감을 회복시켜 주어야 하며, 피해자는 되도록 빠른 시일에 전문적인 치료를 받도록 해야 한다. 성추행과 관련된 법 조항을 알아보면 다음과 같다(성추행은 형법상 강제 추행을 의미한다).

〈성추행 관련 법 조항〉

형법

- 형법 제298조(강제 추행) 폭행 또는 협박으로 사람에 대하여 추행을 한 자는 10년 이하의 징역 또는 1천 500만 원 이하의 벌금에 처한다.
- 형법 제299조(준강간, 준강제 추행) 사람의 심신상실 또는 항거 불능의 상태를 이용하여 간음 또는 추행을 한 자는 전 2조의 예에 의한다.

성폭력 범죄의 처벌 등에 관한 특례법

- 제7조(13세 미만의 미성년자에 대한 강간, 강제 추행 등)
  ① 13세 미만의 여자에 대하여 형법 제297조(강간)의 죄를 범한 사람은 무기 또는 10년 이상의 징역에 처한다.
  ② 13세 미만의 사람에 대하여 폭행이나 협박으로 다음 각 호의 어느 하나에 해당하는 행위를 한 사람은 7년 이상의 유기징역에 처한다.
    1. 구강, 항문 등 신체(성기는 제외한다)의 내부에 성기를 넣는 행위
    2. 성기, 항문에 손가락 등 신체(성기는 제외한다)의 일부나 도구를 넣는 행위
  ③ 13세 미만의 사람에 대하여 형법 제298조(강제 추행)의 죄를 범한 사람은 5년 이상의 유기징역 또는 3천만 원 이상 5천만 원 이하의 벌금에 처한다.
  ④ 13세 미만의 사람에 대하여 형법 제299조(준강간, 준강제 추행)의 죄를 범한 사람은 제1항부터 제3항까지의 예에 따라 처벌한다.
  ⑤ 위계 또는 위력으로써 13세 미만의 여자를 간음하거나 13세 미만의 사람에 대하여 추행한 사람은 제1항부터 제3항까지의 예에 따라 처벌한다.
- 제13조(카메라 등을 이용한 촬영)
  ① 카메라나 그밖에 이와 유사한 기능을 갖춘 기계장치를 이용하여 성적 욕망 또는 수치심을 유발할 수 있는 다른 사람의 신체를 그 의사에 반하여 촬영하거나 그 촬영물을 반포·판매·임대 또는 공공연하게 전시·상영한 자는 5년 이하의 징역 또는 1천만 원 이하의 벌금에 처한다.

2. 학교폭력과 학교

아이들이 자살이라는 극단적인 선택을 하는 이유는 무엇일까? 사람은 희망이 있을 때는 죽지 않는다고 한다. 그런데 그 아이들에게는 희망이 없었던 것이다. 자신의 힘으로는 고통에서 벗어날 수 없고, 누구도 자신을 도와줄 수 없다고 생각했기에 아이들은 생명을 버리는 선택을 한 것이다. 지난해에 학교에서 실시한 '정서 행동 발달 심리검사'에서 정서 불안 증세를 보여'자살 위험도 수치 고위험군'으로 판별되었다고 한다. 학교에서는 이에 따라 여러 차례의 병원 상담과 심리 치료를 받았다고 밝혔다. 그래서 한때 아이가 우울증으로 자살한 것으로 보도되기도 했다. 하지만 그 부모는 모 상담 센터와 학교 측의 무성의로 인해 상담 약속이 몇 번이나 무산되었고, 화가 나서 항의한 결과 단 한 번의 상담을 받았으며, 상담에서도 치료받을 정도가 아니라는 확답을 받았다고 말한다. 게다가 사후에 검사지를 확인해 본 결과, 질문 항목 중'실제로 구타를 당한 적이 있는가?'와 '자신을 괴롭히는 학생이 있는가?'라는 문항에 아이는'그렇다.'라는 답을 써 놓았다고 한다.

하지만 학교에서는 더 이상의 조사나 조치가 이루어지지 않았고, 이에 아이는 혹시나 하고 걸었던 희망조차 거두어 버렸는지도 모른다. 심리검사 후 학교에서는 외부 강사를 초빙해 폭력 및 자살 예방 교육을 실시했고, 학교폭력 예방 10,000인 서명운동도 벌였다. 자살한 학생도 거기에 서명을 했다. 하지만 정작 학교폭력을 행사했던 가해 학생은 서명을 하지 않았다고 한다.

형식적으로 이루어지는 학교폭력 예방 교육의 그늘에서 가해 학생은 비웃음을 흘리며 계속 피해 학생을 괴롭혔던 것인지도 모른다. 그런 상황에서 피해 학생은 더욱 절망감을 느꼈을 것이다. 가해 학생은 이전에도 학교폭력으로 여러 차례 처벌을 받았다고 한다. 하지만 그뿐, 이후에도 그 학생의 폭력 행위는 없어지지 않았다. 학교에서의 처벌이 별 효과를 거두지 못했다는 얘기다. 선생님들이 학교폭력을 없애기를 원하지 않는 것은 절대 아닐 것이다.

그런데 왜 학교에서는 학교폭력 대책이 제대로 효과를 보지 못하고 있는 것일까? 왜 형식적인 대처에 그치고 있는 것일까? 학교에서는 학교폭력 사실이 알려지면 사회적 이미지에 타격을 입고 불이익을 당하게 된다. 그래서 어떻게든 빠른 시일 안에 조용히 해결하고 넘어가려 애를 쓰게 된다. 그러다 보니 가해 학생에 대한 제대로 된 처벌이 이루어지기 어렵고, 피해 학생 또한 적절한 치유를 받지 못하는 결과가 발생하게 된다.

이런 현실을 바꾸어야 한다. 학교폭력이 일어났다는 사실이 중요한 것이 아니라, 그것을 올바르게 처리했느냐가 중요하다. 저 학교는 학교폭력이 일어났으므로 선생들이 잘못 관리한 학교, 피해야 할 학교가 아니라, 학교폭력이 일어났는데 엄중하게 처리해서 가해 학생을 처벌하고 교화시켰으며 다시는 폭력이 일어나지 않을 조건을 만들어 가고 있다더라, 그래서 이제는 안심하고 아이를 보내도 되는 학교가 되었다는 인식이 사람들 사이에 퍼질 수 있도록 해야 한다. 그리고 정부에서는 학교폭력이 일어난 학교와 선생님에게 불이익을 줄 것이 아니라, 제대로 처리했을 때는 격려를 해 주고, 은폐하거나 제대로 처리하지 않고 넘어간 것이 적발되었을 때 불이익을 주어야 한다. 학교는 학생들이 가장 많은 시간을 보내는 장소 중의 하나이다. 그런 곳이 가기 싫은 곳, 두려운 곳이 되어서는 안 된다. 학교는 안전하고 즐거운 곳이 되어야 한다. 그러기 위해 어른들의 노력이 좀 더 필요할 것이다.

3. 성폭력과 음란물의 영향

학생 간 성폭력이 계속 늘고 있다. 자료에 따르면, 학생 간 성폭력 사건은 2006년에 38건, 2007년에 64건, 2008년에 83건, 2009년에 96건, 2010년에 166건, 2011년에는 690건 등으로 계속적으로 증가한 것으로 나타나고 있다. 물론 이것은 정식재판까지 간 경우이고, 합의에 의해 종결된 사건은 합쳐지지 않은 숫자다.

게다가 심각한 것은 성폭력이 집단화하고 연소(年少)화하는 경향을 보이고 있다는 것이다. 여기에는 여러 가지 이유가 작용하고 있겠지만, 그중에는 넘쳐 나는 음란물이 큰 영향을 끼치고 있음을 부인할 수 없다. 아이들은 음란물의 폐해에 무방비로 노출되어 있다고 할 수 있다. DVD 등 영상물은 이제 옛이야기고, 집 안의 PC뿐 아니라 PC방, 스마트폰 등을 통해 수많은 온라인 공유 사이트로부터 아이들은 손쉽게 음란물을 내려받아 볼 수 있고, 서로 공유하기도 한다. 2011년 여성가족부가 전국의 남녀 중·고생 15,954명을 대상으로 설문 조사한 결과에 의하면, 중학교 때 유해 매체물을 경험하게 된 아이들이 반 이상(핸드폰 성인 매체 61.2%, 성인용 영상물 62.9%, 온라인 음란물 63.9%)이며, 초등학교 4~6학년 때부터 접한 아이들도 상당수에 이른다(핸드폰 성인 매체 14.8%, 성인용 영상물 23.5%, 온라인 음란물 26.8%). 이에 따라 정부에서는 각종 대책을 마련하고 있다. 음란물의 주요 유통 경로인 웹하드 업체 등록 요건에 음란물 차단 기술을 갖추도록 의무화하고, 스마트 기기 음란물 차단 프로그램을 제작해 보급하고 있으며, PC는 음란물 차단 소프트웨어 설치 의무화가 어려운 점을 감안해 학부모들에게 음란물 차단 소프트웨어를 안내하고 설치 여부를 확인받고 있다. 또한, 케이블 TV나 IP TV는 가입자가 원할 경우 성인물 결제 내역을 가입자 휴대전화에 전달하고 고지서에 청구 내역을 표시할 수 있게 했다.

하지만 제도적인 대책보다 더 중요한 것은 가정에서의 자녀 관리이다. 내 자녀가 지금 어떤 상태에 있는지 부모가 늘 관심을 갖고 나쁜 길로 빠지지 않도록 예방하는 역할을 해야 한다.

〈가정에서의 음란물 대책〉

- 우선 집에서 볼 수 있는 TV와 PC 등에 음란물 차단 소프트웨어를 설치하고, 성인물 결제 내역을 확인할 수 있도록 해 놓아야 하며, 스마트 기기에도 반드시 음란물 차단 프로그램을 탑재해야 한다.
- 중학생 이상의 아이들은 이미 음란물을 경험했을 가능성이 크다. 경험하지 않았더라도 친구들로부터 들어서 알고 있을 것이다. 그런 점을 감안하여 아들에게는 아

버지가, 딸에게는 엄마가 각각 성과 음란물에 대한 교육을 시켜 두는 것이 좋다. 특히 음란물에서 보이는 성과 실제성이 다르다는 것을 가르쳐 주고, 어른이 되어 사랑하는 사람과 나누는 아름다운 성에 대한 꿈을 가질 수 있도록 이끌어야 한다.

- 음란물 시청이 성폭행으로 이어지는 일이 증가하고 있다는 현실을 알려 주고, 그런 일에 관련되었을 때 벌어질 수 있는 불행한 일에 대해서도 알려 주는 것이 좋다. 가해자나 피해자 양쪽 다 불행한 결과에 이르기 때문이다.

4. 심각한 청소년 범죄와 어른들의 책임

학교폭력을 넘어 청소년 범죄라고 해야 할 사건들이 해를 거듭하며 늘어나고 있다. 그 양상 또한 성인 범죄 못지않게 다양화·지능화·흉포화되는 등 그 수위가 자못 심각해 보인다. 폭력을 행사하고 성매매를 알선하는가 하면, 직접 성매매를 하고 사기를 치기도 하고, 각종 절도와 강도 행위에, 폭력 조직을 만들고, 심지어는 집단 폭행 후 사망하자 암매장하는 사건까지 벌어지고 있다. 이러한 학교폭력과 청소년 범죄는 가출 청소년들에 의해 저질러지는 경우가 많은데, 이들은 주로 가출 후 먹고 자는 문제에 맞닥뜨려 수단 방법을 가리지 않고 돈벌이에 나서면서 범죄의 길로 접어들게 된다. 특히 가출 여학생의 경우는 성폭력의 표적이 되기 쉽고, 성폭력을 당하고 난 뒤에는 스스로가 생활비를 벌기 위해 성매매나 원조 교제를 선택하고, 다른 아이들을 끌어들이기도 한다. '한국여성정책연구원'의'여성청소년 성폭력·가정 폭력·성매매 피해 실태와 대응 방안'보고서에 따르면 가출 또는 학업을 중단한 여성 위기 청소년의 반 정도(47.7%)가 성폭력 피해 경험이 있는 것으로 나타났다.

14세의 한 가출 청소년의 경우, 매일 폭력을 휘두르는 아버지로부터 벗어나기 위해 가출을 한 이후 다른 가출 청소년들로부터 성매매를 권유받았으며, 그 후 6개월 동안 100여 명에게 성매매를 한 사례도 있었다. 사실 이런 문제 청소년들 뒤에는 거의 언제나 잘못된 어른들이 있다. 성을 사는 남자들이나 미성년자의 성매매를 알고도 눈감아 주는 어른들, 음란물이 넘쳐 나는 현실뿐만이 아니다. 세계빈곤퇴치회의 가출팸(가출한 청소년들끼리 모여 숙식을 함께 해결하는 것으로 가출 패밀리를 줄여 부르는 말) 관련 보고서에 따르면 청소년들이 가출을 선택하는 이유 중 65.7%가 부모로 인한 것이라고 한다. 부모와의 갈등, 지나친 간섭, 차별 등 가족과의 소통 부재에 대한 문제와 갈등이 전체의 55.1%이고, 부모의 이혼이나 재혼 등에서 오는 가정 해체는 겨우 6.5%였다. 가정 해체보다 부모와의 갈등이 아이들을 더 많이 집 밖으로 내몰고 있는 것이다. 부모와 자녀 간의 갈등에는 빈곤과 삶의 스트레스도 한몫을 한다. 그러나 그 외에 자신과는 다른 환경 속에서 살아가는 아이에 대한 이해 부족, 소통 기술의 부족, 대화의 단절, 그에 이은 아이의 반항과 부모의 권위적 억압 등이 갈등을 더 증폭시킨다. 부모 자식 간의 갈등은 어느 시대, 어느 곳에나 있어 왔다. 어쩌면 부모 자식 간의 갈등이 없는 가정은 없다고도 할 수 있다. 하지만 그것을 방치하고 더 키워 나가느냐, 아니면 줄여 나가기 위해 노력하고 다시 사랑과 화합의 관계로 만들어 나가느냐에 따라 그 결과는 천양지차로 달라진다. 아이들의 폭력과 범죄를 없애는 근본적인 방법은 가정이 바로 서고 부모자식 간의 사랑이 회복되는 것이 아닐까?

제4편

학교폭력근절 종합대책

인성교육 우선 수업 강화

학교는 학생들에게 교과서 지식을 전달하고 학생을 암기하는 실정이다. 학생들이 직접 참여하여 체험하고 남을 배려하는 기회를 갖도록 학교 수업 방식을 개선할 필요가 있다. 공동체 정신과 문제해결 능력을 길러줄 수 있는 협력학습 기회를 확대하고, 협력학습 과정과 결과를 집단으로 평가하여 반영하는 방안을 검토해야 한다. 강의위주 수업을 발표·토론·조사 등의 학생 참여 수업으로 전환해야 한다. 실천 중심의 창의·인성교육 내용과 방법을 개발하여 공급하고, 창의·인성교육과정과 성과를 학생부에 기록하는 방안을 추진한다. 그 실천으로 협력학습 및 학생참여수업 관련 자료의 개발·보급은 물론 창의·인성교육관련 자료 개발·보급이 절실하다. 199)

---

* 관계부처합동, "학교폭력근절 종합대책" 2012. 2. 6., 편집 이 책 제4편에 대부분 게재 ; 정부는 국무총리주재 학교폭력관련 관계 장관회의를 열고 '학교폭력근절 종합대책'을 최종 확정하여 발표하였다. 이번 대책은 "학교폭력은 학교에만 맡겨둘 것이 아니라, 우리 사회 전체가 함께 나서서 해결해야 한다"는 대통령의 강력한 해결의지에 따라 각계 각층의 대안을 심층적으로 검토하여 마련되었다. 대통령·국무총리·교과부 장관, 관련 전문가·학생·교사와 간담회(30여 회), 민간전문가로 구성된 학교폭력근절자문위원회 개최(3회) 등 정부는 학교폭력으로 고통 받고 있는 학생·학부모의 입장에서 기존의 학교폭력대책의 한계와 문제점을 철저히 검토하는 한편, 학교폭력의 근본적인 원인으로 지목되고 있는 인성교육이 형식화된 교육현실에 대해 반성하고, 다음과 같이 7대 실천정책을 수립하였다. 아울러 학교폭력 근절을 위해 정부의 대책을 이 책에 수록하여 펴낼 수 있도록 물심양면 협조해 주신 분께 감사를 드린다. 김종관 교육부 학교지원본부장, 학교지원국장, 배동인 학교폭력근절팀장, 윤소영 서기관, 이상범 사무관, 홍익태 경찰청 생활안전국장(현재 전북지방경찰청장), 이기주, 홍용연, 김종억 경찰청 여성청소년과 책임자와 실무진의 도움을 받았음을 밝힌다.

* 심현정, "교사와 학부모, 학교폭력 대책으로 학교폭력 줄었다", 조선일보, 2012. 6. 20. 자 ; 서울시교육청 조사 결과 지난 2월 발표된 '학교폭력 근절 종합대책' 추진 후 교사와 학부모 다수가 학교폭력이 줄어들었다고 인식하는 것으로 나타났다. 서울시교육청이 지난해 5월 5일부터 7일까지 온라인을 통해 교사·학부모 1770여명을 대상으로 설문 조사한 결과 교사 71.9%, 학부모 80.5%가 학교폭력이 줄었다고 답했다. 학교폭력 근절 대책에 대해서는 교사 60.2%와 학부모 68.2%가 만족했다. 불만족하다고 대답한 응답자 중 교사는 '학교에 대한 책임 강화로 업무가 늘었다', 학부모는 '학생이 자발적으로 참여하는 분위기가 아니다' 등이 있었다. 대책의 효과에 대해서는 교사의 64.9%, 학부모의 74.5%가 효과적이라고 응답했다. 교사의 경우 생활기록부에 가해사실을 기재하고, 피해학생을 선(先) 치료 하는 것(74.2%)이 가장 효과적이라고 봤다. 인성 함양을 위한 체험교육 강화(70.8%), 학교폭력에 대한 학교의 책임 강화(65.2%) 등이 그 뒤를 이었다. 학부모는 인성교육 강화(79%)가 도움이 된다고 답했고, 생활기록부 가해사실 기재(78.8%), 학교의 책임 강화(77.5%) 순으로 긍정적인 효과를 낸다고 대답했다.

199) 제18대 대통령선거 새누리당 정책공약, 『세상을 바꾸는 약속 책임 있는 변화』, 2012, 220면.

"학교폭력, 이제 그만!" 7대 실천 정책으로 학교폭력 없는 행복한 학교를 만든다.

직접 대책으로, '사소한 괴롭힘'도 '범죄'라는 인식하에 피해자 보호를 최우선하고, 학교폭력이 은폐되지 않도록 철저하게 대응, 근본 대책으로, 학생들이 함께 더불어 살아가는 능력을 갖출 수 있도록 학교-가정-사회가 협력하여 인성교육 실천한다.

직접대책

'사소한 괴롭힘'도 '범죄'라는 인식하에 철저히 대응

1 학교장과 교사의 역할 및 책임 강화

문제		대책
대처권한 부족 및 학교폭력 은폐	⇨	**대처 권한 및 역할 대폭 강화 은폐시 엄중조치로 책무성 확보**

2 신고-조사체계 개선 및 가·피해학생에 대한 조치 강화

문제		대책
신고번호 분산 체계적 대응체계 부재 처벌 및 보호조치 미흡	⇨	**신고체계 일원화 조사·지원기능 체계화 가해/피해학생 조치 강화**

3 또래활동 등 예방교육 확대

문제		대책
건전한 또래문화 미형성	⇨	**학생간의 자율적 갈등해결 학교단위 예방교육 체계화**

4 학부모교육 확대 및 학부모의 책무성 강화

문제		대책
참여 부족, 무관심 책무성 미흡	⇨	**학부모 교육·자원봉사 확대**

근본대책

학교-가정-사회가 함께 인성교육 실천

5 교육 전반에 걸친 인성교육 실천

문제		대책
학업성취 수준은 높으나 인성· 사회성은 낮은 수준	⇨	**바른생활습관, 학생생활규칙 준수 등 실천적 인성교육 추진**

6 가정과 사회의 역할 강화

문제		대책
민·관의 유기적 대응 미흡 가정의 교육기능 약화	⇨	**민·관 협력체제 강화 가정의 교육기능 회복**

7 게임·인터넷 중독 등 유해 요인 대책

문제		대책
교육적 시각에서 심의·규제기능 미흡	⇨	**게임·인터넷 심의·규제 및 예방·치유교육 확대**

〈그림 2-15〉 "학교폭력, 이제 그만!" 7대 실천 정책

제1장

학교폭력 해결 정책

제1절 학교의 책임

1. 학교장 · 교사의 역할과 책임

학교장 · 교사가 학교폭력 근절의 중심에 설 수 있도록 학교폭력 대응에 대한 담임교사의 권한과 책무성 강화로 변화하는 학교폭력의 양상을 정확히 파악하고 적기 대응할 수 있도록 교원의 생활지도 역량 지원 학교장의 역할 및 책무성이 요구된다. 가해학생 즉시 조치는 학교폭력이 발생한 경우 피해학생을 가해학생으로부터 보호할 필요가 있는 때 학교장은 가해학생에 대해 즉시 출석정지 조치 실시해야 한다. 초 · 중등교육법 시행령 제31조의5(학교폭력에 대한 징계 특례) 규정 신설[200] 등 학교장이 출석정지를 하는 경우 해당 학생과 학부모의 의견을 청취, 학교장이 학부모의 의견을 듣고자 하였으나 이에 응하지 아니한 경우에는 학부모의 의견 진술 없이 출석정지 조치가 가능하다. 단 출석정지 기간 중 특별 교육을 실시하되, 이 기간은 출석 일에 산입되지 않는다. 학교폭력대책자치위원회 운영 사안이 발생 할 때 수시로 개최하되, 분기별로 1회 정기 개최 하여 학내

200) 학교장이 가해학생에 대한 출석정지 조치를 할 수 있는 경우 : 1. 보복 폭력을 행사하는 경우 2. 집단적으로 피해학생에 대하여 폭력을 행사한 경우 3. 폭력을 행사하여 상해를 입힌 경우 4. 기타 피해학생을 가해학생으로부터 보호할 필요가 있다고 학교장이 판단하는 경우

폭력 실태 점검 및 교육방안 논의, 위원회에 관련 외부 전문가(경찰, 변호사, 의사, 상담가 등)가 반드시 참석하도록 하여 심의의 전문성·객관성 확보가 필요하다.

위원으로 위촉된 경우, 학교폭력관련 법령, 갈등 예방과 해결 등 심의에 필요한 전문성 향상을 위해 필요한 연수 실시, 경미한 사안은 '학교폭력전담기구*에서 심의하여 보고하도록 제도화하여 폭력 사안에 신속하게 대응할 수 있도록 개선이 필요하다. 전문상담교사, 보건교사 및 학교폭력문제를 담당하는 책임교사 등으로 구성된 학교내 학교폭력문제를 담당하는 전담기구(「학교폭력 예방 및 대책에 관한 법률」 제14조 제3항) 등 자치위원회의 원활한 운영을 위해 일과 후 주말 개최 제도화가 요망된다.

학교폭력 은폐 때 엄중 조치는 학교에서 학교폭력을 은폐하려는 사실이 발각된 경우, 학교장 및 관련교원에 대해 4대 비위(금품수수, 성적조작, 성폭력범죄, 신체적 폭력) 수준에서 징계하고, 교원이 학교폭력 은폐 또는 부적절한 대응을 한 경우 반드시 징계하고, 징계감경 제외 사유에 포함된다. '학교폭력 은폐 및 부적절한 대응'의 구체적인 내용에 대해서는 학교폭력 예방 및 대응을 위한 교사용 매뉴얼에 제시하고 육공무원 징계 양정 등에 관한 규칙(부령) 제2조 관련 별표 및 제4조제2항 개정, 현재 훈·포장, 국무총리 이상 표창, 모범공무원 선정 시 징계 감경 가능하다. 그 '징계 감경 제외 사유[201]'가 있을 때 절절한 조치가 필요하다.

201) 현행 징계 감경 제외 사유? 1. 징계의결 요구 시효가 5년인 징계 사유에 해당하는 비위 2. 직무와 관련한 금품수수(金品授受) 비위 3. 시험문제 유출, 학생성적 조작, 학교생활기록부 부당 정정 등 비위 4. 성폭력범죄를 범하여 징계의 대상이 된 경우 5. 학생에게 상습적이고 심각한 신체적 폭력 행위 6. 신규채용, 특별채용, 승진 등 인사와 관련된 비위직무.

2. 담임교사의 역할 강화 및 생활지도 여건 조성

복수담임제 도입 등 담임의 역할 강화를 위해 담임교사는 조례 및 종례시간, 창의적 체험활동 시간 등을 활용하여 학생들의 문제를 조기에 발견하고 개인 면담 등을 통해 사전 조치 실시해야 한다. 매학기 1회 이상 학생과 1:1면담을 실시하고, 면담 결과를 학부모에게 통지, 이메일, 문자 등 다양한 방법 활용하고 학생수가 일정규모 이상인 학급이거나, 생활지도를 위해 특별한 필요가 있다고 학교장이 판단하는 경우 담임교사를 추가 배치하여 학생들과 밀착된 생활지도를 할 수 있도록 지원이 절실하다. '12년에는 중학교에 우선 적용, '13년에는 고등학교 등으로 확대, 학생 수 기준도 연차적으로 하향 조정되고 추가 배치된 담임교사에게 담임수당 지급, 담임이 생활지도에 필요한 경비를 지원하기 위해 단위학교 운영비 중에서 학급생활지도비 편성 적극 권장 할 예정이다.

1) 복수담임제 운영 방안

담임교사가 2명인 경우, 정담임과 부담임을 정하고 학교 실정에 맞게 담임의 업무를 분담하여 추진하되, 담임학급에 대해 공동 책임을 지도록 함

학급 역할 분담 예시

운영	담임A	담임B
예시1	알림사항 전달·급식·청소지도 등학급운영, 학생상담·출석 및 지각 점검·학부모상담·복장지도 등 생활지도 업무	학적관리, 학급행사 운영, 학급관련 행정업무 등
예시2	전체적인 학급 관리	학교폭력, 수업 등에 정담임이 지도하기 어려운 일부학생 관리

학생생활지도 누적 기록관리) 학교폭력 가·피해 학생의 학교폭력(게임중독 등 포함) 관련 사실, 상담, 치료 등에 관한 사항을 개인별로 누적 기록·관리하고,

생활지도 자료로 활용, 학생생활지도 기록 관리는 다음 학년 담임교사, 생활지도 부장에게 인계하여 누적적으로 기록 관리하며 생활지도에 활용하고, 졸업 시 관련 내용 삭제한다. 학교폭력관련 징계사항 학교생활기록부 기재는 '12. 3월부터 학교폭력대책자치위원회의 조치사항을 '출결 상황', '학적 사항'의 특기사항과 '행동특성 및 종합의견'란에 기재한다. 이 내용은 학생이해와 지도 및 상급학교 진학 시 자료로 제공한다.

〈표 2-17〉 학교생활기록부 기재 사항

학교생활기록부 기록 영역	가해학생 조치사항 「학교폭력 예방 및 대책에 관한 법률」 제17조1항
학적사항 특기사항	8호(전학), 9호(퇴학처분)
출결상황 특기사항	4호(사회봉사), 5호(특별교육이수 또는 심리치료) 6호(10일 이내의 출석정지)
행동특성 및 종합의견	1호(서면사과), 2호(접촉, 협박 및 보복행위 금지) 3호(학교에서의 봉사), 7호(학급교체)

※ 기록 보존 기간 : 초등학교와 중학교는 졸업 후 5년, 고등학교는 10년

생활지도에 전념할 수 있는 환경 조성 등 교사들이 수업 및 생활지도에 전념할 수 있도록 다각적인 지원책 마련, 학교마다 생활지도 부장 중심으로 전문상담교사 자격증 소지 교사, 전문상담교사, 보건교사, 전문상담인력 등으로 '생활지도 전담팀' 구성한다. 전문상담교사 자격증 소지 교사 현황(총 13,821명) : 초등학교 5,331명, 중학교 5,266명, 고등학교 3,224명이다. 학교에 배치된 보조인력을 통합하여 교사의 업무를 지원하도록 하고, 교육청·지원청의 불필요한 공문 발송 억제하고 교육청의 공문감축 실적 및 교사의 업무경감 만족도 결과를 시·도교육청평가에 반영하여 재정 차등지원 추진이 필요하다. 학교폭력 등 분쟁과 관련하여 교사에 대한 법률상담 지원을 위해 시·도별 설치된 교육법률지원단[202] 확대

운영 및 법제화가 필요하다. 따라서 상담인력 확충은 학생상담에 대한 전문적 지원을 위해 전문상담교사 및 전문상담인력의 확대 배치 추진 전문상담교사 증원 : ('11년) 883명 → ('12년) 1, 383명(+500명) → ('13년) 2, 383명(+1,000명)으로 신규채용 및 기존 전문상담자격이 있는 교과교사의 전환을 통해 확보한다. 계약직 전문상담인력은 전문상담교사가 없는 중·고교중 일정규모 이상의 학교에 전문상담사 전면 배치(약 3,500명) 등 계약직 상담인력의 보수운영체계를 일괄 정비와 '12년에 모든 중학교에 Wee클래스를 설치하고, '13년까지 모든 고등학교까지 전면 확대(소규모학교 제외), Wee클래스 설치 중·고교수 : ('11)2, 278개교 → ('12)3,800개교 → ('13)4,800 개교에 따른 대비가 필요하다.

3. 교원 양성-임용-연수 단계에서 생활지도 역량 강화

교원양성과정) '교원자격검정령 시행규칙' 교직과목 세부이수기준 가운데 교직소양 분야에 '학교폭력 예방 및 대책*' 과목 신설, 게임·인터넷 중독 예방, 사이버 폭력 대응 포함한다. 교직소양 이수기준인 '4학점 이상'을 '6학점 이상' 이수로 변경하고 '학교폭력 예방 및 대책' 과목 이수 의무화함은 물론 교육대학용 맞춤형 학교폭력 관련 교재를 개발하여 전체 교육 대학이 활용할 수 있도록 보급한다. 아울러 교대의 상담, 심리전공 교수 중심으로 집필진을 구성하여 공동연구의 형태로 맞춤형 교재 개발을 추진한다. 교원임용개선은 학생에 대한 이해, 학교폭력 상황 발생시 문제해결능력 등을 교직 적성 심층면접 등을 통해 측정, 전공지식 뿐만 아니라 학교폭력 대응, 생활지도 등 교직에 대한 종합적인 사고력과 적용 능력을 평가할 수 있도록 면접 문항 출제한다. 교원연수개선은 지속적인 연수를 통해 변화하는 학교폭력 유형에 효과적 대응이 필요하다.

---

202) 교육법률지원단의 설치 근거 : 「교원예우에관한규정(대통령령)」 제7조의2 (교육법률지원단의 구성 및 운영) 신설, 시·도교육청 학교폭력 예방 전담부서에 법률전문가 상근 배치한다.

구분	내용
자격연수	**교장 자격연수** 과정에 학교폭력 근절 관련 내용 대폭 확대 1·2급정교사 자격연수 표준교육과정 중 생활지도, 학생이해, 상담 관련 과정 확대 **※ 생활지도 관련 표준교육과정 6% → 20% 이상으로 확대**
직무연수	교육과학기술연수원·**시·도교육연수원** 등에서 학교폭력, **생활지도·상담** 등 직무연수 과정을 개발하고 **대폭 확대 개설** **※ 학교폭력관련 전문과정 개설 및 일반과정의 필수 교과목으로 반영** 교사들이 학교폭력 발생시 능동적으로 대처할 수 있도록 **소년법, 학교폭력법 등 관련 법률에 대한 연수 지원(법무부)** 학교폭력 대응 매뉴얼 등을 직무연수에 적극 활용 – 이론강의 중심 → **상황대처방법 중심**으로 강의 **교사 언어 순화프로그램** 운영(학생과의 대화시 존대말사용 등) '12년 교장·교감 대상 **학교경영선진화과정**의 생활지도 관련 연수 대폭 강화 **※ 초·중·고·특수교장(2, 000명) : 학교폭력 및 생활지도 관련 영역 확대** **※ 초·중·고·특수교감(500명) 생활지도 담당 교감 우선 선발**

제2절 학교폭력 해결 체계화

신고-조사체계 개선 및 가·피해학생에 대한 조치 강화 "학교폭력은 은폐되지 못하며, 신고하면 반드시 해결된다."고 인식될 수 있도록 신고-조사 등 대응체계 개선, 학교폭력 피해학생에 대한 우선적 보호와 치유 지원을 신속하게 실시하고, 가해 학생에 대한 엄격한 조치 및 재활치료를 추진한다.

1. 117 학교폭력신고센터 설치 및 조사 기능 강화

신고센터 설치 시·도 광역단위에 117 학교폭력신고센터 설치(17개소)

〈표 2-18〉 117 학교폭력신고센터 설치 및 신고센터

지역	기관 설치 장소	신고센터 운영기관
특별시/광역시	지역 소재 Wee센터 활용(8개소)*	경찰청
도지역	지역 소재 CYS-Net 활용(9개소)	

* 경기 1개소 포함(경기도의 경우는 Wee 센터, CYS-Net 각 1개소씩 활용)

교폭력 신고 대표전화를 경찰청 "117"로 통합하여 24시간 운영, 1개소에 3~6명이 한 팀이 되어 상시 근무하며 학교폭력 신고 접수 및 상담기관 연계·배분 실시, 1개 센터 당 12~24명, 17개 센터 총 204~408명 소요(경찰청, 여가부, 교육청에서 파견)된다.

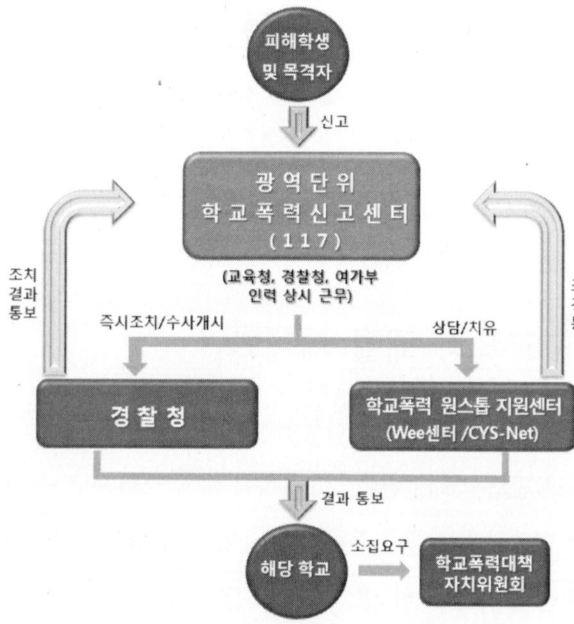

〈그림 2-16〉 117 학교폭력신고센터 운영 체계도

신고센터 기능은 학교폭력 신고 접수, 유관기관 연계, 처리결과 분석, 학교폭력신고센터는 접수된 학교폭력 사안의 경중을 판단하여 경찰청 또는 학교폭력 원스톱지원센터(Wee센터, CYS-Net)로 사건을 이송한다. Wee 센터 126개(교육지원청 단위), CYS-Net 186개(시·군·구 단위)이며, 경찰청 및 상담센터는 신고센터로 이송을 받은 사안의 최종처리 결과를 해당 학교 및 학교폭력신고센터에 통보된다. 그러나 피해자가 학교에 신고 내용 통보를 원하지 않을 경우 통보하지 않는 것이 원칙이다. 통보를 받은 학교의 학교장은 학교폭력대책자치위원회를 소집하여 심의를 거쳐 사건 종결한다.

〈표 2-19〉 117 신고센터 개선 사항

구분	기존 경찰청 117 신고센터		부처합동 117 학교폭력신고센터
주관기관	경찰청	⇨	**경찰청, 여가부, 시·도교육청 합동**
신고후 조치	경찰 수사 개시	⇨	사안에 따라 경찰 수사 개시, 자체조사, **상담기관 연계**
접수한 사안에 대한 학교 통보	의무없음	⇨	**학교장 통보 의무화** 단, 피해자가 통보를 원하지 않는 경우 통보 유예
가해자 개인정보 교육기관 제공	규정없음	⇨	시·도교육감에게 가해자 수사 또는 조사결과 통보
신고후 가해자 격리	수사개시 후 가해학생 정보 접근 곤란	⇨	학교장이 신속하게 피해학생으로부터 가해학생 격리 조치
가해자 징계	수사 종결, 재판 종료시까지 학생징계 연기	⇨	학교장이 즉시 조치 가능

학교폭력 원스톱지원센터 운영은 전국 Wee센터, CYS-Net을 학교폭력 원스톱지원센터로 지정, 원스톱지원센터의 학교폭력전담 상담사는 상담을 실시하고,

경찰, 외부 법률·의료전문가, 교육청 담당자와 연계하여 관련 조치 실시한다. 유관기관과의 업무 연계는 각 센터 내 운영·실무협의회 및 상호업무협약 체결 등으로 확보하고, 학교폭력 사안에 대한 조사를 실시하고, 피해학생 치유를 위한 병원 지정, 법률 상담 등 지원, 기존의 위기학생 상담·지원기능 강화와 함께 학교폭력 대응 업무 증가에 따른 필요 인력 배치 및 조직 보강이 필요한 실정이다. 학교폭력 조사기능 강화는 시·도교육청, 학교폭력 원스톱지원센터에 학교폭력에 관한 전문조사 인력 지정, 학교폭력 조사 담당직원은 학교폭력에 관한 조사를 실시하는 경우, 조사권한을 표시하는 증표 소지 및 제시한다. 학교폭력관련 조사의 범위[203]는 명확해야 한다. 학교폭력사안 조사 결과는 학교장 및 피해학생 보호자에게 의무적으로 통보하고, 피해 학생 보호를 위해 필요한 조치에 대한 의견제시 가능하며, 시·도교육청의 학교폭력 조사 담당 직원은 학교폭력대책자치위원회의 조치에 대한 실행 지원[204]과시·도교육청에 학교폭력 예방 및 대책 전담과(학교폭력근절담당관) 설치가 요망된다.

2. 학교폭력 은폐 방지를 위한 제도 개선

국가수준 학교폭력 데이터 수집·분석체계 구축) 매년 초4~고3 학생 대상으로 학교폭력 실태조사 및 사후 관리 실시, 교과부·한국교육개발원이 직접 실태조사를 주관하여 학교·지역단위의 학교폭력 은폐를 예방한다. 실태조사 결과 분석자료는 시·도교육청, 경찰청과 공유하고, 업무 공조를 통해 학교폭력 위험지역(학교) 집중 지도·관리 실시, 학교폭력 고위험 징후 학교를 선별하여 별도의 학교폭력 예방 프로그램 지원 등 지속 관리, 폭력실태조사 결과(117 신고현황 및

203) 학교폭력관련 조사의 범위? 학교폭력 피해학생 상담 및 가해학생 조사(필요시 학부모 소환 조사), 학교폭력 예방 및 대책에 관한 기준의 이행 지도, 관할 구역 학교폭력서클 단속 및 학교폭력 관련 민간기관 및 업소 관리 점검이 필요하다.

204) 학교폭력대책자치위원회 조치 실행 지원? 학교통학구역에 관계없이 피해자 보호에 충분한 거리를 둔 학교로 가해학생 전학 조치, 퇴학처분 또는 자발적 퇴학 학생을 위한 교육, 재입학 조치 기준 마련 등 재활 프로그램 제공, 가해학생 재활치료 및 피해학생 치유를 위한 병원 지정 등 운영 감독 등이다.

처리결과 포함)를 교육청 단위로 교육청 홈페이지에 공개한다.

전수조사	⇨	매년 1회 '국가수준 학교폭력 실태조사' 실시
패널조사	⇨	패널학교(500교) 학생·학부모·교원 대상 폭력실태·인식 등 매년 2~3차례 조사(survey)로 학생전수조사 보완 및 심층 분석

〈표 2-20〉 학교폭력실태 전수조사 절차

학교		학생		한국교육개발원		교과부·교육청·경찰청
설문지 우편발송	⇨	설문지 작성 및 한국교육개발원 회송	⇨	학교폭력 분류·통계·분석	⇨	관련 정보 공유 및 조치계획 수립

학교폭력 관련 정보공개 개선) 학교폭력관련 학교정보공시 항목의 문제점을 보완하여, 학교가 학교폭력을 드러내고 적극적으로 해결하고자 노력할 수 있도록 유도한다. 경찰청 117 신고건수, 학교폭력 실태조사 결과, 학교폭력 예방교육, 가·피해학생 치료·상담대기 기간 등 학교의 폭력해결 노력을 다각적으로 반영하는 복수지표를 개발한다.

3. 피해 학생에 대한 우선적 보호와 치유 지원

피해학생 보호는 가해학생이 피해학생과 접촉하지 못하도록 사건처리 기간 단축 및 신분노출 최대한 방지해야 한다. 사안이 중대한 경우 학교장은 일정기간 경찰에 피해자 동행 보호 실시 및 가해자 감독 요청하고 「학교폭력 예방 및 대책에 관한 법률」 제16조 피해학생에 대한 보호 조치 중 '전학 권고' 조치 삭제, 피해학생 또는 피해학생 보호자가 요청하는 경우, 상급학교 진학시 피해학생과 가해

학생이 동일학교로 배정되지 않도록 조치한다. 피해학생은 정상적으로 배정한 후, 가해 학생은 추후 별도 배정된다.

심리상담 실시 의무화는 피해학생의 심리적 고통을 조기에 경감하고 '피해자 → 가해자' 악순환에 빠지지 않도록 지원하고 학교장은 학교폭력 발생 인지 즉시 피해학생이 심리상담을 받을 수 있도록 조치하고, 그 결과를 학교폭력대책자치위원회에 보고 해야 한다.

사안이 경미한 경우	⇨	학교의 Wee클래스 또는 상담실에서 실시
사안이 중대한 경우	⇨	Wee센터, Wee스쿨, CYS-Net, 병원 등

학교폭력피해 지원 강화) 교육지원청 단위로 학교폭력 관련 심리상담-의료지원-법률을 통합적으로 지원하고, Wee센터 · CYS-Net 등을 활용하되, 현재 전국 22개 병원에 설치된 학생폭력 · 여성 · 성폭력관련 원스톱 지원센터와의 협력하여 형사사법 등 법률담당은 로스쿨 졸업생, 의료담당은 공중보건의 적극 활용 활용해야 한다. 피해학생을 보호할 수 있는 쉼터, 피해학생보호센터 등 피해학생 치유 프로그램 마련이 중요하다. 피해학생 先치료지원-後처리시스템 마련) 학교안전공제회가 피해학생의 심리상담 · 일시보호 · 치료를 위한 요양에 소요된 비용을 우선 부담한 후 가해 학생 부모에게 구상권을 행사하도록 관련 법령 개정, 교통사고 보험처럼 학교폭력 건수와 보상액이 많은 학교와 교육청은 공제회비 또는 교육청 부담액 할증 추진한다. 교통사고 보험처럼 피해보상을 신속하게 할 경우 학교폭력 은폐방지 가능으로 학교안전공제 및 사고예방기금* 재원 확충 및 학교안전공제회 피해학생 지원 업무 개선을 위한 관련 법령개정 및 조직 개편 추진이 필요하다. 아울러 학교안전공제 및 사고예방기금의 각 시·도교육청 출연금 등 재원 확보가 시급하다.

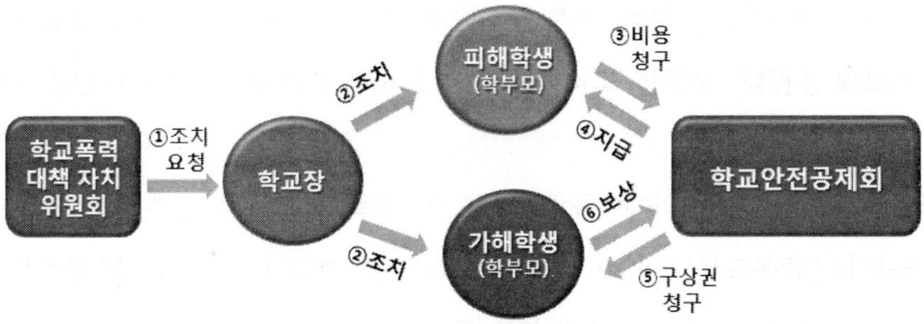

〈그림 2-17〉 학교안전공제회 피해학생 보상 절차 개선(안)

※ 학교안전공제회가 학교폭력 피해 비용을 우선 부담하는 경우

현행 법령		국회 통과('12. 1) 개정		개선안
가해학생의 보호자가 이를 부담하지 않는 경우	➡	가해학생 또는 그 보호자가 불분명한 경우 가해학생 또는 그 보호자가 부담능력이 없는 경우로써 대통령령이 정하는 경우	➡	제한을 두지 않음

➡
- ❖ 피해학생이 적기에 정신적·신체적 피해를 회복할 수 있도록 지원
- ❖ 보상문제로 가해자 학부모와 피해자 학부모간 또 다른 분쟁을 하고, 가해자와 합의 못하면 피해자가 전부 치료비용 부담하는 현실개선

4. 가해학생에 대한 엄격한 조치 및 재활치료 지원

보복행위 등에 대한 엄정 조치) 가해학생이 피해학생 또는 신고한 학생에게 보복행위를 하거나, 장애학생에 대한 폭력을 행사하는 경우 엄정하게 징계조치를 시행한다. 보복행위 등의 경우에는 피해학생 보호에 필요한 기간 동안 가해학생에 대한 출석정지 제한을 두지 않으며, 출석일수가 최소 수업일수에 충족하지 못하는 경우 유급도 가능하다. 수업일수의 3분의 2이상 출석해야 각 학년과정 수료 가능(주 5일 수업 전면 실시 경우, 초·중·고 수업일수는 매 학년 190일 이상)

하다. 전학 조치는 학교폭력대책자치위원회에서 가해학생에 대해 '전학'조치를 내린 경우, 지역교육장(초·중학교) 또는 교육감(고등학교)은 학교구 또는 행정구역과 관계없이 피해학생 보호에 충분한 거리를 두어 전학 할 필요가 있다.

가해학생의 재활치료 지원은 재활치료가 필요한 학생의 경우, 대기기간을 최소화하여 치료 지원, 시·도교육감은 Wee 스쿨, 청소년 비행예방센터(법무부), 시·도 학생교육원(수련원), 민간기관, 직업훈련 기관 등을 활용하여 가해학생 재활프로그램 필수 운영해야 한다. 재활치료 대기기간 등 가해학생 재활치료 지원을 시·도교육청 평가에 반영, 재활치료 기간 및 프로그램은 학교폭력 사안의 경중 및 가해학생의 상황을 고려하여 결정하되, '전학'조치를 받은 학생은 반드시 이수해야 한다. 학부모 동의 없이도 가해학생에 대한 심리치료 실시 추진, 상호존중과 관계능력향상을 위한 소통의 기술, 분노조절 방법 등을 배울 수 있도록 하고, 심각한 정서장애의 경우 병원과 연계하여 치료, 특별 진로(직업)교육을 병행하여 가해학생들이 자신의 꿈을 찾아 새로운 길을 모색할 수 있도록 지원, 기존 시설을 적극 활용하고, Wee스쿨 등 필요시설 확대 추진해야 한다.

※ 청소년비행예방센터 :('11)6개 → ('12)10개

5. 학교폭력 서클 엄정 대응

117신고센터 접수내용, 경찰청 학교폭력 검거 및 조치 현황 등 관련 정보를 종합 분석하여 학생 불량서클 파악 후 관내 경찰서장 지휘하에 엄정 조치 할 필요성이 있다. 따라서 지방경찰청, 교육청, 학교, 생활지도교사협의회간 상시 정보공유체계를 유지 하여야 함은 물론이다. 아울러 경찰청, 최근 5년간 연평균 21,000~25,000여명 검거(100~180여명 구속) 통계가 있다. 117과 안전Dream 포털을 연계하여 신고를 활성화하고, '학교폭력 안전Dream팀'[205], 경찰서별 전담경찰관을 통해 학교폭력에 적극 대응, 범죄예방교육, 재범방지 프로그램 운영

205) 안전Dream팀 : 학교폭력 발생학교에 대한 범죄예방교육 및 추가 피해 확인, 피해학생이 원하는 시간·장소·방법으로 조사, 피해학생 상담 및 사후 모니터링 실시하고 있다.

내실화 및 가해학생 조사시 전문가 참여제 등 확대 실시한다. 조기 예방교육은 학교폭력 예방 교육은 초등학교 3~4학년 시기에 집중적으로 학생 불량서클의 문제점에 대해 교육 실시하는 것이 효과적이다. 경보제 도입은 학생폭력서클은 성인 폭력조직과 달리 포착이 어려우므로, 학생들의 인식을 기초로 학생 불량서클 존재 여부를 탐색하여 대응하는 것이 바람직하다. 폭력학생 서클 지표[206]를 개발하여 정기적으로 무기명 표본 조사가 요청된다.

제 3 절 학교폭력 예방 프로그램 확대

학교폭력 발생 단계에 이르기 전에 학교 내 갈등과 문제를 학생 스스로 해결하는 건전한 또래문화(Peer Culture) 조성은 물론 학교단위에서의 체계적인 학교폭력 예방 활동을 연중 실시하여 "사소한 괴롭힘도 폭력"이고 "학교폭력은 범죄"라는 인식이 중요하다.

1. 건전한 학교문화 형성을 위한 또래활동 지원

모든 학교가 학생 스스로 갈등을 해결하는 상담, 중재, 또래조정[207] 프로그램

206) 폭력 학생서클 지표 개발(안)? 폭력적이고 위압적인 소모임의 존재 여부, 또래집단간의 싸움 여부, 위험한 물건의 반입 여부, 등교공포로 인한 결석 유무, 교사에 대한 폭력 유무, 학생들의 폭력 심각성 인식 정도 등– 표본조사에서 일정 점수 이상이 나오거나, 동일 학교에서 학생 불량서클 신고가 2회 이상 들어오는 경우 학생 불량서클이 존재하는 것으로 간주하여 경보 작동된다. 117 신고외에도 SNS, 포탈 지식검색 등에 학생 불량서클 상담 공간을 개설하여 피해신고 접수, 학교폭력조사 담당자, Wee 센터 전문가 등이 개입하여 교원, 학생들에 대한 고강도 조치(실태조사, 고위험군 상담, 전교생 교육 등) 수행이 필요하다.

207) 임주영 김연정, "학교폭력, 학생간 '또래 조정'으로 해결", 연합뉴스 2012. 7. 3. 자. ; 학교폭력이 발생하기 전에 학생들이 스스로 갈등을 조정해 해결하는 또래 조정 프로그램이 각급 학교에서 활성화된다. 교육부는 학교폭력 예방 대책의 하나로 각 시도 교육청에서 또래 조정 시범학교 사업을 추진하며 전국 79개 초·중·고등학교를 시범학교로 지정해 운영한다고 2012년 6월3일 밝혔다. 또래 조정은 학생들 사이의 갈등을 또래 학생이 조정자가 돼 대화로 해결하도록 돕는 활동이다. 미국 등 선진국에서 교내 갈등 해결의 수단으로 효과가 높은 것으로 알려졌다. 시범학교는 학교당 예산 500만원을 지원받아 2013년 1월까지 운영된다. 경기교육청의 경우 지난해부터 또래 조정 사업을 활발히 시행 중이어서 이번 시범

을 운영할 수 있도록 지원이 필요하다.

〈표 2-21〉 또래 갈등해결 프로그램 개요

구분	프로그램 특징
또래 상담	또래가 상담자가 되어 동료학생의 눈높이에서 고민을 상담하고 함께 문제 해결 갈등의 이상징후 발견 및 예방에 초점 ※ 서울 신연중 : 또래상담반 운영 결과 폭력 발생건수 절반이하로 감소
또래 중재	학급에서 신뢰(추천 등)받는 학생이 훈련을 통해 중재자가 되어 학생 간 문제를 해소하고 교사·전문상담사 등 갈등조정전문가는 이를 지원 갈등 발생후 조정 및 화해에 초점 ※ 인천 연수초 : '갈등 윈윈프로젝트' 운영 결과 학생 간 갈등문제 해결
학급 총회	갈등상황 발생시 담임선생님을 중심으로 학급 학생 모두가 참여하여 토론을 통해 갈등해결 모색(소규모학교의 경우 학년총회 운영 가능) ※ 노르웨이, 학급총회가 중심이 되는 '올베우스 프로그램'을 통해 학교폭력 60% 이상 감소
학생 자치 법정	학생들이 경미한 학칙위반 등의 사안에 대해 상·벌점제와 연계하여 학생 스스로 변론하고 자율적 징계 실시 ※ 경기 행신고 : 자체 학생 변호인단 조직 등 '행신 로스쿨' 운영을 통해 학생들의 교칙에 대한 이해도 제고 및 발표력·논리력 향상의 긍정적 효과 발생

학교는 여타 15개 시도의 초중고 위주로 선정됐다. 경제정의실천시민연합 갈등해소센터, 평화여성회 갈등해결센터 등 2곳이 민간 협력기관으로 지정돼 교육·연수·전문가 협의 등을 지원한다. 교과부는 이날 코리아나호텔에서 시범학교 교장과 교사, 교육청 담당자 등이 참석한 합동워크숍을 열고 이미 또래 조정 활동을 시행 중인 학교들의 우수사례를 공유했다. 인천 연수초는 5, 6학년에서 각각 6명의 또래 조정자를 선정해 또래조정위원회를 구성하고 준비-조정-합의 단계를 거치는 프로그램을 운영 중이다. 학생 간 다툼이 일어나면 위원회가 열려 서로 입장을 바꿔 생각해 보게 하고 화해를 유도, 합의서를 작성해 갈등을 푼다. 이성은 용인 서원중 교사는 "지난해 또래 조정반을 운영하니 학생들이 나를 도와주는 이가 있고 도움을 받을 수 있다는 사실에 안도감을 느꼈다"고 전했다. 경기도의 한 중학생은 "예전에는 친구들과 싸우면 절교했지만 또래 조정 활동을 하고 나서 어떻게 갈등을 해결해야 할지 알게 됐다"고 말했다. 서울시교육청도 학생 자치활동을 통해 학교폭력을 예방하려는 취지에서 학생 리더십 함양 프로그램과 비폭력 평화학교 만들기 학습동아리를 지원키로 했다고 3일 밝혔다. 리더십 함양 프로그램은 350개 초·중·고교 2만5천280명이 참여하며, 각 학교가 교육청에서 100만원씩 지원받아 자율 계획에 따라 프로그램을 진행한다. 평화학교 만들기 학습동아리는 교사 765명, 학생 2천169명이 속한 223개팀이 참여하며, 10명 안팎으로 구성된 동아리별로 교육청에서 300만원씩 지원한다.

1) 시범적용기간을 거쳐 '13년까지 연차적으로 도입

'12년 1학기		'12년 2학기 (시범운영)		'13년 (교육과정도입)
표준프로그램 개발	➡	인성교육실천우수학교(200교) 창의인성모델학교(200교) 창의경영학교(2,000교 내외) 학생안전강화학교(1,606교)	➡	초·중·고 모든 학교

모든 학교가 학생 스스로 갈등을 해결하는 상담, 중재, 조정프로그램을 운영할 수 있도록 지원하고 수업(교과교육)을 통해 학습한 것을 창의적 체험활동으로 연계하여 프로그램이 운영될 수 있도록 교육과정에 반영해야 한다. 학교교육과정 및 학교계획에 의한 학생 또래활동, 자치법정 등 자율활동 관련 내용은 학생부 특기사항 및 에듀팟에 기록, 매년 실시하는 「대한민국 창의체험 페스티벌」에서 우수 또래활동 사례 발표회 개최가 효과가 크다. 또래상담·중재 도입 지원)은밀하게 일어나는 학교폭력을 학생 스스로 상담하여 해결할 수 있도록 또래상담 활성화 지원은 여성가족부와 협력하여 또래상담 프로그램 보급[208] 및 동아리 운영 지원(우수사례 경진대회 등) "또래상담자=공부 잘하는 학생"이 되지 않도록 다양한 학생들을 선발하여 또래 상담자로 육성해야한다. '12년 중 또래간 갈등관리 훈련을 위한 또래중재인 프로그램 개발·보급 또래상담·중재활동 지도자 양성) 초·중등 교사 대상 「또래활동 지도자 양성과정」을 개발하여 시·도교육연수원 및 청소년상담지원센터 등에 보급하고 전문상담교사, 전문상담교사 자격증이 있는 교사 우선 연수가 시급하다.

학생자치활동 강화) 학급회의, 전체 학생회의 등을 통해 학교생활에 대해 학생 스스로 문제를 제기하고 해결하는 학교문화 조성, 경미한 학교규칙 위반 사안

208) 교육과정 연계 프로그램 운영 방안(안)·초 4학년 도덕 : 학급자치규약 만들기 ⇒ 중학교 도덕 : 학생생활규칙 만들기 ⇒ 고교 사회 : 학교규칙 만들기, 초 5학년 도덕 : 또래상담훈련 ⇒ 초 6학년 도덕 : 또래중재훈련이 필요하다.

에 대해 학교 내 갈등 및 문제를 해결하는 학생자치법정 운영 확대가 요청된다. 학생모니터단 운영) 현재 고등학생(1,000명)을 선발하여 운영하고 있는 학생모니터단을 중학생까지 확대하고 운영, 온라인을 통해 학교폭력 실태[209] 등 학생과 밀접한 교육정책에 대하여 자율적으로 의견을 개진하고 대안을 제시한다.

2. '사소한 괴롭힘'도 폭력임을 단계적으로 교육

209) 이호균, "폭력 무감각해지는 학업 구조 개선하고 아동 둘러싼 모든 환경 모니터링 필수", 조선일보, 2012. 5. 26. 자 ; 학교폭력, 처벌보다 예방이 우선시 되어야 멈출 수 있다. 폭력 없는 세상에서 사는 것은 모든 아동이 가진 기본적인 권리이다. 국제사회에서는 아동폭력 문제에 대해 주목하고 있으며, 특히 유엔은 지난 2003년, 3년간 아동폭력에 대한 연구(UN Study on Violence against Children)를 진행한 바 있다. 이 연구를 통해 가정, 학교, 지역사회, 근로 현장, 보호시설과 사법시설 등 아동을 둘러싼 모든 환경에서 아동폭력이 존재하고 있음을 확인했다. 또한 아동에게 행해지는 어떠한 형태의 폭력도 정당화되어서는 안 되며, 모든 폭력으로부터 보호받을 아동의 권리가 보장되도록 국가적인 대책을 수립할 것을 강력하게 요청하였다. 유엔 아동권리위원회는 유엔아동권리협약(UN CRC, Convention on the Rights of the Child) 이행 국가보고서 및 민간보고서를 통해 정기적으로 가입국의 아동권리 상황을 모니터링하고 있다. 우리나라의 경우 지난 2011년 보고서에서 "학교 내에서 또래집단 사이의 괴롭힘의 빈도와 정도가 증가하고 있다"며 이에 대해 우려를 표명한 바 있다. 또 국가 차원에서 종합적인 대책안을 개발하고 실행할 것, 모든 형태의 폭력으로부터 자유로워야 하는 아동의 권리에 대해 강조하고 이를 위한 적극적인 조치를 권고했다. 우리나라 학교폭력의 실태는 이미 온 사회가 그 심각성을 인지하고 각성할 만큼 문제가 되고 있다. 학교폭력 발생 연령도 점차 낮아지고, 폭력의 형태도 조직화되고 잔인화하는 양상을 보이고 있으며, 최근에는 IT의 발달로 휴대전화나 인터넷 등 온라인을 통한 왕따나 괴롭힘이 새로운 형태의 학교폭력으로 대두되고 있다. 우리나라는 학교폭력 예방 및 대책 5개년 기본계획을 수립하고 정부 및 지자체, 지역교육청, 학교 단위에서 학교폭력 예방 및 근절을 위한 기구와 조직을 갖추어 대응하는 등의 노력을 기울이고 있다. 그러나 심각한 학교폭력 사례가 빈번하게 수면 위에 떠오르면서 가해 아동에 대한 처벌이 강화되고, 학교폭력 발생 후의 가해자와 피해자를 구분하여 개입하는 조치 중심으로 학교폭력 대처가 이루어지고 있다. 하지만 궁극적인 해결책은 가해자에 대한 처벌이 아닐 것이다. 아동의 생존권까지 위협하는 학교폭력을 해결하기 위해서는 예방이 우선되어야 하고 이에 대한 투자가 아낌없이 이루어져야 한다. 가해 및 피해 고위험 아동에 대해서 사전에 발견하고 개입할 수 있도록 예방 측면의 학교폭력 상담 프로그램을 활성화하고 학교, 지역사회 그리고 가정이 공동으로 대응하는 적극적인 노력이 필요하다. 또한 학업성취의 압박과 긴장감이 심한 환경 속에서 폭력에 대해 무감각하고 폭력에 취약할 수 있는 아동에게 아동권리에 기반을 둔 학교폭력예방교육을 실시해서 아동 상호 간의 인권을 존중하고, 비폭력적인 학급 및 학교 문화를 조성할 수 있도록 지원해야 할 것이다. 나아가 학교폭력에 대한 근본적인 접근으로 폭력에 취약한 교육 및 사회의 구조와 환경을 개선하기 위한 노력이 사회의 모든 체계 안에서 이루어져야 한다. 아동권리 실현의 책임은 모든 사회구성원에게 있음을 잊지 않고, 아동을 둘러싼 모든 환경을 모니터링하고 아동권리를 보장할 수 있는 모든 노력을 기울여야 할 것이다. 아동·청소년들이 오랜 시간을 보내는 학교 안에서의 폭력은 또래 간에 행해지는 폭력의 구조와 미치는 영향력을 볼 때 매우 심각한 문제다. 학교폭력 근절과 예방을 위한 우리 사회의 태도와 노력은 아동권리 수준을 보여주는 지표일 것이다.

계획적인 학교폭력 예방 추진은 '학교폭력 예방·조기발견 계획'을 학교교육과정 운영계획서에 반드시 포함, 학교실정에 적합한 학교폭력 예방 교육활동을 선택하여 연중 실시한다.

피해자, 방관자의 입장에서 해야 할 구체적인 행동요령을 반복적으로 교육, UCC경진대회, 학급회의를 통해 주기적 토론, 역할극 등 체험식 교육방식 적용, 설문조사, 신고함, 홈페이지 비밀게시판, 휴대폰 문자메시지 등 학교실정에 맞게 다양한 신고경로를 마련과 더불어 즉각 대응이 핵심 가치이다.

【사례 : 통영 충무중, 휴대폰 문자를 활용한 '1004 지킴이' 제도】

(내용) 발신번호를 '1004(천사)'로 하고, 학교공용 휴대폰에 학교폭력 신고

(효과) 1년 만에 폭행·협박 4.4% → 1.2%, 집단 괴롭힘 0.7% → 0.3%

모든 학생 대상 진단·선별) 학생들의 정서·행동발달을 선별하는 검사도구를 활용하여 학교폭력(게임·인터넷 중독 포함) 징후를 자연스럽게 선별한다. 검사결과 확인된 폭력 가·피해 징후 학생에 대하여 담임교사, 보건교사, 상담교사가 Wee 센터 등과 연계하여 심층평가를 실시한다. 현재 초1·4학년, 중·고 1학년 대상으로 시범 서비스 중이며, 모든 학생 대상으로 학생정신건강 서비스지원 법제화를 추진(「학교보건법」 개정) 하고 있다.

〈표 2-22〉 학생정신건강서비스 지원체계

구분	단계	내용	장소
학교 내	1차 선별검사	정서·행동 발달 전반 선별검사 (CPSQ, AMPQ Ⅱ)	보건실 Wee클래스
	⇩		
학교 내	2차 선별검사	문제유형별 선별검사 (ADHD, 우울, 폭력성, 자살생각 등)	보건실 Wee클래스
	⇩		
학교 밖	Wee센터, 정신보건센터, 인터넷·게임 중독치료 관련 기관, 전문 병·의원 등 연계		

학교폭력 예방 자료 보급은 학생 교육자료, 학부모·교사용·관리자용 매뉴얼을 개발하여 보급, 학교폭력 상황별·단계별 대응요령 등을 포함하여 휴대폰 앱, 동영상 등 다양한 매체로 개발한다. 온라인 예방교육은 학교폭력 예방을 위한 동영상, 웹툰, 동요 등 콘텐츠를 개발하여 '법사랑 사이버랜드[210]'에 탑재한다. 유아 및 초등 저학년용 콘텐츠 : 에피소드 애니메이션, 게임(교사와 학생이 참여하는 Q&A 형식의 퀴즈) 등 초등 고학년 및 중학생용 콘텐츠 : 학교폭력 온라인진단 프로그램, 선택형 드라마 등을 활용한다.

3. 학교폭력 예방 사이버 상담 지원

인터넷 포탈/SNS[211] 활용으로 학교폭력 전문 사이버 상담 및 관련 정보 제공 등 전문상담교사(883명), 전문상담교사 자격증 소지 교사(13,000여명), 또래상담자격 학생 가운데 선발하여 사이버상담사로 활용한다. 기존 온라인 상담 활성화) 실시간 상담 채널을 통해 학교폭력 피해 징후 학생을 조기 파악하여 지원(24시간 365일 운영)은 물론 Wee 포털사이트(www. wee. go. kr) 사이버상담센터, 청소년사이버상담센터(www. cyber1388. kr)의 학교폭력 상담기능 강화하고 있다. 아울러 학교폭력 원스톱지원센터와 연계하여 학교폭력 피해학생의 긴급구조와 사후조치서비스 지원한다.

---

210) 법사랑사이버랜드 : http://cyberland. lawnorder. go. kr

211) 네이버 지식iN 서비스, me2day(SNS) 활용? 인터넷 사용자의 50%인 1, 700만명이 매일 방문, 회원수는 3, 400만명, 국내 청소년층 me2day 이용자 약 600만 명, 네이버 콘텐츠 검색을 통한 학교폭력 관련 다양한 정보를 제공한다. '학교폭력' 검색 시 유형, 관련 법령, 피해학생 대처방안, 학교에 요구 가능한 절차 등 소개하고 있다.

2) '굿바이 학교폭력' 스마트폰 어플리케이션의 맞춤 상담 기능과 연계

〈그림 2-18〉 굿바이 학교폭력 스마트폰 어플리케이션

제4절 학부모의 책임성

학교폭력 예방, 자녀교육에 대해 학부모들이 제대로 알고 가정교육을 실천하도록 모든 학부모(약 1,000만명) 대상으로 교육 확대, 일과 후 학교설명회 개최(연2회) 및 교사-학부모간 상담 기회를 대폭 확대하고, 자녀에 대한 학부모의 책무성을 강화, 학부모 교육기부 인력풀을 확보(약 10만명)하여 학교폭력 예방을 위한 학부모의 학교교육 참여도[212]가 높다. 자녀이해 지원을 위한 학부모교육 및 교육정보제공 대폭 확대고 있는 실정이다.

1. 학생을 위한 학부모교육

학부모교육 확대 및 다변화) 교육청·학교로 찾아오는 일부 학부모만 교육을 받는 문제를 해소하기 위해 모든 학부모가 편리하게 교육을 받을 수 있는 체제 구축이 필요하다. 교육청·학교만 아니라 모든 정부부처, 공공기관, 기업, 민간단체 등에서 학부모에 대한 교육을 실시할 수 있도록 지원, 희망하는 주요기관

212) 학부모교육을 받는 인원 : 175만명('11년) ⇒ 모든 학부모(1, 000만명 규모)이다.

· 단체에 대해서는 교과부 · 교육청 등이 직접 찾아가는 학부모 교육 등을 실시하고, 여타 기관 · 단체에 대해서는 교육담당자 연수 · 교육자료 제공 등을 통해 자체 실시 촉진이 효과가 클 것이다. 아울러 기업 · 주요 단체 등 대상으로 학부모 교육 실시 협조 요청 및 우수 사례 등을 통해 학부모교육 필요성 등에 대한 캠페인 전개하고 오프라인 교육만 아니라 학부모교육 포털 등을 활용한 온라인 상시 교육 · 교육정보 제공도 병행해야 한다. 각종 기관 · 단체들의 자체 홈페이지와 학부모교육 포털과 연동 추진 등 학부모와 자녀가 함께 참여하는 다양한 교육 · 연수프로그램[213] 확대, 자녀교육에 아버지의 역할을 강조하고, 가정의 문제해결 능력을 키울 수 있도록 아버지 교육 확대가 요청된다.

〈표 2-23〉 교육 · 교육정보제공 방법(안)

구분	교육 · 교육정보제공 방법(안)
교육청 · 학교	현행 방식대로 하되 학부모 참여 촉진을 위해 가능한 **일과 후** 등의 **시간 적극 활용**
중앙정부 · 지자체 공공단체	**각 부처 · 지자체가 중심**이 되어 해당 부처 · 기관의 직원 및 산하단체 · 조직 대상 학부모 교육 실시(총리실, 행안부 등 협조)
민간기업	기업 등의 **자체 직원연수 기회** 등을 활용하여 학부모 관련 내용 교육 **희망기업**에 대해서는 교과부 · 교육청의 '**직장으로 찾아가는 학부모 교실**' 운영 * 100대기업 교육담당자 대상 설명회 개최('12년 3월중) 등 기업 소속 직원 대상 학부모교육 인식 제고를 위한 다양한 방안 모색 추진
각종 종교단체 및 민간단체	각종 단체가 중심이 되어 신도, 회원 등을 대상으로 한 학부모 교육 실시(주요 단체대표, 종교지도자 등 대상 협조 요청)
온라인 교육 및 교육정보제공	각종 단체 · 기업 등의 홈페이지와 **학부모교육 포털**(www. parents. go. kr) 연계, SNS 등을 활용하여 상시 교육 및 정보제공

213) '책 읽어 주는 아빠모임', '아빠와 함께하는 1박 2일', '아버지 요리학교' 등 다양한 프로그램이 절실하다.

교육과정 및 자료 개발은 물론 바람직한 자녀교육을 위해 학부모가 반드시 알아야 할 핵심분야를 선정하여 교육자료를 제작하고 관련 기관에 제공하고 일회성 교육이 아닌 자녀 성장에 따른 연속적 · 체계적 학부모교육[214]이 이루어지도록 자녀 발달 단계별 교육과정 제공을 위해 기본책자 및 요약자료, PPT, 동영상, 사이버연수, 리플릿 등 다양한 형태로 교육자료 제작 · 보급이 필요하다. 학부모교육 강사풀 구축 및 제공) 학부모교육 분야별 우수 강사 풀을 구축하여 학부모교육에 공동 활용한다. 16개 시도교육청별로 관내 기업, 단체 등의 학부모 교육에 활용할 수 있는 충분한 강사 풀 구축, 전국학부모지원센터에 분야별 학부모 전문강사 DB를 구축하여 교육기관별 우수강사 활용한다. 유관부처(여성가족부, 보건복지부 등) 및 기관(Wee 센터, CYS-Net, 건강가정지원센터 등), 시 · 도교육청 강사 추천 등을 통한 강사풀 확보하여 학부모리더를 대상으로 유관기관(Wee 센터, CYS-Net)과 연계를 통해 분야별 심층교육 실시로 학부모 강사요원 또는 상담요원으로 양성한다. 학부모 모니터단, 교육기부형 자원봉사자 등 희망자를 중심으로 약 2,000여명 시범 실시하고 학교폭력 예방 전문강사 양성[215] 프로그램 개설 및 공공기관, 민간기업 등의 학부모 교육에 파견한다.

2. 교사 · 학부모간 소통 강화 및 학부모의 책무성 제고

학교설명회 및 핵심정책 학부모교육은 연 2회 일과 후 개최 의무화학교설명회 및 핵심정책 학부모교육 개별 학교별로 학기당 1회 이상 교육과정 등 학교의 중요 교육 및 학생생활지도계획 등에 대한 설명회 개최(일과후) 의무화한다. 학교

214) 학부모 교육 표준 교육과정 예시(안) : 【학부모 핵심역량 과정】 자녀와의 관계 향상 : 효과적인 의사소통, 자녀와 함께 할 수 있는 활동, 자녀의 건강한 성장 : 학교폭력과 자살 예방, 자녀의 신체 건강 관리, 바람직한 성교육, 미디어 및 인터넷 중독 예방, 나눔과 배려의 태도 함양, 자녀 고민상담 : 이상행동 진단법, 연령별 주요 고민 내용 및 해결 방법, 진로 및 학업 지도 : 다양한 진로 제시, 진로탐색, 자기주도적 학습능력, 교육정책 이해 : 교원능력개발평가의 이해, 주5일 수업제 등 이다. 【발달 단계별 교육과정】 유치원 : 바른 생활태도 습득, 부모를 포함한 타인에 대한 기본적 신뢰 형성, 초등학교 : 또래집단과의 관계 형성, 학습 동기 형성, 중 · 고등학교 : 사춘기 단계 심리 안정, 심층적 사고력 배양이다.

215) 전문강사 양성 :('12) 600명 →(향후) 1, 000명까지 확대한다.

설명회 개최시 학급설명회도 운영하여 학생지도 및 학급 운영계획 등에 대해 설명하고 협의하는 시간 마련, 학교설명회시 학교폭력 예방[216], 진로교육 등 학부모들이 반드시 알아야 할 핵심 교육정책에 대한 학부모교육을 병행하여 실시한다. 따라서 학교설명회 개최 실적을 학교평가, 시·도교육청 평가 및 학교정보 공개 등에 반영, 학교운영위원회의 경우 학교별로 학운위 위원 전체가 참석할 수 있는 시간에 맞추어 개최한다.

【미국 학부모-학교 간 소통 사례】

학기 초 학부모와 교사 간에 아이들의 장·단점과 성적, 학업진행과정 등에 대해 학부모당 20분 정도 면담 실시

'Back to School Nights', 'Parent-Teacher Conference'(2회 내외), 'Open House' 등 1년에 최소 4번 이상 학부모가 학교 방문

216) 서울신문 사설, "학교폭력대책 현장 실천이 중요하다", 2012. 2. 7. 자. 31면 ; 정부가 학교폭력 추방의 깃발을 높이 들었다. 대구 중학생 자살사건의 사회적 충격파가 컸기 때문인지 정부가 어제 내놓은 '학교폭력 근절 종합대책'은 피해학생에 대한 보호 및 구제 강화, 가해학생에 대한 처벌 강화에 방점이 찍혀 있다. 교장, 교사 등 학교현장의 책무를 강조한 점도 눈에 띈다. 대구 사건 이후 국무총리실, 교육부, 여성가족부, 교사 등 관계 부처 및 전문가들이 한 달 반가량 머리를 맞대 만든 것인 만큼 차질없이 시행돼 올해가 학교폭력 추방의 원년이 되기를 기대한다. 이번 대책은 학교폭력에 대한 기존의 땜질식 대책을 다듬고 보완해 현실성을 높인 것이 특징이다. 학교폭력 가해학생은 즉시 출석 정지, 전학, 학부모 소환, 징계사항 학교생활기록부 기재 등 단계적으로 제재하고, 대신 피해학생은 경찰보호를 받을 수 있고 전학 가는 일이 없도록 했다. 또 학교폭력 은폐는 성적 조작 등 교원 4대 비위 수준에서 징계해 교장 및 교사가 숨기는 일이 없도록 했으며, 24시간 운영되는 학교폭력 신고센터를 광역단위로 확대해 신속하게 대응할 수 있도록 했다. 학생수가 많은 교사의 생활지도 부담을 덜어주기 위해 올해에는 중학교부터 복수담임교사제를 도입한다. 그러나 학교폭력 근절에 대한 의욕이 넘친 나머지 교육현장에 적용하기 어려운 대책도 눈에 띈다. 학교폭력에 대한 전수조사는 벌써부터 교사, 학생, 학부모들로부터 호응을 얻지 못하는 만큼 일선의 여론을 좀 더 수렴해서 재조정해야 할 것이다. 가해학생에 대한 출석 정지를 통해 유급의 길도 열어 놓았으나 교사들이 칼을 빼들지는 의문이다. 가해학생이 특별교육을 받을 경우 학부모를 소환해 특별교육을 시키겠다는 방안을 내놓았는데 적지 않은 학부모들의 반발이 우려된다. 정부의 이번 대책이 실효를 거두기 위해서는 학교폭력에 대한 사회적 공감대가 관건이다. 아무리 강한 대책을 내놓아도 학부모와 학생들이 동의하지 않고, 받아들이지 않으면 공염불이기 때문이다. 학교폭력은 사후 대책보다는 사전 예방이 훨씬 효과적이라고 할 수 있다. 그런 점에서 '사소한 괴롭힘도 폭력'이고 '학교폭력은 범죄'라는 점을 단계적으로 교육시키겠다는 교과부 방침은 올바른 방향으로 여겨진다. 학력에 치중해 온 일선 학교가 소홀히 하는 일이 없도록 해야 한다.

학부모 상담기회 등 확대) 학교폭력 예방 및 인성지도 등에 대한 교사와 학부모간 소통 강화를 위해 학부모 상담 활성화 추진, 학기별 1회 이상 학부모와 교사간의 개인 또는 그룹 상담 기회 제공, 학교교육계획에 필수 반영한다. 학기초 학부모 상담주간 운영계획을 사전 공지하고 가급적 모든 학부모가 상담에 참여하도록 상담운영 시간을 일과 후 까지 확대, 필요한 경우 저소득층·맞벌이 가정 등에 대한 가정방문 면담 또는 이메일 면담을 실시한다.

학부모 소환 및 특별교육이수 의무화) 가해학생 학부모의 자녀에 대한 이해 및 학교폭력 예방관련 학부모 특별교육 이수 의무화는 가해학생이 '특별교육' 조치를 받는 경우 학부모도 함께 교육 이수, 학교장은 특별교육 대상자 명단을 정하여 시·도교육감에게 통보한다. 시·도교육감이 특별교육의 내용, 기간, 장소 등을 정하여 학부모 특별교육 대상자 지정·통보 및 특별교육 실시, 특별교육의 수준과 내용은 학교폭력대책자치위원회의 조치 수준에 따라 결정한다.

※ 실효성 담보를 위해, 학부모가 특별교육에 불응하는 경우 과태료를 부과하는 방안 검토

【영국 사례】 범죄 및 무질서법(1998년)에 의거 16세 이하인 자녀가 반사회적 행동을 했을 경우, **그 부모는 3개월 동안 상담·생활지도 교육 이수**

【미국 버지니아주】 학생의 생활지도 등을 위해 학교에서 요청한 면담을 학부모가 정당한 사유 없이 거부하는 경우 **법원에서 만나도록 명령**

3. 교육기부형 학부모 학교참여 활성화

교육부 교육에 관심이 높고 전문성이 있는 학부모 및 지역사회 인사 중심으로 학교폭력 예방 교육기부[217] 활성화는 정부가 재정지원하는 학부모 학교참여 학

교(약 3, 200개) 학부모회는 기능별로 다양한 교육기부 소모임[218] 운영, 재정지원을 하지 않는 학교의 경우도 학교회계 예산을 적극 활용하여 교육기부, 학부모 연수, 학부모 학교참여 활성화로 2012년 학교회계 예산편성 지침에 학부모지원 항목을 편성(기본운영비의 약 3% 내외)하고 자원봉사 인센티브 마련, 학교폭력 예방 관련 '학부모 교육기부형 인력풀'을 운영(교당 10명 내외)하여 상담 등 지원한다. 법률, 의학, 복지, 상담, 인성지도, 등하교 및 방과 후 안전지도 등

교내외 전문가와 협업체계를 구축하여 필요시 인근학교 학교폭력 상담요원으로도 참여 가능하도록 기관간 협력 강화, 교육기부 '상담요원'이 'Wee센터' 또는 '학부모지원센터'를 통해 인근학교 상담서비스까지 수행, 학부모 교육기부 인력풀의 전문인력과 학교 부적응 학생을 1:1결연하여 상담 자원봉사 실시한다.

【사례 : 학교생활 부적응 학생 학부모 상담도우미 활동, 부산 동의중학교학부모회】
(초기대응) 가정불화, 학교생활 부적응 학생 중 학교가 상담 대상 학생을 선정하여 학부모 상담도우미와 연결
(운영방식) 1:1 상담 및 학부모도우미와 학생간의 결연 추진(수시연락상담체제 유지)

모니터단 활동으로 학교폭력 상담전문가 등을 '학부모 교육정책 모니터단' 단원으로 위촉하고 학부모교육, 컨설팅, 상담활동 등에 참여, '학부모 교육정책 모니터단'(오프라인 500명, 온라인 3,000명)을 활용하여 학부모 입장에서 학교폭력 근절을 위한 현장의견 수렴한다. 학생생활지도 협력으로 등하교 시간에 학부모 자원봉사, 시민단체등과 연계하여 학교의 학생생활지도 협력을 강화해야 한다.

---

217) '12년 학부모 교육기부 인력풀 10만명 확보 되어 있다.

218) 소모임 예시 : 학교폭력 예방, 생활지도, 진로지도, 학습지도, 안전지도 등이 있다.

제2장

인성교육

누리과정부터 고등학교까지 학생들이 인성교육을 반드시 실천할 수 있도록 추진한다. 누리과정은 바른생활습관체득 → 초·중등 학생생활규칙 준수, 수업은 실천중심의 프로젝트형 인성교육, 중학교는 체육수업 대폭 확대, 주당 체육수업 시수 50% 증대, 학교에서 인성교육이 지식교육만큼 비중을 두고 실천될 수 있도록 인성관련 학생부 기재를 내실화하고, 입학전형에 반영한다.

제1절 교육 전반에 걸친 인성교육 실천

1. 바른 인성의 기초를 형성하는 '3~5세 누리과정' 운영

누리과정을 통한 바른 생활습관 체득 질서, 나눔, 배려, 협력 등 유아기에 반드시 습관화해야 할 바른 인성 형성에 주력, 유아의 사회적 상호작용 역량[*]을 기를 수 있는 자유선택활동 및 바깥놀이[**] 활동 등 또래와 즐겁게 참여할 수 있는 누리과정 운영한다. 토의, 협동학습, 현장학습, 역할놀이, 스토리텔링, 도서 활용 및 세대간 지혜나눔 전문가 풀[219]을 활용한 인성교육 추진한다.

---

219) 퇴직 중고령 지식층을 중심으로 유치원교육을 지원할 수 있도록 세계시민교육, 인성교육, 한국문화정체성교육 등 각 분야별로 전문가 풀을 구축한다.

〈표 2-24〉 누리과정의 바른생활 습관 체득을 위한 실천행동 예시

덕목	실천 행동(예시)
질서	물건을 사용한 후 제자리에 놓기 순서를 기다려야 하는 장소에서 차례 지키기
나눔	친구와 물건 나누어 사용하기 도움이 필요한 이웃을 알고, 나눔을 실천하기 등
배려	몸이 불편하거나 도움이 필요한 친구 보살펴 주기 친구에게 양보하기 등
협력	친구와 도움을 주고 받기 친구와 역할을 나누어 실행하기 등
존중	나와 친구의 차이점을 알고 존중하기 친구의 예술표현(그림, 동극, 율동 등)을 소중히 여기기 등
경로효친	등·하원시 부모님과 선생님께 바르게 인사하기 어른들께 존댓말 사용하기 등
갈등해결	친구와 싸우지 않고 사이좋게 지내기 친구와 갈등(다툼)이 생겼을 때 함께 해결하거나 도움 받기 등

도덕적 행동에 대해 일방적으로 가르치기 보다는 교사-학부모 협력을 통해 어린이들에게 바른생활의 역할모델 제공

【 교사-학부모의 협력 강화 】

미국의 STEP*과 같은 체계적인 부모훈련프로그램 개발·보급

* STEP : Systematic Training for Effective Parenting

인성교육을 실천하는 일차적인 장소는 가정임을 부모가 인식하고 적극적으로 참여할 수 있는 정보 자료 공유

'상담노트'를 활용하여 유치원과 가정을 오가며 유아를 이해하고, 문제를 함께 해결할 수 있는 교사-부모 의사소통 창구 마련

도덕적 행동에 대해 일방적으로 가르치기 보다는 교사-학부모 협력을 통해 어린이들에게 바른생활의 역할모델 제공으로 바른 인성 우수 유치원·어린이집 인

증, 바른 인성 기르기를 모범적으로 실천하는 기관을 선정하여 자긍심을 고취하고, 실천 의지 독려가 필요하다. 인증기간은 유치원과 어린이집 모두 인증일로부터 3년으로 하고, 인증기간 동안(3년간) 재정지원, 유치원·어린이집 관계없이 평가(인증)결과 상위 총 280개원, 누리과정 운영 및 교사-학부모 상호협력 지도 등 바른 인성을 기르기 위한 실천이 요구된다.

[바른 인성 우수 유치원·어린이집 인증 체계]
(1차 추천) 유치원 평가(3년주기) 및 어린이집 평가인증(3년주기) 사업과 연계하여 평가위원들이 **바른 인성에 대한 내용을 추가 심사**하여 **시·도(교육)청에 추천**
* **실천적인 요소를 심사**할 수 있는 **평가(인증) 기준 제공**('12. 2월 중)
(2차 추천) 시·도(교육)청에서는 1차 추천한 유치원과 어린이집 중 우수 기관을 선정하여 **교과부·보건복지부에 추천**
(최종 선정) 교과부·보건복지부(인증심사위원회)에서 최종 결정

2. 배움이 실천으로 연결되는 프로젝트형 인성교육 실시

교육과정 재구조화는 프로젝트형 인성교육이 가능하도록 국어, 도덕, 사회 교과의 '인성 핵심 역량'[220] 요소를 강화, 또래문화 형성기인 중학교 교육목표로 자아정체성 함양, 인간 존중, 관용과 배려에 기초한 민주 시민의 자질 함양이 요청된다. 바른 언어습관 및 소통 중심의 국어교육은 직접적인 욕설이나 모욕, 인터넷·SNS 등에 의한 학교폭력이 증가하고 있는 현상에 적극 대응, 구체적인 사례와 체험을 바탕으로 한 바른 언어 사용, 자기표현 능력과 의사소통 능력, 사회적 문제해결 능력 내용 반영, 언어문화 개선 우수 선도학교에서 개발한 언어문화 개선, 우리말 사랑과 관련된 다양한 프로그램을 활용하여 프로젝트 수업 실시한다.

220) 인성 핵심 역량 : 공감 능력, 소통 능력, 갈등 해결 능력, 관용, 정의 등이다. 교과의 학습 내용을 '지식' 중심 → '사례·실천' 중심으로 개편된다.

〈표 2-25〉 프로젝트형 인성교육

구분	현행 교육과정(국어)	프로젝트형 인성교육
초등학교	〈듣기 · 말하기〉 **고운말, 바른말을 사용**하는 태도를 지닌다. (1~2학년) 비속어 사용의 문제점을 인식하고 **품위 있는 언어생활**을 한다. (5~6학년)	**바른 언어 사용**을 위한 구체적인 **실천 사례** 중심의 수업 구현
중학교	〈듣기 · 말하기〉 대화의 상황과 맥락을 이해하고 **상대의 이야기에 공감**하며 듣고 말한다. 서로 다른 집단간의 **소통의 중요성**을 안다.	**공감적 듣기와 바른 언어 사용**을 통한 사회적 문제해결 능력 향상 구현

인성 핵심역량을 실천으로 체득하는 도덕 · 사회교육) 따돌림 문제, 친구간의 갈등, 학교폭력, 학생의 권리와 의무 등 학교생활을 하며 발생하는 문제 해결 과정을 교육과정으로 구성하여 프로젝트 수업 운영, 단순한 지식 습득이 아니라 수업을 통해 대안을 찾고 그 결과를 학교생활에 직접 적용한다.

[사례] '따돌림 해결하기' 프로젝트 학습

▒ 도덕교과 대주제 : 나는 누구인가?

수업의 절차

학생 모둠(4~6명 내외) 구성 ⇒ 모둠 별 준비 계획 수립 ⇒ 관련 지식 학습(전문가 초청 등) ⇒ 모둠 활동 계획 완성 ⇒ 전시회 또는 체험 학습

소주제 구성(예)

1모둠 : '따돌림' 문제의 심각성 및 실태 파악하기(언론 보도, 설문 조사 등)

2모둠 : '따돌림' 현상이 나타나는 이유를 개인적 차원, 사회적 차원에서 파악하기

3모둠 : '따돌림' 피해에 따른 정신적 충격, 자아 상실감 등을 소재로 한 역할 학습 꾸미기

4모둠 : '따돌림' 문제 해결을 위한 다양한 대안 마련하여 발표하기

5모둠 : '따돌림 없는 학교' 만들기 캠페인 및 광고 만들기

융합형 인성수업 실시는 국어 · 도덕 · 사회 · 체육 · 예술 등 인성교육 관련 교과 간 연계를 통해 다양한 인성교육이 가능하도록 교수 · 학습 모형을 개발하여 '12 학년도부터 적용한다.

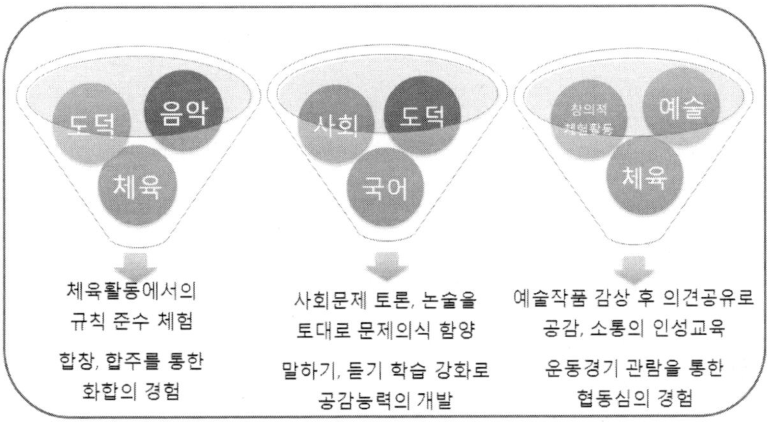

〈그림 2-19〉 융합형 인성수업 교수 · 학습 모형

스토리텔링 방식, 융합형 프로젝트 수업이 가능한 '사례 · 활동 중심 인성 교과서' 개발하고 크리스틴 볼머의 인성 교과서 'We are a Team', 두 학생이 성장하면서 실제로 겪었던 다양한 사례를 제시하고 관련된 활동을 통해 인성교육 실시한다.

【예시 : 융합 교과 단원(체육+도덕+사회)】

팀별 운동경기를 통해 규칙의 필요성, 규칙 준수의 중요성, 페어플레이 등 올바른 경기 자세를 학습

일상생활과 연계하여 **팀의 개념을 가정, 학교, 사회 공동체로 확대**

공동체 속에서 지켜야할 **준법, 정직, 배려, 권리, 의무 등 학습하고 실천**

예술교육을 통한 인성교육 확대) 음악, 미술, 공연 등 다양한 예술교육 기회를 대폭 확대하여 정서안정, 자존감 향상, 사회성 함양, 학생오케스트라·합창·뮤지컬·밴드 등 학교에서의 다양한 단체 음악예술활동을 지원한다. 아울러종합예술교육 선도교육청 지원사업 등 합창·뮤지컬·밴드 활동 지원이 필요하다. 디자인, 영상, 조각, 회화, 가창, 기악 등 다양한 예술분야 학생 동아리를 지원하는 '학교 예술동아리' 사업 추진(500~1,000개), 문화부 예술강사 지원사업과 연계 지원('12, 4,300명)이 절실하다. 독서활동 강화로 자신을 표현하고, 타인을 이해하며 공감하는 능력을 기를 수 있도록 프로젝트 수업시 다양한 독서활동[221] 적극 활용, 독서활동 및 독서동아리를 기반으로 하는 프로젝트 수업모델 개발·보급한다. 학교문화를 바꾸는 창의적 체험 활동) 졸업식 시기에 '뒤풀이'를 빙자한 학교폭력이 발생하지 않도록, 초6·중3·고3과정에 소통-나눔-축제형 졸업식을 준비할 수 있는 창의적 체험활동(특별활동) 운영, 졸업식 외에 학교생활과 관련된 다양한 주제(음주, 흡연, 게임 등)를 다룰 수 있는 창체활동 운영한다. 방과후학교 활동을 통한 인성 함양) 또래간의 바람직한 관계형성이 중요한 중학교의 경우, 방과후학교에 또래중심 프로그램 확대 할 필요성이 있다.

3. 중학교 체육활동 대폭 확대

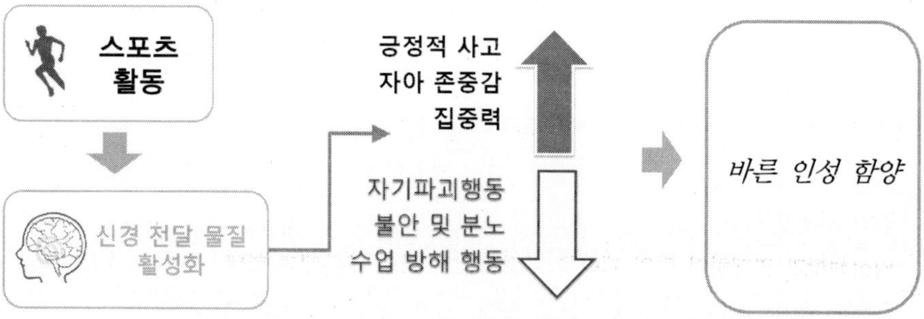

〈그림 2-20〉 중학교 체육활동

221) 책 축제, 연극, 독서토론, 독서캠페인, 책 쓰기 등 이다.

체육수업시수 확대 신체활동 욕구가 왕성하고, 자기 정체성 확립 시기인 중학생 체육활동을 대폭 확대하여 체·덕·지를 겸비한 인재 육성한다. 체육수업시수를 주당 2~3시간에서 주당 4시간으로 50% 증대(3년간 총 8시간 → 12시간)하고, 체육교사 및 스포츠 강사 증원을 추진한다. 현행 체육 교과 외에 「학교스포츠클럽」 과목을 '교양 필수과목'으로 이수, 규칙을 존중하고, 절제력, 단결력을 배울 수 있는 체육교육과정 운영한다.

〈표 2-26〉 중학교 체육 주당 수업시수 변화

구분 / 학년	현행				개정(안)			
	1	2	3	계	1	2	3	계
체육 교과	3	3	2	8	3	3	2	8
학교스포츠클럽 과목	–	–	–	–	1	1	2	4
체육수업 합계	3	3	2	8	4	4	4	12

※ 학교스포츠클럽 과목 예시 : 축구, 농구, 태권도, 테니스, 수영, 댄스스포츠, 요가 등('학교 교육·예술교육 내실화 방안'에서 권장, '11. 4. 5)

'12학년도 2학기		'13학년도~
학교스포츠클럽 과목 시수(136시간 : 중1 34시간, 중2 34시간, 중3 68시간)를 확보하여 필수 이수(지침) 스포츠클럽 활동 관련 인력 및 관련 인프라 확충	➡	교육과정 개정을 통해 학교스포츠클럽과목을 정규 교육과정에 반영

교내 스포츠 활동 확대) 방과후 시간, 점심시간, 토요일 등을 활용하여 학급 및 학교스포츠클럽 대항 교내 스포츠 리그 활성화, 모든 중학생이 학교스포츠클럽 1개 이상 가입한다. 중학생 학교스포츠클럽 가입률 : '11년 40.7% 으로 '12학년도 토요스포츠 강사를 모든 중학교에 우선 배치하여 토요 스포츠 리그 외 주중 학교 스포츠클럽 지도(중학교 3,000여명), 토요 스포츠강사('12년) : 1,447명(당초 계

획) → 4,000명(2,553명 확대), 인성교육 실천 중학교 스포츠클럽 3,000개를 지원(클럽당 3백만원)하여 건전한 학교스포츠클럽 운영 모델을 확산한다. 아울러 학교스포츠클럽 전담교사를 모든 중학교에 1명씩 지정하여 학교스포츠클럽 리그 기획, 상담활동 등 지원, 학생의 학교스포츠클럽 활동 내용을 자기주도학습전형 실시 고교 입학전형에 반영하고 권장한다.

【우수사례 : 청원 내수중, '학교폭력추방 스포츠리그' 운영】
6개 초등학교 출신 간 **학생들의 갈등을 스포츠리그 활동을 통해 해소**
※ 학교폭력대책자치위원회 심의건수 : ('09년) 8건 → ('10년) 5건 → ('11년) 1건
스포츠리그 참여 학생은 **'폭력추방 서약서'** 작성 의무화
선수 외에 학생들이 기록원, 기자, 아나운서, 심판의 역할로 참여하여 **경기를 통해 규칙을 지키는 태도를 자연스럽게 훈련**

교육지원청 단위 스포츠 리그 확대) 주 5일제수업 시행에 맞춰 학생들이 상시 참여할 수 있는 학교스포츠클럽 리그전 대폭 확대, 중학교 교육지원청대회를 리그제로 우선 전환('12년)하고, '14년까지 초등학교 및 고교로 확대해야 한다.

구분	'11년도		'12년도
스포츠 리그	서울 11개청, 23개 리그 (136팀, 595경기)	➡	전국 178개청, 890개 리그 (7,120팀, 49,840경기)
종목	축구, 농구, 야구, 배드민턴, 티볼, 넷볼, 킨볼(7종목)	➡	단체(팀) 스포츠 중심, 남·여 종목 고려 (1청당 5종목 이상)

전국학교스포츠클럽대회를 학생축제로 발전) 대회 종목을 확대하고, 스포츠와 인성교육을 접목하여 운영, 신체활동량, 학생 참여율(재미), 사제동행, 부모동행

등을 고려하여 전국학교스포츠클럽대회 종목 확대('11년 10개[222] →'12년 30개), 특히, 여학생을 고려하여 댄스(방송댄스, 댄스스포츠 등), 뉴스포츠(플로어볼, 넷볼 등) 등 여학생 선호 종목 포함한다. 학교스포츠클럽대회의 주요 목적으로 인성교육(배려, 나눔, 협동심 등)을 명시하고, 스포츠 인성 캠프[223] 등 부대행사를 병행하여 개최한다.

〈표 2-27〉 학교스포츠클럽대회 개요도

구분	교내 대회 ➡	교육지원청 (시·군·구) 대회 ➡	시·도교육청 대회 ➡	전국대회
일 정	연중(상시)	연중(상시)	9~10월	11~12월
종 목	자율	자율	자율	30개
출전팀	학급/클럽	클럽 (학교 대표)	교육지원청대회 1~2위팀	시·도대회 1~2위팀
대회방식	리그+토너먼트	리그+토너먼트	토너먼트	토너먼트
주 최	학교장	교육장	교육감	교과부/ 문화부장관

4. 학생-학부모-교사가 함께 학생생활규칙을 통해 성교육 실천

학생생활규칙 운영 내실화 학생생활 규칙이 학생·학부모의 충분한 의견 수렴 없이 형식적으로 제정·운영되어 실효성이 부족한 현실 개선이다.

222) 기존 10개 종목('11) : 축구, 농구, 야구, 배구, 배드민턴, 소프트볼, 탁구, 핸드볼, 피구, 줄넘기이다.

223) 스포츠 인성 캠프 : 시와 음악이 있는 인성 스포츠대회 개최(스포츠백일장 등 병행), 스타(스포츠, 예능 등)와 함께 하기, 가·피해학생 운동치료, 1社1校 / 도·농간 자매결연 등이다.

〈표 2-28〉 학생-학부모-교사가 함께 성교육 실천

구분	현행		개선방향
의견수렴	학생의 의견 청취	➡	학생, 학부모의 의견 청취
규칙에 대한 명시적 동의	없음	➡	입학단계 또는 매학년 초기 학생·학부모의 동의서 제출
규칙 운영 단위	학교 단위	➡	학교실정에 맞게 학교, 학년, 학급 단위로 운영
규칙의 내용	규정이 많고 복잡	➡	반드시 지켜야 할 핵심사항 위주로 단순하
규칙의 성격	징계 등 학생 선도	➡	규칙 준수 체득을 위한 인성교육

교사, 학생, 학부모의 충분한 협의과정을 거쳐 학교생활규칙을 정하고, 이에 따르는 과정을 통해 규율 준수의 중요성을 체득하는 실천적 인성교육 추진, 학생과 학부모는 학생생활규칙에 동의서를 제출하고, 동의서에 기반하여 교사는 학생생활지도를 위한 권한과 책무성 확보한다. 학부모 동의서 작성·제출과정을 학생지도 및 인성교육에 있어서 학부모로서의 책임과 의무를 인식하는 계기가 될 수 있도록 운영, 형식적·백화점식 규율의 나열이 아니라 학생·교사·학부모가 명확히 인지하고, 반드시 지킬 핵심 사항 위주로 학생생활규칙 작성한다. 학교여건에 따라 학생생활규칙 운영단위를 학급, 학년, 학교전체 등 탄력적으로 운영, 벌칙 부과절차는 학생자치법정, 학생벌칙자율선택제 등 학교 실정에 맞는 프로그램을 선택하여 실시, '어린이 법제관'(초4~6) 프로그램을 중학교(청소년 법제관)까지 확대하여 학교생활규칙 제·개정 과정에 활용 한다.

【우수사례 : 부산 연제중, 벌칙선택제(PNC) 운영으로 학교폭력 감소】
(내용) 벌칙 약속(Promise)-벌칙 예고(Notice)-벌칙 선택제(Choice) 3단계 과정을 엄격히 적용하여 학생생활규칙 준수를 체득할 수 있도록 함
(성과) 무단결석일수('10) 1, 648일 → ('11)418일 / 학업중단학생수('10) 10명 → ('11)3명 / 학교폭력대책자치위원회 심의('10) 3건 →('11)0건

학생생활규칙 현장 착근 지원 '12년 중 모든 학교에서 학생생활규칙이 실효성 있게 운영될 수 있도록 지원, '12년 상반기 중 생활지도부장협의회, 학부모단체, 연구기관, 교원단체 등이 참여하여 학생생활규칙 모형개발, 우수사례 발굴 및 확산, 학교장, 생활지도부장 등 대상 연수 실시 후, 모든 학교에서 학생생활규칙 제·개정 작업을 완료하고, 2학기부터 본격 적용한다.

일정	추진 내용	
~'12년 3월	우수사례집 배포 및 학교장 및 교원 연수	
~'12년 6월	학생생활규칙 제·개정 절차 추진	
	학생생활규칙 제정 위원회 구성	▸학생, 학부모, 교원으로 구성 ▸규칙 제·개정 제반 사항 추진
	개정안 발의	▸학교구성원의 발의 또는 관련 법령, 지침 등의 개정이 있는 경우
	학교구성원 의견 수렴	▸설문조사, 스티커 붙이기 등 활용 ▸학급회의, 학생회 등을 통한 의견수렴
	1차 시안 마련	▸의견수렴 결과를 바탕으로 초안 작성
	토론회, 공청회 개최 (학교실정에 따라 운영)	▸초안의 취지와 주요 사항 안내 ▸의견수렴을 통한 개정안 작성
	2차 시안 마련	▸토론회, 공청회 결과를 바탕으로 시안 마련
	학교운영위원회 심의 및 최종안 확정	▸최종 시안을 학교운영위원회에 제출 ▸운영위원회 심의를 받은 후 최종 확정
	안내 및 홍보	▸홈페이지 탑재 또는 가정통신문 발송
~'12년 8월	**학생생활규칙 홍보 및 학생·학부모 동의서 제출** * 필요시 서약식 및 학교폭력 근절 캠페인 실시	
2학기 중	**학생생활규칙 본격 적용**	

〈그림 2-21〉 학생생활규칙 일정 및 추진 내용

5. 인성 관련 학생부 기재 강화 및 입학전형에 반영

학교생활기록부 인성영역 기재 내실화) 학교생활기록부 '행동특성 및 종합의견' 작성시 학생의 인성발달 관련 특기사항을 핵심 인성요소[224] 별로 세분화하여 기록, '12학년도 1학기부터 적용한다. 학생생활규칙 준수, 동아리 · 스포츠클럽 · 또래상담과 같은 또래활동, 평소 생활태도 등 학교에서의 생활을 구체적으로 기록, 핵심 인성요소별로 모두 기록하는 것이 아니라, 특기할만한 사항이 있는 경우 기재한다. 학교급별 특성을 고려하여 핵심 인성요소 및 기재요령을 마련하여 배포하고, '12. 3~4월중 집중 교원연수 실시한다.

【학교생활기록부 작성 예시】
작성 방법 : (인성요소) + 구체적 활동 사례 중심으로 기재
작성 예시
(배려) 특수반 학생을 도와주고 스스럼없이 친구로 지내 선행상을 받았으며, 친구들의 고민을 해결해 주는 또래 상담자로 주2회 활동

입학사정관 전형 개선) 입학사정관제에서 창의성과 잠재력에 더하여 타인과 공감하고 배려하는 인성을 갖춘 인재 선발 적극 유도, 대교협에서 대학에 제공하고 있는 자기소개서 공통양식에 '인성항목(협동심, 나눔과 배려 등)'을 신설하여 자기평가 기능을 강화한다. 고교DB정보시스템에 인성교육 실적을 포함하고, 고교 생활지도부장과의 워크숍 정례화 등을 통해 인성 관련 입학사정관의 전문성을 강화한다.

자기주도학습전형 개선) 학생의 자기개발계획서(舊학습계획서)와 교사의 추천서에 배려, 나눔, 협력, 타인 존중 등 인성분야를 반영하도록 개선하고, 면접에서도 인성요소 평가를 강화한다. 자기주도 학습전형 매뉴얼에 인성분야 신설 관련 사항을 반영하고, '13학년도 입학전형부터 적용한다.

---

224) 배려, 나눔, 협력, 타인 존중, 갈등 관리, 관계지향성, 규칙 준수 등이다.

〈표 2-29〉 자기주도 학습전형 전형자료 작성 및 활용

자기개발계획서(학생)		추천서(중학교 교사)		면접(고교 입학전형위원회)
인지영역 : 자기주도학습 결과 및 독서활동 등 인성영역 : 인성영역 관련 활동(배려, 나눔, 협력, 규칙 준수 등) * 중학교 활동 실적 및 고교 진학 후 계획 기술	~	자기개발계획서 및 학교생활기록부를 기초로 평가 및 의견 기술	~	자기주도학습 과정 등 인지영역 평가 자기개발계획서, 교사추천서, 학교생활기록부를 활용하여 배려·나눔 등 인성영역 평가 실시

6. 생활지도 등 인성교육을 잘하는 교원과 학교 우대

생활지도 등 인성교육 우수교원에 대한 지원) 학교폭력 예방지도 및 사안 해결 등 학생 생활지도와 인성교육을 잘하는 교원 우대, 생활지도 관련 교과연구회·교원 동아리 활동 지원, 특히, 초-중-고 연계 지구별 생활지도부장협의회 운영을 지원한다. 스승의 날 포상시에 생활지도 부문 포상비율 확대('11년 20% → '12년 1/3 이상), '대한민국 스승상' 선정시 인성교육 우수자 우대, 시도별 학습연구년 운영인원의 1/3 이상을 교원능력개발평가 생활지도영역 우수교사로 별도 선발 및 생활지도 관련 연구과제를 부여한다. 수석교사 역할 확대) 생활지도 및 인성교육 실천이 우수한 수석교사를 선발하여 수업 분야 뿐 아니라 인성교육에 대한 컨설팅 병행, 수석교사 선발시 '학생지도역량' 배점비율을 10% → 30%로 상향 조정하고, 2차 역량평가에서 학교폭력 사례 대응능력을 평가한다.

제2절 가정과 사회의 역할 강화

1. 가정과 사회의 교육적 기능 회복

바른 인성 함양을 위한 '밥상머리교육 범국민 캠페인' 추진, '가족사랑의 날'인 수요일과 주말을 활용하여 가족이 함께 식사와 대화를 나누며 기본예절교육, 부모-자녀와의 상호이해 확장을 유도한다. EBS와 협력하여 밥상머리교육 실천프로그램을 제작하여 방영하고, 학교, 시민단체, 종교단체 등에 보급하여 활용, 언론, 방송을 통해 밥상머리교육 실천방법 및 우수실천사례 연중 홍보가 필요하다.

중앙정부 지자체	**수요일 정시 퇴근을 위한 여건 조성** 가족친화 우수기업 인센티브 확대 가족친화 우수기업 선정시 수요일 정시 퇴근을 주요 평가요소로 반영 등(여가부 협조)
공공기관	**모든 기관이 수요일 정시 퇴근 실천**
민간기업	**자율적 참여 확대 및 다양한 프로그램 운영** (학원업계) 수요일 7시 이후 강좌 미개설 권장 (외식업체) 가족사랑의 날 가족동반 고객 할인행사 실시 (문화예술업계) 가족과 함께하는 수요프로그램 운영
교육청	밥상머리교육 실천을 위한 학부모교육자료 개발 및 학부모 교육의 주요 내용으로 반영
학교	**밥상머리교육 실천을 위한 다양한 프로그램 운영** 밥상머리교육 실천워크북을 제작하여 활용 밥상머리교육을 주제로 글짓기, 토론 실시 매주 수요일 학부모에게 안내SMS 발송 ※ 예시 : "오늘은 밥상머리교육의 날입니다. 00을 주제로 대화를 나눠보세요" 매주 목요일 아침 가족과 대화의 내용 발표
시민단체 (학부모단체)	**밥상머리교육 실천 캠페인 실시** **결손가정을 위한 밥상머리교육프로그램 운영**

〈그림 2-22〉 가정과 사회의 역할 강화

【밥상머리교육의 효과】

(미, 콜럼비아대 약물오남용예방센터, 2003) 가족식사를 많이 하는 아이들은 그렇지 않은 동급생에 비해 학업성적에서 A학점을 받는 비율이 2배 높고, **청소년 비행에 빠질 확률은 50% 감소**

(미, 하버드대 홈스쿨스터디 연구, 1988) 만3세 어린이가 책읽기를 통해 배우는 단어는 140개이나, 가족식사를 통한 대화에서는 1,000여개 학습

가족 단위 교육프로그램 확대는 청소년수련시설을 활용한 가족캠프 및 토요체험프로그램 운영, 독서관련 단체, 출판업계 등과 연계하여 가족이 함께 하는 독서 캠페인 등 실시, 실생활 사례중심으로 가족의 소중함·중요성을 부각하는 방송프로그램 제작·방송, 가족 해체를 극복한 가족을 대상으로 모범적 가정생활 사례 공모·홍보하고 가족문제 심층진단 및 가족관계 회복 지원 프로그램을 활성화한다.

지역사회 학생·청소년 대상 인성교육프로그램 확대는 방과후 홀로 있는 저소득가정 청소년 대상 방과후아카데미에서 학교폭력피해 사례 발굴 및 피해 청소년 지원, 문화·예술, 봉사, 과학, 스포츠, 미디어 등 다양한 분야의 동아리 운영 지원('11년 2, 000개)으로 청소년의 사회성 함양, 인간성 및 도덕성 회복을 위해 청소년, 학부모, 교사 등을 대상으로 인(仁)과 효(孝)에 기반한 예절교육을 추진한다. 가정·학교·사회가 함께하는 봉사활동) 창의적 체험활동의 일환으로 실천·체험 위주의 가족봉사단, 사제동행 봉사단 활동 확대, 지역 봉사활동 센터와 연계하여 내실있는 봉사활동을 추진하고, 가족봉사단, 사제동행봉사단 대상 우수사례 경진대회를 개최하여 시상 및 우수사례를 확산한다.

【사제동행 봉사활동 우수 사례(천안서여중)】

사제동행 3多·3無 운동 전개를 통해 학교폭력 예방 및 믿음 주는 학교 교육 구현을 통한 공교육의 신뢰 회복

가정과 사회가 함께하는 토요학교 운영) 주5일수업제 도입에 맞추어 지자체의 교육자원[225]을 활용한 주말프로그램 운영 확대, 82개 평생학습도시 중 시범 도시를 선정하여, 학교폭력 예방·치료, 저소득층·맞벌이가정의 육아부담 경감 등을 위한 지역사회 모델 개발, 학부모와 함께하는 가정단위 교육·또래학생 학습 동아리·대학생 멘토링 프로그램, Wee센터·청소년지원센터 등과의 연계 프로그램 등 과학관 시설 개방 및 청소년프로그램 확대) 과학관 시설을 스포츠·문화시설로 개방하고, 다양한 프로그램을 운영한다. 과학관 부지를 축구, 농구 등 청소년 야외 스포츠 시설로 연중 무료 개방, 청소년들의 연극, 음악회 연습 및 공연이 가능한 청소년 소극장을 운영한다.

과학관의 강점을 살린 다양한 체험 프로그램 및 경연대회 개최

【과천과학관 주요 프로그램】
스마트기기를 활용한 '과학창작 UCC경연대회'
과학, 문화 예술을 융합한 공연창작 '전국 청소년 과학 퍼포먼스 경연대회'
협동심과 집중력을 키우는 창의적 단체활동인 '골드버그 대회'

2. 가정과 사회의 참여 확대를 위한 홍보 및 캠페인 추진

문화부	범정부 학교폭력근절 대책 **홍보 총괄** 범 사회적 학교폭력근절 캠페인, 공익광고 연중 실시
교과부	교육단체, 학생·학부모·교사가 참여하는 범사회적 **학교폭력 추방[226] 캠페인 실시**

225) 문화·체육·예술인, (유휴)전문인력, 문화·체육시설, 수련시설, 사회적 기업 등이다.

226) 중앙일보 사설, "학교폭력 추방, 이제는 실천만 남았다", 2012. 2. 7자, 34면 ; 지난해 12월 대구 중학생

	※ **졸업식·새학기 시작** 시기 등 시기별 맞춤형 캠페인으로 효과 제고 ※ 희망단체 중심으로 공동성명서 발표, 교육기부 활동에 학부모 단체 참여 등 교육기부기관에서 **연중 상시** 학교폭력 근절 공익광고 전개 ※ 학교폭력신고 전화번호(117), 학교폭력 주요 대책 홍보
법무부	**전국의 범죄예방위원** 등 민간단체와 연계하여 다양한 학교폭력 예방 캠페인 전개 학생, 학부모, 교사 등 모든 관계자가 참여하는 **학교폭력 예방 UCC 공모전** 실시 대검, 학계, 민간 등 학교폭력 관계자와 **학교폭력 근절을 위한 세미나 개최** 법질서 확립을 위한 공익광고 제작시 학교폭력 예방을 주제로 제작
행안부	**인터넷중독 전문가 정책포럼**을 구성하여 정기 세미나 개최 등 민관협업을 통한 국민 참여형 인터넷 중독 해소 운동 추진 ※ 사단법인 'e-새생활운동' 및 SBS 등과 협력 확대 영상매체(전광판 등), 소셜미디어(포스팅, 리트윗)를 이용한 사이버폭력 근절 범국민 캠페인 전개 지자체 유관기관 홈페이지, 지역방송 등 활용, 학교폭력 신고번호(117) 등 홍보
여가부	학교폭력 예방 차원의 **"가족가치 확산" 실천 캠페인** 전개 ※ "가족사랑의 날" 활성화, 아버지의 육아 등 가정생활 참여 확대 등 학교폭력 등 **청소년문제 예방**을 위한 **범국민 실천운동** 전개 ※ 학교폭력 및 청소년 음주·흡연 예방 캠페인 확산, 청소년과의 소통 확대를 위한 "청소년e랑 대화" SNS 개설·운영 등 학교폭력 등 **위기청소년 지원서비스 온·오프라인 홍보** ※ 연중 사이버아웃리치 활동 전개, 학교폭력 신고전화(117) 홍보 온라인 이벤트, 웹진·PCRM 활용 광고, 지하철·역사 등 전광판 광고, 홍보리플렛 배포 **청소년 인터넷게임 중독 예방** 인식 확산 및 치료지원 홍보 ※ 게임중독 극복 청소년 스토링텔링 공익광고, 청소년 인터넷 기숙치료학교 TV 방송

〈그림 2-23〉 가정과 사회의 참여 확대를 위한 홍보 및 캠페인 추진

권모군의 안타까운 자살 사건을 계기로 전 국민적인 관심사가 된 학교폭력 문제에 대해 정부가 어제 종합대책을 내놨다. 학교폭력은 아무리 사소한 괴롭힘이라도 범죄라는 인식 하에 학교가 중심이 돼 이 문제를 풀어가겠다는 정부의 강력한 의지가 엿보인다. 90여 개의 예방적 대책과 치료적 처방이 백화점식으로 나열돼 있고, 유기적으로 결합돼 있지 못한 점은 대책의 실효성 측면에서 볼 때 못내 아쉽다. 하지만 김황식 국무총리의 말처럼 대책이 스스로 문제를 해결하지는 않는다. 어린 학생들이 폭력 앞에서 더 이상 절망하지 않도록 보호하는 일은 정부만 대책을 내놓아 저절로 풀릴 일은 아닌 것이다. 이로 볼 때 가정을 비롯해 사회 각 분야의 지속적인 관심과 실천이 뒤따라야 하는, 어찌 보면 더욱 지난(至難)한 일이 우리 앞에 남아 있다. 무엇보다 교육당국과 교단의 자성과 변화가 우선되어야 한다. 보수와 진보로 나뉘어 끊임없이 갈등해온 구태에서 벗어나 최소한 학교폭력 근절이란 어젠다에 대해서는 일치된 견해와 행동을 보여야 한다. 일부에서는 경쟁 위주의 교육시스템과 학벌 사회가 해체되어야 폭력이 근절될 수 있으며, 이 문제를 회피하는 대책은 모두 미봉책이라고 비난하기도 한다. 형사처벌을 강화해야 폭력 문제가 해결된다는 주장도 있다. 이런 견해는 일견 타당하나 얽힌 실타래를 한 방에 풀 수 있다는 성급함에서 비롯됐다고 본다. 순서를 밟아가며 차근차근 문제를 풀어가는 게 세상의 순리다. 이를 위해 문제 해결의 시동을 건 이주호 교육부 장관은 시 · 도교육감들과 더불어 학교폭력에 공동으로 대처한다는 열린 자세를 보여야 한다. 정부가 아무리 대책을 내놓아도 시 · 도교육청이 도와주지 않고서는 아무런 효과를 거두지 못한다는 건 자명한 일이다. 교원단체와 노조도 학교폭력 문제에 관한 한 훈수꾼의 모습에서 벗어나야 한다. 이들 단체가 교사들에게 미치는 영향력이 큰 만큼 이번 대책이 효과를 낼 수 있도록 적극적으로 개입해야 한다. 정부 종합 대책은 1995년 이후 몇 차례나 나왔으나 그동안 별 효과를 거두지 못했다. 각종 대책이 수렴되는 지점에 있는 학교 교사, 학교장들이 오히려 대책에서 소외된 탓이라고 할 수 있다. 결국 지금 필요한 건 단 한 명의 학생도 놓치지 않겠다는 교사와 학교의 열정을 살리는 일이다. 이 열정이 사그라지지 않게 사회 각계가 지켜보고 지원한다면 폭력 근절은 가능하다.

제3장

게임 인터넷 중독 등 유해대책

제1절 게임 인터넷 중독 개선

셧다운제 강화 등 과도한 게임이용 제한은 부모명의 도용방지를 위해 아이핀 사용 확대 등 청소년에 대한 게임제공 제한제도를 실효성 있게 운영하는 한편, 제도 운영상 문제점 보완, 게임 시작 후 2시간이 경과하면 자동으로 게임이 종료되도록 하는 쿨링 오프제(Cooling off) 도입을 추진한다. 이는 10분 후 1회에 한하여 재접속을 가능하게 하고, 게임 시작 후 1시간 경과하면 주기적으로 주의경고문을 나타나게 하는 방법 병행, 일정시간이 지나면 게임의 진행수준이 떨어지는 시스템 도입을 검토해 볼 필요성이 있다. 비교육적 게임물에 대한 심의제도 강화) 게임물에 대한 청소년 유해성 심사 강화를 위해 게임물등급분류제도 보완, 음란·폭력·교육 등 게임물 내용심의에 관한 게임물등급분류기준을 강화하고, 게임물등급위원 구성시 교육·청소년 분야 전문가 확대, 여가부·교과부가 분기별로 게임물에 대한 합동조사를 실시하여 발표하고, 그 결과를 게임물 심의에 반영한다. 게임산업계의 게임중독에 대한 사회적 책임강화, 업계 스스로 청소년 게임중독 예방 프로그램 제공, 게임중독 치료 등 공적사업 확대, 청소년 게임중독 치료, 소외계층 등을 돕기 위한 민간자금 출연 확대 및 의무화를 검토한다. 게임물의 아이템에 대한 규제 강화) 청소년 이용 게임물의 아이템 거래를 규제하고, 확률형 아이템에 대한 최저 확률 설정, 청소년의 아이템 거래 규제 및 오토프로그램 등을 통해 비정상적으로 취득한 아이템은 성인도 거래 금지, 게임중독의 원인이 될 수 있는 확률형 아이템에 대한 등급분류 기준을 마련 해야 한다.

경찰청과 PC방 합동단속 강화는 청소년의 PC방 이용시간을 오후 10시까지로 제한하고 있는 법령 위반 업주의 벌칙규정을 강화하고, 경찰청과 합동단속하면 효율적이다. 게임 중독 예방 제도시행) 게임 부작용 해소를 위해 도입된 온라인 게임 과다이용 예방제도 실행, 청소년이 이용할 수 있는 월간 게임 이용금액 제한, 청소년이 이용할 수 있는 아이템 거래 제한 등 게임이용제한 관련 실효적인 규제를 강화한다. 청소년보호법상의 16세 미만 청소년 심야 시간대 인터넷게임 제공시간 제한제도에 대한 이행점검 단속 등을 통한 실효적 운영이 요구된다.

【온라인 게임 과다 이용 예방 주요 내용】
청소년의 게임 회원 가입시 부모 동의 확보
부모 신청에 따라 게임이용시간 총량 제한
심야시간(0~6시) 청소년 게임제공 차단
이용게임의 종류 및 게임이용시간 부모 고지
매 시간 마다 게임이용 시간경과 및 주의문구 표시 의무화 등

※ 청소년보호법 개정('11. 5. 19), 시행('11. 11. 20) / 게임법 개정('11. 7. 21), 시행('12. 1. 22)

폭력 조장, 음란·명예훼손 등 불법·유해정보에 대한 심의 강화를 학교폭력 현장을 묘사하거나, 괴롭힘·왕따 등 방법을 제공하는 웹툰, UCC 등을 중점 심의하여 시정요구한다. 포털 등 인터넷사업자의 청소년보호책임자 대상으로 학교폭력 또는 사이버 왕따를 조장하는 게시물에 대한 자율규제 협조 요청, 청소년보호책임자 의무지정 제도 : 일정규모 이상의 정보통신서비스 제공자는 청소년보호책임자를 의무 지정하여 유해정보로부터 청소년 보호업무 수행(정보통신망법 제42조) 한다. 그린인터넷인증제 도입) 인터넷 과다 이용시 중독 위험성 안내문구 게시 등 올바른 인터넷 이용문화 조성을 위해 노력하는 서비스에 대해 '그린인터넷인증 마크'를 부여한다.

제2절 게임·인터넷 중독 치유

주요 시기별로 단계적으로 게임·인터넷 중독 예방교육, 초4, 중1, 고1 단계에서 게임·인터넷 중독 진단 및 척도에 따른 단계별 교육 실시, 교과부와 여가부가 '09년부터 실시하고 있는 인터넷중독[227] 전수진단(초4, 중1, 고1, 총 180만명 대상) 체계 적극 활용한다. 특히, 초등학교 학생 대상 놀이, 음악 등을 활용한 건전한 인터넷 이용 습관 생활화 기초 교육을 강화한다. 유치원 및 초·중·고의 인터넷 중독 예방교육에 필요한 다양한 교육용 콘텐츠 개발·보급이 절실하다. 게임·인터넷 중독 예방을 위한 '학생 생활지도 요령' 마련, 학교급별 게임 중독 진단(G-척도)과 인터넷 중독 진단(K-척도) 자료 제공, 중독 징후가 있는 학생의 자가 진단 및 관찰자(교사, 학부모) 진단 결과를 통해 지속적인 개인별 누가 기록·관리를 추진한다. 고위험 사용자군과 잠재적 위험 사용자군의 유형별 특징에 따른 체계적인 학생 지도 방법을 안내한다.

〈표 2-30〉 게임·인터넷 중독 치유 교육 방법

1단계		2단계		3단계		4단계
학교 담임교사	⇨	학교 상담교사	⇨	교육지원청 Wee 센터 청소년상담지원센터	⇨	전담 및 전문치료기관
진단 결과 분석 및 상담		집단상담 및 지도		진단-상담-치유 맞춤형 서비스		치료 캠프 및 전문 상담

※ 게임과 놀이문화, 오프라인 게임놀이를 통한 치유 프로그램, 가족치료 등

227) 인터넷 중독 실태조사 결과(한국정보화진흥원, 2010), 학생들의 인터넷 최초 이용 시기가 유치원~초등학교 시기(95.2%), 만9세~12세 학생들의 인터넷 중독률 증가('09년 11.1% → '10년 14.0%)와 고위험사용자 증가('09년 3.2%→'10년 3.4%) 추세로 초등학교 단계에서의 집중적인 예방 교육이 필요하다.

게임 과몰입 예방사업 추진) 학교 · Wee센터 등과 연계, 건전한 게임이용문화 교육 및 게임중독 진단 · 상담 실시는 효율적 게임 과몰입 예방 정책 마련을 위한 전국 초중고생(약 10만명) 대상 종합실태조사('12. 4~12)가 바람직하다. 정규 · 방과 후 수업 활용, 전문강사 파견을 통한 초중등학교 대상 '찾아가는 게임문화 교실' 운영(1, 200개교), 게임문화 전문강사 300명 파견, 건전한 게임문화 교육 실시, 지역교육청 산하 45개 Wee센터 내 전문상담인력을 상근배치(45명)하여 게임 과몰입 진단 · 예방 · 상담 지원(10만명 예상)이 필요하다. 인터넷유리 교육 · 홍보 강화) 사이버폭력 예방을 위한 인터넷윤리 교육 및 캠페인 추진, 사이버폭력예방 특별교육주간을 운영하여 사이버 폭력 위험성 및 피해자 구제방법 집중 교육, 바른인터넷 유치원, 정보윤리학교, 학부모아카데미, 가족캠프 운영 등각급 학교 대상 인터넷 윤리교육 지원사업을 실시하고, 청소년 세대의 건전한 인터넷 이용문화 운동 전개를 위해 한국인터넷드림단 운영이 필요하다. 사이버폭력예방 교육 활성화를 위해 전문 교원 · 강사 양성 및 사이버폭력 피해자 지원 사업 추진, '아름다운 인터넷세상 만들기' 범국민 캠페인 활성화가 요청된다. 게임 · 인터넷 중독 상담 · 치료지원 확대는 게임 기업이 출연하고 게임문화재단이 시행하고 있는 지역 거점별 상담치료센터 운영, 시 · 도별 인터넷중독대응센터 설치 확대(10개소→12개소) 상담인력을 보강하고 시 · 도교육청과 협력하여 인터넷 중독 학생 치유를 지원한다. 게임중독 청소년 치유를 위한 레스큐스쿨 프로그램 운영 내실화의 하나로 레스큐스쿨의 한국청소년상담원 주관, 11박 12일의 인터넷중독 기숙형 치료캠프로 전문상담사의 맞춤형 개별상담과 집단상담, 임상심리전문가의 중독원인 진단 및 평가, 수련활동 전문가들의 수련 및 대안활동 실시가 바람직하다.

인터넷 중독 예방교육 및 전문상담사 양성과정 교육커리큘럼, 대상별(피해자, 학부모, 교사 등) 사이버 대응 콘텐츠 및 예방수칙 개발 · 보급이 필요하다.

제3절 흡연 · 음주 · 치유 프로그램

최초 흡연·음주 경험연령이 점차 낮아지고 있어 초등학교부터 흡연·음주 예방교육 실시 의무화가 바람직하다. 흡연·음주 예방교육 지도자 체계적 양성·관리시스템 구축, 예방에서 치료까지 표준화된 교육프로그램 개발·보급이 필요하다. 치유프로그램 운영은 사회적 일탈행위의 통로로 이용되는 흡연·음주 치유프로그램 강화, 흡연·음주학생 대상 금연·금주 교육프로그램 운영 확대가 바람직하다. 아울러 금연구역 확대는 운동장을 포함한 학교 전체를 금연구역으로 확대 조기 시행하고, 금연구역 준수여부에 대한 자율적 감시제도 강화해 나가야 한다.

제 5 편

학생 보호

개인 맞춤형 진로설계 지원 및 학교체육 활성화

학생들의 명확한 진로의식 없이 교과 성적에 의해 학과나 전공을 선택하고 있는 실정이다. 어려서부터 진로의식을 성숙시켜 자신의 꿈과 끼를 살리는 방향으로 진로를 찾아가도록 교육할 필요가 있다. 진로상담교사 대폭확충은 물론 고교에서 일정시간 이상의 직업 세계 체험교육을 권장하고, 지자체 및 공공 기관이 학생들에게 진로체험 기회를 제공하는 것을 의무화해야 한다. 아울러 청소년들의 정서 함양과 가치관 정립을 위해 체육활동이 매우 중요하나, 현재는 입시위주의 학교 운영으로 인해 청소년들의 체육활동 기회가 매우 적은실정이다. 따라서 초·중·고교에 체육전담교사 및 스포츠 강사를 추가 배치하여 스포츠 클럽 활동 등 학생들의 체육활동을 지원해야 한다.[228)]

228) 제18대 대통령선거 새누리당 정책공약, 『세상을 바꾸는 약속 책임 있는 변화』, 2012, 224, 226면.

제1장

학교폭력 예방과 정책 입법

제1절 수사환경의 개선

범죄피해자 조사를 위한 물리적 환경 개선으로 피해자를 조사하는 과정에서는 피해자의 건강상태와 심리적·육체적 상황 등을 고려하여 조사의 속도와 조사장소 및 조사시기를 결정하는 것이 중요하며, 필요하다면 그들에게 심리적·육체적 안정감을 줄 수 있는 자를 동반시켜 조사를 진행하도록 해야 하겠다. 특히 청소년이나 아동에 대한 성폭력 범죄에 있어서 피해청소년이나 아동을 조사하는 때에도 부모의 양육방법을 비판한다든지 아이에게 죄의식을 심어줄 수 있는 조사태도는 금해야 한다. 또한 절도사건의 피해자가 경찰관의 무성의한 태도 때문에 실망과 불안감을 느끼도록 만든다든지, 폭행사건의 피해자에게 조사관의 무시하는 태도와 오히려 피해자를 비난하는 듯한 어투로 정신적 상처를 입히는 일이 없어야 하겠다.

그리고 범죄의 피해자 또는 목격자가 용의자와 직접 대면하지 않고서도 용의자의 인상, 동작, 언어 등을 부담 없이 관찰하고 범죄자를 식별할 수 있는 범인식별실(Line-up system)의 개선 및 확대 설치하여 피해자 또는 범죄자 보호와 범인 수사의 실효를 기하여야 하겠다.

또한 경찰서 및 치안센터 등 지역경찰관은 그 관할구역에 거주하는 피해자의 재피해를 예방하고 이로 인한 불안감을 해소하기 위해 피해자의 요청에 의한 방문·연락 활동을 실시하여야 하겠다. 이러한 방문·연락 활동을 통하여 범죄피해의 회복, 확대방지 등과 피해회복과 관련한 정보제공, 방범상의 지도연락, 경찰에 대한 요청 등의 청취, 피해자 등에 대한 상담활동을 적극 추진해야 하겠다. 또한 성범죄피와 같은 범죄피해의 유형에 따라 여성경찰관에 의한 방문·연락 활동과 방범 등을 위한 순찰활동 등을 행하여야 하겠다.

범죄 피해자에 대한 정보제공으로 범죄피해자 자신이 당사자인 사건에 대한 정보의 획득은 피해의 충격을 극복할 수 있는 전재조건이며, 아울러 불안 해소에도 도움이 된다고 할 수 있다. 이러한 측면에서 정보를 제공받을 권리는 우리 헌법 제10조가 보장하고 있는 '인간의 존엄 내지는 행복추구권'을 보장하는 것이라 할 수 있다. 그러나 정보제공의 요구권은 정보제공이라는 국가의 행위를 요구하는 것이다. 한편 국가는 범죄피해자의 청구를 기다릴 것 없이 정보제공의 희망유무를 확인하는 등의 적극적인 활동을 행할 것이 요청된다. 이러한 까닭에서 정보제공 요구권은 사회권적인 성질을 갖는 것이라 할 수도 있다. 경찰은 범죄피해자가 필요로 하는 정보가 담당 경찰관의 이름과 연락처부터 시작하여 일반적인 형사사건 처리절차, 수사 진행 상황 및 피해자를 도와주는 단체나 기관의 존재여부, 국가피해보상제도 등 여러 가지 정보를 피해자에게 알려 줄 필요가 있다. 따라서 현행범의 체포 시 고지해야 하는 미란다원칙과 같이 범죄피해자에게도 피해자 보호를 위한 제반 권리와 절차에 대한 정보에 수사경찰이 반드시 고지하여야 한다는 법적 근거가 마련되어야 하겠다.

범죄피해자 지원 매뉴얼 제작으로 현재 '경찰실무전서'를 통한 경찰업무의 매뉴얼화가 어느 정도 정착된 상태에 있다는 점을 감안하여, [229] 실무전서 내에 피해자 보호 및 지원과 관련된 부분을 삽입하거나, 각 업무분야에 피해자 보호 및 지원에 관련된 내용을 추가하는 방향으로 실무전서를 개편하여, 일선 경찰 수사현장에서의 실질적인 피해자 보호 및 지원 업무 매뉴얼이 작성되고 배포되어

229) 경찰청, 「경찰실무전서」, 경찰청, 2000년, 50-67면.

야 할 것이다.

또한 홍보활동의 추진이 있는 범죄피해자는 여러 가지 이유 등에 의해서 경찰에 신고를 원하지 않는 경우가 있다. 그 중에서도 특히 성범죄피해자는 피해에 관련한 사실이 타인에게 알려지는 것을 원하지 않는 생각이 강하고, 이는 신고가 좀처럼 행해지지 않는 첫 번째 주요 요인이 되고 있다. 따라서 많은 배려를 함과 동시에 TV, 라디오, 신문, 인터넷 홈페이지 등의 다양한 대중매체를 통해서 경찰에 설치하고 있는 「피해상담전화」, 「인터넷 상담코너」 등 여러 가지 방법으로 경찰에 범죄피해 사실을 알리고, 도움을 받을 수 있는 길이 있다는 것을 적극적으로 홍보하여야 하겠다.

제2절 수사관의 올바른 의식 변화

범죄 피해자 보호에 대한 중요성의 재인식으로 범죄수사는 우리가 알고 있듯이 일상 생활에 깊숙하게 개입하게 되는 권력적인 행위이며 따라서 그것은 개인에 대한 일신의 자유와 프라이버시라는 영역을 제한·침해하기 쉽다.[230] 수사과정에 있어서 수사관의 언동이나 행동이 피해자의 심리상황에 미치는 영향은 매우 크다 할 수 있으며 특히, 중대한 정신적 피해를 입은 피해자는 더욱 상처를 입기 쉽다.[231] 어떠한 경우에서라도 피해자의 인격은 절대적으로 보호되어야 하고, 조사의 목적달성도 중요하지만 범죄피해자의 인격을 존중하는 것은 그 무엇보다도 가장 선행되어야 하겠다. 그러므로 피해자가 수사에 의하여 불필요한 부담을 갖거나 제2차 피해를 당하지 않도록 최대한 배려해야 한다. 범죄피해자는 조사과정에서 담당수사관이 자신의 주장을 충분히 들어주기를바라며 진실한 태도로 들어줄 때 자기를 위하여 노력하고 있는 것으로 생각하고 신뢰감을 보낸다. 특히 실무적으로 볼 때 피해자 입장에서는 피해사실을 충분히 들어주고 법률상

230) 한상범·이철호, 「경찰과 인권」, 패스앤패스, 2003년, 128면.

231) 김용세, "범죄수사와 피해자보호", 형사정책연구 제10권 제3호, 한국형사정책연구소, 1999년, 136면.

담을 해 주는 것만으로도 사건해결에 대한 심리적 만족감을 나타내는 경우가 많고 피해자에 대한 선입견을 갖고 수사에 임하게 되면 사건의 진실을 밝히는데 있어 문제가 될 수 있다. 즉 수사는 객관적인 자료에 의하여 사건의 내용을 충분히 이해하고 핵심이 무엇인지를 정확히 파악하여 실체적 진실을 발견해야 하겠다. 사건현장에서의 경찰활동으로는 경찰관의 현장임검시에는 통상, 순찰차나 제복 경찰관이 현장에 임하여 수사를 행한다. 그러나, 성범죄에서처럼 순찰차가 자택에 오는 것을 피해자가 원하지 않는 경우에는 그 의사를 존중하여 가능한 한 사복경찰관이 눈에 띠지 않는 차량으로 출동하여 범죄피해 수사로 인한 2차 피해를 막아야 하겠다. 현장도착 후에는 먼저 피해자의 안부를 확인하고 경찰관이 먼저 자신의 이름을 밝히는 등, 피해자를 안심시켜 주어야 하겠다. 그밖에도, 소년피해에 관계된 범죄 등, 피해자가 가능한 한 타인에게 알려지지 않기를 원하는 경우에는 주변 사람들이나 언론기관에 노출되지 않도록 특히 주의하여 피해자의 사생활을 보호해 주어야 한다. 출석요구로는 피해자 등에게 출석을 요구하는 경우에는 연락처나 연락방법 등에 신중한 주의를 기울여서 피해자에게 폐가 되지 않도록 배려하여야 한다. 나아가 피해자에게 출석을 요구할 때에는 그 목적을 명확히 하고, 시간·장소 및 담당자의 이름을 확실하게 알려주고, 시간이나 장소는 가능한 한 피해자의 입장을 고려하여 결정하도록 하여야 하겠다. 경찰서로 출석하도록 한 경우에도, 경찰서 현관의 안내요원에게 미리 연락해 둠으로써 피해자가 헤매는 일이 없도록 친절히 안내하고, 될 수 있는 대로 다른 사람들의 눈에 띠지 않는 장소에서 조사를 해야 한다.

피해자 조사로는 피해자로서는 고통스러운 경험인 범죄사건에 대하여, 시시콜콜한 내용의 질문이나 같은 내용을 반복 진술한다는 것은 괴로운 일이다. 따라서 피해자가 고통스러워 할 만한 질문은 사건의 실체를 밝히기 위해 필요한 범위에 한정되어서 질문하여야 한다. 특히, 수사관의 개인적인 흥미나 호기심을 충족시키기 위한 것이 아니라, 오직 사건의 조속한 해결을 위한 질문이라는 신뢰를 줄 수 있도록 주의하여야 하겠다. 그리고 실황조사 및 검증으로 범인을 검거하여 기소하기 위해서는 수사단계에서 다양한 증거가 수집되어야 한다. 증거수집을 위해 피해자의 자택 등에 대한 실황조사나 검증을 실시하는 경우에는 가능한 한 피해자로부터 협력을 얻도록 노력한다. 특히, 피해자가 입회해야 할 경우에는 되새기고 싶지 않은 상황을 반추해야 하는 피해자의 괴로운 입장을 최대한 배려해야 한다. 실황조사나 검증을 실시하는 시간을 정할 때에도 피해자의 입장을 배려하고, 조사과정에서 피해자가 일반인에 노출되지 않도록 해야 한다. 범죄혐의자가 체포된 후 피해자의 확인이 필요한 경우도 있다. 이때에는 사진이나 비디오 또는 매직밀러를 이용함으로서 피해자가 범인과 직접 대면하는 일이 없도록 배려해야 한다.

피해자 인권보장을 위한 교육 강화방안으로서 수사관을 수사가 진행되는 도중에 합의가 성사되어 그 동안 애써 진행시킨 사건이 중간에 고소가 취하되는 경우 돈을 목적으로 고소했나하는 의혹을 수사관들이 가질 수 있으며, 허탈해하는 경우가 많다. 물론 그런 의도를 갖고 상담소나 경찰을 찾는 경우라면 철저히 가려져야겠지만, 피해자가 합의를 하는 것도 피해자의 권리중의 하나임을 함께 인식하여야 하며 고소 시 피해자의 여러 불이익을 충분히 감안하고, 가해자가 미성년자인 경우 등, 고소하여 실익이 없다고 보여질 때에는 고소까지 가지 않더라도 가해자를 불러 경고하고 훈방하는 식의 액션을 보여주는 것도 필요하다. 가벼운 피해에 대한 미온적 대처나, 가해자가 고령이거나 정신질환자 또는 장애인인 경우 피해자들이 납득하고 현실적인 대응을 할 수 있도록 사안의 특수성을 설명하는 것과 함께 대처에 대한 고민이 있어야 한다.

그리고 여성피해자에 대한 수사절차 개선으로 일반적으로 성폭력 범죄는 피해자의 대부분을 차지하는 여성쪽에서 보면 '인생'에 대한 범죄이며, 특히 그 피해자가 아동일 경우 '일생'에 걸쳐 커다란 상처를 남기는 치명적인 범죄이다. 이처럼 심각한 결과를 초래하는 성폭력 범죄에 대해 경찰이 효과적으로 대응하기 위해서는 성폭력피해심리를 이해하는 것이 매우 필요하다. 성폭력피해여성들이 피해를 입은 직후나 그 사건이 공개된 직후에는 그 피해정도가 광범위해지며, 때때로 감정적인 쇼크나 불신을 체험하고 그런 일이 일어나게 되었던 것에 대한 자기비난과 사건의 공개로 파생되는 부정적 대가에 대한 자기비판을 경험하게 된다. 이와 같은 증상이 어느 정도 시간이 지나게 되면 '표현되는 감정'과 '통제되는 감정'의 두가지 형태로 감정이 표출된다. 표현되는 감정적 반응은 분노인데 이 분노는 내면화될 수도 있다. 또한 빈번한 자기 비난과 공포, 혼자 있기를 무서워하고, 밖에 나가는 것을 꺼리기도 한다. 따라서 수사관들은 여성들의 이러한 섬세한 심리를 배려하고 이해하는 수사진행을 해야 한다.

수사관의 피해자 진술조사 작성 시 피해자의 신원과 사생활의 비밀이 누설되지 않도록 법적인 의무를 철저히 준수하고, 이를 위해 가급적 별도의 피해자 조사공간을 확보하여 피해자 및 참고인·신고자 조사시에도 활용하는 방향으로 추진하여야 할 것이다.[232] 또한 청소년기의 여러 가지 내적·외적인 변화를 겪게 되며, 자기와 사회의 관련이나 사물의 견해·사고방식 등을 양성하는 사회에 적응하는 시기인 청소년들에게도 그에 적절한 수사진행이 이루어져야 하겠다.

피해자, 증인, 참고인 등의 신변안전조치와 비밀보장 또한 중요하다. 고소인의 신분상의 비밀을 보장해 준다고 했는데도 가해자 측이 주소와 전화번호를 알아내어 합의 요구 및 협박을 하는 경우가 많아 경찰이 개인정보를 알려주지 않았나 의심하는 경우가 많이 있다. 이들의 신변안전조치와 비밀보장이 철저하게 마련되어야 한다. 또한 가족들에게 알리고 싶어 하지 않는 피해자들에게 전화연락이나 우편물발송 시에 당사자만이 알 수 있는 방법으로 주의를 해주어야 한다.

그리고 성범죄 조사 시 신뢰관계에 있는 자의 동석제도 확대실시가 필요하다. 피해자가 경찰이나 검찰 수사 시에 심리적으로 보다 안정된 상태에서 진술할 수 있도록 돕기 위해 성폭력특별법에 신뢰관계에 있는 자의 동석제도가 적극 실시

232) 김호철, "대여성범죄에 대한 경찰의 효율적 대응전략 연구", 치안정책연구 제5호, 1996년, 67~71면.

되어야 하겠다. 그러나 이 제도는 근친강간이나 특수강간 등 비친고죄에 해당하는 피해자만이 이용할 수 있도록 제한하고 있다. 심지어 비친고죄의 경우에도 수사담당자도 잘 모르고 있거나 수사의 편의를 위해 이용하지 못하게 하는 경우까지 있는 실정이다. 앞으로 일반 성폭력 피해여성들에게도 신뢰관계에 있는 자의 동석제도는 확대 실시되어야 하며, 또한 공개된 장소에서의 신문은 피해자가 주변사람들에게 수치심과 모욕감을 느낄 수 있으므로 별도의 공간을 확보하는 것이 바람직하다.

제3절 대국민 공조체제

보호자 중에는 '바빠서 학교에 맡기고 싶다', '아이를 이해해 주지 않는 학교를 신뢰할 수 없다', '우리 집 아이가 나쁜 것이 아니라 당한 아이가 나쁘다' 등 이해하기 어려운 말을 하는 보호자도 증가하고 있어 학교는 가정과 연계하기가 어려워지고 있다. 그렇지만 보호자와의 연계는 반드시 필요하다. 그래서 학교는 신속히 대응하는 것은 물론 시간을 들여 아동 및 청소년들과 교류하며 폭력행위의 상황과 원인을 정확하게 파악하고 보호자에게 설명함으로써 보호자의 의식을 높인다. 또한 사후에도 지속적인 지도를 실시해 아동 및 청소년들이 좋은 방향으로 가고 있는 모습을 보호자에게 전하는 것도 중요하다. 실제로 문제 경향에 있는 아이의 부모는 걱정과 고민을 안고 있는 경우가 많아 지속적으로 보호자에게 다가감으로써 신뢰관계가 구축되어 아동 및 청소년들에게 효과적인 지도가 이루어지게 된다. 학교 홍보잡지로 보는 학교의 모습이나 아동 및 청소년들의 모습 등을 지역에 알림으로써 학교에 대한 이해를 얻는다. 또 수업에는 지역의 인재를 어시스턴트로 참가하게 함으로써 아동 및 청소년들의 실태를 이해 받을 수 있게 된다. 지역민과 아동 및 청소년들과의 관계가 구축되면 지역에서 아동 및 청소년들을 지켜보도록 하거나 지역에서 아동 및 청소년들의 정보를 입수하기 쉬워져 문제의 방지나 초기대응에 효과적이다. 폭력행위는 다른 학교와의 사이에서 일어나는 경우도 있기 때문에 관계기관과의 연계가 중요하다. 또 폭력행위의 가해자, 피해자 그리고 그 보호자들의 심리적 케어에 있어서도 중요한 기관이기 때문에 평소 서로 연락을 주고받아 연계체제를 구축해 두어야 한다. 또 정보교환을 정기적으로 실시함으로써 사건의 미연 방지를 도모할 수 있다. 최근 몇 년간 초등학교 고학년들 사이에서 폭력행위가 급증하고 있다. 이에 대한 대처로써 초등학교, 중학교, 고등학교가 연계하여 지도를 할 필요가 있으며 학생을 지도하는데 있어서도 밑바탕에서부터 그리고 교과면도 포함해 서로 연계체제를 구축하는 것이 중요하다.[233)]

경찰과 상담소간의 상호인지도 및 이해 증진으로 범죄피해자에게 있어서 범죄를 당한 후에 피해자에게 절실히 필요한 것은 경찰에의 신고, 긴급호송차량 및 병원으로의 이송, 가정 및 직장에 연락, 경제적·정신적 지원, 상담제공, 신변안전 확보, 장례식 지원, 언론보도 등 매우 다양하게 나타날 것이다. 경찰에 있어서 이상과 같은 대부분의 요구에 어느 정도 대응할 수는 있지만 보다 종합적인 피해자지원을 실시하기 위해서는 사법·행정·의료·언론기관 등 피해자대책에 관계하는 기관, 단체 등이 상호 협조적으로 연계하는 것이 무엇보다도 중요하다.

이러한 관계기관간의 상호연계 요구를 기초로 경찰 외에 검찰청, 시의 관계 부서, 변호사회, 의사회, 임상심리사회, 및 지역 상담기관 등에 의한 「피해자지원연락협의회」의 설립이 필요하겠으며, 피해자지원연락협의회에서는 정보교환과 각종분과회의, 상담강습회 등의 개최를 통해 각 기관·단체간의 상호연계를 강화하는 한편, 피해자의 요구에 따른 적절한 기관 등을 연결시켜주는 활동을 실시하여야 하겠다. 유관단체와의 긴밀한 협력체제 구축으로 범죄피해자 보호 및 지원업무는 대단히 복잡하고 다양한 영역에서의 종합적인 접근이 필요하기 때문에 결코 경찰 혼자만의 힘과 노력으로 제대로 이루어질 수 없다.[234)] 범죄피해자의

233) 데츠야 와타나베, "한·중·일 청소년의 사회문제와 학교폭력 관련 국제심포지엄 자료집", 2012, 122면.

생활안정과 재활을 도모하려면 많은 종류의 서비스가 신속히 지원되어야 한다. 그런데 기존의 시설과 지원체계는 아직도 많이 미흡한 상태에 있다고 하겠다. 1990년대 미국에서 구축된 '범죄피해자 서비스(Crime Victim Services)'시스템과 '범죄피해자변호인(Victim Advocate)'시스템[235]과 같은 종합 네트워크를 한국에서도 구축할 필요가 있다. 더욱이 경찰은 지역사회 피해자 지원 네트워크의 일원으로 참여하여, 범죄사건을 최초로 접하고 피해자와 피해상황에 대해 가장 먼저 그리고 가장 정확하게 알 수 있는 위치라는 점을 감안하여 피해자의 권리를 지켜주고 피해자를 보호해 주며 피해자에게 필요한 지원을 제공해 주는 종합적인 피해자 지원 네트워크의 시발점 역할을 해야 할 것이다.

현재 경찰과 여성단체 및 피해자 지원시설 사이에서는 한정된 지원이나마 효율적으로 활용할 목적으로 네트워크 구축에 대한 논의가 되고 있다.[236] 성폭력상담소와 아동상담소, 경찰, 검찰, 법원, 변호사 등 관련 기관간의 범죄피해자에 대한 서비스 체계는 부분적으로만 제공되고 있는 실정이다. 다만, 경찰과 여성단체 및 피해자 지원시설 사이에서는 한정된 자원이나마 효율적으로 활용할 목적으로 네트워크 구축에 대한 논의가 더욱 필요하다.

---

234) 표창원, "경찰개혁의 방향과 과제", 사법개혁국민연대 세미나 자료집, 2003년, 40면.

235) 심희기, "수사와 재판과정에서의 2차 피해자화의 최소화 방안", 법학연구 제12권 제4호, 연세대학교 법학연구소, 2002년, 146면.

236) 사단법인 한국성폭력상담소, 서울 여성의 전화에서는 1999년 12월에 "성폭력사건지원체계 확립을 위한 경찰간담회"를 개최하였으며, 2000년 11월에는 "성폭력·가정폭력 피해자의 통합적 지원체계 구축과 연계망 형성을 위한 워크샵, 2001년 11월에는 "가정폭력·성폭력 연계체계 활성화를 위한 토론회" 등이 개최되어 관련기관간의 네트워크 구축에 대하여 논의 되었다.

제4절 회복

범죄피해자 보호 관련법규가 미비하기 때문에 경찰이 적극적으로 피해자를 보호할 수 없고, 또 그러한 경찰의 피해자 보호가 의무화되어 있지 않다. 그러므로 관련법규를 적극적으로 마련할 필요가 있다.[237] 이 경우 경찰의 조직과 활동에 피해자 보호가 실제로 반영이 될 수 있으며, 그 보호 활동에 필요한 예산 조치도 수반될 수 있다. 영국의 경우에는 1990년 '피해자헌장(Victim's Charter-A Statement of Service Standards for Victims of Crime)' 제정을 통하여 범죄피해자의 권리를 명확히 하였으며, 경찰의 대응자세에 관한 지침을 제시하였다. 즉 경찰은 범죄신고에 대해 가능한 한 신속하게 예절과 주의를 다해 대응해야 한다고 기본원칙을 명시하고 수사과정에 피해자에게 제공해야 할 정보를 열거하였으며, 피해자 처우의 기본방향을 제시해 줌으로써 경찰의 피해자대책이 발전하는 계기를 마련하게 되었다. 미국의 경우 1982년 4월 '범죄피해자에 관한 대통령 특별위원회' 보고서가 제출되어 범죄피해자 처우개선을 위한 원칙들을 제시하였으며[238], 그 이후에 '피해자및증인보호법'에 의한 '피해자와 증인의 공정한 처우를 위한 연방가이드라인'이 제정되었고, 뒤이어 1984년 '연방범죄피해자법'이 제정됨으로써 경찰의 피해자지원시책이 본격 추진되기에 이르렀다.[239]

일본의 경우 범죄피해구원기금은 1995년 '경찰의 피해자대책에 관한 연구회'에 경찰수사단계에서의 피해자보호에 관한 연구를 위탁하였고 그 연구결과를 토대로 경찰청이 1996년 1월 '범죄피해자대책에 관한 기본방침'을 제정하여 국가공안위원회에 보고하였고 같은 해 2월 '범죄피해자대책요강'을 제정하여 전국 경찰

---

237) 노호래, "방범경찰의 피해자 보호방안, " 비교형사법연구, 제5권 제1호, 2003년, 527면.

238) 이 보고서의 주요내용 중 경찰에 관련된 내용으로는 ① 피해자 문제에 감수성을 높이기 위한 훈련 프로그램을 개발할 것, ② 신속한 재산환수절차를 마련할 것, ③ 피해자에게 사건처리 경과 등 수사진행 및 종결에 관한 정보를 주기적으로 제공할 것, ④ 증인에 대한 협박 등에 대한 피해신고가 있을 경우 우선적으로 수사할 것 등이 있다 ; 김재민, 앞의 논문, 2004년, 290면.

239) 김재민, 앞의 논문, 2004년, 289면.

에 배포하였다. 1996년 6월 경찰수사활동의 기준을 정한 '범죄수사규범'의 일부를 개정하여 피해자보호 규정을 확충하였다. 또 '범죄피해자등급부금의지급등에관한법률' 제22조 제2항의 규정에 근거하여 2002년 공안위원회 고시 제5호로 '경찰본부장등에의한범죄피해자등에대한원조실시에관한지침개요'를 제정하여 전국경찰에 배포하여 경찰이 피해자보호를 위하여 준수할 지침을 제시하였다.

범죄피해자 보호에 관한 시책의 추진은 피해자보호법령의 제정 및 시행과 그 맥을 같이하고 있다. 우리나라도 미국과 같이 통합적인 '범죄피해자보호법'을 제정하는 것이 바람직하겠으나 그 이전의 단계로서 현행 '특정범죄신고자등보호법', '성폭력범죄의처벌및피해자보호등에관한법률', '가정폭력범죄의처벌등에관한특례법' 등에 피해자보호와 관련된 규정의 미비점을 보완해나가는 한편, 형사소송법, 범죄수사규칙, 사법경찰관직무규칙 등의 법령에 피해자보호 및 지원을 위한 내용을 보완하여야 할 것이고, 보다 상세한 내용은 대통령령이나 행정자치부령, 경찰청 훈령 형태의 통일적인 '범죄피해자보호규칙'을 제정하여 운영하여야 할 것이다. 경찰이 피해자수사를 함에 있어서 피해자보호의 목적을 온전히 달성할 수 있으려면 우리나라도 통합적인 '범죄피해자보호법' 혹은 '경찰범죄피해자보호규칙'이 제정되어야 할 것이다.

제2장

학교폭력 해결책

제1절 학교폭력 근절 내실화 방안

1. 추진배경

그간 경찰력을 집중하여 학교폭력이 안정화 추세로 전환됨에 따라 향후 지속가능한 시스템을 구축하여 내실 있고 체계적으로 대응함으로써 공감 받는 경찰활동 전개, 국민 신뢰 확보하는데 있다. 학교폭력이 감소하였다는 응답(43.2%)이 증가하였다는 응답(21.9%) 보다 높았다.

단, 여전히 많은 학생들이 달라진 게 없다고 인식하고 있다. 학생·학부모·교육당국 등 총 23,807명 대상 설문조사 결과가 나왔다. 경찰의 학교폭력 근절 노력에 대해 적절하다는 응답이 59.1%, 더 적극적으로 대응했어야 한다는 응답이 28.7%, 경찰의 역할로는 '학교가 주도하고 경찰이 협력 지원하는 것이 바람직하다'라는 의견이 75.8%로 과반수 이상 차지했다.

2. 추진전략

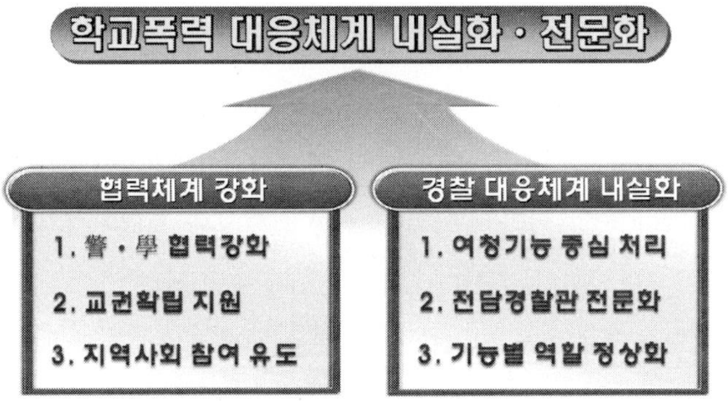

〈그림 2-24〉 학교폭력 대응체계 내실화 · 전문화

3. 학교폭력 대응 체계 내실화 방안

1) 협력체계 강화, 내실 있는 대응

학교와의 협력 · 연락체계 내실화는 「학교폭력 전담경찰관」으로 일원화, 보다 긴밀한 연락관계 유지해야 한다. 「교사 → 명예경찰」, 「전담경찰관 → 명예교사」로 위촉, 상호 협력 및 학교폭력 공동 대응체계 강화가 필요하다. 「학교폭력대책자치위원회」 적극 참여와 자치위원회 참석은 전담경찰관 중심 참여로 전문성 강화, 열정 있는 경찰관으로 인력풀 구성, 전담경찰관이 부득이한 사정으로 참여하지 못하는 경우 등 지원이 절실하다. 자치위원회를 통해 화해와 사과, 분쟁조정 등 회복적 사법을 도모 할 필요성이 있다.

회복적 사법(restorative justice)은 1990년대부터 전통적인 처벌중심의 형사사법(criminal justice)에 대한 비판과 대안적 패러다임으로서 본격적으로 등장하였다. 이에 관한 가장 대중적인 정의는 "범죄에 이해관계를 가진 사람들이 해악을 치유할 목적으로 함께 모여 논의하는 것"이다. 회복적 사법 실천의 목적은 자신들의 인생에 범죄가 미친 전체적 영향에 대해 이야기 하고, 연관된 문제들을 다루며, 야기된 해악을 대응하기 위한 계획을 발전시키기 위하여 서로 직접적 대화를 가지도록 특정 범죄활동으로 가장 영향을 받은 사람에게 안전한 공간(safe place)을 제공하는 것이다. 회복적 사법 실천의 가장 대표적인 범례로는 그 사용 빈도와 활동 역사로 순서지워 볼 때 피해자-가해자 조정(mediation), 가족집단 회합(conferencing), 평화중재/양형써클(circle), 배상지역협의회(reparative community boards) 등이 있다.[240] 회복적 사법은 특정 프로그램 유형이라기보다는 범죄에 대한 새로운 사유방식이자 지향(orientation)을 의미한다. 회복적 사법은 정의(Justice)가 무엇인가에 관한 일련의 가치 및 신념이며, 범죄에 대한 대응 원칙을 지적하는 것이다. 회복적 사법원칙[241]이란 다음과 같다(Sharp, 1998).

회복적 사법실현이 지향하는 목표는 핵심결정권을 범죄에 의해 가장 영향을 받은 사람에게 귀속하는 것, 사법(Justice)을 보다 치유적인 과정, 변화를 이끄는 과정(transformative process)으로 만드는 것, 향후 재범 가능성을 예방하는 것, 피해자·가해자 모두 종결감(a sense of closure)을 얻으며 모두 지역사회로 재통합되는 것이다. 다양한 프로그램들은 주요 초점 및 입법적 위치와 성격에 따라 각기 적절성 기준을 가지고 있다. 하지만 회복적 사법이 실제 작동되기 위하여 초소한 세 가지 기준[242]은 가지고 있어야 한다(Sharp, 1998). 제대로 된 학교폭력 예방교육을 위해 범죄예방교육, 직접대면·소규모 지속 실시, 대규모·화상중계 등 실적위주 형식적 운영 금지, 방어자로서의 역할 명확화, 청예단과 협조, 학교폭력 예방교육사·상담사 자격증 취득 추진, 예방 설명회, 교육당국에서의 요청 등 필요시 학부모·교사 대상 실시, 학교폭력에 대한 관심과 참여 유도해야 한

---

240) 김은경·이호중, 『학교폭력 대응방안으로서 회복적 소년사법 실험연구(Ⅰ)』, 한국형사정책연구원, 2006, 173면.

241) 회복적 사법원칙이란? ㉠ 충분한 참여와 합의의 독려(invite) ㉡ 깨어진 것의 치유(heal) ㉢ 충분하고 직접적인 책임(acountability)의 추구 ㉣ 분리된 것의 재결합 ㉤ 지역사회의 강화와 미래범죄 예방 등이다.

242) ㉠ 확인가능 한 피해자가 있어야 한다. ㉡ 피해자의 참여는 자발적이어야만 한다. ㉢ 가해자는 범죄행위에 대한 책임(responsibility) 을 인정해야만 한다.

다. 아울러 지역사회를 아우르는 협력체계 구축, 공동대응체계 강화로 가해·피해학생은 Wee센터(80개)·CYS-Net(163개) 등에 적극 연계, 프로그램 다양화 및 경찰관서 자체 프로그램의 한계 보완하고 지역 실정에 맞는 지자체·교육당국 등과의 협력모델 구축, 결손·미취학 학생에 대한 지원으로 근원적 지원방안 모색해야 한다. 경찰·지자체·교육청·학교·학부모로 구성된 '학생사랑지역협의회' 구성, 결손 학생 등에 대한 후원, 건전한 놀이 공간 제공 등 협력이 요청된다.

2) 사건처리 체계화, 국민 신뢰 확보

경찰청 여성청소년 기능 중심, 맞춤형 사건처리 내실화는 학교폭력 사건은 여청기능에서 우선 처리, 살인·강도·강간 등 강력사건, 전과 3범이상 등의 경우 형사기능 처리, 학교폭력 사건 접수시 사건처리 주무과장이「안전 Dream팀」개최, 선도·처벌대상으로 분류해야 한다. 사건처리 담당으로만 Dream팀 구성, 필요시 타 기능 참여로 강력범죄 등 중요사건 및 필요시 서장이 개최, 선도 대상, 자진신고 가해학생에 대해 적용 중인 훈방·즉결심판 제도를 모든 학교폭력 사건에 확대 적용, 사안 경미, 개전의 정이 현저한 경우 훈방·선도로 낙인효과 방지, 처벌 대상 범죄혐의가 중한 경우 즉시 입건, 소년사범 처리절차에 따른 엄정한 법집행으로 경각심 고취해야 한다.

3) 사건처리 체계도

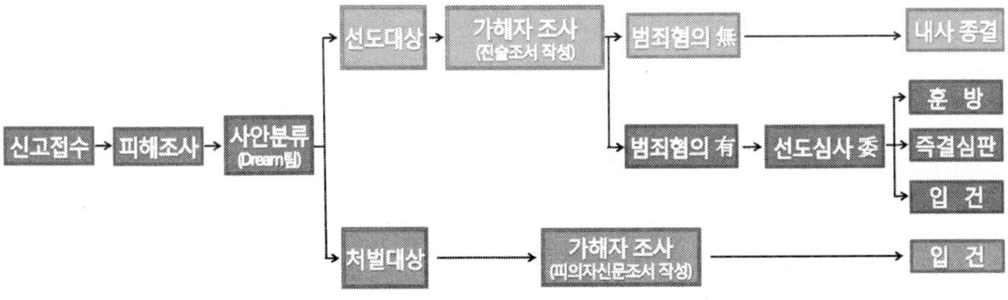

〈그림 2-25〉 사건처리 체계도

피해학생 멘토링, 가해학생 선도프로그램 연계 · 모니터링 및 신고자 익명성 보장 등 지속적인 사후관리로 보복폭행 방지, 학교폭력 사안의 경중, 재범가능성 등을 고려, 선별적 관리, 가정 · 학교 · 지역사회와 연계, 공동대응으로 사각지대 최소화해야 한다. 학교와 학생 불량서클 정보 공유, 선도 · 해체 추진 등 지속 · 공동대응, 성인 조폭과의 연계 확인을 위한 첩보수집 활동 강화, 학교에서 서클폭력 등 심각한 학교폭력에 대해 도움 요청시 적극 지원해야 한다.

4. 필요조치

「학교폭력 전담경찰관」 추가 배치(306→514명) 으로 1 · 2급지(175개)는 1인당 전담관리 학교수 21개교, 3급지(74개)는 1명 배치를 기준, 전국 514명 배치(인력증원 지속 추진), 교육지원청 파견 경찰관(스쿨폴리스)을 전담경찰관으로 배치가 가능하다.

1) 지방청별 전담경찰관 배치 인력

〈표 2-31〉 지방청별 전담경찰관 배치 인력

구분	계	서울	부산	대구	인천	광주	대전	울산	경기	강원	충북	충남	전북	전남	경북	경남	제주
필요인력	514	62	29	21	22	15	14	11	101	27	21	29	34	35	44	41	8
현재	306	31	16	9	11	8	5	4	41	17	13	15	68	21	24	20	3
추가인력	242	31	13	12	11	7	9	7	60	10	8	14	–	14	20	21	5

경찰서 여성청소년계에 배치(현원 발령), 범죄예방교육 · 학교폭력 피해사례 접수 등 警·學간 가교역할 수행한다.

〈주요 역할〉

대상 학교에 진출, 「범죄예방교육」 실시
「학교폭력대책 자치위원회」 위원으로 활동, 적극 참여
학교 방문시 주기적인 설문조사, 면담, 홈페이지 및 게시판에 전담경찰관 안내·홍보 등
피해사례 접수 및 핫라인 구축
학교 방문시 경찰서 선도 프로그램 안내 및 연계·협력방안 마련 등 활성화
교사·배움터 지킴이 등과 협력관계 구축, 학교폭력 정보 공유 및 공동 대응
상담 등을 통한 학교폭력 피해 접수시 「멘토-멘티」 결연, 사후관리
※ 사건처리를 원하지 않거나 상담 단계의 학생들까지 관리

「학교폭력 현장지원팀」 운영은 경찰청 여성청소년과 현장지원팀(3~4명)을 구성, 구체적 임무·역할과 애로사항 등에 대한 현장 컨설팅에 집중, 근무에 맞는 출장비·초과근무수당 등 지급으로 안정적 업무 수행 지원이 필요하다.

5. 학교폭력 대응체계 내실화

1) 협력체계 강화, 내실 있는 대응

구분	AS-IS		TO-BE
연락 체계	형사·여청·정보 전 기능 경찰관이, 학교의사 불문 全학교 진출	⇨	학교폭력 전담경찰관으로 일원화 학교와의 협력관계 내실화
전담 경찰관	정원없이 현원으로 306명 운영	⇨	514명으로 추가 배치, 신규 발대 ※전담경찰관 인력증원 지속 추진
자치위 참석	학교 위원으로 지정 확대 참여에 대한 인식 제고	⇨	전담경찰관 중심 참여로 전문성 제고 학교 자체처리 학생 등 지속 관리
예방 교육	신학기초 경찰 주도적 실시 설명회, 범죄예방교육 대대적 실시	⇨	범죄예방교육은 소규모로 내실화 설명회는 필요시 개최(학교요청 등)
협력 체계	경찰 요청, MOU 체결 교육당국 등과 협력관계 구축	⇨	지역사회를 아우르는 협력체계 구축 협력관계 내실화
선도 프로그램	사랑의 교실, 봉사활동 등 경찰서 자체 프로그램 위주	⇨	Wee센터·CYS-Net 등 지역사회 연계 프로그램 다양화 및 선도대상 확대

2) 사건처리 체계화, 국민 신뢰 확보

구분	AS-IS		TO-BE
사건 처리	형사·여청 불문 ※ 1~3월간 형사 68%, 여청 32%		여청 중심 처리 ※ 강력사건, 전과 3범 이상 등은 형사
훈방 즉결	자진신고기간 우선 실시 (~ 4월말)		모든 학교폭력에 확대 적용
Dream팀	사건 접수 시 의무적으로 개최 서장이 선도·처벌대상 분류·처리	⇨	사건 주무과장이 개최, 분류·처리 중요사건 및 필요시 서장이 개최
사후 관리	사건 담당 경찰관이 모든 사건 관련자 멘토링·모니터링 실시		사안의 경중, 재범가능성, 학생의사 등 고려, 선별적 관리 가정·학교·지역사회 공동 대응 유도
일진 관리	경찰이 파악, 선도·해체 등 관리		학교와 공동 대응 경찰에게 지원 요청시 적극 지원 단, 미해체된 학생 불량서클은 지속 관리
현장 점검팀	6개조 18명(3인 1조) 운영		현장지원팀(3~4명)으로 개편, 운영

「학교폭력 대응체계 내실화」 설문조사를 하였다. 기간은 2012. 4. 9 ~ 16(8일간), 대상(23,807명)은 학생·교장(교감)·교사·교육(지원)청·학부모·기자·NGO 등이었다. 학교폭력 심각성 현황으로 학교폭력이 전반적으로 심각하다는 응답은 45%로, 2월 자체 설문 조사시 57%에 비해 다소 낮아졌다. 아울러 '폭력써클'에 의한 학교폭력이 심각하다는 비율의 39% 결과가 나왔다.

구 분	매우 심각	다소 심각	보통	별로 안심각	전혀 안심각
학교폭력이 전반적으로 얼마나 심각하다고 생각하십니까	12.26	32.64	32.47	16.92	5.72
폭력써클에 의한 학교폭력이 얼마나 심각하다고 생각하십니까	12.10	26.74	31.98	18.96	10.22

전년 대비 학교폭력 현황으로 학교폭력이 전년에 비해 전반적으로 감소했다는 응답은 43%, 증가했다는 응답은 22%, '학생 불량서클 등 폭력써클'에 의한 학교폭력이 감소했다는 응답은 46%, 증가했다는 응답은 18% 였다.

구 분	많이 증가	다소 증가	보통	다소 감소	많이 감소
전년에 비해 학교폭력이 전반적으로 어떠하다고 생각하십니까	7.07	14.89	34.87	28.70	14.48
전년에 비해 학생 불량서클 등 폭력써클에 의한 학교폭력이 어떠하다고 생각하십니까	5.60	12.74	35.45	26. 88	19.33

○ 경찰활동 만족도는 그간 학교폭력 근절을 위한 경찰 활동에 만족한다는 비율은 57%로 2월 학교폭력 체감안전도 조사시보다 향상된 것으로 나타났으며, 2월 경찰활동 만족도(체감안전도 조사) : 학생 29.4%, 학부모 29.7% 이다.

구 분	매우 만족	만족	보통	불만족	매우 불만족
그간 학교폭력 근절을 위한 경찰 활동에 만족하십니까	18.22	39.14	27.78	10.51	4.34

그간 경찰활동에 대해서는 적절했다는 응답이 59%로 가장 많은 가운데, 더 적극적으로 개입했어야 한다는 응답도 29%에 달했으며, 향후 경찰의 역할에 대한 의견으로는, '학교가 주도하고 경찰이 협력 지원하는 것이 바람직하다'는 의견이 76%로 높았다.

그간 경찰활동에 대해 어떻게 생각?			향후 경찰의 역할의 어떠해야 한다고 생각?		
지나치게 개입했다	적절했다	더 적극 개입했어야	개입않는것이 바람직	학교주도 경찰지원	경찰이 주도해야
12.23	**59.08**	28.69	7.46	**75.76**	16.78

전담경찰관의 학교폭력 전담경찰관에 대해서는 84%가 필요하다고 답변하였으며, 적정 담당 학교수에 대해서는 10개교 이하가 43%로 가장 많았다. 응답자별로는 교육당국에서 가장 그 필요성을 절감하고 있으며, 특히 교사들의 70% 이상이 10개교 미만을 적정 교수로 응답했다.

구 분	매우 필요	필요	불필요	매우 불필요	모르겠다
학교폭력 전담경찰관의 필요성에 대해 어떻게 생각하십니까?	29.57	53.98	7.84	1.75	6.86

구 분	10개교 이하	10~20	20~30	30개교 이상	모르겠다
학교폭력 전담경찰관이 담당하는 학교수는 어느 정도가 적당?	43.49	20.44	8.19	7.11	20.76

제2절 범죄척결자(Crime Fighter)에서 문제해결사 (Problem Solver)로의 패러다임

1. 학교폭력, 전화·인터넷·문자로 신고하세요

온 국민을 경악하게 한 대구 중학생[243] 학교폭력 사례[244]는 폭력성 영화를

243) 중앙일보 사설, "대구 중학생 권군을 잊지 말자", 2011. 12. 29., 34면 ; 친구들의 괴롭힘에 시달리다 투신 자살한 대구 중학생 권모군은 사망 일주일이 넘도록 우리의 가슴을 내내 아프게 한다. 그가 겪은 학교폭력의 실상이 어떤 것인지, 반복되는 폭력에 신고조차 할 수 없는 지금 학교의 안전 시스템이 얼마나 허술한지 우리는 눈을 떴다. 학생 폭력은 남의 일이 아니며, 한 사람을 파멸로 몰아가는 가해자가 바로 내 아이일 수 있다는 경각심도 각인됐다. 이처럼 권군의 죽음이 남긴 영향은 지대하다. 그래서 교육부·대구시교육청 등을 비롯해 엊그제 청와대까지 대책을 내놓거나 주문하고 있는 것은 이번 일의 중요성을 이해하기 때문일 것이다. 하지만 이런 대책들이 실효성이 떨어진다는 교사들의 목소리가 나온다. 사실 학교폭력 예방 및 대책에 관한 법률이 2004년 제정돼 가해 학생에 대한 처벌, 피해 학생 보호 대책 등 법적 장치는 갖춰져 있다. 문제는 기존의 법령과 제도가 현장에서 제대로 작동하지 못한 채 겉돌면서 폭력 예방에 도움이 안 되고 있다는 것이다. 권군이 주는 교훈은 분명하다. 아무리 학생들 사이에 벌어진 사소한 괴롭힘이나 따돌림, 폭력이라 하더라도 이것은 분명한 범죄행위라는 인식이다. 이런 점에서 한 학기 한 차례 TV 시청 정도로 때우는 현재 학교의 한심한 폭력 예방 교육부터 뜯어고쳐야 한다. 피해 학생의 고통이 어떤 것인지 모든 학생이 공감할 수 있는 프로그램을 만들고, 모두가 체험하게 해야 한다. 학부모들도 예외는 아니다. 왕따(집단 따돌림)는 가해 학생뿐 아니라 학부모·학교도 피해자에게 공동으로 피해를 배상해야 한다는 대법원 판결을 되새겨야 한다. 학부모는 미성년자인 자녀에게 친구를 괴롭히고 폭력을 행사하는 것이 범죄라는 인식을 심어주고, 그런 행동을 하지 않도록 보호·감독할 의무가 있다. 이를 등한히 할 때 값 비싼 대가를 지불하는 건 당연하다. 보복이 두려워 신고를 못한다는 말이 나오지 않도록 지혜를 모아야 한다. 아이들 사이에 벌어지는 일을 학교에 알리는 경보 시스템이 가동되도록 하는 게 급선무다. 노르웨이에서는 초등학교 때부터 폭력을 목격했을 때 "멈춰"라는 말이 튀어나올 수 있게 반복적으로 교육해 효과를 보고 있다는 사례도 참고할 만하다. 학교는 폭력 사건에 대해 철저히 조사하고, 피해 학생에겐 보호와 상담 등 안전망을, 가해 학생에겐 강제 전학, 정학 등의 제재 조치를 가동한다는 모습을 보여야 한다. 한마디로 현장에서 통하는 꼼꼼한 대응 매뉴얼을 만들어 운용하라는 것이다. 5년 전 일본에서 왕따 피해 학생이 자살하겠다는 예고 편지를 문부과학성에 보내 온 나라가 그 학생을 찾느라 소동이 벌어진 적이 있었다. 이처럼 한 사람의 목숨은 그 자체로 소중한 것이다. 권군의 죽음은 온 사회가 학교폭력에 눈을 부릅뜨고 지켜봐 달라는 메시지를 던지고 있다. 나영이로 인해 미성년자 성폭력에 대해 관대했던 잘못이 고쳐졌다면 권군은 학교폭력 추방에 시동을 건 상징으로 남아 있어야 한다.

244) 서울신문 사설, "대구사건 학교폭력 종식의 계기로 삼자", 2011. 12. 30. 31면 ; 대구 중학생 A모군 학교폭력 자살사건의 실체가 속속 밝혀지면서 온 국민이 큰 충격에 빠졌다. 경찰은 어제 이 사건에 대한 수사결과를 발표하고 A군을 괴롭힌 2명에 대해 상습상해와 상습공갈 혐의로 사전 구속영장을 신청하고

꼭 빼닮았다. 학교폭력은 권력과 계급이 상존하고, 가해학생들은 잔혹해지고, 조직화·집단화[245]·저연령화, 여학생 폭력 증가, 소셜네트워크서비스(SNS)와 모바일을 활용하는 사이버 폭력 등 그 수법도 진화하고 있다. 청소년폭력예방재단 통계는 23%가 학교폭력 피해 경험, 이 중 54%는 초등학교 때부터 학교폭력 피해를 입었고 14%는 "죽고 싶을 만큼 고통스러웠다"고 응답했다. 이러한 학교폭력은 학교 내에서 67.1%, 등·하굣길, 학원 주변과 은밀한 장소에서 때를 가리지 않고 일어난다. 전국 초중고교 학교폭력대책자치위원회가 최근 3년간 심의한 학교폭력 조치 통계는 2만2241건을 심의해 가해자 5만7564명에게 처벌을 내렸는데, 이 중 전학·퇴학 6%, 봉사·징계 61% 등 소극적으로 대응했다. 이러한 형식적 처벌에 가해 학생들도 자신들이 무슨 형사법적 범죄를 저질렀는지 잘 모르거나 헷갈리기도 한다.

학교폭력 상황 발생 시 신속한 신고·접수에 초점을 둬야 한다. 경찰청 여성청

가담 정도가 약한 1명은 입건했다. 교육부도 대구에서 전국 시·도 교육감회의를 열고 학교폭력에 대한 예방대책 및 대처방안 등을 논의했다. A군의 학교 교감과 교사들은 엊그제 A군 부모를 찾아가 사죄의 무릎을 꿇었다. 우리 사회는 이번 사건을 학교폭력 종식의 계기로 삼아야 한다. 그것이 조금이나마 어린 나이에 하늘로 떠난 A군과 부모들을 위로하는 길이다. A군에 대한 괴롭힘은 부끄럽게도 경찰수사 결과 모두 사실로 드러났다. 가해학생들은 A군에게 물고문을 가하고 전깃줄을 목에 감아 과자를 먹게 한 것은 물론 50여 차례에 걸쳐 폭행했다. 이 과정에서 학교, 가정은 아무런 도움을 주지 못했다. A군이 도움을 청하지 않은 탓도 있지만 학교폭력에 대해 가정, 학교가 높은 장벽을 치고 있었기 때문이다. 대법원이 엊그제 유사한 학교폭력에 대해 학교와 가해학생 부모의 책임을 물어 5700만원을 연대배상토록 한 것이 이를 말해준다. 그만큼 가정, 학교는 학교폭력에 대해 책임을 방기해온 것이다. 정부, 학교, 부모 등 3자는 이번과 같은 사건이 발붙이지 못하도록 머리를 맞대야 한다. 정부는 이미 만들어진 학교폭력 예방 및 대책에 관한 법률을 전면적으로 점검, 실효성이 없는 규정들은 현실에 맞게 촘촘히 짜야 한다. 교사들도 학교폭력에 대한 대처방식을 개선하고 자질 함양에 힘을 쏟아야 한다. 부모들은 제 자식 싸고돌기만 할 게 아니라 자녀의 생활태도, 학교생활 등을 관심 있게 지켜봐 잘못된 길로 가지 않도록 해야 한다. 학생들은 보복이 두려워 집단 따돌림을 신고하지 못한다. 경찰은 학교폭력에 대해서는 적극적으로 대응해야 한다.

245) 집단화되어 가는 폭력행위에 대한 대응? 폭력행위가 학교에 만연되어 가는 요인에는 폭력행위가 일어났을 경우에 신속한 대응이 이루어지지 않고 나중이 되어 버리거나 대처 요법적이 되어 버리는 등 선제적인 방법을 쓰지 못하고 뒷수습에 급급해지고 마는 사례가 많다. 그리하여 다음과 같은 대책을 세우는 것이 효과적이라 생각한다. ㉮ 관리직의 리더십과 전 교직원의 공통적 이해를 가진다. ㉯ 전 직원이 아동 및 청소년들의 모범이 될 수 있도록 솔선수범한다. ㉰ 규범의식을 기른다. ㉱ 아동 및 청소년들이 활약할 수 있는 장을 만든다.

소년과에서 내놓은 학교폭력 신고 방법은 자진신고 및 피해신고는 117[246], 인터넷·전화·우편신고 등 다양하다. 학교·가족·교사·친구가 신고한 경우에도 피해학생 본인이 신고한 것과 동일하게 인정한다. 온라인 신고는 첫째, 홈페이지(www.safe182.go.kr) 접속 후 '117학교여성폭력피해자 긴급지원센터' 탭을 클릭해 접수하면 된다. 1:1 채팅상담도 할 수 있다. 둘째, 모바일웹(m.safe182.go.kr)에 접속해 '학교여성폭력신고' 메뉴를, 앱은 '도와주세요118'을 터치하면 된다. 셋째, 문자신고의 경우 '#0117'을 누르고 현장출동이 가능한 정보를 작성해 전송하면 안전드림관리자에서 확인 후 조치된다.

학교폭력은 학교와 학교를 감독하는 지자체까지 배상해야 한다는 대법원 판례도 있다. 피해학생 보호조치의 첫 단계는 신속하게 피해사실을 선생님이나 부모에 알리거나 경찰에 신고하는 것이다. 그런데 폭력 피해를 당한 학생들은 보복폭력이 두려워 신고를 꺼리고, 낮은 신고율로 인해 가해학생들이 활개를 치니 더 많은 피해자들이 발생하는 악순환을 낳고 있다. 따라서 보복폭력의 경우 관용보다 엄격한 처벌이 강조돼야 한다. 또 학교폭력을 축소·은폐할 경우에도 그 책임을 엄하게 물어야 한다.[247]

---

246) 김연주, "117 학교폭력신고 석달 새 6배로 늘어", 조선일보, 2012. 5. 23. 자. ; 피해자 직접 신고도 1월 28%에서 4월 59%로, 얼마 전 경찰청이 운영하는 학교폭력 신고전화 117에 신고가 들어왔다. "초등학교 6학년 아들이 중학생 형들과 어울려 다니면서 나쁜 짓을 하니 말려달라"는 요청이었다. 수사 지시를 받은 전북 전주 덕진경찰서는 신고 학부모의 아들 A군을 만나 이야기를 들어보려고 했지만 A군은 대화를 완강히 거부했다. 그러나 경찰관이 수시로 아이를 찾아가자 A군은 마침내 속내를 털어놓았다. "나도 형들과 어울리기 싫은데 보복을 당할까 봐 억지로 다니는 거예요. 형들이 '돈 모아오라'고 핸드폰 문자로 협박해서 1만2000원도 빼앗겼어요. 맞기도 했고요." 피해 학생은 A군 말고 5명이나 더 있었다. 경찰은 가해자인 중학교 3학년 학생 4명을 불러 조사한 뒤 검찰에 송치했다. 교과부가 지난 2월 6일 학교폭력 대책을 발표한 이후 117 번호로 학교폭력을 신고한 건수는 매월 늘어나고 있다. 지난 1월 616건에 불과했던 신고 전화는 지난달 3592건으로 급증했다. 피해자가 직접 신고한 건수의 비율도 1월 27.8%에서 4월에는 59%까지 올라갔다. 교과부 관계자는 "피해자나 목격자들이 '신고하면 학교폭력이 해결될 수 있다'고 믿기 때문에 신고하는 것"이라며 "신고 건수 증가는 매우 긍정적인 신호라고 생각한다"고 말했다. 하지만 우리나라 학생이 700만명이고 학교폭력이 만연해 있는 점을 감안할 때 신고 건수 3000건은 결코 많다고 할 수 없다. 여전히 학교폭력 사건이 많이 은폐되고 있다는 것이다.

247) 지영환, "학교폭력, 전화·인터넷·문자로 신고하세요.", 조선일보 칼럼, 2012. 1. 6. A33면.

2. '졸업빵'이 사라지려면

'빛나는 졸업장을 타신 언니께 꽃다발을 한아름 선사합니다. 물려받은 책으로 공부를 하며 우리는 언니 뒤를 따르렵니다.' 졸업식 노래가 운동장에 울려 퍼지기도 전에 옷소매로 눈물을 훔쳤던 추억이 생각난다. 요즘 '졸업빵' 단어에 가슴이 철렁 내려앉는다. 온 국민이 학생을 걱정하는 마음은 똑 같을 것이다.

초중고교 졸업식이 끝나면 일부 학생들은 강제로 옷을 찢고 벗기고 인간 피라미드를 쌓는다. 그들은 서로 신체에 생계란을 던지고 토마토 케첩과 밀가루를 뿌린다. 졸업식 뒤풀이 재료 준비 등을 이유로 돈을 빼앗는 금품갈취, 옷을 벗기는 강제추행, 알몸상태로 단체기합을 주는 행위나 광경을 핸드폰이나 카메라 등으로 촬영해 배포한다. 그 폭력성은 마치 물이 강둑을 넘어선 것처럼 위험 할 지경에 이르렀다. 학교폭력은 권력과 계급이 상존하고, 잔혹해지며, 조직화·집단화·저연령화, 여학생 폭력 증가, 소셜네트워크서비스(SNS)와 모바일을 활용하는 사이버 폭력 등 그 수법도 진화하고 있다. 학교폭력 행위자들은 자신이 형사법적 범죄를 저질렀는지 모르거나 헷갈리기도 한다. 프로이드는 사람은 본래 공격·파괴적 반사회적 본능을 가지고 있다는 것을 가정하고 있다. 현대 학생 심리문화의 이해도 필요하다. 학교폭력성의 원인은 핵가족, 문화·사회적 구조, 경쟁 입시제도, 교사·학교의 무사안일주의, 높은 성적표, 온라인게임 등 무수히 많다.

지난 설 연휴에 서울 명동 한복판에서 중·고교 남학생 3명으로부터 여자 중학생 2명이 5시간 넘게 집단 폭행을 당했다. 공사장과 패스트푸드점 화장실에서 옷을 벗기고 우산으로 찌르고 쇠파이프를 휘둘렀다. 그런데 누구도 경찰에 신고하지 않았다. 또래 계층화로 방관이 심해 학생 한 명이 왕따를 당하면 도와주면 같이 왕따가 되기 때문에 나서지 못하는 경우가 많다. 폭력 피해를 당한 학생들은 프라이버시권 침해와 보복폭력이 두려워 신고를 꺼리고, 낮은 신고율로 인해 가해학생들이 활개를 치니 더 많은 피해자들이 발생하는 악순환을 낳고 있다.

117학교폭력 신고센터는 교과부·여성부·경찰청 합동으로 24시간 운영되며, 가해자 처벌과 피해자 상담, 사후 대책까지 원스톱으로 이뤄지고 있다. 학교폭력 가해자 · 피해자도 정신 · 신체적으로 성장하고 있기에 상담과 심리치료가 기본이다. 신고 학생에게 보복폭력을 계속 했을 경우에는 격리해 의사가 치료한 다음에 법적 책임을 물어야 한다. 경찰은 첩보수집, 우범지역 순찰을 강화하고, 담당 형사를 피해학생의 멘토로 지정하고 1일 1회 이상 전화 · 문자메시지 · SNS 등으로 피해학생들과 실질적인 소통으로 보복 협박여부를 실시간 확인 가능토록 하고 있다. 경찰은 범죄척결자에서 '문제해결사'로의 패러다임을 정립했다. 예를 들면 학교폭력 가해자가 형사상 미성년자일 때 경찰은 단순히 법의 위반 여부를 판단하는 역할을 넘어 인성이나 가정환경, 친구관계 등을 파악해 선도나 보호차원에서 학생들을 대하고, 기본적으로 교권을 우선시 하는 입장을 가지고 있다. 막장 드라마 같은 졸업식은 추억이 될 수 없다. 학생 중심의 특색을 반영한 건전한 졸업문화가 필요하다. 학부모 · 교사들이 함께 참여한 공연, 시낭송, 후배에게 교복을 물려주는 모습을 상상해 본다. 경찰청과 교과부, NGO 등은 네크워크를 구축해 학교폭력 예방은 물론 졸업빵 뒤풀이 신고 · 상담 센터 운영, 졸업식 추진 대책 점검단 구성, 순회지도 등 공조체계를 확립해야 한다. 피해 입은 학생의 비밀 보장과 함께 사전 · 사후적으로 보호 할 수 있는 법적시스템, CCTV, SNS 활용치안, 의료지원은 물론 서포터를 통해 2차 피해가 나지 않도록 선도프로그램을 가동해야 한다. 또한 경찰관 · 학부모 예방교육, 또래 상담 동아리 활동이 요청된다. 정부는 입법적 · 제도적 정비는 물론 피해 학생이 다시 가해 학생이 되지 않도록 세심한 인성 교육을 뒷받침해 주어야 한다. 아울러 가족과 함께하는 시간을 늘려갈 수 있는 교육정책의 새 틀도 짜야 한다.[248]

3. 학생범죄 줄이는 학교설계

지금의 학교는 학교폭력과 외부인 출입에 따른 범죄로부터 자유롭지 못한 공간으로 전락했다. 미국의 경우 컬럼바인 고등학교 등에서 총기를 사용해 대량살인 사건이 수차례 났고, 독일 바이에른주에서는 중학생이 수업 중 숙제를 안 해

248) 지영환, " '졸업빵'이 사라지려면", 한국일보 칼럼, 2012. 2. 4. 32면.

왔다고 나무라는 교사에게 총을 쏘는가 하면, 일본이나 중국에서도 외부인이 흉기나 폭탄을 소지하고 난입하는 사건이 일어났다. 우리나라도 예외가 아니다. 학교폭력 43%가 신체폭행이나 금품갈취, 성추행 등 갈수록 흉포해지고 있다. 가해자 65%가 동급생일 정도로 자체 보호막이 없다. 지난달 대구 한 고교에서 학생이 호주머니에서 칼을 꺼내 휘둘렀고, 안양의 한 중학생이 남학생 1명과 여학생 4명의 배와 옆구리를 찔러 중환자실로 옮기는 등 학교폭력은 계속되고 있다.

이 같은 학교폭력 방지를 위해 선진국에서는 환경설계를 통한 범죄예방(CPTED) 전략을 적용하고 있다. 범죄인의 범인과 범행 대상, 범죄 기회 등 범죄 3요소를 사전에 차단함으로써 피해 확률을 최소화한다. 범행기회를 심리 · 물리적으로 저지하고 범죄예방을 위해 도시계획이나 건축설계를 할 때, 시선의 사각지대를 없애기 위해 건물 모서리를 둥글게 하거나 CCTV를 설치하고 있다.

미국은 총기사용과 같은 학교범죄 예방을 위해 CPTED 기법과 보안시스템은 물론 관리 · 환경 미화 프로그램을 체계적으로 갖추고 있다. CCTV가 가장 많은 영국은 경찰산하 비영리법인을 통해 학교 건축물들이 CPTED 지침을 적용하도록 유도한다. 일본은 문교과학성대신관 방문교시설부가 범죄와 재난 및 화재 대피 등 학교시설 정비지침을 제정해 학교 CPTED에 적용한다.

학교 범죄는 SNS · 전화 · 인터넷 등을 활용한 신속한 신고 · 접수가 중요하다. 현재 117 학교폭력 신고센터은 가해자 처벌과 피해자 상담, 사후 대책까지 원스톱으로 처리한다. 경찰서장이 학교폭력을 직접 처리하고 피해 · 가해학생을 분리조사한다. 신고 학생에게 보복폭행을 한 학생은 정신 · 심리적으로 의사가 치료한 다음에 법적 책임을 물어야 한다.

경찰은 범죄척결자(Crime Fighter)에서 전환의 변곡점으로 삼아 문제해결사(Problem Solver)으로 패러다임을 정립했다. 예를 들면 경찰은 학교폭력 행위자가 형사상 미성년자일 때 인성이나 가정환경, 친구관계 등을 파악해 선도나 보호 차원에서 학생들을 대하고, 교사들과 핫라인을 구축하고 있다.

한국은 과거 학교시설이 건축되던 시기에 CPTED 적용이 쉽지 않아 안전이 뒤따르지 못한 측면이 있다. 학교범죄 급증에 따라 환경 변화도 절실하다. 학생이 인격적·신체적으로 성장하고 머무는 학교시설에 대한 안전진단은 교육환경의 기본이 됐다. 국가와 정부가 최우선적으로 추진해야 할 정책과제는 범죄로부터 취약한 학교의 물리적 환경 요소를 개선해 안전이 보장된 교육환경을 만들어 가는 것이다.[249)]

4. 학교폭력 소통으로 풀자

봄 소풍 가는 날이면 잠을 설치곤 했다. 목적지 고흥 능가사까지 어린 게처럼 옆으로 앞으로 걷다 보면 배가 고팠다. 할머니가 싸 주신 도시락은 삶은 달걀, 우엉 김밥, 조기 한 마리였다. 짝꿍은 선생님이 꼭꼭 숨겨 놓은 보물 쪽지를 석탑, 사천왕 발뒤꿈치 틈에서 찾아 아무 말 없이 내게 주었다. 그런데 요즘은 자연 관찰이나 역사 유적지 견학을 겸해 야외로 갔다 오는 소풍 풍경을 좀처럼 볼 수 없다. 한국의 치안질서는 세계에서 손꼽힐 정도로 안전하다. 하지만 학교폭력은 그 위험수위를 넘어 폭력조직에 버금갈 만큼 흉포화·잔혹해지고 있다. 청소년폭력예방재단의 '2010 학교폭력 전국 실태조사'에 따르면 학교폭력 때문에 자살[250)] 충동을 느꼈다고 답한 학생은 30.8%, 죽을 만큼 고통스러웠다고 답한 학생도 13.9%에 달했다. 학생 범죄가 발생했을 때 전화, 인터넷 등을 통해 경찰에 신고·접수하면 '117 학교폭력 신고센터'에서 가해자를 분리조사 한 후 처벌하고 피해

249) 지영환, "학생범죄 줄이는 학교설계", 매일경제 열린마당 칼럼, 2012. 2. 9. 자, A38면.

250) 학생의 자해 및 자살 예방 대책 : ㉠ 학생의 의지력과 좌절에 대한 대응 능력을 향상시킨다. ㉡ 학생들이 생명을 귀하게 여기도록 교육을 강화한다. ㉢ 사회적 심리환경을 개선하여 사회적 스트레스로 인한 사건을 줄인다. ㉣ 학생 자살에 대해 경고를 한다. 사전 경고는 바로 학생의 자살 징조를 사전에 발견하여 자살 위기를 미연에 제거한다. ㉤ 자살이 높은 그룹을 대상으로 중점적으로 예방한다. 쉽게 자살을 초래하는 고위험군은 성격상 고위험군 즉 고집이 강하고, 지나치게 내성적이며, 흥미를 잃고 항상 아이에게 욕하는 가정의 학생이다. 스트레스 고위험군은 여러 가지 스트레스를 받거나 심각한 스트레스 환경에 빠져있는 학생이다. 여러 가지 고위험군이 중첩된 청소년은 더욱 중점적으로 지도해야 하는 대상이다. ㉥ 매체의 비판적인 보도 등이 있다.

자에 대한 상담과 사후 대책까지 원스톱으로 처리한다. 그러나 학생범죄는 선도를 조건으로 한 훈방처리나 재범방지를 위한 교정과 보호조치가 필요하고 가해자·피해자 학생 모두 정신·심리적으로 불안정한 상태이므로 전문가의 상담과 치료는 물론 법률 서비스가 기본적으로 이뤄져야 한다. 따라서 우선, '친한 친구 교실', '학생생활지원단'과 위기학생 예방과 선도를 위한 '학교안전망 구축', 같은 반 친구 또는 또래들끼리 폭행·왕따를 막는 '또래 중조인(仲調人) 상담제도' 등 검증된 선도프로그램의 활성화가 요구된다. 다음으로, 다문화 학생의 보호는 물론 폭력이나 왕따의 근본적 문제를 해결[251]하기 위해서는 학생들에게 폭력 시

251) 김유성, "학교폭력의 해법과 과제", 한겨레신문, 2012. 4. 26., 29면 ; 교육 인프라 확충 가정·학교 역할 강화 절실 가해자 되기 쉬운위기가정 청소년들 돌봐야 지난해 연말부터 온 나라를 들끓게 하고 있는 학교폭력 문제가 해를 넘긴 지금까지도 방송과 신문을 뜨겁게 달구고 있다. 그만큼 학교폭력이 미치는 사회적 파장과 문제가 심각하다. 몇 해 전 학교폭력 문제로 시끄러울 때 몇 개 시·도를 방문해 보니, 당시 학교폭력은 주로 중학교 2, 3학년이나 고등학교 1, 2학년에서 일어나고 있었다. 이후 학교폭력의 저연령화 현상이 심해져 요즘은 초등학교 3, 4학년까지 내려가고 있다. 이제 학생 생활지도가 중·고등학교 중심에서 초등학교까지 확대될 필요성이 커졌다. 그러면 거의 하루도 빠지지 않고 일어나고 있는 학교폭력 문제를 어떻게 해야 줄일 수 있을까? 그동안 학교폭력의 해결을 위해 숱하게 많은 방안들이 제시됐지만 별로 신통치 않았던 것 같다. 이들을 살펴보면 크게 두 가지로 나눠볼 수 있다. 하나는 가정·학교·사회의 학교폭력 예방 대책 시스템과 교육과정 운영 등 교육 인프라에 관한 것이고, 다른 하나는 학교폭력의 당사자들인 가·피해자들에 대한 효과적인 조처에 관한 것들이다. 위의 두 가지가 수레바퀴처럼 함께 추진돼야 가시적인 효과를 거둘 수 있다. 이에 현실적으로 가능한 방안들을 몇 가지 제시해 본다. 우선 가정의 교육 기능이 회복·강화되어야 하겠다. 가정의 기초적인 교육 기능이 회복되지 않고는 해결의 실마리를 풀기가 쉽지 않을 것이다. 학생들이 익혀야 할 기본생활습관인 남을 배려하고 존중하는 마음을 갖도록 하는 교육은 기본적으로 가정에서 해야 한다. 적어도 한 달에 한두 번은 자녀들과 공감할 수 있도록 가족이 함께 식탁에서 대화를 해보는 것은 어떨까? 그리고 학교폭력의 문제를 해결하기 위해서는 학교의 역할과 기능이 회복되고 더욱 강화되어야 하겠다. 이를 위해서 점점 실추되고 있는 학교의 권위 회복이 필요하다. 학교의 주체인 교원들이 학생 교육에 대한 열정과 사명감을 갖도록 가정과 사회에서는 학교 교육을 존중해 주어야 한다. 학교의 교육적 권위 회복은 교원들의 노력뿐 아니라 학교 당국과 교원들의 학생지도에 대한 전문성을 존중해 주는 학부모들이 있어야 가능하다. 일부 학부모들은 자녀의 주장만을 그대로 믿고 교원들에게 거친 항의를 하곤 한다. 학부모들은 어떻게 하는 것이 진정 자녀들의 교육을 위하는 것인지를 생각해야 한다. 교원들이야말로 가장 가까이에서 학생들을 객관적인 입장에서 바라보는 눈을 갖고 있다. 학교는 다양하고 특색 있는 교육과정으로서 실천 중심의 인성교육을 교정과 교실은 물론 학교 밖에서 펼쳐야 한다. 학생들이 바람직한 시민적 자질을 기르도록 사회성 함양의 준법 교육과 도덕 교육을 해당 교과는 물론 범교과적으로 실시해야 한다. 교원들은 학교의 교정과 교실에서 학생 지도를 새롭게 해야 한다. 학생들을 새롭게 보고, 이해하고, 경청하고, 공감하면서 지속적으로 관심과 애정을 쏟아야 한다. 아침에 등교하는 학생들과 인사하기, 건강상태 알아보기, 수업 시작 전 학생 안색 살피기, 수업 시간 5분 생활지도 등이 한 방법일 수 있다. 더 나아가 인권친화적

형사법적으로 어떤 범죄에 해당되는지 교육시킬 필요가 있다. 또한 폭력을 행사한 학생에 대해 보호자나 학교장이 경찰서나 검찰청 등의 수사기관을 거치지 않고 사건을 직접 법원 소년부에 접수하는 '통고제도'를 활용할 필요가 있다. 이 제도는 조사·받는 학생들의 기록이 남지 않고 학교에 복귀시킴을 목적으로 한다는 점에서 의미가 있다. 마지막으로, 학교폭력 처벌 강도를 높일수록 범죄 예방 효과가 있을 것이다. 하지만 학생이 전과자가 돼 학교를 떠나게 되면 국가적으로나 사회적으로 손실일 뿐만 아니라 사후 통제가 쉽지 않다. 그러므로 학교 안에서 교사[252]가 먼저 상담하며 선도할 수 있도록 시스템이 강화돼야 한다.

학교와 교실을 만들기 위해 인권 감수성 교육을 실시하고, 학급규칙 준수하기, 학생자치회와 학급회 주관의 토론회 등을 통해 학생 스스로 문제를 해결하도록 해야 한다. 학생, 교사, 학부모가 참가해 각기 지켜야 할 약속이나 다짐 등을 매니페스토화하는 것도 좋은 방법이라고 생각한다. 끝으로 기존 교육의 프레임을 바라보는 시각 전환과 교육복지의 확대와 같은 제도적 뒷받침이 필요하다. 이는 교육을 바라보는 우리 사회의 인식 전환과 아울러 소외된 청소년들을 위한 사회적 안전망이 구축되어야 한다는 것을 말한다. 지난해 언론에 보도되었던 학생 불량서클회 관련 가해자들의 면면을 보면 대부분 우리 사회의 돌봄의 손길이 시급한 이른바 위기가정 청소년들이다. 이들은 가해자이면서 한편으로는 사회적 손길의 사각지대에 있는 또 다른 피해자들이다. 위기가정의 청소년들은 각종 비행 등 일탈행동을 반복할 가능성이 높아 이들에 대한 적극적인 대책이 필요하다. 이는 사회 유관기관과 정부와 지자체의 역할과 기능이 더욱 확대되어야 함을 의미한다. 앞으로 다시는 학교폭력의 문제로 학생이 자살을 하는 불행한 사태가 일어나지 않기를 바란다.

252) 학교폭력 예방을 위한 교사 대처 요령 :교사의 언행은 학생의 모델이 된다. 사랑과 인내로 학생을 지도할 때 학교폭력은 저절로 예방이 될 수 있다. 여기서는 교사가 학교폭력 예방을 위해 보다 구체적으로 해야 할 항목을 소개하면 다음과 같다. 수시로 다양한 방법을 이용하여 학생 개인의 행동발달 상황 및 교우관계를 파악한다. 내 자녀나 친인척도 폭력의 가해자나 피해자가 될 수 있음을 항상 인식시킨다. 학생들에게 생명의 존귀함, 상호 인권(인격) 존중, 역지사지. 책임 및 준법 의식 등을 인식시키고 신상필벌을 적절히 활용한다. 학생들에게 사소한 폭력이나 장난이라도 약자 입장에서는 심각한 폭력이 될 수 있음을 교육시킨다. 학생들에게 혹시 폭력 피해를 당하게 되면 자신감을 가지고 대화로 당당히 맞서되, 어려울 경우 자리를 피한 후 반드시 선생님이나 부모님 또는 친구 등에게 알리도록 지도한다. 폭력 피해 우려 학생에게는 동반자를 만들어 주고, 등하교시 가급적 큰길을이용하되, 필요한 경우 부모님과 동행하도록 권유한다. 상담이 필요한 학생에게는 학교차원에서 지도가 이루어질 수 있도록 관련 교원(학교폭력책임교사, 학생부 교사 등)과 협의하여 공동 지도한다. 학생들에게 처벌보다는 웃는 얼굴, 온정적인 말, 사랑으로 대화한다. 평소에 모욕적인 말투를 쓰는 학생, 잘난 체 하는 행동의 학생, 유별난 복장을하는 학생에 대한 지도에 역점을 둔다. 학생들에게 누군가로부터 원치 않은 유혹을 받거나, 위협을 느끼게 되면 선생님이나 부모님 또는 경찰 등에게 알리도록 지도한다. 학생들이 청소년 유해업소의 출입이나 불필요한 시내 배회를 하지 않도록 지도한다. 학생들이 조퇴를 하거나 결석을 하였을 때는 사유를 확인하고 지도한다. 학생들과 면담, 이메일, 편지, 전화 등을 통한 수시 상담 및 조언한다. 학생과 학부모에게 학교폭력에 대한 관련 신고망 및 대처 요령 홍보한다. 사회나 학교는 약자를 보호하고 가해

새학기가 시작됐다. 학생들이 운동장에서 마음껏 뛰어 놀고, 바다와 숲으로 소풍가서 꽃을 보면 왕따 벽도 엷어질 것이다. 그에 앞서 교육 당국에서는 학교폭력에 대한 문제 제기보다 학생보호 시스템을 잘 갖추고 실천에 나서야 한다. 학교폭력을 추방하는 근간은 학생 · 선생님 · 학부모 등 모든 교육 주체가 서로의 벽을 허물고 소통하는 것임을 잊지 말자.[253)]

5. 학교에서 보복폭력이 없어지려면

폭력은 학습되며 대물림된다. 어느 중학생은 폭행사실을 일렀다고 코뼈가 부러질 정도로 보복폭력을 가했다. 대구 한 학생은 후배들에게 깊이 1m 크기의 구덩이를 파게 하여 고 1년생을 밀어 넣은 뒤 목만 나오게 한 채 파묻었다. 또래 학생에게 폭행과 금품을 갈취한 것을 신고한 데 앙심을 품고 보복폭행하고 협박한 것이다. 형법 제114조(범죄단체의 조직)에는 "범죄를 목적으로 하는 단체를 조직하거나 이에 가입한 자는 그 목적한 죄에 정한 형으로 처단한다"고 명시되어 있다. 그런데도 많은 학생들이 그런 조직을 모방하고 있는 것이 큰 문제다. 통계에 따르면 학교폭력 피해를 경험한 학생들이 누구에게도 도움을 청하지 않은 경우가 71.2%나 된다. 보복폭력이 두려워 신고를 꺼리고 가해학생들이 활개를 치니 악순환이 계속된다. 보복폭력의 경우 형사법적 처벌이 강조돼야 한다. 학교폭력을 축소 · 은폐한 경우에도 그 책임을 엄하게 물어야 한다. 학교폭력은 학교와 학교를 감독하는 지자체까지 배상해야 한다는 대법원 판례도 있다. 일반적으로 학교폭력 처벌 강도를 높일수록 범죄 예방 효과가 있는 것으로 알려져 있다. 하지만 학생이 전과자가 되어 학교를 떠나게 되면 국가적 · 사회적 손실이 발생하며

자를 응징하는 것이 법의 정신이라는 것을 학생들이 인식하고 숙지하도록 지도한다. 내가 직접 피해를 당하지 않았더라도, 학교폭력 사실을 알았을 때는 바로 신고하도록 지도한다. 그것이 내가 피해자가 되지 않는 길과 통합을 인식시킨다.

학생들이 학교폭력을 당했을 때 신고할 수 있는 전화번호를 알도록 지도한다. ; 경기도교육청, "폭력없는 행복한 학교만들기", 교사 연수자료, 2010, 10면.

253) 지영환, "학교폭력 소통으로 풀자", 세계일보 시론, 2012. 3. 2., 22면.

통제도 쉽지 않다. 따라서 경찰이 너무 무리하게 개입하는 것보다 학교 안에서 교사가 먼저 상담할 수 있도록 교권을 존중해야 한다. 법집행의 관점에서 경찰이 마땅히 해야 할 임무, 즉 조정자 역할은 필요하다. 경찰의 활동이 가해학생을 벌주기 위한 것으로만 비쳐져선 곤란하다. 신뢰가 규범만큼 강한 규제력을 가지고 있는 것은 아니지만 두 번 세 번의 신뢰관계가 쌓이면 최고의 가치로서 힘을 가진다. 경찰은 가해·피해자 학생 모두 내 가족이라는 마음으로, 국민의 입장에서 세련된 조정자 역할과 법적 책임을 다하는 한편, 학교폭력 해결을 위한 검증된 프로그램을 통해 지역사회의 여러 기관·단체들과 협력해야 한다. 보복공격, 정치적 보복, 보복폭행 등 보복(報復)이란 말은 부정적으로 쓰이지만 한자 훈은 갚을 보(報), 회복할 복(復)이다. 무엇을 회복한다는 의미를 갖고 있다. 함께 노력하면 학교폭력, 보복폭력 문제도 해결되고 회복될 수 있다.[254)]

6. 아리스토텔레스, 학교 공동체에서 깨우치다

고대 그리스 폴리스(polis)에서 현대에 이르기까지 공동체(community, 共同體)는 국가·촌락·가족 단위 같은 인적 결합으로 함께 살고 소속함으로써 자연히 다른 지역과 구별되는 사회적 특징이 나타난다. 아리스토텔레스의 논제 중의 하나는 좋은 사람과 좋은 시민의 조건이 일치할 수 있는 것은 정치공동체이다. 대체로 생태학적인 지리적 영역, 정치권·행정권·경제권 영역, 심리적 관심권·문화권 등 학교에도 공동체가 존재한다.

학교는 꿈을 꾸는 공동체의 공간이다. 학교폭력 행위자·피해자가 존중하는 문화적 토양에서 화합이 이뤄질 수 있도록 학생 중심의 갈등 예방과 해결 시스템이 강조 되어야 한다. 아리스토텔레스는 '인간은 사회적 동물'이라 했다. 그는 '실재론적', 즉 생활중심 '실증주의적 교육'을 강조했다. 공동체의 원동력은 함께 살며 대화를 통해 서로 소통하는 것이다. 미국 버지니아주 페어팩스카운티는 '학생의

---

254) 지영환, "학교에서 보복폭력이 없어지려면", 경향신문 경향마당 기고, 2012. 3. 12. 자, 29면.

권리와 책임'을 학기 전에 학부모에게 송부하여 학부모의 서명을 받도록 하고, 정규 수업시간에 같은 내용을 교육하고 있다. 프랑스 내무부는 법무부·교육부와 협약을 맺어 교내 및 학교주변에서 발생하는 각종 위법행위에 대한 정보교류 및 예방·대응을 공동으로 대처[255]하고 있다. 각 경찰서별로 실시된 "학교폭력 예방 및 소통팀" 소속 경찰관이 학교를 담당하고 있다. 독일의 학교당국은 학교폭력 '3진 아웃제'를 도입·운영 중이며, 학교폭력이 발생하면 우선 담임교사가 부모를 불러 상담하고, 두 번째로 적발되면 경고장 발부와 더불어 학부모 역시 불려가서 교장과 상담해야 하며, 세 번째 적발시 퇴학처분 된다. 퇴학 때는 100Km 이상 떨어진 곳으로 전학가야 하는 등 인근 학교로의 전학도 제한된다.

핀란드는 가해자·피해자에 대한 교육뿐 아니라 방관자가 피해자를 돕도록 교육하는 끼바 꼬울루(Kiva Koulu) 프로젝트를 운영중이다. 뉴질랜드, 호주의 '회합'프로그램[256]은 학교폭력 행위자와 변호사, 가족, 피해자와 보호자, 경찰, 사회사업가가 참여하고, 노르웨이의 올베우스 프로그램처럼 교사가 아이들을 보살

255) 정희완, "학교폭력을 예방하려면 학교 밖 사회 폭력을 멈춰야", 경향신문, 2012. 1. 12. 자. ; 학교폭력 대처에 있어서는 일본은 폭력 사건을 경찰에 맡기면 된다고 생각해서는 안된다. 경찰뿐 아니라 교사와 학생들이 협력해야 잘 해결될 수 있다. 변호사 등 전문가들에게도 조언을 구할 필요가 있다. 스웨덴은 우리 학교에서는 폭력 문제가 커지면 경찰이 개입한다. 그러나 사태가 확산되기 전에 심리학자나 지역 봉사자들을 통해 상담을 받는 방식으로 풀어나가고 있다. 독일은 우리 학교에는 경찰 한 명이 매일 학교에 와서 학생들과 얘기를 나눈다. 학생들은 문제가 생기면 경찰과 상담해 어떻게 해결할 수 있을지 조언을 구한다. 덴마크는 학교폭력이 발생할 경우 대처하는 프로그램이 따로 있다. 조기 발견했을 때 학생들을 상담 전문 교사가 인터뷰해 실태를 파악한다. 학생들은 문제가 해결된 뒤 예전처럼 좋은 관계를 맺을 수 있도록 서로 노력하고 있다. 무엇이 부족해 폭력이 발생했는지 원인 분석도 한다. 교사는 학생들을 모아놓고 스스로 문제를 해결할 수 있는 방법을 찾도록 유도한다. 프랑스는 학교폭력이 발생했을 때 해결 방법을 제시하도록 교사들에게 지침을 만들어 교육하고 있다. 교육자, 심리학자, 상담가 등 전문가들이 문제 해결의 중재자 역할을 해줘야 한다. 폭력을 숨기려고 해서도 안된다. 모든 학생들에게 알려 직접 해결 방법을 찾을 수 있도록 했다. '역할 바꾸기' 놀이를 통해 학생들 스스로 문제점을 발견하고 해결할 수 있도록 하는 것이다. 한국은 학교폭력이 발생하면 2차 피해를 막기 위해 피해자와 가해자를 격리한다. 가해 학생의 서면 사과부터 시작해 여러 조치를 취한다. 심리상담을 통해 피해 학생의 치유를 위해 노력하고 있다. 조기 발견을 위한 정기·비정기 실태조사도 실시한다.

256) 한국에서는 조정(Mediation) 및 대안적 분쟁해결방안(Alternative Dispute Resolution: ADR) 을 전문적으로 연구·실천하는 기관이나 인력이 매우 적기 때문에 회복적 회합(FC) 프로그램을 담당할 수 있는 전문적인 조정실천가(mediator or facilitator) 의 확보가 요구된다.

피는 것뿐만 아니라 학생 스스로 방관자가 되지 않도록 폭력상황을 보면 반사적으로 '스톱'합창, 학급회의를 개최하여 문제를 풀어간다. 따라서 학교폭력에 대해 경찰 단계에서 회복적사법 프로그램과 결합한 조기 다이버전(선도조건부 훈방)을 적극 검토해 볼 필요성이 있다.

경찰은 '국민의 생명 · 신체 및 재산의 보호'의 학교 현장 상황에 적합한 조정자 역할을 통해 '문제해결사'(Problem Solver)로의 패러다임을 공동체의 입장에서 풀어 나가야 한다. 아울러 한국 실정에 맞는 시스템을 활용하고 학교폭력 피해 학생에게 충분히 공감하는 대화를 통해 안정감을 주고 정신과적 심리치료를 받을 수 있도록 하는 것이 중요하다. 또한 학교의 갈등 조정은 자체적으로 해결이 가능하도록 하여 공동체의 원동력은 자율적 해결에 있다는 것을 교육 하면 좋겠다.

아리스토텔레스가 말한 좋은 사람의 조건은 첫째, 행복은 최종적인 자기목적성을 보유한다. 둘째, 행복은 완성적 이어서 개인의 삶 속에 부족함이 존재하지 않는 상태를 구현한다. 셋째, 행복은 자기 충족적으로 그 자체로서 바람직하고 스스로의 만족을 구가한다. 아리스토텔레스는 "각 개인의 몫이 되는 행복의 양은 선과 지혜의 양 및 그가 행하는 선하고 현명한 행위의 양과 일치한다"고 주장한다. 정치공동체의 행복을 최고 선으로 운명을 함께 걱정하고 공동선을 더불어 추구하는 삶으로 행복을 추구하는 개인에게 지적 덕성 및 도덕성을 설파한다.

경찰청장은 "세계에서 치안 여건이 훌륭하다고 평가 받는 대한민국이 유독, 학교폭력 문제에서는 낙후되어 있다는 현실이 안타깝다. 경찰이 학교 정상화에 앞장 서겠다."며 대구를 시작으로 전국 16개 시 · 도를 순회 "학교폭력 근절 국민과의 간담회"를 제주를 끝으로 대장정을 마무리 했다. 학생 · 학부모 · 교사 · 장학관 · 경찰과 토론하며 해결책을 함께 찾고자 하는 모습을 보면서 필자는 우리 학생들의 밝은 미래를 확신했다.

그간 전 경찰력을 집중, 학교폭력이 안정화 추세로 전환됨에 따라, 향후 지속가능한 시스템을 구축하여 내실 있고 체계적으로 대응함으로써 공감 받는 경찰활동 전개로 국민 신뢰 확보가 절실하다. 학교폭력 문제에 학교당국이 주도적으로 대응하고, 경찰은 적극적으로 지원, 협력체계 강화와 내실 있는 대책 추진이 필요하다. 학교폭력 전담경찰관으로 일원화하여 보다 긴밀한 연락관계 유지, 교사 → 명예경찰, 전담경찰관 → 명예교사로 위촉, 상호 협력 및 학교폭력 공동 대응체계 강화, 학교폭력대책 자치위원회 적극 참여와 열정 있는 경찰관으로 인력풀 구성하고 이를 통해 화해와 사과, 분쟁조정 등 유엔에서도 회복적사법 프로그램에 관한 핸드북[257]이 발간되는 등 회복적 사법은 이미 형사·소년 사법개혁에 있어서 하나의 커다란 조류를 형성하고 있는 듯하다. 또한 민사 분쟁 및 정치 분쟁에서도 회복적 사법이라는 용어가 사용되고 있을 뿐 아니라[258] 경찰의 범죄예방 활동과 관련하여서도 '회복적 경찰활동(restorative policing)'이라는 개념이 등장하는 등 점점 그 외연을 넓혀가고 있다. 이러한 가운데 소년법의 이념과 회복적 사법과의 관계를 논하기 위해서는 먼저 회복적 사법의 기본원리 및 목적을 가능한 한 명확히 해둘 필요가 있다.

1) 학교폭력에 '회복적 사법제도' 도입 '가족회합' 등 화해·선도 프로그램 운영 259)

광주 동부경찰서는 지난 2012년 2월 5일 동구 충장로에서 길가던 학생을 위협해 3,000원을 빼앗은 중학생 10명을 검거했다. 경찰은 피해액이 적고, 피해자가 처벌을 원하지 않으며, 전문가 분석결과 '다시 비행을 저지를 위험성'이 낮은 것으로 나온 점을 고려해 입건하지 않기로 했다. 대신, 가해·피해자와 그 가족, 경찰관, 전문가 등이 모여 '가족회합프로그램'을 진행했다. 이 프로그램에서 가해학생은 깊이 반성했고, 피해자와 가족들도 만족스런 반응을 보였다고 경찰은 전했다.

---

257) Dandurand, Y.·Griffiths, C. T. Handbook on Restorative Justice Programmes, 유엔 형사사법 핸드북 회복적 사법 프로그램, 형사정책연구원, 2009.

258) Daly, K., Restorative justice: the real story, 2001, pp. 5~6.

259) 김성현, "학교폭력에 '회복적 사법제도' 도입", 조선일보, 2012. 2. 13. 자. 사회면.

광주경찰청이 이처럼 피해자와 가해자 사이의 갈등을 해소하고, 가해자의 진지한 반성을 통한 보복폭행 등 재범을 방지하기 위해 '회복적 사법제도'를 시범 운영한다. 회복적 사법제도란 학교폭력 등 가벼운 소년사건에 대해 가해 · 피해자 및 보호자의 동의 아래 '가족회합프로그램'을 통해 사과와 반성 등 화해를 한 뒤 선도조건부로 입건하지 않는 제도로, 지난 2012년 2월 11일 동부경찰서에서 처음 적용됐다. 41명이 참석한 이번 가족회합 프로그램에서, 당초 자신들의 행위를 범죄로 인식하지 못했던 가해 학생들은 사과편지 낭독 등을 통해 깊이 반성하고 뉘우치는 모습을 보였다. 한 가해학생 부모는 "아이가 진심에서 우러나오는 사과편지를 쓰는 것을 보았다. 용서의 기회를 주신다면 자신을 제대로 사랑하고 남을 함께 생각하며 살아가는 사람이 되도록 아이를 반듯하게 교육시키겠다"고 말했다. 피해 학생은 "가해학생들에게 사과를 받으니 쌓였던 울분이 풀렸다. 가해학생이 보복할 거라는 두려움에서도 벗어나게 됐다"고 말했다. 광주경찰청은 오는 5월 10일까지 '학교폭력없는광주만들기 100일특별활동기간' 동안 '회복적 사법제도'를 시범 운영한 뒤, 성과를 검토해 지속 운영여부를 결정하기로 했다. 이금형 광주경찰청장은 "회복적 사법제도란 형사처벌 위주의 사법절차에 대한 새로운 대안으로, 유럽과 미국 등에서 소년범뿐 아니라 성인범죄자까지도 확대 운영되고 있다"며 "특히 학교폭력 등 사건에 있어서 처벌이나 금전적 배상보다는 가해자의 진지한 반성과 사과, 피해자 보호, 가해자 선도와 재범방지 등 '피해회복적 관점'으로의 전환이 필요하다"고 말했다. 아울러 제대로 된 학교폭력 예방교육 실시 등 직접대면 · 소규모 지속 실시, 대규모 · 화상중계 등 실적위주 형식적 운영 금지, 방어자로서의 역할 명확화, 지역사회를 아우르는 협력체계 구축, 공동대응체계가 바람직하다.

가해 · 피해학생은 Wee센터(80개) · CYS-Net(163개) 등에 적극 연계, 프로그램 다양화 및 경찰관서 자체 프로그램의 한계 보완, 지역 실정에 맞는 지자체 · 교육당국 등과의 협력모델 구축, 결손 · 미취학 학생에 대한 지원으로 근원적 지원방안 모색이 강구 되어야 한다. 경찰 · 지자체 · 교육청 · 학교 · 학부모로 구성된 '학생사랑지역협의회'구성, 결손 학생 등에 대한 후원, 건전한 놀이 공간 제공 등 협력도 필요하다. 학교폭력 사건 접수시 사건처리 주무과장이 안전 Dream팀 개최, 선도 · 처벌대상으로 분류하여 사건처리 담당으로만 Dream팀 구성 등 자진 신고 가해학생에 대해 적용 중인 훈방 · 즉결심판 제도를 모든 학교폭력 사건에 확대 적용해야 한다. 피해학생 멘토링, 가해학생 선도프로그램 연계 · 모니터링 및 신고자 익명성 보장 등 지속적인 사후관리로 보복폭행 방지, 학교폭력 사안의 경중, 재범가능성 등을 고려, 선별적 관리, 가정 · 학교 · 지역사회와 연계, 공동대응으로 사각지대 최소화, 학교와 불량서클에 대해 정보를 공유하여 선도하고 치밀하게 해체해 나가야 한다. 경찰서에서는 여서청소계에 배치(현원 발령), 범죄예방교육 · 학교폭력 피해사례 접수 등 경찰 · 학교간 가교역할 수행대상 학교에 진출, 범죄예방교육의 적극적 실시가 요청된다. 학교폭력 상황에 있어서 경찰은 꼭 형사법적으로만 개입 할 수 있다는 사고방식 보다 행정법적으로 접근하고, 학생 입장에서 문제를 해결[260]해 나가는 것이 바람직하다. 경찰은 학생들이 폭력의 두려움에서 벗어나 안전지대에서 봄을 피부로 느낄 수 있도록 치안환경을 가

260) 일본 데츠야 와타나베 지바현립 나가레야마남부중학교 교장의 아동 청소년들에 대한 실제 지도;

가. 폭력행위를 일으킨 아동 및 청소년들과 그 보호자에 대한 지도? '어떠한 이유로도 폭력행위는 절대로 용납되지 않는다.'고 하는 기본방침 아래 의연한 태도를 가지며 일방적으로 질책하지 않고 상대에 대한 반성과 사죄의 마음을 갖게 하는 지도가 중요하다. 그 후의 지속적인 지도가 재발을 방지할 수 있다. ㉠ 폭력행위를 일으킨 아동 및 청소년들에 대해 교사는 공감하며 받아들이고 부드러운 말을 건네며 사실관계를 물어 봄과 동시에 그 원인도 파악한다. 또 지도는 당연히 그 때 일어난 일에 대한 직접적인 지도이지만 폭력행위가 반복되어 일어나지 않도록 하기 위해서는 교사와 아동 및 청소년들과 신뢰관계 구축을 염두해 두고 진행해 가는 것도 중요하다. ㉡ 폭력행위의 배경에 있는 보호자에게는 본인이 안고 있는 문제를 이해하고 개인을 받아들여 학교와 공동으로 지도해 갈 것을 확신한다. 학교와 가정이 협동해 진행함으로써 아동 및 청소년들이 안고 잇는 여러 가지 문제나 해결책이 보이게 되는 경우가 많다. 또한 보호자와의 관계가 긴밀해지는 것과도 연결된다. ㉢ 장래 목표를 세우게 한다.

나. 폭력행위를 당한 아동 및 그 보호자에 대한 지도와 대응? '어떠한 이유로도 폭력행위는 절대로 용납되지 않는다.'는 피해자를 지키는 입장에 서서 심리적 치료도 포함해 지도해 간다는 것을 분명히 한다. 또 향후의 구체적인 대책에 대해 전달하고 학교와의 연계를 도모한다.

다. 주위의 아동 및 청소년들과 그 보호자에 대한 지도와 대응?
교사가 현재 이상으로 아동 및 청소년들의 안전과 안심을 확보하기 위해서 아동 및 청소년들로부터 눈을 떼지 않는 체제를 실천해 나감으로써 아동 및 청소년들이나 보호자가 안심할 수 있도록 한다.

꿀 의무가 있다. 경찰은 헌법 제7조 “공무원은 국민전체에 대한 봉사자이며, 국민에 대해 책임을 진다”라는 이 조항을 가슴에 품고 공직의 사명과 의무를 되새겨야 한다.[261)]

7. 아이유 · 앵그리버드와 함께한 학생중심 경찰활동

프로이드는 초자아는 옳고 그름에 대한 부모의 규범들을 내면화 하고 부모가 좋아하는 행동은 ‘자아의 이상’ 형태로 부모가 싫어하는 행동은 ‘양심’의 형태로 내면화 된다고 하였다. 학생은 정신적 · 신체적 변화를 거쳐 생물학적 · 심리적 · 사회적 면을 통합하여 성인으로서의 인격을 완성해가는 준비 단계라고 볼 수 있다. 학교폭력을 당했을 때 아무도 도와줄 사람이 자기 주변에 없다는 좌절감은 내면의 분노와 우울증으로 폭력 행위자에 보복이나 극단적인 경우 자살[262)]에 이

261) 지영환, “아리스토텔레스, 학교 공동체에서 깨우치다”, 아주경제, 2012. 4. 26. 자, 28면.

262) 김명신, “학생들의 자살은 타살이다”, 한겨레신문, 2012. 2. 15. 자., 29면 ; 어른도 8시간 근무가 정상인데 0교시부터 야간자율학습으로 이어지는 하루 15시간 학습에 숨쉴 여유라도 찾을 수 있을까요? 고작 16년… 행복하고 신나게 살아도 부족한 시간입니다. 어제 서울 강남 아파트단지에서 고등학교 1학년 학생이 숨을 거뒀습니다. 그 학생은 컴퓨터에 ‘공부가 어렵다. 학원 다니기 힘들다’고 부모에게 보내는 유서 내용의 동영상을 남겼다고 합니다. 학교폭력의 피해자가 자살을 하고 전국 곳곳에서 학생들이 초개같이 생명을 버리고 교육부는 학교폭력 예방대책이라며 경찰력을 동원하는 요즘, 이를 보란듯이 무시하며 또 한 생명이 아파트 화단으로 몸을 던진 것입니다. 그 학생은 몸을 던지기 전, 112에 신고도 하고 그 전에 평소 하고 싶었던 머리 염색도 하고 만나고 싶은 친구도 만나며 짧은 인생을 마무리할 준비를 했다고 합니다. 먼저 간 학생의 명복을 빕니다. 그 학생이 사는 곳은 전국 대부분 학부모가 돈 있으면 살고 싶어하는 강남구 중산층 아파트입니다. 그 학생이 재학중인 학교는 고교선택제라며 야단스레 설립한 강남구 소재 자율형사립고인 ㅎ고등학교입니다. 그런데 왜 강남구에 사는 공부 잘하던 그 학생은 죽음을 택할 수밖에 없었을까요? 최근에 학생 자살 사건을 겪으며 그 학생들은 자살을 한 것이 아니라 사회적인 타살을 당한 것이라는 생각을 자주 합니다. 대학 입시 공부에 대한 스트레스와 부모들의 잔소리, 학교의 입시교육과 성적에 대한 채근질이 원인 중 하나인 것입니다. 현 정부는 5 · 31 교육개혁 이후 역대 정부들이 내세운 교육의 수월성을 심화시켜 학생들을 경쟁시키는 데 혈안이 되어 있습니다. 그 결과 어린 학생까지 문제집 풀이에 열중하는 ‘교육 불가능’ 상태를 만들고 있습니다. 자사고와 학교선택제만 해도 그렇습니다. 서울시내 특목고가 18곳, 자율형사립고가 26곳, 일반계고가 186곳입니다. 특목고와 자사고로 학생들이 대거 빠지자 서울시내 일반계고는 슬럼화되어가고 있습니다. 자사고는 자사고대로 홍행에 실패하여 워크아웃을 당하고 온갖 우여곡절을 겪으면서도 유지되고 있습니다. 자사고가 5곳인 강남의 경우 일반계고의 학급당 학생 수는 다른 지역(35명)보다 많은 38~39명입니다. 학교선택제로 다른 지역 학생이 유입되거나 자신들이 강남에서 밀려날 것에 불만을 가질 강남 학부모들을 회유하기 위한 조처입니다. 그러나 한 학급에 학력도 다 다른 고등학생 40명을 모아놓는다는 것은 수업을

르기도 한다.

경찰은 밝은 눈으로 학교폭력 해결[263)]을 위해 다각도로 신경을 쓰고 있다. 인기가수 아이유(IU)를 학교폭력 예방 홍보대사로 위촉했다. 이는 친근한 이미지의 아이유를 통하여 학교폭력이 발생하면 도움을 받을 수 없다는 불신감을 해소해 자연스럽게 경찰·교사·학부모에게 이야기 할 수 있도록 유도하는 것이다.

아이유에 이어 "앵그리버드"도 학교폭력 예방에 나섰다. 학생들에게 게임 캐릭터로 유명한 앵그리버드 게임회사 호음 로비오 엔터테인먼트 부사장과 경찰청장은 업무협약을 체결했다. 전 세계에서 무려 6억명이 다운로드하는 등 청소년들에

포기한다는 의미입니다. 생각해 보십시오. 어떻게 수업이 가능하겠습니까? 서울시내 학교선택제를 실시하면서 강남북을 자유롭게 오간다는 구호와는 달리 중3 학생 중 다른 지역 학교를 선택한 학생은 10% 미만에 불과합니다. 다른 지역 학교를 선택해봐야 유리할 것이 없기 때문입니다. 이미 고등학교는 특목고·자사고로 서열화된 마당에 인문계고끼리 도토리 키 재기를 해 봐야 소용이 없어진 것입니다. 그런데도 경쟁은 합니다. 무한경쟁이기 때문입니다. 그러나 고교의 서열화, 기피 학교 양산 등 여러 부작용에도 학교선택제는 근거리 강제배정에 대한 정서적 거부감으로 폐지되지 못하고 있습니다. 기성세대 대부분이 하향평준화 논리로 세뇌됐기 때문입니다. 지금 이 시간에도 서울시교육청은 학교선택제에 관한 설문조사 결과 찬성과 반대가 50.4% 대 49.6%라는 절묘한 줄타기를 하고 있으면서도 과감하게 폐지하지 못하고 있습니다. 학생인권조례도 일선학교 반발로 자리잡으려면 시간이 걸릴 것입니다. 어른들이 이렇게 무지스럽게 한국 교육과 서울 교육을 재단하고 있을 때 학생들은 죽음으로 내몰리고 있습니다. 사회적 타살인 것입니다. 일부에서는 학생 자살은 학생의 나약함 때문이라며 비난합니다. 때로는 자살 원인으로 우울증을 지목합니다. 그러나 날 때부터 우울증이었던 사람이 어디 있으며 0교시부터 야간자율학습으로 이어지는 하루 15시간 중노동 학습에 학생들이 숨쉴 여유는 어디에서 찾을 수 있을까요? 어른도 하루 8시간 근무를 권장하며 이를 초과하면 수당을 받거나 사용자가 미안해합니다. 그런데 한창 뛰고 놀고 신나야 할 학생들에게 가해지는 사회적인 억압은 도무지 나아질 기미를 보이지 않습니다. 강남 삼성병원 영안실에 담임교사가 지키고 있다 해서 영안실로 갑니다. 먼저 간 학생의 명복을 슬픈 마음으로 빌어보지만 안타깝고 당황스럽습니다. 입시교육의 고통을 줄이고 제도교육을 더 적극적으로 개선하고 발전시키고자 시의회 교육위원으로 지난 1년 반 일했지만 입시교육의 고통을 제대로 줄이지 못했습니다. 한없이 죄송합니다.

263) 일본 테츠야 와타나베 교장의 학교폭력 행위가 일어났을 때 신속한 대응? ㉠ 신속한 대응은 사건을 현재 상황보다 복잡하게 확대시키지 않고 해결로 이끌어 갈 수 있다. 또 대응의 지연은 그 외 아동 및 청소년들이나 협력을 얻어야 하는 해당 아동 및 청소년들의 보호자, 그 외의 보호자로부터도 비판을 받게 되어 점점 헤어나지 못하는 상태가 된다. 설명 책임도 포함해 신속한 대응이 열쇠가 된다. ㉡ 임기응변적인 지도를 피하고 향후의 지도방침도 포함해 지도체제를 신속히 재검토하는 것이 필요하다. ㉢ 지도의 실천에는 폭력행위를 일으킨 아동 및 청소년들이 한 사람 내지 특정 소수인가, 집단인가, 집단 괴롭힘과 관련이 있는가, 학교 외인가 등도 바탕으로 가능한 한 자세하고 정확한 정보수집과 분석을 통하여 지도체제를 신속히 구축하고 팀을 구성하여 보다 신속하게 지도를 한다. 또 팀 멤버로는 반드시 폭력행위를 일으킨 아동 및 청소년들과 인간관계가 있는 교사를 투입하는 것이 중요하다.

게 친숙한 게임캐릭터를 학교폭력 예방 및 실종아동찾기에 활용한다. 경찰은 범죄척결자(Crime Fighter)에서 전환의 변곡점으로 삼아 문제해결사(Problem Solver)으로 패러다임을 정립했다. 예를 들면 경찰은 학교폭력 행위자가 형사상 미성년자일 때 인성이나 가정환경, 친구관계 등을 파악해 선도나 보호차원에서 학생들을 대하고, 교사들과 공조체계를 구축하고 있다. 현재 SNS · 전화 · 인터넷 등으로 학교폭력 신고를 접수받은 '117 학교폭력 신고센터'는 가해자 분리조사를 통해 처벌과 피해자 상담, 사후 대책까지 원스톱으로 처리한다. 가해자 · 피해자 학생 모두 정신 · 심리적으로 의사의 충분한 치료는 기본적으로 이뤄져야한다. 학교폭력 처벌 강도를 높일수록 범죄 예방 효과가 있다. 경찰이 너무 무리하게 접근 하는 것보다 학교 안에서 선도 할 수 있는 상황에 접할 때 교사가 먼저 상담할 수 있도록 교권을 존중하고 신뢰를 쌓아가야 한다. 경찰은 학교폭력 가해 · 피해 학생 모두 내 가족이라는 심정으로 국민중심 입장에서 법집행의 세련미를 찾고 안녕을 책임질 의무가 있다.

8. 칸트의 철학과 학교폭력 예방 시스템

철학자 임마누엘 칸트는 독일 쾨니히스베르크에서 마구공의 넷째 아들로 태어났다. 10년간 가정교사, 시간강사, 도서관 사서로 일 하다가 쾨니히스베르크대학교수가 됐다. 그는 순수이성의 근원과 한계를 비판적으로 탐구, '인식작용'과 '사고작용'을 구별함으로써 실재에 대한 이성 능력의 경계를 설정했다. 칸트는 인간이 도덕적 선을 실천할 수 있는 근거를 '실천이성'으로 도덕적 법칙을 정립하여 의지 행위를 규정했다. 칸트는 "네 의지의 준칙이 항상 준칙인 동시에 보편적 입법의 원리로서 타당할 수 있도록 행위하라"라고 하는 정언명령(定言命令)을 부여한다. 이러한 근거가 자유이다. 인간은 인식에서나 행위에서나 처음부터 끝까지 능동적 존재이기 때문이다. 지금의 초중고교 교육은 도덕법칙을 존중하고 올바른 인격과 인성을 길러야 할 시기다. 그런데 이미 위험 수위를 넘어 학생과 학교는 병들고 있다. 학교폭력을 당한 학생들 71.2%가 보복폭행 등을 이유로 주변 사람들에게 도움을 요청하지 않았다. 부모를 찾는 경우가 33.9%이므로 자녀와 많은 대화를 하고 선생님과 정보 공유를 통해 문제를 해결해 가야 한다. 미국은 학교폭력에 대하여 지속적 예방우선 조치, 학교폭력에 대한 강력한 무관용 정책, 연방정부-자치단체-경찰-학교-지역사회가 긴밀한 협력·공조를 근간으로 엄격하고 효과적으로 대처하고 있다.

버지니아주 페어팩스카운티는 '학생의 권리와 책임'을 학기전에 학부모에게 송부하여 학부모의 서명을 받도록 하고, 정규 수업시간에 동 내용을 교육하고 있다. 모든 학생이 학교폭력 등을 교사에게 알려야 하고, 다른 학생을 존중하며 학교규정을 준수하도록 명시적으로 규정하고 있다. 또 감시카메라·금속탐지기 등을 설치하여 안전한 교육환경을 조성하고 있다.

핀란드는 2006년부터 가해자·피해자에 대한 교육뿐 아니라 방관자가 피해자를 돕도록 교육하는 끼바 꼬울루(Kiva Koulu) 프로젝트를 운영중이다. 노르웨이는 학생 스스로 방관자가 되지 않도록 폭력상황을 보면 반사적으로 '스톱'합창, 학급회의를 개최하여 문제를 풀어간다. 한국도 이 같은 외국의 학교폭력 예방교육 등 시스템을 실정에 맞게 적용할 필요가 있다. 한편, 폭력을 당한 피해 학생은 그 분노로 보복 충동이 생길 수 있다. 왜곡된 내적 자아와 내재된 분노감을 억압을 감당하기 위해 많은 내적 에너지를 소모하여 외상 후 스트레스 장애[264], 수면장애, 공황장애 등 다양한 정신 질환의 위험이 증가할 수 있다. 따라서 피해 학생에게 충분히 공감하는 대화를 통해 안정감을 주고 정신과적 심리치료를 받을 수 있도록 하는 것이 중요하다. 경찰은 '국민의 생명·신체 및 재산의 보호'의 철학을 지니고 현장 상황에 적합한 조력자[265]·조정자 역할을 통해 '문제해결

264) 전문가들에 따르면, 집단 괴롭힘을 목격한 학생들은 '혹시 나도 왕따를 당하지 않을까'하는 불안감을 느끼게 된다. 또 주변 친구가 고통을 받고 목숨을 끊은 소식을 접한 것 자체가 '트라우마(외상 후 스트레스장애)'가 될 수 있다. 친구의 집단 괴롭힘을 목격한 학생들은 말이 없어지고 가슴이 두근거리고 구토와 소화 장애 불면증, 우울증 등 이상 증세가 나타날 수 있다고 전문가들은 진단한다.

265) 교사는 위치상으로 보면 학생들의 제1조력자다. 가장 먼저 학교폭력을 발견할 수 있고 가장 쉽게 치료할

사'(Problem Solver) 로의 패러다임 실천에 주력하고 있다. 아울러 학생폭력 예방을 펼치고 학교[266] 폭력 가해·피해 학생을 보호하고, 선생님의 권리와 의무를 존중하고 있다.

우리 역사에 칸트가 등장한 이후 '이성'이라는 단어가 존재하는 곳이면 그의 이름이 빠지는 곳이 없을 정도가 됐다. 그의 실천 이성은 천부적으로 '의무'는 선의 지를 요구한다. 인간 발달이 연령에 따라 유아기, 아동기, 학생기로 발달해 갈 때 그 시기에 맞는 교육적 접근을 통해 기능·능력의 도야, 사회·문화의 도야, 도덕적 도야를 설정할 수 있도록 교육이 뒷받침돼야 한다. 우리 꿈나무들이 칸트 교육사상의 교훈을 통해 올바른 인격을 형성하고 공동체의 일원이라는 것을 깨우치고 자기 스스로를 올바른 존재의 가치를 지닐 수 있도록 돕는 것은 어른들의 몫이기도 하다. 다문화 시대에 국가와 정부가 세우는 교육의 백년대계를 보고 싶다.[267]

9. '일진회' 용어 사용 바람직하지 않다

고대 BC 8세기에서 BC 3세기에 이르는 춘추전국시대에 '일진'이 등장한다. 삼국지에서 조조의 일진이 야습에서 나아갔다 물러났다 일진일퇴(一進一退) 장면을 상상해 본다. 일진회(一陣會) 어원은 일본에서 유래한 단체로 모리타 마사노리의 만화 《비바! 블루스》 에 나온다. 그들은 폭력의 우열로 수순을 정해 놓고 일진(一陣), 이진(二陣), 삼진(三陳) 으로 우선 순위를 나타낸다. 그런데 일본 학교에서는 잘 통용되지 않지만 한국에서는 이 만화가 학교폭력의 원인이 되었다

수 있는 위치에 있다. 교사가 그냥 지나친다면 아이들은 제2의 조력자를 만나야 하고 그만큼 치료가 늦어진다.

266) 미연 방지의 열쇠를 쥘 수 있는 학교 내의 체제? ㉠ 아동 및 청소년들의 실태에 맞는 지도체제가 이루어지고 있는지 매년 재검토가 필요하다. ㉡ 획일화되어 있지 않는지 점검이 필요하다. ㉢ 실태, 특히 징후단계에서 관리직으로의 보고, 연락 시스템은 그 기능을 하고 있는지 ㉣ 정보의 공동 이해나 지도의 자세가 이해되고 있는가 ㉤ 교내뿐만 아니라 학교 외 관계기관과도 연계체제가 갖추어져 있는가 ㉥ 사건이 일어날 때 신속하게 대응 할 수 있는가

267) 지영환, "칸트의 철학과 학교폭력 예방 시스템", 중앙일보·머니투데이, 2012. 3. 2. 15면.

는 시각도 있다. 1980년대 후반까지 싸움 잘하는 '불량학생'이라는 인식이 지배했다. 이러한 용어들은 1990년대 '캠퍼스 블루스', '진짜 사나이', '파워클럽', '타이어의 대모험', '캠퍼스 파이터', '일진회', '남자의 바다' 등으로 쓰였다.

최근에는 공부, 노래, 운동, 얼짱, 몸짱, 싸움 잘하는 팔방미인들이 일진회에 자의 반 타의 반으로 가입하는 추세다. 그 중에서 가장 잘 나가는 학생을 '일짱'이라고 하는데 일반 학생들한테 유형·무형의 위력을 행사하고 왕따를 양산하기도 한다. 이와 같은 사례는 동료 학생에게 흉기로 금품을 갈취한 폭력서클 두목, 행동대장, 모집책 서열이 존재하는 'MS파'로 일본만화 '파워클럽'을 모방한 것이다.

일진회(一進會)는 대한제국 말에 일본의 앞잡이 노릇을 끝내고 해체까지 한국병탄정책(倂呑政策)에 적극 호응하여 그 실현에 앞선 친일단체(1904~1910)이다. 다른 일진회 배경은 일지매(一枝梅)는 조선 후기의 도적이자 괴인이며, 전설적 인물에서 흘러 왔다는 설이 있다. 인조 때부터 숙종 무렵까지 활동한 인물로 장길산과 동시대 또는 한 세대 앞의 인물이었으나, 그 행적은 다소 불확실하다. 숙종실록에 그가 체포되었다는 기사가 유일하게 남아 있다. 숙종 42년 9월 4일 추재집(秋齋集)의 일지매에 대한 이야기는 조선 순조 때의 문인 조수삼의 저작 《추재기이》 에 짤막하게 언급되고 있다. 일지매는 도둑 중의 협객이다. 매양 탐관오리의 부정한 뇌물을 훔쳐 양생송사(養生送死)가 어려운 사람들에게 나누어 준다. 처마와 처마 사이를 날고 벽에 붙어 날래기가 귀신이라고 소개하고 있다.

학교폭력의 핵심 속칭 '일진회'용어 누가 만들었나? 필자가 보는 일진회는 무형-유형적으로 세워진 실체 아닌 실체가 아닌가 싶다. 왜냐하면 학생들의 서클 조직은 사실상 형법 제114조(범죄단체의 조직) "범죄를 목적으로 하는 단체를 조직하거나 이에 가입한 자는 그 목적한 죄에 정한 형으로 처단한다. " 그런데 폭력 조직을 모방한 이 같은 학교폭력 조직에서 탈퇴하려하던 후배들을 집단 폭행한 고등학교 11명에 대해서 범죄단체를 조직한 혐의로 구속영장을 신청은 1997년 '범죄단체의 조직'으로 적용한 처벌 사례가 흔치 않음으로 볼 때 무늬만 "일진회"

지 실체와 다른 부분이 많음을 증명하고 있다.

우리 일상에 전쟁을 주제로 만들어진 영화가 흥행한다. 1990년 10월 13일 대통령 특별선언으로 "범죄와의 전쟁"을 발표했다. 하지만 전쟁 용어는 한국전쟁 역사로 볼 때 참으로 무서운 말이다. 전쟁(戰爭)은 국가간에 자국의 의사를 상대국에 강요하기 위해 수행되는 조직적인 무력투쟁 혹은 폭력행위의 상태를 말하는데 그 용어를 학생에게 적용하는 것은 상처를 두 번 주는 행위라 생각된다.

정부·언론·교육부·경찰 등 교육의 주체는 "일진회", "학교폭력과의 전쟁" 용어를 뉴스·공문 등 불필요한 곳에서부터 삭제하고 사용하지 않는 것이 바람직하다. 아울러 일진회 무형–유형화 차단으로 "학생 불량서클" 등의 명칭이 적합하고 학교문제는 학생의 보호적 측면에서 심도 있게 검토 되어야 한다. 경찰은 철학을 통해 국가와 국민 안전의 주체임을 깨달아야 한다.

제3절 학교폭력 해결의 실마리

1. 집단 괴롭힘 대응 효과 : 일본 가나하라 슌스케 교수

학교폭력 초기단계라고 할 수 있는 왕따 퇴치법[268)]부터 학교폭력에 대해 관

268) 김태훈, "호주 교사의 왕따 퇴치법", 조선일보, 2012. 6. 27, 자. A30면 ; 정부의 왕따 근절 의지가 비상해 보인다. 지난 2월 교육부가 불관용(不寬容) 원칙을 발표한 이후 왕따 가해(加害) 학생이 형사처벌을 받는 사례까지 생겼다. 그런데 정작 학교 현장에서는 세상의 우려 따위는 아랑곳없다는 듯 여전히 왕따 사건이 터지고 피해 학생의 극단적인 행동이 잇따른다. 나라가 내놓은 대책의 효과를 믿을 수 없으니, 차라리 우리 아이들에게 왕따에 맞서 육체와 정신의 맷집을 키우라고 해야 할 판이다. 왕따 대책과 아이들의 반응이 겉도는 바탕에는 왕따 가해 학생을 우리가 낳고 기른 자식이 아니라 어느 외계에서 날아온 돌연변이 종자쯤으로 보는 시각이 도사리고 있다. 우리가 그렇게 키워놓고도 그들이 저지르는 비행은 우리 탓이 아니라는 태도로 혼내고 겁주고 격리하는 대증요법만 남발하기 때문에 근본적인 치료가 되지 않는 것이다. 왕따 사건이 터지고 대책이 요란하게 발표될 때마다 몇 해 전 해외연수로 호주에 머물 때 아이가 다니던 학교에서 겪었던 일을 떠올리게 된다. 초등학교 2학년인 아들을 전학시키기 위해 호주 초등학교에 처음 갔던 날, 아이는 낯선 상황에 기가 죽어 눈만 멀뚱거렸다. 교사가 "이름이 뭐냐"고 물어도 아이는 대답하지 않았다. 곁에서 지켜보며 '왕따'. '히키코모리' 같은 불길한 단어를 떠올렸다. 그러나 그런 걱정은 한 달도 안 돼 학교에서 있었던 사건 하나로 사라졌다. 아이가 저녁 때 뭔가 만들고 있길래

계부처·학교당국 부터 주도적으로 상담·대응하고, 경찰은 적극적으로 지원, 지속적·내실 있는 대책 추진이 긴요하다.[269] 아울러 일본 사회의 집단 괴롭힘 문제와 대응방법을 소개한 가나하라 숀스케 나가사키 웨슬리언 대학 교수는 학생의 집단 괴롭힘 대응방법과 효과[270]를 2012년 4월 27일 서울 한국언론진흥재단에서 한·중·일 청소년의 사회문제와 학교폭력 관련 국제심포지엄을 발표했다. 그 자리에 필자는 토론자로 참여하여 열띤 논의를 펼쳤다.

가나하라 숀스케 나가사키가 지도하고 있는 집단 괴롭힘 대응방법은 첫째, 집단 괴롭힘을 당하는 아이가 교사에게 무엇을 어떻게 해주었으면 좋겠다고 희망하고 있는지를 분명히 한 다음 그 희망을 존중해 실시한다. 집단 괴롭힘을 하는 아이의 변명을 잘 들으면서 사실을 확인한다. 또한 그가 가지고 있는 체력·건강

"뭐 하니?"하고 물었더니 "작품을 만들어 내일 친구들 앞에서 발표한다"고 했다. '영어도 서툰 애한테 발표라니, 망신당하면 어쩌나' 싶어 불안했다. 예상대로 아이는 다음 날 발표를 하며 실수를 했다. 적절한 영어 단어를 찾지 못해 자주 머뭇거렸고 그걸 본 한 학생이 재미있다는 듯 크게 웃자 다른 아이들도 따라 웃었다. 그때 담임교사가 상황을 반전시켰다. 즉시 그 아이에게 주의를 줬고, 다른 아이들에게도 따라 웃지 말라고 경고했다. 웃어서는 안 되는 이유도 설명했다. "한국어를 쓰는 나라에서 온 친구가 용감하게 영어로 발표하는데 놀리는 것은 남의 처지를 배려할 줄 모르는 나쁜 행동이야. 너희라면 한국에 가서 한국말로 발표할 수 있겠니?" 아이들은 선생님 말씀을 진지하게 들었고 더 이상 아무도 웃지 않았다. 그 교사는 낯선 곳에 온 아이가 자신감을 갖고 다른 아이들과 어울릴 수 있도록 격려했고, 다른 아이들에게는 이를 남에 대한 배려의 의미를 깨우쳐주는 기회로 활용했던 것이다. 아이가 발표를 끝내자 교사는 "우리 모두 손뼉을 치자"고 제안했다. 호주는 200여개 언어를 사용하는 사람들이 모여 사는 나라다. 사회 통합을 가로막는 백호(白濠)주의는 버린 지 오래다. 학교에서는 나와 다른 사람들, 특히 사회적 약자를 핍박하고 따돌려선 안 된다고 강조한다. 속은 어떨지 몰라도 겉으로 차별 의식을 드러내면 사회에서도 지탄의 대상이 된다. 반면 우리는 장애인이나 이민자를 깔보고 차별해 상처를 준다. 각 가정에선 자녀에게 다른 사람을 배려하기보다 경쟁해서 이기라고 다그친다. 우리 사회의 이런 천박한 차별과 경쟁의식이 거울이 되어 아이들 사이에 왕따로 나타나는 것이다.

269) 경찰청, "학교폭력 근절 대책 내실화 방안", 경찰청 생활안전국 여성청소년과 대국민 공개 공문, 2012. 4. 25, 1~8면.

270) 집단 괴롭힘 대응방법과 효과를 실행해 가는데 있어서 문제점 ㉮ 학교에 대한 가정의 힘이 세지고 있기 때문에 괴롭힌 학생들에게 교사가 지도를 실시하면 그 학생들의 보호자가 학교에 입력을 가하는 경우가 있다. ㉯ 교사 중에 집단 괴롭힘 문제에 적극적으로 대응하지 않는 사람이나 관여방법에 있어 미숙한 사람이 존재한다. ㉰교사 중에 집단 괴롭힘을 당하고 있는 학생들이 교사에게 상담을 해도 대선되지 않는다고 포기하고 상담을 하지 않아 그 때문에 집단 괴롭힘이 더 심각해지는 경우가 있다. ㉱ 설령 대응방법에 효과가 있어도 새로운 집단 괴롭힘 보다 눈에 띄기 어려운 집단 괴롭힘이 발생하는 경우가 적지 않다.

·리더십을 학교생활 속에서 활용할 수 있도록 해준다. SST(사회적 스킬 훈련) 등을 이용해 집단 괴롭힘을 하는 아이에게 상대의 입장에 서서 생각하는 방법이나 행동방법을 습득시킨다. 아울러 집단 괴롭힘은 비열하고 비겁한 행동이라는 것을 가르친다. 집단 괴롭힘을 하는 아이와 가족에게 경우에 따라서는 경찰에게 연락할 수 있다는 것을 전달한다. 둘째, 집단 괴롭힘을 당하는 아이에 대한 대응은 먼저 사실을 확인한다. 집단 괴롭힘을 당하고 있는 아이는 교사에게 무엇을 기대하고 있는지, 집단 괴롭힘을 한 아이에게 무엇을 해 주었으면 하는지, 그것을 어떠한 방법으로 해 주면 좋겠다고 바라고 있는지 등을 분명히 한다. 또한 집단 괴롭힘을 당하고 있는 아이가 이제까지 괴로운 상황에 있으면서도 잘 견뎌 온 것에 대해 인정해 준다. 본인에게 나쁜 점이 있어서 집단 괴롭힘을 당한 것이 아니라는 것을 설명한다. '너에게도 이런 문제점이 있다.'와 같은 코멘트를 하지 않는다. 집단 괴롭힘이 정말 일어나고 있는지 아닌지 불분명한 경우는 실제 일어나고 있다고 가정한다. 그리고 경우에 따라서는 집단 괴롭힘을 당하고 있는 아이에게 별실 등교나 등교하지 않는 것을 권한다. 상황에 따라서는 전학에 대해서도 서로 이야기해 본다. 그 가족에게 경찰에게 도움을 청할 것을 권한다. 셋째, 관중·방관자에 대한 대응은 교사가 평상시 학급 지도를 통해 모든 학생들이 집단 괴롭힘의 감소 및 근절을 위해 노력하지 않으면 안 된다는 메시지를 계속적으로 전달한다. 끝으로 교사는 평상시 학급 지도를 통해 집단 괴롭힘을 참을 필요는 없다는 것, 피하는 것도 중요하다는 것, 가족이나 교사에게 상담할 것 등을 가르친다. 교사는 필요에 따라서 집단 괴롭힘 행동을 하는 아이·집단 괴롭힘을 당하는 아이의 대화나 양쪽 가족의 대화의 장을 마련한다.

2. 안심한 학교생활 대책 : 일본 데츠야 와타나베 교장

아동 및 청소년들이 안심하고 학교생활을 할 수 있는 학교를 만들기 위해서는 폭력행위에 대해 어떠한 이유가 있어도 폭력행위는 절대로 용납되지 않는다는 학교의 기본 방침 아래 교직원은 평상시부터 폭력행위를 일으키거나 일으킬 가능성이 있는 아동 및 청소년들의 실태파악에 노력하고 일상의 교육활동에서부터 아동 및 청소년들의 마음을 읽는 지도를 해야 한다. 그리고 때로는 관계기관 경찰, 지도센터, 교육 상담소, 카운슬러, 의사 등과 연계해 폭력행위가 일어나지 않도록 지도해 나가는 것이 중요하다. 가령 폭력이 발생했을 경우에도 아동 및 청소년들이 안심하고 생활할 수 있는 학교를 구축할 수 있게 된다. 지도에 있어서는 개별적 상황에 따른 지도를 하는 것이 중요하다. 아동 및 청소년들이 안고 있는 여러 가지 문제나 개인을 둘러싼 환경, 사회에 잠복되어 있는 요인도 고려해 객관적으로 이해하고 자기 지도능력을 기르는 것이 중요하다.

폭력행위의 지도는 많은 경우 대처요법적 지도가 되기 쉬운데 재발 방지를 위해서는 아동 및 청소년들이 안고 있는 사정을 충분히 배려한 다음 내면에 다가서는 지돌르 그 자리에서만이 아니라 계속적으로 실시할 필요가 있다. 또 교사와 아동 및 청소년들의 신뢰관계가 지도의 효과를 크게 좌우한다. 교사는 교과지도의 전문가에 그치지 않고 교육전반에 있어 전문가 이기도 하다. 이는 폭력행위의 지도뿐 아니라 모든 문제에 있어서 아동 및 청소년들 한 사람 한 사람의 인권을 배려하고 교사와 아동 및 청소년들 간의 바람직한 신뢰관계 구축을 위해 노력하는 것이 중요하다. 또 가정이나 관계 기관과의 연계도 반드시 필요하다.

최근 인터넷이나 휴대폰의 급속한 보급에 의하여 SNS상 트위터, 블로그나 프로파일에 비방하는 글을 올리거나 보호자가 모르는 사이에 휴대폰을 사용하여 직접 불러내어 폭력을 가하는 경우도 발생하고 있다. 이러한 인터넷이나 휴대폰을 사용한 문제행동은 가정의 협력 없이는 해결이 불가능하다. 또한 이러한 문제행동에 대해서는 거국적으로 기업을 포함한 관계기관과의 연계 대책이 필요하다. 이 점에 대해서는 휴대폰 계약 시 사용자의 연령에 대응한 대책 등이 나오고 있다. 학교가 폭력행위의 문제에 적절히 대응하기 위해서는 관계기관과의 연계, 정보의 수집에 노력하는 것은 물론이고 신속한 대응과 학교의 지도방침에 대한 보호자의 이해와 협력이 없어서는 안 된다.

여러 가지 문제를 안고 있는 아동 및 청소년들에 대한 지도의 자세는 친구가 적은 아동 및 청소년들, 형제자매가 적은 아동 및 청소년들, 보호자의 고용상태나 아이의 생활시간과 맞지 않는 근무를 하고 있는 보호자, 아이의 양육에 충분한 시간을 들일 수 없는 보호자 층이 증가 하고 있다. 이것이 원인이 되어 아동 및 청소년들이 정서가 불안정하게 되거나, 타인의 이야기를 진지하게 들을 수 없게 되기도 하며, 자신의 기분이나 생각을 상대에게 전하는 것이 서투르게 되는 경향을 억제하는 것이 어려워지고 있다. 따라서 지도에 있어서는 각 개인이 안고 있는 과제들을 이해하고 개별적인 지도를 하는 것이 필요하다. 폭력행위를 일으킬 때 그 배경에는 여러 가지 요인이 있는데 발달장애가 있는 아동 청소년들, 수험 스트레스가 있는 아동 및 청소년들, 여러 가지 사정으로 부모의 애정을 느끼지 못하고 자란 아동 및 청소년들 등과 같이 특수한 케이스도 있으며 그 대응에 대해서는 다음과 같은 지도가 이루어지고 있다. [271]

1) 발달장애가 있는 아동 및 청소년들에 대한 대응

LD, ABHD, 자폐증 등 발달 장애를 가지고 있는 아동 및 청소년들의 장애 특성에 따라 안고 있는 과제에도 차이가 있다. 발달장애로 인해 폭력행위가 발생했을 경우는 아동 및 청소년들의 실태를 개별적으로 정확하게 파악하는 한편, 그것을 분석하는 것도 중요하다. 부적절한 대응으로 인해 제2차적 장애로 폭력행위가 발생하는 경우도 있어 학급 담임, 카운슬러, 그리고 의사에 의한 팀 차원에서 대응할 필요가 있다.

2) 수험 스트레스가 있는 아동 및 청소년들에 대한 대응

수험 시기는 높은 스트레스 상태를 안고 있는 시기다. 이때는 심신이 긴장 상태에 놓여 있어서 사소한 일에도 감정적이 되고 폭력적인 행동을 일으키는 경우가 있다. 폭력행위는 주위의 친구나 가족에 대해 발생하는 경우도 많아 그 대응

271) 데츠야 와타나베, "한 · 중 · 일 청소년의 사회문제와 학교폭력 관련 국제심포지엄 자료집", 2012, 116~117면.

에는 카운슬링 등으로 반성할 기회를 만드는 것이 효과적이다. 보호자와 연계를 강화하여 조기에 스스로 스트레스를 극복하게 할 필요가 있다.

3) 부모의 애정을 느끼지 못하고 자란 아동 및 청소년들에 대한 대응

여러 가지 사정으로 부적절한 대응을 받은 아동 및 청소년들은 심신에 큰 부담을 안고 있어 그것이 행동에 큰 영향을 주고 있는 경우가 많다. 학대라고 명확하게 인식될 정도는 아니라도 가까이에 있는 사람들로부터 지속으로 부적절한 애정을 받거나 충분한 애정을 받을 기회가 결핍되어 있는 경우는 폭력행위를 나타내는 의미를 이해하는 것이 중요하다. 다른 사람들과 어울리고 싶다는 욕구를 폭력행위로 나타내는 경우도 있다. 그 대응에 잇어서는 안정된 다른 사람과의 신뢰관계를 구축하는 것이 효과적인데 지원자 측에게는 대단히 큰 부담이 될 수 있기 때문에 보호자의 협력을 얻어 교내외 팀 차원에서 대응책을 검토하고 역할을 분담하여 지원을 하는 것이 바람직하다.

3. 심리서비스체제와 학교 위기에 대한 대처

학교 내 위기는 자연재해, 사회폭력사건, 교내 폭력, 큰 사회적 재난, 자살, 그리고 자살미수 등을 포함한다. 교내의 실제상황과 학생들의 연령 특징에 기초하여 우리는 평소 실행과정에서 교내의 심리적 위기사건 예방에 초점을 두었다. 그리고 효과적인 심리 서비스 체계를 구축하여 학생들을 적극 지도하고 도우며 학생들의 심리적 상태와 정신적 상태에 주목하였다.

1) 학교의 심리적 위기 대처의 주요 대상

중학교시절(11~15세)은 인생의 갈림길에 서 있는 가장 중요하고 초조하며 불안한 시기이다. 또한 심리적 부담이 큰 시기이다. 왜냐하면 중학생들 앞에 놓여 있는 학업, 인간관계, 성적 발육 및 성숙, 진학, 가정 등 일련의 문제들 그리고 사회적 변화가 그들에게 주는 큰 심리적인 충격과 시련들은 모두 중학생들의 성장과 발전에 크게 영향을 미친다. 중학생들의 성적 발육 상태는 급변한다. 그리고 자립에 대한 강한 욕구와 친구와의 관계에 대한 욕구가 만족되지 않으면 쉽게 위기가 발생한다. 중학생 중 일부 학생들은 특정한 경우에 더 쉽게 심리적 위기가 발생한다. 사회, 가정, 선생님의 지나친 기대를 받아 '마음은 있으나 역부족인' 느낌이 있다. 이런 학생들은 학업 면에서 목표가 있고, 자신에 대한 요구조건이 있다. 그리고 학업태도도 근면하고 상당히 열심을 기울인다. 밤면 현실과 이상 사이에 차이가 있을 경우, 그들은 자신을 아주 낮게 평가하여 자신감을 상실한다. 생활면에서 큰 변화가 발생한 경우 갑작스런 부모의 이혼, 가족 혹은 친구의 사망, 부모의 실업 등 큰 생활의 변화에 직면하거나 이런 가정의 변화를 적극 받아들이지 못해 생활과 학업환경의 변화에 주정적인 생각을 하게되면 결국 정서적인 면에서 위기가 발생하게 된다.

2) 학교 위기 대처의 실시 3단계

사건 발생 이전 : 경고 시스템

사전방안 마련의 긴급 방안이란 돌발적인 사건에 직면했을 때의 긴급관리, 지휘, 구조 계획 등을 가리킨다. 즉시적이고, 체계적이며 효과적인 긴급 구조작업의 행동지침이며, 긴급 관리의 기초다. 학교 내의 긴급 방안은 체계적이고 목표대상이 분명하여 실행 가능해야 한다. 긴급 방안은 학교 내의 관리의 여러 측면을 모두 포함해서 하나의 완전한 체계를 형성해야 한다. 이미 마련된 방안의 경우 연습 훈련과 계속 변하는 형세를 고려하고 동태적 관리를 통해 부단히 수정하고 개선해서 방안의 실용성과 실행성을 강화해야 한다. 팀 구성은 교내 돌발 사건의 긴급처리를 구성한다. 위로는 교장, 중간은 관리자, 아래로는 각 학년 팀장, 교학연구팀장, 반 담임, 심리교사 등으로 단계적인 층별 관리체계를 형성한다. 훈련담당자의 관리범위 내 학생들의 심리문제를 전반적으로 파악하여 중점 그룹을 감독하고 보호한다. 심리문제가 있는 학생에게 중점적으로 관심을 둔다. 돌발적인 심리위기 사건을 처리하고 심리위기 대처의 사전방안을 심의한다.

사건발생 중 긴급 시스템은 사건발생 후 먼저 사태를 통제하여 그 사건이 확대되지 않고, 더 심각해지지 않으며 만연되지 않도록 하는 것은 사건 처리에 있어서 가장 중요한 사항이다. 위기사건은 사람을 초조하게 하고 침착함은 교내 관리자가 가져야 할 심리적 자질이며, 과감한 결정 능력 또한 학교 관리자가 가져야 할 능력이다. 처리팀은 즉각적이고 높은 효율의 업무수행능력, 긴급 방안의 신속한 실행은 반드시 필요하다. 아울러 사건 발생 후 보호시스템은 이는 주로 사건을 처리한 후 남은 문제와 그 영향을 제거하는 것이다. 관리작업에 대해 전반적으로 평가한다. 즉 경고시스템의 조직과 작업절차, 위기처리계획, 위기 대책 등 각 측면에 대해 평가하고 위기관리에 존재하는 여러 문제점들을 상세하게 제시한다. 그리고 문제의 정리, 종합과 평가를 통해 시정방안을 제시하고, 관련부서가 항목별로 구체적으로 실천하도록 책임을 주며 위기관리 내용을 보완한다. 또한 관련자 교사, 학생에게 방안을 제공하여 그들이 위기사건으로 인한 부정적인 영향에서 벗어나도록 협조한다.[272)]

4. 학교폭력 예방과 해결

덴마크는 학교폭력을 조기에 발견하는 것보다 더 중요한 게 바로 예방이다. 우리 학교는 사소한 일로 다툼이 있긴 하지만 심각한 사태로 번지는 일은 없다. 학교 수업보다 학생들이 서로 좋은 관계를 맺는 것이 보다 중요하다고 생각한다. 인간답게 사는 법을 가르치는 게 우선이다. 교사와 학생의 관계도 마찬가지다. 일본은 우리 학교의 분위기는 자유롭다. 교사와 학생이 대등한 위치에 있다고 본다. 교사가 학생에게 일방적으로 강요하는 일이 없다. 교사와 학생이 친구 같은 관계이기 때문에 학생들이 받는 스트레스가 적다. 우리 학교는 각 반에 22~30명을 배정하고 있다. 교사가 학생 한 명 한 명에 대해 잘 알고 있다. 정기적으로 학생들과 대화하며 이들의 애로사항을 파악한다. 스웨덴은 한 울타리 안에서 얘기하고 함께 요리를 만드는 공동체 활동을 하는 게 중요하다. 어떤 일이든 함께하

272) 양정, "한·중·일 청소년의 사회문제와 학교폭력 관련 국제심포지엄 자료집", 2012, 97면.

면 싸움이 줄어들 수 있다. 학생들이 싸움을 원치 않게 해야 한다. 우리 학교에서는 선배와 후배를 '자매'와 '형제'로 맺어주는 프로그램을 진행하고 있다. 선배들은 후배를 때리지 않고, 후배들도 선배를 본보기로 삼게 된다. 독일 아이들에게 왜 우리 학교에는 따돌림이나 괴롭힘이 없느냐고 물으면 아이들은 "학교가 좋아서"라고 대답한다. 교사들은 학생들에게 스트레스를 주지 않으려고 노력한다. 학생들이 함께 어울릴 수 있는 환경을 제공한다. 학생들은 나이와 상관없이 수업을 들을 수 있다. 원하는 수준의 수업에 들어가 팀을 꾸려 함께 배우는 것이다. 제일 중요한 건 대화다. 우리는 매일 학생들에게 문제가 있는지 확인한다. 문제가 발견되면 원인이 무엇인지 함께 머리를 맞댄다. 학교폭력의 범주를 신체접촉 외에도 침을 뱉거나 욕을 하고, 눈을 흘기는 것까지 확대해 적용하고 있다. 예방 차원에서 아주 작은 부분도 학교폭력으로 간주하고 있는 것이다. [273]

5. 체벌갈등을 푸는 지혜 : 오성삼 건국대학교 교육대학원장

보혁 정책공조로 백년대계 다져야 간접체벌 유지 한시법 마련해 볼만

2011년 1월 17일 교육부가 체벌을 전면 금지하는 대신 간접체벌을 허용하는 조건부 형태의'학교문화 선진화방안'을 내놓아 진보교육감과의 마찰 조짐이 일고 있다. 그뿐만이 아니다. 서울시교육청이 이미 지난해 2학기에 전달한 학교체벌 금지지침은 일부 학교의 학칙 개정마저 이루어진 상태여서 새 학기 일선학교의 혼란마저 우려된다. 교육자치의 백미(白眉)는 다양한 관점에서 서로 다른 정책이 조화를 이루고 상호 보완적 기능을 수행할 때 나타난다. 학생의 학력신장을 중시하는 정부정책과 학생의 인성과 인권, 그리고 복지를 강조하는 진보교육감의 지향점이 상호 보완적인 정책공조가 이루어진다면 우리 교육은 얼마나 건실한 토대를 이루게 될 것인가 하는 기대와 아쉬움이 교차한다. 교육학자의 입장에서 보면, 체벌은 한번 시작되면 그 내성으로 인해 다음 단계는 보다 강력한 처방이 요구되는 항생제와 같은 것이란 생각이 든다. 체벌의 교육적 효과는 받는 학생 스

---

273) 정희완, "학교폭력을 예방하려면 학교 밖 사회 폭력을 멈춰야", 경향신문, 2012. 1. 12. 자.

스로 자신의 잘못을 깨닫고 반성할 때 기대할 수 있는데, 선생님의 체벌이 학생에게 억울함과 분노만을 자아내고 있는 현실을 감안한다면 이제 그 기능과 효과를 분명 접어야 할 시점에 놓여 있다. 간접체벌도 마찬가지다. 매를 무서워하는 기성세대와는 달리 요즘 신세대 학생들은 체벌보다 더 싫은 것이 동료 앞에서 수치를 당하거나 모욕적인 상황에 처하는 일이라 한다. 이번에 교육부가 제시한 간접체벌의 형태로 교실 뒤에 서있기, 운동장 걷기, 학부모 모셔오기 등은 자존심 강한 신세대 학생에게는 어쩌면 신체적 체벌보다 더 끔찍한 것으로 받아들여질 수 있다. 학교에서의 전면적인 체벌금지를 주장하는 진보교육감 또한 현실적 한계에 봉착하기는 마찬가지다. 체벌금지로 인해 소수 학생들의 일탈된 행동이 다수 학생의 수업을 방해하게 된다면 이들 다수 학생의 학습권은 누가 어떻게 보장해 줄 것인가. 그리고 체벌금지로 인한 학교현장의 혼란을 고스란히 떠맡아 해결해야 하는 현장 교사의 부담은 또 어찌할 것인가. 교사의 체벌보다 더 가혹한 것은 학생에 대한 교사의 무관심일 수 있다. 우리보다 앞서 체벌금지가 실시되고 있는 미국의 학교처럼, 날로 난폭해지는 청소년 틈새에서 학생체벌의 책임을 회피하기 위해 학교에 '스쿨 폴리스'(school police · 배움터 지킴이)를 고용하고 수업을 방해하는 학생을 경찰에 넘겨주는 학교의 종말론적 상황을 어떻게 모면할 수 있을 것인가.

진정 비교육적이라 생각되는 학교체벌을 교육적으로 해결하고자 한다면 교사들에게 체벌금지를 요구하기보다는 학생을 상대로 학교생활에 필요한 예절교육을 하거나 학부모와 연계한 가정교육이 더 바람직한 방법은 아니었을까. 그래도 다행인 것은 교육계의 체벌금지 논란이 선제 주도권을 거머쥔 진보교육감과 뒤늦게 대처 방안을 내놓은 교과부 모두가 학교에서의 체벌을 반대하는 공감대가 형성됐다는 점이다. 이제 남은 과제는 전면금지냐 최소한의 간접체벌을 허용할 것인가의 합의점을 찾는 일이다. 우려스러운 점은 무상급식의 경우처럼 교육계의 갈등이 사회적 문제로 부각되고 이념 논쟁과 정치권으로 비화하지 않기를 바란다. 교육의 문제는 교육적 가치로 판단됐으면 하는 평소의 바람 때문이다. 바라건대, 체벌금지를 둘러싼 논란과 갈등이 완급 조절을 통해 해결의 실마리를 찾았으면 한다. 해방 이후 수십 년간 학교현장에 뿌리내려 온 체벌문제가 그 후유증을 최소화하려면 교육부가 제시한 간접체벌 제도가 한시적으로라도 유지되는 방안을 검토해 볼 일이다. 아울러 교과부 또한 교육감의 권한에 속한 학칙 인가권을 무리한 법개정을 통해 폐지하려 해서는 안 된다. 법 개정이 필요했다면 교육감 선거 전에 마무리했어야지 지역 주민의 직접 선거를 통해 교육감이 선출된 마당에 그 활동을 제어하려는 발상은 자칫 교육자치에 역행하는 편협한 인상을 줄 수도 있다.[274)]

6. 교육현장 문제는 교육적 가치로 풀어야 : 오성삼 건국대학교 교육대학원장

새 학기 개학을 앞두고 '학생인권조례'에 이은 '교권조례'의 등장 소식에 초·중등교육계가 술렁이고 있다. 학생의 수업방해나 학부모의 교육활동 방해로부터 교사들의 교육권보호를 명분으로 추진되고 있는 서울시의회의 교권조례가 이달 27일 시의회 정례회의를 통과하면 3월 새 학기부터 시작될 예정이다. 어느 시대나 사회를 막론하고 학교조직은 다른 조직들에 비해 보수적 색채가 짙은 곳이다. 그래서 학교현장에서는 전통적 가치관을 지닌 교사집단과 새로운 문화를 표방하려는 신세대학생들 간의 문화적 충돌이 자주 일어난다. 두발과 복장 그리고 체벌 등의 문제가 대표적 사안들이다. 학생인권조례는 일부 내용의 비교육적 측면에도 불구하고 "학생은 학생다운 용모를 지녀야 한다"는 기성교사들의 통념과 철옹성 같은 방어벽을 뚫어준 계기가 되었다. 문제는 학생인권조례의 든든한 버팀목을 마련한 학생들의 쏟아지는 요구로부터 교사들의 교육권을 지켜줄 보호막이 필요하게 된 것이다. 그것이 '교권조례'를 추진하게 된 배경이기도 하다.

이 조례를 추진하고 있는 서울시 교육위원들은 교권조례가 실시되면 학생인권

---

274) 오성삼, "체벌갈등을 푸는 지혜", 세계일보, 2011. 1. 18. 29면.

조례와 더불어 수레바퀴의 양 축을 이뤄 학생은 교권을 존중하고, 교원은 학생인권을 존중하는 학교문화가 형성될 것을 기대하고 있다. 그런데 그 같은 기대효과와는 달리 조례의 역기능적 요소들이 곳곳에서 예견되고 있다. 우선은 학생의 권리 신장과 교사들의 권리 신장에 따른 조례의 후폭풍을 학교장과 교감 등 관리직이 고스란히 떠맡게 될 것이란 점이다. 학생을 대할 때는 학생인권을 생각해야 하고, 교사를 대할 때는 교권을 생각해야 하는 상황이 전개되면서 학교운영의 난맥상이 우려될 수 있다는 점이다. 학교의 난맥상은 무엇보다 상위법과의 충돌이다. 조례는 '법률-대통령령-부령-조례'의 법체계에서 최하위에 속한다. 법체계의 통념상 하위법의 준거는 상위법의 가치를 존중해 이뤄진다. 국가에 헌법이 있듯이 교육계에는 초·중등교육법이나 교육공무원법이 존재한다. 그런데 지금 서울시의회가 추진하고 있는 15개 조항의 교권조례는 상위법과의 충돌뿐만 아니라 학생인권조례의 내용과도 상충되는 내용들이 군데군데 눈에 띈다.

두발과 복장을 학생들의 자율에 맡긴다는 학생인권조례 규정과 학생은 교원의 교육권을 존중해야 한다는 내용을 놓고 학생의 자율과 교원의 교육권 충돌이 예상되는 대목이다. 조례내용의 모호성도 문제다. 학생의 권리를 유형별로 제시한 학생인권조례와는 달리 교권보호조례에는 추상적 표현들이 적잖게 눈에 띈다. 교원이 '부당한 지시를 받지 아니할 권리'와 관련해 '부당한 지시'의 해석이나 "수업방해학생에 대한 교육적 지도 기능"과 같은 조항에서 과연 무엇이 '교육적 지도'인가의 문제도 제기될 수 있다. 이처럼 당사자 간 유리한 해석과 주장을 내놓게 되면서 학교현장이 각자의 권리주장으로 시끄러워질 수 있다. 교사와 학생, 교사와 교장, 그리고 교사와 교사간의 갈등과 분쟁의 소지가 충분히 엿보이기 때문이다. 이처럼 애매모호한 교권조례의 시행은 자칫 코미디프로의 애정남(?)을 불러들여야 할 판이다. 교원의 지위와 교권보호의 정신은 이미 교육공무원법, 사립학교법 등에 명시가 돼 있는 내용들이다. 문제는 법이 존재해도 그 법을 따르려 하지 않는 우리사회의 풍토다. 헌법위에 관습법이 있고, 관습법 위에 떼법(?)

이 존재한다고 하질 않는가. 학교사회가 각종 조례로 각자의 권리주장과 집단간 떼법이 지배하는 상황으로 접어들지 않을 것이란 보장이 없다. 교육의 문제는 교육적 가치로 풀어나가야 한다. 교육의 문제를 세상 법리로 해결해 나가다 보면 교육은 황폐화되고 설 자리를 잃게 된다. 문제가 제기될 때마다 조례로 해결하려는 발상은 너무 안이한 생각이다. 향후 교장들의 문제 해결을 위해 학교운영 조례를 만들고, 학부모들의 권익보호를 위해 또 다른 조례를 만들어 나갈 것인가. 아무리 세월이 변해도 교육현장만큼은 구성원간의 상호신뢰와 존중의 바탕 위에 문제를 해결해 가는 민주적 절차가 꽃을 피우는 곳이 돼야 한다.[275)]

275) 오성삼, "교육현장 문제는 교육적 가치로 풀어야", 한국일보, 2012. 2. 13. 30면.

국가직무능력표준 구축 및 능력중심사회 구현을 위한 직무능력평가제 도입

학교를 졸업하고 일자리로 원활하게 이행하기 위해서는 교육이 일자리 중심교육으로 바뀌어야 하는데, 이를 위해서는 모든 직종에 요구되는 직무능력이 국가차원에서 표준화되어 제시될 필요가 있다. 교육과 일자리를 연계하기 위하여, 모든 직종에 요구되는 직무능력을 국가차원에서 표준화하여 제시해야 한다. 고교 이후 직업교육을 직무능력표준을 활용한 일자리 중심 교육으로 전환하고, 직업교육과 자격의 연계 강화를 위해 과정이수형자격제도를 도입해야 한다. 교육(졸업장 및 학위), 자격증, 직업훈련 이수 및 직무경력 등이 상호 인정되는 통합적 국가역량체제를 구축해야 한다. 그 실천을 위해서는 직무능력표준 조기 개발 완료, 직무능력표준(NCS) 중심 교육과정 개편 예산을 지원해야 한다.

출신학교나 지역에 관계없이 직무능력을 소유한 사람은 누구나 취업이나 승진 시 차별받지 않는 능력중심사회를 실현하기 위해 한국형 직무능력평가제를 도입할 필요가 있다.[276]

---

276) 제18대 대통령선거 새누리당 정책공약, 『세상을 바꾸는 약속 책임 있는 변화』, 2012, 220~241면.

제1장

학교폭력 예방 및 대책에 관한 법률

[시행 2012.5.1] [법률 제11388호, 2012.3.21, 일부개정]

제1조(목적) 이 법은 학교폭력의 예방과 대책에 필요한 사항을 규정함으로써 피해학생의 보호, 가해학생의 선도·교육 및 피해학생과 가해학생 간의 분쟁조정을 통하여 학생의 인권을 보호하고 학생을 건전한 사회구성원으로 육성함을 목적으로 한다.

제2조(정의) 이 법에서 사용하는 용어의 정의는 다음 각 호와 같다. 〈개정 2009.5.8, 2012.1.26, 2012.3.21〉

1. "학교폭력"이란 학교 내외에서 학생을 대상으로 발생한 상해, 폭행, 감금, 협박, 약취·유인, 명예훼손·모욕, 공갈, 강요·강제적인 심부름 및 성폭력, 따돌림, 사이버 따돌림, 정보통신망을 이용한 음란·폭력 정보 등에 의하여 신체·정신 또는 재산상의 피해를 수반하는 행위를 말한다.

1의2. "따돌림"이란 학교 내외에서 2명 이상의 학생들이 특정인이나 특정집단의 학생들을 대상으로 지속적이거나 반복적으로 신체적 또는 심리적 공격을 가하여 상대방이 고통을 느끼도록 하는 일체의 행위를 말한다.

1의3. "사이버 따돌림"이란 인터넷, 휴대전화 등 정보통신기기를 이용하여 학생들이 특정 학생들을 대상으로 지속적, 반복적으로 심리적 공격을 가하거나, 특정 학생과 관련된 개인정보 또는 허위사실을 유포하여 상대방이 고통을 느끼도록 하는 일체의 행위를 말한다.

2. "학교"란 「초·중등교육법」 제2조에 따른 초등학교·중학교·고등학교·특수학교 및 각종학교와 같은 법 제61조에 따라 운영하는 학교를 말한다.
3. "가해학생"이란 가해자 중에서 학교폭력을 행사하거나 그 행위에 가담한 학생을 말한다.
4. "피해학생"이란 학교폭력으로 인하여 피해를 입은 학생을 말한다.
5. "장애학생"이란 신체적·정신적·지적 장애 등으로 「장애인 등에 대한 특수교육법」 제15조에서 규정하는 특수교육을 필요로 하는 학생을 말한다.

제3조(해석·적용의 주의의무) 이 법을 해석·적용함에 있어서 국민의 권리가 부당하게 침해되지 아니하도록 주의하여야 한다.

제4조(국가 및 지방자치단체의 책무) ① 국가 및 지방자치단체는 학교폭력을 예방하고 근절하기 위하여 조사·연구·교육·계도 등 필요한 법적·제도적 장치를 마련하여야

한다.

② 국가 및 지방자치단체는 청소년 관련 단체 등 민간의 자율적인 학교폭력 예방활동과 피해학생의 보호 및 가해학생의 선도·교육활동을 장려하여야 한다.

③ 국가 및 지방자치단체는 제2항에 따른 청소년 관련 단체 등 민간이 건의한 사항에 대하여는 관련 시책에 반영하도록 노력하여야 한다.

④ 국가 및 지방자치단체는 제1항부터 제3항까지의 규정에 따른 책무를 다하기 위하여 필요한 행정적·재정적 지원을 하여야 한다. 〈개정 2012.3.21〉

제5조(다른 법률과의 관계) ① 학교폭력의 규제, 피해학생의 보호 및 가해학생에 대한 조치에 있어서 다른 법률에 특별한 규정이 있는 경우를 제외하고는 이 법을 적용한다.

② 제2조제1호 중 성폭력은 다른 법률에 규정이 있는 경우에는 이 법을 적용하지 아니한다.

제6조(기본계획의 수립 등) ① 교육부장관은 이 법의 목적을 효율적으로 달성하기 위하여 학교폭력의 예방 및 대책에 관한 정책 목표·방향을 설정하고, 이에 따른 학교폭력의 예방 및 대책에 관한 기본계획(이하 "기본계획"이라 한다)을 제7조에 따른 학교폭력대책위원회의 심의를 거쳐 수립·시행하여야 한다. 〈개정 2012.3.21〉

② 기본계획은 다음 각 호의 사항을 포함하여 5년마다 수립하여야 한다. 이 경우 교육부장관은 관계 중앙행정기관 등의 의견을 수렴하여야 한다. 〈개정 2012.3.21〉

1. 학교폭력의 근절을 위한 조사·연구·교육 및 계도
2. 피해학생에 대한 치료·재활 등의 지원
3. 학교폭력 관련 행정기관 및 교육기관 상호 간의 협조·지원
4. 제14조제1항에 따른 전문상담교사의 배치 및 이에 대한 행정적·재정적 지원
5. 학교폭력의 예방과 피해학생 및 가해학생의 치료·교육을 수행하는 청소년 관련 단체(이하 "전문단체"라 한다) 또는 전문가에 대한 행정적·재정적 지원
6. 그 밖에 학교폭력의 예방 및 대책을 위하여 필요한 사항

③ 교육부장관은 대통령령으로 정하는 바에 따라 특별시·광역시·특별자치시·도 및 특별자치도(이하 "시·도"라 한다) 교육청의 학교폭력 예방 및 대책과 그에 대한 성과를 평가하고, 이를 공표하여야 한다. 〈신설 2012.1.26〉

제7조(학교폭력대책위원회의 설치·기능) 학교폭력의 예방 및 대책에 관한 다음 각 호의 사항을 심의하기 위하여 국무총리 소속으로 학교폭력대책위원회(이하 "대책위원회"라 한다)를 둔다. 〈개정 2012.3.21〉

1. 학교폭력의 예방 및 대책에 관한 기본계획의 수립 및 시행에 대한 평가
2. 학교폭력과 관련하여 관계 중앙행정기관 및 지방자치단체의 장이 요청하는 사항
3. 학교폭력과 관련하여 교육청, 제9조에 따른 학교폭력대책지역위원회, 제10조의2에 따른 학교폭력대책지역협의회, 제12조에 따른 학교폭력대책자치위원회, 전문단체 및 전문가가 요청하는 사항

[제목개정 2012.3.21]

제8조(대책위원회의 구성) ① 대책위원회는 위원장 2명을 포함하여 20명 이내의 위원으로 구성한다.

② 위원장은 국무총리와 학교폭력 대책에 관한 전문지식과 경험이 풍부한 전문가 중에서 대통령이 위촉하는 사람이 공동으로 되고, 위원장 모두가 부득이한 사유로 직무를 수행할 수 없을 때에는 국무총리가 지명한 위원이 그 직무를 대행한다.

③ 위원은 다음 각 호의 사람 중에서 대통령령이 위촉하는 사람으로 한다. 다만, 제1호의 경우에는 당연직 위원으로 한다.

1. 기획재정부장관, 교육부장관, 법무부장관, 행정안전부장관, 문화체육관광부장관, 보건복지부장관, 여성가족부장관, 방송통신위원회 위원장, 경찰청장
2. 학교폭력 대책에 관한 전문지식과 경험이 풍부한 전문가 중에서 제1호의 위원이 각각 1명씩 추천하는 사람
3. 관계 중앙행정기관에 소속된 3급 공무원 또는 고위공무원단에 속하는 공무원으로서 청소년 또는 의료 관련 업무를 담당하는 사람
4. 대학이나 공인된 연구기관에서 조교수 이상 또는 이에 상당한 직에 있거나 있었던 사람으로서 학교폭력 문제 및 이에 따른 상담 또는 심리에 관하여 전문지식이 있는 사람
5. 판사·검사·변호사
6. 전문단체에서 청소년보호활동을 5년 이상 전문적으로 담당한 사람
7. 의사의 자격이 있는 사람
8. 학교운영위원회 활동 및 청소년보호활동 경험이 풍부한 학부모

④ 위원장을 포함한 위원의 임기는 2년으로 하되, 1차에 한하여 연임할 수 있다.

⑤ 위원회의 효율적 운영 및 지원을 위하여 간사 1명을 두되, 간사는 교육부장관이 된다.

⑥ 위원회에 상정할 안건을 미리 검토하는 등 안건 심의를 지원하고, 위원회가 위임한 안건을 심의하기 위하여 대책위원회에 학교폭력대책실무위원회(이하 "실무위원회"라 한다)를 둔다.

⑦ 그 밖에 대책위원회의 운영과 실무위원회의 구성·운영에 필요한 사항은 대통령령으로 정한다.

[전문개정 2012.3.21]

제9조(학교폭력대책지역위원회의 설치) ① 지역의 학교폭력 문제를 해결하기 위하여 시·도에 학교폭력대책지역위원회(이하 "지역위원회"라 한다)를 둔다. 〈개정 2012.1.26〉

② 특별시장·광역시장·특별자치시장·도지사 및 특별자치도지사는 지역위원회의 운영 및 활동에 관하여 시·도의 교육감(이하 "교육감"이라 한다)과 협의하여야 하며, 그 효율적인 운영을 위하여 실무위원회를 둘 수 있다. 〈개정 2012.1.26〉

③ 지역위원회는 위원장 1인을 포함한 11인 이내의 위원으로 구성한다.

④ 지역위원회 및 제2항에 따른 실무위원회의 구성·운영에 필요한 사항은 대통령령으로

정한다.

제10조(학교폭력대책지역위원회의 기능 등) ① 지역위원회는 기본계획에 따라 지역의 학교폭력 예방대책을 매년 수립한다.

② 지역위원회는 해당 지역에서 발생한 학교폭력에 대하여 교육감 및 지방경찰청장에게 관련 자료를 요청할 수 있다.

③ 교육감은 지역위원회의 의견을 들어 제16조제1항제1호부터 제3호까지나 제17조제1항제5호에 따른 상담·치료 및 교육을 담당할 상담·치료·교육 기관을 지정하여야 한다. 〈개정 2012.1.26〉

④ 교육감은 제3항에 따른 상담·치료·교육 기관을 지정한 때에는 해당 기관의 명칭, 소재지, 업무를 인터넷 홈페이지에 게시하고, 그 밖에 다양한 방법으로 학부모에게 알릴 수 있도록 노력하여야 한다. 〈신설 2012.1.26〉

[제목개정 2012.1.26]

제10조의2(학교폭력대책지역협의회의 설치·운영) ① 학교폭력 예방 대책을 수립하고 기관별 추진계획 및 상호 협력·지원 방안 등을 협의하기 위하여 시·군·구에 학교폭력대책지역협의회(이하 "지역협의회"라 한다)를 둔다.

② 지역협의회는 위원장 1명을 포함한 20명 내외의 위원으로 구성한다.

③ 그 밖에 지역협의회의 구성·운영에 필요한 사항은 대통령령으로 정한다.

[본조신설 2012.3.21]

제11조(교육감의 임무) ① 교육감은 시·도교육청에 학교폭력의 예방과 대책을 담당하는 전담부서를 설치·운영하여야 한다.

② 교육감은 관할 구역 안에서 학교폭력이 발생한 때에는 해당 학교의 장 및 관련 학교의 장에게 그 경과 및 결과의 보고를 요구할 수 있다.

③ 교육감은 관할 구역 안의 학교폭력이 관할 구역 외의 학교폭력과 관련이 있는 때에는 그 관할 교육감과 협의하여 적절한 조치를 취하여야 한다.

④ 교육감은 학교의 장으로 하여금 학교폭력의 예방 및 대책에 관한 실시계획을 수립·시행하도록 하여야 한다.

⑤ 교육감은 제12조에 따른 자치위원회가 처리한 학교의 학교폭력빈도를 학교의 장에 대한 업무수행 평가에 부정적 자료로 사용하여서는 아니 된다.

⑥ 교육감은 제17조제1항제8호에 따른 전학의 경우 그 실현을 위하여 필요한 조치를 취하여야 하며, 제17조제1항제9호에 따른 퇴학처분의 경우 해당 학생의 건전한 성장을 위하여 다른 학교 재입학 등의 적절한 대책을 강구하여야 한다. 〈개정 2012.1.26, 2012.3.21〉

⑦ 교육감은 대책위원회 및 지역위원회에 관할 구역 안의 학교폭력의 실태 및 대책에 관한 사항을 보고하고 공표하여야 한다. 관할 구역 밖의 학교폭력 관련 사항 중 관할 구역

안의 학교와 관련된 경우에도 또한 같다. 〈개정 2012.1.26, 2012.3.21〉

⑧ 교육감은 학교폭력의 실태를 파악하고 학교폭력에 대한 효율적인 예방대책을 수립하기 위하여 학교폭력 실태조사를 연 2회 이상 실시하여야 한다. 〈신설 2012.3.21〉

⑨ 교육감은 학교폭력 등에 관한 조사, 상담, 치유프로그램 운영 등을 위한 전문기관을 설치·운영할 수 있다. 〈신설 2012.3.21〉

⑩ 교육감은 관할 구역에서 학교폭력이 발생한 때에 해당 학교의 장 또는 소속 교원이 그 경과 및 결과를 보고함에 있어 축소 및 은폐를 시도한 경우에는 「교육공무원법」 제50조 및 「사립학교법」 제62조에 따른 징계위원회에 징계의결을 요구하여야 한다. 〈신설 2012.3.21〉

⑪ 교육감은 관할 구역에서 학교폭력의 예방 및 대책 마련에 기여한 바가 큰 학교 또는 소속 교원에게 상훈을 수여하거나 소속 교원의 근무성적 평정에 가산점을 부여할 수 있다. 〈신설 2012.3.21〉

⑫ 제1항에 따라 설치되는 전담부서의 구성과 제8항에 따라 실시하는 학교폭력 실태조사 및 제9항에 따른 전문기관의 설치에 필요한 사항은 대통령령으로 정한다. 〈개정 2012.3.21〉

제11조의2(학교폭력 조사·상담 등) ① 교육감은 학교폭력 예방과 사후조치 등을 위하여 다음 각 호의 조사·상담 등을 수행할 수 있다.

1. 학교폭력 피해학생 상담 및 가해학생 조사
2. 필요한 경우 가해학생 학부모 조사
3. 학교폭력 예방 및 대책에 관한 계획의 이행 지도
4. 관할 구역 학교폭력서클 단속
5. 학교폭력 예방을 위하여 민간 기관 및 업소 출입·검사
6. 그 밖에 학교폭력 등과 관련하여 필요로 하는 사항

② 교육감은 제1항의 조사·상담 등의 업무를 대통령령으로 정하는 기관 또는 단체에 위탁할 수 있다.

③ 교육감 및 제2항에 따른 위탁 기관 또는 단체의 장은 제1항에 따른 조사·상담 등의 업무를 수행함에 있어 필요한 경우 관계 기관의 장에게 협조를 요청할 수 있다.

④ 제1항에 따라 조사·상담 등을 하는 관계 직원은 그 권한을 표시하는 증표를 지니고 이를 관계인에게 보여주어야 한다.

⑤ 제1항제1호 및 제4호의 조사 등의 결과는 학교의 장 및 보호자에게 통보하여야 한다.

[본조신설 2012.3.21]

제11조의3(관계 기관과의 협조 등) ① 교육부장관, 교육감, 지역 교육장, 학교의 장은 학교폭력과 관련한 개인정보 등을 경찰청장, 지방경찰청장, 관할 경찰서장 및 관계 기관의 장에게 요청할 수 있다.

② 제1항에 따라 정보제공을 요청받은 경찰청장, 지방경찰청장, 관할 경찰서장 및 관계

기관의 장은 특별한 사정이 없으면 이에 응하여야 한다.

③ 제1항 및 제2항에 따른 관계 기관과의 협조 사항 및 절차 등에 필요한 사항은 대통령령으로 정한다.

[본조신설 2012.3.21]

제12조(학교폭력대책자치위원회의 설치 · 기능) ① 학교폭력의 예방 및 대책에 관련된 사항을 심의하기 위하여 학교에 학교폭력대책자치위원회(이하 "자치위원회"라 한다)를 둔다. 다만, 자치위원회 구성에 있어 대통령령으로 정하는 사유가 있는 경우에는 교육감의 보고를 거쳐 둘 이상의 학교가 공동으로 자치위원회를 구성할 수 있다. 〈개정 2012.1.26〉

② 자치위원회는 학교폭력의 예방 및 대책 등을 위하여 다음 각 호의 사항을 심의한다. 〈개정 2012.1.26〉

1. 학교폭력의 예방 및 대책수립을 위한 학교 체제 구축
2. 피해학생의 보호
3. 가해학생에 대한 선도 및 징계
4. 피해학생과 가해학생 간의 분쟁조정
5. 그 밖에 대통령령으로 정하는 사항

③ 자치위원회는 해당 지역에서 발생한 학교폭력에 대하여 학교장 및 관할 경찰서장에게 관련 자료를 요청할 수 있다. 〈신설 2012.3.21〉

④ 자치위원회의 설치 · 운영 등에 필요한 사항은 지역 및 학교의 규모 등을 고려하여 대통령령으로 정한다. 〈개정 2012.3.21〉

제13조(자치위원회의 구성 · 운영) ① 자치위원회는 위원장 1인을 포함하여 5인 이상 10인 이하의 위원으로 구성하되, 대통령령으로 정하는 바에 따라 전체위원의 과반수를 학부모전체회의에서 직접 선출된 학부모대표로 위촉하여야 한다. 다만, 학부모전체회의에서 학부모대표를 선출하기 곤란한 사유가 있는 경우에는 학급별 대표로 구성된 학부모대표회의에서 선출된 학부모대표로 위촉할 수 있다. 〈개정 2011.5.19〉

② 자치위원회는 분기별 1회 이상 회의를 개최하고, 자치위원회의 위원장은 다음 각 호의 어느 하나에 해당하는 경우에 회의를 소집하여야 한다. 〈신설 2011.5.19, 2012.1.26, 2012.3.21〉

1. 자치위원회 재적위원 4분의 1 이상이 요청하는 경우
2. 학교의 장이 요청하는 경우
3. 피해학생 또는 그 보호자가 요청하는 경우
4. 학교폭력이 발생한 사실을 신고받거나 보고받은 경우
5. 가해학생이 협박 또는 보복한 사실을 신고받거나 보고받은 경우
6. 그 밖에 위원장이 필요하다고 인정하는 경우

③ 자치위원회는 회의의 일시, 장소, 출석위원, 토의내용 및 의결사항 등이 기록된 회의록

을 작성·보존하여야 한다. 〈신설 2011.5.19〉

④ 그 밖에 자치위원회의 구성·운영에 필요한 사항은 대통령령으로 정한다. 〈개정 2011.5.19〉

[제목개정 2011.5.19]

제14조(전문상담교사 배치 및 전담기구 구성) ① 학교의 장은 학교에 대통령령으로 정하는 바에 따라 상담실을 설치하고, 「초·중등교육법」 제19조의2에 따라 전문상담교사를 둔다.

② 전문상담교사는 학교의 장 및 자치위원회의 요구가 있는 때에는 학교폭력에 관련된 피해학생 및 가해학생과의 상담결과를 보고하여야 한다.

③ 학교의 장은 교감, 전문상담교사, 보건교사 및 책임교사(학교폭력문제를 담당하는 교사를 말한다) 등으로 학교폭력문제를 담당하는 전담기구(이하 "전담기구"라 한다)를 구성하며, 학교폭력 사태를 인지한 경우 지체 없이 전담기구 또는 소속 교원으로 하여금 가해 및 피해 사실 여부를 확인하도록 한다. 〈개정 2012.3.21〉

④ 전담기구는 학교폭력에 대한 실태조사(이하 "실태조사"라 한다)와 학교폭력 예방 프로그램을 구성·실시하며, 학교의 장 및 자치위원회의 요구가 있는 때에는 학교폭력에 관련된 조사결과 등 활동결과를 보고하여야 한다. 〈개정 2012.3.21〉

⑤ 피해학생 또는 피해학생의 보호자는 피해사실 확인을 위하여 전담기구에 실태조사를 요구할 수 있다. 〈신설 2009.5.8, 2012.3.21〉

⑥ 국가 및 지방자치단체는 실태조사에 관한 예산을 지원하고, 관계 행정기관은 실태조사에 협조하여야 하며, 학교의 장은 전담기구에 행정적·재정적 지원을 할 수 있다. 〈개정 2009.5.8, 2012.3.21〉

⑦ 전담기구는 성폭력 등 특수한 학교폭력사건에 대한 실태조사의 전문성을 확보하기 위하여 필요한 경우 전문기관에 그 실태조사를 의뢰할 수 있다. 이 경우 그 의뢰는 자치위원회 위원장의 심의를 거쳐 학교의 장 명의로 하여야 한다. 〈신설 2012.1.26, 2012.3.21〉

⑧ 그 밖에 전담기구 운영 등에 필요한 사항은 대통령령으로 정한다. 〈신설 2012.3.21〉

제15조(학교폭력 예방교육 등) ① 학교의 장은 학생의 육체적·정신적 보호와 학교폭력의 예방을 위한 학생들에 대한 교육(학교폭력의 개념·실태 및 대처방안 등을 포함하여야 한다)을 학기별로 1회 이상 실시하여야 한다. 〈개정 2012.1.26〉

② 학교의 장은 학교폭력의 예방 및 대책 등을 위한 교직원 및 학부모에 대한 교육을 학기별로 1회 이상 실시하여야 한다. 〈개정 2012.3.21〉

③ 학교의 장은 제1항에 따른 학교폭력 예방교육 프로그램의 구성 및 그 운용 등을 전담기구와 협의하여 전문단체 또는 전문가에게 위탁할 수 있다.

④ 교육장은 제1항부터 제3항까지의 규정에 따른 학교폭력 예방교육 프로그램의 구성과 운용계획을 학부모가 쉽게 확인할 수 있도록 인터넷 홈페이지에 게시하고, 그 밖에 다

양한 방법으로 학부모에게 알릴 수 있도록 노력하여야 한다. 〈개정 2012.1.26〉

⑤ 그 밖에 학교폭력 예방교육의 실시와 관련한 사항은 대통령령으로 정한다. 〈개정 2011.5.19〉

[제목개정 2011.5.19]

제16조(피해학생의 보호) ① 자치위원회는 피해학생의 보호를 위하여 필요하다고 인정하는 때에는 피해학생에 대하여 다음 각 호의 어느 하나에 해당하는 조치(수 개의 조치를 병과하는 경우를 포함한다)를 할 것을 학교의 장에게 요청할 수 있다. 다만, 학교의 장은 피해학생의 보호를 위하여 긴급하다고 인정하거나 피해학생이 긴급보호의 요청을 하는 경우에는 자치위원회의 요청 전에 제1호, 제2호 및 제6호의 조치를 할 수 있다. 이 경우 자치위원회에 즉시 보고하여야 한다. 〈개정 2012.3.21〉

1. 심리상담 및 조언
2. 일시보호
3. 치료 및 치료를 위한 요양
4. 학급교체
5. 삭제 〈2012.3.21〉
6. 그 밖에 피해학생의 보호를 위하여 필요한 조치

② 자치위원회는 제1항에 따른 조치를 요청하기 전에 피해학생 및 그 보호자에게 의견진술의 기회를 부여하는 등 적정한 절차를 거쳐야 한다. 〈신설 2012.3.21〉

③ 제1항에 따른 요청이 있는 때에는 학교의 장은 피해학생의 보호자의 동의를 받아 7일 이내에 해당 조치를 하여야 하고 이를 자치위원회에 보고하여야 한다. 〈개정 2012.3.21〉

④ 제1항의 조치 등 보호가 필요한 학생에 대하여 학교의 장이 인정하는 경우 그 조치에 필요한 결석을 출석일수에 산입할 수 있다. 〈개정 2012.3.21〉

⑤ 학교의 장은 성적 등을 평가함에 있어서 제3항에 따른 조치로 인하여 학생에게 불이익을 주지 아니하도록 노력하여야 한다. 〈개정 2012.3.21〉

⑥ 피해학생이 전문단체나 전문가로부터 제1항제1호부터 제3호까지의 규정에 따른 상담 등을 받는 데에 사용되는 비용은 가해학생의 보호자가 부담하여야 한다. 다만, 피해학생의 신속한 치료를 위하여 학교의 장 또는 피해학생의 보호자가 원하는 경우에는 「학교안전사고 예방 및 보상에 관한 법률」 제15조에 따른 학교안전공제회 또는 시·도교육청이 부담하고 이에 대한 구상권을 행사할 수 있다. 〈개정 2012.1.26, 2012.3.21〉

1. 삭제 〈2012.3.21〉
2. 삭제 〈2012.3.21〉

⑦ 학교의 장 또는 피해학생의 보호자는 필요한 경우 「학교안전사고 예방 및 보상에 관한 법률」 제34조의 공제급여를 학교안전공제회에 직접 청구할 수 있다. 〈신설 2012.1.26, 2012.3.21〉

⑧ 피해학생의 보호 및 제6항에 따른 지원범위, 구상범위, 지급절차 등에 필요한 사항은 대통령령으로 정한다. 〈신설 2012.3.21〉

제16조의2(장애학생의 보호) ① 누구든지 장애 등을 이유로 장애학생에게 학교폭력을 행사하여서는 아니 된다.

② 자치위원회는 학교폭력으로 피해를 입은 장애학생의 보호를 위하여 장애인전문 상담가의 상담 또는 장애인전문 치료기관의 요양 조치를 학교의 장에게 요청할 수 있다.

③ 제2항에 따른 요청이 있는 때에는 학교의 장은 해당 조치를 하여야 한다. 이 경우 제16조제6항을 준용한다. 〈개정 2012.3.21〉

[본조신설 2009.5.8]

제17조(가해학생에 대한 조치) ① 자치위원회는 피해학생의 보호와 가해학생의 선도·교육을 위하여 가해학생에 대하여 다음 각 호의 어느 하나에 해당하는 조치(수 개의 조치를 병과하는 경우를 포함한다)를 할 것을 학교의 장에게 요청하여야 하며, 각 조치별 적용 기준은 대통령령으로 정한다. 다만, 퇴학처분은 의무교육과정에 있는 가해학생에 대하여는 적용하지 아니한다. 〈개정 2009.5.8, 2012.1.26, 2012.3.21〉

1. 피해학생에 대한 서면사과
2. 피해학생 및 신고·고발 학생에 대한 접촉, 협박 및 보복행위의 금지
3. 학교에서의 봉사
4. 사회봉사
5. 학내외 전문가에 의한 특별 교육이수 또는 심리치료
6. 출석정지
7. 학급교체
8. 전학
9. 퇴학처분

② 제1항에 따라 자치위원회가 학교의 장에게 가해학생에 대한 조치를 요청할 때 그 이유가 피해학생이나 신고·고발 학생에 대한 협박 또는 보복 행위일 경우에는 같은 항 각 호의 조치를 병과하거나 조치 내용을 가중할 수 있다. 〈신설 2012.3.21〉

③ 제1항제2호부터 제4호까지 및 제6호부터 제8호까지의 처분을 받은 가해학생은 교육감이 정한 기관에서 특별교육을 이수하거나 심리치료를 받아야 하며, 그 기간은 자치위원회에서 정한다. 〈개정 2012.1.26, 2012.3.21〉

④ 학교의 장은 가해학생에 대한 선도가 긴급하다고 인정할 경우 우선 제1항제1호부터 제3호까지, 제5호 및 제6호의 조치를 할 수 있으며, 제5호와 제6호는 병과조치할 수 있다. 이 경우 자치위원회에 즉시 보고하여 추인을 받아야 한다. 〈개정 2012.1.26, 2012.3.21〉

⑤ 자치위원회는 제1항 또는 제2항에 따른 조치를 요청하기 전에 가해학생 및 보호자에게 의견진술의 기회를 부여하는 등 적정한 절차를 거쳐야 한다. 〈개정 2012.3.21〉

⑥ 제1항에 따른 요청이 있는 때에는 학교의 장은 14일 이내에 해당 조치를 하여야 한다.

〈개정 2012.1.26, 2012.3.21〉

⑦ 학교의 장이 제4항에 따른 조치를 한 때에는 가해학생과 그 보호자에게 이를 통지하여야 하며, 가해학생이 이를 거부하거나 회피하는 때에는 「초·중등교육법」 제18조에 따라 징계하여야 한다. 〈개정 2012.3.21〉

⑧ 가해학생이 제1항제3호부터 제5호까지의 규정에 따른 조치를 받은 경우 이와 관련된 결석은 학교의 장이 인정하는 때에는 이를 출석일수에 산입할 수 있다. 〈개정 2012.1.26, 2012.3.21〉

⑨ 자치위원회는 가해학생이 특별교육을 이수할 경우 해당 학생의 보호자도 함께 교육을 받게 하여야 한다. 〈개정 2012.3.21〉

⑩ 가해학생이 다른 학교로 전학을 간 이후에는 전학 전의 피해학생 소속 학교로 다시 전학올 수 없도록 하여야 한다. 〈신설 2012.1.26, 2012.3.21〉

⑪ 제1항제2호부터 제9호까지의 처분을 받은 학생이 해당 조치를 거부하거나 기피하는 경우 자치위원회는 제7항에도 불구하고 대통령령으로 정하는 바에 따라 추가로 다른 조치를 할 것을 학교의 장에게 요청할 수 있다. 〈신설 2012.3.21〉

⑫ 가해학생에 대한 조치 및 제11조제6항에 따른 재입학 등에 관하여 필요한 사항은 대통령령으로 정한다. 〈신설 2012.3.21〉

제17조의2(재심청구) ① 자치위원회 또는 학교의 장이 제16조제1항 및 제17조제1항에 따라 내린 조치에 대하여 이의가 있는 피해학생 또는 그 보호자는 그 조치를 받은 날부터 15일 이내, 그 조치가 있음을 안 날부터 10일 이내에 지역위원회에 재심을 청구할 수 있다. 〈신설 2012.3.21〉

② 자치위원회가 제17조제1항제8호와 제9호에 따라 내린 조치에 대하여 이의가 있는 학생 또는 그 보호자는 그 조치를 받은 날부터 15일 이내, 그 조치가 있음을 안 날로부터 10일 이내에 「초·중등교육법」 제18조의3에 따른 시·도학생징계조정위원회에 재심을 청구할 수 있다. 〈개정 2012.3.21〉

③ 지역위원회가 제1항에 따른 재심청구를 받은 때에는 30일 이내에 이를 심사·결정하여 청구인에게 통보하여야 한다. 〈신설 2012.3.21〉

④ 제3항의 결정에 이의가 있는 청구인은 그 통보를 받은 날부터 60일 이내에 행정심판을 제기할 수 있다. 〈신설 2012.3.21〉

⑤ 제1항에 따른 재심청구, 제3항에 따른 심사 절차 및 결정 통보 등에 필요한 사항은 대통령령으로 정한다. 〈신설 2012.3.21〉

⑥ 제2항에 따른 재심청구, 심사절차, 결정통보 등은 「초·중등교육법」 제18조의2제2항부터 제4항까지의 규정을 준용한다. 〈개정 2012.3.21〉

[본조신설 2012.1.26]

제18조(분쟁조정) ① 자치위원회는 학교폭력과 관련하여 분쟁이 있는 경우에는 그 분쟁을 조정할 수 있다.

② 제1항에 따른 분쟁의 조정기간은 1개월을 넘지 못한다.

③ 학교폭력과 관련한 분쟁조정에는 다음 각 호의 사항을 포함한다.

1. 피해학생과 가해학생간 또는 그 보호자 간의 손해배상에 관련된 합의조정
2. 그 밖에 자치위원회가 필요하다고 인정하는 사항

④ 자치위원회는 분쟁조정을 위하여 필요하다고 인정하는 때에는 관계 기관의 협조를 얻어 학교폭력과 관련한 사항을 조사할 수 있다.

⑤ 자치위원회가 분쟁조정을 하고자 할 때에는 이를 피해학생·가해학생 및 그 보호자에게 통보하여야 한다.

⑥ 시·도교육청 관할 구역 안의 소속 학교가 다른 학생 간에 분쟁이 있는 경우에는 교육감이 해당 학교의 자치위원회위원장과의 협의를 거쳐 직접 분쟁을 조정한다. 이 경우 제2항부터 제5항까지의 규정을 준용한다.

⑦ 관할 구역을 달리하는 시·도교육청 소속 학교의 학생 간에 분쟁이 있는 경우에는 피해학생을 감독하는 교육감이 가해학생을 감독하는 교육감 및 관련 해당 학교의 자치위원회위원장과의 협의를 거쳐 직접 분쟁을 조정한다. 이 경우 제2항부터 제5항까지의 규정을 준용한다.

제19조(학교의 장의 의무) 학교의 장은 교육감에게 학교폭력이 발생한 사실 및 제16조, 제16조의2, 제17조, 제17조의2 및 제18조에 따른 조치 및 그 결과를 보고하고, 관계 기관과 협력하여 교내 학교폭력 단체의 결성예방 및 해체에 노력하여야 한다. 〈개정 2012.3.21〉

제20조(학교폭력의 신고의무) ① 학교폭력 현장을 보거나 그 사실을 알게 된 자는 학교 등 관계 기관에 이를 즉시 신고하여야 한다.

② 제1항에 따라 신고를 받은 기관은 이를 가해학생 및 피해학생의 보호자와 소속 학교의 장에게 통보하여야 한다. 〈개정 2009.5.8〉

③ 제2항에 따라 통보받은 소속 학교의 장은 이를 자치위원회에 지체 없이 통보하여야 한다. 〈신설 2009.5.8〉

④ 누구라도 학교폭력의 예비·음모 등을 알게 된 자는 이를 학교의 장 또는 자치위원회에 고발할 수 있다. 다만, 교원이 이를 알게 되었을 경우에는 학교의 장에게 보고하고 해당 학부모에게 알려야 한다. 〈개정 2009.5.8, 2012.1.26〉

⑤ 누구든지 제1항부터 제4항까지에 따라 학교폭력을 신고한 사람에게 그 신고행위를 이유로 불이익을 주어서는 아니 된다. 〈신설 2012.3.21〉

제20조의2(긴급전화의 설치 등) ① 국가 및 지방자치단체는 학교폭력을 수시로 신고받고 이에 대한 상담에 응할 수 있도록 긴급전화를 설치하여야 한다.

② 국가와 지방자치단체는 제1항에 따른 긴급전화의 설치·운영을 대통령령으로 정하는 기관 또는 단체에 위탁할 수 있다. 〈신설 2012.1.26〉

③ 제1항과 제2항에 따른 긴급전화의 설치·운영·위탁에 필요한 사항은 대통령령으로 정한다. 〈개정 2012.1.26〉

[본조신설 2009.5.8]

제20조의3(정보통신망에 의한 학교폭력 등) 제2조제1호에 따른 정보통신망을 이용한 음란·폭력 정보 등에 의한 신체상·정신상 피해에 관하여 필요한 사항은 따로 법률로 정한다.

[본조신설 2012.3.21]

제20조의4(정보통신망의 이용 등) ① 국가·지방자치단체 또는 교육감은 학교폭력 예방 업무 등을 효과적으로 수행하기 위하여 필요한 경우 정보통신망을 이용할 수 있다.

② 국가·지방자치단체 또는 교육감은 제1항에 따라 정보통신망을 이용하여 학교 또는 학생(학부모를 포함한다)이 학교폭력 예방 업무 등을 수행하는 경우 다음 각 호의 어느 하나에 해당하는 비용의 전부 또는 일부를 지원할 수 있다.

1. 학교 또는 학생(학부모를 포함한다)이 전기통신설비를 구입하거나 이용하는 데 소요되는 비용
2. 학교 또는 학생(학부모를 포함한다)에게 부과되는 전기통신역무 요금

③ 그 밖에 정보통신망의 이용 등에 관하여 필요한 사항은 대통령령으로 정한다.

[본조신설 2012.3.21]

제20조의5(학생보호인력의 배치 등) ① 국가·지방자치단체 또는 학교의 장은 학교폭력을 예방하기 위하여 학교 내에 학생보호인력을 배치하여 활용할 수 있다.

② 국가·지방자치단체 또는 학교의 장은 제1항에 따른 학생보호인력의 배치 및 활용 업무를 관련 전문기관 또는 단체에 위탁할 수 있다.

③ 제2항에 따라 학생보호인력의 배치 및 활용 업무를 위탁받은 관련 전문기관 또는 단체는 그 업무를 함에 있어 학교의 장과 충분히 협의하여야 한다.

[본조신설 2012.3.21]

제20조의6(영상정보처리기기의 통합 관제) ① 국가 및 지방자치단체는 학교폭력 예방 업무를 효과적으로 수행하기 위하여 교육감과 협의하여 학교 내외에 설치된 영상정보처리기기(「개인정보 보호법」 제2조제7호에 따른 영상정보처리기기를 말한다. 이하 이 조에서 같다)를 통합하여 관제할 수 있다. 이 경우 국가 및 지방자치단체는 통합 관제 목적에 필요한 범위에서 최소한의 개인정보만을 처리하여야 하며, 그 목적 외의 용도로 활용하여서는 아니 된다.

② 제1항에 따라 영상정보처리기기를 통합 관제하려는 국가 및 지방자치단체는 공청회·설명회의 개최 등 대통령령으로 정하는 절차를 거쳐 관계 전문가 및 이해관계인의 의견을 수렴하여야 한다.

③ 제1항에 따라 학교 내외에 설치된 영상정보처리기기가 통합 관제되는 경우 해당 학교의

영상정보처리기기운영자는 「개인정보 보호법」 제25조제4항에 따른 조치를 통하여 그 사실을 정보주체에게 알려야 한다.

④ 통합 관제에 관하여 이 법에서 규정한 것을 제외하고는 「개인정보 보호법」 을 적용한다.

⑤ 그 밖에 영상정보처리기기의 통합 관제에 필요한 사항은 대통령령으로 정한다.

[본조신설 2012.3.21]

제21조(비밀누설금지 등) ① 이 법에 따라 학교폭력의 예방 및 대책과 관련된 업무를 수행하거나 수행하였던 자는 그 직무로 인하여 알게 된 비밀 또는 가해학생·피해학생 및 제20조에 따른 신고자·고발자와 관련된 자료를 누설하여서는 아니 된다. 〈개정 2012.1.26〉

② 제1항에 따른 비밀의 구체적인 범위는 대통령령으로 정한다.

③ 제16조, 제16조의2, 제17조, 제17조의2, 제18조에 따른 자치위원회의 회의는 공개하지 아니한다. 다만, 피해학생·가해학생 또는 그 보호자가 회의록의 열람·복사 등 회의록 공개를 신청한 때에는 학생과 그 가족의 성명, 주민등록번호 및 주소, 위원의 성명 등 개인정보에 관한 사항을 제외하고 공개하여야 한다. 〈개정 2011.5.19, 2012.3.21〉

제22조(벌칙) ①제21조제1항을 위반한 자는 300만원 이하의 벌금에 처한다. 〈개정 2012.3.21〉

② 제17조제9항에 따른 자치위원회의 교육 이수 조치를 따르지 아니한 보호자에게는 300만원 이하의 과태료를 부과한다. 〈신설 2012.3.21〉

부칙 〈제11388호, 2012.3.21〉

제1조(시행일) 이 법은 2012년 5월 1일부터 시행한다. 다만, 제2조, 제4조제4항, 제13조제2항, 제15조제2항, 제16조, 제16조의2, 제17조, 제20조제5항, 제20조의3의 개정규정 및 법률 제11223호 학교폭력 예방 및 대책에 관한 법률 일부개정법률 부칙 제1조의 개정규정은 2012년 4월 1일부터 시행한다.

제2조(학교안전공제회 등의 비용부담 및 구상권 행사에 관한 적용례) 제16조제6항의 개정규정은 학교폭력으로 피해를 받아 같은 개정규정 시행 당시 치료 등을 받고 있는 사람부터 적용한다.

제2장

학교폭력 예방 및 대책에 관한 법률 시행령

[시행 2012.9.16] [대통령령 제24102호, 2012.9.14, 타법개정]

제1조(목적) 이 영은 「학교폭력 예방 및 대책에 관한 법률」에서 위임된 사항과 그 시행에 필요한 사항을 규정함을 목적으로 한다.

제2조(성과 평가 및 공표) 「학교폭력 예방 및 대책에 관한 법률」(이하 "법"이라 한다) 제6조제3항에 따른 학교폭력 예방 및 대책에 대한 성과는 「초·중등교육법」 제9조제2항에 따른 지방교육행정기관에 대한 평가에 포함하여 평가하고, 이를 공표하여야 한다.

제3조(학교폭력대책위원회의 운영) ① 법 제7조에 따른 학교폭력대책위원회(이하 "대책위원회"라 한다)의 위원장은 회의를 소집하고, 그 의장이 된다.

② 대책위원회의 회의는 반기별로 1회 소집한다. 다만, 재적위원 3분의 1 이상이 요구하거나 위원장이 필요하다고 인정하는 경우에는 수시로 소집할 수 있다.

③ 대책위원회의 위원장이 회의를 소집할 때에는 회의 개최 5일 전까지 회의 일시·장소 및 안건을 각 위원에게 알려야 한다. 다만, 긴급히 소집하여야 할 때에는 그러하지 아니하다.

④ 대책위원회의 회의는 재적위원 과반수의 출석으로 개의(開議)하고, 출석위원 과반수의 찬성으로 의결한다.

⑤ 대책위원회의 위원장은 필요하다고 인정할 때에는 학교폭력 예방 및 대책과 관련하여 전문가 등을 회의에 출석하여 발언하게 할 수 있다.

⑥ 회의에 출석한 위원과 전문가 등에게는 예산의 범위에서 수당과 여비를 지급할 수 있다. 다만, 공무원인 위원이 그 소관 업무와 직접적으로 관련하여 회의에 출석하는 경우에는 그러하지 아니하다.

제4조(학교폭력대책실무위원회의 구성·운영) ① 법 제8조제6항에 따른 학교폭력대책실무위원회(이하 "실무위원회"라 한다)는 위원장(이하 "실무위원장"이라 한다) 1명을 포함한 11명 이내의 위원으로 구성한다.

② 실무위원장은 교육부차관 중 교육부장관이 지명하는 차관이 되고, 위원은 국무총리실, 기획재정부, 교육부, 법무부, 행정안전부, 문화체육관광부, 보건복지부, 여성가족부, 방송통신위원회의 고위공무원단에 속하는 공무원과 경찰청의 치안감 또는 경무관 중

에서 소속 기관의 장이 지명하는 각 1명이 된다.

③ 실무위원회의 사무를 처리하기 위하여 간사 1명을 두며, 간사는 교육부 소속 공무원 중에서 실무위원장이 지명하는 사람으로 한다.

④ 실무위원장이 부득이한 사유로 직무를 수행할 수 없을 때에는 실무위원장이 미리 지명하는 위원이 그 직무를 대행한다.

⑤ 회의는 대책위원회 개최 전 또는 실무위원장이 필요하다고 인정할 때 소집한다.

⑥ 실무위원회는 대책위원회의 회의에 부칠 안건 검토와 심의 지원 및 그 밖의 업무수행을 위하여 필요한 경우에는 이해관계인 또는 관련 전문가를 출석하게 하여 의견을 듣거나 의견 제출을 요청할 수 있다.

⑦ 실무위원장은 회의를 소집할 때에는 회의 개최 7일 전까지 회의 일시·장소 및 안건을 각 위원에게 알려야 한다. 다만, 긴급히 소집하여야 할 때에는 그러하지 아니하다.

제5조(학교폭력대책지역위원회의 구성·운영) ① 법 제9조제1항에 따른 학교폭력대책지역위원회(이하 "지역위원회"라 한다)의 위원장은특별시·광역시·특별자치시·도·특별자치도(이하 "시·도"라 한다)의 부단체장(특별시의 경우에는 행정(1)부시장, 광역시 및 도의 경우에는 행정부시장 및 행정부지사를 말한다)으로 한다.

② 지역위원회의 위원장은 회의를 소집하고, 그 의장이 된다.

③ 지역위원회의 위원장이 부득이한 사유로 직무를 수행할 수 없을 때에는 지역위원회 위원장이 미리 지명하는 위원이 그 직무를 대행한다.

④ 지역위원회의 위원은 학식과 경험이 풍부하고 청소년보호에 투철한 사명감이 있는 사람으로서 다음 각 호의 어느 하나에 해당하는 사람 중에서 특별시장·광역시장·특별자치시장·도지사·특별자치도지사(이하 "시·도지사"라 한다)가 교육감과 협의하여 임명하거나 위촉한다.

1. 해당 시·도의 청소년보호 업무 담당 국장 및 시·도교육청 생활지도 담당 국장
2. 해당 시·도의회 의원 또는 교육위원회 위원
3. 시·도 지방경찰청 소속 경찰공무원
4. 학생생활지도 경력이 5년 이상인 교원
5. 판사·검사·변호사
6. 「고등교육법」 제2조에 따른 학교의 조교수 이상 또는 청소년 관련 연구기관에서 이에 상당하는 직위에 재직하고 있거나 재직하였던 사람으로서 학교폭력 문제에 대한 전문지식이 있는 사람
7. 청소년 선도 및 보호 단체에서 청소년보호활동을 5년 이상 전문적으로 담당한 사람
8. 「초·중등교육법」 제31조제1항에 따른 학교운영위원회(이하 "학교운영위원회"라 한다)의 위원 또는 법 제12조제1항에 따른 학교폭력대책자치위원회(이하 "자치위원회"라 한다) 위원으로 활동하고 있거나 활동한 경험이 있는 학부모 대표
9. 그 밖에 학교폭력 예방 및 청소년 보호에 대한 지식과 경험이 있는 사람

⑤ 지역위원회 위원의 임기는 2년으로 한다. 다만, 지역위원회 위원의 사임 등으로 새로 위촉되는 위원의 임기는 전임위원 임기의 남은 기간으로 한다.

⑥ 지역위원회의 사무를 처리하기 위하여 간사 1명을 두며, 지역위원회의 위원장과 교육감이 시·도 또는 시·도교육청 소속 공무원 중에서 협의하여 정하는 사람으로 한다.

⑦ 지역위원회 회의의 운영에 관하여는 제3조제2항부터 제6항까지의 규정을 준용한다. 이 경우 "대책위원회"는 "지역위원회"로 본다.

제6조(학교폭력대책지역실무위원회의 구성·운영) 법 제9조제2항에 따른 실무위원회는 7명 이내의 학교폭력 예방 및 대책에 관한 실무자 및 민간 전문가로 구성한다.

제7조(학교폭력대책지역협의회의 구성·운영) ① 법 제10조의2에 따른 학교폭력대책지역협의회(이하 "지역협의회"라 한다)의 위원장은 시·군·구의 부단체장이 된다.

② 지역협의회의 위원장은 회의를 소집하고, 그 의장이 된다.

③ 지역협의회의 위원장이 부득이한 사유로 직무를 수행할 수 없을 때에는 위원장이 미리 지정하는 위원이 그 직무를 대행한다.

④ 지역협의회의 위원은 학식과 경험이 풍부하고 청소년보호에 투철한 사명감이 있는 사람으로서 다음 각 호의 어느 하나에 해당하는 사람 중에서 시장·군수·구청장이 해당 지역교육청의 교육장과 협의하여 임명하거나 위촉한다.

1. 해당 시·군·구의 청소년보호 업무 담당 국장(국장이 없는 시·군·구는 과장을 말한다) 및 지역교육청의 생활지도 담당 국장(국장이 없는 지역교육청은 과장을 말한다)
2. 해당 시·군·구의회 의원
3. 해당 시·군·구를 관할하는 경찰서 소속 경찰공무원
4. 학생생활지도 경력이 5년 이상인 교원
5. 판사·검사·변호사
6. 「고등교육법」 제2조에 따른 학교의 조교수 이상 또는 청소년 관련 연구기관에서 이에 상당하는 직위에 재직하고 있거나 재직하였던 사람으로서 학교폭력 문제에 대하여 전문지식이 있는 사람
7. 청소년 선도 및 보호 단체에서 청소년보호활동을 5년 이상 전문적으로 담당한 사람
8. 학교운영위원회 위원 또는 자치위원회 위원으로 활동하거나 활동한 경험이 있는 학부모 대표
9. 그 밖에 학교폭력 예방 및 청소년보호에 대한 지식과 경험을 가진 사람

⑤ 지역협의회 위원의 임기는 2년으로 한다. 다만, 지역위원회 위원의 사임 등으로 새로 위촉되는 위원의 임기는 전임위원 임기의 남은 기간으로 한다.

⑥ 지역협의회에는 사무를 처리하기 위해 간사 1명을 두며, 간사는 지역협의회의 위원장과 교육장이 시·군·구 또는 지역교육청 소속 공무원 중에서 협의하여 정하는 사람으로 한다.

제8조(전담부서의 구성 등) 법 제11조제1항에 따라 다음 각 호의 업무를 수행하기 위하여

시·도교육청 및 지역교육청에 과·담당관 또는 팀을 둔다.

1. 학교폭력 예방과 근절을 위한 대책의 수립과 추진에 관한 사항
2. 학교폭력 피해학생의 치료 및 가해학생에 대한 조치에 관한 사항
3. 그 밖에 학교폭력의 예방 및 대책과 관련하여 교육감이 정하는 사항

제9조(실태조사) ① 법 제11조제8항에 따라 교육감이 실시하는 학교폭력 실태조사는 교육부장관과 협의하여 다른 교육감과 공동으로 실시할 수 있다.

② 교육감은 학교폭력 실태조사를 교육 관련 연구·조사기관에 위탁할 수 있다.

제10조(전문기관의 설치 등) ① 교육감은 법 제11조제9항에 따라 시·도교육청 또는 지역교육청에 다음 각 호의 업무를 수행하는 전문기관을 설치·운영할 수 있다.

1. 법 제11조의2제1항에 따른 조사·상담 등의 업무
2. 학교폭력 피해학생·가해학생에 대한 치유프로그램 운영 업무

② 교육감은 제1항제2호에 따른 치유프로그램 운영 업무를 다음 각 호의 어느 하나에 해당하는 기관·단체·시설에 위탁하여 수행하게 할 수 있다. 〈개정 2012.7.31, 2012.9.14〉

1. 「청소년복지 지원법」 제31조제1호에 따른 청소년쉼터, 「청소년 보호법」 제35조제1항에 따른 청소년 보호·재활센터 등 청소년을 보호하기 위하여 국가·지방자치단체가 운영하는 시설
2. 「청소년활동진흥법」 제10조에 따른 청소년활동시설
3. 학교폭력의 예방과 피해학생 및 가해학생의 치료·교육을 수행하는 청소년 관련 단체
4. 청소년 정신치료 전문인력이 배치된 병원
5. 학교폭력 피해학생·가해학생 및 학부모를 위한 프로그램을 운영하는 종교기관 등의 기관
6. 그 밖에 교육감이 치유프로그램의 운영에 적합하다고 인정하는 기관

③ 제1항에 따른 전문기관의 설치·운영에 관한 세부사항은 교육감이 정한다.

제11조(학교폭력 조사·상담 업무의 위탁 등) 교육감은 법 제11조의2제2항에 따라 학교폭력 예방에 관한 사업을 3년 이상 수행한 기관 또는 단체 중에서 학교폭력의 예방 및 사후조치 등을 수행하는 데 적합하다고 인정하는 기관 또는 단체에 법 제11조의2제1항의 업무를 위탁할 수 있다.

제12조(관계 기관과의 협조 사항 등) 법 제11조의3에 따라 학교폭력과 관련한 개인정보 등을 협조를 요청할 때에는 문서로 하여야 한다.

제13조(자치위원회의 설치 및 심의사항) ① 법 제12조제1항 단서에서 "대통령령으로 정하는 사유가 있는 경우"란 학교폭력 피해학생과 가해학생이 각각 다른 학교에 재학 중인 경우를 말한다.

② 법 제12조제2항제5호에서 "대통령령으로 정하는 사항"이란 학교폭력의 예방 및 대책과 관련하여 법 제14조제3항에 따른 책임교사 또는 학생회의 대표가 건의하는 사항을 말한다.

제14조(자치위원회의 구성 · 운영) ① 법 제13조제1항에 따른 자치위원회의 위원은 다음 각 호의 어느 하나에 해당하는 사람 중에서 해당 학교의 장이 임명하거나 위촉한다.

1. 해당 학교의 교감
2. 해당 학교의 교사 중 학생생활지도 경력이 있는 교사
3. 법 제13조제1항에 따라 선출된 학부모대표
4. 판사 · 검사 · 변호사
5. 해당 학교를 관할하는 경찰서 소속 경찰공무원
6. 의사 자격이 있는 사람
7. 그 밖에 학교폭력 예방 및 청소년보호에 대한 지식과 경험이 풍부한 사람

② 자치위원회의 위원장은 위원 중에서 호선(互選)하며, 위원장이 부득이한 사유로 직무를 수행할 수 없을 때에는 위원장이 미리 지정하는 위원이 그 직무를 대행한다.

③ 자치위원회의 위원의 임기는 2년으로 한다. 다만, 자치위원회 위원의 사임 등으로 새로 위촉되는 위원의 임기는 전임위원 임기의 남은 기간으로 한다.

④ 자치위원회의 회의는 재적위원 과반수의 출석으로 개의하고, 출석위원 과반수의 찬성으로 의결한다.

⑤ 자치위원회의 위원장은 해당 학교의 교직원에서 자치위원회의 사무를 처리할 간사 1명을 지명한다.

⑥ 자치위원회의 회의에 출석한 위원에게는 예산의 범위에서 수당과 여비를 지급할 수 있다. 다만, 공무원인 위원이 그 소관 업무와 직접적으로 관련하여 회의에 출석한 경우에는 그러하지 아니하다.

⑦ 자치위원회의 위원장은 회의 일시를 정할 때에는 일과 후, 주말 등 위원들이 참석하기 편리한 시간으로 정하여야 한다.

제15조(상담실 설치) 법 제14조제1항에 따른 상담실은 다음 각 호의 시설 · 장비를 갖추어 상담활동이 편리한 장소에 설치하여야 한다.

1. 인터넷 이용시설, 전화 등 상담에 필요한 시설 및 장비
2. 상담을 받는 사람의 사생활 노출 방지를 위한 칸막이 및 방음시설

제16조(전담기구 운영 등) 법 제14조제3항에 따른 전담기구는 가해 및 피해 사실 여부에 관하여 확인한 사항을 학교의 장 및 자치위원회(자치위원회의 요청이 있는 경우만을 말한다)에 보고하여야 한다.

제17조(학교폭력 예방교육) 학교의 장은 법 제15조제5항에 따라 학생과 교직원 및 학부모에 대한 학교폭력 예방교육을 다음 각 호의 기준에 따라 실시한다.

1. 학기별로 1회 이상 실시하고, 교육 횟수 · 시간 및 강사 등 세부적인 사항은 학교 여건에 따라 학교의 장이 정한다.
2. 학생에 대한 학교폭력 예방교육은 학급 단위로 실시함을 원칙으로 하되, 학교 여건에

따라 전체 학생을 대상으로 한 장소에서 동시에 실시할 수 있다.

3. 학생과 교직원, 학부모를 따로 교육하는 것을 원칙으로 하되, 내용에 따라 함께 교육할 수 있다.
4. 강의, 토론 및 역할연기 등 다양한 방법으로 하고, 다양한 자료나 프로그램 등을 활용하여야 한다.
5. 교직원에 대한 학교폭력 예방교육은 학교폭력 관련 법령에 대한 내용, 학교폭력 발생 시 대응요령, 학생 대상 학교폭력 예방 프로그램 운영 방법 등을 포함하여야 한다.
6. 학부모에 대한 학교폭력 예방교육은 학교폭력 징후 판별, 학교폭력 발생 시 대응요령, 가정에서의 인성교육에 관한 사항을 포함하여야 한다.

제18조(피해학생의 지원범위 등) ① 법 제16조제6항 단서에 따른 하교안전공제회 또는 시·도교육청이 부담하는 피해학생의 지원범위는 다음 각 호와 같다.

1. 교육감이 정한 전문심리상담기관에서 심리상담 및 조언을 받는 데 드는 비용
2. 교육감이 정한 기관에서 일시보호를 받는 데 드는 비용
3. 「의료법」에 따라 개설된 의료기관, 「지역보건법」에 따라 설치된 보건소·보건의료원 및 보건지소, 「농어촌 등 보건의료를 위한 특별조치법」에 따라 설치된 보건진료소, 「약사법」에 따라 등록된 약국 및 같은 법 제91조에 따라 설립된 한국희귀의약품센터에서 치료 및 치료를 위한 요양을 받거나 의약품을 공급받는데 드는 비용

② 제1항의 비용을 지원 받으려는 피해학생 및 보호자가 학교안전공제회 또는 시·도교육청에 비용을 청구하는 절차와 학교안전공제회 또는 시·도교육청이 비용을 지급하는 절차는 「학교안전사고 예방 및 보상에 관한 법률」 제41조를 준용한다.

③ 학교안전공제회 또는 시·도교육청이 법 제16조제6항에 따라 가해학생의 보호자에게 구상(求償)하는 범위는 제2항에 따라 피해학생에게 지급하는 모든 비용으로 한다.

제19조(가해학생에 대한 조치별 적용 기준) 법 제17조제1항의 조치별 적용 기준은 다음 각 호의 사항을 고려하여 결정하고, 그 세부적인 기준은 교육부장관이 정하여 고시한다.

1. 가해학생이 행사한 학교폭력의 심각성·지속성·고의성
2. 가해학생의 반성 정도
3. 해당 조치로 인한 가해학생의 선도 가능성
4. 가해학생 및 보호자와 피해학생 및 보호자 간의 화해의 정도
5. 피해학생이 장애학생인지 여부

제20조(가해학생에 대한 전학 조치) ① 초등학교·중학교·고등학교의 장은 자치위원회가 법 제17조제1항에 따라 가해학생에 대한 전학 조치를 요청하는 경우에는 초등학교·중학교의 장은 교육장에게, 고등학교의 장은 교육감에게 해당 학생이 전학할 학교의 배정을 지체 없이 요청하여야 한다.

② 교육감 또는 교육장은 가해학생이 전학할 학교를 배정할 때 피해학생의 보호에 충분한 거리 등을 고려하여야 하며, 관할구역 외의 학교를 배정하려는 경우에는 해당 교육감 또는 교육장에게 이를 통보하여야 한다.

③ 제2항에 따른 통보를 받은 교육감 또는 교육장은 해당 가해학생이 전학할 학교를 배정하여야 한다.

④ 교육감 또는 교육장은 제2항과 제3항에 따라 전학 조치된 가해학생과 피해학생이 상급학교에 진학할 때에는 각각 다른 학교를 배정하여야 한다. 이 경우 피해학생이 입학할 학교를 우선적으로 배정한다.

제21조(가해학생에 대한 우선 출석정지 등) ① 법 제17조제4항에 따라 학교의 장이 출석정지 조치를 할 수 있는 경우는 다음 각 호와 같다.

1. 2명 이상의 학생이 고의적 · 지속적으로 폭력을 행사한 경우
2. 학교폭력을 행사하여 전치 2주 이상의 상해를 입힌 경우
3. 학교폭력에 대한 신고, 진술, 자료제공 등에 대한 보복을 목적으로 폭력을 행사한 경우
4. 학교의 장이 피해학생을 가해학생으로부터 긴급하게 보호할 필요가 있다고 판단하는 경우

② 학교의 장은 제1항에 따라 출석정지 조치를 하려는 경우에는 해당 학생 또는 보호자의 의견을 들어야 한다. 다만, 학교의 장이 해당 학생 또는 보호자의 의견을 들으려 하였으나 이에 따르지 아니한 경우에는 그러하지 아니하다.

제22조(가해학생의 조치 거부 · 기피에 대한 추가 조치) 자치위원회는 법 제17조제1항제2호부터 제9호까지의 조치를 받은 학생이 해당 조치를 거부하거나 기피하는 경우에는 법 제17조제11항에 따라 학교의 장으로부터 그 사실을 통보받은 날부터 7일 이내에 추가로 다른 조치를 할 것을 학교의 장에게 요청할 수 있다.

제23조(퇴학학생의 재입학 등) ① 교육감은 법 제17조제1항제9호에 따라 퇴학 처분을 받은 학생에 대하여 법 제17조제12항에 따라 해당 학생의 선도의 정도, 교육 가능성 등을 종합적으로 고려하여 「초 · 중등교육법」 제60조의3에 따른 대안학교로의 입학 등 해당 학생의 건전한 성장에 적합한 대책을 마련하여야 한다.

② 제1항에서 규정한 사항 외에 가해학생에 대한 조치 및 재입학 등에 필요한 세부사항은 교육감이 정한다.

제24조(피해학생 재심청구 및 심사 절차 및 결정 통보 등) ① 법 제17조의2제5항에 따라 피해학생 또는 보호자가 지역위원회에 재심을 청구할 때에는 다음 각 호의 사항을 적어 서면으로 하여야 한다.

1. 청구인의 이름, 주소 및 연락처
2. 가해학생
3. 청구의 대상이 되는 조치를 받은 날 및 조치가 있음을 안 날

4. 청구의 취지 및 이유

② 지역위원회는 청구인, 가해학생 및 보호자 또는 해당 학교에 심사에 필요한 자료 또는 정보의 제출을 요구할 수 있고, 청구인, 가해학생 또는 해당 학교는 특별한 사유가 없으면 이를 즉시 제출하여야 한다.

③ 지역위원회는 직권으로 또는 신청에 따라 청구인, 가해학생 및 보호자 또는 관련 교원 등을 지역위원회에 출석하여 진술하게 할 수 있다.

④ 지역위원회는 필요하다고 인정할 때에는 전문가 등 참고인을 출석하게 하거나 서면으로 의견을 들을 수 있다.

⑤ 지역위원회의 회의는 비공개를 원칙으로 한다.

⑥ 지역위원회는 재심사 결정 시 법 제16조제1항 각 호와 제17조제1항 각 호의 어느 하나에 해당하는 조치(수 개의 조치를 병과하는 경우를 포함한다)를 할 것을 해당 학교의 장에게 요청할 수 있다.

⑦ 지역위원회의 재심 결과는 결정의 취지와 내용을 적어 청구인과 가해학생에게 서면으로 통보한다.

제25조(분쟁조정의 신청) 피해학생, 가해학생 또는 그 보호자(이하 "분쟁당사자"라 한다) 중 어느 한 쪽은 법 제18조에 따라 해당 분쟁사건에 대한 조정권한이 있는 자치위원회 또는 교육감에게 다음 각 호의 사항을 적은 문서로 분쟁조정을 신청할 수 있다.

1. 분쟁조정 신청인의 성명 및 주소
2. 보호자의 성명 및 주소
3. 분쟁조정 신청의 사유

제26조(자치위원회 위원의 제척·기피 및 회피) ① 자치위원회의 위원은 법 제16조, 제17조 및 제18조에 따라 피해학생과 가해학생에 대한 조치를 요청하는 경우와 분쟁을 조정하는 경우 다음 각 호의 어느 하나에 해당하면 해당 사건에서 제척된다.

1. 위원이나 그 배우자 또는 그 배우자였던 사람이 해당 사건의 피해학생 또는 가해학생의 보호자인 경우 또는 보호자였던 경우
2. 위원이 해당 사건의 피해학생 또는 가해학생과 친족이거나 친족이었던 경우
3. 그 밖에 위원이 해당 사건의 피해학생 또는 가해학생과 친분이 있거나 관련이 있다고 인정하는 경우

② 학교폭력과 관련하여 자치위원회를 개최하는 경우 또는 분쟁이 발생한 경우 자치위원회의 위원에게 공정한 심의를 기대하기 어려운 사정이 있다고 인정할 만한 상당한 사유가 있을 때에는 분쟁당사자는 자치위원회에 그 사실을 서면으로 소명하고 기피신청을 할 수 있다.

③ 자치위원회는 제2항에 따른 기피신청을 받으면 의결로써 해당 위원의 기피 여부를 결정하여야 한다. 이 경우 기피신청 대상이 된 위원은 그 의결에 참여하지 못한다.

④ 자치위원회의 위원이 제1항 또는 제2항의 사유에 해당하는 경우에는 스스로 해당 사건

을 회피할 수 있다.

제27조(분쟁조정의 개시) ① 자치위원회 또는 교육감은 제25조에 따라 분쟁조정의 신청을 받으면 그 신청을 받은 날부터 5일 이내에 분쟁조정을 시작하여야 한다.

② 자치위원회 또는 교육감은 분쟁당사자에게 분쟁조정의 일시 및 장소를 통보하여야 한다.

③ 제2항에 따라 통지를 받은 분쟁당사자 중 어느 한 쪽이 불가피한 사유로 출석할 수 없는 경우에는 자치위원회 또는 교육감에게 분쟁조정의 연기를 요청할 수 있다. 이 경우 자치위원회 또는 교육감은 분쟁조정의 기일을 다시 정하여야 한다.

④ 자치위원회 또는 교육감은 자치위원회 위원 또는 지역위원회 위원 중에서 분쟁조정 담당자를 지정하거나, 외부 전문기관에 분쟁과 관련한 사항에 대한 자문 등을 할 수 있다.

제28조(분쟁조정의 거부·중지 및 종료) ① 자치위원회 또는 교육감은 다음 각 호의 어느 하나에 해당하는 사유가 발생한 경우에는 분쟁조정의 개시를 거부하거나 분쟁조정을 중지할 수 있다.

1. 분쟁당사자 중 어느 한 쪽이 분쟁조정을 거부한 경우
2. 피해학생 등이 관련된 학교폭력에 대하여 가해학생을 고소·고발하거나 민사상 소송을 제기한 경우
3. 분쟁조정의 신청내용이 거짓임이 명백하거나 정당한 이유가 없다고 인정되는 경우

② 자치위원회 또는 교육감은 다음 각 호의 어느 하나에 해당하는 사유가 발생한 경우에는 분쟁조정을 끝내야 한다.

1. 분쟁당사자 간에 합의가 이루어지거나 자치위원회 또는 교육감이 제시한 조정안을 분쟁당사자가 수락하는 등 분쟁조정이 성립한 경우
2. 분쟁조정 개시일부터 1개월이 지나도록 분쟁조정이 성립하지 아니한 경우

③ 자치위원회 또는 교육감은 제1항에 따라 분쟁조정의 개시를 거부하거나 분쟁조정을 중지한 경우 또는 제2항제2호에 따라 분쟁조정을 끝낸 경우에는 그 사유를 분쟁당사자에게 각각 통보하여야 한다.

제29조(분쟁조정의 결과 처리) ① 자치위원회 또는 교육감은 분쟁조정이 성립하면 다음 각 호의 사항을 적은 합의서를 작성하여 자치위원회는 분쟁당사자에게, 교육감은 피해학생 및 가해학생 소속 학교 자치위원회와 분쟁당사자에게 각각 통보하여야 한다.

1. 분쟁당사자의 주소와 성명
2. 조정 대상 분쟁의 내용
   가. 분쟁의 경위
   나. 조정의 쟁점(분쟁당사자의 의견을 포함한다)
3. 조정의 결과

② 제1항에 따른 합의서에는 자치위원회가 조정한 경우에는 분쟁당사자와 조정에 참가한 위원이, 교육감이 조정한 경우에는 분쟁당사자와 교육감이 각각 서명날인하여야 한다.

③ 자치위원회의 위원장은 분쟁조정의 결과를 교육감에게 보고하여야 한다.

제30조(긴급전화의 설치·운영) 법 제20조의2에 따른 긴급전화는 경찰청장과 지방경찰청장이 운영하는 학교폭력 관련 기구에 설치한다.

제31조(정보통신망의 이용 등) 법 제20조의4제3항에 따라 국가·지방자치단체 또는 교육감은 정보통신망을 이용한 학교폭력 예방 업무를 다음 각 호의 기관 및 단체에 위탁할 수 있다.

1. 「한국교육학술정보원법」 에 따라 설립된 한국교육학술정보원
2. 공공기관의 위탁을 받아 정보통신망을 이용하여 교육사업을 수행한 실적이 있는 기업
3. 학교폭력 예방에 관한 사업을 3년 이상 수행한 기관 또는 단체

제32조(영상정보처리기기의 통합 관제) 법 제20조의6제1항에 따라 영상정보처리기기를 통합하여 관제하려는 국가 및 지방자치단체는 다음 각 호의 절차를 거쳐 관계 전문가와 이해관계인의 의견을 수렴하여야 한다.

1. 「행정절차법」 에 따른 행정예고의 실시 또는 의견 청취
2. 학교운영위원회의 심의

제33조(비밀의 범위) 법 제21조제1항에 따른 비밀의 범위는 다음 각 호와 같다.

1. 학교폭력 피해학생과 가해학생 개인 및 가족의 성명, 주민등록번호 및 주소 등 개인정보에 관한 사항
2. 학교폭력 피해학생과 가해학생에 대한 심의·의결과 관련된 개인별 발언 내용
3. 그 밖에 외부로 누설될 경우 분쟁당사자 간에 논란을 일으킬 우려가 있음이 명백한 사항

부칙 〈제24102호, 2012.9.14〉 (청소년 보호법 시행령)

제1조(시행일) 이 영은 2012년 9월 16일부터 시행한다. 〈단서 생략〉

제2조 생략

제3조(다른 법령의 개정) ①부터 ⑥까지 생략

⑦ 학교폭력 예방 및 대책에 관한 법률 시행령 일부를 다음과 같이 개정한다.

제10조제2항제1호 중 " 「청소년보호법」 제33조의2에 따른 청소년보호센터"를" 「청소년 보호법」 제35조제1항에 따른 청소년 보호·재활센터"로 한다.

⑧ 생략

제4조 생략

제3장

학교폭력 예방 및 대책에 관한 법률 및 시행령 해설

제1절 「학교폭력 예방 및 대책에 관한 법률」의 목적 및 주요 내용

1. 학교폭력 예방 및 대책에 관한 법률의 목적

제1조(목적) 이 법은 학교폭력의 예방과 대책에 관하여 필요한 사항을 규정함으로써 피해학생의 보호, 가해학생의 선도·교육 및 피해학생과 가해학생 간의 분쟁조정을 통하여 학생의 인권을 보호하고 학생을 건전한 사회구성원으로 육성함을 목적으로 한다.

이 법을 제정한 이유는 오늘날 심각한 사회문제로 대두되고 있는 학교폭력문제에 효과적으로 대처하기 위하여 정기적으로 학교폭력 예방교육을 실시하고, 학교폭력 피해학생을 보호하며 학교폭력의 가해학생을 선도·교육하고, 피해학생과 가해학생간의 분쟁조정을 위한 제도적 틀을 마련하고자 하는 데 있다. 이 법은 학생의 인권을 보호하고 학생을 건전한 사회구성원으로 육성하고자 학교폭력을 사법절차에 의해 해결하기보다는 학교에서 자율적으로 해결하는데 그 주된 취지가 있다. 또한 학교폭력에서 큰 문제점으로 지적되고 있는 학교폭력사건의 은폐·축소 관행을 이 법을 통하여 바로잡으려는 데에도 그 목적이 있다.

2. 이 법의 특징

'학교폭력예방및대책에관한법률'의 적용은 학교 내·외에서 발생하는 **학생간**의 폭력에 국한된다.

학교폭력으로 인해 발생한 분쟁에 대한 조정의 결과는 화해의 효력이 없다. 이는 학교폭력으로 인해 학생간에 발생한 분쟁을 사법기관에 고소·고발 또는 민사소송을 제기하기 전에 교육공동체가 교육적으로 해결해보자는 데 그 근본취지가 있기 때문이다.

학교폭력 **신고의무** 규정이 있다. 누구든 학교폭력을 목격하거나 그 사실을 알게 된 자는 학교 등 관계기관에 즉시 신고하여야 하며, 신고를 받은 기관은 이를 가해학생 및 피해학생의 보호자 또는 소속 학교의 장에게 통보하여야 한다. 학교폭력의 예비·음모 등을 알게 된 자는 이를 학교의 장 또는 자치위원회에 신고할 수 있으며, 교원이 이를 알게 되었을 경우에는 학교의 장에게 보고하여야 한다.

3. 이 법의 주요내용

교육부장관은 학교폭력 예방 및 대책에 관한 정책목표 및 방향을 설정하고, 이에 따라 학교폭력의 근절을 위한 조사·연구·교육 및 계도에 관한 사항 등이 포함된 학교폭력예방 및 대책에 관한 기본계획을 **학교폭력대책기획위원회**의 심의를 거쳐 5년마다 수립·시행하고(제6조), 특별시·광역시·도의 **교육감**은, **학교폭력대책지역위원회**와 연계하여, 기본계획에 따르는 학교폭력의 예방 및 대책에 관한 실시계획을 수립·시행한다.(제9조 및 10조)

학교의 장은 학교에 상담실을 설치하고 **전문상담교사**를 두며, 전문상담교사와

책임교사, 보건교사 등으로 이루어진 **학교폭력문제 전담기구**를 구성해야하며, 기구에 대한 행·재정적 지원을 할 수 있다(제14조). 학교의 장은 또한 학생의 육체적·정신적 보호와 **학교폭력의 예방을 위한 교육**을 학기별로 1회 이상 실시한다(제15조).

지역의 학교폭력 문제를 해결하기 위하여, 특별시·광역시·도·특별자치도에 부단체장을 위원장으로 하고 고위공무원과 전문 위원, 학부모 대표 등으로 구성된 **학교폭력대책지역위원회**를 두고(제9조), 동위원회에서 교육감과 협의하여 매년 지역 학교폭력 예방대책을 수립하도록 한다.(제10조),

학교폭력 예방 및 대책과 관련된 사항을 심의하기 위하여 초등·중등 및 고등학교 등에 교사 및 학부모, 경찰공무원, 변호사 자격을 가지는 자, 의사 자격 소지자 등을 위원으로 하는 **학교폭력대책자치위원회**를 두고, 동 위원회에서 학교폭력 예방 프로그램의 구성 및 실시, 피해학생의 보호 및 가해학생에 대한 선도·징계에 관한 사항 등을 심의한다(제12조). **학교폭력대책자치위원회**는 피해학생의 보호와 가해학생의 선도·교육을 위하여 필요하다고 인정하는 때에는 당해 피해학생 및 가해학생에 대한 학급교체, 전학권고 또는 전학 등 필요한 조치를 할 것을 학교의 장에게 요청할 수 있고(제16조 및 제17조), 학교폭력과 관련하여 분쟁이 있는 경우에는 분쟁을 조정할 수 있다(제18조).

4. 이 법과 다른 법률과의 관계

제5조(다른 법률과의 관계) ① 학교폭력의 규제, 피해학생의 보호 및 가해학생에 대한 조치에 있어서 다른 법률에 특별한 규정이 있는 경우를 제외하고

는 이 법을 적용한다.

② 제2조 제1호 중 성폭력은 다른 법률에 규정이 있는 경우에는 이 법을 적용하지 아니한다.(법 제5조)

학교폭력이 발생한 경우, 형법, 폭력행위등처벌에관한법률, 소년법, 민법, 성폭력범죄의 처벌 및 피해자보호 등에 관한 법률, 청소년의 성보호에 관한 법률, 정보통신망 이용촉진 및 정보보호 등에 관한 법률 등, 해당 학교폭력에 적용할 수 있는 다른 규정이 있는 경우에는 그 규정에 의하고, 학교폭력예방및대책에관한법률은 다른 법률에 특별한 규정이 없는 경우에 한하여 적용된다.

다른 법률(형법, 폭처법, 소년법, 민법 등) > **학교폭력법**

학교폭력예방및대책에관한법률에 따른 조치를 하는 중에 피해학생 측이 경찰이나 검찰에 고소를 하여 형사절차가 개시되거나 법원에 민사상의 손해배상소송을 제기한 경우 학교의 장은 관련사건에 대한 분쟁조정 등 학교폭력예방및대책에관한법률에 의한 조치를 중단할 수 있다(시행령 제15조 1항). 다만, 가해학생에 대한 조치가 필요한 때에는 학교폭력대책자치위원회의 심의를 거쳐 일정한 처분을 할 수도 있다. 따라서 학교폭력예방및대책에관한법률에 의한 조치를 하던 중에 형사절차나 민사소송이 개시될 경우, 학교의 장은 학교폭력예방및대책에관한법률상의 조치를 계속할 수도 있고, 중단할 수도 있다. 이는 학교의 장의 재량이지만, 이 법상의 절차를 계속하여 가해학생에 대한 조치가 이루어졌다고 하더라도 가해학생의 민사상의 손해배상책임이나 형사상의 처벌이 면제되는 것은 아니다.

5. 이 법의 적용범위

(1) 학교 '폭력'

본 법은 상해, 폭행, 감금, 협박, 공갈 등, 학교 내·외에서 이루어지는 '폭력' 사건에 대응하고 이에 대한 원만하고 교육적인 해결을 도모하기 위한 것으로, 폭력을 제외한 학생의 제반 비행(非行)에 대한 징계는 초·중등교육법과 동법 시행령 또는 교칙에 따른다.

(2) 성폭력의 포함여부

오늘날 일선 학교에서 학교폭력으로 발생하는 성폭력이 더 이상 경미한 청소년 비행의 수준이 아니며, 그 빈도의 증가 또한 현격하고, 성폭력 가해자 및 피해자의 연령도 현저히 낮아지는 추세의 반영으로, 학교폭력예방및대책에관한법률은 학교폭력으로서의 성폭력을 본 법률에 포함하여 규율하고 있다(제2조). 단, 다른 법률에 규정이 있는 경우에는 이 법을 적용하지 않는다(제5조 2항). 다른 법률의 적용이 가능한 경우에는 학교폭력예방및대책에관한법률이 아니라 형법, 성폭력범죄및피해자보호등에관한법률, 특정강력범죄처벌에관한특례법, 청소년성보호에관한법률, 소년법이 적용된다.

(3) 학교내외에서 학생 간에 발생한 행위

이 법에서는 학교내외에서 학생 간에 발생한 행위만을 학교폭력으로 정하고 있다. 본 법령에서 말하는 학생이란, 초등학교나 중학교 또는 고등학교에서 학생의 신분을 갖고 있는 자를 의미하며, 대학생, 자퇴생, 퇴학생, 취학의무 유예자, 취학의무 면제자, 정원 외 학적관리 대상자 등은 학생'에서 제외된다.

제2절 「학교폭력 예방 및 대책에 관한 법률」의 주요 용어

1. 학교폭력

> 제2조(정의) "학교폭력"이란 학교 내외에서 학생 간에 발생한 상해, 폭행, 감금, 협박, 약취·유인, 명예훼손·모욕, 공갈, 강요 및 성폭력, 따돌림, 정보통신망을 이용한 음란·폭력 정보 등에 의하여 신체·정신 또는 재산상의 피해를 수반하는 행위를 말한다.

학교폭력이란 ① 학교내외에서 학생들 간에 발생하고 ② 상해, 폭행, 감금, 협박, 약취·유인, 명예훼손·모욕, 공갈, 강요 및 성폭력, 따돌림, 정보통신망을 이용한 음란·폭력 정보 등에 의한 행위로써 ③ 이로 인한 신체·정신상의 피해 또는 재산상의 손해를 발생케 하는 행위를 말한다.

(1) 폭행 : 사람에 대하여 직접·간접적으로 유형력(有形力)을 행사하는 것

폭행이란 사람의 신체에 대하여 힘을 행사하는 것을 말한다. 간단히 말해 폭행은 사람을 때리는 것이라 할 수 있다. 사람에 대해 물건을 이용하여 폭력을 행사하는 것도 폭행에 해당한다. 사람의 몸을 주먹이나 발로 때리는 경우는 물론 뺨을 때리거나, 사람에게 돌을 던지거나, 침을 뱉거나, 손이나 옷을 잡아당기거나 미는 것, 강제로 모발을 자르는 것도 폭행에 해당한다.

〈표 2-32〉 사람에 대하여 직접·간접적으로 유형력(有形力)

폭행에 해당하는 경우	폭행에 해당하지 않는 경우
사람의 몸을 주먹이나 발로 때리는 경우 손이나 옷을 잡아당기거나 미는 경우 가까이 접근하여 때릴 듯이 손발이나 물건을 휘두르거나 던지면서 욕설을 하는 경우 피해자의 신체에 가까이 접근하여 큰 소리로 폭언이나 욕설을 하는 경우	단순히 방문을 발로 차는 경우 단순히 욕설만 하는 경우 공간적으로 멀리 떨어져 있는 사람에게 전화기를 이용하여 전화하면서 큰소리를 내는 경우

폭행보다 무겁게 처벌되는 **특수폭행**은 단체 또는 다중의 위력을 보이거나 위험한 물건을 휴대하여 사람의 신체에 대하여 가하는 폭행을 말한다. 이는 행위의 수단과 방법이 피해자에게 중대한 침해를 발생케 할 위험이 있고 피해자의 방어기회를 없게 한다는 점에서 형법상으로는 단순폭행(2년 이하의 징역, 5백만원 이하의 벌금, 구류 또는 과료)보다 가중하여 처벌(5년 이하의 징역 또는 1천만원 이하의 벌금)하고 있다.

단체 또는 다중의 위력을 보이는 것

단체나 여러 사람의 세력을 인식시키는 것을 말한다.

단체나 여러 사람이 현장에 모두 있을 필요는 없지만, 단체나 여러 사람은 실제로 존재하여야 한다.

여러 명의 학생이 동시에 피해학생을 때리거나, 혼자서 폭행을 하지만 자신이 교내 폭력 서클의 멤버임을 피해학생에게 말하면서 폭행하는 경우를 예로 들 수 있다.

위험한 물건

그 물건의 객관적 성질과 사용방법에 따라서 사람을 죽이거나 다치게 할 수 있는 물건을 말한다.

식칼, 면도칼, 깨진 유리조각, 가위, 깨진 맥주병이나 항아리 조각, 깨어지지 않은 맥주병이나 빈 양주병, 드라이버나 시멘트벽돌, 야구배트, 골프채, 의자와 당구 큐대, 승용차 등도 위험한 물건에 해당한다.

위험물을 휴대한다는 것 → **「소지」 + 「이용한다」는 의미**

위험물을 몸에 지니는 것을 의미한다. 위험물을 범행 이전부터 몸에 지니고 있을 필요는 없고 범행현장에서 이를 소지하고 있으면 된다. 야구배트를 사용하여 때리기 위해 미리 준비하여 간 경우는 물론 폭행을 개시할 때에는 맨손이었으나 흥분하여 주위에 있던 야구배트를 사용하여 때린 경우에도 위험물을 휴대한 경우에 해당한다.

상대방이 위험한 물건의 휴대를 인식할 필요는 없으므로, 가해자가 범행현장에서 칼을 호주머니에 지니고 있기만 한 때에도 위험한 물건을 휴대한 경우에 해당한다. 그러나 휴대는 위험한 물건을 범행현장에서 그 범행에 사용하려는 의도로 소지하거나 몸에 지니는 것을 말하므로 그 범행과는 전혀 무관하게 우연히 이를 소지한 경우는 여기에 해당하지 않는다. 폭행을 할 때 가방에 가위가 있었으나, 그 가위는 피해자를 폭행할 때 사용하기 위한 것이 아니라 우연히 미술시간에 사용하기 위해 가지고 있었던 것이라면 위험한 물건의 휴대에 해당하지 않는다.

〈그림 2-26〉 폭행보다 무겁게 처벌되는 **특수폭행**

(2) 협박 : 해악을 알려 상대방에게 공포심을 일으키는 것

협박이란 상대방에게 해악을 알림으로써 상대방이 공포심을 느끼게 되는 것을 말한다. 협박이 되려면 해악이 직접·간접적으로 행위자에 의하여 발생할 수 있는 것이어야 하지만, 해악이 현실적으로 일어날 가능성이 있어야 한다거나 행위자가 이를 실현할 의사가 있을 것은 요하지 않는다. 다만 여기서의 해악은 상대방이 공포심을 느낄만한 정도의 해악이어야 한다. 협박이라고 하려면 적어도 발생 가능한 것으로 생각될 수 있는 정도의 구체적인 해악을 말해야만 한다. 또한 해악을 알리는 방법에는 제한이 없어서 언어에 의한 경우뿐만 아니라 행동에 의한 경우에도 협박이 가능하다.

협박에 해당하는 경우	협박에 해당하지 않는 경우
말을 듣지 않으면 죽여버리거나 불구로 만들어 버리겠다고 한 경우 모든 친구관계를 끊어버리고 사회에서 매장시키겠다고 말 한 경우 말 한마디 없이 가위로 찌를 듯한 태도를 취한 경우 야구방망이로 때릴 듯한 태도를 취하면서 '죽여버린다'고 말한 경우 가위와 송곳을 휘두르며 라이터 불을 켜는 동작을 하면서 '방에 불을 지르겠다', '가족 전부를 죽여버리겠다'고 소리친 경우(특수협박에 해당함)	단순한 욕설 피해자가 가해자에게 고소하여 구속시키겠다고 말한 경우

※ 다만 해악의 고지가 합법적인 권리의 행사로서 사회통념상 인정되는 경우에는 협박죄가 성립하지 않는다. 고소하여 구속시키겠다고 말한 경우가 이에 해당한다고 하겠다.

또한 **특수협박**이라는 것이 있는데, 특수협박은 단체 또는 다중의 위력을 보이거나 위험한 물건을 휴대하여 협박하는 것을 말한다. 단체 또는 다중의 위력을 보인다거나 위험한 물건을 휴대한다는 것은 특수폭행에서 설명한 바와 같다. 형법상 특수협박죄(제284조: 7년 이하의 징역 또는 1천만원 이하의 벌금)는 단순협박죄(제283조 제1항: 3년 이하의 징역, 5백만원 이하의 벌금, 구류 또는 과료)보다 형을 가중하여 처벌한다.

(3) 집단따돌림

집단따돌림이란 그 개념이 명확하지는 않지만, 다음과 같은 특징을 갖는다.

첫째, 집단 따돌림은 공격적인 행동이거나 고의적으로 해를 입히는 것이며,
둘째, 반복적이고 지속적으로 이루어지고,
셋째, 힘의 불균형을 특징으로 하는 대인관계에서 일어난다.

보통 집단따돌림은 학급에서 복수의 학생들이 한명 또는 소수의 학생들을 대상으로 의도와 적극성을 가지고 지속적으로 그리고 반복적으로 관계에서 소외시키거나 괴롭히는 일체의 행위라고 정의할 수 있다. 구체적으로 일어나는 집단따돌림의 유형을 보면 전혀 말을 걸지 않거나 사사건건 놀린다거나 이유 없이 툭툭 치거나 욕설을 하거나 심부름을 시키는 것 등이 있다.

집단 따돌림의 당사자	특징
가해자	또래집단 내에서 일반 학생들 이상의 큰 영향력을 가지며 심지어 인기가 있는 경우도 있다.
피해자	잘난 척을 하고 타인을 무시하는 학생과, 유약하고 수동적인 태도를 보이는 학생의 두 가지 유형으로 분류된다.
방관자	집단따돌림에서 방관자는 가해자처럼 적극적이지는 않지만 동시에 그들이 목격한 문제 상황에 대해 어떤 조치도 취하지 않음으로써 문제 상황을 유지시키는 데 일조한다. 따라서 방관자가 피해자 편에 선다면 집단따돌림 행동을 중단시키거나 예방도 할 수 있는 중요한 역할을 할 수 있다.

집단따돌림을 단순한 청소년기의 성장통으로 보기에는 피해가 심각하다. 집단따돌림은 피해학생의 마음에 깊은 상처를 내어 앞으로의 성장과정에 영향을 미칠

추행에 해당하는 경우
피해자의 상의를 걷어 올려 가슴을 만지고 하의를 끌어내린 경우
피해자를 팔로 힘껏 껴안고 두 차례 강제로 입을 맞춘 경우
노래를 부르는 피해자를 뒤에서 껴안고 춤을 추면서 가슴을 만진 경우
초등학교 4학년 담임인 남자교사가 교실에서 자신이 담당하는 반의 남학생의 성기를 만진 경우(미성년자의제추행에 해당함)

피해자가 13세 미만의 사람인 경우에는 폭행·협박이 없이, 피해자가 동의한 가운데, 간음·추행이 이루어지더라도 **미성년자의제강간·강제추행죄**(형법 제305조)가 성립하여, 강간죄(제297조: 3년 이상의 유기징역), 강제추행죄(제298조: 10년 이하의 징역 또는 1천5백만원 이하의 벌금)와 같이 처벌된다. 13세 미만의 사람은 아직 미완성의 인격체로서 장래 방해 없는 성적 발전을 보호하기 위하여, 13세 미만의 자에게는 동의능력을 인정하지 않는 것이다. 미성년자의제강간죄의 피해자는 13세 미만의 '부녀'이나, 미성년자의제강제추행죄의 피해자는 13세 미만의 '사람'이다.

또한 **13세 미만**의 여자에 대하여, 동의 없이, 형법 제297조의 강간죄를 범한 자는 **성폭력범죄의처벌및피해자보호등에관한법률**상 제8조의 2에 의하여 7년 이상의 유기징역에 처한다. 13세 미만의 사람에 대하여 강제추행의 죄를 범한 자는 3년 이상의 유기징역 또는 1천만원 이상 3천만원 이하의 벌금에 처한다. 그 외에도 13세 미만의 사람에 대하여 준강간, 준강제추행의 죄를 범한 자에 대한 처벌도 규정하고 있으며, 위계 또는 위력으로써 13세 미만의 여자를 간음하거나 13세 미만의 사람에 대하여 추행을 한 자 역시 중하게 처벌한다.
이는 청소년의 성보호에 관한 법률에서 여자 청소년에 대한 강간(제7조 1항: 5년 이상의 유기징역), 강제추행(제7조 2항: 1년 이상의 유기징역 또는 500만원 이상 2천만원 이하의 벌금)의 죄에 대한 처벌보다 중한 것이다.
또한 **준강간·준강제추행죄**(형법 제299조)라는 것이 있어서 심신상실 또는 항

거불능 상태를 이용하여 간음, 추행한 경우 강간·강제추행의 예에 의하여 처벌하고 있는데, 이는 잠자고 있는 사람이나 일시 의식을 잃고 있는 사람을 대상으로 간음 혹은 추행한 경우를 말한다. 술에 취한 부녀로부터 동의를 얻고 간음한 경우도 같다.

또한 흉기 기타 위험한 물건을 휴대하거나 2인 이상이 합동하여 강간, 강제추행을 한 경우에는 성폭력범죄의처벌및피해자보호등에관한법률상 **특수강간**(제6조 1항: 무기 또는5년 이상의 징역)·**특수강제추행죄**(제6조 2항: 3년 이상의 유기징역)에 해당하여 형법상 강간죄, 강제추행죄보다 가중하여 처벌한다.

다른 법률과의 관계

오늘날 학교폭력 사고는 그 행위와 양상에 있어서 점차 성인폭력을 닮아가고 있으며, 특히 성폭력의 경우, 더 이상 비행의 수준이 아니며, 범죄의 강력화, 집단화가 두드러지며, 특히 성폭력 가해자 및 피해자의 연령이 현저히 낮아지는 추세에 있다. 이러한 배경의 학교성폭력을 규율하기 위하여, 학교폭력예방및대책에관한법률은 학교폭력으로서의 성폭력을 본 법률에 포함하여 규율하고 있다(제2조). 단, 다른 법률에 규정이 없는 경우에만 이 법의 적용이 있다(제5조 2항). 이는 성폭력 피해자의 프라이버시를 보호하고, 신속하고 전문적인 치료 등이 이루어질 수 있도록 하기 위함이다.

Q. 성폭력 사건에서 학교폭력예방및대책에관한법률이 적용되는 경우는 어떤 경우인가요?

형법은 만 14세가 되지 않은 경우에는 형사미성년자로서 처벌을 하지 못하도록 규정하고 있으므로 초등학생이나 저학년의 경우는 형사처벌이 되지 않는다. 다만, 가해학생이 형사미성년자라 하더라도 만 10세 이상인 경우에는 이른바 촉법소년으로서 소년법에 따른 보호처분을 받을 수 있다. 그러나 가해학생이 10세 미만인 경우에는 어떤 처분도 할 수 없다. 학교 단위의 징계는 가능하다.

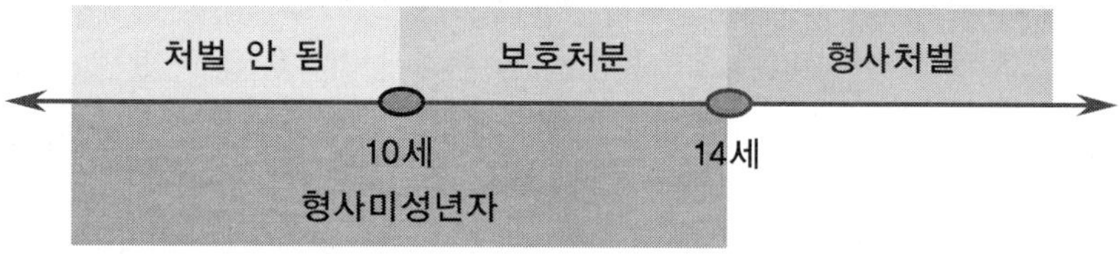

성폭력이 발생한 경우, 가해자가 만 14세 이상인 학생인 경우에는 학교폭력예방및대책에관한법률 제5조 2항에 따라, 형법, 성폭력범죄및피해자보호등에관한법률, 특정강력범죄처벌에관한특례법, 청소년성보호에관한법률 등이 적용된다. 그 외에도, 소년법이 19세 미만의 자를 19세 이상의 자와는 달리 특별히 취급하고 있는데, 여기에는 만 10세 이상의 소년도 포함된다. 학교성폭력의 경우는 위에 열거한 법률의 적용이 없고, 소년법의 적용도 없는 경우에 한하여, 즉 만 10세 미만의 소년이 성폭력의 가해자가 되는 경우에만 학교폭력예방및대책에관한법률의 적용이 있게 된다.

---

(8) 명예훼손·모욕 : 사실이나 거짓을 공연히 알려 사람의 명예를 훼손하는 것

명예훼손이란 공연히 진실한 사실 또는 허위의 사실을 알려 사람의 명예를 훼손하는 경우를 말한다.

'공연히 '알린다는 것은 불특정 또는 다수인이 인식할 수 있는 상태에서 알린다는 의미인데, 특정인이 아닌 경우에는 그 수가 많고 적음이 관계없고, 다수인의 경우에는 그 다수인이 특정되어 있다고 하더라도 관계없다. 그런데 판례는 개별적으로 한 사람에 대하여 사실을 유포하였다고 하여도 그로부터 불특정 또는 다수인에게 전파될 가능성이 있으면 공연성의 요건을 충족한다고 판시하고 있다.

공연히 ➡ 불특정 또는 다수인이 인식할 수 있는 상태

[판례] 불특정 또는 다수인에게 전파될 가능성

명예훼손에 있어서 **주의할 점**은 허위사실을 알린 경우뿐만 아니라 진실한 사실을 알린 경우에도 그 사람의 사회적 가치 내지 평가를 저하시킨 경우에는 명예훼손에 해당하게 된다는 점이다. 모욕죄와의 구별을 위해 사실의 적시는 특정인의 가치가 침해될 수 있을 정도로 구체적일 것을 요한다.

사실 또는 허위사실 ➡ 특정인의 가치가 침해될 수 있을 정도로 구체적일 것

다만, 진실한 사실로서 오로지 공공의 이익에 관한 명예훼손의 경우에는 명예훼손죄로서 처벌하지 않는다(형법 제310조).

명예훼손죄로 처벌받지 않는다 ➡ 진실한 사실 ➕ 공공의 이익

이는 형법상 개인의 명예보호와 언론의 자유의 조화를 위한 규정이다. 공공의 이익이란 국가·사회 기타 일반 다수인의 이익을 의미하는데, 적시한 사실이 공공의 이익에 관한 것일 뿐만 아니라 행위자가 공공의 이익을 위한다는 목적을 가지고 있어야 한다. 따라서 형법 제310조는 허위사실이거나 행위자가 피해자를 비방할 목적이 있으면 적용되지 않는다.

공공의 이익을 위하여 사실을 적시한 경우
진실한 사실을 신문에 보도하거나 라디오 또는 텔레비전으로 방송 또는 방영한 경우 학교 운동부 코치가 자신의 지도 학생을 구타(체벌)하여 상해를 입히자 그 선생님의 체벌의 부당함을 알리고자 학생회가 유인물을 작성하여 학부모, 학생들, 교육관계자들에게 배포한 경우

모욕이란 공연히 사람을 모욕하는 것으로서 명예훼손과는 달리 사실을 적시하지 않고 사람에 대한 경멸의 의사를 표시하는 것을 말한다. 사실을 적시한 경우에도 그것이 구체적 사실이 아닌 때에는 명예훼손이 아니라 모욕에 해당한다. 서면에 의하든 거동에 의하든 그 방법은 제한이 없지만, 사람을 경멸하는 내용을 담고 있어야 한다. 경멸하는 내용은 피해자의 주관을 기준으로 판단하는 것이 아니라 그 객관적인 의미내용에 따라 해석하여야 한다. 모욕죄에 있어서는 명예훼손죄에서의 형법 제310조 같은 규정이 없기 때문에 공공의 이익을 위해 모욕을 했다고 하더라도 모욕죄로 처벌된다.

모 욕 → 공연히 | 사람에 대한 경멸의 의사표시

[예] 나쁜 놈, 죽일 놈, 망할 년, 침을 뱉거나 뺨을 때리는 행위

	명예훼손	모욕
공연히	○	○
사실 적시	○	구체적이지 않은 경우
허위 사실 적시	○	×
형법 제310조 적용	○	×

(9) 공갈 : 사람을 때리거나 협박하여 겁먹게 한 후 재물을 빼앗는 행위

공갈이란 사람을 폭행 또는 협박하여 공포심을 일으키게 하고 이로써 재물을 받거나 재산상의 이익을 취하는 것을 말한다.

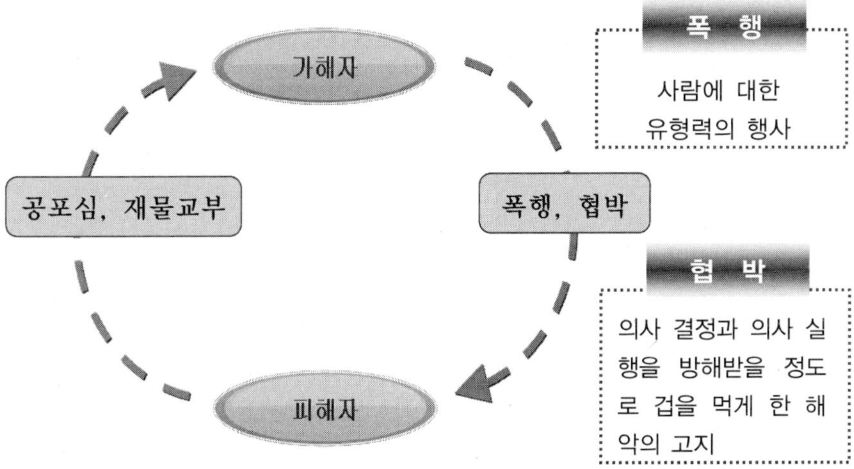

공갈에 해당하는 경우

같은 학원에 다니면서 알게 된 피해자에게 "현금카드를 빌려주지 않으면 아는 깡패를 동원하여 가루로 만들어 버리겠다"고 말하여 이에 겁을 먹은 피해자로부터 즉석에서 현금카드 1장을 교부받고 17회에 걸쳐 현금을 인출한 경우

같은 반 학생이 시험 중 부정행위를 하는 것을 보고 새로 산 MP3플레이어를 주지 않으면 선생님께 부정행위를 알리겠다고 말하여 이에 겁먹은 피해자로부터 MP3플레이어를 교부받은 경우

돈을 정기적으로 상납하지 않으면 학교에서 왕따를 시키겠다고 말하여 이에 겁먹은 피해자가 자신의 용돈을 상납한 경우

공갈에 있어서의 폭행 또는 협박은 사람의 의사 내지 자유를 제한하는 정도로 족하고, 반드시 상대방의 반항을 억압할 정도에 이를 것을 요하지 않는다. 공갈에서의 폭행은 사람에 대한 힘의 행사이고, 협박은 사람의 의사결정의 자유를 제한하거나 의사실행의 자유를 방해할 정도로 겁을 먹게 할 만한 해악을 고지하는 것을 말한다. 통고하는 해악의 내용에는 제한이 없어서 사람에게 공포심을 일으키게 하는 것이면 비밀을 폭로하겠다는 것도 여기에 해당하고, 절교를 통고하는 것도 그것이 공포심을 일으키는 것이면 공갈에서의 해악의 고지에 해당한다.

공갈에 해당하지 않는 경우
손해배상을 청구하면서 고소하겠다고 하는 경우
피해자로부터 범인으로 오인되어 경찰에 끌려가 구타당하여 입원한 경우에 피해자에게 그 치료비를 요구하고 이에 응하지 않으면 무고죄로 고소하겠다고 말한 경우

※ 형사고소를 하겠다는 것과 같이 그 내용이 적법한 때에도 해악의 고지가 될 수 있다. 그러나 손해배상을 청구하면서 고소하겠다고 하는 경우처럼 공갈의 수단에 의하더라도 그 방법이 사회통념상 인용된 범위를 일탈하지 않는 때에는 형법상 공갈죄는 성립하지 않는다.

(10) 강요 : 폭행 또는 협박으로 사람의 권리행사를 방해하거나 의무 없는 일을 하게 함

강요란 폭행 또는 협박으로 상대방에게 공포심을 주어 권리를 행사하지 못하게 하거나 의무 없는 자에게 일정한 행위를 하도록 하는 것을 말한다. 피해자가 아닌 다른 사람에 대한 폭행, 협박의 경우에도 강요가 성립될 수 있다. 피해자에게 일정 행위를 강요하기 위해 피해자의 동생을 폭행하는 경우가 그 예이다. 단, 친구의 자살을 저지하기 위해 폭행, 협박한 경우에는 여기에서 말하는 강요에 해당하지 않는다. 즉, 정당한 목적을 달성하기 위해 행사한 폭행, 협박은 강요가 아니다. 형법은 제324조에서 강요죄를 5년 이하의 징역으로 처벌하고 있다.

중강요라는 것도 있는데 '강요'로 인해 사람의 생명에 대한 위험을 발생하게 하는 것이다. 형법은 제326조에서 중강요죄를 강요죄보다 가중처벌하고 있다.

그 외에 **인질강요죄**가 있다. 사람을 체포, 감금, 약취, 또는 유인하여 이를 인질로 삼아 제3자에 대하여 권리행사를 방해하거나 의무 없는 일을 하도록 하는 것이다. 형법 제324조의 2에서는 체포·감금·약취·유인과 강요가 결합된 인질강요죄를 3년 이상의 유기징역으로 강요죄보다 중하게 처벌하고 있다.

(11) 정보통신망을 이용한 음란 · 폭력 정보 등

'**정보통신망**'이란, 정보통신기본법 제2조 제2호에 따른 전기통신설비를 이용하거나 전기통신설비와 컴퓨터 및 컴퓨터의 이용기술을 활용하여 정보를 수집 · 가공 · 저장 · 검색 · 송신 또는 수신하는 정보통신체제를 말한다.(정보통신망 이용촉진 및 정보보호 등에 관한 법률 제2조) **음란 · 폭력 정보 등**의 청소년 유해정보라 함은 청소년보호법에 따른 청소년유해매체물로서 동법규정에 의한 전기통신정보를 말한다.(정보통신윤리심의규정 제2조) 청소년 보호법은 제10조에서 청소년유해매체물에 대해, 1.청소년에게 성적인 욕구를 자극하는 선정적인 것이거나 음란한 것, 2.청소년에게 포악성이나 범죄의 충동을 일으킬 수 있는 것, 3.성폭력을 포함한 각종 형태의 폭력행사와 약물의 남용을 자극하거나 미화하는 것, 4.청소년의 건전한 인격과 시민의식의 형성을 저해하는 반사회적, 비윤리적인 것이라고 규정하고 있다.

2. 학교

동법에서 "학교"라 함은 초 · 중등교육법 제2조의 규정에 의한 초등학교 · 중학교 · 고등학교 · 특수학교 및 각종학교와 동법 제61조의 규정에 따라 운영하는 학교를 말한다.

초 · 중등교육법

초 · 중등교육법 [일부개정 2008.3.21 법률 제8917호]

제2조[학교의 종류] 초 · 중등교육을 실시하기 위하여 다음 각 호의 학교를 둔다. 〈개정 2004.1.29〉

1. 삭제 〈2004.1.29〉
2. 초등학교 · 공민학교
3. 중학교 · 고등공민학교

4. 고등학교 · 고등기술학교

5. 특수학교

6. 각종학교

제61조 [학교 및 교육과정 운영의 특례) ① 학교교육제도를 포함한 교육제도의 개선과 발전을 위하여 특히 필요하다고 인정되는 경우에는 대통령령이 정하는 바에 의하여 제21조 제1항 · 제24조 제1항 · 제26조 제1항 · 제29조 제1항 · 제31조 · 제39조 · 제42조 및 제46조의 규정을 한시적으로 적용하지 아니하는 학교 또는 교육과정을 운영할 수 있다.

3. 가해학생

동법에서 "가해학생"이라 함은 학교폭력을 행사하거나 그 행위에 가담한 학생을 말한다. 학교폭력을 직접 행사한 자 뿐만 아니라 그 행위를 도와주거나 그 행위를 하라고 시킨 자도 가해학생에 해당한다.

4. 피해학생

동법에서 "피해학생"이라 함은 학교폭력으로 인하여 피해를 입은 학생을 말한다.

제3절 「학교폭력 예방 및 대책에 관한 법률」의 내용

1. 국가 및 지방자치단체의 책무

제4조 (국가 및 지방자치단체의 책무)

① 국가 및 지방자치단체는 학교폭력을 예방하고 이를 근절하기 위하여 조사·연구·교육·계도 등 필요한 법적·제도적 장치를 마련하여야 한다.

② 국가 및 지방자치단체는 청소년관련단체 등 민간의 자율적인 학교폭력 예방활동과 피해학생의 보호 및 가해학생의 선도·교육활동을 장려하여야 한다.

③ 국가 및 지방자치단체는 제2항의 규정에 의한 청소년관련단체 등 민간이 건의한 사항에 대하여는 관련시책에 반영하도록 노력하여야 한다.

④ 국가 및 지방자치단체는 제1항 내지 제3항의 규정에 의한 책무를 다하기 위하여 필요한 예산을 지원하여야 한다.

제6조(기본계획의 수립 등)

① 교육부장관은 이 법의 목적을 효율적으로 달성하기 위하여 학교폭력의 예방 및 대책에 관한 정책 목표·방향을 설정하고, 이에 따른 학교폭력의 예방 및 대책에 관한 기본계획(이하 "기본계획"이라 한다)을 제7조에 따른 학교폭력대책기획위원회의 심의를 거쳐 수립·시행하여야 한다.

② 기본계획은 다음 각 호의 사항을 포함하여 5년마다 수립하여야 한다. 이 경우 교육부장관은 관계 중앙행정기관 등의 의견을 수렴하여야 한다.

1. 학교폭력의 근절을 위한 조사·연구·교육 및 계도
2. 피해학생에 대한 치료·재활 등의 지원
3. 학교폭력 관련 행정기관 및 교육기관 상호 간의 협조·지원
4. 학교폭력의 예방과 피해학생 및 가해학생의 치료·교육을 수행하는 청소년관련 단체(이하 "전문단체"라 한다) 또는 전문가에 대한 행정적·재정적 지원
5. 그 밖에 학교폭력의 예방 및 대책을 위하여 필요한 사항

학교폭력예방및대책에관한법률은 국가와 지방자치단체에 대하여 학교폭력을 예방하고 학교폭력을 근절하기 위한 법적·제도적 장치를 마련하여야 할 의무를 규정하고 있다. 그동안 학교폭력을 학교 안의 문제로만 생각하여 학교 내에서 해결하려고 노력해왔으나, 학교폭력은 이제는 학교 내의 문제로만 생각하기에는 위험성이 크고 심각하며, 또 학교 안에서의 대처가 효과적이지도 않다는 인식을 하게 되었다. 즉 학교폭력의 수준이 어린 학생들의 싸움정도로 치부해버릴 수 없는 수준에 이른 것이다.
국가와 지방자치단체는 청소년관련단체 등 민간의 자율적인 학교폭력 예방활동과 피해학생의 보호 및 가해학생의 선도·교육활동을 장려하여야 하는 의무를 지고, 청소년관련단체 등 민간이 건의한 사항을 관련시책에 반영하도록 노력할 의무를 진다. 물론 이러한 책무를 수행하기 위해 필요한 예산을 지원하는 것도 국가와 지방자치단체의 의무이다.

개정법은 제4조 제3항에서 국가 및 지방자치단체의 필요예산 '지원'에 대한 의무를 규정하고 있다. 개정 전 법률에서 예산을 '확보'하여야 한다고 규정한 것과 차이가 있다. 이는 학교폭력의 예방과 그 대응에 국가 및 지방자치단체의 책무를 보다 강화하고 그 이행의 실질화를 도모하기 위함이다.

여기서 국가란 정부조직법에 명시된 모든 기관 및 부처를 말하며, 지방자치단체라 함은 지방자치법 제2조에 규정된 단체인 특별시와 광역시 및 도, 시·군·구를 말한다.

2. 기본계획의 수립·시행의무

교육부장관은 학교폭력예방및대책에관한법률이 지향하는 목적의 효율적 달성을 위하여 학교폭력의 예방 및 대책에 관한 정책 목표·방향을 설정하고, 이에 따른 학교폭력의 예방 및 대책에 관한 '기본계획'을 학교폭력대책기획위원회의 심의를 거쳐 수립·시행하여야 한다. 기본계획은 다음 사항을 포함하여 5년마다 수립한다. 이 경우 교육부장관은 관계중앙행정기관 등의 의견을 수렴하여야 한다. (제6조)

1. 학교폭력의 근절을 위한 조사·연구·교육 및 계도
2. 피해학생에 대한 치료·재활 등의 지원
3. 학교폭력관련 행정기관 및 교육기관 상호간의 협조·지원
4. 학교폭력의 예방과 피해학생 및 가해학생의 치료·교육을 수행하는 청소년관련단체 또는 전문가에 대한 행정적·재정적 지원
5. 그 밖에 학교폭력의 예방 및 대책을 위하여 필요한 사항

3. 학교폭력대책기획위원회

제7조(학교폭력대책기획위원회의 설치·기능) 학교폭력의 예방 및 대책에 관한 다음 각 호의 사항을 심의하기 위하여 교육부장관 소속으로 학교폭력대책기획위원회(이하 "기획위원회"라 한다)를 둔다.

1. 학교폭력의 예방 및 대책에 관한 기본계획의 수립 및 시행에 대한 평가
2. 학교폭력과 관련하여 관계 중앙행정기관 및 지방자치단체의 장이 요청하는 사항
3. 학교폭력과 관련하여 교육청, 제9조에 따른 학교폭력대책지역위원회, 제12조에 따른 학교폭력대책자치위원회, 전문단체 및 전문가가 요청하는 사항

제8조(기획위원회의 구성)

① 기획위원회는 위원장 1인을 포함한 15인 이내의 위원으로 구성한다.

② 위원장은 교육부차관이 되고, 위원장이 사고로 직무를 수행할 수 없을 때에는 위원장이 지정하는 위원이 위원장의 직무를 대행한다.

③ 위원은 학식과 경험이 풍부하고 청소년보호에 투철한 사명감이 있는 자로서 다음 각 호의 어느 하나에 해당하는 자 중에서 위원장이 위촉한다.

1. 학생 생활지도 경력이 10년 이상인 교원
2. 「청소년기본법」 제16조의2에 따른 국가청소년위원회의 위원장 및 위원
3. 관계 중앙행정기관에 소속된 3급 공무원 또는 고위공무원단에 속하는 공무원으로서 청소년 또는 의료 관련 업무를 담당하는 자
4. 대학이나 공인된 연구기관에서 조교수 이상 또는 이에 상당한 직에 있거나 있었던 자로서 학교폭력문제에 관하여 전문지식이 있는 자
5. 판사·검사·변호사
6. 전문단체에서 청소년보호활동을 5년 이상 전문적으로 담당한 자
7. 의사의 자격이 있는 자
8. 학교운영위원회 활동 및 청소년보호활동 경험이 풍부한 학부모

④ 위원의 임기는 2년으로 하되, 연임할 수 있다.

⑤ 위원회의 사무를 담당하기 위하여 교육부 공무원 중에서 간사 1인을 둔다.

⑥ 그 밖에 기획위원회의 조직·운영에 필요한 사항은 대통령령으로 정한다.

(1) 설치 및 기능(제7조)

학교폭력의 예방 및 대책에 관한 전반에 관한 심의를 위해 교육부장관 소속의 '학교폭력대책위원회'를 둔다. 학교폭력대책위원회는 다음의 사항을 심의한다.

1. 학교폭력의 예방 및 대책에 관한 기본계획의 수립 및 시행에 대한 평가
2. 학교폭력과 관련하여 관계중앙행정기관 및 지방자치단체의 장이 요청하는 사항
3. 학교폭력과 관련하여 교육청, 제9조에 따른 학교폭력대책지역위원회, 제12조에 따른 학교폭력대책자치위원회, 전문단체 및 전문가가 요청하는 사항

(2) 기획위원회의 구성

가. 위원의 수

위원장 1인을 포함한 15인 이내의 위원으로 구성한다.

나. 위원장

위원장은 교육부차관이 된다.

위원장은 기획위원회의 회의를 소집하고 기획위원회의 의장이 된다.

위원장이 사고로 직무를 수행할 수 없을 때에는 위원장이 지정하는 위원이 위원장의 직무를 대행한다.

위원장 직무의 대행

직무대행이 요구되는 '사고'에는 사망, 해직 등으로 인하여 교육부차관의 직위가 일시적으로 공석이 된 경우 및 휴가, 출장 또는 결원 보충이 없는 휴직 등으로 인하여 일시적으로 교육부차관의 직무수행이 불가능하게 된 경우가 모두 포함된다.

다. 위원의 위촉 및 임기

위원은 학식과 경험이 풍부하고 청소년보호에 투철한 사명감이 있는 사람으로서 다음의 자격을 가지는 사람 중에서 위원장이 위촉한다.

위원의 임기는 2년으로 하고 연임할 수 있다.

보궐위원의 임기 : 기획위원회 위원의 사임 등으로 인하여 새로이 위촉되는 위원의 임기는 전임위원의 잔여임기로 한다.

위원장 : 교육부차관

▼

위원

1. 학생 생활지도 경력이 10년 이상인 교원
2. 「청소년기본법」 제16조의2에 따른 국가청소년위원회의 위원장 및 위원
3. 관계 중앙행정기관에 소속된 3급 공무원 또는 고위공무원단에 속하는 공무원으로서 청소년 또는 의료 관련 업무를 담당하는 자
4. 대학이나 공인된 연구기관에서 조교수 이상 또는 이에 상당한 직에 있거나 있었던 자로서 학교폭력문제에 관하여 전문지식이 있는 자
5. 판사 · 검사 · 변호사
6. 전문단체에서 청소년보호활동을 5년 이상 전문적으로 담당한 자
7. 의사의 자격이 있는 자
8. 학교운영위원회 활동 및 청소년보호활동 경험이 풍부한 학부모

(3) 기획위원회의 운영(시행령 제2조)

반기별로 1회 소집한다. 다만, 재적위원 3분의 1 이상이 요구하거나 위원장이 필요하다고 인정하는 경우에는 수시로 소집할 수 있다. 위원장이 회의를 소집할 때에는 회의 개최 5일 전까지 회의의 일시 · 장소 및 안건을 각 위원에게 통지하여야 한다. 다만, 긴급히 소집해야 할 때에는 그러하지 아니하다. 기획위원회의 회의는 재적위원 과반수의 출석으로 개의하고, 출석위원 과반수의 찬성으로 의결한다. 의결 시에는 위원장도 위원의 한 사람으로 포함된다. 위원장은 필요하다고 인정하는 때에는 학교폭력예방 및 대책과 관련하여 전문가 등을 회의에 출석하여 발언하게 할 수 있다. 관계중앙행정기관 및 지방자치단체의 장, 전문단체, 전문가, 교육청 · 학교폭력대책지역위원회 · 학교폭력대책자치위원회에서 학교폭력과 관련하여 심의를 요청하는 사항 중 교육부차관이 기획위원회에서 심의할 필요하다고 인정하는 사항만 기획위원회에 회부한다. 위원회의 사무를 담당하기 위하여 교육부 공무원 중에서 간사 1인을 둔다(법 제8조).

4. 학교폭력대책지역위원회

제9조(학교폭력대책지역위원회의 설치)

① 지역의 학교폭력 문제를 해결하기 위하여 특별시·광역시·도·특별자치도(이하 "시·도"라 한다)에 학교폭력대책지역위원회(이하 "지역위원회"라 한다)를 둔다.

② 특별시장·광역시장·도지사·특별자치도지사는 지역위원회의 운영 및 활동에 관하여 시·도의 교육감(이하 "교육감"이라 한다)과 협의하여야 하며, 그 효율적인 운영을 위하여 실무위원회를 둘 수 있다.

③ 지역위원회는 위원장 1인을 포함한 11인 이내의 위원으로 구성한다.

④ 지역위원회 및 제2항에 따른 실무위원회의 구성·운영에 필요한 사항은 대통령령으로 정한다.

제10조(학교폭력대책지역위원회의 기능)

① 지역위원회는 기본계획에 따라 지역의 학교폭력 예방대책을 매년 수립한다.

② 지역위원회는 해당 지역에서 발생한 학교폭력에 대하여 교육감 및 지방경찰청장에게 관련 자료를 요청할 수 있다.

③ 교육감은 지역위원회의 의견을 들어 제16조제1항 제2호·제3호 또는 제17조제1항 제7호에 따른 치료 및 교육을 담당할 교육·치료기관을 지정하여야 한다.

(1) 지역위원회의 제도적 의의

학교폭력대책지역위원회(이하에서는 지역위원회로 약칭)는 지역단위에서 발생하는 학교폭력 문제의 예방 및 대책을 강구하고, 학교폭력문제의 원만한 해결을 도모하며, 자치단위의 실질적인 정책적 피드백이 가능하도록 지역의 고위공무원과 전문 인사 등으로 구성된 학교폭력 대책기구이다.

지역위원회는 교육부 소속의 '기획위원회'와 일선에서 실질적인 학교폭력 문제 해결을 전담하는 '자치위원회'의 중간단위에 해당하는 기구로서, 지역위원회와 자치위원회와 유기적으로 연관되어 기능하며, 동법 제4조에서 명시하고 있는 학교폭력 문제 해결을 위한 국가 및 지방자치단체의 책무를 구체적으로 실현하기 위해 노력한다.

지역위원회는 각 특별시 · 광역시 · 도 · 특별자치도(이하 "시 · 도"라 한다)에 특별시장 · 광역시장 · 도지사 · 특별자치도지사(이하 "시 · 도지사"라 한다) 소속 하에 두어야 하며(시행령 제4조 1항), 시 · 도지사는 지역위원회의 운영 및 활동에 관하여 시 · 도의 교육감과 협의하여야 한다.

(2) 지역위원회의 기능 및 역할(제10조)

지역위원회는 학교폭력의 예방 및 대책 등을 위하여 다음의 사항을 수행하여야 한다.

지역위원회는 매년, 기본계획(제6조)에 따른 지역의 학교폭력 예방 대책 수립한다.

'**자치위원회**'가 피해학생 보호를 위하여 법 제16조 제1항 제2호(일시보호), 제3호(치료를 위한 요양)의 필요를 인정하거나, 가해학생의 선도 · 교육 등을 위해 법 제17조 제1항 제7호(학내외 전문가에 의한 특별교육이수 또는 심리치료)를 조치할 경우, **교육감**이 그에 따른 치료 및 교육을 담당할 교육 · 치료기관을 지정하는데, **지역위원회는** 그에 관하여 자문한다.

교육감은 관할 구역 안의 학교폭력 관련 사항을 **지역위원회**에 보고하여야 하며(법 제11조 7항), 지역위원회는 교육감 및 지방경찰청장에 대하여 해당 지역에서 발생한 학교폭력에 대한 자료를 요청할 수 있다.(법 제10조)

(3) 지역위원회의 구성

가. 위원의 수

위원장 1인을 포함하여 11인 이내의 위원으로 구성한다.

나. 위원장

위원장은 시 · 도의 부단체장이 된다.(시행령 제4조 1항)

지역위원회 위원장은 회의를 소집하고, 그 의장이 된다.(시행령 제4조 2항)

위원장이 사고로 직무를 수행할 수 없을 때에는, 위원장이 지정하는 위원이 직무를 대행한다.(시행령 제4조 3항)

위원장 직무의 대행

직무대행이 요구되는 '사고'에는 사망, 해직 등으로 인하여 부단체장의 직위가 일시적으로 공석이 된 경우 및 휴가, 출장 또는 결원 보충이 없는 휴직 등으로 인하여 일시적으로 부단체장의 직무수행이 불가능하게 된 경우가 모두 포함된다.

다. 위원의 위촉 및 임기

위원은 학식과 경험이 풍부하고 청소년보호에 투철한 사명감이 있는 사람으로서 다음의 자격을 가지는 사람 중에서 시·도지사가 해당 시·도의 교육감과 협의하여 위촉한다.(시행령 제4조 4항)

1. 해당 시·도 청소년보호 업무 담당 국장 및 시·도 교육청 생활지도 담당 국장
2. 해당 시·도의회 의원 또는 교육위원회 위원
3. 시·도 지방경찰청 소속 경찰공무원
4. 학생 생활지도 경력이 5년 이상인 교원
5. 판사·검사·변호사
6. 「고등교육법」 제2조에 따른 학교의 조교수 이상 또는 청소년 관련 연구기관에서 이에 상당한 직위에 재직하고 있거나 재직하였던 사람으로서 학교폭력 문제에 대하여 전문지식이 있는 사람
7. 청소년 선도 및 보호 단체에서 청소년보호활동을 5년 이상 전문적으로 담당한 사람
8. 학교운영위원회 및 청소년보호 활동 경험이 풍부한 학부모 대표
9. 그 밖에 학교폭력 예방 및 청소년 보호에 대한 지식과 경험을 가진 사람

관련 전문인력의 참여를 통한 지역인프라를 구축하기 위해, 시행령 제4조 제4항 7호의 '청소년 선도 및 보호 단체에서 청소년보호활동을 5년 이상 전문적으로 담당한 사람'을 위촉하게 되어 있는데, 이에는 '청소년상담사' 또는 '청소년지도사'자격을 갖춘 자가 포함될 수 있다. 5년 이상 경험이 없는 '청소년상담사'나 '청소년지도사' 등의 경우는 제7호에 따라 위촉할 수는 없지만 사정에 따라서는 제9호에 따라 위촉할 수 있을 것이다.

폭력 등 청소년위기관련 사업과의 연계 및 정책공유를 통한 협조체계 구축을 위해, 지역위원회의 위원으로, 시·도 청소년상담지원센터 및 정신보건센터의 소속직원으로서 폭력예방 및 보호지원 업무를 담당하는 책임자를 위촉할 것을 권장한다.

위원의 임기는 2년으로 하되 연임할 수 있다. 다만, 지역위원회 위원의 사임 등으로 새로 위촉되는 위원의 임기는 전임위원의 잔여임기로 한다.(시행령 제4조 5항)

(4) 지역위원회의 운영(시행령 제4조 제7항)

지역위원회의 회의는 반기별로 1회 소집한다. 다만, 재적위원 3분의 1 이상의 요구가 있거나 위원장이 필요하다고 인정하는 경우에는 수시로 소집할 수 있다.

위원장이 회의를 소집할 때에는 회의 개최 5일 전까지 회의의 일시·장소 및 안건을 각 위원에게 통지하여야 한다. 다만, 긴급을 요하는 때에는 그러하지 아니하다.

지역위원회의 회의는 재적위원 과반수의 출석으로 개의하고, 출석위원 과반수의 찬성으로 의결한다.

위원장은 필요하다고 인정하는 때에는 학교폭력 예방 및 대책과 관련하여 전문가 등을 회의에 출석하여 발언하게 할 수 있다.

회의에 출석한 위원 및 전문가 등에 대하여는 예산의 범위에서 수당과 여비를 지급할 수 있다. 다만, 공무원인 위원이 그 소관업무와 직접적으로 관련하여 회의에 출석하는 경우에는 그러하지 아니하다.

위원회의 사무를 담당하기 위하여 시·도지사 및 교육감 소속 공무원 중에서 간사를 둘 수 있다.(시행령 제4조 6항)

지역위원회는 해당 지역에서 발생한 학교폭력에 대하여 교육감 및 지방경찰청장에게 관련 자료를 요청할 수 있다.

(5) 실무위원회

지역위원회는 그 효율적인 운영을 위하여 실무위원회를 둘 수 있으며, 그 구성은 7명 이내의 학교폭력 예방 및 대책에 관한 실무자 및 민간의 전문가로 한다.(시행령 제5조)

5. 교육감의 임무

제11조(교육감의 임무)

① 교육감은 시·도교육청에 학교폭력의 예방과 대책을 담당하는 전담부서를 설치·운영하여야 한다.

② 교육감은 관할 구역 안에서 학교폭력이 발생한 때에는 해당 학교의 장 및 관련 학교의 장에게 그 경과 및 결과의 보고를 요구할 수 있다.

③ 교육감은 관할 구역 안의 학교폭력이 관할 구역 외의 학교폭력과 관련이 있는 때에는 그 관할 교육감과 협의하여 적절한 조치를 취하여야 한다.

④ 교육감은 학교의 장으로 하여금 학교폭력의 예방 및 대책에 관한 실시계획을 수립·시행하도록 하여야 한다.

⑤ 교육감은 제12조에 따른 자치위원회가 처리한 학교의 학교폭력빈도를 학교의 장에 대한 업무수행 평가에 부정적 자료로 사용하여서는 아니 된다.

⑥ 교육감은 제16조 제1항 제5호 또는 제17조 제1항 제4호에 따른 전학의 경우 그 실현을 위하여 필요한 조치를 취하여야 하며, 제17조 제1항 제9호에 따른 퇴학처분의 경우 해당 학생의 건전한 성장을 위하여 다른 학교 재입학 등의 적절한 대책을 강구하여야 한다.

⑦ 교육감은 기획위원회 및 지역위원회에 관할 구역 안의 학교폭력 관련 사항을 보고하여야 한다. 관할 구역 밖의 학교폭력 관련 사항 중 관할 구역 안의 학교와 관련된 경우에도 또한 같다.

⑧ 제1항에 따라 설치되는 전담부서의 구성 등에 필요한 사항은 대통령령으로 정한다.

(1) 학교폭력의 예방 및 대책을 담당하는 전담부서 설치·운영의무

교육감은 시·도교육청에 학교폭력의 예방과 대책을 담당하는 전담부서를 설치하고 운영할 의무가 있는데, 교육감이 시·도교육청에 설치해야 하는 학교폭력 예방과 대책을 담당하는 전담부서는 해당 시·도 교육청의 여건을 고려하여 장학관, 장학사 등을 포함한 3인 이상으로 구성한다. 전담부서의 명칭, 운영 등 세부적

인 사항에 관하여는 교육감이 해당 시·도 교육청의 여건을 고려하여 정한다.(시행령 6조)

(2) 학교폭력 보고요구권과 업무수행평가 자료사용금지의무

교육감은 관할구역 안에서 학교폭력이 발생한 때 당해 학교의 장 및 관련학교의 장에게 그 경과와 결과의 보고를 요구할 권한이 있다. 다만 교육감은 각 학교의 자치위원회가 처리한 당해 학교의 학교폭력빈도를 당해 학교의 장에 대한 업무수행 평가에 부정적인 자료로 사용해서는 안 된다.

(3) 기획위원회 및 지역위원회에의 보고의무

교육감은 기획위원회 및 지역위원회에 관할구역안의 학교폭력관련 사항을 보고할 의무가 있는데, 관할구역 밖의 학교폭력관련 사항 중 관할구역안의 학교와 관련된 경우에도 이를 보고하여야 한다.

(4) 기타 학교폭력관련 조치의무

교육감은 관할구역안의 학교폭력이 관할구역 밖의 학교폭력과 관련이 있을 때에는 관할 교육감과 협의하여 적절한 조치를 취하여야 한다. 교육감은 학교의 장에게 학교폭력의 예방 및 대책에 관한 실시계획을 수립·시행하도록 할 의무가 있다.

교육감은 각 학교의 자치위원회가 학교의 장에게 요청하는 동법 제16조 제1항 제5호의 피해학생에 대한 조치 또는 제17조 제1항 제4호의 가해학생에 대한 조치로서의 전학의 경우 그 실현을 위하여 필요한 조치를 할 의무가 있고, 제17조 제1항 제9호에 의한 퇴학처분의 경우에는 퇴학조치를 받은 학생의 건전한 성장을 위하여 다른 학교 재입학 등의 적절한 대책을 강구할 의무가 있다.

6. 학교폭력대책자치위원회

제12조(학교폭력대책자치위원회의 설치·기능)

① 학교폭력의 예방 및 대책에 관련된 사항을 심의하기 위하여 학교에 학교폭력대책자치위원회(이하 "자치위원회"라 한다)를 둔다.

② 자치위원회는 학교폭력의 예방 및 대책 등을 위하여 다음 각 호의 사항을 심의한다.

1. 학교폭력의 예방 및 대책을 위한 학교의 체제 구축
2. 피해학생의 보호
3. 가해학생에 대한 선도 및 징계
4. 피해학생과 가해학생 간의 분쟁조정
5. 그 밖에 대통령령으로 정하는 사항

③ 자치위원회의 설치·운영 등에 필요한 사항은 지역 및 학교의 규모 등을 고려하여 대통령령으로 정한다.

제13조 (자치위원회의 구성)

① 자치위원회는 위원장 1인을 포함하여 5인 이상 10인 이하의 위원으로 구성한다.

② 자치위원회의 구성·운영에 필요한 사항은 대통령령으로 정한다.

(1) 자치위원회의 제도적 의의

학교폭력대책자치위원회(이하에서는 자치위원회로 약칭)는 학교와 지역사회가 연계하여 구성하는 학교폭력 전담기구이다. 자치위원회는 학교폭력사건이 발생하기 전에 학교폭력의 예방 및 대책을 위한 체제를 구축하고, 학교폭력사건이 발생한 경우에는 사건이 민·형사상의 법적분쟁으로 확대되기 이전에 1차적으로 개입하여 피해·가해학생에게 필요한 조치를 결정하며, 분쟁조정을 통해 당사자 간의 원만한 합의를 도모한다.

자치위원회는 학교폭력예방및대책에관한법률에 근거를 둔 법적 기구로서, 각 학교는 반드시 자치위원회를 구성하여야 하며, 법에 규정된 운영원칙들을 준수해

야 한다.

'선도위원회'나 '중재위원회'등 기존의 교내기구들은 교내인사들이 중심이 되어 구성되는데 비해, 자치위원회는 교직원, 학부모, 경찰공무원, 법률전문가, 청소년보호전문가 등 학내외 인사들로 구성되므로 전문성·객관성·중립성이 보장된다는 점이 특징이다.

(2) 자치위원회의 설치 및 기능

학교폭력대책자치위원회는 학교폭력의 예방 및 대책에 관련한 사항을 심의하기 위하여 각 학교에 둔다. 자치위원회는 학교폭력의 예방 및 대책 등을 위하여 다음과 같은 사항을 **심의한다.**(제12조)

1. 학교폭력의 예방 및 대책을 위한 학교의 체제 구축
2. 피해학생의 보호
3. 가해학생에 대한 선도 및 징계
4. 피해학생과 가해학생 간의 분쟁조정
5. 그 밖에 대통령령이 정하는 사항으로서, 학교폭력의 예방 및 대책과 관련하여 학교폭력 문제를 담당하는 책임교사 또는 학생회의 대표가 건의하는 사항(시행령 제7조)

(3) 자치위원회의 구성(시행령 제9조)

가. 위원의 수

자치위원회는 위원장 1인을 포함하여 5인 이상 10인 이하의 위원으로 구성한다.(법 제13조 1항) 각 학교는 5인 이상 10인 이하의 범위 내에서 당해 학교의 구체적인 사정에 맞게 위원수를 정할 수 있다.

나. 위원장

위원장은 위원 중에 호선한다.

개정 전 법률은 학교의 장으로 하여금 위원장직을 맡도록 규정하였으나 개정 법률에서은 위원장을 위원 중 호선하도록 하고, 학교의 장은 위원의 임명, 위촉권만을 가질 뿐이며 자치위원회의 일원이 될 수 없도록 하고 있다.

위원장 직무의 대행

위원장이 사고로 직무를 대행할 수 없을 때에는 위원장이 미리 지정하는 위원이 그 직무를 대행한다.(시행령 제9조 2항) 직무대행이 요구되는 '사고'에는 사망 등으로 인하여 위원장의 직위가 일시적으로 공석이 된 경우 및 사정으로 인해 일시적으로 위원장의 직무수행이 불가능해 진 경우가 모두 포함된다.

위원장 : 위원 중 호선

위 원

다음 자격을 가진 사람들 중에서 해당 학교의 장이 임명하거나 위촉한다.

1. 해당 학교의 교감
2. 해당 학교의 교사 중 학생생활지도의 경력이 있는 교사
3. 해당 학교운영위원회의 학부모대표
4. 판사·검사·변호사
5. 해당 학교를 관할하는 경찰서 소속 경찰공무원
6. 의사의 자격을 가진 사람
7. 그 밖에 학교폭력 예방 및 청소년 보호에 지식과 경험을 가진 사람

자치위원회의 위원은 학교의 장이 임명하거나 위촉한다. 학교의 장이 자치위원회의 위원이 될 수 있는가에 대해서는, 시행령이 명시하고 있는 위원 자격 중에 학교의 장은 포함되어 있지 않으므로 학교의 장은 자신을 위원으로 위촉할 수는 없다. 학교의 장을 시행령 제9조 제1항 7호 '그 밖

에 학교폭력 예방 및 청소년 보호에 시식과 경험을 가진 사람'으로 보아 위원으로 위촉할 수 있다고 해석할 여지가 있으나, 징계 실행권자와 징계 결정권자를 분리하고자 하는 입법취지를 헤아릴 때, 학교의 장은 자치위원회의 위원이 될 수 없다고 새기는 것이 옳다.

관련 전문인력의 참여를 통한 지역인프라를 구축하기 위해 위촉할 수 있는 사람으로는 사회복지, 아동/청소년 분야 전문가, 관련 시민단체 활동가 등을 들 수 있으며, 아동/청소년 분야 전문가의 예로는 '청소년 상담사' 또는 '청소년 지도사'자격을 갖춘 자로서, 청소년 선도 및 보호 단체에서 청소년보호활동을 다년간 전문적으로 담당한 사람 등을 생각해 볼 수 있다.

기타 폭력 등 청소년위기관련 사업과의 연계 및 정책공유를 통한 협조체계 구축을 위해, 지역위원회의 위원으로, 시·도 청소년상담지원센터 및 정신보건센터의 소속직원으로서 폭력예방 및 보호지원 업무를 담당하는 사람도 위촉하는 것이 가능하다.

다. 임기

각 위원의 임기는 2년으로 하며, 연임이 가능하다. 단, 자치위원회 위원의 사임 등으로 새로 위촉되는 위원의 임기는 전임위원의 잔여임기로 한다.

라. 위원의 사임

자치위원회 위원은 개인적인 사정으로 위원직을 계속 수행하기 어려운 경우 본인의 의사에 따라 자유롭게 사임할 수 있다. 사임의 의사를 위원장에게 서면 또는 구두로 표명함으로써 곧바로 위원직에서 탈퇴할 수 있으며, 자치위원회의 허가는 필요하지 않다.

(4) 자치위원회의 소집 및 의결(시행령 8조)

가. 소집요건

다음의 경우에는 위원장은 자치위원회를 소집하여야 한다.

위원장이 학교폭력과 관련하여 자치위원회를 소집하여야 한다고 인정하는 경우

자치위원회 재적위원 3분의 1 이상의 요청이 있는 경우

학교의 장이 소집을 요청하는 경우

※ 자치위원회 재적위원 3분의 1 이상의 요청이 있는 경우이거나 학교의 장이 소집을 요청하는 경우에는 위원장은 반드시 자치위원회를 소집하여야 하지만, 자치위원회의 요청이 없는 경우에는 학교폭력관련 사실에 관하여 자치위원회를 소집할 것인지에 관하여 위원장은 재량권을 가지고 있다.

나. 의결요건

자치위원회의 회의는 재적위원 과반수의 출석으로 개의하고, 출석위원 과반수의 찬성으로 의결한다.

다. 간사의 지명

자치위원회의 사무를 처리하기 위하여 해당 학교의 교직원 중 간사 1명을 두되, 위원장이 지명한다.

라. 회의록 작성·보존

자치위원회는 회의록을 작성·보존하여야 한다. 여기서 회의록이란 학교폭력 예방 및 대책관련 심의내용을 기록한 것뿐만 아니라 분쟁조정 심의내용을 기록한 것도 포함된다.

※ 회의록에 반드시 기록해야 하는 사항

① 위원회 개최일시 및 장소

② 출석위원

③ 각종 보고사항
④ 심의내용 및 의결·결정사항
⑤ 보고서 제출현황
⑥ 그 밖의 토의사항

마. 회의출석위원에 대한 수당·여비 지급

자치위원회의 회의에 출석한 위원에 대하여는 예산의 범위에서 수당과 여비를 지급할 수 있다. 다만, 공무원인 위원이 그 소관업무와 직접적으로 관련하여 회의에 출석하는 경우에는 그러하지 아니하다.

(5) 자치위원회 위원의 제척·기피 및 회피(시행령 제13조)

가. 위원의 제척

자치위원회 위원이 학교폭력 사건에 연루된 가해학생과 피해학생 간의 분쟁을 조정하는데 있어서 공정성이 위협받을 만한 심한 우려가 있는 경우, 법은 그러한 경우를 적기하여 위원의 직무집행 자격을 정지하도록 한다. 위원이 시행령 제13조 제1항에서 열거하는 사항중 하나에 해당하는 경우, 그의 의사와 무관하게 해당 분쟁조정사건에서 제척당하며, 이를 위반하고 해당위원이 자치위원회의 의결에 참여하였다면, 이를 무효로 하고 재조정을 요청할 수 있다. 제척 결정은 자치위원회에서 한다.

※ 제척사유

1. 위원이나 그 배우자 또는 그 배우자였던 사람이 해당 분쟁조정사건의 피해학생 또는 가해학생의 부모 등 보호자인 경우 또는 보호자였던 경우
2. 위원이 해당 분쟁조정 사건의 피해학생 또는 가해학생과 친족이거나 친족이었던 경우
3. 그 밖에 위원이 해당 분쟁조정 사건의 피해학생 또는 가해학생과 관련이 있다고 자치위원회가 인정하는 경우

나. 위원의 기피 및 회피

학교폭력과 관련하여 분쟁이 발생한 경우, 피해학생, 가해학생 또는 그 보호자는 자치위원회의 위원에게 공정한 심의를 기대하기 어려운 사정이 있다고 인정할 만한 상당한 사유가 있는 경우에 자치위원회에 그 사실을 서면으로 소명하고 해당 위원에 대한 기피신청을 할 수 있다. 기피신청이 있는 때에는 자치위원회가 의결로써 해당 위원의 기피여부를 결정하여야 하며, 이 경우 기피신청대상이 된 위원은 그 의결에 참여하지 못한다. 또한 '제척사유' 또는 '기피사유'에 해당하는 경우, 해당 위원 스스로가 관련 분쟁조정 사건을 회피할 수 있다.

(6) 자치위원회의 권한

1 심의

1. 학교폭력의 예방 및 대책을 위한 학교의 체제 구축
2. 피해학생의 보호
3. 가해학생에 대한 선도 및 징계
4. 피해학생과 가해학생 간의 분쟁조정
5. 그 밖에 대통령령이 정하는 사항으로서, 학교폭력의 예방 및 대책과 관련하여 학교폭력 문제를 담당하는 책임교사 또는 학생회의 대표가 건의하는 사항

2 피해학생에 대한 조치 요구

3 가해학생에 대한 조치 요구

4 학교폭력 관련 분쟁 조정

자치위원회의 학교폭력사건 처리절차

학교폭력사건이 발생하면 일반적으로 다음과 같은 절차의 흐름에 따라 자치위원회가 개입하여 피해·가해학생에 대한 적정한 조치를 내리게 된다.

1 **학교폭력 발생 신고**

↓

2 **자치위원회의 소집**

↓

3 **자치위원회 조사**

↓

4 **자치위원회의 심의**

↓

5 **조치 및 결과의 보고**

〈그림 2-28〉 자치위원회의 학교폭력사건 처리절차

7. 피해학생의 보호조치

제16조(피해학생의 보호)

① 자치위원회는 피해학생의 보호를 위하여 필요하다고 인정하는 때에는 피해학생에 대하여 다음 각 호의 어느 하나에 해당하는 조치(수 개의 조치를 병과하는 경우를 포함한다)를 할 것을 학교의 장에게 요청할 수 있다. 다만, 학교의 장은 피해학생의 보호를 위하여 긴급하다고 인정할 경우 자치위원회의 요청 전에 제1호, 제2호 및 제6호의 조치를 할 수 있다. 이 경우 자치위원회에 즉시 보고하여야 한다.

1. 심리상담 및 조언

2. 일시보호

3. 치료를 위한 요양

4. 학급교체

5. 전학권고

6. 그 밖에 피해학생의 보호를 위하여 필요한 조치

② 제1항에 따른 요청이 있는 때에는 학교의 장은 피해학생의 보호자의 동의를 받아 해당 조치를 할 수 있다.

③ 제1항의 조치 등 보호가 필요한 학생에 대하여 학교의 장이 인정하는 경우 그 조치에 필요한 결석을 출석일수에 산입할 수 있다.

④ 학교의 장은 성적 등을 평가함에 있어서 제2항에 따른 조치로 인하여 학생에게 불이익을 주지 아니하도록 노력하여야 한다.

⑤ 제1항 제3호에 따라 사용되는 비용은 가해학생의 보호자가 부담하여야 한다. 다만, 가해학생의 보호자가 이를 부담하지 아니할 경우에는 「학교안전사고 예방 및 보상에 관한 법률」 제15조에 따른 학교안전공제회 또는 시·도교육청이 부담하고 이에 대한 구상권을 행사할 수 있다.

자치위원회는 피해학생의 보호를 위하여 필요하다고 인정하는 때에는 피해학생에 대하여 다음과 같은 조치를 취할 것을 학교의 장에게 요청할 수 있다(자치위원회는 한 가지 조치만을 취할 것을 요청할 수도 있고, 여러 조치를 동시에 취할 것을 요청할 수도 있다). 다만, 학교의 장이 피해학생의 보호를 위하여 긴급하다고 인정할 경우 자치위원회의 요청 전에라도 제1호(심리상담 및 조언), 제2호(일시보호) 및 제6호(그 밖에 피해학생의 보호를 위하여 필요한 조치)의 조치를 할 수 있다. 이 경우 학교의 장은 자치위원회에 즉시 보고하여야 한다. 학교의 장은 자치위원회가 특정한 조치를 취하도록 요청하는 경우 피해학생의 보호자의 동의를 얻어 당해 조치를 취할 수 있다. 이에 비하여 가해학생에 대한 조치는, 자치위원회의 요청이 있는 경우, 학교의 장은 그에 해당하는 조치를 의무적으로 해야만 한다.

1. 심리상담 및 조언

피해학생이 심리치료 등의 전문상담자를 통해서 학교폭력으로 받은 정신적·심리적 충격으로부터 회복할 수 있도록 하기 위한 조치이다.

2. 일시보호

지속적인 폭력이나 보복을 할 우려가 있는 경우 일시적으로 보호시설이나 집 또는 학교상담실 등에서 보호를 받을 수 있도록 하기 위한 조치이다.

3. 치료를 위한 요양

피해학생이 의료기관을 통해 심리적, 신체적 진료나 치료를 받도록 하는 조치이다.

4. 학급교체

피해학생과 가해학생이 같은 학급에 있는 경우 피해학생이 가해학생과 함께 있는 것만으로도 심리적인 불안감을 가질 수 있으므로 양자를 격리하기 위한 조치이다.

5. 전학권고

다른 조치를 취한다고 하더라도 피해학생을 보호하기 어려운 경우 최후의 조치로서 피해학생에게 전학을 권고하는 조치이다.

6. 그 밖에 피해학생의 보호를 위하여 필요한 조치

피해학생이 원하거나 위원회에서 문제되는 학교폭력 사건에서 피해학생에게 필요한 조치라고 인정된 다른 조치들을 말한다. 이러한 조치의 한 예로 피해학생 또는 보호자가 학교나 교육청에 대한 신변보호지원요청을 함으로써 받게 되는 신변보호지원을 들 수 있다.

보호가 필요한 학생에 대하여 학교의 장이 인정하는 경우 그 조치에 필요한 결석을 출석일수에 산입할 수 있다. 피해학생이 학교폭력이 두려워 학교에 가지 못하는 경우도 무단결석으로 볼 것이 아니라 상당한 이유가 있을 경우 학교의 장이 인정한다면 출석으로 인정할 수 있다. 학교의 장은 성적 등을 평가함에 있어서 학교의 장이 취한 피해학생에 대한 조치로 인하여 학생에게 불이익을 주지 않도록 노력하여야 한다.

보호조치를 받았다는 사실 자체가 성적평가 등에서 불이익으로 작용하지 않도록 해야 함은 물론, 일시보호나 치료를 위한 요양의 조치 등으로 인하여 피해학생이 장·단기간 결석하게 되어 부득이하게 성적평가를 위한 시험에 응하지 못하게 된 경우에도 학교학업성적관리규정에 의거하여 불이익이 없도록 조치해야 한다. '자치위원회'가 피해학생 보호를 위하여 법 제16조 제1항 제2호(일시보호), 제3호(치료를 위한 요양)의 필요를 인정하여 조치할 때, 교육감이 그에 따른 치료 및 교육을 담당할 교육·치료기관을 지정하는데, 지역위원회는 그에 관하여 자문한다. (법 제10조) 교육감은 제16조 제1항 제5호에 따른 피해학생 전학이 있을 경우 그 실현을 위하여 필요한 조치를 취하여야 한다.(법 제11조)

구상권 행사

학교폭력예방및대책에관한법률의 주요한 제정동기는 피해학생에 대한 효과적인 보호와 지원책을 마련해야 한다는 데 있었다. 피해학생을 실질적으로 보호하는 데 있어서 학교폭력의 피해학생에 대한 치료비를 가해학생측이 부담하지 않거나 부담할 재력이 없는 경우 피해학생의 치료비부담은 가장 큰 문제점으로 부각되었다. 그러한 문제를 해결하기 위해서 개정 학교폭력예방및대책에관한법률 제16조 제5항은 '구상권'을 규정하고 있다.

자치위원회가 피해학생의 보호를 위하여 필요하다고 인정하여 제1항 제3호 '치료를 위한 요양'조치를 할 경우, 치료요양을 위해 사용되는 비용은 가해학생의 보호자가 부담한다. 다만, 가해학생의 보호자가 이를 부담하지 아니할 경우에는 「학교안전사고 예방 및 보상에 관한 법률」 제15조에 따른 학교안전공제회 또는 시·도교육청이 비용을 부담하고 이에 대한 구상권을 행사할 수 있다.

구상권은 타인의 채무를 대신하여 변제한 경우 그 타인에 대하여 상환을 청구할 수 있는 일종의 반환청구권이다. 민법은 연대채무자의 1인이 채무를 변제한 경우 해당 변제자에게 다른 연대채무자에 대한 구상권을 인정하고 있다.

※ 피해학생에 대한 보호조치의 절차

1 자치위원회의 요청

↓

2 피해학생 보호자의 동의

↓

3 학교의 장의 조치

〈그림 2-29〉 피해학생에 대한 보호조치의 절차

8. 가해학생에 대한 조치

제17조(가해학생에 대한 조치)

① 자치위원회는 피해학생의 보호와 가해학생의 선도·교육을 위하여 필요하다고 인정하는 때에는 가해학생에 대하여 다음 각 호의 어느 하나에 해당하는 조치(수 개의 조치를 병과하는 경우를 포함한다)를 할 것을 학교의 장에게 요청할 수 있다. 다만, 퇴학처분은 의무교육과정에 있는 가해학생에 대하여는 적용하지 아니한다.

1. 피해학생에 대한 서면사과
2. 피해학생에 대한 접촉 및 협박의 금지
3. 학급교체
4. 전학
5. 학교에서의 봉사
6. 사회봉사
7. 학내외 전문가에 의한 특별교육이수 또는 심리치료
8. 10일 이내의 출석정지
9. 퇴학처분

② 제1항 제2호부터 제6호까지 및 제8호의 처분을 받은 가해학생은 교육감이 정한 기관에서 특별교육을 이수하여야 하며, 특별교육 기간은 자치위원회에서 정한다.

③ 학교의 장은 가해학생에 대한 선도가 긴급하다고 인정할 경우 우선 제1항 제1호, 제2호 및 제5호의 조치를 할 수 있다. 이 경우 자치위원회에 즉시 보고하여 추인을 받아야 한다.

④ 자치위원회는 제1항에 따른 조치를 요청하기 전에 가해학생 및 보호자에게 의견진술의 기회를 부여하는 등 적정한 절차를 거쳐야 한다.

⑤ 제1항에 따른 요청이 있는 때에는 학교의 장은 해당 조치를 하여야 한다.

⑥ 학교의 장이 제3항에 따른 조치를 한 때에는 가해학생과 그 보호자에게 이를 통지하여야 하며, 가해학생이 이를 거부하거나 회피하는 때에는 「초·중등교육법」 제18조에 따라 징계하여야 한다.

⑦ 가해학생이 제1항 제5호부터 제7호까지의 규정에 따른 조치를 받은 경우 이와 관련된 결석은 학교의 장이 인정하는 때에는 이를 출석일수에 산입할 수 있다.

⑧ 자치위원회는 가해학생이 특별교육을 이수할 경우 해당 학생의 보호자도 함께 교육을 받게 할 수 있다.

(1) 가해학생에 대한 조치

자치위원회는 피해학생의 보호와 가해학생의 선도·교육을 위하여 필요하다고 인정하는 때에는 다음과 같은 조치를 취할 것을 학교의 장에게 요청할 수 있다. 그러나 퇴학처분은 의무교육과정에 있는 가해학생에 대하여는 적용하지 않는다.

1. **피해학생에 대한 서면사과**

   가해학생이 피해학생에게 서면으로 그동안의 폭력행위에 대하여 사과를 하도록 함으로써 서로 화해하도록 하는 조치이다.

2. **피해학생에 대한 접촉 및 협박의 금지**

   피해학생에 대한 가해학생의 접근을 막아 더 이상의 폭력이나 보복을 막기 위한 조치이다.

3. **학급교체**

   가해학생을 피해학생으로부터 격리시키기 위하여 같은 학교 내의 다른 학급으로 옮기는 조치이다.

4. **전학**

   가해학생을 피해학생으로부터 격리시키기 위하여 가해학생의 소속을 다른 학교로 옮기는 조치이다.

5. **학교에서의 봉사**

   가해학생에게 학교 내에서 화단정리, 교실에서의 교구정리, 화장실청소, 장애학생의 등교도우미 등을 하게 함으로써 반성의 기회를 주고, 폭력적인 성향을 바꾸는 계기를 주기 위한 조치이다.

6. **사회봉사**

   가해학생에게 학교를 벗어나 복지시설에서의 봉사, 관공서에서의 심부름, 거리에서의 휴지줍기, 교통안내 등의 사회봉사를 통해 사회구성원으로서의 책임감을 느끼게 하고, 자신의 행동에 대한 반성의 기회를 주기위한 조치이다.

7. 학내외 전문가에 의한 특별교육이수 또는 심리치료

폭력적 행동을 스스로 제어하지 못하는 경우 특별전문가에 의하여 특별교육을 받게 하거나 심리치료를 받도록 하는 조치이다.

8. 10일 이내의 출석정지

가해학생에게 학교에 출석하지 못하게 함으로써 반성의 기회를 주고 일시적으로나마 피해학생과 격리시킴으로써 피해학생을 보호하기 위한 조치이다. 출석정지 기간은 자치위원회의 심의를 거쳐 학교의 장이 정하는데, 최대 10일을 초과할 수 없다.

9. 퇴학처분

위의 조치들로는 피해학생을 보호하고 가해학생을 선도·교육할 수 없다고 인정될 때 취하는 최후의 조치이다.

위 9개의 조치는 법률상 규정된 순서대로 취하여야 하는 것이 아니라, 가해학생의 선도 및 교육을 위하여 필요하다고 인정되는 경우 하나 또는 여러 개의 조치를 함께 취할 수도 있다. 따라서 자치위원회는 가해학생에 대한 위의 조치 중 하나 또는 수개의 조치를 취할 것을 학교의 장에게 요청할 수 있다. 자치위원회의 요청이 있으면 학교의 장은 자치위원회가 요청한 당해 조치를 반드시 취하여야 한다. 이 때 학교의 장에게는 재량권이 없다. 자치위원회는 가해학생에 대한 조치를 요청하기 전에 가해학생 및 보호자에게 의견진술의 기회를 부여하는 등 적정한 절차를 거쳐야 한다.

학교의 장은 자치위원회가 요청하는 조치를 취한 후에는 가해학생과 그 보호자에게 이를 통지할 의무가 있다. 법 제17조 제6항은 학교장의 통지의무를 규정하고 있는데, 해당 법문 중 '제3항에 따른 조치'는 편집상의 오류로 보이며, 이를 '제5항에 따른 조치'로 새김이 옳다.

자치위원회의 결정으로 학교의 장이 가해학생에 대하여 조치를 취할 경우, 가해학생이 이를 거부하거나 회피하는 때에는 「초·중등교육법」 제18조에 따라 징계하여야 한다.(제17조 제6항)

※ 「초·중등교육법」 [일부개정 2008.3.21 법률 8917호] 제18조 (학생의 징계)

① 학교의 장은 교육상 필요한 때에는 법령 및 학칙이 정하는 바에 의하여 학생을 징계하거나 기타의 방법으로 지도할 수 있다. 다만, 의무교육과정에 있는 학생을 퇴학시킬 수 없다.

② 학교의 장은 학생을 징계하고자 하는 경우 해당 학생 또는 학부모에게 의견진술의 기회를 부여하는 등 적정한 절차를 거쳐야 한다.

'피해학생에 대한 접촉 및 협박의 금지', '학급교체', '전학', '학교에서의 봉사', '사회봉사', '10일 이내의 출석정지' 처분을 받은 가해학생은 교육감이 정한 기관에서 특별교육을 이수하여야 하며, 특별교육 기간은 자치위원회에서 정한다.

'자치위원회'가 가해학생의 선도·교육 등을 위해 법 제17조 제1항 제7호(학내외 전문가에 의한 특별교육이수 또는 심리치료)를 조치할 경우, 교육감이 그에 따른 치료 및 교육을 담당할 교육·치료기관을 지정하는데, 지역위원회는 그에 관하여 자문한다. (법 제10조)

학교의 장은 가해학생에 대한 선도가 긴급하다고 인정할 경우 우선 제1항 제1호(피해학생에 대한 서면사과), 제2호(피해학생에 대한 접촉 및 협박의 금지) 및 제5호(학교에서의 봉사)의 조치를 할 수 있다. 이 경우 자치위원회에 즉시 보고하여 추인을 받아야 한다. 가해학생이 제1항 제5호부터 제7호까지의 규정에 따른 '학교에서의 봉사', '사회봉사', '학내외 전문가에 의한 특별교육이수 또는 심리치료'조치를 받은 경우, 이와 관련된 결석은 학교의 장이 인정하는 때에는 이를 출석일수에 산입할 수 있다. 자치위원회는 가해학생이 '특별교육'을 이수할 경우 해당 학생의 보호자도 함께 교육을 받게 할 수 있다. 교육감은 법 제17조 제1항 제9호에 따라 가해학생에 대한 퇴학처분이 있을 경우 해당 학생의 건전한 성장을 위하여 다른 학교 재입학 등의 적절한 대책을 강구하여야 한다.(법 제11조)

※ **유의할 점**은 학교폭력법상 위의 조치를 받았다고 하여 형사법상 처벌이나 민사법상 손해배상을 면할 수 있는 것이 아니라는 점이다. 이 법에 따른 조치를 하던 중에 피해자 측이 경찰이나 검찰에 고소하여 형사절차가 개시되거나 민사상 손해배상소송을 제기한 경우에는 학교는 관련사건에 대한 분쟁조정 등 이 법에 따른 조치를 중단할 수 있을 뿐이다. 그러므로 학교에서 이 법에 의한 중단조치를 취하지 않으면, 이 법상의 조치를 모두 받고서 다시 형사상의 처벌을 받거나 민사상의 손해배상을 하여야 하는 경우도 있을 수 있다.

(2) 문제점

"**피해학생에 대한 서면사과**"는 학교폭력예방및대책에관한법률이 학교폭력 사건의 해결책으로 가해학생과 피해학생 사이의 갈등해결의 중요성을 인식하고서 둔 조치이다. 그런데 사과의 의사표시가 실제 갈등해결에 도움이 되려면 가해학생이 피해학생의 처지와 고통을 진정으로 이해하고 반성한다는 의미를 담고 있어야 한다. 자치위원회의 의결로 가해학생에게 사과를 명하는 현재의 방식은 형식적인 사과에 그침으로써 충분한 갈등해결을 가져오지 못할 수 있다는 점에 문제가 있다. 따라서 가해학생이 진정으로 반성하고 진심을 담은 사과를 할 수 있도록 이에 선행하는 교육조치가 필요하다.

"**피해학생에 대한 접촉 및 협박의 금지**"는 동일한 피해자에게 폭력재발을 방지한다는 의미를 담고 있기는 하지만 이에 대해서도 첫째 접촉 및 협박의 금지가 학교현장에서 실효성을 가질 수 있겠는가 하는 점, 둘째 집단따돌림 같은 경우에는 피해학생에 대한 특정 가해학생의 접촉금지는 비현실적이라는 지적이 있다.

※ 가해학생에 대한 조치의 절차

1 자치위원회의 요청 (적정한 절차 보장)

⇩

2 학교의 장의 조치 (보호자의 동의 불요)

⇩

3 가해학생 및 보호자에게 통지

〈그림 2-30〉 가해학생에 대한 조치의 절차

9. 분쟁조정

제18조(분쟁조정)

① 자치위원회는 학교폭력과 관련하여 분쟁이 있는 경우에는 그 분쟁을 조정할 수 있다.

② 제1항에 따른 분쟁의 조정기간은 1개월을 넘지 못한다.

③ 학교폭력과 관련한 분쟁조정에는 다음 각 호의 사항을 포함한다.

1. 피해학생과 가해학생간 또는 그 보호자 간의 손해배상에 관련된 합의조정
2. 그 밖에 자치위원회가 필요하다고 인정하는 사항

④ 자치위원회는 분쟁조정을 위하여 필요하다고 인정하는 때에는 관계 기관의 협조를 얻어 학교폭력과 관련한 사항을 조사할 수 있다.

⑤ 자치위원회가 분쟁조정을 하고자 할 때에는 이를 피해학생·가해학생 및 그 보호자에게 통보하여야 한다.

> ⑥ 시·도교육청 관할 구역 안의 소속 학교가 다른 학생 간에 분쟁이 있는 경우에는 교육감이 해당 학교의 자치위원회위원장과의 협의를 거쳐 직접 분쟁을 조정한다. 이 경우 제2항부터 제5항까지의 규정을 준용한다.
> ⑦ 관할 구역을 달리하는 시·도교육청 소속 학교의 학생 간에 분쟁이 있는 경우에는 피해학생을 감독하는 교육감이 가해학생을 감독하는 교육감 및 관련 해당 학교의 자치위원회위원장과의 협의를 거쳐 직접 분쟁을 조정한다. 이 경우 제2항부터 제5항까지의 규정을 준용한다.

분쟁조정이란 '소송'에 대한 대체적 분쟁해결수단으로서, 중립적인 제3자의 주선 하에 분쟁 당사자 간의 자율적인 타협과정을 통해 화해에 이르는 제도를 말한다. 분쟁조정은 소송과 비교하여 절차의 진행이 신속하고 간단하여 시간적으로나 금전적으로 경제적이고, 절차가 비공개로 진행되므로 분쟁당사자들의 공개하고 싶지 않는 정보들에 대해 비밀이 유지될 수 있으며, 분쟁당사자들의 자발적인 타협과 양보를 통하여 유연하고 합리적인 문제해결을 도모할 수 있다는 장점이 있다. 반면, 분쟁조정에 있어서는 조정자가 제시한 합의안이 구속력을 지니지 않기 때문에 당사자 중 어느 한쪽이라도 거부하게 되면 합의가 이루어지지 않으며, 관련 법률에 명문의 규정이 없는 한 분쟁조정이 성립된다고 하더라도 '재판상 화해'와 같은 법적 효력은 인정되지 않아서 강제집행력이 없다는 제도적 한계가 있다.

자치위원회는 학교폭력과 관련하여 분쟁이 있는 경우에는 가해학생과 피해학생간의 분쟁을 조정할 수 있다. 분쟁조정의 기간은 1월을 넘지 못하므로, 분쟁조정을 개시한 때로부터 1월 이내에 조정을 마쳐야 하며, 1월 이내에 조정이 이루어지지 않으면 분쟁조정 절차는 별다른 조치 없이 종료된다. 자치위원회에서 이루어지는 분쟁조정의 대상에는 학교폭력의 피해학생과 가해학생 간 또는 그 보호자간의 손해배상에 관련된 합의조정과 그 밖에 자치위원회가 필요하다고 인정하는 사항이 포함된다. 자치위원회는 분쟁조정을 위하여 필요하다고 인정하는 때에는 관계기관의 협조를 얻어 학교폭력과 관련한 사항을 조사할 수 있다. 자치위원회가 분쟁조정을 하고자 할 때에는 이를 피해학생·가해학생 및 그 보호자에게 통보하여야 한다.

분쟁조정의 대상

가. 피해학생과 가해학생 또는 그 보호자 사이의 손해배상에 관련된 합의조정

ex) 피해학생의 치료 및 요양에 수반되는 비용의 부담과 관련된 분쟁, 피해학생이 입은 금전적 손해에 대한 배상과 관련된 분쟁 등

나. 그밖에 자치위원회가 필요하다고 인정하는 사항

ex) 학교가 자치위원회의 결정에 따라 가해학생에 대하여 일정한 조치를 취했음 에도 불구하고 피해학생 측이 추가로 가해학생에 대하여 공개사과, 학급교체, 전학 등을 요구하는 경우에 발생하는 분쟁 등

분쟁조정의 관할권

〈표 2-33〉 분쟁조정 관할권

소속 학교가 같은 학생 간의 분쟁	소속 학교가 다른 학생 간의 분쟁	
해당학교의 자치위원회에서 분쟁을 조정	동일한 시·도교육청 관할 소속인 경우	교육감이 해당학교의 자치위원회 위원장과 협의를 거쳐 직접 분쟁을 조정한다.
	다른 시·도교육청 관할 소속인 경우	피해학생을 감독하는 교육감이 가해학생을 감독하는 교육감 및 해당 학교의 자치위원회 위원장과의 협의를 거쳐 직접 분쟁을 조정한다.

분쟁조정의 개시 및 종료절차를 간단히 살펴보면 다음과 같다.

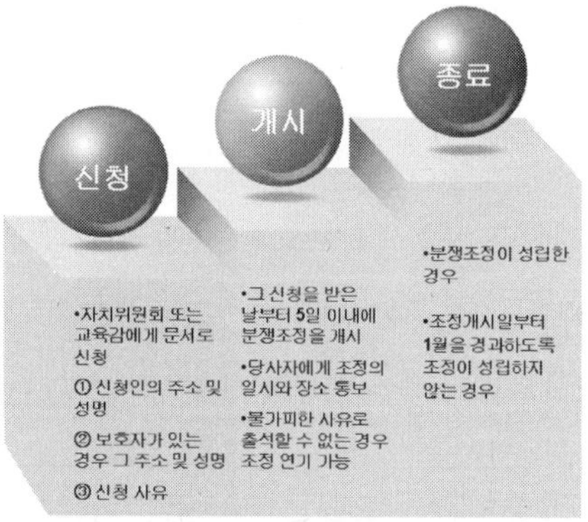

〈그림 2-31〉 분쟁조정의 개시 및 종료절차

(1) 분쟁조정의 신청

피해학생, 가해학생 또는 그 보호자(이하 "분쟁당사자") 중 중 어느 한 쪽은 당해분쟁사건에 대한 조정권한이 있는 자치위원회 또는 교육감에게 ① 분쟁조정 신청인의 주소 및 성명, ② 보호자의 성명 및 주소, ③ 신청의 사유가 기재된 문서로 분쟁조정을 신청할 수 있다.(시행령 제12조)

(2) 분쟁조정의 개시

분쟁조정 신청을 받은 자치위원회 또는 교육감은 그 신청을 받은 날부터 5일 이내에 분쟁조정을 개시하여야 하며, 자치위원회 또는 교육감은 분쟁당사자에게 분쟁조정의 일시 및 장소를 통보하여야 한다. 통지를 받은 분쟁당사자가 불가피한 사유로 인하여 출석할 수 없는 경우에는 자치위원회 또는 교육감에게 분쟁조정의 연기를 요청할 수 있다. 이 경우 자치위원회 또는 교육감은 분쟁조정의 기일을 다시 정하여야 한다. 자치위원회 또는 교육감은 자치위원회 위원 또는 지역위원회 위원 중에서 분쟁조정 담당자를 지정하거나, 외부 전문기관에 분쟁과 관련한 사항에 대한 자문 등을 할 수 있다.

※ 분쟁당사자에게 분쟁조정제도에 대한 안내

분쟁조정은 당사자의 서면신청 없이는 개시될 수 없다. 그러나 분쟁당사자들이 분쟁조정제도에 관하여 미리 숙지하고 있는 경우가 드물기 때문에 제도의 활용이 쉽지 않은 것이 현실이다. 학교는 적정한 안내를 통해 제도의 효율적인 활용을 도모할 필요가 있다.

- 학교폭력사건의 신고 또는 통보를 받은 학교는 피해 및 가해학생의 보호자들에게 사건에 관한 통보와 더불어 자치위원회의 분쟁조정제도에 관해서도 안내를 해 주어야 한다.
- 분쟁당사자가 구두로 분쟁조정을 요청하는 의사를 밝힌 경우에는 분쟁조정신청서의 작성을 안내해 주어야 한다.

(3) 분쟁조정의 거부·중지

자치위원회 또는 교육감은 다음과 같은 경우 분쟁조정의 개시를 거부하거나 분쟁조정을 중지할 수 있다(시행령 제15조 제1항).

1. 분쟁당사자 중 어느 한 쪽이 분쟁조정을 거부한 경우
2. 피해학생 등이 관련된 학교폭력 건에 대하여 가해학생을 고소·고발하거나 민사상 소송을 제기한 경우
3. 분쟁조정의 신청내용이 거짓임이 명백하거나 정당한 이유가 없다고 인정되는 경우

이와 같은 사유가 있는 때에는 자치위원회 또는 교육감은 분쟁조정을 개시하지 않거나 진행되던 분쟁조정을 중지할 수 있다. 이는 자치위원회 또는 교육감의 재량에 맡겨져 있기 때문에, 분쟁조정을 개시·속행할 수도 있다.

(4) 분쟁조정의 종료

자치위원회나 교육감은 다음과 같은 경우에 반드시 분쟁조정을 종료하여야만 한다(시행령 제15조 제2항). 이는 의무사항으로서 자치위원회나 교육감에게 종료

여부에 대한 재량은 없다.

1. 분쟁당사자 간에 합의가 이루어지거나 자치위원회 또는 교육감이 제시한 조정안을 분쟁당사자가 수락하는 등 분쟁조정이 성립한 경우
2. 분쟁조정 개시일부터 1개월이 지나도록 분쟁조정이 성립하지 아니한 경우

자치위원회 또는 교육감은 위의 분쟁조정을 거부 또는 중지하거나 분쟁조정이 종료된 경우 그 사유를 분쟁당사자에게 각각 통보하여야 한다(시행령 제15조 제3항).

(5) 분쟁조정의 결과처리(시행령 제16조)

자치위원회 또는 교육감은 분쟁조정이 성립된 때에는 분쟁당사자의 주소와 성명, 조정대상 분쟁의 내용, 조정의 결과를 기재한 합의서를 작성하여 자치위원회의 경우에는 분쟁당사자에게, 교육감의 경우에는 피해·가해학생 소속 학교 자치위원회 및 분쟁당사자에게 각각 통보하여야 한다. 자치위원회의 위원장은 분쟁조정의 결과를 교육감에게 보고하여야 한다.

가. 합의서 작성 및 통보

자치위원회 또는 교육감은 분쟁조정이 성립된 때에는 합의서를 작성하여 자치위원회의 경우에는 분쟁당사자에게, 교육감의 경우에는 피해·가해학생 소속 학교 자치위원회 및 분쟁당사자에게 통보하여야 한다. 합의서를 작성하는 것은 나중에 기억의 왜곡 등으로 인해 문제가 발생하는 것을 예방하는 의미가 있다.

필수적 기재사항

합의서에는 다음의 사항이 반드시 기재되어야 한다.

분쟁당사자의 주소와 성명

조정대상 분쟁의 내용

* 분쟁의 경위

* 조정의 쟁점 (분쟁당사자의 의견을 기술한다)

조정의 결과

서명 · 날인

합의서에는 자치위원회가 조정한 경우에는 분쟁당사자와 조정에 참가한 위원이, 교육감이 조정한 경우에는 분쟁당사자와 교육감이 서명 · 날인한다.

나. 교육감에게 보고

자치위원회의 위원장은 분쟁조정의 결과를 교육감에게 보고하여야 한다. 단 동법 제19조에서 학교의 장도 분쟁조정 결과를 교육감에게 보고하도록 되어 있어, 현재 보고의무자가 2명으로 되어 있다.

※ 분쟁조정이 성립하여 분쟁당사자 간에 합의가 이루어졌으나 당사자 일방이 합의 내용을 이행하지 않는 경우 이행을 강제할 수 있는 방법은 무엇인가?

분쟁조정을 통하여 당사자들 간에 합의가 이루어진다 하여도 이는 화해계약이 성립한 것에 지나지 않으므로 강제집행력은 인정되지 않는다. 당사자 일방이 합의내용을 이행하지 않는 경우 법원에 소송을 제기하여 이행을 강제하는 수밖에 없다. 따라서 자치위원회가 나서서 이행을 강제하는 방법은 없다.

※ 분쟁조정의 절차

1 **학교폭력 발생**

⇩

2 **분쟁당사자의 조정 신청**

⇩

3 분쟁조정 개시(5일 이내) (또는 분쟁조정의 거부)

4 분쟁조정 일시·장소 통보 (또는 분쟁조정 거부의 통보)

5 자치위원회의 조사

6 분쟁의 조정

당사자 간의 자발적인 합의 권고 / 조정권자의 조정안 제시

7 분쟁조정 종료

조정의 성립 또는 불성립

8 분쟁조정의 결과처리

합의서 작성 및 교육감에게 보고

〈그림 2-32〉 분쟁조정의 절차

분쟁조정이 성립하지 않은 경우 자치위원회의 역할

1. 법적 절차의 안내

자치위원회 또는 교육감이 분쟁조정 개시를 거부하거나, 분쟁조정을 중지한 경우 또는 분쟁조정 개시일 부터 1월을 경과하도록 분쟁조정이 성립하지 아니하여 분쟁조정이 종료된 경우에 자치위원회 또는 교육감은 피해 및 가해 학생의 보호자에게 각각의 사유를 통보하는 것 이외에도 차후의 가능한 법적인 절차를 안내해 주는 것이 바람직하다.

2. 조사결과를 수사기관에 전달

만약 당해 폭력사건에 대한 고소, 고발로 수사기관의 수사가 시작된 경우라면 자치위원회의 조사결과를 수사기관에 전달하는 것이 바람직하다.

3. 피해학생 및 가해학생에 대한 조치의결

분쟁의 조정이 성립되지 않은 경우에도 자치위원회는 원칙적으로 피해학생에 대한 보호조치 및 가해학생에 대한 선도 및 징계조치를 의결할 수 있다. 다만, 당해 폭력사건에 대한 고소·고발로 인하여 분쟁조정이 중지되고 가해학생에 대한 사법적 절차가 진행되고 있는 경우에는 가해학생에 대한 최종 조치를 사법적 판단이 내려진 이후로 유보하고 일시적인 조치만 취하는 것이 바람직하다.

10. 학교의 장의 의무

제14조(전문상담교사 배치 및 전담기구 구성)

① 학교의 장은 학교에 대통령령으로 정하는 바에 따라 상담실을 설치하고, 「초·중등교육법」 제19조의2에 따라 전문상담교사를 둔다.

② 전문상담교사는 학교의 장 및 자치위원회의 요구가 있는 때에는 학교폭력에 관련된 피해학생 및 가해학생과의 상담결과를 보고하여야 한다.

③ 학교의 장은 전문상담교사, 보건교사 및 책임교사(학교폭력문제를 담당하는 교사를 말한다) 등으로 학교폭력문제를 담당하는 전담기구(이하 "전담기구"라 한다)를 구성한다.

④ 전담기구는 학교폭력에 대한 실태조사(이하 "조사"라 한다)와 학교폭력 예방 프로그램을 구성·실시하며, 학교의 장 및 자치위원회의 요구가 있는 때에는 학교폭력에 관련된 조사결과 등 활동결과를 보고하여야 한다.

⑤ 국가 및 지방자치단체는 조사에 관한 예산을 지원하고, 관계 행정기관은 조사에 협조하여야 하며, 학교의 장은 전담기구에 행정적·재정적 지원을 할 수 있다.

제15조(학교폭력 예방교육)

① 학교의 장은 학생의 육체적·정신적 보호와 학교폭력의 예방을 위한 학생들에 대한 교육을 학기별로 1회 이상 실시하여야 한다.

② 학교의 장은 학교폭력의 예방 및 대책 등을 위한 교직원에 대한 교육을 학기별로 1회 이상 실시하여야 한다.
③ 학교의 장은 제1항에 따른 학교폭력 예방교육 프로그램의 구성 및 그 운용 등을 전담기구와 협의하여 전문단체 또는 전문가에게 위탁할 수 있다.
④ 그 밖에 학교폭력 예방교육의 실시와 관련한 사항은 대통령령으로 정한다.

제19조(학교의 장의 의무) 학교의 장은 교육감에게 학교폭력이 발생한 사실 및 제16조부터 제18조까지의 규정에 따른 조치 및 그 결과를 보고하고, 관계 기관과 협력하여 교내 학교폭력 단체의 결성예방 및 해체에 노력하여야 한다.

(1) 전문상담교사 배치 및 전담기구 구성

가. 전문상담교사 및 상담실 설치

학교의 장은 학교에 대통령령이 정하는 바에 따라 **상담실을 설치**하고, 초·중등교육법 제19조의 2의 규정에 따라 **전문상담교사**를 둔다(법 제14조 1항). 상담실은 인터넷이용시설, 전화 등 상담에 필요한 시설 및 장비, 상담을 받는 사람의 사생활 노출 방지를 위한 칸막이 및 방음시설을 갖추어 상담활동이 용이한 장소에 설치하여야 한다(시행령 제10조). 전문상담교사는 학교의 장 및 자치위원회의 요구가 있는 때에는 학교폭력에 관련된 피해학생 및 가해학생과의 상담결과를 보고하여야 한다(법 제14조 2항).

나. 학교폭력문제 전담기구

학교의 장은 전문상담교사, 보건교사 및 책임교사(학교폭력문제를 담당하는 교사) 등으로 학교폭력문제를 담당하는 전담기구를 구성해야 한다.(법 제14조) 국가 및 지방자치단체는 전담기구가 진행하는 조사에 관한 예산을 지원하고, 관계 행정기관은 조사에 협조하여야 하며, 학교의 장은 전담기구에 행정적·재정적 지원을 할 수 있다.

전담기구의 역할

학교폭력에 대한 실태조사

학교폭력 예방 프로그램을 구성하여 실시

학교의 장 및 자치위원회의 요구가 있는 때에는 학교폭력에 관련된 조사결과 등 활동 결과 보고

학교의 장의 상담실 설치, 전문상담교사 배치, 학교폭력 전담기구 구성의무는 법적 의무이므로, 학교의 장은 재량에 따라 결정할 수 없고, 반드시 상담실을 설치하고 전문상담교사를 배치하며 전담기구를 구성하여야 한다.

(2) 학교폭력 예방 교육

학교의 장은 학생의 육체적·정신적 보호와 학교폭력의 예방을 위한 **학생들에 대한** 교육을 **학기별로 1회 이상** 실시하여야 한다. 또한 학교의 장은 학교폭력의 예방 및 대책 등을 위한 **교직원에 대한** 교육을 **학기별로 1회 이상** 실시하여야 한다. 교육 프로그램의 구성 및 그 운용 등은 전담기구와 협의하여 전문단체 또는 전문가에게 위탁할 수 있다.(법 제15조)

학교폭력 예방 교육기준(시행령 제11조)

법 제15조 제4항에 따른 학생 및 교직원에 대한 학교폭력 예방교육 실시 기준은 다음과 같다.

1. 학기별로 1회 이상 실시하되, 교육 횟수·시간 및 강사 등 세부적인 사항은 학교의 여건에 따라 학교의 장이 정한다.
2. 학급단위로 실시함을 원칙으로 하되, 학교의 여건에 따라 전체 학생을 대상으로 한 장소에서 동시에 실시할 수 있다.
3. 학생과 교직원을 별도로 교육함을 원칙으로 하되, 내용에 따라 함께 교육할 수 있다.
4. 강의, 토론 및 역할연기 등 다양한 방법으로 하되, 다양한 자료나 프로그램 등을 활용하여야 한다.

(3) 교육감에 대한 보고의무

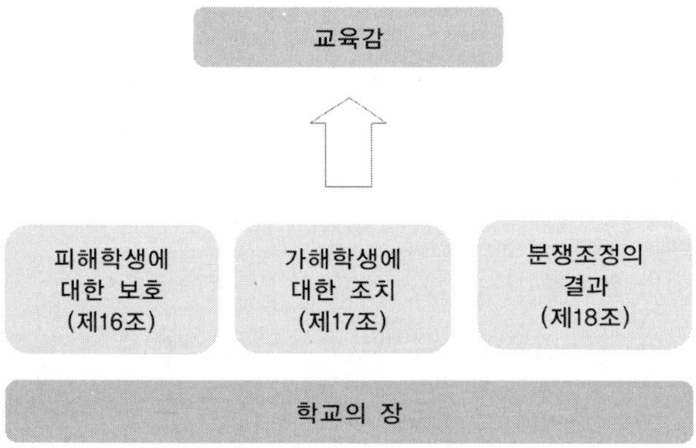

〈그림 2-33〉 교육감에 대한 보고의무

학교의 장은 교육감에게 학교폭력이 발생한 사실 및 제16조부터 제18조까지의 규정에 따른 조치 및 그 결과를 보고하고 하여야 한다. 학교의 장이 학교폭력 사실을 교육감에게 보고하지 않더라도 학교폭력예방및대책에관한법률상 벌칙규정은 없지만, 교육감은 지방교육자치에관한법률 제47조의 규정에 따라 학교를 지도·감독할 수 있고, 국가공무원법 및 학교폭력예방및대책에관한법률을 위반한 학교의 장과 교감, 교사 등에 대해 중(경)징계, 행정처분, 인사조치 등을 할 수 있다. 반면, 학교폭력예방및대책에관한법률 제11조 제5항에서는 교육감은 학교폭력대책자치위원회가 처리한 학교의 학교폭력빈도를 학교의 장에 대한 업무수행 평가에 부정적인 자료로 사용하여서는 안된다고 규정함으로써 교육감에 대하여 학교의 장의 보고의무 이행으로 인한 불이익한 조치를 금지하고 있다.

(4) 폭력단체 결성예방 및 해체

학교의 장은 관계 기관과 협력하여 교내 학교폭력 단체 결성을 예방하고 폭력단체 해체를 위해 노력하여야 한다.

11. 학교폭력 신고의무

> 제20조(학교폭력의 신고의무)
> ① 학교폭력 현장을 보거나 그 사실을 알게 된 자는 학교 등 관계 기관에 이를 즉시 신고하여야 한다.
> ② 제1항에 따라 신고를 받은 기관은 이를 가해학생 및 피해학생의 보호자 또는 소속 학교의 장에게 통보하여야 한다.
> ③ 누구라도 학교폭력의 예비·음모 등을 알게 된 자는 이를 학교의 장 또는 자치위원회에 고발할 수 있다. 다만, 교원이 이를 알게 되었을 경우에는 학교의 장에게 보고하여야 한다.

이 규정은 **학교가 학교폭력을 은폐하는 것을 방지**하기 위한 것이다. 학교폭력 사실을 알게 된 사람은 누구라도 해당 학교의 학교폭력대책자치위원회나 학교의 장 또는 경찰이나 검찰 등 관계기관에 대하여 신고하여야 하는데, 학교폭력의 신고의무는 법적 의무이므로 학교 등 관계기관에 반드시 신고하여야 한다. 특히 교원이 학교폭력 사실을 알게 된 경우 학교의 장에게 보고할 의무도 법적 의무이므로, 교원이 학교의 장의 지시나 학교폭력대책자치위원회의 요청이 없이 학교의 장에게 보고하지 않고 자체적으로 사건을 처리하는 것은 위법이다.

학교폭력예방및대책에관한법률상 신고의무는 이를 위반하더라도 처벌할 수 있는 규정이 없다. 이에 입법론으로서 아동복지법 제26조와 같이 적어도 교사, 의료인, 청소년폭력 예방 전문단체 및 복지시설 종사자 등에게는 학교폭력 발생사실을 인지한 경우의 신고의무를 부여하고, 그에 위반하는 경우 처벌할 수 있는 근거를 마련해야 한다는 의견이 제시되고 있다. 다만 현행 아동복지법도 제26조에서 신고의무만을 규정하고 있을 뿐 이에 위반하는 경우에 처벌하는 규정은 두고 있지 않다.

아동복지법 제26조

제26조 (아동학대 신고의무와 절차)

① 누구든지 아동학대를 알게 된 때에는 아동보호전문기관 또는 수사기관에 신고할 수 있다.

② 다음 각호의 1에 해당하는 자는 그 직무상 아동학대를 알게 된 때에는 즉시 아동학대보호전문기관 또는 수사기관에 신고하여야 한다. 〈개정 2002.12.18, 2004.3.22, 2005.7.13, 2006.9.27〉

1. 「초·중등교육법」 제19조의 규정에 따른 교원
2. 「의료법」 제3조의 규정에 따른 의료기관에서 의료업을 행하는 의료인
3. 아동복지시설의 종사자 및 그 장
4. 「장애인복지법」 제48조의 규정에 따른 장애인복지시설에서 장애아동에 대한 상담·치료·훈련 또는 요양을 행하는 자
5. 「영유아보육법」 제10조의 규정에 따른 보육시설의 종사자
6. 「유아교육법」 제7조의 규정에 따른 유치원의 장, 교직원 및 종사자
7. 「학원의 설립·운영 및 과외교습에 관한 법률」 제6조의 규정에 따른 학원의 운영자·강사·직원·종사자 및 동법 제14조의 규정에 따른 교습소의 운영자·교습자·직원·종사자
8. 「소방기본법」 제35조의 규정에 따른 구급대의 대원
9. 「성매매방지 및 피해자보호 등에 관한 법률」 제5조 및 제10조의 규정에 따른 지원시설 및 성매매피해상담소의 장이나 그 종사자
10. 「모·부자복지법」 제8조 및 제19조의 규정에 따른 모·부자복지상담소의 상담원 및 모·부자복지시설의 종사자
11. 「가정폭력방지 및 피해자보호 등에 관한 법률」 제5조 및 제7조의 규정에 따른 가정폭력 관련 상담소의 상담원 및 가정폭력 피해자보호시설의 종사자
12. 아동복지지도원 및 「사회복지사업법」 제14조의 규정에 따른 사회복지전담공무원

③ 신고인의 신분은 보호되어야 하며 그 의사에 반하여 신원이 노출되어서는 아니된다.

12. 비밀누설금지의무

제21조(비밀누설금지 등)

① 이 법에 따라 학교폭력의 예방 및 대책과 관련된 업무를 수행하거나 수행하였던 자는 그 직무로 인하여 알게 된 비밀 또는 가해학생·피해학생과 관련된 자료를 누설하여서는 아니 된다.

② 제1항에 따른 비밀의 구체적인 범위는 대통령령으로 정한다.

③ 제16조부터 제18조까지의 규정에 따른 자치위원회의 회의는 공개하지 아니한다.

이는 학교폭력의 피해학생 및 가해학생의 사생활과 명예를 보호하기 위한 것이다. 이 규정에 대하여는 이 규정이 학교폭력의 은폐로 악용될 우려가 있다는 점과 이 법 제20조의 신고의무와 충돌한다는 점에서 문제가 있다는 주장도 있다. 그러나 이 규정의 취지는 피해학생 및 가해학생의 '신원'과 '사생활비밀'이 누설되어 인권을 침해당하는 경우를 금지하자는 것이지 학교폭력 발생 사실 자체에 대한 사항을 공개하지 말라는 취지가 아니다. 학교폭력에 있어서 피해학생과 가해학생 모두의 사생활과 명예를 보호하는 것은 양자 모두 앞으로의 성장과정에서 학교폭력의 그늘로부터 벗어나 자유로운 인격적인 성장을 가능하게 하기 위한 것이다. 학교폭력의 피해자는 그 사실이 알려질 경우 또 다른 가해자의 표적이 될 수 있고, 학교폭력의 가해자는 학교생활에서 자유로울 수 없기 때문에 학교폭력의 예방 및 대책과 관련된 업무로 인하여 알게 된 비밀 또는 피해학생 및 가해학생과 관련된 자료를 누설할 수 없게 하는 것은, 미완성의 인격체인 학생들을 보호하고 선도·교육하기 위한 이 법의 입법목적에 부합한다.

※ **비밀의 범위** (시행령 제17조)

1. 학교폭력 가해학생과 피해학생 개인 및 가족의 성명, 주민등록번호 및 주소 등 개인정보에 관한 사항
2. 학교폭력 가해학생과 피해학생에 대한 심의·의결과 관련된 개인별 발언 내용
3. 그 밖에 외부로 누설될 경우 분쟁당사자 간에 논란을 일으킬 우려가 명백한 사항

〈표 2-34〉 신고의무와 비밀누설금지의무의 비교(법 제20조와 제21조)

	신고의무	비밀누설금지의무
수규범자	학교폭력 현장을 보거나 그 사실을 알게 된 자(누구나)	학교폭력의 예방 및 대책과 관련된 업무를 수행하거나 수행하였던 자
의무여부	(법적의무)	(법적의무)
위반 시 처벌여부	처벌규정 없음	300만원 이하의 벌금

제4장

학교안전사고 예방 및 보상에 관한 법률

[시행 2012.9.1] [법률 제11141호, 2011.12.31, 타법개정]

제1장 총칙

제1조(목적) 이 법은 학교안전사고를 예방하고, 학생·교직원 및 교육활동참여자가 학교안전사고로 인하여 입은 피해를 신속·적정하게 보상하기 위한 학교안전사고보상공제 사업의 실시에 관하여 필요한 사항을 규정함을 목적으로 한다.

제2조(정의) 이 법에서 사용하는 용어의 정의는 다음과 같다. 〈개정 2011.5.19, 2012.1.26〉

1. "학교"라 함은 다음 각 목의 어느 하나에 해당하는 기관 또는 시설을 말한다.
   가. 「유아교육법」 제2조제2호의 규정에 따른 유치원(이하 "유치원"이라 한다)
   나. 「초·중등교육법」 제2조의 규정에 따른 학교(이하 "초·중등학교"라 한다)
   다. 「평생교육법」 제20조제2항의 규정에 따라 고등학교 졸업 이하의 학력이 인정되는 평생교육시설(이하 "평생교육시설"이라 한다)
   라. 「재외국민의 교육지원 등에 관한 법률」 제2조제3호에 따른 한국학교
2. "학생"이라 함은 학교에 입학하여 수학하고 있는 자를 말한다.
3. "교직원"이라 함은 고용형태 및 명칭을 불문하고 학교에서 학생의 교육 또는 학교의 행정을 담당하거나 보조하는 교원 및 직원 등을 말한다.
4. "교육활동"이라 함은 다음 각 목의 어느 하나에 해당하는 활동을 말한다.
   가. 학교의 교육과정 또는 학교의 장(이하 "학교장"이라 한다)이 정하는 교육계획 및 교육방침에 따라 학교의 안팎에서 학교장의 관리·감독하에 행하여지는 수업·특별활동·재량활동·과외활동·수련활동 또는 체육대회 등의 활동
   나. 등·하교 및 학교장이 인정하는 각종 행사 또는 대회 등에 참가하여 행하는 활동
   다. 그 밖에 대통령령이 정하는 시간 중의 활동으로서 가목 및 나목과 관련된 활동
5. "교육활동참여자"란 학생 또는 교직원이 아닌 사람으로서 다음 각 목의 어느 하나에 해당하는 사람을 말한다.
   가. 학교장의 승인 또는 학교장의 요청에 따라 교직원의 교육활동을 보조하거나 학생 또는 교직원과 함께 교육활동을 하는 사람
   나. 「비영리민간단체 지원법」 제4조제1항에 따라 등록된 비영리민간단체에서 학생의 등교·하교 시 교통지도활동 참여에 관하여 미리 서면으로 학교장에게 통지하여 학교

장의 승인을 받거나 학교장의 요청에 따라 그 단체의 회원으로서 교통지도활동에 참여하는 사람

6. "학교안전사고"라 함은 교육활동 중에 발생한 사고로서 학생·교직원 또는 교육활동참여자의 생명 또는 신체에 피해를 주는 모든 사고 및 학교급식 등 학교장의 관리·감독에 속하는 업무가 직접 원인이 되어 학생·교직원 또는 교육활동참여자에게 발생하는 질병으로서 대통령령이 정하는 것을 말한다.

제3조(국가 또는 지방자치단체의 지원 등) 국가 또는 지방자치단체는 예산의 범위 안에서 학교안전사고 예방 사업 및 이 법에 따른 학교안전사고보상공제 사업의 운영에 소요되는 경비를 지원할 수 있다.

제4조 삭제 〈2010.3.17〉

제2장 학교안전사고 예방

제5조(학교안전사고의 예방에 관한 책무) ①교육부장관, 특별시·광역시·특별자치시·도 및 특별자치도(이하 "시·도"라 한다. 이하 같다)의 교육감(이하 "교육감"이라 한다), 학교장 및 「사립학교법」 의 규정에 따라 사립학교를 설치·경영하는 자(이하 "학교장등"이라 한다)는 학교안전사고를 예방하고 학교시설을 안전하게 관리·유지하기 위하여 노력하여야 한다. 〈개정 2008.2.29, 2012.1.26〉

②교육부장관 및 교육감은 학교안전사고의 예방을 위하여 필요한 시설물을 설치하고 학교안전사고의 발생 위험성이 있는 시설물을 보수·관리하는데 필요한 예산을 우선 지원하는 등 학교안전사고의 예방을 위하여 필요한 조치를 하여야 한다. 〈개정 2008.2.29〉

제6조(학교시설에 대한 안전점검) ①교육감 및 학교장등은 「재난 및 안전관리기본법」 제22조의 규정에 따른 교육부 소관 국가안전관리기본계획에 따라 연 2회 이상 학교시설에 대한 안전점검을 실시하여야 한다. 이 경우 교육감 및 학교장등은 안전점검을 실시한 결과 시설물의 재해 및 재난예방과 안전성 확보 등을 위하여 필요하다고 인정하는 때에는 시설물 안전점검 전문기관에 위탁하여 정밀안전진단을 실시하여야 한다. 〈개정 2008.2.29〉

②제1항의 안전점검에 관한 구체적인 사항은 대통령령으로 정한다.

제7조(학교시설안전관리기준) ①교육부장관은 학교시설의 안전관리에 필요한 학교시설안전관리기준을 작성하여 이를 교육감 및 학교장등에게 통보하여야 한다. 〈개정 2008.2.29〉

②교육감 및 학교장등은 제1항의 규정에 따라 학교시설안전관리기준을 통보받은 경우에는 소관 학교시설 등을 설치·유지 또는 관리하는데 있어 이를 준수하여야 하며, 학교장은 학교시설안전관리기준에 따른 점검결과를 연 1회 이상 교육감에게 보고하여야 한다.

③제1항의 학교안전관리기준에 관한 구체적인 사항 및 제2항의 규정에 따른 점검결과의 보고에 관하여는 대통령령으로 정한다.

제8조(학교안전교육의 실시) ①학교장은 학교안전사고를 예방하기 위하여 교육부령이 정하는 바에 따라 학생 및 교직원에게 학교안전사고 예방 등에 관한 교육(이하 "안전교육"이라 한다)을 실시하여야 한다. 〈개정 2008.2.29〉

②학교장은 필요하다고 인정하는 경우에는 교육활동참여자에게 안전교육을 실시할 수 있다.

③교육부장관 및 교육감은 안전교육에 필요한 교재를 개발하고 학교장의 요청이 있는 경우 안전교육을 담당할 강사를 알선하는 등 안전교육에 필요한 지원을 하여야 한다. 〈개정 2008.2.29〉

④학교장은 소속 교원 또는 교육활동참여자로 하여금 안전교육을 담당하게 할 수 있다 〈개정 2012.1.26〉

제9조(명예학교안전요원 위촉) 학교장은 학부모 또는 지역 주민 등을 명예학교안전요원으로 위촉하여 학교안전사고의 예방을 위한 순찰, 교통지도 등의 활동을 하게 할 수 있다.

제10조(안전조치) 교육감 또는 학교장등은 학생·교직원 및 교육활동참여자 등의 안전을 확보하기 위하여 필요하다고 인정하는 때에는 학교시설의 사용을 제한하고 대체시설을 확보하는 등 필요한 조치를 하여야 한다.

제10조의2(학교안전사고 예방활동 단체에 대한 지원) ① 교육부장관 및 교육감은 「비영리민간단체 지원법」 제4조제1항에 따라 등록된 비영리민간단체 중 학생의 등교·하교 시 교통지도활동에 참여하는 비영리민간단체(이하 이 조에서 "단체"라 한다)에 대하여 그 활동에 필요한 예산을 지원할 수 있다.

② 학교장은 교육부장관이 정하는 바에 따라 단체로부터 학생들의 안전사고 예방과 관련한 의견을 정기적으로 들어야 하며, 그 내용을 학교운영에 반영하여야 한다.

③ 학교장은 제2항에 따라 시장·군수·구청장 또는 관할 경찰서장의 협조가 필요하다는 의견을 들은 경우 해당 기관에 협조를 요청하여야 한다.

④ 제3항에 따라 요청을 받은 해당 기관의 장은 특별한 사유가 없는 한 협조하여야 한다.

[본조신설 2012.1.26]

제3장 학교안전사고보상공제 사업

제11조(학교안전사고보상공제 사업의 실시) ①교육감은 학교안전사고로 인하여 생명·신체에 피해를 입은 학생·교직원 및 교육활동참여자에 대한 보상을 하기 위하여 학교안전사고보상공제(이하 "학교안전공제"라 한다) 사업을 실시한다. 다만, 제2조제1호라목의 한국학교에 대하여는 교육부장관이 학교안전공제사업을 실시한다. 〈개정 2012.1.26〉

②학교안전공제의 사업연도는 정부의 회계연도에 따른다.

③제15조의 규정에 따라 설립된 학교안전공제회는 학교안전공제 사업의 사업자가 된다. 다만, 제2조제1호라목의 한국학교에 대한 학교안전공제사업의 사업자는 제28조에 따라 설립된 학교안전공제중앙회로 한다. 〈개정 2012.1.26〉

제12조(학교안전공제의 가입자) 제2조제1호의 규정에 따른 학교의 학교장은 학교안전공제의 가입자가 된다. 다만, 「초·중등교육법」 제60조의2의 규정에 따른 외국인학교의 학교장은 제15조의 규정에 따른 학교안전공제회의 승인을 얻어 학교안전공제에 가입할 수 있다.

제13조(학교안전공제에서의 탈퇴) ①제12조 단서의 규정에 따라 학교안전공제에 가입한 외국인학교의 학교장은 제15조의 규정에 따른 학교안전공제회의 승인을 얻어 학교안전공제에서 탈퇴할 수 있다.

②제1항의 규정에 따른 탈퇴의 효력은 학교안전공제회의 탈퇴 승인을 받은 날이 속하는 사업연도가 종료한 때 또는 당해 학교가 폐쇄된 때에 발생한다.

제14조(학교안전공제의 피공제자) ①다음 각 호의 어느 하나에 해당하는 자는 각각 그 사유가 발생하는 때에 학교안전공제의 피공제자가 된다. 다만, 제12조 단서의 규정에 따른 외국인학교에 재학·재직중인 학생·교직원은 당해 학교가 같은 조의 규정에 따라 학교안전공제에 가입한 때에 학교안전공제의 피공제자가 된다.

1. 학생 : 학교안전공제에 가입한 학교에 입학(전입학을 포함한다)한 때
2. 교직원 : 학교안전공제에 가입한 학교에 임용되거나 전보된 때
3. 교육활동참여자 : 학교안전공제에 가입한 학교의 교육활동에 참여하게 된 때. 다만, 학교장의 명시적인 의사에 반하여 교육활동에 참여한 경우를 제외한다.

②제1항의 규정에 따른 피공제자는 다음 각 호의 어느 하나에 해당하는 때에는 피공제자의 자격을 잃는다. 다만, 제13조제1항의 규정에 따라 학교안전공제에서 탈퇴하는 학교에 재학·재직중인 학생·교직원은 같은 조 제2항의 규정에 따른 탈퇴의 효력이 발생한 때에 피공제자의 자격을 잃는다.

1. 피공제자가 사망한 때
2. 피공제자인 학생이 학교를 졸업(자퇴 또는 퇴학을 포함한다)하거나 다른 학교로 전학한 때
3. 피공제자인 교직원이 학교에서 퇴직하거나 다른 학교 또는 교육기관 등으로 전보된 때
4. 교육활동참여자가 교육활동에의 참여를 마친 때

제4장 학교안전공제회

제15조(학교안전공제회의 설립 등) ①교육감은 학교안전공제 사업을 실시하기 위하여 해당 시·도에 학교안전공제회(이하 "공제회"라 한다)를 설립한다.

②공제회는 법인으로 한다.

③공제회는 주된 사무소의 소재지에서 설립등기함으로써 성립된다.

제16조(명칭) 공제회의 명칭에는 교육감이 관할하는 지방자치단체를 표시하는 문자를 사용하여야 한다.

제17조(정관) ①공제회의 정관에는 다음 각 호의 사항을 기재하여야 한다.

1. 목적
2. 명칭
3. 주된 사무소의 소재지
4. 사업에 관한 사항
5. 이사회에 관한 사항
6. 임원 및 직원의 임면에 관한 사항
7. 조직에 관한 사항
8. 자산 및 회계에 관한 사항
9. 정관 변경에 관한 사항
10. 내부 규정의 제정·개정 및 폐지에 관한 사항
11. 공고에 관한 사항

②공제회의 정관은 교육감의 인가를 받아야 한다. 이를 변경하고자 하는 때에도 또한 같다.

제18조(공제회의 사업) ①공제회는 다음 각 호의 사업을 수행한다. 〈개정 2012.3.21〉

1. 공제가입자에 대한 공제료의 부과 및 징수
2. 제34조의 규정에 따른 공제급여의 지급 및 이에 관련된 업무

2의2. 「학교폭력 예방 및 대책에 관한 법률」 제16조제6항에 따른 학교폭력 피해학생의 치료비 등의 지급, 구상권 행사 및 이에 관련된 업무

3. 학교안전사고의 예방과 관련된 사업
4. 학교안전사고 예방 및 학교안전공제 사업에 대한 교육·홍보
5. 제58조의 규정에 따른 학교안전공제보상심사위원회의 운영
6. 학교안전공제에 관하여 교육감이 위탁하는 사업
7. 학교안전사고와 관련된 공제가입자 또는 교직원 등의 지원에 관한 사업
8. 그 밖에 학교안전사고 예방 사업 및 학교안전공제 사업을 수행하기 위하여 필요한 사업

② 공제회는 학교안전사고 예방 등 그 목적을 달성하기 위하여 대통령령으로 정하는 범위에서 수익사업을 할 수 있다. 〈신설 2012.3.21〉

제19조(공제회의 임원 등) ①공제회의 임원으로 이사장 1인을 포함한 7인 이상 15인 이내의 이사와 2인 이내의 감사를 두되, 임원은 비상임으로 한다.

②공제회의 이사장은 공제회를 대표하고, 공제회의 업무를 통할한다.

③공제회의 감사(監事)는 공제회의 업무와 회계를 감사(監査)한다.

④ 감사는 제3항에 따른 감사 결과 부정 또는 불비한 사항이 있는 것을 발견한 때에는 이사

회에 보고하여야 하며, 교육감에게 회계감사 또는 직무감사를 요청할 수 있다. 〈신설 2012.1.26〉

[제목개정 2012.1.26]

제20조(공제회 임원의 임명 등) ①공제회의 이사장은 이사 중에서 교육감이 임명한다.

②공제회의 이사는 공제가입자의 추천을 받은 자와 피공제자 또는 피공제자의 친권자·후견인 그 밖에 다른 법률에 따라 피공제자를 부양할 의무가 있는 자(이하 "보호자등"이라 한다) 등을 대표하는 자 및 다음 각 호의 어느 하나에 해당하는 자 중에서 교육감이 임명한다. 〈개정 2007.4.11〉

1. 4급 이상의 국가공무원(「국가공무원법」 제2조의2의 규정에 따른 고위공무원단(이하 "고위공무원단"이라 한다)에 속하는 공무원 및 장학관을 포함한다) 또는 지방공무원으로 재직하였거나 재직하고 있는 자
2. 변호사 또는 공인회계사의 자격이 있는 자
3. 「의료법」 제77조의 규정에 따른 전문의(이하 "전문의"라 한다)의 자격이 있는 자
4. 「고등교육법」 제2조의 규정에 따른 대학, 산업대학, 교육대학, 전문대학, 방송·통신대학, 기술대학 및 각종학교(이하 "대학"이라 한다)에서 부교수 이상의 직에 재직하였거나 재직하고 있는 자

③공제회의 감사는 제2항 각 호의 어느 하나에 해당하는 자 중에서 교육감이 임명한다.

④제2항의 규정에 따른 공제가입자의 추천 등 이사의 임명에 관하여 필요한 사항은 공제회의 정관으로 정한다.

⑤이사장·이사 및 감사의 임기는 3년으로 하되, 연임할 수 있다.

제21조(공제회 임원의 결격사유 등) ①「국가공무원법」 제33조제1항 각 호의 어느 하나에 해당하는 자는 공제회의 임원이 될 수 없다.

②공제회의 임원이 「국가공무원법」 제33조제1항 각 호의 어느 하나에 해당하게 된 때에는 당연히 퇴임한다.

③교육감은 공제회의 임원이 다음 각 호의 어느 하나에 해당하게 된 때에는 그 임원을 해임할 수 있다.

1. 신체 또는 정신상의 장애로 직무를 수행할 수 없다고 인정되는 때
2. 공제회의 업무와 관련하여 직무상의 의무를 위반한 때

제22조(이사회) ①공제회에 이사장 및 이사로 구성하는 이사회를 둔다.

②이사회는 다음 각호의 사항을 심의·의결한다.

1. 공제회의 사업과 활동을 지원하기 위한 기본계획 등의 수립·변경 및 집행에 관한 사항
2. 공제회의 정관 및 규정의 제정·개정 및 폐지에 관한 사항
3. 제52조의 규정에 따른 학교안전공제및사고예방기금의 관리·운용에 관한 사항
4. 그 밖에 이사회가 공제회의 사업을 위하여 필요하다고 인정하는 사항

③이사장은 이사회를 소집하고 그 의장이 된다.

④이사회는 재적이사 과반수의 출석과 출석이사 과반수의 찬성으로 의결한다.

⑤감사는 이사회에 출석하여 발언할 수 있으며, 공제회의 회계 또는 업무집행에 부정 또는 불비한 사항이 있음을 발견한 때에는 이사장에게 이사회 소집을 요구할 수 있다. 이 경우 이사장은 7일 이내에 이사회를 소집하여야 한다. 〈개정 2012.1.26〉

⑥제1항 내지 제5항의 규정 외에 이사회의 운영 등에 관하여 필요한 사항은 공제회의 정관으로 정한다.

제23조(공제회 직원의 임면) 이사장은 공제회의 정관이 정하는 바에 따라 직원을 임면한다.

제24조(공제회의 재정) 공제회의 재정은 제52조의 규정에 따른 학교안전공제및사고예방기금으로부터의 전입금과 그 밖의 수입으로 충당한다.

제25조(지도 · 감독) ①공제회는 매 사업연도 개시 1개월 전에 당해 사업연도의 사업계획서와 예산서를 교육감에게 제출하여야 한다.

②공제회는 사업연도 종료일부터 3개월 이내에 당해 사업연도 결산서를 작성하여 교육감에게 제출하여야 한다.

③교육감은 공제회에 대하여 그 사업에 관한 보고를 명하거나 사업 또는 재산상황을 검사할 수 있고, 필요하다고 인정하는 때에는 정관의 변경을 명하는 등 필요한 조치를 할 수 있다.

제26조(유사명칭 사용금지) 공제회가 아닌 자는 학교안전공제회 또는 이와 유사한 명칭을 사용하지 못한다.

제27조(「민법」의 준용) 공제회에 관하여 이 법에 규정된 것을 제외하고는 「민법」 중 재단법인에 관한 규정을 준용한다.

제5장 학교안전공제중앙회

제28조(학교안전공제중앙회의 설립) 교육부장관은 학교안전사고 예방 사업과 학교안전공제 사업을 효율적으로 수행하기 위하여 학교안전공제중앙회(이하 "공제중앙회"라 한다)를 설립한다. 〈개정 2008.2.29〉

제29조(공제중앙회의 사업) ①공제중앙회는 다음 각 호의 사업을 수행한다. 〈개정 2012.1.26, 2012.3.21〉

1. 학교안전사고 예방정책의 수립을 위한 조사 · 연구
2. 제62조의 규정에 따른 학교안전공제보상재심사위원회의 운영
3. 학교안전공제 제도에 대한 조사 · 연구
4. 학교안전공제 공제급여의 지급기준 등에 대한 조사 · 연구
5. 제2조제1호라목의 한국학교에 대한 학교안전공제사업

6. 그 밖에 학교안전사고 예방 및 학교안전공제 사업의 수행과 관련하여 공제회의 업무를 지원하는데 필요한 사업

② 공제중앙회는 학교안전사고 예방 등 그 목적을 달성하기 위하여 대통령령으로 정하는 범위에서 수익사업을 할 수 있다. 〈신설 2012.3.21〉

제30조(공제중앙회의 임원 등) ①공제중앙회에 임원으로 이사장 1인을 포함한 19인 이내의 이사와 2인 이내의 감사를 두되, 임원은 비상임으로 한다.

②이사장은 공제중앙회를 대표하고 공제중앙회의 업무를 통할한다.

③감사(監事)는 공제중앙회의 업무와 회계를 감사(監査)한다.

제31조(임원의 선임 및 임기) ①공제중앙회의 이사장 및 감사는 대통령령이 정하는 임원추천심사위원회가 추천하는 자 중에서 교육부장관이 임명한다. 〈개정 2008.2.29〉

②이사장을 제외한 공제중앙회의 이사는 교육부장관이 임명하되, 각 시·도공제회별로 추천하는 자가 1인씩 총 16인이 포함되어야 한다. 〈개정 2008.2.29〉

③제1항 및 제2항의 규정에 따른 공제중앙회 임원의 추천에 관하여 필요한 사항은 대통령령으로 정한다.

④이사장·이사 및 감사의 임기는 3년으로 하되, 연임할 수 있다.

제32조(공제중앙회의 재정) ①공제중앙회의 재정은 공제회의 분담금 및 그 밖의 수입으로 충당한다.

②제1항의 규정에 따른 공제회의 분담금 납부 및 그 밖의 필요한 사항은 대통령령으로 정한다.

제33조(준용규정) 제15조제2항·제3항, 제17조, 제21조 내지 제23조, 제26조 및 제27조의 규정은 공제중앙회에 관하여 이를 준용한다. 이 경우 "공제회"는 각각 "공제중앙회"로, "학교안전공제회"는 "학교안전공제중앙회"로, "교육감"은 각각 "교육부장관"으로 본다. 〈개정 2008.2.29〉

제6장 공제급여

제34조(공제급여의 종류) 공제회가 지급하는 공제급여의 종류는 다음 각 호와 같다.

1. 요양급여
2. 장해급여
3. 간병급여
4. 유족급여
5. 장의비

제35조(공제급여액의 결정) ①공제회는 공제급여의 종류별로 제36조 내지 제40조의 규정에 따라 공제급여액을 결정한다.

②제1항의 규정에 불구하고 법원의 판결 등으로 학교안전사고로 인하여 피공제자가 입은

피해에 대하여 공제가입자 또는 피공제자가 지급하여야 할 보상액 또는 배상액이 확정되는 경우 그 확정된 보상액 또는 배상액(지연배상금을 포함한다)은 이 법에 따른 공제급여액으로 보아 공제회가 이를 부담한다.

제36조(요양급여) ①요양급여는 학교안전사고로 인하여 피공제자가 부상을 당하거나 질병에 걸린 경우에 피공제자 또는 그 보호자등에게 지급한다.

②요양급여는 학교안전사고로 인하여 피공제자가 입은 부상 또는 질병의 치료에 소요된 비용 중 「국민건강보험법」 제44조에 따라 피공제자 또는 그 보호자등이 부담한 금액으로 한다. 다만, 법원의 판결 등으로 「국민건강보험법」 제58조에 따라 공단의 구상권 행사에 따른 손해배상액이 확정된 경우 학교의 장이 부담할 부분은 공제회가 부담한다. 〈개정 2011.12.31, 2012.3.21〉

③제2항의 규정에 따른 요양급여의 범위는 다음 각 호와 같다.

1. 진찰·검사
2. 약제·치료재료의 지급
3. 처치·수술 그 밖의 치료
4. 재활치료
5. 입원
6. 간호
7. 호송
8. 의지(義肢)·의치(義齒), 안경·보청기 등 보장구의 처방 및 구입

④ 제1항부터 제3항까지의 규정에도 불구하고 「학교폭력 예방 및 대책에 관한 법률」 제2조제1호에 따른 행위로 인한 경우에는 같은 법 제16조제1항제1호부터 제3호까지의 조치를 이행하는 데 필요한 비용을 지급하여야 한다. 〈신설 2012.3.21〉

⑤제1항부터 제4항까지의 규정에 따른 요양급여의 지급기준 등에 관하여 필요한 사항은 대통령령으로 정한다. 〈개정 2012.3.21〉

제37조(장해급여) ①장해급여는 제36조의 규정에 따른 요양급여를 받은 피공제자가 요양을 종료한 후에도 장해가 있는 때에는 「국가배상법」 제3조제2항제3호에서 정한 금액 및 같은 법 제3조제5항에서 정한 위자료를 피공제자 또는 그 보호자등에게 지급한다.

②제1항의 규정에 따른 장해정도의 판정기준·장해급여액의 산정 및 지급방법 등에 관하여 필요한 사항은 대통령령으로 정한다.

제38조(간병급여) ①간병급여는 제36조의 규정에 따른 요양급여를 받은 자가 치료를 받은 후에도 의학적으로 상시 또는 수시로 간병이 필요한 경우에 실제로 간병을 받는 피공제자 또는 그 보호자등에게 지급한다.

②제1항의 규정에 따른 간병급여의 지급기준 등에 관하여 필요한 사항은 대통령령으로 정한다.

제39조(유족급여) ①유족급여는 피공제자가 학교안전사고로 인하여 사망한 경우에 「국가배상법」 제3조제1항제1호에서 정한 금액 및 같은 법 제3조제5항에서 정한 위자료를 피공제자의 상속인에게 지급하되, 사실상 혼인관계에 있던 자를 포함하여 지급한다. 〈개정 2012.1.26〉

1. 삭제 〈2012.1.26〉
2. 삭제 〈2012.1.26〉

②제1항의 규정에 따른 유족급여의 지급기준 등에 관하여 필요한 사항은 대통령령으로 정한다.

제40조(장의비) ①장의비는 피공제자가 학교안전사고로 인하여 사망한 경우에 「국가배상법」 제3조제1항제2호에서 정한 평균임금의 100일분을 그 장의를 행하는 자에게 지급한다.

②제1항의 규정에 따른 장의비의 지급기준 등에 관하여 필요한 사항은 대통령령으로 정한다.

제40조의2(위로금) ① 공제회는 피공제자인 학생이 교육활동 중에 학교안전사고 이외의 원인을 알 수 없는 사유로 사망한 경우에는 대통령령으로 정하는 위로금을 지급하여야 한다.

② 제1항에 따른 위로금은 제39조제1항에 따른 상속인에게 지급한다.

[본조신설 2012.3.21]

제41조(공제급여의 청구 및 지급 등) ①제36조 내지 제40조의 규정에 따른 공제급여를 지급받고자 하는 자는 교육부령이 정하는 절차와 방식에 따라 공제회에 공제급여의 지급을 청구하여야 한다. 〈개정 2008.2.29〉

②제1항의 규정에 따라 청구를 받은 공제회는 공제급여를 청구 받은 날부터 14일 이내에 공제급여의 지급 여부를 결정하여야 한다. 다만, 제42조의 규정에 따른 조사의 필요성 등 정당한 사유가 있어 14일 이내에 공제급여의 지급 여부 결정이 어려운 때에는 14일을 연장할 수 있다.

③제2항의 규정에 따라 공제급여에 대한 지급 여부의 결정기간을 연장한 때에는 최초 지급 여부 결정기간이 만료되기 전까지 그 사유를 명시하여 공제급여의 지급을 청구한 자에게 통지하여야 한다.

④공제회가 공제급여를 지급하기로 결정한 경우에는 지체 없이 공제급여의 지급을 청구한 자에게 공제급여를 지급하여야 한다. 다만, 공제급여의 지급을 청구한 자의 신청이 있거나 공제회가 필요하다고 인정하는 경우에는 지급결정일 전이라도 공제급여의 전부 또는 일부를 먼저 지급할 수 있다.

⑤공제회는 제43조의 규정에 따라 공제급여의 전부 또는 일부를 지급하지 아니하기로 결정한 때에는 공제가입자와 공제급여의 지급을 청구한 자에게 지체 없이 그 이유를 통

지하여야 한다. 이 경우 공제회는 공제급여의 지급을 청구한 자에게 제57조의 규정에 따라 심사 청구를 할 수 있다는 사실과 심사 청구 절차 및 기간 등을 알려야 한다.

제42조(학교안전사고의 조사 등) ①공제회는 공제급여의 지급 여부를 결정하기 위하여 필요하다고 인정하는 경우에는 소속 직원으로 하여금 학교안전사고의 발생 장소를 방문하여 사고경위 등을 조사하게 하거나 사고관계자로 하여금 필요한 서류를 제출하게 하는 등의 조사를 할 수 있다.

②공제회는 공제급여의 지급 여부를 결정하기 위하여 필요하다고 인정하는 경우에는 「국민건강보험법」 제42조의 규정에 따른 요양기관(이하 "요양기관"이라 한다)에 대하여 관계 진료기록의 열람 또는 필요한 자료의 제출을 요청할 수 있다. 〈개정 2011.12.31〉

③제1항의 규정에 따라 조사를 하고자 하는 경우 공제회는 조사의 목적 및 내용 등을 학교안전사고가 발생한 장소의 관리자, 공제가입자, 당해 피공제자 그 밖의 사고관계자 등에게 미리 알려야 하고, 사고 발생 장소를 방문하는 공제회 소속 직원은 신분증을 제시하여야 한다.

④학교안전사고가 발생한 장소의 관리자, 공제가입자, 당해 피공제자, 요양기관 또는 그 밖의 사고관계자 등은 정당한 사유 없이 제1항 또는 제2항의 규정에 따른 조사를 방해하거나 자료의 제출을 거부하여서는 아니 된다.

제43조(공제급여의 제한) ①공제회는 다음 각 호의 어느 하나에 해당하는 경우에는 이 법에 따른 공제급여의 전부 또는 일부를 지급하지 아니할 수 있다. 다만, 제3호에 해당하는 경우에는 공제급여를 지급하지 아니한다.

1. 피공제자의 자해·자살. 다만, 학교안전사고가 원인이 되어 자해·자살한 경우에는 공제급여의 전부를 지급한다.
2. 학교안전사고로 인하여 피해를 입은 피공제자 또는 그 보호자등이 정당한 사유 없이 요양기관의 지시를 따르지 아니하여 피공제자의 부상·질병 또는 장해의 상태가 악화되었거나 요양기관의 치료를 방해한 것이 명백한 경우
3. 학교안전사고와 관련하여 제36조 내지 제40조의 규정에 따른 공제급여를 받을 권리가 있는 자(이하 "수급권자"라 한다)가 「자동차손해배상 보장법」의 규정에 따른 손해배상을 받은 경우

②공제회는 제12조 단서의 규정에 따라 공제회에 가입한 공제가입자가 교육부령이 정하는 기간 이상 제49조의 규정에 따른 공제료를 체납하고, 그 체납이 피공제자의 귀책사유로 인한 경우에는 그 금액을 모두 납부할 때까지 공제급여를 지급하지 아니할 수 있다. 〈개정 2008.2.29〉

제44조(피공제자 등에 대한 공제급여금의 청구 등) ①학교안전사고가 다음 각 호의 어느 하나에 해당하는 사유로 발생하고, 공제회가 수급권자에게 공제급여를 지급한 경우 공제회는 수급권자에게 지급한 공제급여에 상당하는 금액의 지급을 학교안전사고를

일으킨 자 또는 그 보호자등에게 청구할 수 있다.

1. 피공제자의 고의 또는 중대한 과실로 인하여 학교안전사고가 발생한 경우
2. 피공제자 또는 공제가입자가 아닌 자의 고의·과실로 인하여 학교안전사고가 발생한 경우

②공제가입자는 학교안전사고가 발생한 때에는 이를 지체 없이 공제회에 통지하여야 한다.

제45조(다른 보상·배상과의 관계) ①학교안전사고로 인하여 발생한 피해에 대하여 수급권자가 이 법에 따른 공제급여를 받은 경우에는 학교안전사고로 인하여 발생한 피해에 대한 보상 또는 배상의 책임이 있는 국가·지방자치단체·공제가입자 또는 피공제자는 그 공제급여 금액의 범위 안에서 다른 법령에 따른 보상 또는 배상의 책임을 면한다.

②수급권자가 다른 법령에 따라 이 법의 공제급여에 상당하는 보상 또는 배상을 받은 경우 공제회는 그 보상 또는 배상의 범위 안에서 이 법에 따른 공제급여를 지급하지 아니한다.

제46조(부당이득의 환수) ①공제회는 공제급여가 다음 각 호의 어느 하나에 해당하는 사유로 지급된 경우에는 그 공제급여액에 상당하는 금액을 환수하여야 한다.

1. 거짓 그 밖의 부정한 방법으로 공제급여를 받은 경우
2. 요양기관의 거짓 진단에 따라 공제급여가 부당하게 지급된 경우
3. 그 밖에 공제급여가 잘못 지급된 경우

② 제1항제2호의 규정에 해당하는 경우 수급권자와 당해 요양기관은 연대하여 공제급여 상당액을 반환하여야 한다.

제47조(수급권의 보호) ①수급권자의 공제급여를 받을 권리는 피공제자의 사망, 학교안전공제에 가입한 학교에서의 졸업·퇴학 등 신분관계의 변동으로 인하여 소멸되지 아니한다.

② 수급권자의 공제급여를 받을 권리는 이를 양도 또는 압류할 수 없다.

제48조(비용의 보전) ①공제회는 교직원과 교직원의 업무를 보조하는 자 중 대통령령이 정하는 자가 학교안전사고와 관련하여 비용을 지출한 경우 이에 대한 비용을 보전할 수 있다.

② 제1항의 규정에 따른 비용을 보전하는 경우 그 지급기준·절차 및 보전비용의 산정 등에 관하여 필요한 사항은 교육부령으로 정한다. 〈개정 2008.2.29〉

제7장 공제료

제49조(공제료) ①공제가입자는 공제료를 공제회에 납부하여야 한다. 이 경우 공제가입자는 대통령령이 정하는 바에 따라 피공제자에게 공제료에 충당하기 위한 금액의 전부 또는 일부를 징수할 수 있다.

②공제회는 제1항의 규정에 따라 징수한 공제료를 제52조의 규정에 따른 학교안전공제및 사고예방기금의 수입으로 계상하여야 한다.

③교육부장관은 대통령령이 정하는 바에 따라 매 사업연도마다 전전년도 이전 최근 3년간의 학교안전사고의 발생 추이와 공제급여 지급 실적, 전전년도의 공제 사업 및 예방 사업 등의 운영경비와 물가 상승률 등을 반영하여 공제료 산정기준을 정하고 이를 고시하여야 한다. 〈개정 2008.2.29〉

④공제회는 제3항의 규정에 따라 고시된 공제료 산정기준에 근거하여 관할 구역 내 학교안전사고의 발생 추이와 공제급여의 지급 실적, 학교의 종류 및 규모 등을 고려하여 공제료를 산정하고 이를 공제가입자에게 통보하여야 한다.

⑤제4항의 규정에 따라 산정된 공제료를 통보 받은 공제가입자는 통보된 공제료에 대하여 이의가 있을 경우 교육부령이 정하는 절차와 방식에 따라 공제회에 이의를 신청할 수 있다. 〈개정 2008.2.29〉

제50조(공제료의 납부고지) ①공제회는 제49조의 규정에 따라 산정된 공제료의 납부를 교육부령이 정하는 절차와 방식에 따라 공제가입자에게 고지하여야 한다. 〈개정 2008.2.29〉

②제1항의 규정에 따른 공제료의 납부고지서에는 다음 각 호의 사항을 기재하여야 한다.

1. 공제료의 금액
2. 납부기한
3. 납부장소

③공제료의 납부기한·납부방법·납부절차 등 공제료의 수납에 관하여 필요한 사항은 교육부령으로 정한다. 〈개정 2008.2.29〉

제51조(국가 등의 공제료 부담) ①다음 각 호의 어느 하나에 해당하는 피공제자(제1호 및 제2호의 경우에는 학생인 피공제자를 말한다)에 대한 공제료는 이를 국가 또는 지방자치단체가 부담한다. 〈개정 2007.7.27, 2011.5.19, 2011.8.4, 2011.9.15〉

1. 「국민기초생활 보장법」 제12조의 규정에 따른 교육급여를 받는 수급자와 그 자녀인 피공제자 및 같은 법 제24조의 규정에 따른 차상위계층으로 조사된 자와 그 자녀인 피공제자
2. 「독립유공자예우에 관한 법률」 제15조의 규정에 따라 교육보호를 받는 자, 「국가유공자 등 예우 및 지원에 관한 법률」 제22조제1항에 따른 교육지원 대상자, 「보훈보상대상자 지원에 관한 법률」 제25조제1항에 따른 교육지원 대상자, 「5·18민주유공자 예우에 관한 법률」 제12조의 규정에 따른 교육지원대상자 및 「특수임무유공자 예우 및 단체설립에 관한 법률」 제11조의 규정에 따른 교육지원대상자인 피공제자
3. 제2조제5호에 따른 교육활동참여자

②국가 또는 지방자치단체는 예산의 범위 안에서 학생인 피공제자에 대한 공제료를 부담할 수 있다.

③ 제18조제1항제2호의2에 따른 학교폭력 피해학생의 치료비 등의 소요경비는 국가 또는 지방자치단체가 부담한다. 〈신설 2012.3.21〉

제8장 학교안전공제및사고예방기금

제52조(기금의 설치 및 조성) ①교육감은 학교안전공제 사업 및 학교안전사고의 예방 사업에 필요한 재원을 확보하고, 공제급여에 충당하기 위하여 학교안전공제및사고예방기금(이하 "기금"이라 한다)을 설치한다.

②기금은 공제료 수입, 국가 및 지방자치단체의 보조금, 기금의 운용수익, 적립금, 결산상 잉여금, 차입금, 기부금과 그 밖의 수입금을 재원으로 하여 이를 조성한다.

제53조(기금의 용도) ①기금은 다음 각 호의 용도에 사용한다. 〈개정 2012.3.21〉

1. 공제급여의 지급
2. 공제회의 재정 지원
3. 차입금 및 이자의 상환
4. 학교안전공제제도의 조사·연구·홍보 및 학교안전사고의 예방·교육지원 사업
5. 제18조제1항제2호의2에 따른 학교폭력 피해학생 치료비 등과 관련한 경비의 지급
6. 그 밖에 학교안전사고의 예방 및 학교안전공제와 관련하여 대통령령이 정하는 사업

② 제1항제5호에 대한 집행 기준, 절차 및 방법 등은 교육부령으로 정한다. 〈신설 2012.3.21〉

제54조(기금의 관리·운용) ①기금은 공제회가 관리·운용한다.

②공제회는 다음 각 호의 방법에 따라 기금을 관리·운용하여야 한다.

1. 금융기관 또는 체신관서에의 예입 및 금전신탁
2. 투자신탁 등의 수익증권 매입
3. 국가·지방자치단체 또는 금융기관이 직접 발행하거나 채무이행을 보증하는 유가증권의 매입
4. 그 밖에 기금 증식을 위하여 대통령령이 정하는 사업

③공제회는 기업회계의 원칙에 따라 기금을 계리하여야 한다.

제55조(기금의 운용계획) 공제회는 매 사업연도마다 교육부장관이 정하는 바에 따라 기금운용계획을 수립하여 교육감의 승인을 얻어야 한다. 〈개정 2008.2.29〉

제56조(잉여금·손실금·차입금) ①기금의 결산상 잉여금이 생긴 때에는 이를 적립금으로 계상하고, 결산상 손실금이 생긴 때에는 적립금을 사용할 수 있다.

②교육감은 기금을 운용함에 있어 일시적으로 자금의 부족 등이 생긴 때에는 대통령령이 정하는 절차와 방식에 따라 금융기관 등으로부터 차입 또는 일시 차입을 할 수 있다. 이 경우 일시차입금은 당해 사업연도 내에 상환하여야 한다.

제9장 심사청구 및 재심사청구

제57조(심사청구의 제기) ①공제회의 공제급여 결정에 대하여 불복이 있는 자는 제58조의 규정에 따른 학교안전공제보상심사위원회에 심사청구를 할 수 있다.

②제1항의 규정에 따른 심사청구는 공제급여에 관한 결정이 있음을 안 날부터 90일 이내에 하여야 한다. 다만, 천재·지변·전쟁·사변 그 밖의 불가항력적인 사유로 심사를 청구할 수 없는 기간은 심사청구기간에 산입하지 아니한다.

③제1항의 규정에 따른 심사청구에 관하여 필요한 사항은 대통령령으로 정한다.

제58조(학교안전공제보상심사위원회) ①제57조의 규정에 따른 심사청구를 심리·결정하게 하기 위하여 공제회에 학교안전공제보상심사위원회(이하 "심사위원회"라 한다)를 둔다.

②심사위원회는 위원장 1인을 포함하여 9인 이상 15인 이내의 위원으로 구성한다.

③심사위원회의 위원장은 위원 중에서 교육감이 지명하는 자가 되고, 위원은 다음 각 호의 어느 하나에 해당하는 자 중에서 교육감이 임명 또는 위촉한다. 〈개정 2008.2.29〉

1. 5급 이상의 국가공무원(고위공무원단에 속하는 공무원 및 장학관을 포함한다) 또는 지방공무원으로 재직하였거나 재직하고 있는 자
2. 변호사의 자격이 있는 자
3. 전문의의 자격이 있는 자
4. 손해사정사 등 보험 업무 분야에서 5년 이상 실무에 종사한 경력이 있는 자
5. 고등학교 이하의 각급 학교에 재직하고 있는 자로서 10년 이상의 교육경력이 있는 자
6. 대학에서 조교수 이상의 직에 재직하였거나 재직하고 있는 자
7. 학부모 대표
8. 그 밖에 제1호 내지 제5호에 준하는 자격이 있는 자로서 교육부령이 정하는 자

④심사위원회 위원의 임기는 2년으로 하되, 연임할 수 있다.

⑤심사위원회의 운영 등에 관하여 필요한 사항은 대통령령으로 정한다.

제59조(심사청구에 대한 심리·결정) ①심사위원회는 제57조의 규정에 따라 심사청구를 받은 날부터 60일 이내에 심사청구에 대한 결정을 하여야 한다. 다만, 부득이한 사유로 인하여 그 기간 내에 결정을 할 수 없는 때에는 1차에 한하여 1개월을 넘지 아니하는 범위 안에서 그 기간을 연장할 수 있다.

②심사위원회는 심사청구의 심리를 위하여 필요하다고 인정하는 경우에는 심사청구인의 신청 또는 직권에 따라 다음 각 호의 행위를 할 수 있다.

1. 심사청구인 또는 관계인을 지정장소에 출석하게 하여 질문하거나 의견을 진술하게 하는 것
2. 심사청구인 또는 관계인에게 증거가 될 수 있는 문서 또는 그 밖의 물건을 제출하게 하는 것
3. 전문적인 지식이나 경험을 가진 자로 하여금 감정 또는 진단을 하게 하는 것

제60조(결정의 효력) 심사위원회가 결정을 행한 경우에 심사청구인이 제61조제2항의 규정에 따른 기간 내에 재심사청구 또는 공제급여와 관련된 소송을 제기하지 아니하거나 제기된 재심사청구 또는 소송을 취하한 때에는 공제회와 심사청구인 간에 당해 결정의 내용과 동일한 합의가 성립된 것으로 본다.

제61조(재심사청구의 제기) ①제59조제1항의 규정에 따른 심사청구에 대한 결정에 불복이 있는 자는 제62조의 규정에 따른 학교안전공제보상재심사위원회에 재심사청구를 할 수 있다.

②제1항의 규정에 따른 재심사청구는 심사청구에 대한 결정서 정본이 심사청구인에게 송달된 날부터 90일 이내에 제기하여야 한다. 이 경우 천재·지변·전쟁·사변 그 밖에 불가항력 등 재심사 청구인의 책임 없는 사유로 재심사를 청구할 수 없는 기간은 재심사청구기간에 산입하지 아니한다.

제62조(학교안전공제보상재심사위원회) ①제61조의 규정에 따른 재심사청구를 심리·재결하기 위하여 공제중앙회에 학교안전공제보상재심사위원회(이하 "재심위원회"라 한다)를 둔다.

②재심위원회는 위원장 1인을 포함하여 9인 이상 15인 이내의 위원으로 구성한다.

③재심위원회의 위원장은 위원 중에서 교육부장관이 지명하는 자가 되고, 재심위원회 위원은 다음 각 호의 어느 하나에 해당하는 자 중에서 교육부장관이 임명 또는 위촉한다. 〈개정 2008.2.29〉

1. 3급 이상의 국가공무원(고위공무원단에 속하는 공무원 및 장학관을 포함한다) 또는 지방공무원으로 재직하였거나 재직하고 있는 자
2. 변호사의 자격이 있는 자
3. 전문의의 자격이 있는 자
4. 손해사정사 등 보험 업무 분야에서 10년 이상 실무에 종사한 경력이 있는 자
5. 고등학교 이하의 각급 학교에 재직하고 있는 자로서 15년 이상의 교육경력이 있는 자
6. 대학에서 부교수 이상의 직에 재직하였거나 재직하고 있는 자
7. 학부모 대표
8. 그 밖에 제1호 내지 제5호에 준하는 자격이 있는 자로서 교육부령이 정하는 자

④위원의 임기는 2년으로 하되, 연임할 수 있다.

⑤재심위원회의 운영 등에 관하여 필요한 사항은 대통령령으로 정한다.

제63조(재심사청구에 대한 심리·재결) 제59조의 규정은 재심사청구에 대한 심리·재결에 관하여 이를 준용한다. 이 경우 "심사위원회"는 각각 "재심위원회"로, "심사청구"는 각각 "재심사청구"로, "심사청구인"은 각각 "재심사청구인"으로, "결정"은 "재결"로 본다.

제64조(재결의 효력) 재심위원회가 재결을 행한 경우에 재심사청구인이 재심위원회의 재

결서 정본이 재심사청구인에게 송달된 날부터 60일 이내에 공제급여와 관련된 소송을 제기하지 아니하거나 제기한 소송을 취하한 경우에는 공제회와 재심사청구인 간에 당해 재결 내용과 동일한 합의가 성립된 것으로 본다.

제10장 보칙

제65조(시효) ①공제료의 징수 및 수급권자의 공제급여를 받을 권리는 3년간 행사하지 아니하면 소멸시효가 완성된다.

②제1항의 규정에 따른 소멸시효에 관하여는 이 법에 정한 사항 외에는 「민법」의 규정에 따른다.

제66조(서류의 송달) 「국세기본법」 제8조 내지 제12조의 규정은 공제료 그 밖에 이 법에 따른 징수금에 관한 서류의 송달에 관하여 이를 준용한다.

제67조(자료의 제공 요청) ①공제회는 학교장 및 요양기관 등에 대하여 학교안전공제 사업을 운영하기 위하여 필요한 자료의 제공을 요청할 수 있다.

②제1항의 규정에 따라 자료의 제공을 요청받은 학교장 및 요양기관 등은 성실히 이에 응하여야 한다.

제68조(진찰요구) 공제회는 공제급여의 결정 등에 관하여 필요하다고 인정하는 때에는 피공제자에 대하여 공제회가 정하는 의료기관에서 진찰을 받도록 할 수 있다.

제69조(비밀의 유지) 다음 각 호에 규정된 직에 종사하는 자 및 그 직에 종사하였던 자는 그 업무상 알게된 비밀을 누설하여서는 아니된다.

1. 공제회·공제중앙회의 임원 및 직원
2. 심사위원회 및 재심사위원회의 위원

제11장 벌칙

제70조(벌칙 적용에서의 공무원 의제) 공제회 및 공제중앙회의 임원·직원과 심사위원회와 재심위원회의 위원은 「형법」 제129조 내지 제132조의 적용에 있어서 이를 공무원으로 본다.

제71조(벌칙) 제69조의 규정을 위반한 자는 1년 이하의 징역 또는 1천만원 이하의 벌금에 처한다.

제72조(과태료) 다음 각 호의 어느 하나에 해당하는 자에 대하여는 50만원 이하의 과태료에 처한다.

1. 제26조(제33조의 규정에 따라 준용되는 경우를 포함한다)의 규정을 위반하여 학교안전공제회·학교안전공제중앙회 또는 이와 유사한 명칭을 사용한 자
2. 제42조제4항의 규정을 위반하여 조사를 방해하거나 자료의 제출을 거부한 자
3. 제44조제2항의 규정에 따른 통지를 하지 아니하거나 거짓으로 통지를 한 자

4. 제67조제1항의 규정에 따른 자료의 제공 요청을 정당한 사유 없이 거부하거나 제공하지 아니한 자

제73조(과태료의 부과 · 징수절차) ①제72조의 규정에 따른 과태료는 대통령령이 정하는 바에 따라 교육감이 부과 · 징수한다.

②제1항의 규정에 따른 과태료 처분에 불복이 있는 자는 그 처분을 고지 받은 날부터 30일 이내에 당해 과태료 처분을 한 교육감에게 이의를 제기할 수 있다.

③제1항의 규정에 따른 과태료 처분을 받은 자가 제2항의 규정에 따라 이의를 제기한 때에는 교육감은 지체 없이 관할 법원에 그 사실을 통보하여야 하고, 그 통보를 받은 관할 법원은 「비송사건절차법」에 따른 과태료의 재판을 한다.

④제2항의 규정에 따른 기간 이내에 이의를 제기하지 아니하고 과태료를 납부하지 아니한 때에는 지방세체납처분의 예에 따라 이를 징수한다.

부칙 〈제11387호, 2012.3.21〉

제1조(시행일) 이 법은 2012년 4월 1일부터 시행한다.

제2조(「국민건강보험법」 제58조에 관한 경과조치) 제36조제2항 단서 중 "「국민건강보험법」 제58조"는 2012년 8월 31일까지는 "「국민건강보험법」 제53조"로 본다.

제5장

학교안전사고 예방 및 보상에 관한 법률 시행령

[시행 2012.9.1] [대통령령 제24077호, 2012.8.31, 타법개정]

제1조(목적) 이 영은 「학교안전사고 예방 및 보상에 관한 법률」에서 위임된 사항과 그 시행에 필요한 사항을 규정함을 목적으로 한다.

제2조(교육활동과 관련된 시간) 「학교안전사고 예방 및 보상에 관한 법률」(이하 "법"이라 한다) 제2조제4호다목에서 "대통령령이 정하는 시간"이란 다음 각 호의 어느 하나에 해당하는 시간을 말한다. 〈개정 2012.3.30〉

1. 통상적인 경로 및 방법에 의한 등·하교 시간
2. 휴식시간 및 교육활동 전후의 통상적인 학교체류시간
3. 학교의 장(이하 "학교장"이라 한다)의 지시에 의하여 학교에 있는 시간
4. 학교장이 인정하는 직업체험, 직장견학 및 현장실습 등의 시간
5. 기숙사에서 생활하는 시간
6. 학교 외의 장소에서 교육활동이 실시될 경우 집합 및 해산 장소와 집 또는 기숙사 간의 합리적 경로와 방법에 의한 왕복 시간

[시행일 : 2013.3.1] 제2조제5호

제3조(학교장의 관리·감독하의 질병) 법 제2조제6호에서 "대통령령이 정하는 것"이란 다음 각 호의 어느 하나에 해당하는 질병을 말한다.

1. 학교급식이나 가스 등에 의한 중독
2. 일사병(日射病)
3. 이물질의 섭취 등에 의한 질병
4. 이물질과의 접촉에 의한 피부염
5. 외부 충격 및 부상이 직접적인 원인이 되어 발생한 질병

제4조 삭제 〈2010.9.27〉

제5조 삭제 〈2010.9.27〉

제6조 삭제 〈2010.9.27〉

제7조 삭제 〈2010.9.27〉

제8조(학교시설의 안전표지 등) 법 제5조제1항에 따라 특별시·광역시·특별자치시·도

·특별자치도(이하 "시·도"라 한다. 이하 같다)의 교육감(이하 "교육감"이라 한다), 학교장 및 「사립학교법」에 따른 사립학교를 설치·경영하는 자(이하 "학교장등"이라 한다)는 교내와 교외의 학교시설 및 장소에 안전표지물 등 안내문을 붙이고, 비상시의 대피 경로를 쉽게 알아볼 수 있는 장소에 안내문을 게시하여야 하며, 시설안전관리 대장을 작성하여 관리하여야 한다. 〈개정 2012.3.30〉

제9조(학교시설에 대한 안전점검 등) 법 제6조제1항에 따라 학교장등은 다음 각 호의 학교시설과 장소에 대한 안전 여부, 정리정돈 및 청결 상태를 점검하여야 한다.

1. 소방시설 및 화재대피시설
2. 비상탈출구
3. 운동장
4. 놀이시설
5. 실험실습시설
6. 체육시설
7. 교실(출입문 포함)·복도·난간·계단·현관·교문
8. 그 밖에 안전점검을 위하여 필요하다고 인정하는 시설

제10조(학교시설안전관리기준) ①법 제7조제1항에 따른 학교시설안전관리기준은 별표 1과 같다.

②학교장은 제1항의 학교시설안전관리기준에 따른 점검 결과를 점검 후 2개월 이내에 교육감에게 보고하여야 한다.

제10조의2(공제회의 수익사업 등) 법 제15조제1항에 따른 학교안전공제회(이하 "공제회"라 한다)는 법 제18조제2항에 따라 교육감의 승인을 받아 다음 각 호의 수익사업을 할 수 있다.

1. 학교시설에 대한 소방·전기 등의 안전점검 대행
2. 소독·청소 등의 환경개선 업무
3. 그 밖에 피공제자의 권익보호 및 복지향상을 위한 사업

[본조신설 2012.3.30]

제10조의3(공제중앙회의 수익사업 등) 법 제28조에 따른 학교안전공제중앙회(이하 "공제중앙회"라 한다)는 법 제29조제2항에 따라 교육부장관의 승인을 받아 피공제자 등의 권익보호 및 복지향상을 위한 사업을 할 수 있다.

[본조신설 2012.3.30]

제11조(임원추천심사위원회의 구성 등) ①법 제31조제1항에 따른 임원추천심사위원회(이하 "추천위원회"라 한다)는 위원장 1명을 포함하여 7명의 위원으로 구성하되, 다음 각 호의 기준에 따라 교육부장관이 위촉한다. 〈개정 2008.2.29, 2012.3.30〉

1. 공제회를 대표하는 자 3명

2. 교직원을 대표하는 자 1명
3. 학부모를 대표하는 자 1명
4. 학교안전공제 업무에 관한 학식과 경험이 풍부한 자 2명

②추천위원회의 위원장은 위원 중에서 호선한다.

③위원의 임기는 3년으로 하되, 연임할 수 있다.

④추천위원회의 위원장은 회의를 소집하고 그 의장이 된다.

⑤추천위원회의 위원장이 부득이한 사유로 직무를 수행할 수 없을 때에는 위원장이 미리 지정한 위원이 그 직무를 대행한다.

⑥회의는 재적위원 과반수의 출석과 출석위원 과반수의 찬성으로 의결한다.

⑦이 영에 규정한 것 외에 추천위원회의 운영에 필요한 사항은 추천위원회의 의결을 거쳐 추천위원회의 위원장이 정한다.

제12조(학교안전공제중앙회의 임원 추천) 법 제31조제1항에 따라 추천위원회는 공제중앙회의 임원 중 이사장 및 감사 후보자를 각각 2명 이상을 추천하여야 한다. 〈개정 2012.3.30〉

제13조(공제중앙회의 재정 충당) 법 제32조제2항에 따라 교육부장관은 공제중앙회의 재정에 충당할 공제회의 분담금을 전년도 4월 1일 현재 시·도의 피공제자인 학생 및 교직원 수에 비례하여 할당하며, 각 시·도 공제회는 매년 1월 10일까지 할당된 분담금을 공제중앙회에 납부하여야 한다. 〈개정 2008.2.29〉

제14조(요양급여의 지급기준 등) 법 제34조제1호에 따른 요양급여(이하 "요양급여"라 한다)의 항목별 지급기준 등은 다음 각 호와 같다. 〈개정 2010.9.27, 2012.8.31〉

1. 입원료는 대중적인 일반병실의 입원료를 지급한다. 다만, 전신 화상자, 세균감염을 예방하기 위하여 격리가 필요한 환자, 심한 정신질환자 등 의사의 소견에 따라 부득이 상급병실(입원실에 5인 이하가 입원할 수 있는 병실을 말한다)에 입원하였을 때(병실 사정이나 환자 및 보호자의 요청에 의한 경우는 제외)에는 그 병실의 입원료를 지급한다.
2. 진찰, 검사, 처치, 수술(성형수술을 포함한다), 응급 및 재활치료, 호송 등은 치료에 소요되는 비용을 지급한다.
3. 치아 보철비는 도재전장관[도재전장관, 사기 재료로 이 빛깔이 나도록 만든 인공치아(人工齒牙)]에 드는 비용을 지급한다. 다만, 기존의 치아 보철물이 외상으로 손상되거나 파괴되어 사용할 수 없게 된 경우에는 원상회복에 드는 비용을 지급한다.
4. 약제비는 처방전에 의한 경우에만 지급한다.
5. 한방치료는 침과 뜸 등 「국민건강보험법」에서 인정하는 경우에 드는 비용만 지급한다.
6. 의지(義肢)·의치(義齒)·안경·보청기 등 보장구는 처방 및 구입의 경우에 드는 비용을 지급하거나 「국민건강보험법」 제51조제2항을 준용하여 지급한다.

7. 요양급여의 범위에서 제외되는 진료비 등 그 밖의 지급기준은 교육부장관이 정한다.

제15조(취업가능기간) 법 제34조제2호에 따른 장해급여(이하 "장해급여"라 한다)를 법 제37조제1항 및 「국가배상법」 제3조제2항제3호에 따라 산정하거나 법 제34조제4호에 따른 유족급여(이하 "유족급여"라 한다)를 법 제39조제1항 및 「국가배상법」 제3조제1항제1호에 따라 산정할 경우에 장래의 취업 가능기간은 다음 각 호의 사항을 종합적으로 고려한 기간으로 한다.

1. 피해자의 연령, 직업, 경력 및 건강상태 등 주관적 요소
2. 국민의 평균여명(平均餘命), 경제수준 및 고용조건 등 사회적·경제적 여건 등
3. 사고 당시 「병역법」 상 군복무기간, 피공제자의 군복무 가능성, 복무기간 조정 가능성 등(피공제자가 남자인 경우에 한한다)

제16조(신체장해의 등급 및 노동력상실률 등) ①제15조에 따라 장해급여를 산정할 경우에 신체장해의 등급과 노동력상실률은 별표 2와 같다.

②장해의 부위가 2개인 경우에는 별표 2에 따른 부위별 등급을 정한 후 별표 3에 따라 종합평가등급을 정한다.

③장해의 부위가 3개 이상인 경우에는 먼저 최상급 부위 2개에 대하여 별표 3에 따른 종합평가등급을 정한 후 나머지 부위 중 최상급 부위 1개와 위 종합평가등급을 별표 3에 따라 다시 종합평가하여 등급을 정한다.

④장해가 가장 큰 부위가 별표 2에 따른 장해등급 제14급에 해당하는 것이 3개 이상의 경우에는 제13급으로 한다.

제17조(간병급여의 지급기준 등) ①법 제34조제3호에 따른 간병급여(이하 "간병급여"라 한다)의 지급대상 및 지급기준은 별표 4와 같다.

②간병급여의 지급은 간병이 실제로 행하여진 날에 대하여 월단위로 지급한다.

제18조(평균임금의 기준) ①장해급여, 유족급여 및 법 제34조제5호에 따른 장의비(이하 "장의비"라 한다)를 산정할 때의 평균임금은 매년 6회 이상 주기적으로 임금통계를 공표하는 임금조사기관이 조사한 남자 또는 여자 보통 인부의 전국 규모 통계에 의한 일용노동임금에 따른다. 다만, 전국규모 통계가 없을 때에는 서울특별시 지역통계에 의한 일용노동임금에 따른다.

②제1항의 임금은 먼저 공신력 있는 건설노임단가 통계에 따르고, 공신력 있는 건설노임단가 통계가 없을 때에는 정부노임단가통계에 따르며, 정부노임단가통계도 없을 때에는 공신력 있는 방법에 의하여 조사한 남자 또는 여자 보통 인부의 일용노동임금에 따른다.

제19조(위자료의 기준) 법 제37조제1항 또는 법 제39조제1항에 따른 신체장해 및 사망에 대한 위자료의 기준은 별표 5 및 별표 6과 같다.

제19조의2(공제급여의 지급제한 등) ① 공제회는 법 제35조에 따라 공제급여액을 결정할 때 피공제자에게 이미 존재하던 질병, 부상 또는 신체장애 등이 학교안전사고로 인

하여 악화된 경우에는 이미 존재하던 질병, 부상 또는 신체장애 등의 치료에 필요한 비용을 제외하고 공제급여를 지급할 수 있다.

② 공제회는 법 제37조부터 제39조까지의 규정에 따른 장해급여, 간병급여 및 유족급여를 산정할 때에는 피공제자에게 과실이 있으면 이를 상계할 수 있다.

③ 제2항에 따른 과실상계 대상 및 기준 등 필요한 사항은 교육부령으로 정한다.

④ 제2조제4호 중 현장실습과 관련하여 「산업재해보상보험법」 제123조에 따라 보험급여가 지급되는 경우 공제회는 그 보험급여 상당액을 제외한 공제급여를 지급한다.

[본조신설 2012.3.30]

제20조(손익상계) ①유족급여를 산정할 때에는 월급액이나 월수입액 또는 평균임금에서 별표 7에 따른 생활비를 빼야 한다.

②유족급여와 장해급여를 일시에 지급할 때에는 중간 이자를 빼야 한다.

③제2항에 따른 중간 이자 공제방식은 법정이율에 따른 호프만방식에 따른다.

제20조의2(위로금의 지급) 공제회는 피공제자인 학생이 교육활동 중에 학교안전사고 이외의 원인을 알 수 없는 사유로 사망한 경우에 법 제40조의2제1항에 따라 4천만원의 위로금을 지급한다.

[본조신설 2012.3.30]

제21조(비용의 보전) 법 제48조제1항에서 "대통령령이 정하는 자"란 다음 각 호의 자를 말한다.

1. 법 제2조제5호에 따른 교육활동참여자
2. 법 제9조에 따른 명예학교안전요원으로 위촉된 자
3. 「사립학교법」에 따라 사립학교를 설치·경영하는 자

제22조(공제료) 법 제49조제1항 후단에 따라 공제가입자가 공제료를 징수하려는 경우에는 피공제자인 학생 및 교직원에게 통보하여야 한다.

제23조(기금의 용도) 법 제53조제1항제6호에서 "대통령령이 정하는 사업"이란 학교안전사고 예방사업 등에 관하여 공헌한 자에 대한 포상 등의 사업을 말한다. 〈개정 2012.3.30〉

제24조(기금의 관리·운용) 법 제54조제2항제4호에서 "대통령령이 정하는 사업"이란 「증권거래법」 제2조제1항 각 호에 따른 유가증권의 매입에 관한 사업을 말한다.

제25조(심사청구의 방식) ①법 제57조제1항에 따른 심사청구는 다음 각 호의 사항을 적은 문서(이하 "심사청구서"라 한다)로 하여야 한다.

1. 심사청구인의 이름과 주소
2. 심사청구의 대상이 되는 공제급여의 결정 내용
3. 공제급여에 관한 결정이 있었던 것을 안 날
4. 심사청구의 취지와 이유
5. 심사청구에 관한 고지의 유무와 그 내용

6. 심사청구의 연월일

②심사청구인이 학교안전사고를 당한 피공제자가 아닌 경우에는 심사청구서에 제1항 각 호 외에 다음 각 호의 사항을 적어야 한다.

1. 학교안전사고를 당한 피공제자의 이름
2. 학교안전사고를 당한 피공제자의 사고 당시 소속 학교의 명칭 및 소재지

③심사청구가 대리인에 의하여 제기되는 것인 경우에는 제1항과 제2항에 따른 사항 외에 대리인의 이름과 주소를 심사청구서에 적어야 한다.

④심사청구서에는 심사청구인이나 그 대리인이 기명날인하여야 한다.

제26조(학교안전공제보상심사위원회의 운영) ①법 제58조제1항에 따른 학교안전공제보상심사위원회(이하 "심사위원회"라 한다)의 위원장은 심사위원회의 회의를 소집하며, 그 의장이 된다.

②심사위원회의 위원장이 회의를 소집하려는 경우에는 회의 개최 5일 전까지 회의의 일시·장소 및 안건을 각 위원에게 서면으로 알려야 한다. 다만, 긴급한 경우에는 그러하지 아니하다.

③심사위원회의 회의는 재적위원 과반수의 출석과 출석위원 과반수의 찬성으로 의결한다.

④심사위원회의 세부적인 운영에 필요한 사항은 심사위원회의 의결을 거쳐 위원장이 정한다.

제27조(위원의 제척·기피·회피) ①심사위원회의 위원은 다음 각 호의 어느 하나에 해당하는 사항에 관한 심리·결정에서 제척(除斥)된다.

1. 위원과 직접적인 이해관계가 있는 사항
2. 위원의 배우자, 4촌 이내의 혈족, 2촌 이내의 인척인 자 또는 위원이 속한 기관과 이해관계가 있는 사항
3. 위원 또는 위원이 속한 기관이 자문·고문 또는 손해사정 등을 행하고 있는 자와 이해관계가 있는 사항

②심사위원회에서 심리·결정하는 사항과 직접적인 이해관계가 있는 자는 위원에게 심리·결정의 공정을 기대하기 어려운 사정이 있는 경우 심사위원회의 위원장에게 기피신청을 할 수 있다. 이 경우 심사위원회의 위원장은 심사위원회의 의결을 거쳐 기피 여부를 결정한다.

③제2항에 따라 기피신청을 하는 자는 신청을 한 날부터 3일 이내에 기피 사유를 서면으로 제출하여야 한다.

④기피신청의 대상이 된 위원은 지체 없이 기피신청에 대한 의견서를 심사위원회의 위원장에게 제출하여야 한다.

⑤위원은 제1항 각 호의 어느 하나에 해당하는 사유나 제2항의 사유에 해당하는 경우에는 심사위원회의 위원장의 승인을 받아 스스로 그 사항의 심리·결정을 회피할 수 있다.

⑥제1항부터 제5항까지의 규정에 따라 심리·결정에 관여하지 못한 위원은 제25조제3항

에 따른 재적위원 수의 계산에서 제외한다.

제28조(보정 및 각하) ①심사청구가 다음 각 호의 어느 하나에 해당하면 심사위원회의 결정으로 각하하여야 한다.

1. 법 제57조제2항에서 정한 기간이 지난 후 제기되었을 때
2. 법령상의 방식에 위반하여 보정할 수 없을 때
3. 제2항 본문에 따른 기간에 보정하지 아니하였을 때

②심사청구가 법령상의 방식을 위반한 것이라도 보정할 수 있는 경우에는 심사위원회는 상당한 기간을 정하여 심사청구인에게 이를 보정할 것을 요구할 수 있다. 다만, 보정할 사항이 경미한 경우에는 심사위원회의 직권으로 보정할 수 있다.

③심사위원회는 제2항 단서에 따라 직권으로 심사청구를 보정한 경우에는 그 사실을 심사청구인에게 알려야 한다.

제29조(심사청구에 대한 결정의 방법) ①법 제57조에 따른 심사청구에 대한 결정은 문서로 행하여야 한다.

②제1항에 따른 결정서에는 다음 각 호의 사항을 적어야 한다.

1. 사건번호 및 사건명
2. 심사청구인이나 대리인의 이름 및 주소
3. 심사청구인이 학교안전사고를 당한 피공제자가 아닌 경우에는 학교안전사고를 당한 피공제자의 이름 및 주소
4. 주문(主文)
5. 심사청구의 취지
6. 이유
7. 결정 연월일

③심사위원회는 제1항에 따라 심사청구에 대한 결정을 한 때에는 심사청구인에게 심사결정서의 정본(正本)을 송부하여야 한다.

④심사위원회는 심사청구에 대한 결정을 하는 경우에는 그 심사청구인에게 심사청구에 대한 결정에 관하여 재심사청구의 절차와 청구기간을 알려야 한다.

제30조(심리를 위한 조사 등) ①법 제59조제2항에 따른 심사청구인의 신청은 다음 각 호의 사항을 적은 문서로 하여야 한다.

1. 심사청구 사건명
2. 신청의 취지 및 이유
3. 출석하여야 할 관계인의 이름 및 주소(법 제59조제2항제1호의 경우에만 해당한다)
4. 제출하여야 할 문서, 그 밖의 물건의 표시 및 그 소유자 또는 보관자의 이름과 주소(법 제59조제2항제2호의 경우에만 해당한다)
5. 감정이 필요한 사항 및 그 이유(법 제59조제2항제3호의 경우에 만 해당한다)

6. 진단을 받을 피공제자의 이름 및 주소(법 제59조제2항제3호의 경우에만 해당한다)

②심사위원회는 법 제59조제2항 각 호의 어느 하나에 해당하는 행위를 한 경우에는 다음 각 호의 사항을 적은 조서를 작성하고, 심사청구인이나 관계인으로부터 진술을 받은 경우에는 진술조서를 작성하여 첨부하여야 한다.

1. 사건번호 및 사건명
2. 조사의 일시 및 장소
3. 조사 대상 및 조사방법
4. 조사의 결과

제31조(학교안전공제보상재심사위원회의 운영) ①법 제62조제1항에 따른 학교안전공제보상재심사위원회(이하 "재심사위원회"라 한다)의 위원장은 재심사위원회의 회의를 소집하며, 그 의장이 된다.

②재심사위원회의 위원장이 회의를 소집하려는 경우에는 회의 개최 5일 전까지 회의의 일시·장소 및 안건을 각 위원에게 서면으로 알려야 한다. 다만, 긴급한 경우에는 그러하지 아니하다.

③재심사위원회의 회의는 재적위원 과반수의 출석과 출석위원 과반수의 찬성으로 의결한다.

④재심사위원회의 세부적인 운영에 필요한 사항은 재심사위원회의 의결을 거쳐 재심사위원회의 위원장이 정한다.

제32조(재심사청구의 방식) 법 제61조에 따른 재심사청구는 다음 각 호의 사항을 적은 문서로 하여야 한다.

1. 재심사청구인의 이름 및 주소
2. 재심사청구의 대상이 되는 공제급여의 결정 내용
3. 심사청구에 대한 결정서 정본이 심사청구인에게 송달된 날
4. 재심사청구의 취지 및 이유
5. 재심사청구에 관한 고지유무 및 그 내용
6. 재심사청구의 연월일

제33조(준용규정) 재심사청구에 관하여는 제26조부터 제30조까지의 규정을 준용한다. 이 경우 "심사청구인"은 "재심사청구인"으로, "심사위원회"는 "재심사위원회"로, "심사청구서"는 "재심사청구서"로, "결정서"는 "재결서"로, "심사청구"는 "재심사청구"로, "결정"은 "재결"로 본다.

제34조(과태료의 부과기준) 법 제72조에 따른 과태료의 부과기준은 별표 8과 같다.

[전문개정 2011.4.5]

부칙 〈제24077호, 2012.8.31〉 (국민건강보험법 시행령)

제1조(시행일) 이 영은 2012년 9월 1일부터 시행한다. 〈단서 생략〉

제2조부터 제7조까지 생략

제8조(다른 법령의 개정) ①부터 〈27〉까지 생략

〈28〉 학교안전사고 예방 및 보상에 관한 법률 시행령 일부를 다음과 같이 개정한다.

제14조제6호 중 " 「국민건강보험법」 제46조제2항"을 " 「국민건강보험법」 제51조제2항"으로 한다.

〈29〉 및 〈30〉 생략

제9조 생략

제6장

학교안전사고 예방 및 보상에 관한 법률 시행규칙

[시행 2012.4.1] [교육부령 제142호, 2012.3.30, 일부개정]

제1조(목적) 이 규칙은 「학교안전사고 예방 및 보상에 관한 법률」 및 같은 법 시행령에서 위임된 사항과 그 시행에 필요한 사항을 규정함을 목적으로 한다.

제2조(학교안전교육의 실시) ①학교의 장(이하 "학교장"이라 한다)은 「학교안전사고 예방 및 보상에 관한 법률」 (이하 "법"이라 한다) 제8조제1항에 따라 학생을 대상으로 교과시간, 재량활동시간 및 특별활동시간을 통하여 다음 각 호의 교육을 하여야 한다. 이 경우 교육횟수·시간 및 강사 등은 지역여건과 학교실정에 따른다. 〈개정 2012.3.30〉

1. 「아동복지법」 제9조제3항에 따른 교통안전교육, 약물오·남용 예방교육, 재난대비 안전교육
2. 「학교폭력 예방 및 대책에 관한 법률」 제13조에 따른 학교폭력 예방교육
3. 「성폭력범죄의 처벌 및 피해자보호 등에 관한 법률」 제3조제2항에 따른 성폭력 예방에 필요한 교육
4. 「성매매방지 및 피해자보호 등에 관한 법률」 제4조에 따른 성매매 예방교육
5. 그 밖에 안전사고 관련 법률에 따른 안전교육

②학교장은 교직원을 대상으로 제1항에 준하는 교육을 하되, 「교통안전공단법」 에 따른 교통안전공단이나 「소방기본법」 제40조에 따른 한국소방안전협회 등 외부 안전전문기관에 위탁하여 할 수 있다.

③ 교육부장관은 학교장이 제1항에 따른 학교안전교육을 효율적으로 실시하게 하기 위하여 관련 분야의 전문가로부터 의견을 수렴하여 교육자료의 개발, 체험시설의 확충 및 관련시설의 이용정보의 제공 등을 하여야 한다. 〈신설 2012.3.30〉

제2조의2(요양급여 지급기준) 「학교안전사고 예방 및 보상에 관한 법률 시행령」 (이하 "영"이라 한다) 제14조에 따른 요양급여지급 세부기준은 별표와 같다.

[본조신설 2012.3.30]

제2조의3(공제급여의 지급제한 등) ① 영 제19조의2제1항에 따라 이미 존재하던 질병, 부상 또는 신체장애 등의 치료에 필요한 비용을 제외할 때에는 의사 등 관련 전문가의 소견이나 수사기관 등의 부검결과 등이 있어야 한다.

② 영 제19조의2제2항에 따른 과실상계는 초등학교 4학년 이상의 학생을 대상으로 지급액

의 100분의 50 이하의 범위에서 할 수 있다. 다만, 인지능력이 현저히 부족하거나 신체적 결함이 있는 등의 원인으로 피공제자에게 과실책임을 묻는 것이 적당하지 아니하다고 판단되는 경우에는 상계하지 아니한다.

[본조신설 2012.3.30]

제2조의4(위로금의 청구 및 지급절차) ① 법 제40조의2제1항에 따라 위로금을 받으려는 사람은 별지 제1호서식에 따라 위로금청구서를 작성하여 학교안전공제회(이하 "공제회"라 한다)에 제출하여야 한다.

② 위로금의 지급절차에 대하여는 제7조제3항 및 제4항을 준용한다. 이 경우 "보전비용"은 "위로금"으로 본다.

[본조신설 2012.3.30]

제3조(공제급여의 청구 및 지급 절차 등) ①법 제41조제1항에 따라 공제급여를 받으려는 사람은 별지 제1호서식에 따라 공제급여청구서를 작성하여 공제가입자 또는 공제회에 제출하여야 한다. 이 경우 공제급여청구서에 청구이유를 소명할 수 있는 증거자료를 첨부하여야 한다. 〈개정 2012.3.30〉

②공제가입자는 제1항에 따라 공제급여청구서를 받으면 이를 지체 없이 공제회에 제출하여야 한다.

③공제회는 공제급여를 지급하는 결정을 내린 경우 그 사실을 공제가입자와 공제급여의 지급을 청구한 자에게 알려야 한다.

제4조(급여원부의 작성) ①공제회는 공제급여를 하였을 때에는 그 급여를 받은 피공제자별 급여원부를 작성하여 갖추어 두어야 한다.

②공제회는 공제급여와 관계 있는 자의 청구를 받으면 급여원부를 열람시켜야 하며, 필요하면 증명서를 발부할 수 있다.

제5조(공제급여의 제한) 법 제43조제2항에서 "교육부령이 정하는 기간"이란 공제가입자가 공제료의 납부통지를 받은 날부터 30일을 말한다. 〈개정 2008.3.4〉

제5조의2(사고발생통지) 법 제44조제2항에 따라 공제가입자가 학교안전사고가 발생하였음을 통지하는 경우에는 별지 제2호서식에 따라신고서를 작성하여 공제회에 제출하여야 한다.

[본조신설 2012.3.30]

제6조(부당이득의 환수) ①공제회는 법 제46조에 따라 부당이득을 환수하기로 결정하였을 때에는 지체 없이 납부 책임이 있는 자에게 그 금액을 납부할 것을 통지하여야 한다.

②제1항에 따라 통지를 받은 자는 통지 받은 날부터 30일 이내에 그 금액을 내야 한다.

제7조(비용의 보전) ①법 제48조제2항에 따라 보전하는 비용(이하 "보전비용"이라 한다)은 다음 각 호와 같다.

1. 손해의 방지와 경감을 위하여 지출한 손해방지 · 경감비용 및 긴급조치 비용의 전부 또

는 일부

2. 남으로부터 손해배상을 받을 수 있는 권리의 보전과 행사를 위하여 지출한 필요 비용 또는 유익한 비용의 전부 또는 일부

3. 학교안전사고와 관련한 민사·형사소송의 비용 및 공탁대부금의 전부 또는 일부

②보전비용을 받으려는 자는 별지 제1호서식에 따라 보전비용청구서를 작성하여 공제가입자를 거쳐 공제회에 제출하여야 한다.

③제2항에 따라 보전비용의 청구를 받은 공제회는 청구 받은 날부터 14일 이내에 보전비용의 지급 여부를 결정하여야 한다. 조사의 필요성 등 정당한 사유가 있어 14일 이내에 공제급여의 지급 여부 결정이 어려운 때에는 추가로 14일을 연장할 수 있다.

④공제회가 보전비용을 지급하기로 결정한 경우에는 지체 없이 보전비용을 청구한 자에게 보전비용을 지급하여야 한다.

제8조(공제료에 대한 이의 신청) 법 제49조제5항에 따라 통보된 공제료에 대하여 이의가 있는 공제가입자는 통보를 받은 날부터 14일 이내에 별지 제3호서식에 따라 공제료 이의 신청서를 작성하여 공제회에 제출하여야 한다. 〈개정 2012.3.30〉

제9조(공제료의 납부) ①공제회는 법 제50조제1항에 따라 학교별 공제료를 정하여 매년 4월 1일까지 공제가입자에게 통보하여야 한다.

②제1항에 따라 공제가입자는 공제료를 매년 4월 30일까지 공제회에 내야 한다. 다만, 법 제12조 단서에 따라 공제회에 가입한 공제가입자는 가입한 날부터 30일 이내에 공제료를 내야 한다.

제9조의2(기금의 지원 등) ① 교육감은 법 제51조제3항에 따라 학교폭력 피해학생의 치료비 등에 소요되는 예상경비를 매년 4월 30일까지 공제회에 지원하여야 한다.

② 공제회는 다음 연도 1월 말일까지 정산하여 그 결과를 교육감에게 통보하여야 하며, 집행잔액은 이월금에 포함하여야 한다.

[본조신설 2012.3.30]

제9조의3(집행 기준 등) ① 법 제53조제2항에 따라 학교폭력 피해학생의 상담 및 치료기간은 2년으로 하고, 일시보호의 기간은 30일로 한다. 다만, 추가적인 치료 등을 위하여 학교폭력 피해학생 및 보호자가 요청하는 경우에는 법 제58조제1항에 따른 학교안전공제보상심사위원회의 심의를 거쳐 1년의 범위에서 상담 및 치료기간을 연장할 수 있다.

② 제1항에 따른 학교폭력 피해학생 및 보호자는 별지 제4호서식에 따라 치료비 등 청구서를 작성하여 공제회에 제출하여야 한다.

③ 공제회는 학교폭력 피해학생에 대한 치료비 등의 지급을 결정하기 전에 학교장이 별지 제5호서식에 따라 작성하여 제출한 자료 등을 통하여 사실관계를 확인하여야 하고, 필요한 경우에는 관련 전문가의 자문을 받을 수 있다.

④ 공제회는 학교폭력 피해학생에 대한 치료비 등의 지급을 결정한 때에는 지급하기 전에 학교폭력 가해학생 및 보호자에게 알려야 한다.

[본조신설 2012.3.30]

제10조(기금운용계획) ①법 제55조에 따른 학교안전공제및사고예방기금(이하 "기금"이라 한다)의 운용계획에는 다음 각 호의 사항이 포함되어야 한다.

1. 기금의 수입 및 지출에 관한 사항
2. 해당연도의 사업계획 및 자금계획에 관한 사항
3. 전년도 이월자금의 처리에 관한 사항
4. 적립금에 관한 사항
5. 그 밖에 기금 운용에 필요한 사항

②공제회는 제1항에 따라 기금운용계획을 수립하여 매 사업연도 시작 1개월 전까지 교육감에게 제출하여야 한다.

제11조 삭제 〈2012.3.30〉

부칙 〈제142호, 2012.3.30〉

제1조(시행일) 이 영은 2012년 4월 1일부터 시행한다.

제2조(요양급여지급기준 적용례) 제2조의2의 개정규정은 이 영 시행 후 발생하는 학교안전사고부터 적용한다.

제3조(기금의 지원시기) 제9조의2제1항의 개정규정에 따라 교육감이 공제회에 지원하는 경비와 관련하여 2012년도에 해당하는 경비는 2012년 12월 31일까지 지급한다.

제7장

학교생활기록의 작성 및 관리에 관한 규칙

[시행 2011.3.1] [교육부령 제82호, 2010.11.22, 일부개정]

제1조(목적) 이 규칙은 「초·중등교육법」 제25조의 규정에 의한 학교생활기록의 작성 및 관리에 관하여 동법에서 위임된 사항과 그 시행에 관하여 필요한 사항을 규정함을 목적으로 한다.

제2조(적용 범위) 이 규칙은 「초·중등교육법」 (이하 "법"이라 한다) 제2조의 규정에 의한 학교(이하 "학교"라 한다)의 장이 작성·관리하는 학교생활기록에 관하여 적용한다. 다만, 학교중 공민학교·고등공민학교·고등기술학교·특수학교 및 각종 학교의 장은 당해 학교의 학칙이 정하는 바에 따라 당해 학교의 교육과정에 알맞게 수정하여 적용할 수 있다.

제3조(학교생활기록의 작성기준) ①법 제25조제1항제1호 내지 제6호의 규정에 의한 자료는 다음 각 호의 구분에 따라 작성한다.

1. 인적사항 : 학생의 성명·주민등록번호·주소와 부모의 성명·생년월일 및 가족의 변동사항 등
2. 학적사항 : 학생의 입학 전 학교명·졸업연월일, 재학중 학적변동이 있는 경우 그 일자 및 내용 등
3. 출결상황 : 학생의 학년별 출결상황 등
4. 자격증 및 인증취득상황 : 학생이 취득한 자격증의 명칭, 자격증 번호, 취득연월일, 자격증 발급기관명 및 인증의 종류·내용·인증기관 및 취득연월일 등
5. 교과학습발달상황 : 학생의 재학중 이수교과 및 과목명, 평가결과, 학습활동의 발전여부 등
6. 행동특성 및 종합의견 : 학교교육 이수중 학생의 행동특성과 학생의 학교교육이수 상황을 종합적으로 이해할 수 있는 의견 등

②제1항의 규정에 의한 학교생활기록의 항목별 작성기준 외에 학교생활기록의 작성 등에 관하여 필요한 사항은 교육부장관이 정한다. 〈개정 2008.3.4〉

제4조(학교생활기록의 대상 자료) ①법 제25조제1항제7호에서 "교육부령이 정하는 사항"이라 함은 다음 각 호를 말한다. 〈개정 2008.3.4, 2010.11.22〉

1. 학교정보
2. 학생의 수상경력
3. 학생의 진로희망사항
4. 학생의 창의적 체험활동상황
5. 삭제 〈2010.11.22〉
6. 삭제 〈2010.11.22〉
7. 학생의 독서활동상황(중학생과 고등학생만 해당한다)

②제1항의 규정에 의한 대상 자료의 구체적인 항목 및 작성기준 등에 관하여 필요한 사항을 교육부장관이 정한다. 〈개정 2008.3.4〉

[제목개정 2010.11.22]

제5조(학교생활기록의 구분 관리) ①학교의 장은 학교생활기록을 학교생활기록부와 학교생활세부사항기록부로 구분하여 작성·관리한다.

②학교생활세부사항기록부는 학생의 상급학교(「고등교육법」 제2조 각 호의 규정에 의한 학교를 포함한다. 이하 같다) 진학지도 및 상급학교 학생선발에 활용하기 위하여 제3조제1항 및 제4조제1항에 관한 사항이 전부 포함되도록 작성한다.

③학교생활기록부는 학교생활세부사항기록부의 기록 사항중 학생의 행동특성 및 종합의견과 교육부장관이 정하는 항목에 대한 특기사항을 삭제하여 보존한다. 〈개정 2008.3.4〉

④학교생활기록부 및 학교생활세부사항기록부의 구성 항목, 작성 기준 및 작성 양식 등에 관하여 필요한 사항은 교육부장관이 정한다. 〈개정 2008.3.4〉

부칙 〈제82호, 2010.11.22〉

제1조(시행일) 이 규칙은 2011년 3월 1일부터 시행한다. 다만, 제4조제1항제7호의 개정규정은 공포한 날부터 시행한다.

제2조(학교생활기록에 관한 경과조치) 제4조제1항제3호부터 제6호까지의 개정규정에도 불구하고 다음 각 호의 어느 하나에 해당하는 학생에 대해서는 종전의 제4조제1항제3호부터 제6호까지의 규정에 따라 각 해당 학년도의 학교생활기록을 작성·관리한다.

1. 2011학년도에 초등학교 3·4·5·6학년, 중학교 2·3학년 및 고등학교 2·3학년 학생
2. 2012학년도에 초등학교 5·6학년, 중학교 3학년 및 고등학교 3학년 학생

제3조(다른 법령의 개정) 재외국민의 교육지원 등에 관한 법률 시행규칙 일부를 다음과 같이 개정한다.

제11조제2항을 다음과 같이 하고, 같은 조에 제3항을 다음과 같이 신설한다.

② 영 제7조제1항제7호에서 "교육부령으로 정하는 사항"이란 「학교생활기록의 작성 및 관리에 관한 규칙」 제4조제1항 각 호에 규정된 사항을 말한다.

③ 제2항에 따른 학교생활기록 대상 자료의 구체적인 항목 및 작성기준 등에 관하여 필요한 사항은 교육부장관이 정한다.

제4조(다른 법령의 개정에 따른 경과조치) 부칙 제2조의 규정은 이 규칙 시행 당시 「재외국민의 교육지원 등에 관한 법률」에 따른 한국학교에 재학 중인 학생의 학교생활기록의 작성·관리에 대하여 준용한다.

제8장 보복협박 범죄 대응 매뉴얼

신고 접수

- 지구대(파출소) 및 형사과 등 수사부서에서 신고접수
- 긴급한 경우 구두·유선 접수 (사후 서면 작성)

〈 주의 사항 〉

협박신고접수 경찰관은 신변보호절차 설명 및 피해자를 보호하고 지원하는 적극적인 자세로 신고접수 및 보고철저
해당 과팀장은 보복범죄 방지 최우선 조치
- 긴급한 경우 先 구두·유선 접수, 後 서면접수
- 신고時 긴급한 경우 접수부서에서 先 응급조치
  ※ 야간휴일은 상황실장이 서장 보고 후 조치
  지구대 · 수사부서 內 신청서 비치 및 절차 안내

신변안전조치요청서 작성

지구대(파출소)장·형사팀장이
- 요청자 진술 직접 청취
- 객관적 입증자료 확인

〈 확인 사항 〉

- 관련사건의 내용, 요청인과 피의자의 관계
- 신변보호 요청사유 및 요청사항
- 문자메시지, 전화통화 녹음, 폭행 흔적 등 위해우려 상황을 입증할 만한 객관적 자료

신변안전조치 여부 심의

보복범죄방지 심의위원회 개최·심의

〈 보복범죄방지 심의위원회 〉

- 위원장 : 서장, 부위원장 : 형사(수사)·생안과장
  위원 : 해당기능 팀장 등
- 사안의 구체성 · 긴급성 · 상습성 · 보충성 등을 종합고려, 보호여부 및 수준 등 신속히 결정
- 신변보호 불이행 결정시 불이행사유 등 설명 후 귀가조치(필요시 비상연락망 구성)

신변안전조치 시행

심의위원회 결정에 따른 신속한 신변안전조치 시행

〈 신변안전조치의 종류 〉

- 일정기간 동안의 특정시설에서의 보호
- 일정기간 동안의 신변보호
- 법정, 경찰서 등 출석·귀가시 동행
- 주거 등에 대한 주기적 순찰
- 기타 신변안전에 필요하다고 인정되는 조치 (비상연락망 확보 등)

※ 검찰에서 시행중인 '범죄피해자에 대한 위치확인장치 및 이전비 지원제도' 적극 활용(별첨)

※ 보복협박 범죄 발생시 신속한 피의자 검거를 위해 인접 서 및 지방청간 공조수사 확행

범죄 피해자 보호 및 지원시설 현황277)

구 분	명 칭	연 락 처
상담시설	‣ 여성 긴급전화 (여가부)	1366
	‣ 범죄피해자 지원센터 (법무부)	1577–1295
	‣ 성폭력 상담소 (여가부)	02–338–5801,2 등
	‣ 한국 여성 상담센터 (여가부)	02–953–2017
	‣ 원스톱 지원센터 (여가부)	02–3400–1117 등
치유시설	‣ 범죄 피해자 복지센터 (법무부)	02–472–1295 (서울) 051–582–1295 (부산)
	‣ 해바라기 아동센터 (여가부)	02–3274–1375 등
보호시설	‣ 성폭력 피해 아동·청소년 전용쉼터 (여가부)	비공개
	‣ 성폭력 피해자 보호시설 (여가부)	
	‣ 가정폭력 피해자 보호시설 (여가부)	
	‣ 학대 피해아동 전담 보호시설 (복지부)	

※ 범죄 피해자에 대한 보호가 필요한 경우, 상담시설을 통하여 상기 치유시설 또는 보호시설을 안내받아 범죄피해자 보호조치

범죄 피해자에 대한 위치확인장치 및 이전비 지원제도

구분	내 용	단말기
근거 규정	• 범죄 피해자에 대한 위치확인장치 및 이전비 지원 지침(대검예규 제596호)	
제도 개요	• '12년 4월부터 범죄피해자와 신고자증인·가족 등이 보복을 당할 우려가 있으면 위치확인장치를 제공하고 거주지를 이전할 때에는 이사 비용을 지원하는 제도 • 피해자 등은 단말기를 지급받아 위급상황시 단말기 버튼을 누르면 민간보안업체(세콤)의 관제센터에서 112신고와 동시에 위치추적기(GPS)를 확인해 현장으로 보안요원 출동	
신청 절차	• 피해자 등이 위치확인장치 신청서 또는 이전비 지원신청서 등 작성 후 사건 담당경찰관이 관할 검찰청(피해자 지원센터)에 신청	

277) 경찰청 수사국, "폭력 없는 안전한 사회로 가는 길-보복협박 범죄 대응 매뉴얼-", 2013. 1. 22.

제9장 경찰의 학교폭력 대응[278)]

2013년 경찰의 학교폭력 대응 이렇게 달라진다. 생애 주기별 맞춤교육 및 학교주변 학생안전 강화, 선도프로그램 대상 확대 등 경찰단계 조기 선도로 재범방지, 다문화가정 자녀 등 취약계층을 배려한 정책을 추진한다. 경찰청(청장 김기용)은 2012년의 추진 성과를 발전시키고 미비한 사항을 보완하여 2013년에도 학교폭력 근절을 민생치안의 우선과제로 여기고 지속 추진하기로 하였다. 2012년 학교폭력 근절을 위해 학교폭력 업무만을 전종하는 학교전담경찰관을 배치하고 학교와 공동대응을 강화했다. 2012년 10월 외부 전문기관에 의뢰한 학생·학부모의 체감안전도 조사[279)]에서 학교폭력 피해경험율이 2월보다 9%p(17.2% → 6.2%) 감소하는 등 가시적인 성과도 있었으나, 여전히 학교폭력은 근절되지 않고 있으며, 특히 언어·사이버 폭력이 증가하고, 정책 추진과정에서 다문화가정 등 취약계층이 일부 소외되는 아쉬움점도 있다. 이에 경찰청에서는 2013년도에는 유치원생까지 학교폭력 예방교육을 확대, 교육당국과 협조하여 학교주변을 학생안전지역으로 지정, 학생 안전을 위해 공동 노력하는 한편 경찰단계 조기 선도로 재범을 방지하고, 다문화가정 자녀 등 취약계층에 대한 정책을 보완하며 '바른말·고운말쓰기'운동을 통한 언어 순화활동에 중점을 두고 추진해 나갈 방침이다.

---

278) 경찰청 생활안전국(여성청소년과장 총경 설광섭, 계장 경정 김숙진), "2013년 경찰의 학교폭력 이렇게 달라집니다", 2013. 1. 경찰청 브리핑 보도자료에서 중요한 부분을 가려 뽑아냄.

279) 2012. 10. 10~11. 21, (주)포커스컴퍼니는 학생 19,810명(방문), 학부모 3,000(전화) 조사하였다. 95% 신뢰수준 허용오차 학생(±0.68%p)·학부모(±1.79%p) 이다.

첫째, 학교폭력 예방교육이 유치원생까지 확대된다. 2012년은 학교폭력이 범죄라는 인식을 심어주기 위해 학기 시작 전 예방교육을 집중 실시하였으며, 학교폭력 체감안전도 조사에서도 학생의 70.9%가 경찰의 범죄예방교육에 만족하는 것으로 나타났다. 2013년에는 초·중·고 학생을 대상으로만 실시해오던 예방교육을 유치원까지 확대하여 학교폭력 근절 의식을 조기에 형성시키고, 학부모 설명회 등을 통해 가정 내 자녀에 대한 관심과 인성교육을 유도한다. 관련부처와 공동으로 학생별(초·중·고), 시기별(신학기·방학·수능) 맞춤형 교육 자료를 제작하여 보다 내실 있는 교육이 되도록 노력할 계획이다.

둘째, 학교 주변을 학생안전지역(Safe zone)으로 지정, 학생안전이 강화된다. 교육당국 등 관련 부처와 협력, 학교주변 200m를 학생안전지역으로 지정하고, CPTED(환경설계를 통한 범죄예방) 기법을 적용하여 CCTV를 확대 설치하는 등 학교폭력 등 범죄로부터 학생이 안전한 환경을 조성한다. 등하교 시간대 학교전담경찰관을 중심으로 아동안전지킴이(학교밖), 배움터지킴이(학교내) 등과 합동으로 순찰활동을 전개한다. 한편, 아동안전지킴이를 현재 2,270명에서 5,882명까지 확대 배치하여 학생 안전의 사각지대를 최소화해야 한다. 이를 위해 관련예산 219억 1,600만원 확보 및 경찰청으로 관리 전환, 학생안전지역 내 키스방·성인PC방, 담배·주류 판매 등 청소년 유해환경에 대해 집중 단속해 나갈 계획이다. 보다 긴밀한 민·경 협력 치안을 위해 현재 교육당국과 구축되어 있는 업무협의를 지자체까지 확대한다.

셋째, 경찰의 사건처리가 사안별·대상별 맞춤형 처리로 변화된다. 2012년에는 경미 초범 학생에 대해서는 훈방과 즉결심판을 통해 무분별한 전과자 양산을 방지하기 위해 노력한 결과, 학교폭력 가해학생은 2011년보다 8.8% 증가한 23,877명을 검거하고, 불량써클은 588개 해체하였으며, 학교폭력 체감안전도 조사결과, 학생의 84.9%가 학교폭력 피해시 신고의사를 밝히고 있으며, 경찰활동에 대한 만족도가 72.4점으로 2월(49.6점)보다 46% 향상되었다. 올해는 학생 맞춤형

사건처리를 한 층 강화한다. 선도와 처벌 대상으로 분류하여, 처벌대상에 대해서는 교육당국과 관련 정보를 공유하고 해체 등 강력 대응할 방침이다. 경미초범 등 선도대상에 대해서는 훈방과 즉결심판 청구를 전체 소년범으로 확대 실시하고, 훈방·즉심 등 처분 및 선도 방향 결정을 위해 의사·변호사·교사·NGO 등 외부 전문가가 참여하는 선도심사위원회를 운영하는 한편, 선도프로그램을 활성화하여 범행초기 선도로 가해학생의 재범방지 및 학교로의 조기 복귀를 지원한다. 선도심사위원회 운영예산 11억 9,000만원 확보, 선도프로그램 운영예산 14억원 확보, 또한 휴대용 진술녹화장비를 '13년 1급지 137개서를 시작으로 연차적으로 전국 경찰관에서 보급하여, 피해학생 및 가해학생이 원하는 장소로 경찰관이 직접 방문하여 조사함으로써 경찰관서에서 조사받는 불편함과 이로 인한 낙인효과를 최소화한다. 따라서 휴대용 진술녹화장비 보급예산 12억 3,300만 확보했다.

넷째, 다문화가정 자녀 등 취약계층에 대한 정책이 강화된다. 일반 초등학생을 대상으로 운영되어 오던 명예경찰소년단에 다문화가정 자녀를 우선적으로 선발하여 기존 단원들과 함께 경찰체험과 캠프 참여 등 활동으로 자긍심과 자기 방어 능력을 높이고, 교육과학기술부, 여성가족부 등 관계부처와 합동으로 수화 및 역할극 등을 활용하여 장애인 학생을 대상으로 예방교육을 실시할 계획이다.

다섯째, 117 학교폭력 신고센터 상담 질이 높아진다. 2012년은 부처별로 산재되어 있던 학교폭력 신고 번호를 경찰청 '117'로 일원화하고 전국으로 확대 설치한 결과, 하루평균 218.9건이 접수되어 2011년보다 273.7배 증가하였다. 피해자 본인 신고도 지속적으로 증가(1월 39.1% → 12월 66.3%)하여 학생들 스스로 학교폭력에 대한 인식이 높아지고 117에 대한 신뢰가 형성된 것으로 분석되었으며, 모욕 등 언어 폭력에 대한 신고가 지속 증가하고 있어, 심각한 따돌림 및 모욕 등도 범죄라는 인식을 심어주기 위한 범죄예방교육과 '바른말·고운말쓰기'운동 등을 통해 언어 순화활동도 병행할 방침이다. 2013년에는 ARS시스템을 도입,

117 서비스에 대한 실시간 만족도를 조사하여 이를 상담에 반영하는 한편, 전국 상담요원 교육 및 우수사례집을 정기적으로 발간(연 2회)하여 보다 질 높은 서비스를 제공할 방침이다. 경찰청은 학교폭력 피해경험율 감소를 목표로 정책을 지속적으로 점검·보완해 나가는 한편, 학교·가정·사회와 협력하여 지속적으로 강력히 대응하여, 학생이 학교폭력으로부터 안전한 환경을 조성하는데 최선의 노력을 경주해 나갈 것이다.

참고문헌

참고문헌

국 문

가나하라·슌스케, "한·중·일 청소년의 사회문제와 학교폭력 관련 국제심포지엄 자료집", 2012.

강봉균, 『열린세상 유연한경제』, 한국개발연구원, 2001.

강유미, "학교폭력에 대한 실태분석 연구", 고려대학교 교육대학원 석사학위 논문, 2011.

강창희, 『열정의 시대』, 중앙북스, 2009.

경기도교육청, "폭력없는 행복한 학교만들기", 교사 연수자료, 2010.

경찰대학, 「피해자학」, 2001.

경찰청, "학교폭력 근절 대책 내실화 방안", 경찰청 생활안전국 여성청소년과 대국민 공개 공문, 2012. 4.25.

경찰청, 「경찰실무전서」, 경찰청, 2000.

곽병선, 『교과교육원리』, 갑을출판사, 1988.

곽병선, 『교육과정 및 교수학습 이론과 실제』, 학지사, 2009.

곽병선, 『논리가 보인다』, 두산잡지BU, 2009.

곽병선, 『디지털시대와 인간 존엄성』, 나남, 2001.

곽병선, 『중학교 교육과정 국제비교』, 교학사, 1990.

곽병선, 『한국교육의 쟁점과 전망』, 한국학중앙연구원, 1992.

곽병선, 『한국의 교육과정』, 한국교육개발원, 1989.

교육부, "학교폭력근절 종합대책", 2012.

교육부, 『학교폭력 예방 및 대책에 관한 법률 및 시행령 해설집』, 2011.

구효진, "영국내의 Anti Bullying Campaign에 관한 소개", 「청소년보호」, 2002. 05, 청소년보호위원회, 2002.

궁택호일, "일본경찰 피해자 대책, " 이경재 역, 형사정책연구, 제7권 제1호 1996면; Laura J. Moriarty, op. cit., 2면.

궁택호일, "피해자 연구", 장규원 역, 수사연구, 1997.

궁택호일, 「범죄자와 피해자II」, 성문당, 1972.

권영세, 『통일독일 동구제국 몰수재산 처리 개관』, 1994.

고기석, 김부겸, 『캠페인 전쟁 2012』, 폴리테이아, 2011.

고승덕, 『고승덕의 ABCD 성공법』, 개미들출판사, 2011.
고하승, 『박근혜 조용한 혁명』, 프런티어, 2012.
고하승, 『왜 박근혜인가』, 시민일보, 2008.
김남조, 『아름다운 사람들』, 동화출판사·문학의 문학, 2011.
김두현, "일본의 학교폭력 실태와 그 대책", 「청소년보호」 2002-05, 청소년보호위원회, 2002.
김명신, "학생들의 자살은 타살이다", 한겨레신문, 2012. 2. 15. 자.
김성현, "학교폭력에 '회복적 사법제도' 도입", 조선일보, 2012. 2. 13. 자. 사회면.
김성주, 『나는 한국의 아름다운 왕따이고 싶다』, 랜덤하우스코리아, 2000.
김애정, "학교폭력의 사회복지적 대처 방안에 관한 연구", 한신대학교 사회복지대학원, 석사학위논문, 2003.
김웅철, "한·미 학교폭력 공동연구 합의" APEC교육장관회의 2012. 5. 23. 경주선언문 채택, 매일경제, 2012. 5. 21. 자.
김연주, "117 학교폭력신고 석달 새 6배로 늘어", 조선일보, 2012. 5. 23. 자.
김연주·심현정, "때리는 것보다 더 잔인한 여학생 '심리 폭력'"조선일보, 2012. 6. 20. 자.
김영선, 『위기의 중심에서 바라본 금융산업의 미래』, 에프케이아이미디어, 2011.
김영선, 『첨단 한국으로 가는 행진곡』, 이진출판사, 2005.
김영화, 『학교폭력, 청소년 문제와 정신건강』, 한울, 2012.
김용세, "범죄수사와 피해자보호", 형사정책연구 제10권 제3호, 한국형사정책연구소, 1999.
김용세, "일본의 피해자학 연구동향", 피해자학연구, 제7호, 1999.
김유성, "학교폭력의 해법과 과제", 한겨레신문, 2012. 4. 26.
김은경·이호중, 『학교폭력 대응방안으로서 회복적 소년사법 실험연구(Ⅰ)』, 한국형사정책연구원, 2006.
김일수·서보학, 『형법각론』, 박영사, 2009.
김진홍(두레마을 이사장) "한·중·일 청소년의 사회문제와 학교폭력 관련 국제심포지엄 자료집", 2012.
김재원, "피해·가해자 모두 치료해야", 중앙일보, 2012. 1. 25. 자.
김종대, 『이순신, 신은 이미 준비를 마치었나이다』 가디언, 2012.
김종인, 『지금 왜 경제민주화인가(한국 경제의 미래를 위하여)』, 동화출판사, 2011.
김태훈, "호주 교사의 왕따 퇴치법", 조선일보, 2012. 6. 27, 자.
김학배·신현택·설광섭·서연식·김규현·정창배·송민헌·장하연·김광남, 『폭력 없는 안전한 대한민국』, 경찰청 수사국, 2012.

김형방, “학교폭력과 사회복지 대응방안”, 계간 사회복지, 통권 제131호, 한국사회복지협의회, 1996.
김형오, 『길 위에서 띄운 희망편지』, 생각의나무, 2009.
김형오, 『사랑할 수 밖에 없는 이 아름다운 나라』, 생각의나무, 2010.
김형오, 『술탄과 황제』, 21세기북스, 2012.
김혜림, “왕따는 범죄다”, 조선일보, 2012. 5. 23. 자.
김호철, “대여성범죄에 대한 경찰의 효율적 대응전략 연구”, 치안정책연구 제5호, 1996.
노호래, “방범경찰의 피해자 보호방안, ” 비교형사법연구, 제5권 제1호, 2003.
데츠야 와타나베, “한·중·일 청소년의 사회문제와 학교폭력 관련 국제심포지엄 자료집”, 2012.
루스실로, 『유태인의 천재교육』, 나리원, 2010.
맹형규, 『도시 비타민 M』, 나무와숲, 2006.
목영준, 『상사중재법』, 박영사, 2011.
박강우, “프랑스 피해자학의 생성과 발전”, 「피해자학연구」, 제7호, 한국피해자학회, 1999 참조.
박근혜, 『결국 한 줌 결국 한 점』, 부산일보출판국, 1998.
박근혜, 『나의 어머니 육영수』, 사람과사람, 2000.
박근혜, 『절망은 나를 단련시키고 희망은 나를 움직인다』, 위즈덤하우스 , 2007.
박병석, 『이 기사를 조간에 꼭 실어야겠는데요』, 지원미디어, 1999.
박순진, “폭력범죄의 상호작용 과정에 대한 연구” 서울대학교 문학 박사학위논문, 2000.
박선규, 『박선규 대변인 희망과 맞팔하다』, 미다스북스, 2012.
박선규, 『선생님 당신이 희망입니다』, 미다스북스, 2009.
박영신·김의연 『한국인의 부모자녀관계』, 교육과학사, 2010.
박영선, 『자신만의 역사를 만들어라』, 마음의숲, 2012.
박지선, 『범죄심리학』, 도서출판 그린, 2012.
박종준, 『박종준이 열어가는 도전의 길, 섬김의 꿈』, 2012.
박준영, 『평화의 길』, 에쎈에스, 2003.
박효종, 『아들에게 건네주는 인생의 나침반』, 아라그네, 2003.
박효종, 『국가와 권위』, 서울대학교출판문화원, 2005.
박효종, 『한국 민주정치와 삼권분립』, 자유기업센터, 1998
새누리당, 『제18대 대통령선거 정책공약 세상을 바꾸는 약속 책임 있는 변화』, 2012.
서상철(캐나다 원저 대학 교수), “캐나다에서 중국 친구를 “짱개”라고 놀렸더니… 공작의 꼬리 경쟁, 캐나다의 학교폭력과 한국의 학교폭력” 프레시안, 2012. 2. 15. 자.

서세림, "이문구 소설에 나타난 폭력성 연구", 서울대학교 대학원 문학 석사학위논문, 2006.

서울신문 사설, "대구사건 학교폭력 종식의 계기로 삼자", 2011. 12. 30.

서울신문 사설, "학교폭력대책 현장 실천이 중요하다", 2012. 2. 7. 자.

서승환, 『미시경제학』, 홍문사, 2011.

서청원, 『카리스마의 시대는 끝났다』, 답게, 1998.

서청원, 『쿼바디스 코리아』, 답게, 2002.

성기홍, "핀란드 교육과 우리의 유아교육 현실 핀란드 교육의 핵심적인 내용 '인성교육'…유아교육, 지식주입 유혹에 빠지면 안돼" 경남도민일보, 012. 7. 13. 자.

송민섭, "핀란드 공교육 혁신 프로젝트'이노스쿨'", 세계일보, 2012. 6. 17. 자.

심희기, "수사와 재판과정에서의 2차 피해자화의 최소화 방안", 법학연구 제12권 제4호, 연세대학교 법학연구소, 2002.

안두원, "'학교 가느니, 차라리 죽겠다' 러시아도 학교폭력 심각", 세계일보, 2012. 2. 12. 2. 자.

안철수, 『안철수의 생각』, 김영사, 2012.

안황권·김상돈, 「범죄피해자학」, 백산서당, 2003.

이학재, 『햇님은 코 자는데 아빠는 또 나가?』, 2012.

이학재 외 공저, 『청년지도자의 현실과 꿈"우리는 알고 싶다"』, 2012.

양정, "한·중·일 청소년의 사회문제와 학교폭력 관련 국제심포지엄 자료집", 2012.

우윤근, 『한국정치와 새로운 헌법질서』, 리북, 2009.

오명식, "근절되어야할 학교 내·외 폭력", 교육개발, 한국교육개발원, 1997.

오성삼·권순달, 『핵심 교육평가』, 쿠북, 2010.

오성삼, 『메타분석의 이론과 실제』, 건국대학교출판부, 2002.

오성삼, 『핵심 교육학개론(핵심)』, 양서원, 2011.

오성삼, 『그치지 않는 비는 없다(오성삼 교수의 자전적 교육 에세이)』, 두레, 2009.

오성삼, 『교육과정 및 평가의 이해』, 양서원, 1997.

오성삼, 『세계 대학의 이해』, 건국대학교출판부, 1999.

오성삼, 『교육심리학』, 예지각, 1996.

오성삼, 『실기 교육방법론』, 학지사, 1988.

오성삼, "체벌갈등을 푸는 지혜", 세계일보, 2011. 1. 18. 29면.

오성삼, "교육현장 문제는 교육적 가치로 풀어야", 한국일보, 2012. 2. 13. 30면.

옥동석·백웅기·김필헌·이종욱, 『지속성장을 위한 정부 역할의 재조명』, 한국경제연구원, 2010.

옥동석 외, 『한국의 공공부문 현황과 과제』, 한국경제연구원, 2007.
원전종굉, 경찰노범죄피해자대책, 「行政」, Vol. 50, No 3, 1997.
월터 아이작슨, 『스티브 잡스』, 민음사, 2011.
유민봉, 『한국 행정학』, 박영사, 2012.
유민봉, 『인사행정론』, 박영사, 2012.
유승민 외, 『한국 기업의 운명을 바꿀 21세기 미래경영』, 김영사, 2000.
유승민, 『과연 위기의 주범인가』, 비봉출판사, 2000.
유일호 · 안종범 · 박기백 · 손원익, 『건강한 복지를 꿈꾼다』, 열린아트, 2012.
유재일 · 문병철 · 유미숙 · 신경숙 · 안성경 · 강현수 · 양미영, 『학교폭력 관련 주요국 입법례』, 국회도서관, 경성문화사, 2012.
유호열, 『북한의 사회주의 건설과 좌절』, 생각의 나무, 2004.
윤진, 「대중매체의 폭력성이 청소년에게 미치는 영향」, 한국형사정책연구원, 1991.
윤상현, 『국민은 나를 움직인다』, 도서출판이부키 , 2012.
윤상현, 『윤상현의 세상읽기』, 길컴 , 2007.
윤재옥, 『첫 번째 펭귄은 어디로 갔을까』, 큰곰, 2011.
윤창중, 『지성의 절개』, 해맞이미디어, 2011.
윤창중, 『국민이 정치를 망친다』, 해맞이미디어, 2012.
윤창중, 『윤창중의 촌철』, 해맞이, 2009.
윤창중, 『정치 통탄한다』, 해맞이, 2010.
윤창중, 『만취한 권력』, 해맞이, 2007.
윤창중, 『청와대 뒷산에 다시올라가라』 , 해맞이, 2008.
이건희, 『생각 좀 하며 세상을 보자』, 동아일보사, 1997.
이경재, "영국 피해자학의 발전과정과 그 주요동향", 피해자학연구 제6호, 1998
이수정, "최신 범죄심리학", (2판), 북카페, 2010.
이승종, 『지방자치론』, 박영사, 2005.
이승종, 『정부의 국제지원사업의 운영개선 방향에 관한 연구』, 한국행정연구원, 2003.
이승종 · 강명구 · 강철구 · 금재덕 · 김익식, 『지방정부의 역량과 정책혁신이론과 실제』, 박영사, 2003.
이연섭, "학교폭력 멈춰", 경기일보, 2012. 5. 9. 자.
이완구, 『약속을 지키는 사람』, 조선앤북, 2011.
이은수, "한 · 중 · 일 청소년의 사회문제와 학교폭력 관련 국제심포지엄 자료집", 2012.
이우영, 『미국 연방민사절차 (I)』, 경인문화사, 2007.
이우영, 『해외법률문헌조사방법』, 서울대학교출판원, 2005.

이인제, 『출발선에 다시 서서』, 따뜻한손, 2003.
이인제, 『한라에서 백두를 보네』, 시사미디어, 2007.
이종락, "日 이지메는 학교 - 폭력은 경찰 '분리대응'… 학교폭력 잡았다 ", 서울신문, 2012. 5. 15. 자.
이정현, 『진심이면 통합니다』, 크리에이티브 창인, 2011.
이진국, "가해자-피해자 조정 -범죄대처의 새로운 가능성과 행위자와 피해자에 대한 기회-, " 한국형사정책연구원, 번역총서 Vol. 5, 2002.
이진한, "학교폭력, 학교와 정부의 역할", 동아일보, 2012. 3. 5. 자.
이재술, 『최고의 정치컨설턴트가 말하는 선거전략의 법칙』, 서우, 2010.
이한구, 『21세기 한국국부론』, 매일경제신문사, 1993.
이한구, 『세계를 보고 뛰어라』, 동아일보사, 1994.
이해영, 『정책균형이론』, 영남대학교 출판부, 2008.
이해영, 『정치지도자의 정책리더십』, 집문당, 2003.
이호균, "폭력 무감각해지는 학업 구조 개선하고 아동 둘러싼 모든 환경 모니터링 필수", 조선일보, 2012. 5. 26. 자
일본법무성, 범죄백서, 1999.
임주영 김연정, "학교폭력, 학생간 '또래 조정'으로 해결", 연합뉴스 2012. 7. 3. 자.
임준태, 「범죄통제론」, 좋은세상, 2003.
임종훈, 『한국입법과정론』, 박영사, 2012.
임종훈, 『한국헌법요론』, 홍익대학교 출판부, 2008.
장규원, "독일의 피해자학의 발전과정", 피해자학연구, 제6호, 1998.
장규원, 미야자와 고이치, 「피해자학입문」, 길안사, 1999.
장훈, 『한국 정당정치 연구방법론』, 박영사, 2012.
장훈·이숙종, 『세계화 제2막(한국형 세계화의 새 구상)』, 동아시아연구원, 2011.
진념, 『경제 살리기 나라 살리기』, 에디터, 2002.
정관용·윤여준·이해찬·김종인·남재희, 『문제는 리더다』, 메디치미디어, 2010.
정도희, "형사절차에서 피해자의 권리 보호 -개정 형사소송법을 중심으로-", 서울대학교 대학원 법학박사 학위논문, 2009.
정영일, 『형법각론』, 박영사, 2011.
정진수, "학교폭력에 하반신 마비된 학생, 학교가 48억을…", 세계일보, 2012. 4. 21. 자.
정희완, "학교폭력을 예방하려면 학교 밖 사회 폭력을 멈춰야", 경향신문, 2012. 1. 12. 자.
제18대 대통령선거 새누리당 정책공약 『세상을 바꾸는 약속 책임 있는 변화』, 2012, 218면.
제러미 리프킨, 『공감의 시대』, 민음사, 2010.

조규항, "학교폭력의 방지와 정부의 대책", 한국심리학회심포지엄 자료집, 한국심리학회, 1999.
조윤선, 『문화가 답이다』, 미호, 2011.
조윤선, 『미술관에서 오페라를 만나다』, 시공사, 2007.
조선일보, "기숙사 폭력 사건 가해자, 수사시작하자 '더 병신 만들어줄게'", 2012. 7. 5. 자., 인터넷판.
조성호, "학교폭력에 대한 개념화 : 통합적 접근 모형", 한국심리학회지, 6권 1호, 한국심리학회, 2000.
조현오, 『조현오 도전과 혁신』, 한국경제센문, 2012.
중앙일보 사설, "대구 중학생 권군을 잊지 말자", 2011. 12. 29.
중앙일보 사설, "학교폭력 추방, 이제는 실천만 남았다", 2012. 2. 7자.
지영환, "'졸업빵'이 사라지려면", 한국일보 칼럼, 2012. 2. 4. 32면.
지영환, "내 가족 심정으로 범죄 피해 구제해야", 조선일보 칼럼, 2009. 1. 9. 자.
지영환, "아리스토텔레스, 학교 공동체에서 깨우치다", 아주경제, 2012. 4. 26. 자.
지영환, "칸트의 철학과 학교폭력 예방 시스템", 중앙일보·머니투데이, 2012. 3. 2.
지영환, "학교에서 보복폭력이 없어지려면", 경향신문 경향마당 기고, 2012. 3. 12. 자.
지영환, "학교폭력 소통으로 풀자", 세계일보 시론, 2012. 3. 2.
지영환, "학교폭력, 전화·인터넷·문자로 신고하세요.", 조선일보 칼럼, 2012. 1. 6.
지영환, "학생범죄 줄이는 학교설계", 매일경제 열린마당 칼럼, 2012. 2. 9. 자.
지영환, 『공무원범죄학』, 형설출판사, 2010.
지영환, 『날마다 한강을 건너는 이유』, 민음사, 2006.
지영환, 『외침』 벼랑 끝에 선 아이들의 간절한 비명, 형설라프, 2012.
박영신·지영환·김의연, 『경찰 직무스트레스 이해와 치료』, 학지사, 2012.
최경환, 『NATO정권 내버려진 경제』, 대경, 2004.
최대권, 『법치주의와 민주주의』, 서울대학교 출판문화원, 2012.
최석윤, "미국의 피해자학 연구동향", 피해자학연구, 제7호, 1999.
최선우, "일본경찰의 범죄피해자 대책", 광주대학교 인문사회과학연구소, 사회과학논집, 제11집, 2001.
최인섭외 7명, 「한국사회의 폭력에 대한 연구–진단과 처방–」, 한국형사정책연구원, 2003.
최외출, 『세계의 지역개발』, 영남대학교 출판부, 1995.
추고륭행·소목증릉, "범죄수사 및 피해자보호", 궁택호일 외편, 「범죄피해자 연구」, 성문당, 1996.
추미애, 『중산층 빅뱅』, 플래닛, 2011.
추미애, 『한국의 내일을 말하다』, 매일경제신문사, 2008.

표창원, “경찰개혁의 방향과 과제”, 사법개혁국민연대 세미나 자료집, 2003.
한광옥, 『선택(포용과 결단의 리더십)』, 우진애드, 2010.
한광옥, 『곧은 길에 미래가 있다』, 중앙 M&B , 2002.
한상범 · 이철호, 「경찰과 인권」, 패스앤패스, 2003.
황우여, 『지혜의 일곱 기둥』, 한국기독교정치연구소, 2005.
홍금자 · 이경준, “학교폭력의 설정과 학교사회사업가의 개입”, 학교사회사업, 한국학교사회사업학회, 1998.
홍금자 · 이경준, “학교폭력의 실정과 학교 사회사업가의 개입”, 학교사회사업 창간호, 한국학교사회사업학회, 1998.
홍문종, 『투명거울』, 기역, 2011.
홍문종, 『조선에서 일본 식민지 교육정책(1910-1945)』, 학지사, 2003.
홍문종, 『한국 다문화사회의 쟁점과 진단』, 역락, 2011.
홍봉선 · 남미애, 「청소년복지론」, 양서원, 2003.
홍사덕, 『나의 꿈 나의 도전』, 삼여재, 2003.
홍사덕, 『지금 잠이 옵니까?』, 베스트셀러, 1996.
홍성렬, 『범죄심리학』, 학지사, 2008.
홍익태 · 박재진 · 이기주 · 홍용연, 『학교폭력 해결 우수사례』, 경찰청 생활안전국, 2011.
홍익태(경찰청 생활안전국장), “학교폭력 멈추려면 ‘전담경찰관’ 확충돼야” 헤럴드경제, 2012. 3. 9.
홍익태 · 강신명 · 이운주 · 박재진 · 이재열 · 장하연 · 김규현 · 서현식 · 박우현 · 김항곤 · 김숙진 · 이기주 · 홍용현 경찰청 학교폭력 T/F팀, 『미안해 아이들을 위한 어른들의 약속』, 상상나눔, 2012.
Daly, K., Restorative justice: the real story, 2001, pp. 5-6.
John Bronghton, “경찰의 피해자 권익보호, ” 주한영국대사관 주체 ‘피해자중심의 사법제도 발전’ 세미나 자료, 2004.
Kaiser, M. 전구수일 역, “피해자보호법과 형사사법”.
Kube, 궁택호일 역, 피해자지원, 경찰학논집.
PBN, 경찰청 범죄피해자보호 워크샵 영상물, 2004.
William, G. Doerner, Victimology, Aderson Publishing Co., 2002, 김재민, “경찰의 피해자수사 개선방안에 관한 연구, ” 전남대학교 대학원 박사학위논문, 2004.

영 문

C. M. Fanno, Situational crime prevention: techniques for reducing bike theft at Indiana University, Bloomington. *Journal of Security Administration*, Vol. 20, No. 2(1997), pp. 1–14 ; B. Webb, Steering column locks and motor vehicle theft: evaluations from three countries. In R. V. Clarke(ed.). Situational Crime Prevention: Successful Case Studies(2nd ed.), (Monsey, NY: Criminal Justice Press(1997), pp. 46–58 ; R. T. Guerette and R. V. Clarke, Product life cycles and crime: automated teller machines and robbery, *Security Journal*, Vol. 16, No. 1, (2003), pp. 7–18 ; R. T. Guerette and R. V. Clarke, Product life cycles and crime: automated teller machines and robbery, *Security Journal*, Vol. 16, No. 1, (2003), pp. 7–18 ; B. C. Welsh andD. P. Farrington, Evidence–based crime prevention: the effectiveness of CCTV. Crime Prevention and Community Safety: An International Journal, Vol. 6, No. 2, (2004), pp. 21–33.

Champion, D., *The Roxbury Dictionary of Criminal Justice*, LA : Rexbury, (1997), pp. 128

Council of Europe, Committee of Ministers, *Recommendation No. R(87) 21 of the Committee of ministers to Member States on Assistance to Victims and Prevention of Victimization*, adopted on 17 Sep. 1987.

Final Report of the Presidents Task Force Victim of Crime, 1982. 12. 114면. "A proposed Comstitutional Amendment"

General Assembly, *United Nations Declaration on the Basic Principles of Justice for Victims of Crime and the Abuse of Power: Resolution 40/34 of 29* November, 1985년.

Jo Gooder, Victims and Victimology: Research, Policy and Practice, Longman Criminology Series, Pearson Educated Limited, 157–158(2005).

K. A. Painter and D. P. Farrington, Evaluating situational crime prevention using a young people's survey. The British Journal of Criminology, Vol. 41, No. 2, (2001), pp. 266–284 ; K. J. Bowers, S. D. Johnson, and A. F. G. Hirschfield, Closing off opportunities for crime: an evaluation of alley–gating, *European Journal on Criminal Policy and Research*, Vol. 10(2005), pp. 285–308 ; L. O'Neill and J. M. McGloin, Considering the efficacy of situational crime prevention in schools. *Journal of Criminal Justice*, Vol. 35, No. 5(2007), pp. 511–523 ; K. J. Terry and

A. Ackerman, Child sexual abuse in the Catholic Church: how situational crime prevention strategies can help create safe environments. *Criminal Justice and Behavior*, Vol. 35, No. 5(2008), pp. 643–657.

L. O'Neill and J. M. McGloin, Considering the efficacy of situational crime prevention in schools. *Journal of Criminal Justice*, Vol. 35, No. 5(2007), pp. 511–523.

Michael M. OHear, "Punishment, Democracy, and Victims, "19 Federal Sentencing Reporter 1, (2006. 10).

P. Ekblom andN. Tilley, Going equipped: criminology, situational crime prevention and the resourceful offender. *British Journal of Criminology*, Vol. 40, (2000), pp. 376–398.

P. L. Brantingham andW. Taylor, Situational crime prevention as a key component in embedded crime prevention. *Canadian Journal of Criminology and Criminal Justice*, Vol. 47, No. 2(April 2005), pp. 271–292.

Peter Finn & Beverly N. W., *Serving Crime Victims and Witnesses*, National Institute of Justice, 1987.,

Robert Elias, "Impact of Compensation on Crime Victims, " *Criminal Justice and Government*, U. M. I., 1981.,

Ronald V. Clarke, and Graeme. R. Newman, "Outsmarting the terrorists", (Westport, CT: Praeger Security International, 2006), pp. 108–116.

Sroufe, L. Alan. Talk at City University of New York, Graduate Center February 10, 1989, Quoted in Karen. *Becoming Attacbed*. P. 195.

Stephe E. Brown, Finn-age Esbensen, and Gilbert Geis, *Criminology Explaining Crime and Its Context*, 1991년, 32면, Stephen Schafer, *Victimology: The Victim and His Criminal*, 1977년, 34면; Lary J. Siegel, *Criminology*, Second Edition, 1986년, 10면; Sandra Walklate, Victimology: The *Victim and the Criminal Justice Process*, 1989.,

Talis J. Colberg, Victims Rights Handbook, Alaska Department of Law Criminal Division, 8(2007. 7).

홈페이지

http://www.guardian.co.uk/education/2011/jul/28/pupils-suspended-exclusions-violence

http:www.legislation.gov.uk/ukpga/1998/31/contents

http://www.met.police.uk/police/mps/mpsvictim/vic-spt.htm

http://www.victimsupport.com

http://www.police.go.kr/data/dataForeignNewsList.jsp

http://www.theiacp.org

http://prochang.com/viktimologie/vorlesung02/htm

http://cyberland.lawnorder.go.kr

http://procha ng.com/viktimologie/vorlesung02/matevictim06.htm

http://proc hang.com/ viktimologie/vorlesung02/matevictim02.htm

http://news.empas.com/show.tsp/

http://prochang.com/viktimologie/vorlesung02/matevictim01.htm

색 인

(ㅅ)

(ㅇ)

지은이

平靜 **지영환**(池榮鍰)

지영환은 경찰청 대변인실 소통담당으로 재직하고 있다. 경기도지방경찰청 감찰관, 경찰대학 경찰수사연수원 교육담당, 대통령 소속 친일반민족행위자재산조사위원회 조사관으로 3년 동안 1,700억 조사개시 결정, 631억 원에 달하는 친일재산을 국가 귀속 했다. 그는 고흥군(高興郡) 능정(陵亭)에서 나 경희대학교 법과대학을 졸업했다. 고려대학교 대학원 수석졸업, 行政學碩士 학위를 받았다. 美國 조지워싱턴대 대학원 연수를 마쳤다. 경희대학교 일반대학원 박사학위과정 형법전공을 수료했다. 논문 "公務員犯罪 統制를 위한 刑事立法論的 硏究 –高位公務員 腐敗犯罪를 중심으로" 2007년 法學博士 학위를 받았다. 성균관대학교 일반대학원 박사학위과정 비교정치 전공을 수료했다. 논문 "大統領의 對 議會關係에 관한 硏究 –현대 미국과 한국 대통령의 정치적 Leadership의 상황변수를 중심으로–" 2009년 政治學博士 학위를 받았다.

해군신병훈련소와 해군종합학교를 수석 수료한 그는 국가 중요무형문화재 제76호 예능보유자인 정경화 스승님으로부터 택견을 수학하여 5동, 태권도 공인 7단, 검도 · 유도 · 합기도 고단, 국가자격증 등 70여종을 보유하고 있다. 한국일보 고운문화상, 고려대학교 총장상, 국무총리상, 서울시장상, 금융감독위원회위원장상, 친일반민족행위자재산조사위원장상 등을 받았다. 2004년 『시와시학』 신춘문예 당선, 2006년 그의 첫 시집 『날마다 한강을 건너는 이유』를 민음사에서 냈다. 중앙일보 '시가 있는 아침', 경향신문, 서울신문, 한겨레신문 등에 詩를 발표해 오면서 小說 『조광조 별』(형설라이프)을 내기도 했다.

한국정치학회 · 한국행정학회 · 한국공법학회 연구위원, 한국범죄심리학회 이사, 서울신문 자문위원, 한국범죄피해자중앙지원센터 자문위원, 국립경찰대학, 美 CID, 중앙공무원교육원, 고려대학교, 서울대학교, 동아대학교 대학원, 한국체육대학교 등에 출강, 경희대학교 법학전문대학원 법학연구소 연구원으로 활동하고 있다. 전문서 『국가와 도청』, 『국가 수사권 입법론』, 『금융범죄론』, 『공무원범죄학』(형설출판사), 2012년 『경찰 직무스트레스 이해와 치료』(학지사), 『외침』 벼랑 끝에 선 아이들의 간절한 비명(형설라이프), 2013년 『학교폭력학』(도서출판 그린), 『대통령 대(對)의회』(경인문화사) 등 14권, 한국연구재단 등재학술지에 논문 30여 편을 발표했다. 『國家人事學』, 『성폭력학』, 『醫療犯罪學』, 『국가 수사권 개헌론』, 『광개토대왕』 20권 대하소설을 집필하고 있다. "별처럼 사랑을 배치하고 싶다." 그는 "칼을 찬 선비, 붓을 품은 선비"를 꿈꾼다.

학교폭력학

학교폭력 예방과 해결 실마리

2013년 2월 6일 초판 1쇄 인쇄
2013년 2월 25일 초판 1쇄 발행

지은이 지영환
발행인 윤덕우
발행처 도서출판 **그린**
주 소 서울시 서대문구 연희동 219-20 (우)120-828
전 화 02)333-2574, 2575
팩 스 02)333-2561
출판등록 제8-161호(1995. 5. 3.)
E-mail greenpress@greenpress.co.kr
Homepage http://www.greenpress.co.kr

가격 39,000원
ISBN 978-89-5727-192-6 93330

A. Ackerman, Child sexual abuse in the Catholic Church: how situational crime prevention strategies can help create safe environments, *Criminal Justice and Behavior*, Vol. 38, No. [illegible], pp. [illegible].

L. O'Neill and J. M. McGloin, Considering the efficacy of situational crime prevention in schools, *Journal of Criminal Justice*, Vol. 35, No. 5 (2007), pp. [illegible].

Michael M. O'Hear, "Punishment, Democracy, and Victims," 19 Federal Sentencing Reporter 1 (2006), [illegible].

P. Ekblom and N. Tilley, Going equipped: criminology, situational crime prevention and the resourceful offender, *British Journal of Criminology*, Vol. 40 (2000), pp. 376–398.

P. L. Brantingham and W. Taylor, Situational crime prevention as a key component in embedded crime prevention, *Canadian Journal of Criminology and Criminal Justice*, Vol. 47, No. 2 (April 2005), pp. 271–292.

Peter Finn & Beverly N. W[illegible] *[illegible] Victims and Witnesses*, National Institute of Justice, 198[illegible]

Robert Elias, "Impact of Comp[illegible] Victims," *Criminal Justice and Government*, U. M. L., [illegible]

Ronald V. Clarke, and Graeme [illegible] [illegible]ating the terrorists, Westport, CT: Praeger Security International, 2006, pp. 108–116.

Sroufe, L. Alan. Talk at City University of New York, Graduate Center, February 19, 1988. Quoted in Karen, *Becoming Attached*, P. 195.

Stephe E. Brown, Finn-Age Esbensen, and Gilbert Geis, *Criminology: Explaining Crime and Its Context*, 1991년, 31면; Stephen Schafer, *Victimology: The Victim and His Criminal*, 1977년, 34면; Larry J. Siegel, *Criminology*, Second Edition, 1986년, 10면; Sandra Walklate, Victimology: The *Victim and the Criminal Justice Process*, 1989.

Talis J. Colberg, Victims Rights Handbook, Alaska Department of Law Criminal Division, 8(2007. 9).